encyclopédie TRUFFAUT

# BALCONS
## ET TERRASSES

BORDAS

Ouvrage collectif placé sous la direction de
**Patrick Mioulane**

*Réalisation de l'ouvrage*
**ÉDITIONS PROTÉA**

*Rédacteurs*
**Alain Delavie** : 16 à 19, 52 à 55, 58 à 71, 302 à 313, 346 à 381, 446 à 461, 470 à 475
**Catherine Delvaux** : 282 à 301, 314 à 345, 382 à 445, 462 à 469, 478 à 495
**Patrick Mioulane** : 3, 10 à 15, 92 à 281, 496 à 499
**Michel Rocher** : 22 à 31, 34 à 45, 48 à 51, 56-57, 74 à 91

*Mise en pages*
**Nadine Grosvalet, Aris Lapeyre**

*Illustrations*
Photos : **© Agence MAP/Mise Au Point**
Stylisme : **Anne Valéry**

*Conseiller de la rédaction pour* **TRUFFAUT**
**Marc Gueguen**

*Coordination éditoriale*
**BORDAS**

Responsable d'édition **Catherine Delprat**
Édition et coordination **Agnès Dumoussaud**
avec la collaboration de **Cécile Edrei**
Index **Marie-Thérèse Ménager**
Conception graphique **Marie-Astrid Bailly-Maitre**
Couverture **Marie-Astrid Bailly-Maitre, Véronique Laporte**
Lecture-correction **Annick Valade**
assistée de **Madeleine Biaujeaud**
et **Françoise Moulard**
Fabrication **Isabelle Goulhot**

*Photogravure* : **Nord Compo**


Titre original : ***Balcons, fenêtres et terrasses - Encyclopédie TRUFFAUT***

ISBN 2-04-027231-3
Dépôt légal février 2002
Impression et reliure : PPO Graphic, 93500 Pantin (France)

*Garnir avec des plantes et des fleurs l'espace nu et rigide que constituent les balcons, les rebords de fenêtres et les terrasses est un acte capital pour l'embellissement de notre cadre de vie. Transformer un univers de pierre et de béton en jardin, c'est privilégier le vivant sur l'inerte, exprimer la beauté et la pureté. Si les 74 millions d'espaces fleurissables recensés aujourd'hui officiellement se paraient soudain d'une seule plante, même de la plus modeste des fleurs, l'environnement quotidien de la ville prendrait un air de fête. « Une plante, un arbre, une fleur, ça embellit la vie. » Ce slogan est vrai. Mais cela va encore plus loin. Fleurir une poterie, un bac, une jardinière, entretenir des plantes, les soigner, les faire prospérer, c'est adopter un comportement proche de la nature. Les innombrables exemples illustrés et les conseils pratiques des pages suivantes se veulent votre guide dans cette quête d'authenticité. Ils ont pour but de vous faire passer des moments délicieux de détente et de plaisir avec les plantes, vos plantes…*

# S O M M

# A I R E

1

# JARDINER SANS JARDIN

# GÉRER LES VOLUMES, LES FORMES ET LES COULEURS

*Le plus petit espace, même un simple pot, peut se transformer en jardin. Il suffit de respecter les principes d'équilibre des formes, des volumes et des couleurs qui régissent les lois de l'art paysager et de les appliquer en les adaptant au contexte. ✤ Décorer une jardinière pose, à une échelle réduite, les mêmes problèmes que l'aménagement d'un massif. Il faut éviter les alignements rigides et les discordances de couleurs, respecter le développement futur des végétaux, harmoniser les silhouettes, créer un rythme dans la disposition des plantes. ✤ Dans la pratique, c'est à la fois simple et compliqué. La simplicité vient de l'accessibilité des pots et des différents contenants, faciles à entretenir dans des positions souvent plus confortables qu'au jardin. ✤ Ils ne nécessitent pas une mise en œuvre lourde et, hormis le transport des sacs de terreau, en prendre soin ne demande guère d'efforts. En revanche, l'exiguïté de la surface disponible, le contexte artificiel de la culture en pots et en bacs, les conditions climatiques particulières rencontrées sur les jardins suspendus, génèrent des problèmes dont il faut tenir compte. ✤ Sur le plan esthétique, les décorations sur fenêtres, balcons et terrasses doivent être impeccables, car elles s'observent plutôt de près. Le manque de recul empêche souvent la vision panoramique de tout le décor. ✤ Vous allez inconsciemment découper visuellement la présentation en petites scènes distinctes. Chacune doit, pour vous séduire, exprimer une personnalité, un équilibre, une harmonie. C'est là toute la subtilité, car rien ne doit être laissé au hasard, avec un souci de la perfection dans les moindres détails. ✤*

*La décoration végétale du balcon ou de la terrasse se conçoit comme un véritable puzzle, où toutes les pièces, en apparence disparates, s'imbriquent les unes dans les autres pour finir par composer un ensemble homogène et harmonieux. Des notions subtiles, mais essentielles…*

*astuce Truffaut*

**Pour réussir la décoration d'un balcon ou d'une terrasse, il faut avant tout exprimer de la générosité. Quelques maigres potées éparses, même joliment plantées, ne peuvent garantir une bonne impression visuelle. Il suffit de les regrouper pour que tout change, car vous créez ainsi un effet de masse. Si vous n'avez pas les moyens de décorer l'ensemble du balcon, limitez-vous à la partie la plus en vue.**

▲ Potées et jardinières sont groupées pour un effet plus volumineux, en jouant sur les dégradés de hauteurs.

Décorer avec des plantes un balcon, une terrasse ou même une simple fenêtre, c'est composer un tableau en trois dimensions : largeur, hauteur et profondeur. Cette notion doit, en permanence, rester présente dans toutes vos interventions, parce qu'elle conditionne le résultat final et l'impression visuelle. Trop souvent, les balcons sont plantés de façon linéaire et ils donnent une impression de monotonie.

## Le volume avant tout

En tenant compte à la fois de la hauteur et de la profondeur, vous allez générer une impression de volume dans vos plantations. La solution pratique passe par la disposition des potées, des bacs et des jardinières sur plusieurs niveaux, avec le souci d'éviter les alignements monotones.

◄ Accrochez aussi des pots sur les palissades.

Cela conduit à utiliser des contenants de formes et de dimensions différentes et à les répartir, non sur une ligne, mais sur une surface. Ce conseil vaut également pour la décoration des rambardes. A priori, cet espace linéaire risque de conduire à une succession de jardinières réparties de manière très régulière, avec des plantations bien rangées de la plus grande banalité.

Il suffit de considérer chaque contenant comme un jardin à part entière avec son décor propre pour que tout change. Si, en plus, vous intercalez une poterie ronde ici, un bac carré là, vous animez le concept. Et pour couronner le tout, ajoutez une plante grimpante (même une annuelle comme la cobée ou le pois de senteur) pour apporter l'indispensable note de fantaisie. Des bacs plantés d'arbustes viendront rythmer la plantation et casser la ligne de la rambarde. Dans une même jardinière, pensez à créer un dégradé de hauteurs, en mélangeant différentes plantes. Le principe de base de la réussite consiste à jouer sur les associations qui vont éviter une impression d'uniformité. Mais, attention, tout est affaire de dosage et il faut en permanence tenir compte de l'harmonie. Elle se trouve rarement dans le fouillis, aussi, recherchez une certaine homogénéité, par le choix des couleurs et par la répétition éventuelle des motifs dans les jardinières.

▲ Créez du volume avec des plantes sur plusieurs niveaux.

▲ Ici, la générosité vient des plantes taillées en topiaires.

## La mise en scène

C'est l'art de disposer les différents éléments du décor et les plantations dans un ensemble harmonieux. La première des choses consiste souvent à surélever les contenants, surtout si vous manquez de recul pour regarder les plantations. Le regard du haut vers le bas (en plongée) a un effet écrasant. Les pots et les jardinières ayant tendance à exprimer une certaine exiguïté, l'impression de petitesse est accentuée. Il suffit de les surélever de quelques dizaines de centimètres avec une colonnade, une étagère, voire un pot renversé, pour que le décor prenne une certaine ampleur. Dans le même esprit, penser à accrocher des pots sur les murs aveugles, les palissades, les claustras. Disposés sur différents niveaux, ils vont créer un effet de cascade du meilleur effet. Pour l'accentuer, vous utiliserez des plantes à port retombant comme les géraniums-lierres, les bidens et certains hybrides de pétunias, par exemple. Dans la création d'un effet de volume, pensez au côté aérien des suspensions. Une pergola paraît bien raide jusqu'à ce qu'elle serve de support à un joli panier fleuri. Ce dernier vient occuper un espace d'ordinaire laissé libre, ce qui garantit un effet de générosité, sans oublier le mouvement dû au balancement sous le souffle du vent. Jouez aussi avec les plantes formées en topiaires qui donnent une structure à l'espace.

## Des plantations spectaculaires

On a l'habitude de dire que « La nature à horreur du vide », ce qui est vrai aussi pour le jardin sur terrasse et le décor des balcons. Vous devez ménager des espaces libres, notamment pour dégager l'accès à la maison et prendre un certain recul qui permettra d'apprécier la plantation dans sa totalité. En revanche, donnez une impression d'abondance en rapprochant les pots. Utilisez de grandes plantes pour créer un fond de verdure qui vous fera oublier l'environnement hostile de la ville, tout en mettant en valeur les fleurs du premier plan.

### FAIRE PARAÎTRE LE BALCON PLUS GRAND

Un décor de balcon trop touffu peut paraître oppressant à la longue. Si vous disposez d'une vue agréable sur l'extérieur, il serait dommage de vous en priver. Par certains artifices, en orientant le regard vers un point situé au-delà des limites du balcon, vous faites oublier le cloisonnement de la structure et ses frontières.

Il suffit pour cela de laisser une brèche ouverte parmi des plantations très abondantes, ou d'encadrer le balcon avec une pergola ou un arceau dont le centre constitue un point de fuite naturel pour l'œil. Le revêtement du sol peut aussi créer une perspective par son dessin aux lignes directrices (des chevrons par exemple). Il suffit aussi de renforcer les plantations sur les côtés et de dégager le centre pour que le regard glisse vers le lointain.

Les effets de volume avec des plantations verticales et des paniers donnent aussi une impression de grandeur, sans oublier les très jolis treillages en trompe-l'œil.

*Un effet de perspective bien réussi.* ▶

# CRÉER L'INTIMITÉ

*Véritables jardins secrets, la terrasse et le balcon s'ouvrent sur l'extérieur par de discrètes trouées subtilement aménagées dans les fleurs et la verdure. Ce sont des promontoires où l'on cherche à voir sans être vu, protégé des regards indiscrets et des vents frais par des palissades ou des claustras joliment décorés.*

▲ Des plantations élégantes et variées dissimulent au voisinage les occupants du balcon quand ils sont assis autour de la table.

*astuce Truffaut*

**Les écrans totaux sont à éviter, en raison de l'impression oppressante qu'ils génèrent, mais aussi de leur mauvais effet brise-vent. La brise passe au-dessus des panneaux imperméables à l'air, tandis qu'elle est ralentit quand elle passe au travers de mailles fines ou dans une végétation épaisse.**

◄ Un paillon posé verticalement cloisonne efficacement.

« Pour vivre heureux, vivons cachés », dit le proverbe. Si l'on donne le moindre crédit à ce principe, les propriétaires de balcons et de terrasses doivent être des gens heureux. En effet, il est rare que l'on ouvre largement vers l'extérieur les jardins suspendus. Ils servent plutôt de petits coins intimes, où l'on aime se détendre entre amis, à l'abri des regards indiscrets du voisinage.

Il est vrai que la disposition particulière du balcon et de la terrasse conduit obligatoirement vers une occultation partielle ou totale. Cela est dû en premier lieu à la présence indispensable, pour des raisons de sécurité, de la rambarde ou du parapet. Mesurant au moins 1 m de haut pour éviter que l'on puisse basculer par-dessus bord en se penchant, ces protections jouent naturellement un rôle d'encadrement et de délimitation du jardin suspendu.

## Les brise-vue

Se cacher n'est pas toujours l'obsession première du possesseur d'un balcon ou d'une terrasse. Quand l'environnement est peu avenant ou oppressant (présence de grands immeubles, par exemple), on a d'abord envie que le jardin sur balcon nous coupe du tumulte de la ville. On cherche à créer un petit coin de nature en se repliant sur soi-même dans un écrin de fleurs et de verdure. Pour ce faire, il faut utiliser des écrans totaux. Paillassons, paillons, canisses, brandes, claies en osier ou en bambous vous rendrons ce service, tout en évitant un effet de lourdeur, car ils sont constitués de matériaux naturels. Les éléments d'occultation en plastique sont efficaces et de longue durée car ils sont insensibles à la pollution et aux intempéries. En revanche, sur le plan esthétique, ils laissent plutôt à désirer.

## HABILLER LES MURS

Sur un balcon ou sur une terrasse, on recherche avant tout à obtenir une ambiance de jardin. Il est donc important de faire disparaître les murs alentour sous la végétation. Ainsi, la construction devient moins pesante et fait alors partie intégrante du décor végétal.

Sur le balcon, les murs étant très présents, il est le plus souvent nécessaire de mettre en place une armature en treillage afin que les plantes puissent trouver un support pour s'accrocher. Ce treillage doit être décoratif, car il sera visible en hiver. Utilisez des modèles à mailles carrées de 10 cm de côté. Ils sont standards mais élégants.

Si vous avez la possibilité d'effectuer une plantation en pleine terre sur la terrasse, optez pour les plantes grimpantes les plus vigoureuses et qui s'accrochent seules à leur support comme la vigne vierge, l'hortensia grimpant *(Hydrangea petiolaris)*, ou même le lierre. Le couvert végétal des murs personnalise la maison et lui donne du cachet. Il suffit simplement de veiller à ce que les longues branches ne soulèvent pas les tuiles du toit ou ne viennent pas boucher les gouttières. Taillez durant l'hiver pour égaliser les rameaux.

Hydrangea petiolaris *et vigne vierge en couvre-mur.*

*Menthe et clématite couvrent un treillage en bois.*

## Une profusion de plantes

Pour être agréable et décoratif, tout élément d'occultation visuelle doit se compléter d'un habillage végétal. Les plantes grimpantes et sarmenteuses sont bien sûr les compléments logiques des palissades, treillages et claustras. Mais pensez également à accrocher des pots ou des jardinières en appliques sur ces supports. Les modèles suffisamment solides peuvent aussi recevoir une potence sur laquelle vous accrochez un panier fleuri en suspension.

Pour un bel effet visuel, les parties construites ne doivent jamais apparaître comme dominantes dans le décor d'un balcon ou d'une terrasse.

Attention aussi à ne pas trop vous enfermer. Un effet d'écrin trop dense est vite étouffant. Il faut absolument que le soleil puisse pénétrer votre petit domaine afin de l'éclairer, de le réchauffer et d'y créer une ambiance conviviale. Tenez compte de l'orientation dans la disposition de vos protections. Enfin, n'oubliez pas de vous préserver obligatoirement un point de vue fuyant vers l'extérieur, si possible dans l'axe du regard quand vous êtes installé dans l'endroit que vous préférez.

## Les écrans partiels

Ces modèles laissent passer la lumière et permettent au regard de les traverser. De loin, ils donnent l'impression d'une occultation quasi totale. En revanche, il est possible, en s'approchant, de voir au travers. Cette particularité est le fait des claustras et des treillages dont les mailles ajourées servent de supports aux plantes grimpantes. Utilisez-les en priorité, car ils sont décoratifs et ne suggèrent aucun effet de lourdeur dans le décor. Les modèles en bois naturel traité par imprégnation sous pression sont à préférer, car ils ne nécessitent aucun entretien, contrairement au bois peint.

Un muret doublé d'une haie isole bien cette terrasse.

# BIEN DISPOSER LES POTS

▲ Un assortiment de pots regroupés en massif très varié.

*Si le choix des plantes influe sur le rythme de la décoration du balcon ou de la terrasse, il ne faut pas oublier le rôle des contenants, dont le matériau, les formes et les coloris définissent un style bien mis en valeur par la répartition de chaque élément dans le décor.*

**astuce Truffaut**

**Pour éviter la monotonie dans l'aspect général du balcon ou de la terrasse, répartissez les bacs et les pots de manière irrégulière, un peu comme si le sol était le massif, et chaque contenant une plante à mettre en place.**

Vous pouvez disposer des plus belles plantes de la création, vous ne parviendrez jamais à donner une impression d'élégance et d'harmonie à votre balcon ou à votre terrasse, si vous alignez les pots en rang d'oignons, sans chercher à les réunir dans un ensemble élégant et rythmé.

## Des formes et des volumes

Pots, bacs, vasques, jardinières faisant partie intégrante du décor, il faut appliquer à la disposition des récipients les mêmes règles que l'on impose aux végétaux, c'est-à-dire rythme, mouvement et fantaisie.
Le rythme s'obtient en évitant de mettre côte à côte des contenants identiques, hormis pour obtenir un effet de symétrie.
Le mouvement se révèle en utilisant des pots de volumes variés, dont les hauteurs diffèrent sensiblement.

Un ensemble de poteries habille l'angle d'une terrasse. ▶

La fantaisie est liée à la variété des formes, des finitions et des matériaux utilisés. Sans aller vers l'extrême qui consisterait à collectionner tous les styles de récipients, il est bon de varier les aspects en associant des poteries en bois et en plastique, tout en utilisant plusieurs sortes de terre cuite, dont le grain et la couleur vont varier, et en jouant

aussi sur les motifs ornementaux. Pensez aussi à créer des effets de couleurs en intégrant dans l'ensemble quelques poteries vernissées. Ces dernières nécessitent le plus souvent de passer l'hiver sous abri.

## La disposition sur le sol

C'est la plus courante, la plus banale aussi. Il faut l'éviter sur le balcon, car l'absence de recul va vous faire observer toutes les potées par-dessus. Les récipients de moins de 30 cm de hauteur sont écrasés par le regard et le décor perd de sa superbe.

En revanche, sur une terrasse, la disposition des potées sur le sol permet d'obtenir un lien esthétique entre le matériau du dallage et les plantations.

Les poteries disposées au sol doivent être plus ou moins espacées selon leurs dimensions, les plus petites étant rapprochées les unes des autres. Pensez à créer un rythme en disposant de plus petits récipients dans l'intervalle entre deux grands. N'alignez pas les contenants, mais disposez-les en quinconce en veillant à la possibilité de les apprécier individuellement, les uns après les autres. Pour cela, une disposition en dégradé de hauteurs est idéale.

### LES ÉTAGÈRES

**Idéales pour regrouper les petits pots sur plusieurs niveaux, les étagères connaissent une vogue accrue aujourd'hui. La plupart des modèles proposés pour le balcon ou la terrasse sont en fer forgé. Ils s'inspirent des créations des époques victorienne, puis « arts déco », qui avaient fait fureur à la fin du XIXe siècle et dans les années 20. On trouve aussi des étagères en lattis de bois, mais elles sont plutôt réservées à un usage intérieur, tout comme les modèles en rotin.**

**Certaines étagères sont constituées d'une armature métallique qui maintient horizontalement des plaques de polycarbonate transparent sur lesquelles on dispose les pots. Le défaut principal de ce système est de jouer le rôle de soucoupe, ce qui peut conduire à des excès d'humidité en période de pluies abondantes. Il vaut mieux préférer les étagères à claire-voie qui permettent une meilleure aération des racines. Le défaut de nombre d'étagères est de ne pas rendre possible la mise en place de pots de plus de 20 cm de diamètre, avec souvent des plantes qui se gênent les unes les autres. Préférez un modèle largement déporté et dont chaque étage est assez espacé.**

*Une étagère d'angle en métal, à trois étages.*

*Un modèle en demi-cercle et à quatre niveaux.*

## L'utilisation de supports

Colonnes, cubes, piédestaux, voire même pierres plates, constituent autant de moyens pour surélever les plantes en pots. Une telle position est indispensable pour mettre en valeur les végétaux à port retombant. Il est aussi utile d'employer ces artifices pour donner du volume. D'une manière générale, tous les récipients plats comme les coupes, les jarres ou les terrines gagnent à être surélevés. Attention, la hauteur du support doit présenter des proportions harmonieuses avec le contenant et ses plantations. Ainsi, une coupe ronde de 20 cm de hauteur, contenant des fleurs à port souple de 20 à 30 cm de hauteur, sera soutenue par un socle de 30 à 50 cm de hauteur. Si la coupe contient un arbuste de 50 à 60 cm de haut, il faudra limiter la hauteur du support à 20 cm environ. Faites des essais, c'est avant tout une question de coup d'œil et de sens des proportions. Il paraît incongru d'installer une toute petite coupe en haut d'un grand piédestal. À l'inverse, une plante fastigiée ne doit pas non plus être trop surélevée.

Une vasque doit toujours être posée sur un socle.

# LE CHOIX DES COULEURS

*La beauté d'un balcon ou d'une terrasse dépend beaucoup de l'art de marier les couleurs entre elles, en créant des harmonies apaisantes, des mélanges ou des contrastes stimulants. En choisissant vos coloris préférés et la façon de les associer, vous donnerez une personnalité à votre jardin en pots.*

*astuce Truffaut* **Évitez les mélanges de nombreux coloris qui donnent une impression de cacophonie, peu esthétique sur un petit espace vu de près. Pour une potée ou une jardinière, choisissez au maximum deux couleurs, auxquelles vous pouvez ajouter la proportion de vert et de blanc que vous souhaitez.**

▲ Ici, le vert met joliment en valeur les taches colorées et vives des fleurs de soleil *(Helianthus annuus)*.

Les fleurs et les feuilles vous en font voir de toutes les couleurs. Mais il n'est pas plus aisé de déterminer les combinaisons judicieuses de coloris qui habilleront votre balcon ou votre terrasse, que de réaliser le tracé de la structure. Apprenez à connaître l'expression de chaque couleur avant de les associer entre elles.

## Le vert, neutre et apaisant

Souvent très abondant mais rarement dominant, le vert est une couleur à part dans le décor : neutre et apaisante. Il se décline du vert le plus tendre des jeunes pousses et des feuilles naissantes au vert le plus sombre, presque noir, du feuillage de certains conifères. Pour mettre en valeur la grande diversité des dégradés et des nuances de cette couleur, associez des tons clairs à des nuances plus foncées. Jouez aussi sur les textures des feuilles en faisant voisiner des feuillages mats et brillants. Le vert s'associe délicatement à toutes les couleurs, froides ou chaudes. Il permet d'atténuer des coloris trop vifs.

◄ Le vert des feuillages accentue la sensation de calme.

▼ Pensez au contraste des formes et des textures.

## L'IMPORTANCE DES FEUILLAGES

Pour colorer fenêtre, balcon ou terrasse, les fleurs ne sont pas indispensables. Les feuillages, par leur variété de formes, de textures, de dimensions et de coloris, sont attrayants pendant des mois, parfois toute l'année. Les grandes feuilles apportent une touche d'exubérance et d'exotisme. Les feuilles droites et rubanées, graphiques, donnent une dimension verticale alors que les feuillages fins et découpés accentuent l'impression de légèreté. De nombreux feuillages naissent teintés de rose, de pourpre, de jaune, ou panachés mais ils perdent souvent ces marques en cours de saison. Au printemps, les jeunes pousses sont vert tendre, puis elles prennent des couleurs plus soutenues en été. Beaucoup de végétaux se colorent à l'automne. Tenez compte de ces évolutions quand vous réalisez potées et jardinières. Les feuillages persistants sont utiles pour constituer un décor de fond permanent ou pour masquer de façon durable les imperfections de l'architecture. Faciles à entretenir, ils s'apprécient plus en hiver, quand ils deviennent le principal centre d'intérêt.

Il forme de belles harmonies avec les jaunes et les bleus. À l'inverse, il contraste vivement avec le rouge, sa couleur complémentaire. Le vert n'est pas l'apanage des feuillages. Certaines fleurs peuvent présenter, mais rarement, ce coloris. Les alchémilles, les hellébores, certains tabacs d'ornement (*Nicotiana* x 'Lime Green' ou *Nicotiana langsdorffii),* des euphorbes vivaces *(Euphorbia polychroma, characias* ou *amygdaloides* var. *robbiae),* la molucelle et le zinnia géant à fleur de dahlia 'Envy' sont des plantes charmantes aux fleurs vertes. Elles s'intègrent facilement dans les compositions où elles permettent de créer une transition entre des couleurs plus contrastées. Le vert est aussi beaucoup utilisé pour le mobilier et les accessoires (pots, supports, arrosoirs, etc.), dont on souhaite la présence discrète. Ils se fondent ainsi plus facilement dans le décor végétal environnant.

## Le blanc, douceur et lumière

Autre couleur neutre, le blanc apporte une note de détente et de douceur. Inerte, il n'affecte pas les couleurs environnantes. Au contraire, il s'associe facilement avec n'importe quelle teinte soulignant son intensité ou sa délicatesse. Il apporte une luminosité et une brillance aux compositions florales, en particulier le soir quand les couleurs plus sombres s'estompent peu à peu pour devenir noires. Le blanc est très précieux pour les zones d'ombre qu'il éclaire en douceur. La blancheur des fleurs est vite écrasée quand l'ensoleillement est fort. Pour leur redonner un peu de texture et de matière, mettez les fleurs blanches en valeur avec un simple fond de feuillage vert. Elles se marient aussi très bien avec des feuillages argentés ou panachés de blanc. La teinte blanche se décline en une infinité de nuances, du blanc le plus pur au blanc crème. Il est possible de réaliser un décor monochrome. Pour cela, utilisez une large gamme de nuances et jouez sur les formes, les dimensions et les textures des végétaux pour éviter une certaine monotonie. Attention, vous risquez de vous lasser vite de cette ambiance monochrome et cette belle composition au charme raffiné exige des soins très réguliers. Vous devez absolument ôter les fleurs fanées qui prennent une vilaine teinte marron et qui altèrent très vite l'effet de pureté qui se dégage de l'ensemble. Le blanc est une couleur assez classique pour le mobilier, les treillages, les structures permanentes tels que les murs ou les contenants. Mais son éclat peut parfois monopoliser toute l'attention. Modérez son utilisation, surtout au soleil.

▲ Une composition raffinée à la douceur monochrome.

▲ Le blanc renforce l'impression lumineuse de la terrasse.

Les gris et les argentés se fondent avec le blanc. ▶

## Le jaune, chaleur et lumière

Perçu immédiatement par l'œil avant toutes les autres couleurs, le jaune est la plus lumineuse des teintes. Tonique et chaud, il est parfois violent, sans être agressif. C'est une couleur fréquente en hiver et au printemps, avec le renouveau de la végétation. Utilisé pour créer un bel effet de lumière dans une composition, le jaune s'emploie en situation ensoleillée, contrairement au blanc. Les fleurs et les feuillages jaunes s'harmonisent avec les verts plus atténués, les gris argentés et avec les brun-gris. Évitez les associations de jaune et de rose pâle, altéré et écrasé par la force de l'or. Vous obtiendrez d'excellents résultats en mariant des couleurs complémentaires à du jaune, du bleu ou du violet. Le contraste obtenu est très harmonieux, à condition de faire dominer le jaune dans une proportion de 2/3 à 3/4.

## L'orangé, chaleureux et tonique

Ce coloris chaud et voyant résulte du mélange de deux couleurs primaires : le jaune et le rouge. Riche et intense, l'orangé s'associe difficilement aux autres teintes avec lesquelles il réagit souvent violemment. Les coloris orangé vif sont parfaits pour la fin de l'été et l'automne. Associez-les à des feuillages cuivrés et à des floraisons chaudes dans les tons de violet, de jaune ou de rouge. Vous pouvez atténuer la vivacité d'un orangé, en le mariant à des plantes aux feuilles et aux floraisons crème ou bronze. Les tonalités pastel de cette couleur gagnent en subtilité et en douceur, tout en conservant un aspect chaud, agréable. Le crème ou le bronze réveille les endroits un peu sombres mieux que ne le feraient des teintes blanches. Difficiles à mélanger, ces tonalités s'accordent très bien avec les jaunes tendres, les roses lavés de jaune, ou les feuillages dorés.

◀ Très dynamique, le rouge s'utilise surtout en été.

## Le rose, douceur et féminité

Cette couleur résulte d'un mélange de rouge et de blanc. De ce fait, on distingue deux grandes familles de tons roses, suivant que le rouge d'origine contient du bleu (cela donne des roses frais ou des rose lilacé) ou du jaune (pour des roses saumonés plus chauds). Teinte de charme évoquant la douceur, la délicatesse et la tendresse, le rose est apaisant. Il existe une infinité de nuances, pas toujours faciles à distinguer au premier coup d'œil et ce, d'autant plus que le coloris évolue en fonction des variations de l'environnement. Le rose s'associe au mieux avec le blanc et le mauve. Ces teintes claires et assorties s'entremêlent dans un ensemble pastel charmant. Quelques fleurs roses plus sombres renforceront la composition que le soleil trop ardent pourrait rendre insipide. Les fleurs roses ressortent peu sur un feuillage vert qui atténue leur éclat. Mais vous pouvez les mettre en valeur avec des feuilles pourpre foncé, grises ou blanc argenté. Le mariage avec les rouges est beaucoup plus difficile.

## Le rouge, éclatant et agressif

C'est souvent la couleur qui ressort le plus dans une association végétale. Cru et provocant, le rouge domine et attire l'œil. Utilisées par petite touche, les fleurs rouges, vibrantes, relèvent une composition sans attrait. Il existe deux grands groupes de rouges. Les écarlates et les vermillons, aux nuances chaudes, contiennent une part de jaune, tandis que les carmins, aux nuances plus froides teintées de bleu, tendent vers le violet. Dans une jardinière de fleurs rouges, il est préférable de marier des teintes saturées, choisies dans l'un ou l'autre groupe uniquement, car l'association de carmin et de vermillon est du plus mauvais effet. Complétez le décor avec des feuillages gris, bronze ou rouge sombre, ces derniers devant être éclairés et adoucis par des verts francs. Les tonalités prune, bordeaux et grenat ont un aspect plus éteint que le rouge vif. Elles font bon ménage

▼ Les roses s'accordent bien avec les petits coins repos.

avec les fleurs roses, les feuillages argent ou vert vif et elles s'intègrent facilement dans des compositions multicolores. Essayez de les marier avec des feuillages panachés vert pâle et jaune ou gris, c'est superbe. Pensez à jouer avec les textures des feuilles, veloutées, brillantes ou mates pour un plus grand raffinement.

▲ Chaud et lumineux, le jaune est l'ami du soleil. Il apporte un sentiment de gaieté et réchauffe les autres teintes.

## *Le bleu et le violet, subtils*

Ces couleurs froides mais reposantes manquent souvent de luminosité et d'éclat, surtout quand elles sont associées à du vert. Pour donner un peu plus de gaieté à ces teintes, mariez-les à des couleurs chaudes et toniques tel que le jaune. Les floraisons bleues ressortent mieux sur des feuillages dorés ou gris argent. Attention, le bleu est vite écrasé par un excès de lumière en été. Le violet est, avec le pourpre, la teinte la plus foncée qui soit. Cette nuance assez effacée assombrit beaucoup les compositions où elle est insérée, donnant le meilleur d'elle-même quand elle se trouve isolée. Recherchez un effet de masse dans une potée ou dans une jardinière. L'association de violet foncé et de rouge vif est très tonique. Réservez-la pour les potées décoratives en été ou en automne. Une masse de fleurs bleu foncé peut être éclairée par une ou deux plantes à la floraison orange chaud. Pour créer une harmonie plus douce, groupez le violet avec des tons lilas ou lavande, du bleu et des roses bleutés, mais attention aux subtilités des différents niveaux de bleus. Deux teintes voisines mais différentes peuvent se nuire. En général, les violets doux passent inaperçus. Il faut les placer avec d'autres teintes non agressives. Si vous souhaitez introduire du bleu sur le balcon ou la terrasse de façon durable, pensez au mobilier et aux accessoires. Un treillage, une tonnelle, une pergola, un banc ou un salon de jardin peints en bleu peuvent devenir des décors somptueux. Faites des essais de tonalités à la lumière du jour, sur un grand morceau de carton, avant de peindre le mobilier.

▼ Il existe une infinie variété de bleus et de violets.

### ASSOCIER LES COULEURS

La palette des couleurs est riche, mais la retenue est de mise sur un petit espace. Même si vous mélangez plusieurs couleurs, donnez une dominante à vos compositions. Il est préférable qu'une même teinte couvre la moitié ou le tiers de la surface totale de la potée ou de la jardinière. Les mélanges où dominent les teintes pastel donnent une impression de calme, à rechercher pour un coin repos. Au fil des saisons, variez et changez les couleurs de votre décor.

En hiver et au printemps, jouez avec les bleus, les roses, les blancs et les jaunes. En été, privilégiez les rouges, les jaunes, les roses riches ou les orangés. L'automne est l'époque des violets, des rouges chauds, des orangés, des cuivrés et des dorés, que vous trouverez en abondance parmi les chrysanthèmes et les bruyères, au feuillage changeant.

◄ *Le jaune, le bleu et le rose sont des tons très printaniers.*

# STRUCTURER ET AMÉNAGER

*Un jardin suspendu ne révèle pas sa personnalité à travers ses seules plantations. Le végétal est une présence indispensable, presque normale. ❀ On ne s'étonne pas de sa profusion sur le balcon, elle est même nécessaire. ❀ Mais, sans la mise en place de structures bien construites, une abondance de plantes est inutile car elle crée vite le désordre. Un jardin sur le balcon ou sur la terrasse se comporte comme une parure. ❀ Il faut commencer par habiller l'architecture, lui donner une certaine unité, pour ensuite la décorer de plantes et de fleurs. Les plus petits détails ont de l'importance, car ils contribuent à donner une impression d'unité qui aboutit à l'harmonie. ❀ C'est ainsi que tous les éléments de structure gagneront à être choisis dans le même matériau. On utilise de plus en plus le bois, matière vivante, chaude, élégante, raffinée, souple d'emploi et d'une longévité très satisfaisante quand un traitement à cœur a été effectué. ❀ Le bois peut se retrouver dans les palissades, les brise-vent et brise vue, en couverture du sol, dans les pergolas, les rambardes et le mobilier de jardin. ❀ Tous ces éléments transforment vraiment le balcon en jardin, car ils le construisent, en définissent les lignes et jouent sur les volumes. Même sur les toutes petites surfaces, il faut prévoir un minimum de structure, ne serait-ce que pour masquer l'appartement voisin, se mettre à l'abri du vent, ou tout simplement accrocher un panier fleuri. ❀ Sur une terrasse, l'aménagement structurel prend des proportions souvent importantes qui entraînent un investissement non négligeable. Il ne faut jamais le traiter à la légère, quitte à réaliser les travaux par étapes successives. ❀ Prenez votre temps, optez pour la qualité et une mise en œuvre impeccable. Il en va de votre bien-être futur et du plaisir que vous éprouverez à passer du temps dans un univers fleuri et confortable. ❀*

# LES PERGOLAS

*Éléments de décor qui donnent du volume et de la prestance au balcon ou à la terrasse, les pergolas servent aussi à fournir un ombrage agréable en été.*

Sur un petit balcon, la pergola sert d'encadrement au décor, tout en lui donnant du volume et un certain prestige.

***astuce Truffaut***

**Sélectionnez une pergola en bois traité en profondeur par imprégnation, afin de réduire son entretien au maximum. Une application de lasure incolore tous les 3 à 5 ans sera suffisante pour lui garantir une longue vie. Si vous avez peint votre structure en bois, un ponçage suivi de deux nouvelles couches de peinture sera indispensable tous les 5 ans environ, selon le climat. Les parties métalliques demandent à être poncées et repeintes tous les 10 ans. Seuls les modèles en aluminium ne demandent pratiquement pas d'entretien.**

Les montants de la pergola peuvent être en brique.

Les pergolas se caractérisent par leur légèreté. Ce sont des petites constructions dont la charpente, composée de poutres horizontales ou en arc de cercle, repose sur des piliers. La pergola peut se résumer à une arche simple ou être associée à des treillages et des claustras pour former un ensemble plus complexe. Elle se distingue de la tonnelle par une structure moins arrondie et une fabrication le plus souvent en bois.

## De multiples utilisations

La pergola se veut accueillante. Son architecture élancée crée une envolée dans un espace le plus souvent réduit et compense les formes trop horizontales du balcon ou de la terrasse, en équilibrant les volumes. La pergola sert de support aux plantes grimpantes, dont les branches volubiles s'enroulent autour des poteaux pour former un jardin vertical qui donne une nouvelle dimension à la terrasse. Ainsi couverte, elle devient protectrice, vous garantissant du vent ou du soleil trop chaud. La pergola contribue aussi à créer un coin repos ou repas. Dans son intimité, vous pourrez bénéficier de la chaleur estivale sans subir les assauts des rayons d'un soleil trop direct. La pergola vous procure un havre de tranquillité et de confort, que vous apprécierez pour vous prémunir du vent dominant, toujours plus agressif en hauteur qu'en rez-de-jardin.

La pergola contribue à agrémenter le profil d'une terrasse, en jouant sur les volumes et les formes. Pour couper un rectangle aux angles trop droits, des chevrons disposés en biais modifieront la perspective. La pergola permet aussi de masquer un mur aveugle ou abîmé en s'adossant dessus, avec la complicité d'un treillage ou d'un claustra, qui recevront aussi une couverture végétale.

Vous pouvez créer un décor au gré de votre fantaisie, les éléments de construction étant vendus en kit et pouvant s'assembler entre eux sans problème. Tout dépend de la place dont vous disposez. Ne chargez pas trop votre terrasse ou votre balcon en les faisant disparaître sous un amoncellement de poutres et de poteaux. La pergola doit rester sobre, élancée, ce qui ne l'empêchera pas d'être solide et bien ancrée, pour résister aux vents violents dans les étages élevés. Les poutres verticales peuvent être doublées ou disposées en carré afin de servir de support de base à des bacs à fleurs.

## Les matériaux

Une pergola peut être réalisée en bois, en fer ou en aluminium. Les montants verticaux sont parfois construits en pierre, en colonnes rondes ou carrées. Il faut les réserver aux terrasses de plain-pied, en raison de leur poids. Dans le même esprit, mais pour un résultat plus rustique, on peut aussi bâtir des montants en brique.

Les modèles en bois sont les plus courants. Leur installation ne demande pas de compétence particulière, leur poids n'est pas excessif. Ces pergolas sont proposées en kits modulables prêts à monter qui permettent de nombreuses combinaisons.

Les éléments en bois compatibles s'assemblent entre eux au moyen d'encoches prétaillées. Ils sont fixés par des vis inoxydables. Vous pouvez leur associer des éléments de treillage ou de claustra. Respectez certaines dimensions : une hauteur de 2,10 m à 2,70 m, au-delà, l'équilibre ne serait plus respecté par rapport aux constructions environnantes.

▲ La pergola moderne, en éléments à monter soi-même.

▲ Une réalisation en bois, avec pergola d'angle en étoile.

### LE MONTAGE D'UNE PERGOLA

Ne pouvant pas creuser un trou dans le sol pour y enfoncer les éléments verticaux, vous aurez recours à des pièces métalliques de fixation. Si la pergola est adossée à un mur, des pattes à scellement en L ou en U seront vissées ou scellées dans le béton ou la pierre, à égales distances. Pour une construction sans appui, il existe des platines carrées en métal, supports creux dans lesquels vient s'encastrer le poteau. Ces platines doivent être solidement ancrées dans le sol. Veillez à la bonne verticalité des éléments et à la solidité des scellements. Optez pour de la visserie galvanisée, qui aura une meilleure résistance aux intempéries. La pergola ne doit pas dépasser la hauteur de l'étage qui l'accueille et s'harmoniser avec les ouvertures, portes et fenêtres, donnant sur le balcon ou la terrasse. Les traverses horizontales reliant les poteaux ont une longueur de 2,10 m à 2,20 m, ce qui permet d'assurer une assise suffisante pour résister aux vents. Les poteaux auront un diamètre de 7 à 10 cm, les traverses se contentant d'une largeur de 5 cm. Travaillez à deux, c'est plus facile.

▼ *Les montants sont vissés sur la base.*

▼ *Il faut percer les entretoises.*

▼ *Mieux vaut être deux pour la pose.*

# CLAUSTRAS ET TREILLAGES

*Destinées à créer des séparations ou posées en habillage sur les murs, ces constructions ajourées jouent un rôle décoratif de premier plan sur un balcon ou sur une terrasse. Il en existe de nombreux modèles qui se marient avec tous les styles et font d'excellents supports pour les plantes grimpantes.*

▲ Les treillages servent aussi d'éléments décoratifs pour habiller les murs, voire les colonnes porte-pots.

*astuce Truffaut*

**Ne laissez jamais un mur nu sur le balcon ou sur la terrasse. Habillez-le d'un treillage afin d'obtenir un effet décoratif et limiter les problèmes de réverbération des rayons solaires. Les modèles à mailles de 5 cm de large sont parfaits.**

Les claustras sont des éléments plats à parois ajourées qui forment une clôture dont le but est surtout décoratif. Cette cloison sert également de brise-vent et de brise-vue. À l'origine, les claustras étaient construits en céramique, en brique, en béton ou en poterie. Pour qu'ils restent esthétiques, leur largeur ne doit pas dépasser 10 à 15 cm de côté, d'où une charge au m$^2$ concentrée sur une petite surface, ce qui est difficilement supportable sur une terrasse ou un balcon. Il est donc préférable de réserver les modèles en dur aux terrasses de plain-pied.

## DES MODÈLES POUR TOUS LES GOÛTS

Claustras et treillages peuvent être réalisés sur mesure, à la demande, mais il existe aussi des panneaux prêts à poser. Vous avez le choix entre des assemblages de lattes espacées d'environ 10 cm chacune et pouvant être positionnées en carré ou en losange. Ce type de dessin convient parfaitement pour installer une plante grimpante. Vous pouvez également opter pour des panneaux en matériaux naturels : brandes, canisses, lattis de bois, bambous, tresses d'osier ou de rotin, etc. Il existe aussi des treillages à mailles plastiques. Leur intérêt réside dans leur facilité de mise en place et leur légèreté. La créativité n'a pas de limite dans ce domaine et vous pouvez faire appel à un paysagiste si vous cherchez l'originalité.

▼ *Une jolie palissade en osier tressé.*

▼ *Le bambou donne une note exotique.*

▼ *Un claustra en grosses lattes de bois.*

▼ *Un treillage assemblé à mi-bois.*

Le problème de poids a été résolu par les claustras en éléments modulables, en bois ou en plastique. Il s'agit de panneaux qui peuvent être posés comme des cloisons indépendantes, avec fixation au sol, ou s'assembler avec d'autres éléments, notamment des pergolas. Certains modèles sont assortis d'une jardinière à la base. Cela permet une bonne assise et la possibilité d'intégrer des plantations. Les catalogues de mobilier en bois emploient peu le terme de claustras, parlant de panneaux ou de brise-vent. Il s'agit en fait du même produits.

## Les treillages

Il s'agit d'un assemblage de lattes imitant les mailles d'un filet. Les treillages peuvent être réalisés en différents matériaux : bois naturel ou lasuré, sapin ou essences exotiques, bambou, plastique. Une large gamme de coloris est disponible pour s'harmoniser avec l'environnement. Vous pouvez, s'ils sont suffisamment rigides, utiliser les treillages pour la fabrication de claustras.
Ils sont proposés en panneaux fixes à mailles en carré ou en losange. Leurs dimensions varient de 0,30 m à 2 m de large et de haut. Il existe aussi des frontons en arc de cercle, des trompe-l'œil, des formes rondes du type œil-de-bœuf ou des triangles. Mariez-les à votre guise, tous les modèles étant compatibles entre eux.
Présentés sous une forme extensible, les treillages prennent le nom de croisillons. Ils peuvent se déplier à volonté, pour réaliser des mailles en losange ou en carré. L'avantage des croisillons est de pouvoir s'adapter à la largeur du mur à décorer.

## La pose des treillages

On peut adosser directement le treillage sur le support, à l'aide de vis chevillées, ce qui rend le panneau solidaire de la construction, ou l'accrocher avec des pattes de fixation. Cette dernière solution permet de décrocher le treillage pour son entretien. C'est, à notre avis, la solution la plus souple, elle permet de modifier le décor sans risquer d'abîmer le mur. Le treillage gagne à être séparé du mur de quelques centimètres, à l'aide d'entretoises de 5 cm d'épaisseur, vissées directement dans le mur. Ce système facilite la pousse des plantes grimpantes dont les branches souples peuvent s'enrouler autour des mailles. Côté entretien, il faut prévoir le ponçage et la peinture des panneaux de treillage tous les 10 ans. Les modèles en bois exotique naturel durent davantage.

▲ Un treillage en trompe-l'œil donne de la profondeur.

▲ Des losanges en bambous décorent un mur aveugle.

▲ Un céanothe habille joliment un treillage à croisillons.

### L'ÉCLAIRAGE, UN POINT FORT

Prolongez vos séjours sur le balcon ou la terrasse en installant un éclairage extérieur. L'endroit demande une luminosité forte qui ne peut être obtenue qu'avec un courant de 230 V. Cela implique certaines précautions d'installation. Sur le tableau électrique, placez un différentiel réservé à l'extérieur. Posez aussi un interrupteur général avec témoin lumineux. Choisissez des luminaires estampillés aux normes NF ou CE, parfaitement protégés contre les infiltrations d'eau. Ils portent un ou deux triangles avec une goutte d'eau en leur centre.

▲ *Effet magique d'une terrasse éclairée la nuit.*

*Un balcon ou une terrasse invitent au farniente et à la rêverie parmi les plantes. Pour profiter de votre environnement fleuri, il existe une gamme très étendue de meubles d'extérieur, dans tous les styles et à tous les prix, adaptés à ces surfaces réduites.*

*astuce Truffaut*

**Avant l'achat d'un salon de jardin destiné au balcon, il faut résoudre le problème du rangement. En effet, on n'utilise guère ces meubles plus de quatre mois par an (de juin à septembre). Le reste du temps, il est préférable de laisser le balcon dégagé afin de profiter au mieux du décor floral. Pour une solution gain de place, adoptez des meubles pliants.**

▲ Les meubles de jardin en teck s'adaptent à tous les styles en raison de leur sobriété. Ils sont insensibles aux intempéries.

Côté meubles d'extérieur, d'innombrables formes et divers types de matériaux pourront satisfaire votre goût. La tendance va vers un mobilier qui puisse être utilisé aussi bien à l'extérieur qu'à l'intérieur.

En général, la terrasse est suffisamment grande et dégagée pour accueillir un salon de jardin classique. Sur le balcon, optez pour des articles pliants, faciles à ranger. Pensez aussi à l'entretien. Le bois exotique se traite à l'huile de teck. La résine peut être ravivée grâce à des produits en aérosol, ou par un nettoyage à l'eau savonneuse. Quant au métal, il nécessite, tous les 4 ou 5 ans, un bon ponçage suivi d'une nouvelle couche de peinture. Les meubles pliants seront soigneusement huilés aux charnières avant le stockage hivernal.

À conditions d'être choisis de bonne qualité et d'être bien entretenus ensuite, ces meubles vous serviront longtemps. Seules les plus grandes marques garantissent un suivi dans le temps de leurs modèles.

▼ Un fauteuil en rotin doit être rentré à l'abri l'hiver.

◄ Le mobilier métallique connaît un grand succès.

## Le bois, élégance et douceur

C'est le matériau noble par excellence, qui s'intègre bien parmi les végétaux. Les fabrications se font dans différentes essences : pin, sapin, hêtre, bois exotiques comme l'iroko ou l'asobé et le teck des forêts asiatiques. Ce dernier est toujours proposé en finition naturelle, de couleur ambrée. Au fil des ans, il acquiert une teinte grise qui n'altère en rien son imputrescibilité. Pour conserver sa couleur d'origine, appliquez chaque année une huile protectrice avec un chiffon doux. Côté qualité, un meuble chevillé est plus solide qu'un assemblage collé ; un bois sans nœuds présente un fil serré dont les bords ne risquent pas d'éclater.
Les bois d'essences européennes sont proposés en finition naturelle ou peinte. Ces derniers nécessitent, tous les 2 ou 3 ans, un sérieux ponçage suivi de deux bonnes couches de peinture.

## La résine, facilité d'entretien

Les grandes marques réalisent un travail qualitatif qui permet d'obtenir un mobilier durable. Optez pour des modèles lourds pour obtenir une bonne assise. Appuyez fortement sur la partie plane du siège. Si les pieds s'écartent sous votre pression, sa durée de vie risque de ne pas dépasser une saison. Les meubles en résine présentent deux avantages : la légèreté, qui les autorise sans problème sur les balcons, et l'absence quasi totale d'entretien.

## Le métal, créativité

Le mobilier en fonte ou en fer forgé revient à la mode. Les prix sont souvent plus élevés que ceux des meubles en bois ou en résine mais le choix des styles est vaste, avec une personnalité bien affirmée. L'entretien se résume à une nouvelle couche de peinture tous les 5 ou 6 ans sur les meubles en fer. Ceux en fonte ou en aluminium ne demandent pas de soins particuliers. De nombreux modèles sont pliants, comme les anciennes chaises de square. Vous trouverez des fauteuils où métal et bois sont associés, le piètement étant réalisé en acier ou en fer, les accoudoirs et le dossier en bois noble.

## Les parasols

En l'absence d'un store sur votre balcon ou sur votre terrasse, vous aurez recours à un parasol. Celui-ci doit être suffisamment large pour être efficace, mais aussi stable et bien ancré sur son socle. La puissance du vent dans les étages ou sur un toit requiert des précautions plus importantes que dans un jardin. Les modèles à mât décentré présentent l'avantage de dégager une surface plus grande et de pouvoir s'accrocher au mur. Il existe aussi un parasol à fixation murale, dont la toile se rabat contre le mur, une fois repliée. Les mâts sont le plus souvent en bois exotique. Des armatures en aluminium sont intéressantes pour leur solidité, leur légèreté et leur grande facilité d'ouverture.

### OSER LA COULEUR

**Sur le balcon, il est possible de privilégier le côté décoration du mobilier, car il est aisé de rentrer celui-ci après chaque utilisation pour le soustraire aux intempéries. Vous pouvez, comme sur notre exemple, opter pour des meubles en rotin que vous peindrez vous-même pour créer une note de couleur originale. Il existe aussi des modèles déjà colorés qui personnalisent bien l'environnement. Cette option couleur peut aussi être réalisée avec les meubles métalliques, disponibles aujourd'hui dans une large palette. Les couleurs vives sont gaies et inattendues. Il ne faut toutefois pas en abuser, afin que l'ensemble ne devienne pas criard. Limitez donc les effets de couleur à un seul meuble.**

▼ *Une harmonie colorée entre le fauteuil et le bac.*

▼ Les salons de jardin en résine sont assez bon marché.

▼ La tendance est aux grands parasols en toile de lin.

▼ Le métal permet de créer des motifs très décoratifs.

▲ Une jolie statue renforce le côté romantique d'un balcon habillé de treillages en bois. Choisissez un modèle dont les traits sont finement ciselés dans une pierre au grain fin.

*Il suffit souvent d'un petit rien pour donner de la personnalité ou pour créer une ambiance sur un balcon ou sur une terrasse. Beaucoup d'objets décoratifs peuvent être utilisés. Choisissez-les avec soin et placez-les à bon escient.*

*astuce Truffaut*

**À moins de vouloir créer un effet spectaculaire défini à l'avance, mieux vaut laisser découvrir les objets décoratifs au dernier moment pour ménager un effet de surprise. Nichez, par exemple, une statuette au milieu des pots. C'est superbe !**

Les accessoires décoratifs restent présents toute l'année, contribuant à la personnalisation de votre espace. Évitez les articles en acier mal traité contre l'oxydation, les bois trop tendres, les matières gélives.

Ne surchargez pas le décor et préférez l'originalité, la qualité à la quantité. C'est votre image de marque, le reflet de votre caractère et de votre comportement.

## Les objets décoratifs

Ils commencent avec les coussins posés sur le mobilier. Les coordonnés sont à la mode : un dessin de la facture, par exemple, se retrouvera sur tous les éléments, y compris sur la nappe et les sets de table.

Accrochés au mur, thermomètre, baromètre ou hygromètre vous fourniront, en plus de l'aspect décoratif, des indications précieuses sur la température ou la prévision du temps. Si votre terrasse est bien exposée, un cadran solaire en pierre reconstituée ou en métal est un élément de choix. Assurez-vous qu'il est bien exposé plein sud et laissez-le libre de toute végétation, pour que le soleil l'atteigne correctement.

Paniers, corbeilles en osier et autres objets de vannerie ont une bonne tenue en plein air. Ils font également de jolis décors.

Attirez les oiseaux du voisinage en disposant une mangeoire, accrochée au mur. Vous aurez soin de renouveler les graines, surtout en période hivernale.

Pour présenter des pots de petite taille, choisissez des étagères en fer, comme celles que l'on trouvait jadis dans les boulangeries. Vous en découvrirez dans les brocantes ou chez certains fabricants qui copient des modèles anciens.

Ce panier de fruits en terre cuite accompagnera avec délicatesse des poteries de même ton. ▶

Les formes d'animaux en pierre ou en bronze sont très à la mode.

Parmi les autres accessoires décoratifs, pensez aux innombrables statuettes qui sont proposées par les jardineries. La mode est aux modèles en pierre ou en fonte qui représentent des animaux de toutes sortes.

## Le coin des enfants

Sur un balcon, il faut veiller à la sécurité des enfants d'une façon plus attentive que sur un rez-de-jardin. Vous éviterez les risques de chute de jouets ou d'objets en occultant les rambardes avec des canisses ou un écran total. Sur 1 m², vous pouvez installer, pour les plus jeunes, un petit bac à sable décoratif de 20 cm de profondeur. Posez-le sur une large feuille de plastique, afin de pouvoir récupérer les grains de sable projetés à l'extérieur du bac.

Décorez le coin réservé aux enfants en le délimitant par des bacs de fleurs ou de conifères ou par un claustra. L'occultation ainsi réalisée leur permettra d'avoir un petit univers bien à eux, mais sa hauteur ne devra pas vous empêcher de pouvoir les surveiller. Offrez-leur des jeux que vous pourrez ranger facilement.

Le cadran solaire est très élégant sur une terrasse.

## L'aire de repos

Des sièges, une table basse, une desserte roulante vous incitent à la détente et à la contemplation des plantes. Ces objets font partie du décor général du balcon ou de la terrasse et ils influencent son style. Ils doivent s'y intégrer avec discrétion. Pour un plaisir total, pensez au hamac que vous pouvez accrocher aux poteaux de la pergola ou fixer sur des supports métalliques indépendants. Il apportera une note d'exotisme à votre décor.

## Les miniserres

Si vous ne disposez pas d'une véranda pour abriter les plantes frileuses en hiver, pensez à installer une mini-serre sur le balcon. Certains modèles en bois, en verre et en métal sont assez esthétiques. Pour les semis, il existe aussi de très jolies petites serres inspirées de modèles anciens, à poser sur une table. Vous y ferez démarrer vos plants très tôt.

Originales et amusantes, des chouettes en terre cuite.

### L'EAU DANS LE DÉCOR

Une petite fontaine, un contenant servant de bassin donnent de la vie et du mouvement. Un robinet d'arrêt avec un purgeur servira à vidanger le circuit pour le mettre hors gel. Une pompe électrique immergée permettra le recyclage de l'eau en circuit fermé et alimentera un petit jet d'eau qui attirera les oiseaux. Copiées sur des moules anciens, des fontaines en fonte avec robinet de style permettent d'habiller le mur à l'emplacement de l'arrivée d'eau. Vous pouvez créer un bassin en coupant en deux un tonneau dans le sens de la largeur. Renforcez les cercles de métal sur la partie haute pour mieux maintenir les lattes de bois que vous protégerez avec un produit hydrofuge.

*Les demi-tonneaux font de beaux bassins.*

Jolie et pratique, une petite étagère métallique.

Une statue est nichée au milieu d'un groupe de pots.

# LES REVÊTEMENTS DE SOL

*L'impression générale que l'on ressent à la vue d'un balcon ou d'une terrasse est due à l'harmonie de tous les éléments dont ils sont constitués. À cet égard, le sol joue un rôle bien plus important qu'il n'y paraît, intervenant dans la mise en valeur des plantations et dans l'aspect esthétique du décor.*

*astuce Truffaut*

**Utilisez des matériaux légers pour le sol d'un balcon ou d'une terrasse de toiture. En effet, il serait dommage d'être obligé de réduire les plantations à cause du poids excessif d'un dallage, par exemple. Il suffit souvent de peindre la dalle de béton en brun ou en vert pour obtenir un résultat satisfaisant.**

Les caillebotis en bois conviennent idéalement pour les terrasses modernes où ce matériau domine.

Le gazon synthétique est léger et d'un entretien facile.

Les revêtements de sol assurent l'étanchéité, contribuent à la décoration et à la finition, tout en permettant une circulation aisée sur le balcon ou la terrasse. Les matériaux utilisés seront faciles d'entretien, non glissants et résistants aux intempéries. Le choix s'effectue en fonction de vos goûts, de l'harmonie d'ensemble et du budget dont vous disposez.

## Le bois, moderne et chaleureux

Dans certaines régions, les balcons sont réalisés en lattes de bois, ce qui ne manque pas d'élégance. La durée de vie peut être supérieure à 20 ans pour certains bois exotiques ou pour le pin traité à cœur par imprégnation. Attention, celui-ci devient glissant par temps de pluie. Nous vous conseillons d'utiliser des dalles de bois (caillebotis) : carrées ou hexagonales, elles mesurent 40 ou 50 cm de large. Le caillebotis se pose sur la chape de béton ou se visse sur des poutres de soutènement. Le bois est très esthétique, toutefois son prix de revient au mètre carré est assez élevé.

## La pierre, inusable mais lourde

Ce superbe matériau naturel prend un aspect raffiné en se patinant avec le temps. Pour une terrasse, la pose se fait toujours sur une dalle de béton. Une épaisseur des dalles de 15 à 20 mm sera suffisante. En

### L'ENTRETIEN DES CARRELAGES

Un puissant jet plat élimine les traces de terre.

**Hormis le gazon synthétique, tous les revêtements de sol utilisés sur le balcon ou la terrasse se nettoient de préférence au jet d'eau. Vous pouvez utiliser un nettoyeur haute pression qui va extraire les impuretés des moindres irrégularités du dallage. Évitez dans la mesure du possible d'employer des détergents, ce sont des produits très mal acceptés par les plantes.**

**En revanche, il peut être utile d'appliquer de temps en temps un produit contre les mousses et les lichens, car ces plantes rendent les carrelages glissants. Les caillebotis doivent être démontés une fois par an, de préférence au début du printemps, afin de nettoyer tout ce qui se trouve dessous (feuilles mortes, terreau, impuretés diverses).**

raison de son poids, la pierre est réservée au dallage des rez-de-jardin. Préférez la présentation en opus romain (morceaux carrés ou rectangulaires) qui, une fois appareillée, est beaucoup plus élégante que l'opus incertum (blocs très irréguliers).

## Le béton, un prix attractif

Vous pouvez vous contenter de laisser le béton d'origine, brut de décoffrage. Mais il se désagrège rapidement, absorbe la poussière et manque d'esthétique, à moins d'être peint. Les dalles de béton, d'un bon rapport qualité-prix, représentent une alternative intéressante. À l'état brut, elles sont de couleur grise et se patinent au fil des ans, prenant l'aspect de la pierre.

Le dallage en pierre est très chic pour un rez-de-jardin.

## La brique, rustique et durable

La plus utilisée est dite « de Vaugirard », qui mesure 11 x 22,5 x 5,5 cm et présente une jolie finition flammée. La brique est uniquement utilisée pour le terrasses de plain-pied. Pour éviter l'uniformité, vous pouvez la marier avec d'autres matériaux. Sa couleur chaude s'harmonise avec le bois ou la pierre, mettant en valeur les végétaux. La brique se couvre de mousse dans les régions humides, ce qui la rend glissante.

## Les matériaux artificiels

Plus légères que les caillebotis en bois, les dalles de plastique se montrent insensibles aux intempéries. Leur mise en œuvre est très aisée, leur découpe s'effectuant à la scie à métaux. Légères et bon marché, les dalles en plastique sont en général de couleur verte. Elles ne posent aucun problème de surcharge pour les balcons.

Il existe des moquettes imitant la pelouse. Leur intérêt est la facilité de pose puisqu'elles se découpent aux ciseaux et peuvent épouser n'importe quelle forme. Mais leur aspect reste artificiel.

La pierre reconstituée est obtenue à partir de petits fragments de pierre agglomérés par de la résine ou du ciment. Les nuances, aspects et structures de la pierre naturelle ou de la brique sont fidèlement reproduits. La régularité de l'épaisseur en facilite nettement la pose. Leur prix est assez attractif.

Les dalles de béton se patinent avec le temps.

Une superbe association de carrelage et de galets.

Les carreaux de grès conviennent au style rustique.

# CHOISIR LES BONS POTS

*Coupe, vase, balconnière, jarre, vasque, bac, jardinière, auge, corbeille, applique... autant de mots pour désigner un assortiment varié de contenants, auxquels on attribue, pour simplifier, le terme générique de « pots ». ❧ Ces pots sont l'essence même de la décoration du balcon. Ils accueillent les plantations, tout en permettant à celles-ci de prospérer car ils contiennent le précieux substrat dans lequel se développent les racines. ❧ Le pot n'est pas une finalité en soi. Il ne doit jamais jouer la vedette au détriment des végétaux, mais, au contraire, les mettre en valeur, apportant simplement une note d'élégance ou d'originalité. ❧ L'aspect, les dimensions, les formes et les motifs décoratifs des pots ont beaucoup évolué. Aujourd'hui, des collections nouvelles voient le jour chaque année et de véritables tendances, voire des modes, se dessinent d'une saison sur l'autre. ❧ Les poteries vernissées connaissent une vogue accrue, de même que les contenants de grand volume ainsi que les jarres et vasques d'origine chinoise. ❧*

*Mais si les motifs ou les coloris évoluent, les formes s'inspirent toujours des poteries florentines de la Renaissance. C'est dire la perfection de ces créations séculaires qui s'intègrent parfaitement dans nos décors contemporains. On ne se lasse pas de leur galbe sensuel, de la simplicité de leur silhouette, de la pureté de leur ligne et de la finesse de leur grain. ❧ Si la terre cuite reste le matériau de prédilection pour son esthétique, le plastique a gagné la bataille des prix. C'est aujourd'hui le matériau le plus employé, surtout dans son aspect « imitation poterie ». ❧ Les fabricants ont su créer des lignes très contemporaines qui apportent une note de diversité et de modernisme dans le décor. ❧ Mais n'oublions pas le bois et la pierre reconstituée qui font toujours de nouveaux adeptes en quête d'idées nouvelles. ❧*

# LES QUALITÉS D'UN CONTENANT

*Il existe un grand choix de contenants dont les formes, les dimensions, les matériaux, les couleurs et les prix varient de façon importante. Votre choix va s'effectuer en fonction des plantes à cultiver, sans oublier que le style, les couleurs et les proportions doivent s'harmoniser.*

*astuce Truffaut*

**Si vous devez déplacer un gros contenant qui n'est pas équipé de roulettes, placez une planche sur des rondins de bois, posez le pot ou la jarre dessus et faites rouler l'ensemble jusqu'au nouvel emplacement. Vous pouvez aussi utiliser un diable.**

▲ Les pots en terre cuite sont des récipients traditionnels qui s'intègrent à tous les styles.

▼ Même sans plantations, les grandes jarres sont belles.

La première qualité d'un contenant destiné aux balcons ou aux terrasses est la stabilité. Exposé au vent et aux courants d'air, surtout dans les étages supérieurs, il doit pouvoir rester en place et ne pas risquer de tomber, provoquant des dégâts dont vous seriez responsable. Les gros pots accueillent souvent des plantes au développement important, dont la prise au vent est accrue. Le problème est moindre pour les matériaux lourds : pierre naturelle ou reconstituée, ciment. Les jardinières et les bacs en matière plastique, beaucoup plus légers, demandent à être solidement fixés. Vérifiez

▼ Les formes, les dimensions et les couleurs des pots se déclinent à l'infini pour varier la mise en scène.

leur ancrage au moins une fois l'an. Les conifères, les arbustes et les plantes vivaces sont destinés à séjourner longtemps dans leur contenant. Pour ne pas avoir à les transplanter si le pot venait à être cassé, veillez à sa solidité, gage d'une longévité souhaitable. Ne vous laissez pas séduire par un prix attractif qui cache souvent une qualité médiocre. Préférez un matériau solide que vous pourrez conserver plus longtemps, vous y gagnerez en entretien.

## *À chaque matériau ses qualités*

Les matières utilisées sont très diverses, elles présentent chacune des avantages et des inconvénients. Pour une même matière, la qualité dépend de la fabrication et de la finition. Une terre cuite faite à la main a souvent un aspect plus chaleureux qu'un récipient moulé industriellement. Les finitions des poteries sont différentes. Chaque type correspond à une utilisation spécifique, tant sur le plan de la décoration que de la résistance. Certaines fabrications colorées se ternissent rapidement et sont vite envahies par la mousse ou le salpêtre. La décoration disparaît souvent au nettoyage. Les matières plastiques modernes imitent bien les autres matériaux, le poids en moins. À qualité égale, l'aspect esthétique dictera votre choix.

Si vous ne pouvez pas placer vos contenants à l'abri en hiver, renseignez-vous sur leur résistance au gel. Bois et matières plastiques ne posent pas de problèmes. La terre cuite de qualité n'est pas gélive. Mais, par précaution, veillez à ce qu'elle ne reste pas trop humide par grand froid, entourez votre pot de papier journal ou d'un voile non tissé pour le protéger.

Les dimensions d'un contenant sont fonction de la plante qu'il doit héberger, le volume de terreau devant être suffisant pour que les racines puissent se développer aisément. Les plantes courantes, annuelles, aromatiques ou vivaces se contentent d'une profondeur de 15 à 20 cm. Les conifères, les rosiers, les grimpantes exigent de 30 à 50 cm. La largeur ou le diamètre sont en principe égaux à la profondeur. La longueur dépend de la place disponible et du nombre de plantes à installer.

N'oubliez surtout pas qu'un pot doit obligatoirement être percé d'un ou plusieurs trous pour le drainage (sinon c'est un cache-pot). N'acceptez pas les pots qui présentent seulement des traces pour le perçage, il y a toujours un risque de les casser.

### LES ÉTAGÈRES

Supports en dégradés de hauteurs, les étagères permettent d'installer de nombreux pots dans un espace restreint. Les plantes bénéficient d'un meilleur ensoleillement et peuvent contribuer à couvrir un mur disgracieux ou à masquer la vue. Aux modèles en bois, demandant un entretien suivi et s'alourdissant avec l'humidité, préférez les étagères en fer, copiées sur celles des fleuristes. Les jardineries proposent des modèles en fer forgé recouvert de peinture époxy. La mode est au métal rouillé verni mais peintes avec une peinture antirouille noire ou verte, ces étagères s'intégreront bien partout. Lorsque vous placez vos pots dessus, veillez à la stabilité. Ne choisissez pas des contenants trop larges qui, dépassant du support, risqueraient de tomber. Disposez les plantes en tenant compte de leur développement futur, les espèces retombantes ne devant pas venir cacher les végétaux des étages inférieurs. Évitez les sujets trop grands, qui se montreront plus à leur aise posés sur le sol. À défaut d'étagère, un escabeau ou une échelle en bois peuvent devenir un présentoir pour des petites plantes grimpantes ou des bacs de semis.

*Les étagères permettent de rassembler les divers pots.*

Un olivier centenaire planté dans une vasque chinoise.

Les poteries en terre cuite ont une texture incomparable.

Les poteries font aussi de beaux ornements de jardin.

# LES DIFFÉRENTS MATÉRIAUX

*La grande variété de matériaux, de formes, de couleurs et de textures des contenants autorise un peu de fantaisie pour les associer. Mais attention de ne pas surcharger le décor pour éviter une impression de lourdeur et d'encombrement. Jouez surtout sur les formes et les dimensions.*

*astuce Truffaut*

**L'épaisseur d'un pot joue sur sa tenue au gel et sa résistance aux chocs. C'est aussi souvent ce qui en justifie le prix. Une poterie artisanale se montre souvent plus durable qu'un pot industriel.**

▲ À gauche une jarre mexicaine, en terre durcie au soleil. Au centre, une vasque vernissée. À droite, une poterie florentine.

Les végétaux sont les éléments dominants de toute décoration sur le balcon ou la terrasse. Les contenants ont pour rôle de favoriser le développement des cultures. Ils doivent participer à la qualité esthétique de l'ensemble, mais ne pas attirer l'attention de façon trop voyante. Les formes géométriques simples : rondes, ovales, carrées, rectangulaires sont les plus faciles à utiliser. Proscrivez les couleurs criardes sous peine d'être taxé de mauvais goût. Le choix entre les matériaux et les formes est suffisam-

▼ Rustique : les pots accrochés sur la façade en pierre.

▼ Les jarres chinoises sont de plus en plus à la mode.

### COMMENT VIEILLIR UN POT

Les pots en terre cuite brute peuvent vous paraître un peu trop parfaits sur le plan de la texture et d'une couleur trop vive. Pour leur donner rapidement une jolie patine, plongez-les pendant quelques semaines dans un seau empli d'une pâte de terre de jardin et de tourbe blonde malaxées avec de l'eau. Vous pouvez aussi les frotter avec ce mélange, doucement pour ne pas les rayer. Plus simplement, badigeonnez le pot d'une épaisse couche de yaourt (de 3 à 5 mm) et laissez-le sécher pendant une semaine en plein air. Des mousses et des lichens viendront rapidement le recouvrir.

ment large pour que chacun y trouve son compte et puisse personnaliser son espace. Tout en restant dans une gamme de produits de même origine, associez bacs, jardinières, vasques, jarres ou vases et variez les niveaux de présentation.

## La poterie, élément de base

La terre cuite se prête à une infinité de formes, de dimensions et de dessins. C'est le matériau le plus classique, le plus adaptable. Il permet d'assurer un bon équilibre entre le substrat, l'air, l'eau et la plante. Sa porosité laisse passer l'air utile aux racines et les maintient à une température agréable. L'arrosage doit être plus fréquent, car, la terre cuite s'imbibant d'eau, elle offre une large surface à l'évaporation. Le surplus d'engrais non consommé est évacué au travers des parois, d'où les plaques blanchâtres que vous constatez quelquefois. Ce sont les sels minéraux qui sèchent au contact de l'air. Pour retrouver une couleur naturelle, frottez le pot avec de l'eau vinaigrée.
Le principal inconvénient de la terre cuite est sa faible résistance au gel. Elle souffre du gonflement de l'eau dont elle est imbibée et se casse facilement. Pour éviter cela, rentrez vos poteries pour l'hiver sous la véranda ou protégez-les du froid en les emmaillotant dans plusieurs épaisseurs de voile d'hivernage. La résistance au gel

Élégance moderne pour la jardinière en bois verni.

dépend toutefois de la qualité de la terre et de sa cuisson. Un peu plus résistantes, les poteries émaillées ou vernissées sont recouvertes de substances minérales vitrifiées à 1 000 °C. Ce système permet d'obtenir des décorations originales. Les poteries recouvertes d'une couche de peinture époxy à base de plastique deviennent alors insensible aux chocs et au gel. L'inconvénient de la terre cuite concerne son poids. Les pots de grandes dimensions, à réserver aux terrasses en rez-de-jardin, deviennent vite intransportables une fois remplis de terre. Les prix des poteries artisanales sont assez élevés, mais il est vrai que certaines sont de vraies œuvres d'art.

## Le bois, un style rustique

Les bacs et jardinières en bois sont généralement de grandes dimensions. Ils peuvent être fabriqués en chêne, en châtaignier ou en bois exotique imputrescible comme le teck. On trouve aujourd'hui de grandes jardinières en pin traité à cœur par imprégnation. Elles peuvent résister plus de dix ans aux intempéries, sans nécessiter le moindre traitement. Les tonneaux coupés en deux font aussi d'excellents contenants, mais attention, ils sont étanches.

Un demi-tonneau constitue un excellent contenant.

Les pots décorés de guirlandes sont très en vogue.

Des pots décoratifs colorés et vernissés.

Les poteries traditionnelles sont irremplaçables.

Une jardinière en plastique avec réserve d'eau.

nique plus récente qui permet d'obtenir des produits teintés dans la masse dont les formes et les coloris imitent à s'y méprendre les autres matériaux, notamment la terre cuite et la pierre reconstituée. Le principal avantage du plastique est sa légèreté qui permet de l'utiliser n'importe où, sans risque de surcharge. En revanche, les petits contenants manquent de stabilité. Le matériau ne demande aucun entretien, une éponge humide étant suffisante pour le dépoussiérer. Les bacs et jardinières en plastique se montrent insensibles aux variations de température ou de climat : les bacs rotomoulés résistent à des écarts de - 65 °C à + 85 °C, les modèles injectés se limitent à -20 °C. Les parois n'étant pas poreuses, l'évaporation est moindre en été, le terreau reste humide plus longtemps.

## *Le plastique, bon marché*

Les contenants en plastique sont de qualité très variable selon le procédé de fabrication, la matière première employée et la finition du moule. Leur durée de vie et leur aspect esthétique s'en ressentent. Trop peu épais, ils se déforment rapidement sous le poids de la terre et les couleurs passent au soleil en une ou deux saisons. Les contenants en plastique sont fabriqués en PVC (polychlorure de vinyle), en polyéthylène ou en résine de synthèse, un mélange de plusieurs matières plastiques, qui garantit souvent une meilleure qualité.
Deux modes de fabrication sont actuellement utilisés. L'injection fournit une finition brillante et lisse, l'aspect classique du plastique. Le rotomoulage est une tech-

Le plastique se cintre sous la pression de la terre.

Presque une pièce de musée, la jarre à oreilles en fonte.

### LES BACS À RÉSERVE D'EAU

Ces contenants sont dotés d'un système qui humidifie en permanence le substrat par capillarité. Le mélange terreux repose sur une grille qui le sépare d'un compartiment contenant l'eau de réserve. Ce dernier est rempli par une goulotte. Une ou plusieurs mèches trempent dans l'eau et pompent la quantité nécessaire à la plante. Une couche d'air intermédiaire entre l'eau et la grille assure la ventilation, grâce à une cheminée d'aération. Cette technique permet d'espacer les arrosages et autorise des absences d'une à deux semaines selon la saison. En extérieur, l'inconvénient des bacs de ce type réside dans l'apport incontrôlé des eaux de pluies qui saturent vite la terre. Il faut les placer sous un auvent en hiver. Attendez que la réserve soit vide et laissez passer quelques jours avant de la remplir à nouveau, pour permettre l'assèchement et l'aération des racines.

*Utilisez de l'eau tempérée.*

La palette de coloris est large mais le blanc domine, brillant ou mat. La couleur terre cuite est fortement représentée parmi les modèles rotomoulés.
Les contenants en plastique sont rarement fabriqués en grandes dimensions, quoique les récents modèles rotomoulés permettent des diamètres jusqu'à 110 cm.

## La pierre, grande longévité

Hormis les modèles anciens creusés dans de la pierre naturelle et inaccessibles du point de vue prix, les bacs et jardinières que l'on dit « en pierre » sont fabriqués en pierre reconstituée, un mélange de ciment ou de résine avec des débris de marbre ou de quartz. Les formes qui s'inspirent souvent de modèles anciens sont obtenues par moulage avec des motifs souvent très élégants. Le prix des belles fabrications est assez élevé, mais la longévité est exceptionnelle et l'entretien inexistant.
En raison de son poids très élevé, la pierre reconstituée et à déconseiller sur les balcons et les terrasses surélevées. En revanche, elle a beaucoup de chic dans les rez-de-jardin et les patios, surtout quand elle parvient à se patiner et à s'incruster de mousses et de lichens. Pour favoriser ce « vieillissement », *voir* quelques conseils donnés dans l'encart page 36.

## Le grès industriel vernissé

Ce matériau est obtenu par vitrification du kaolin dans des fours à plus de 1 200 °C. Il peut être émaillé au plomb pour une meilleure résistance au gel. Sa solidité est supérieure à celle de la terre cuite dont il est issu et ses coloris très variés à dominante marron. Son prix est plus élevé, mais le grès peut s'utiliser aussi bien à l'extérieur qu'à l'intérieur. Son aspect se rapproche des poteries vernissées. On trouve surtout en grès des pots et des jardinières de petites dimensions.

## La fonte, beaucoup de chic

Un peu oublié de nos jours, ce matériau a fait les beaux jours des jardins de l'époque victorienne où trônaient d'énormes jarres aux décors très travaillés. Le seul véritable avantage de ce matériau vient de ses possibilités décoratives quasi illimitées. La fonte étant coulée dans un moule, on peut lui donner les formes les plus complexes. Aujourd'hui, les vasques et vases en fonte sont considérés comme des objets d'art et fabriqués à l'unité par des artisans spécialisés. Ces derniers forgent également des lampadaires de jardin et des statues de très grande qualité. Attention, la fonte est très lourde.

### LES POTS DE RÉCUPÉRATION

**Pour apporter une touche personnelle un peu humoristique à vos plantations, vous pouvez recycler divers ustensiles, au gré de votre fantaisie. Un vieux chaudron en fonte, un broc en métal, un vieil évier, une bassine en aluminium ou un arrosoir en zinc font très bien l'affaire. Vérifiez que l'écoulement de l'eau peut se faire au fond de la cuve pour éviter le pourrissement des racines. Si ce n'est pas le cas, perforez le fond d'un ou deux trous avec une mèche à métaux. Des plantes retombantes ou à faible développement s'y trouveront à leur aise. Un tonneau hors d'usage fera également un excellent contenant, si vous le sciez en deux, en renforçant son cerclage pour éviter l'écartement des lattes. Doublé à l'intérieur d'un film plastique et rempli d'eau, il pourra accueillir des plantes aquatiques. Vous le placerez sur 3 ou 4 briques pour l'isoler du sol.**

▼ *Ce vieux chaudron en fonte est assez chic.*

▼ La pierre reconstituée se patine joliment avec le temps.

▼ Les jarres en céramique doivent être rentrées l'hiver.

▼ Les contenants en béton imitent bien la pierre.

# TOUS LES TYPES DE POTS

*À la diversité des formes et des dimensions des contenants correspondent des appellations assez précises. Il est bon de les connaître afin de pouvoir discuter en toute connaissance de cause avec les vendeurs, dans les magasins, ou de mieux choisir ce qu'il vous faut sur les catalogues...*

*astuce Truffaut*

**La plupart des modèles de contenants se déclinent dans une gamme complète qui utilise le même motif et des couleurs similaires sur des articles de dimensions et de formes différentes. C'est une bonne idée pour composer un décor à la fois varié et homogène.**

▲ La grande variété des modèles de contenants permet d'accueillir des plantes très diverses, comme ici, des vivaces.

◀ Le pot à oreilles, très original.

Le choix d'un contenant est fonction de son aspect décoratif propre, mais aussi de l'emplacement qu'il va occuper, du style général du balcon ou de la terrasse et bien sûr du végétal qu'il doit accueillir.

Le modèle en sera différent pour une plante retombante, un conifère droit, une espèce à petit ou à grand développement. La masse des racines étant presque toujours proportionnelle au volume du feuillage, tenez-en compte pour déterminer les dimensions du pot, et donc le volume de terre doit servir de réserve de nourriture pour la plante. La durée de vie de celle-ci doit aussi être prise en compte. Vous placerez des plantes annuelles dans des jardinières de faible contenance puisqu'elles n'y resteront qu'un été.

▼ Un assortiment de jardinières en bois et en plastique.

▲ Les potées florentines existent en très grandes tailles.

▲ La corbeille, intermédiaire entre pot et jardinière.

▲ Le bac est rond ou carré, toujours de grande taille.

## Les jardinières, allongées

La jardinière est un contenant de forme rectangulaire dont la longueur est au moins le double de la hauteur. On en trouve dans tous les matériaux. Les plus petits modèles que l'on peut accrocher sur des supports prennent le nom de « balconnières ». Elles sont les compagnes des appuis de fenêtre, et des balustrades de balcon. En général, la balconnière ne présente pas de motifs décoratifs sur ses côtés.

Les dimensions doivent respecter un certain équilibre : la longueur ne dépassera pas plus de 3 fois la largeur. La profondeur est au minimum de 15 cm. Une largeur de 15 cm permet d'installer une rangée de plantes placées côte à côte. Pour planter sur deux rangs en quinconce, 20 cm sont nécessaires. La longueur n'est pas limitée mais tenez compte du poids de l'ensemble une fois installé. Optez pour des contenants de 1 m de long maximum.

## Les bacs, une certaine aisance

Le plus souvent carrés, les bacs peuvent aussi être ronds ou à pans coupés (hexagonaux ou octogonaux). Ils s'harmonisent bien avec les jardinières rectangulaires et trouvent une place de choix dans les angles d'une terrasse ou d'un balcon. Les modèles plus hauts que larges conviennent aux arbustes ou aux plantes grimpantes. La forme carrée permet une stabilité et un bon équilibre. Les bacs d'orangerie allient souvent un piétement en métal à des côtés et un fond en bois. Il en existe également en aluminium, la légèreté faisant bon ménage avec la solidité et une quasi absence d'entretien. Les bacs ronds se distinguent des coupes ou des vasques par leur hauteur pratiquement identique à leur diamètre. Leur silhouette est élégante, mais ils prennent plus de place que les autres. Vous les utiliserez pour des sujets isolés, de préférence installés au centre de la terrasse. Les bacs ronds mettent bien en valeur les rosiers, les azalées ou les conifères à la silhouette arrondie, ainsi que les plantes retombantes comme les pélargoniums.

## Les corbeilles, pour les fleurs

Plus évasée qu'un pot, moins large qu'une jardinière, et de profondeur assez réduite, la corbeille est généralement en poterie ou en plastique. Sa forme s'inspire de celle d'un panier. On y plante essentiellement des fleurs saisonnières. C'est un bon contenant pour mettre en valeur des tulipes, des narcisses et des crocus.

▲ Potées, bacs et jardinières, un ensemble harmonieux.

### LES JARDINIÈRES À RÉSERVE D'EAU

**Même si les modèles sont assez limités pour les utilisations à l'extérieur, les jardinières à réserve d'eau ne manquent pas d'intérêt, surtout dans les régions peu pluvieuses. Utilisez un terreau bien aéré (en mélange avec des billes d'argile) et cultivez dans ces contenants des végétaux avides d'eau comme les annuelles à port souple (pétunia, scaévola) ou les plantes à texture molle (impatiens, coléus).**

▼ *Certaines plantes condimentaires aiment l'humidité.*

▲ Certaines jarres anciennes, à la patine subtile et aux formes sculpturales, restent décoratives, même vides.

▲ Les fleurs se font discrètes, pour laisser la vedette au vase.

▼ Les paniers permettent de ravissantes compositions.

## Les vasques et les coupes

Ces contenants ronds, de forme sphérique ou évasée, comportent souvent un pied qui les rehausse et en affine la silhouette. Les plus ouvragés d'entre eux ont fait les beaux jours des jardins à la française, marquant les croisements des allées, habillant le pied des escaliers monumentaux, ponctuant la perspective de leurs formes élégantes et structurant les bassins. Garnissez-les de plantes annuelles (pétunias, impatiens, bidens, dahlias nains, chrysanthèmes), ou de bisannuelles (pensées, myosotis) ou encore de bulbes hâtifs à floraison printanière (crocus, muscaris, tulipes botaniques). Leur fond étant rarement percé en raison de la présence du pied, n'oubliez pas de ménager un bon drainage avec une couche de 10 cm de gravier grossier, que vous recouvrirez d'un morceau de feutre horticole, pour empêcher les racines de pénétrer. Vérifiez bien la stabilité de ces contenants décoratifs. Plus hauts que larges, ils offrent une grande prise au vent. Les plus lourds, comme les modèles en fonte, seront difficilement déstabilisés. Les autres verseront au premier orage. Pour pallier cet inconvénient, accrochez le pied à une attache discrète en fil de fer, fixée sur un piton chevillé dans le sol. Il n'est pas souhaitable d'accoler une vasque ou une coupe à d'autres contenants ou de les placer contre un mur. Elles donneront le meilleur d'elles-mêmes en isolé, sur un côté du balcon, au centre de la terrasse ou sur des pilastres. Des modèles en pierre reconstituée imitent parfaitement les vasques anciennes. Décoratifs, ils risquent toutefois d'alourdir le décor et ne conviennent qu'à de grandes terrasses.

## Les jarres, des formes galbées

Plus hautes que larges, les jarres sont copiées sur les récipients romains ou grecs qui servaient à conserver l'huile et les grains, au frais et à l'abri de la lumière. Les jarres étaient en général à demi enterrées dans le sable des caves, ce qui explique leur forme originelle, ventrue et resserrée à la base. Certaines ne sont pas très stables. Pour éviter qu'elles ne chutent, vous pouvez les installer dans un angle entre deux murs, enterrer leur base sur une dizaine de centimètres, ou leur offrir un support en fer forgé, dans lequel le fond viendra se loger. Les jarres contiennent en général un volume de terre important. Leur orifice supérieur restreint limite le nombre des végétaux à y installer. Une plante retombante, un surfinia ou un lotier par exemple, s'y trouvera à l'aise. Un modèle contemporain est percé d'orifices latéraux dans lesquels vous pourrez placer de petites plantes. C'est la jarre à oreilles dont l'utilisation première est la culture des fraisiers d'où son nom de « pot à fraisiers ». Ce contenant très décoratif accepte toutes sortes de plantes : verveine, agératum, coléus, bégonia ou des aromatiques, à condition que leur développement ne soit pas trop important.

## Les vases, de l'élégance

L'origine de ces récipients classiques en forme évasée remonte à la nuit des temps. Ils présentent une surface lisse ou bien ouvragée, ornée de motifs en bas relief. La solidité des vases en terre cuite dépend notamment de l'épaisseur de leur paroi. Leurs dimensions couvrent un large éventail, leur diamètre allant jusqu'à 70 cm, voire plus pour les vases en plastique. Les plus petits modèles servent au démarrage des jeunes plantules, à la culture des cactus nains, au repiquage des boutures. Vous n'en trouverez pas en bois. En revanche, il en existe en verre, copiés sur les vases à fleurs d'intérieur. Considérez-les comme des objets décoratifs fragiles, car ils ne supportent pas le gel et cassent au moindre choc. Les formes classiques des vases leur permettent de s'intégrer discrètement partout. À l'évidence, ils se font même oublier pour mieux mettre en valeur les plantes qu'ils abritent.

## Les suspensions et les paniers

Ces modèles permettent de présenter des fleurs dans un espace inattendu et d'habiller des murs nus ou des piliers inesthétiques. Sur un balcon, paniers et suspensions peuvent s'accrocher un peu partout. Vérifiez qu'ils ne gênent pas le passage. Ces récipients doivent être légers, d'où une fabrication fréquente en matière plastique, rarement en terre cuite, quelquefois en vannerie ou en treillage. Si l'endroit choisi pour les accrocher ne supporte pas les retombées d'eau, prévoyez un film plastique qui tapissera le fond de la suspension. Mais sachez que l'arrosage sera délicat. L'eau en excès ne pouvant s'évacuer, les racines risquent de s'asphyxier. Nos voisins d'outre-Manche vouent un véritable culte aux suspensions. Comme eux, jouez sur les hauteurs d'accrochage pour utiliser le maximum d'espace et n'oubliez pas que ces contenants doivent être accessibles pour permettre l'arrosage.

## Les appliques, à accrocher

Variante fixe des suspensions, les appliques permettent de décorer un mur, une rambarde ou un claustra, voire de s'accrocher à un treillage. Les plantes seront choisies en fonction du peu de terre que peuvent recevoir ces appliques : plantes de rocailles, annuelles au développement limité ou petits bulbes.

## Les auges, la pierre rustique

Royaume des plantes de rocaille par excellence, les auges traditionnelles sont en pierre. Il existe d'excellentes reproductions en pierre reconstituée, moins chères que les auges anciennes. Laissez les mousses s'installer à la surface du matériau, elles créent la patine qui manque à tout contenant neuf et participent, avec le temps, au décor lui-même. Le seul défaut est le poids très élevé de ces contenants.

La mousse cache la coque qui retient la terre.

### LES ROULETTES, C'EST PRATIQUE

**Munissez les bacs en bois de roulettes. Vous les déplacerez plus facilement pour abriter les plantes fragiles quand le froid arrive, pour les pousser à l'ombre quand le soleil tape trop fort en plein été, au moment de nettoyer la terrasse ou, tout simplement, pour faire bouger le décor.**

*Choisissez des roulettes adaptées au poids du bac.*

Les appliques habillent les murs et les rambardes.

Les auges mettent en valeur les fleurs toutes simples.

# LES ACCESSOIRES UTILES

*Il suffit parfois d'un petit rien pour mettre en valeur un pot, une vasque ou une jardinière. Joignez l'utile à l'agréable en jouant sur l'aspect décoratif de votre présentation, tout en vous facilitant l'entretien ou la mise en scène. C'est ce que nous vous proposons de découvrir ici, avec quelques objets fort intéressants.*

*astuce Truffaut*

**Chaque pot devant avoir un fond percé pour l'évacuation de l'eau en excès, une soucoupe placée dessous est indispensable pour éviter tout ruissellement sur le sol ou chez les voisins.**

Couleurs et formes se répondent discrètement et mettent en valeur les teintes douces des végétaux.

Symbole de bienvenue, la pomme de pin, en terre cuite.

La présence d'un objet décoratif sur le balcon ou sur la terrasse se justifie par la mise en valeur des plantations qu'il accompagne. Mais il sera plus apprécié s'il peut rendre quelques services.

Par exemple un panier fleuri s'accroche sur une potence. Cette dernière peut s'égayer d'une silhouette d'oiseau, de fleur ou de papillon, pour sortir de son cadre strictement utilitaire.

Les contenants qui ne présentent pas d'intérêt ornemental particulier gagnent à être glissés dans un cache-pot décoratif, le plus souvent vernissé ou émaillé. Un cache-pot n'étant jamais percé à sa base, vérifiez de temps en temps que le fond du pot ne trempe pas dans l'eau, ce serait mauvais pour les racines.

Les soucoupes résolvent mieux ce problème, puisque le niveau de l'eau en excès est visible sans manipulation. La matière et les couleurs des soucoupes seront similaires à celles du contenant, le panachage n'étant pas du tout esthétique. Pour éviter le

## LES SUPPORTS DE JARDINIÈRES, DES ACCESSOIRES INDISPENSABLES

La pose de jardinières à l'extérieur d'une balustrade est souvent interdite. Installez vos contenants en les fixant à l'intérieur. Vous avez le choix entre différents types de fixations métalliques, fixes ou réglables. Un nouveau modèle de balconnière en plastique est doté d'accroches intégrées au contenant. Il possède une cale pour se maintenir droit une fois posé sur le support.

Commencez par mesurer vos jardinières, les trois dimensions étant importantes. En cas d'hésitation, optez pour une fixation réglable en largeur et en hauteur. Les longueurs varient de 45 à 100 cm. Vérifiez aussi le poids que peut supporter la fixation, surtout pour les balconnières en terre cuite. Il existe sur certains modèles un système de sécurité constitué de bras métalliques pivotants qui s'enfoncent dans la terre du pot pour le maintenir en place.

*Un support en fer forgé très esthétique.*

*Une sécurité supplémentaire.*

Les pots ronds sont soutenus dans des porte-pots en fer ronds. Ils se fixent contre un mur, s'accrochent aux lattes d'un volet, sur un treillage ou contre un appui de fenêtre. Changez-les chaque année.

moindre débordement d'eau, bien que restant dans des proportions équilibrées, elles doivent offrir un diamètre supérieur de un cinquième à celui du pot. Si vous rassemblez plusieurs pots de petite taille, un plateau rectangulaire sera plus pratique.

Un piédestal ou une colonne mettent en valeur un vase ou une coupe. Attention à leur stabilité et à celle du contenant. La présence de ce support est aussi l'occasion de donner du volume à la décoration. Évitez les modèles aux décorations trop chargées qui frisent souvent le mauvais goût. En matière d'accessoires, la simplicité est toujours payante.

Pour assurer une bonne aération sous un pot, les coins surélévateurs stylisés ou représentant un animal se placent à trois sous un contenant rond, et à quatre sous un bac carré.

Les cadrans solaires, les appliques, les statuettes ou les lampes peuvent devenir des éléments décoratifs, tout comme les guéridons ou les dessertes.

Les soucoupes sont plus grandes que le pot.

La colonne met une vasque de fraisiers en valeur.

Une manière élégante de surélever les pots...

Les étiquettes peuvent devenir des objets de décoration.

# LES SECRETS DE LA PLANTATION

*Les cultures en pots se renouvelant plus rapidement que celles du jardin, vous allez être amené à réaliser souvent les gestes de la plantation. ❧ C'est un moment de plaisir intense, car on bâtit un décor qui prend forme au gré de notre fantaisie. C'est aussi l'occasion du contact intime et sensuel avec la terre et le végétal que l'on saisit à pleines mains. La technique de mise en place d'une plante est identique en pleine terre ou dans un contenant. ❧ L'important, c'est que les racines se trouvent bien en contact avec le substrat et qu'il ne se forme pas de poches d'air. Dans les récipients galbés, ce n'est pas toujours facile, car il est rarement possible de glisser les mains entre la motte et la paroi du pot afin de bien tasser. ❧ L'astuce consiste à utiliser des baguettes de bambou qui, par des mouvements de va-et-vient, vont faire pénétrer la terre dans les moindres interstices. ❧ Dans les bacs, la plantation est souvent gênée par les végétaux déjà en place, qui ont développé un enchevêtrement de racines que l'on répugne souvent à couper. ❧ N'ayez aucune hésitation et dégagez bien l'emplacement dévolu à votre nouveau pensionnaire. En apportant de la terre toute neuve, vous stimulerez le redémarrage des plantes un peu malmenées dans l'instant précédent. On plante toute l'année sur le balcon. C'est ce qui en fait sa particularité et procure tant de plaisir. ❧*

# DES ACHATS RÉUSSIS

*L'offre en matière de plantes et d'articles de jardin est très large et répartie en différents circuits de distribution. Pour choisir en toute connaissance de cause et faire le bon achat, rien ne vaut les magasins spécialisés qui seuls vous garantissent un assortiment large et varié, ainsi que des possibilités de conseils.*

*astuce Truffaut*

**Pour profiter au mieux des conseils avisés d'un vendeur spécialisé, visitez de préférence les magasins en semaine. Le personnel sera plus disponible et il pourra consacrer plus de temps pour vous conseiller. Le milieu de la journée est plus favorable que la soirée ou le début de matinée.**

▲ Les jardineries sont des lieux conviviaux et agréablement décorés, pleins de bonnes idées pour mieux acheter.

Vous avez le choix pour effectuer vos achats entre des magasins spécialisés, (graineteries, jardineries, horticulteurs), des boutiques de décoration, le département jardinage des magasins de bricolage ou le rayon « végétaux » des grandes surfaces non spécialisées, sans oublier les catalogues de vente par correspondance. Le premier conseil à respecter est de ne pas céder à l'attrait d'une promotion épisodique, mais de réfléchir à vos acquisitions en fonction de vos besoins, de votre goût, du climat, de la période de plantation et de l'espace que vous allez fleurir.

◄ Une présentation pratique pour les vivaces.

## Les jardineries, le choix

Vous y trouverez conseil, choix, qualité et suivi des marchandises. Ce dernier point est important. Rien de plus frustrant que de ne pas pouvoir réassortir une garniture de jardinière, sous prétexte que la saison se termine ou que la promotion est finie. Dans ce type de point de vente, les responsables doivent répondre à la demande, quelle qu'elle soit. De même, l'éventail des produits proposés est le plus large possible, sans se limiter aux articles de saison. Vous allez y trouver une vaste gamme d'espèces et de variétés. Les jardineries bien organisées emploient des vendeurs spécialisés, titulaires de brevets horticoles, et donc susceptibles de bien vous conseiller sur le choix et la culture.

## LE TRANSPORT ET LA LIVRAISON

Pour un achat par correspondance, les délais de livraison doivent être les plus courts possible et les expéditions effectuées par temps doux. Déballez les plantes dès leur réception, pour constater leur état. Vérifiez si les poteries ne sont pas cassées. Refusez le colis au besoin. Pour un transport de plantes achetées dans un point de vente, placez les pots dans votre coffre en les maintenant droits. Disposez-les dans une barquette en carton ou en bois que vous calerez pour éviter la chute. La proximité d'huile ou de produits détergents ne convient pas, même pour un petit parcours. Pour un végétal de grande taille, entourez le feuillage d'un film plastique ou de papier d'emballage et couchez-le sur le siège passager, en rabattant le dossier. Ne transportez pas de végétaux, surtout à racines nues, sur le toit d'un véhicule, sauf s'ils sont très bien emballés. Ils ne supporteraient pas le vent, le froid et le soleil. Ne placez pas de plantes sur la plage arrière de la voiture.

*Calez les plantes dans une caissette en carton pour le transport.*

Les barquettes fleuries permettent de choisir la couleur.

### Les horticulteurs, la spécialité

Ces producteurs vendent directement les végétaux qu'ils cultivent. Ils ont donc à cœur de proposer de la qualité. Très souvent, ce sont des passionnés de plantes qui cultivent des espèces originales et peuvent vous offrir un assortiment inattendu, même si la gamme est souvent limitée.

### Les marchés, le coup de cœur

Souvent banale, l'offre des plantes sur les marchés peut, de temps en temps, réserver des surprises étonnantes, à saisir de suite…

### La VPC, la facilité

La vente par correspondance permet de choisir à domicile, à tête reposée, et de comparer les prix. Les coloris des photos ne sont pas toujours respectueux de la réalité. L'emballage peut aussi laisser à désirer.

### Les grandes surfaces, les prix

Les prix sont attractifs, mais le séjour en magasin est néfaste aux végétaux, l'entretien y étant réduit. Profitez du premier jour de promotion et ne vous attendez pas à des miracles sur le plan de la qualité.

### Les magasins de bricolage

Ils disposent souvent d'un bon département « jardin », surtout côté outillage, produits et accessoires standards. Leurs tarifs ne sont pas toujours les moins chers.

Un bon emballage dénote une maison de VPC sérieuse.

Il y a toujours de bonnes idées dans les fêtes des plantes

# LES ACHATS DE SAISON

*Les saisons se suivent…
et les fleurs ne se ressemblent pas.
Ne vous précipitez pas
pour faire vos achats trop tôt,
en profitant de promotions
alléchantes. Vous avez droit
bien sûr aux coups de cœur.
Mais, pour des plantations
durables, choisissez vos plantes
au bon moment…*

▲ Vérifiez la qualité des plants et l'état des racines quand vous achetez une barquette de fleurs annuelles.

*astuce Truffaut*

**Si vous achetez des plants, supprimez les premiers boutons de fleurs pour permettre aux racines de profiter de toute la sève et de bien se développer.
La croissance de la plante sera bien meilleure et la floraison plus durable. Donnez de l'engrais un mois après la mise en place.**

## Au printemps, tout est beau

C'est la saison du réveil de la végétation qui vous incite à fleurir votre balcon ou votre terrasse pour les mois à venir. Dès maintenant, vous pouvez semer en place : capucines, phlox de Drummond, pois de senteur, pourpiers, soucis, zinnias, belles-de-jour, etc. C'est la solution la plus avantageuse, mais elle présente l'inconvénient de laisser la terre nue tant que la plante ne s'est pas développée. Le sachet de graines comporte des indications précieuses sur le mode de culture, lisez-les bien.
Au printemps, les jardineries proposent une offre spectaculaire de plants en godets que vous repiquerez en place pour obtenir une décoration immédiate. Optez pour cette technique avec : impatiens, pélargoniums (géraniums), coléus, bégonias, pétunias, agératums, œillets, mimulus, calcéolaires, verveines.
Ces achats doivent être effectués dès que le gel n'est plus à craindre, de même que pour les anthémis et les fuchsias. Trop souvent les fleurs d'été sont proposées en tout début de saison. Il serait prudent d'attendre le 15 avril dans la plupart des régions avant d'acheter ces plantes. Elles ont été produites en serre et peuvent montrer un arrêt dans leur végétation après la mise en place dans les jardinières. Ne vous inquiétez pas. Maintenez le terreau humide et fertilisez bien, la croissance devrait reprendre après une semaine ou deux de transition.
Les bulbes d'été s'achètent aussi au printemps : anémones, bégonias tubéreux et

◀ Les primevères sont surtout proposées en hiver.

glaïeuls nains, sparaxis, tigridias et même haemanthus ou sprékélia pour les amateurs d'originalité.

Pensez à renouveler le terreau en cette saison. Il est bon que les jardinières bénéficient d'un remplacement de leur substrat tous les deux ou trois ans. Le printemps est aussi le moment des engrais et des traitements.

## En été, plantation immédiate

C'est le moment d'effectuer les plantations de remplacement pour les espèces qui achèvent assez tôt leur floraison (mimulus, godétia, muflier, etc.). Remplacez-les par des plantes plus tardives comme les dahlias nains, les célosies, les reines-marguerites, voire déjà les premiers chrysanthèmes à petites fleurs.

Si vous n'avez pas encore installé un arrosage automatique pour sauvegarder vos plantations pendant votre absence, c'est le bon moment pour y penser.

Pour les remplacer en attendant les prochaines plantations, vous trouverez encore dans les points de vente spécialisés des géraniums et autres plantes estivales de longue durée que vous choisirez dans une taille suffisante pour bien s'harmoniser avec celles restées en place.

## En automne, les gros travaux

Dès la fin septembre, vous trouverez dans les magasins un assortiment important de bulbes à planter en automne pour une floraison printanière. Tulipes, narcisses, jacinthes, crocus, alliums et fritillaires, vous n'avez que l'embarras du choix. Choisissez des oignons de gros calibre, sains et fermes. Achetez de bonne heure pour être sûr de trouver le plus grand choix parmi les variétés, mais ne les mettez pas en place trop tôt. Si l'arrière-saison est douce (l'été de la Saint-Martin), ils auraient tendance à démarrer avant d'avoir bénéficié de leur repos hivernal. En attendant de les planter, stockez-les dans un endroit frais, aéré, clair, à l'abri du gel.

L'automne est aussi la période de plantation des arbustes, des rosiers et des conifères. Profitez des fêtes des plantes qui se tiennent un peu partout en France à cette période, pour partir à la découverte de plantes originales ou de collections et pour dialoguer avec les spécialistes. Ils ont beaucoup à vous apprendre.

Préparez aussi vos jardinières d'automne avec différents chrysanthèmes, des bruyères, des cinéraires et surtout des arbustes à fruits décoratifs comme les pernettyas et les skimmias qui font beaucoup d'effet en jardinière.

## En hiver, tout remodeler

Balcons et terrasses vont être souvent délaissés en cette période. C'est pourtant le moment de repenser entièrement votre décoration. Courez les boutiques spécialisées à la recherche de l'ornement original qui fera la différence. Vérifiez les attaches des balconnières. Remettez de l'ordre dans les treillages qu'il est parfois nécessaire de repeindre. Remplacez les contenants vieillis ou ternis et profitez-en pour changer le terreau. Tant qu'il ne gèle pas, il est encore possible de planter des arbustes en conteneurs, en mottes ou à racines nues. Et pourquoi pas un sapin de Noël ?

Bruyères et conifères nains assureront le décor hivernal. ▶

Achetez les bougainvillées quand il ne risque plus de geler. ▶

▼ Les jardineries offrent désormais un vaste choix de pots.

▼ Pensez aux chrysanthèmes à petites fleurs pour l'automne.

# LA TERRE

*La terre est à la fois le support et la source principale d'éléments nutritifs pour toutes les plantes cultivées en pots ou en jardinières. Le choix du mélange terreux est fondamental pour obtenir un développement idéal des végétaux, qu'ils soient en place le temps d'un été ou pour plusieurs années.*

*astuce Truffaut*

**Le sol des pots et des jardinières constitue le garde-manger des plantes. Mais, très vite, il s'appauvrit et perd tous ses éléments nutritifs, lessivés ou absorbés par les racines. Il faut reconstituer cette réserve en apportant de la matière organique et des engrais.**

▲ Un substrat de culture de bonne qualité résulte souvent d'un mélange de différents composants.

Il n'existe pas de mélange terreux universel, chaque type de plante ayant ses propres exigences. Dès le départ, prévoyez un substrat suffisamment riche et équilibré pour vous éviter des corvées de rempotage trop fréquentes.

## L'apport nutritif

Les plantes doivent se contenter d'un faible volume de substrat dans les bacs, les suspensions et les jardinières, d'où l'utilité d'avoir un sol renfermant tous les éléments nutritifs indispensables à la croissance des plantes cultivées. Les principales substances nutritives présentes dans le sol sont l'azote (N), qui favorise surtout la croissance du feuillage ; les phosphates (P), qui régulent la croissance et la nutrition des végétaux et la potasse (K), qui agit sur le développement des fleurs et des fruits. À côté de ces trois éléments principaux, le sol contient aussi des oligoéléments, présents en très faibles quantités mais indispensables pour la survie et la croissance des plantes. Il s'agit du fer, du manganèse, du soufre, du bore, de l'iode, etc. Pour que la terre de vos contenants reste toujours bien équilibrée, il faut lui apporter, au moment de la plantation puis au moins une fois par an par la suite, de l'humus (contenu en proportions importantes dans les terreaux du commerce), des composts ou des fumiers animaux bien décomposés.

▲ Sans bonne terre, pas de plante !

## Les qualités physico-chimiques

Comme la terre de jardin, le substrat employé dans un bac réagit sur le plan chimique. La mesure de cette réaction est définie par le pH, ou potentiel hydrogène, qui peut être neutre (7 sur l'échelle de mesure), acide (en dessous de 6,5) ou basique (valeur supérieure à 7,5). Il est préférable de connaître le pH de votre terre pour pouvoir choisir et cultiver des plantes bien adaptées. Beaucoup de végétaux apprécient un sol au pH compris entre 6 et 7. Des kits d'analyse de terre comprenant des réactifs colorés permettent de déterminer avec une bonne précision le pH de votre substrat. La nature physique du sol employé est très importante aussi. Une terre trop légère, avec une faible cohésion, ne peut fixer solidement les racines des végétaux soumis à des vents violents. À l'opposé, un sol lourd et compact pose des problèmes de poids sur un balcon où la capacité en charge est toujours limitée. Pour améliorer la capacité de rétention en eau d'une terre et pour l'alléger, incorporez à votre mélange terreux de la tourbe ou des matériaux inertes tels que le sable de rivière, la perlite, la vermiculite, de la pouzzolane.

### LES TERREAUX VENDUS DANS LE COMMERCE

Vous trouverez une large gamme de substrats de culture prêts à l'emploi dans le commerce. Vous avez à votre disposition des « terreaux universels », passe-partout, des « terreaux pour géraniums » (qui conviennent pour les autres plantes annuelles), des « terreaux de rempotage », des « terreaux pour boutures » ou des « terreaux pour semis ». Ce sont en général des mélanges de tourbe brune, de terreau, de fumier décomposé, d'éléments fibreux et de matières organiques. Certaines spécialités contiennent en plus des rétenteurs d'eau ou des billes expansées d'argiles (« terreaux pour bacs à réserve d'eau »). Ces mélanges préparés sont une solution de facilité, pratiques pour réaliser des jardinières qui ne dureront qu'une ou deux saisons. Pour des plantations qui doivent perdurer, réalisez vous-même votre terre. Un bon substrat résulte de la combinaison de composants assurant un apport nutritif suffisant pour compenser le faible volume de terre, un bon drainage mais aussi une bonne rétention d'eau et une cohésion du sol permettant un bon ancrage des végétaux, souvent soumis à des vents violents. Il n'y a pas de recette universelle, chaque type de plante ayant des exigences particulières.

## Le drainage

L'eau d'arrosage ou de pluie doit pouvoir circuler à travers le substrat de culture, sans stagner au niveau des racines des plantes. La terre a tendance à se tasser sous l'effet des arrosages successifs. Avant la plantation, posez une couche drainante (billes d'argile expansée, tessons d'argile) de 2 à 3 cm d'épaisseur sur le fond du contenant. Puis recouvrez-la avec un feutre horticole qui retiendra les éléments les plus fins du sol, susceptibles de colmater les orifices d'évacuation de l'eau du bac. Évitez l'emploi d'un substrat trop lourd et trop compact, qui provoque souvent l'asphyxie des racines.

▲ Un sol au pH neutre convient à la plupart des végétaux.

◄ La réussite de vos cultures dépend du choix du substrat.

# LES MATÉRIAUX DE BASE

*Divers substrats sont disponibles dans le commerce, sous forme de mélanges de différents matériaux ou à l'état pur. Chacun présente des avantages et des inconvénients que vous devez connaître pour assurer le bien-être et la pérennité de vos cultures en pots.*

*astuce Truffaut*

**Ne confondez pas un terreau et un amendement, même si les matières premières sont souvent identiques. Le premier est un support de culture où les plantes poussent directement. Le second est un améliorant du sol qui doit être absolument mélangé au substrat. Les proportions respectives varient selon la nature de l'amendement lui-même et selon les plantes.**

Pour réaliser un mélange bien adapté à vos plantes, reportez-vous aux pages du « Dictionnaire des plantes », où sont indiquées les compositions idéales des substrats de culture.

▲ Agrosil.

▲ Écorces.

## La terre de jardin

Elle est constituée d'un mélange d'argile, de sable, de calcaire et d'humus, en proportions très variables selon son origine. Avant de l'incorporer à votre mélange terreux, faites-la analyser. Vous pourrez ainsi l'amender correctement. Attention, elle contient souvent des graines de mauvaises herbes.

## Les terreaux

Ils contiennent une part importante d'humus, résultant de la décomposition de matières organiques animales ou végétales. Cet humus retient une grande quantité d'eau et d'azote. Il favorise l'assimilation par les plantes de nombreux éléments fertilisants contenus dans le sol. Un bon terreau, qu'il soit de feuilles ou de fumier, doit encore contenir une partie de débris végétaux non décomposés. Employé pur, il se tasse et colmate les petits orifices d'évacuation de l'eau du contenant. Incorporé à un substrat lourd, il le rend moins compact et plus perméable. Mélangé à du sable, il augmente la cohésion de ce dernier.

## Les tourbes

La tourbe blonde est un substrat fibreux acide, pauvre en éléments nutritifs. Elle se gorge facilement d'eau tout en restant bien aérée. On l'utilise pour alléger un mélange terreux et pour lui conférer une meilleure rétention en eau. La tourbe brune est un substrat très léger, qui, une fois desséché, se réhydrate difficilement. Elle entre dans la composition de la plupart des mélanges du commerce, vendus prêts à l'emploi.

## Le sable

Ce matériau résulte de la désagrégation de roches siliceuses. Il est formé de petites particules cristallines qui ne présentent aucune cohésion entre elles. Très perméable et

▼ Fibres de coco.

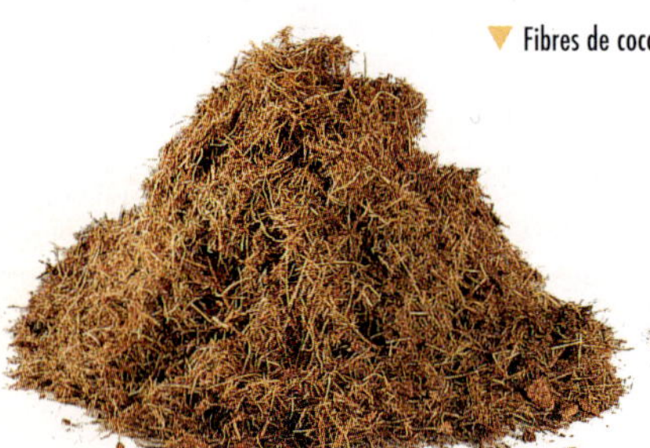

▼ Fumier.

▼ Mulcao.

Perlite.

Pouzzolane.

Sable.

inerte, le sable retient mal les éléments fertilisants solubles. Il s'emploie pour alléger et augmenter la perméabilité d'un substrat lourd et compact.

## La perlite

Ce matériau inerte et allégeant est un sable expansé, qui ne pèse que 60 à 100 g par litre. On l'emploie à la place du sable pour alléger et aérer un substrat de culture trop lourd dans les grandes potées. Dans un mélange terreux, ne mettez pas plus de 20 % de perlite pour conserver une bonne cohésion du sol.

## La vermiculite

Cet autre matériau inerte allégeant est formé de minéraux lamellaires. Léger, il pèse environ 90 à 100 g par litre. Dépourvu d'éléments nutritifs, il s'utilise comme la perlite.

## L'agrosil

À base de silice (45 %), d'azote uréique (2 %) et d'anhydride phosphorique (20 %), ce produit augmente la capacité de rétention en eau du substrat. Il fixe les sels et les métaux lourds, ce qui permet d'éviter des risques d'intoxication pour les plantes. Il a une action longue durée, avec une efficacité de six à neuf mois minimum. Incorporez-le à chaque plantation ou en complément de fertilisation au printemps ou à l'automne.

## La pouzzolane

Cette roche d'origine volcanique, poreuse et relativement légère, s'incorpore dans un mélange terreux pour l'aérer et le rendre plus perméable. Mélangée à du terreau, elle limite le tassement du sol.

## Les écorces

Celles de pin maritime sont les plus employées. Le commerce propose deux catégories d'écorces : celles sans liber, propres, régulières et durables, et celles avec liber, régulières et sans poussière. En se décomposant, elles donnent de l'humus. Les gros calibres servent de paillage.

## Les fibres de coco

Cette autre matière première d'origine végétale est utilisée comme les écorces pour réaliser un substrat léger, perméable et aéré.

Terre de jardin.

## Le mulcao

Obtenu par broyat d'écorces de cabosses de cacao, ce matériau entre dans la composition d'amendements ou de supports de culture. Les granulométries les plus grosses sont utilisées en paillis, comme les écorces.

## Les fumiers

Obtenus à partir des litières et des déjections des animaux d'élevage, ils contiennent de 28 à 30 % de matières organiques. Ils renferment des éléments nutritifs en faible quantité. De plus, ils apportent de l'humus et améliorent la qualité physique du substrat dans lequel ils ont été incorporés. On trouve dans le commerce des fumiers sous forme de poudre ou de granulés déshydratés. Sans odeur, faciles à doser et à épandre, ils sont facilement utilisables sur un balcon.

Tourbe blonde.

Tourbe noire.

Vermiculite.

# TOUS LES TERREAUX

*Certaines plantes nécessitent des substrats spécifiques, correspondant à leurs besoins en air et en eau, et adaptés à une structure particulière. Vous pouvez composer vous-même ces mélanges mais vous trouverez certainement dans le commerce une réponse toute prête à votre recherche.*

▲ Terreau universel.

*astuce Truffaut*

**Le support de culture aura tendance à se tasser au fur et à mesure des arrosages et il pourra se couvrir d'une petite pellicule blanchâtre, cristallisation des sels minéraux contenus dans l'eau ou rejetés par la plante. Il n'est pas toujours possible de rempoter une plante pour changer son terreau à cause du poids du contenant et des difficultés de son transport. Pour rénover la structure de la terre, grattez-la avec une griffe sur 2 ou 3 cm de profondeur, selon le volume du pot, enlevez cette couche inerte et remplacez-la par une même quantité d'un terreau identique à celui utilisé lors de la mise en place (surfaçage).**

Les appellations commerciales précisent la destination du terreau proposé en fonction de la culture à réaliser ou de la plante à cultiver. Diversifiez votre approvisionnement quitte à acheter de plus petites quantités pour ne pas avoir à les stocker. Un sac ouvert doit être utilisé rapidement pour éviter au produit de perdre ses qualités au contact de l'air.

## Terreau universel

Un terreau « universel » est, en principe, bon pour tous les usages. C'est sans compter avec les besoins spécifiques de chaque plante. Cette appellation cache en fait le plus souvent une composition courante, passe-partout, qui entre dans le cadre d'une promotion ou sert de produit d'appel. Ce terreau risque de se tasser très vite à cause de sa faible granulométrie et de créer une croûte en surface qui empêche les échanges eau et air et l'absorption des matières fertilisantes.

## Terre de bruyère

C'est à l'origine un produit issu de la décomposition, en forêt, des bruyères. Sa raréfaction, conséquence d'une trop grande utilisation, a entraîné un contrôle très sévère de son ramassage. Elle est maintenant le plus souvent remplacée par une « terre dite de bruyère ». C'est un mélange de tourbe acide et de sable, additionné parfois d'écorces de pin compostées. Ce terreau assez léger est peu nutritif et demande des arrosages fréquents. Son acidité le rend indispen-

▼ Terre de bruyère.

▼ Terreau pour bacs à réserve d'eau.

▼ Terreaux pour balcons et terrasses.

▲ Terreau pour géraniums.

▲ Terreau pour rempotages.

▲ Terreau pour semis.

sable pour les plantes acidophiles, azalées, rhododendrons, camélias, fougères.

## Terreau pour semis

Son principal intérêt réside dans sa légèreté et sa bonne aération. Composé de tourbe fibreuse à laquelle est ajouté selon la composition, de la vermiculite ou un autre élément inerte, il vous servira à favoriser la levée de vos semis ou le démarrage de vos repiquages en aidant l'enracinement des jeunes plantules.

## Terreau pour rempotage

Il convient lors du changement de contenant des plantes vertes ou fleuries dont il favorise la reprise et l'enracinement. La tourbe blonde est accompagnée par des supports inertes, pouzzolane, vermiculite ou écorces de pin. Lors de cette opération, à effectuer en fin d'hiver, n'oubliez pas de rétablir une couche drainante au fond du nouveau pot sur 2 à 3 cm. Vous pratiquerez un rempotage lorsque votre plante accusera des signes de fatigue : croissance ralentie, diminution de la floraison ou abondance excessive des racines qui dépassent du pot.

## Terreau pour balcons et terrasses

Sa composition privilégie la rétention d'eau sans négliger le drainage. À base de tourbe blonde, il contient également de la terre végétale, du sable et du fumier composté. Certaines spécialités lui associent des silicates sous forme de granulés connus à l'origine sous le nom de « grains d'eau ». Ceux-ci se gonflent d'eau lors des arrosages, qu'ils restituent au fur et à mesure des besoins de la plante.

## Terreau pour bacs à réserve d'eau

Il est étudié pour assurer une bonne capillarité permettant la remontée du liquide le long des mèches, de la réserve jusqu'au support de culture. À la tourbe blonde habituelle (la brune se colmate trop vite et se réhumecte très difficilement lorsqu'elle a été asséchée), il est adjoint des écorces de pin compostées, des billes d'argile expansée ou de la vermiculite.

## Terreau pour géraniums

Il contient 10 à 20 % de terre de jardin argileuse pour maintenir au maximum l'humidité du substrat. Cet apport permet d'espacer les arrosages pour une plante qui le supporte très bien. Laissez sécher la terre quatre à cinq jours entre deux apports d'eau, leur floraison n'en sera que plus belle. Surtout si vous lui apportez un engrais tous les deux arrosages. Le mélange est complété de tourbe blonde et souvent d'écorces de pin compostées ou de pouzzolane.

## Écorces compostées

Elles se présentent sous différentes granulométries, selon qu'elles sont utilisées en mélange à l'intérieur du contenant pour assurer une bonne aération et plus de légèreté à l'ensemble, ou qu'elles le sont en surfaçage. Dans ce cas, leur rôle consiste à diminuer les chocs thermiques et à maintenir une certaine humidification en surface.

## Terreaux spéciaux

Terreau pour cactées et plantes grasses, enrichi en sable pour obtenir un mélange très poreux, la stagnation de l'eau étant l'ennemi de ces plantes. Terreau pour orchidées, avec écorces, mousses, billes de polystyrène. Tourbe émiettée privilégiant la légèreté, pour les suspensions. Terre à bonsaïs, à base de terre végétale, tourbe, terreau de feuilles et gravier.

◀ Écorces compostées.

# À CHAQUE PLANTE SON POT

*Quel que soit l'espace dont vous disposez, vous trouverez toujours les pots, les suspensions ou les jardinières qui conviennent pour faire pousser vos plantes dans les meilleures conditions et pour réaliser un décor de charme, modulable et transformable au fil des saisons ou de votre inspiration.*

▲ La plantation des végétaux dans des pots de hauteurs différentes augmente l'effet de relief.

*astuce Truffaut*

**Les pots, les jardinières ou les suspensions à réserve d'eau sont très utiles si vous devez vous absenter souvent, pour de petites périodes de huit à dix jours. Ces bacs, qui limitent les arrosages, doivent être installés à l'abri des intempéries, pour éviter que la réserve ne se trouve remplie en permanence.**

▼ Composez un jardin de condimentaires dans un seul pot.

Pour choisir un contenant, prenez en compte les besoins des végétaux que vous souhaitez cultiver. Une grande plante doit être installée dans un bac profond pour avoir une belle croissance et pour être stabilisée quand il y a du vent. Vous n'avez que l'embarras du choix pour acheter vos potées ou vos jardinières, proposées dans de nombreux matériaux et comportant diverses formes ou coloris. Choisissez des contenants solides, pratiques mais esthétiques, en créant une unité, avec des tons et des proportions harmonieuses. Pensez à assortir les bacs et les soucoupes au style général ou à celui de la maison.

## Les pots en terre cuite

Le charme des contenants en terre cuite demeure inégalable. Assez onéreux, ils sont disponibles dans toutes les tailles et à tous les prix. La terre cuite étant très poreuse, elle permet une bonne aération du substrat et du système racinaire. Mais le sol a tendance à se dessécher très vite par temps chaud et sec, d'où l'obligation d'arrosages fréquents et abondants. Tous ces pots présentent malheureusement une faible résistance au gel

Harmonisez la forme du pot avec celle des plantes. ▶

et aux chocs. En hiver, vérifiez que l'eau s'écoule bien par le trou de drainage et protégez vos contenants en les recouvrant d'un film de plastique alvéolé pour éviter qu'ils n'éclatent sous l'effet des fortes gelées.

## Les bacs en plastique

Ils sont très légers, maniables, faciles à entretenir et souvent peu onéreux. Ils s'entretiennent aisément, d'un simple coup d'éponge imbibée de détergeant. Imperméables, ils permettent de limiter le dessèchement trop rapide du substrat. Ces contenants ont malheureusement une faible durée de vie car ils se déforment facilement. Depuis quelques années, leur qualité esthétique a été considérablement améliorée de par une plus grande ressemblance avec les poteries en terre cuite ou en bois, qu'ils imitent fort bien. Les coloris vifs et brillants laissent peu à peu la place à des couleurs mates plus naturelles (argile, pierre grise ou rose, blanc cassé ou gris foncé). Attention, le plastique blanc a tendance à jaunir assez rapidement. Les jardinières et les pots de petite taille ont un poids peu important et une faible résistance au vent qui les renverse souvent.

◄ Prévoyez des bacs lourds pour les grandes plantes.

## Les bacs en béton

Ce sont des contenants souvent très lourds, peu esthétiques et d'un coût élevé. Limitez leur utilisation aux terrasses de plain-pied.

## Le bois

Ce matériau est très utilisé pour des contenants haut de gamme, souvent lourds et peu maniables. Le châtaignier et le chêne résistent le mieux aux intempéries mais on utilise aussi du pin traité ou des essences exotiques (teck). Le bois offre l'avantage de s'harmoniser avec tous les autres matériaux. Élégant, il nécessite un entretien régulier pour conserver son bel aspect et être protégé des dégradations dues au contact avec l'humidité. Il est préférable d'utiliser des bacs en bois sur un balcon ou une terrasse protégés des intempéries. Évitez les jardinières trop longues, dont les planches du fond ont tendance à se déformer.

## La pierre reconstituée

Elle a remplacé la vraie pierre, devenue rare. Les contenants, solides et résistants, ont un grain fin et prennent une belle patine avec le temps, mais ils ont tendance à se couvrir de mousses et de lichens quand ils sont exposés aux intempéries et à l'ombre. La pierre est trop lourde pour la grande majorité des balcons. Réservez-la aux terrasses de jardin, en rez-de-chaussée.

## Faites le bon choix

Les formes évasées sont moins sensibles au gel que les récipients à ventre arrondi et à col étroit. Pour des végétaux à port trapu ou retombant, choisissez des pots larges. Les formes cubiques et cylindriques conviennent parfaitement aux conifères pyramidaux ou coniques, ainsi qu'aux arbustes sur tige. Avant la plantation définitive, prévoyez des accessoires (roulettes, poignées amovibles) pour déplacer les très grands bacs. Attention, plus un contenant est petit, plus les soins à prodiguer aux plantes doivent être fréquents et réguliers. Un minimum de 30 à 50 cm de diamètre et de profondeur est nécessaire pour des plantes grimpantes, des arbustes et de grandes touffes de vivaces ou d'annuelles.

Un pot large convient aux végétaux trapus. ►

▼ Un bac cubique s'harmonise avec un conifère élancé.

# BIEN COMPOSER UNE JARDINIÈRE

*Une potée ou une jardinière n'est pas une simple accumulation de végétaux, disposés n'importe comment les uns à côté des autres. Bien au contraire, comme pour un massif, il faut marier harmonieusement les formes, les textures, les couleurs. Voici les tours de main et quelques idées à réaliser vous-même.*

Les associations les plus simples donnent souvent des résultats très séduisants.

**astuce Truffaut** Plantez des végétaux à feuillage caduc et d'autres persistants, dans les proportions 1/3-2/3, pour obtenir un décor toujours attractif.

Vous pouvez donner libre cours à votre imagination, en associant savamment les végétaux dans vos plus belles poteries ou jardinières. Mais avant d'acquérir vos plants, songez à leur développement futur et à l'encombrement qu'ils vont occuper très vite. Pour un rebord de fenêtre, éliminez les espèces qui dépassent 50 cm de hauteur et celles qui s'étalent exagérément en tous sens. De même, évitez les sujets un peu grêles et fragiles, qui deviennent trop hauts sur un balcon ou une terrasse balayés par les vents. Attention, songez que les plantes ont tendance à pousser vers la lumière. Ne mettez pas trop de végétaux retombants sur un balcon car vous n'en profiteriez guère de l'intérieur (par contre, vos voisins, eux, seront ravis !). Jouez sur l'étalement des périodes de floraison dans le temps. Une plantation en jardinière se doit d'être dense, pour créer très vite un effet de profusion et d'abondance. En débordant généreusement de leur contenant, les plantes donnent l'impression que le balcon ou la terrasse croulent sous les feuillages et les fleurs. En revanche, pour mettre en valeur la silhouette particulière ou le port original d'une plante, augmentez les distances avec ses voisines et réduisez le nombre de plantes associées. Comme dans un jardin, placez les plantes les plus petites au premier plan, devant les grandes espèces. Il n'est pas recommandé d'associer des végétaux trop disparates par la taille. Respectez une certaine harmonie dans les

Cette jardinière de bulbes brille de mille feux au printemps.

proportions. Il n'est pas utile d'avoir toujours une grande diversité de végétaux. Une jardinière monospécifique donne aussi d'excellents résultats. Le choix d'un type d'arrangement décoratif doit aussi tenir compte de l'environnement où sera installée la jardinière. Et si, souvent, l'aspect visuel de la jardinière prime, n'oubliez pas les feuillages et les fleurs parfumés, qui apportent un charme supplémentaire à votre jardin, qu'ils embaument. Évitez cependant des mélanges de diverses senteurs fortes. Préférez la subtilité et la discrétion.

## Occuper tout l'espace

Quand vous achetez vos plants, prenez un assortiment où se mêlent des végétaux à ports très différents. Ceux ayant un aspect étalé ou retombant sont utiles pour recouvrir le bord et les côtés des contenants ou le pied des autres plantes, plus hautes et moins touffues à la base. Sur un balcon ou une fenêtre, ils assurent essentiellement une décoration vers l'extérieur, dont vous ne profiterez malheureusement guère. Les plantes trapues et compactes, en touffe dense ou en coussin, conviennent parfaitement pour les bordures et les premiers plans. Quelques végétaux érigés, plus hauts, sont réservés pour le centre de la composition et pour les arrière-plans. Ils donnent un aspect moins tassé à la composition. Quand l'espace est réduit, plantez quelques végétaux cultivés sur tige (anthémis, hibiscus, fuchsia, etc.). Leur base dégarnie laisse la place pour quelques plantes annuelles ou vivaces peu encombrantes. Vous obtiendrez ainsi plusieurs niveaux de floraison.

## Plantation « en mont »

Le centre de la jardinière est planté avec les espèces végétales présentant le plus grand développement en hauteur. De part et d'autre, installez des plantes de moins en moins hautes, en essayant de garder un dégradé progressif de hauteur du centre vers l'extérieur. Évitez cette disposition régulière devant une fenêtre, car la végétation occulte très vite toute la vision sur l'extérieur et empêche la lumière de rentrer dans la maison. Quand les végétaux ont atteint leur développement maximal, songez aussi à la difficulté éventuelle pour parvenir à fermer les volets. Sur un balcon, cette disposition simple peut être répétée à volonté, en fonction de la place disponible. Elle permet de créer un petit écran protecteur discret contre le voisinage, de varier les perspectives et les angles de vision.

## Disposition « en creux »

Cette implantation est à l'opposé de celle décrite précédemment. Les plantes les plus petites occupent le centre de la jardinière. De part et d'autre, plantez des végétaux de plus en plus hauts, les plus grands se trouvant aux extrémités du contenant. Cette implantation convient bien pour un rebord de fenêtre.

## Décor rythmé

Cette disposition s'obtient en plantant une première fois quelques végétaux dans un ordre et un arrangement donnés, qu'il suffit ensuite de renouveler à l'identique plusieurs fois de suite tout au long de la jardinière. Ce décor rythmé n'est vraiment réussit que dans un très grand contenant, de plus de 80 cm de longueur. En effet, il faut pouvoir répéter au moins deux fois de suite le motif végétal pour obtenir l'effet attendu. Ne cherchez pas la difficulté, les motifs les plus simples composés seulement de deux ou trois plantes différentes permettent d'obtenir une très jolie jardinière.

▲ Privilégiez les ports trapus et compacts.

▲ Plantez des annuelles ou des vivaces au pied d'un arbuste.

▲ Plantez serré pour obtenir un effet de masse.

Évitez trop de symétrie, source de monotonie. ▶

# PLANTER LES DIFFÉRENTS VÉGÉTAUX

*C'est souvent sur un coup de cœur que l'on achète les plantes qui vont agrémenter le rebord de la fenêtre, le balcon ou la terrasse. Mais pour obtenir un décor original et harmonieux, qui évolue agréablement au fil des saisons comme vous le souhaitez, il faut bien penser la plantation.*

▲ N'achetez pas une plante pour son seul aspect. Pensez qu'il faut l'intégrer au décor existant.

*astuce Truffaut* **La réussite de votre décor dépend de la diversité des plantes utilisées. Évitez la monotonie en variant les silhouettes, les textures et les couleurs.**

◀ Un exemple réussi de plantation étagée.

Le printemps (plus particulièrement la période couvrant les mois d'avril et de mai) est le moment idéal pour installer de nombreuses plantes vivaces, les légumes d'été, les plantes condimentaires et, bien sûr, toutes les plantes annuelles, trop frileuses pour résister au moindre gel. Les bulbes d'été, qui s'épanouissent entre juin et novembre, se plantent en avril et en mai, après les dernières gelées. Certaines plantes exotiques (hibiscus, datura, solanum...) ou méditerranéennes (laurier-rose, anthémis, agave, aloès...) peuvent être installées sur une terrasse ou un balcon, pendant la belle saison. Non rustiques, elles sont plantées quand il n'y a plus aucun risque de gel, vers la mi-mai, après les saints de glace. Les plantes bulbeuses à floraison automnale (colchiques, certains crocus, sternbergia, etc.) sont empotées dès la fin de l'été pour une floraison dans les mois qui suivent. En général, les plantes bisannuelles sont vendues en godets ou en mini-mottes à la fin de l'été et à l'automne. Plantées avant les premiers grands froids, elles fleurissent de bonne heure au printemps, parfois dès la fin de l'hiver, au moindre redoux. Les plantes bulbeuses à floraison printanière doivent être installées le plus tôt possible à l'automne. Évitez des problèmes de conservation en les rempotant dès l'achat. Plantez-les en septembre ou en octobre de préférence. Attention, les couronnes impériales doivent être mise en pot dès le mois d'août. Tous les arbustes et les arbres à racines nues sont mis en place en octobre ou en novembre. Effectuez cette opération par temps doux, quand il ne gèle pas. Ces mêmes plantes, cultivées en conteneurs, peuvent être plantées toute l'année, sans problème de reprise.

## Des associations réussies

Les plantes les plus diverses peuvent trouver refuge sur un balcon ou une terrasse. Mais, pour obtenir un décor harmonieux, il faut réaliser de bonnes associations et savoir bien intégrer les petites nouvelles, au fil des saisons. Dans une jardinerie ou à la lecture d'un catalogue de vente par correspondance, il est souvent difficile de résister à l'achat de nouveaux végétaux. Évitez le côté « collection », avec une accumulation de plantes différentes les unes des autres. Achetez par lot d'au moins trois exemplaires. L'unité de ton est beaucoup plus spectaculaire et l'effet obtenu, plus joli. Pour mieux planifier vos achats et vos plantations, réalisez un plan de votre balcon ou de votre terrasse, en indiquant soigneusement l'emplacement des pots et des jardinières, ainsi que les espèces végétales à planter. Dans un pot ou dans une jardinière, associez des plantes ayant les mêmes exigences culturales (terre, engrais, lumière, arrosage, etc.). Il est également préférable de planter des végétaux ayant une croissance à peu près similaire ou complémentaire, pour éviter que l'un d'entre eux n'envahisse toute la potée et étouffe ses voisins, plus lents à se développer. Associez les plantes ayant un même cycle de vie, tels, par exemple, les bisannuelles et les bulbes à floraison printanière d'une part ou des salades, des tomates et des œillets d'Inde, d'autre part. Respectez les distances de plantation indiquées.

## Achat : faites le bon choix

Inspectez l'état du système racinaire de vos arbres et arbustes à racines nues. Celles-ci ne doivent pas être desséchées, ni cassées. Les végétaux cultivés en conteneurs ou en godets doivent avoir un bon enracinement, qui se caractérise par une répartition homogène des racines et radicelles tout autour de la motte de substrat. Évitez les plantes ayant un chignon dense de racines plus ou moins abîmées au fond du pot. Cultivées depuis trop longtemps dans le même conteneur, leur reprise est souvent plus difficile. Les plants proposés en minimottes évitent les longues étapes du semis et des repiquages. Achetez des plants au feuillage sain, bien vigoureux, avec une motte humide. Pour les vivaces et les annuelles, la tentation est forte de n'acheter que des plantes déjà bien fleuries. Mais, hormis la garantie d'avoir la variété et les coloris que l'on souhaite, la reprise après la plantation est bien meilleure avec des plants « en vert », ne présentant que des jeunes boutons floraux. Soyez vigilant lors de l'achat de vos bulbes à fleurs. Choisissez ceux qui présentent un aspect impeccable, sans trace de choc, sans déformation quelconque et sans moisissure. Rejetez tous les bulbes flétris, de même que ceux ayant déjà une pousse verte bien développée. Les plus gros calibres vous garantissent une végétation plus importante et une floraison plus abondante (par la taille des fleurs ou par le nombre, selon les espèces).

Dans une jarre, plantez toutes les herbes de la cuisine. ▶

▼ N'enterrez pas le point de greffe.

Plantez vos bulbes pour le printemps très tôt. ▶

# BIEN PRÉPARER LA PLANTATION

*La mise en scène de vos cultures en pots ou en jardinières passe obligatoirement par les préparatifs de la plantation et de la manière dont vous réalisez cette opération. Elle est somme toute assez simple, mais primordiale. Ne bâclez pas le travail. Prenez votre temps pour bien réaliser toutes les étapes les unes après les autres, car le résultat de vos potées en dépend.*

▲ Avant d'effectuer vos plantations, vérifiez que vous disposez de tout le matériel et toutes les plantes nécessaires.

*astuce Truffaut*

**Installez les accessoires et les plantes sur une grande bâche plastifiée posée sur le sol, pour ne pas salir la terrasse ou le balcon.**

Procurez-vous tout le matériel nécessaire : contenants, terreau, végétaux, mais aussi billes d'argile pour le drainage, plantoir et transplantoir, arrosoir, ciseaux, étiquettes, etc. La première étape concerne le drainage du contenant. S'il ne présente pas de trou d'évacuation pour l'eau, il faut en percer le fond. Cette opération est assez facile avec une jardinière en plastique dont les trous de drainage ont souvent été préformés,

◄ Des trous de drainage doivent être percés dans certains pots neufs.

▼ Un tesson de poterie ou un gros caillou évite l'obstruction du trou de drainage. Indispensable.

▼ Versez au fond du bac, une couche drainante de billes d'argile, de 3 à 5 cm d'épaisseur.

▼ Couvrez le drainage avec une feuille de feutre pour éviter le mélange avec la terre.

mais non troués. Découpez l'opercule en matière plastique avec un couteau pointu, pour l'enlever complètement. Vous pouvez aussi percer avec la pointe d'un gros tournevis. Les pots en terre cuite demandent une plus grande prudence pour ne pas les briser. Forez à la perceuse un seul trou au centre du fond du contenant. Un orifice de 1 cm suffit pour un pot de 14 cm de diamètre. Une perceuse avec variateur de vitesses est indispensable. Commencez à vitesse lente, puis percez à plein régime dès que l'avant trou a été foré. Pour éviter que le substrat ne s'échappe du pot, disposez un tesson de terre cuite sur le trou de drainage. L'étape suivante concerne le remplissage du bac, en commençant par la mise en place d'une couche de drainage. Une épaisseur correspondant à 1/10e de la profondeur du contenant est idéale. Utilisez des billes d'argile expansée, des tessons de poterie en terre cuite ou du sable de granulométrie moyenne. Posez ensuite un morceau de feutre jardin sur la couche drainante. Elle va retenir les éléments fins du substrat qui pourraient être entraînés par l'eau d'arrosage et venir colmater les orifices d'évacuation de l'eau lors des arrosages. Remplissez ensuite votre contenant aux 2/3 avec le substrat. Il est prêt à planter.

## Bulbes en étages

Pour obtenir une potée de bulbes de printemps très fournie, il est possible de planter plusieurs espèces dans un même contenant. Vous obtiendrez ainsi une composition fleurie pendant près de 3 à 4 semaines. Choisissez un pot de 30 cm de profondeur et de même diamètre. Disposez une épaisse couche de drainage (au minimum 5 cm) sur le fond. Remplissez le pot avec un substrat sableux. Disposez les bulbes à 1 cm d'intervalle. Veillez à ce qu'ils ne touchent pas les parois du contenant. Installez un premier étage de tulipes (à une profondeur minimale de 15 cm), couvrez avec le substrat, puis disposez une couche de bulbes de jacinthes ou de narcisses, en les alternant par rapport aux tulipes. Après avoir recouvert ce nouvel étage avec du terreau, plantez les plus petits bulbes (crocus, anémones, iris, scilles, etc.). Vous pouvez planter dans un pot de 20 à 24 cm de diamètre 20 crocus, 20 narcisses et 16 tulipes. Un festival printanier garanti.

### LES DISTANCES DE PLANTATION À RESPECTER

**Les indications qui suivent concernent des végétaux un peu plus hauts que larges. Adaptez les distances de plantation au volume particulier des plantes. Réduisez-les pour les formes élancées et étroites de certains conifères. Augmentez l'espace pour des plantes tapissantes et couvre-sol qui s'étalent beaucoup.**

| (Hauteur des plantes) | (Distance de plantation) | (Hauteur des plantes) | (Distance de plantation) |
|---|---|---|---|
| **PLANTES ANNUELLES** | | **ARBUSTES** | |
| Moins de 30 cm | 10 cm | Moins de 60 cm | 40 cm |
| De 30 à 50 cm | 20 cm | De 60 à 100 cm | 50 cm |
| De 50 à 80 cm | 30 cm | Plus de 100 cm | 100 cm |
| Plus de 80 cm | 40 cm | **ARBRES FRUITIERS** | |
| **PLANTES VIVACES** | | Moins de 200 cm | 100 cm |
| Moins de 20 cm | 15 cm | Plus de 200 cm | 150 cm |
| De 20 à 40 cm | 20 cm | **BULBES À FLEURS** | |
| De 40 à 60 cm | 35 cm | Moins de 20 cm | 1 à 2 cm |
| De 60 à 100 cm | 45 cm | De 20 à 40 cm | 3 à 5 cm |
| Plus de 100 cm | 60 cm | Plus de 40 cm | 7 à 10 cm |

Posez les bulbes à bon écartement, sur un lit de terreau sableux, puis recouvrez-les en ne laissant aucun vide d'air.

Dans un pot, plantez les bulbes sur plusieurs niveaux.

# LES BONS GESTES POUR BIEN PLANTER

*Tout est prêt, vous pouvez procéder à l'étape finale de la plantation, moment décisif pour la réussite future de vos cultures. Attention, il ne suffit pas de mettre en terre vos plantes pour qu'elles poussent. Voici quelques conseils pratiques très précieux qui vous éviteront bien des erreurs et des maladresses.*

▲ Pour la plantation d'une grosse potée, il est souvent plus facile de travailler à deux.

*astuce Truffaut* **Pour réussir vos plantations, évitez les jours de plein soleil. Préférez un temps gris, doux et chargé d'humidité atmosphérique.**

▼ Dépotez la plante en la retournant, sans briser la motte.

Avant de commencer la mise en place définitive des végétaux, faites tremper les mottes des plants dans une bassine d'eau claire pour bien humidifier les racines. Sortez les plantes quand il n'y a plus de bulles d'air qui se dégagent de la motte. Laissez s'évacuer l'excédent d'eau. Dépotez-les en les sortant délicatement des contenants sans briser la motte. Pour cela, tapez d'un coup sec le bord du pot en maintenant la plante vers le bas. Éventuellement, quand les racines forment un chignon trop dense à la base du godet, démêlez-les délicatement avec une fourchette et supprimez celles qui sont trop longues, nécrosées ou sèches. Pralinez les racines des végétaux à « racines nues ». Utilisez un « pralin » du commerce, tout préparé et facile à l'emploi. Cette opération stimule le développement rapide de nouvelles radicelles, utiles pour une bonne reprise. Pour diminuer les pertes

▼ Coupez les racines sortant du pot.

▼ Démêlez le chignon de racines.

▼ Supprimez les racines compactées.

en eau par évaporation et faciliter la reprise, vous pouvez réduire les plus grandes feuilles des plants, en supprimant environ le tiers terminal du limbe. Faites une coupe franche pour favoriser la cicatrisation. Cette opération, appelée « habillage », s'effectue avec de nombreuses espèces légumières telles que les salades, les poireaux ou les poirées. Pour les végétaux fleuris, ôtez toutes les fleurs épanouies, qui ralentissent la reprise. La plante sera ainsi plus vigoureuse et la nouvelle floraison n'en sera que plus généreuse. L'idéal étant bien sûr d'acheter des jeunes plants en boutons.

## La bonne profondeur

Seuls les bulbes doivent être totalement enfouis dans le terreau. Quand vous les enfoncez, tournez-les un peu sur eux-mêmes pour qu'ils adhèrent bien au substrat. Pour les plants cultivés en mottes, veillez à couvrir complètement ces dernières avec la terre jusqu'au niveau du collet de la plante. La hauteur de terre qui doit couvrir le bulbe dépend de l'espèce. Comptez 4 cm pour les renoncules et les anémones ; 6 cm pour les éranthis et les chionodoxas ; 8 cm pour les crocus, les oxalis, les érythrones, les perce-neige, les alliums d'ornement, les érémurus et les scilles ; environ 10 à 12 cm pour les jacinthes, les tulipes et les narcisses ; 16 cm pour les lis et 18 cm pour un bulbe de couronne impériale. Lors de la plantation de végétaux ligneux, n'enfouissez pas le point de greffe des rosiers et des arbres greffés près du sol. Les plantes à racines nues sont enfouies jusqu'à la zone de séparation entre les racines souterraines et les tiges aériennes dite « collet ». Par contre, les tomates, les poivrons et les clématites préfèrent avoir une bonne partie de la base de la tige aérienne enfouie dans le sol. Plantez les végétaux saisonniers assez serrés, car ils doivent donner un effet décoratif maximal sur une courte période de l'année. Par contre, les plantes vivaces, les petits fruits, les arbres fruitiers et les arbustes demandent un espacement beaucoup plus important pour permettre un développement optimal et des productions abondantes.

▲ Les plantes à racines nues doivent être pralinées.

▲ Faites trempez les mottes des plantes en godets (15 mn).

▲ Arrosez la base de la grosse motte pour bien l'humidifier.

▲ Réduisez le limbe des feuilles d'un plant (habillage).

## Sachez bien planter

Les racines ne doivent jamais être comprimées dans un trou trop étroit, être enroulées ensemble ou retroussées vers le haut. Avec un plantoir, faites un trou suffisamment grand pour contenir toute la motte du plant élevé en godet ou pour permettre d'étaler bien à plat les racines quand il s'agit d'un plant à racines nues. Comblez les vides entre les racines avec le substrat en tassant légèrement. Terminez en remplissant le bac.

## Tassage et arrosage

Une bonne reprise des plantes est assurée par un contact très étroit entre le chevelu racinaire et le substrat. Quand vous terminez le remplissage du bac, tassez soigneusement la terre tout autour des plants installés pour ne pas laisser de poches d'air dans le sol et pour bien stabiliser les végétaux.

Arrosez copieusement mais doucement, pour tasser le substrat et permettre une bonne adhérence du sol aux racines des plantes.

Quand l'eau s'est écoulée, vérifiez le bon état de vos plantations et redressez les plants qui se sont affaissés. Si le niveau de la terre a trop baissé dans le contenant, rajoutez du substrat jusqu'au niveau initial.

▲ Ouvrez un trou de plantation assez grand.

▲ Remplissez le pot avec de la terre.

▲ Égalisez la surface de la terre.

▲ Tassez la terre contre les racines.

## Tuteurage et palissage

Certaines plantes à grand développement ou de constitution un peu fragile ont besoin d'un support pour éviter qu'elles ne s'effondrent sur leurs voisines ou que les branches se cassent sous l'effet du vent et des courants d'air. C'est vrai en particulier pour tous les végétaux cultivés sur tige, surtout pendant les premières années de culture où la tige principale est encore frêle et très cassante par rapport à la masse imposante de feuillage et de fleurs qui la surmonte. Au moment de la plantation, prévoyez un tuteurage efficace, mais discret. Pour les plantes bulbeuses, il est préférable d'installer les tuteurs en même temps que les bulbes, pour ne pas les abîmer ensuite en plantant au hasard les supports dans le substrat. Fixez solidement la plante contre son tuteur, mais ne serrez pas trop les liens qui ne doivent pas empêcher la croissance ultérieure des tiges. Par mesure de précaution,. entourez la partie supérieure pointue de chaque tuteur avec un embout protecteur qui évite bien des accidents quand on se penche un peu trop près sur les cultures. Dès la plantation, il faut palisser les plantes grimpantes et volubiles, pour les diriger là où vous le souhaitez. Laissez toujours un peu d'espace entre la tige et le lien, qui n'a pas besoin d'être trop serré.

## Mise en place définitive de la jardinière

La plantation terminée, il est souvent utile de procéder à un petit nettoyage du contenant pour enlever les traces de terre sur les rebords et les parois extérieures. Un simple lavage avec une éponge humidifiée permet de venir à bout de ces marques peu esthétiques, qui donnent un aspect négligé à la potée. Vérifiez ensuite une nouvelle fois les attaches et les supports de votre jardinière. Si besoin est, mettez en place une soucoupe pour recueillir les eaux d'arrosage. Le contenant, une fois rempli, peut peser très lourd. Son transport est alors difficile et

### RENOUVELER UNE JARDINIÈRE

Pour varier le décor au fil des saisons et de vos envies, vous pouvez changer quelques-unes ou toutes les plantes de votre jardinière. Dans un premier temps, séparez les feuillages qui se sont enchevêtrés. Puis arrachez délicatement le plant à renouveler, en tranchant ses racines avec un plantoir pour éviter d'arracher une motte de terre trop importante, ainsi que de blesser les racines des végétaux à proximité. Attention, quand vous installez des plantes nouvelles, dans un contenant déjà rempli, il ne faut pas abîmer les racines des voisines en place. Si vous coupez par mégarde quelques racines d'un végétal, réduisez en conséquence son feuillage et supprimez la floraison. Dans le cadre d'un renouvellement partiel des végétaux, veillez à acheter des plants suffisamment développés pour qu'ils s'intègrent bien dans le décor déjà existant.
Terminez la plantation par un arrosage copieux.

*Attention aux racines des autres plantes !* ▶

peu pratique. Pour l'installation définitive, faites-vous aider, surtout quand il faut accrocher la jardinière à l'extérieur de la rambarde du balcon, au-dessus du vide. Attendez quelques semaines que la végétation montre des signes évidents de reprise avant d'effectuer les premiers apports d'engrais, toujours sur une terre bien humide.

## Le rempotage

Les plantes en pots qui entrent dans la composition d'un décor permanent épuisent rapidement toutes les réserves nutritives contenues dans le sol. Les moins voraces se contentent d'apport d'engrais au printemps et pendant toute la belle saison. Les plus vigoureuses ont tôt fait de remplir le contenant de racines et d'atteindre des dimensions disproportionnées par rapport au support de culture. Il faut alors procéder au rempotage, quand la potée n'est pas trop volumineuse et encombrante. Cette opération doit être faite chaque année pour les végétaux à croissance rapide (daturas, pélargoniums, plantes vivaces, etc.). La meilleure époque est le printemps, juste avant le départ de la végétation. La tentation est forte de repiquer la plante dans un pot beaucoup plus gros que celui où elle végétait, pour éviter une corvée de rempotage trop souvent répétée. Pourtant, prendre un pot trop grand ne serait pas une bonne idée, car un volume de terre trop important retient l'eau en excès et les racines risquent de ne pas supporter cette ambiance trop humide. En fait, l'idéal est de prévoir un contenant d'un diamètre de deux ou trois centimètres plus grand par rapport à l'ancien pot. C'est amplement suffisant pour obtenir une nouvelle croissance et une belle floraison. Procédez comme pour la plantation d'une jardinière, en disposant d'abord une couche de drainage au fond du nouveau contenant, puis un peu de substrat en recouvrant les parois. Disposez la plante dans son nouveau pot en la maintenant bien droite et en veillant à laisser de tous les côtés de la motte un espace régulier pour ajouter la terre. Complétez les vides avec le substrat, en faisant bien attention de ne pas laisser de poches d'air. Attention, il ne faut pas remplir le nouveau contenant à ras bord. Laissez au moins un rebord de deux centimètres pour faciliter les apports d'eau ultérieurs. Tassez le terreau tout autour de la motte de racines, avec un bâton, ou en tapotant doucement le fond du pot contre le rebord de la table. Remettez la plante à sa place définitive. Puis arrosez abondamment.

## Le surfaçage

Cette opération est employée pour les potées trop lourdes et volumineuses, qui ne peuvent plus faire l'objet d'un rempotage. Comme le rempotage, elle s'effectue chaque année, avant le départ de la végétation (fin d'hiver ou début du printemps). Elle consiste simplement à ôter la couche superficielle de substrat sur quelques centimètres tout autour de la tige de la plante, en essayant de ne pas trop abîmer les racines du végétal. Éliminez le « vieux » terreau et remplacez-le par un substrat riche, adapté au type de végétal cultivé. Vous pouvez également y ajouter un peu d'engrais organique, pour stimuler une nouvelle croissance. Le mieux est d'ôter le vieux substrat avec la main, ou en grattant doucement avec une fourchette ou un petit râteau à main. Attention à ne pas briser trop de racines. Terminez par un arrosage copieux. Il existe depuis peu des substrats spéciaux appelés « régénérants de surface », spécialement étudiés pour le remplacement de la terre superficielle des jardinières. Ils contiennent du terreau neuf additionné d'amendement organique et d'engrais à assimilation rapide, qui donneront un coup de fouet immédiat aux plantes, pour un départ printanier.

▼ Rempotez toujours dans un pot plus grand.

▼ Réajustez le niveau du terreau.

▼ Tuteurez les plantes cultivées sur tige.

▼ Arrosez copieusement après la plantation.

# ET POURQUOI PAS SEMER ?

*Même si les plants fleuris que l'on propose dans le commerce sont pratiques et souvent irrésistibles, n'oubliez pas le semis. Il vous procurera la joie de faire naître des jeunes plantes, de les voir pousser et se développer à tous les stades de leur croissance. Voici quelques conseils et méthodes pour produire une abondance de jolies plantes qui décoreront le balcon ou la terrasse.*

▲ En réalisant vos semis, vous pourrez suivre et maîtriser toutes les étapes de la vie de vos plantes.

*astuce Truffaut*

**Si, faute de temps ou d'expérience, vous avez manqué vos semis précoces, semez directement en place des plantes à croissance rapide (capucines, ipomées, clarkias, soucis, etc.). Pour éviter tout repiquage et économiser des graines, prenez soin d'espacer les semences de 15 à 20 cm.**

Le semis est le meilleur moyen d'obtenir une grande quantité de plantes à moindre frais. De plus, le nombre des espèces et variétés disponibles en graines est beaucoup plus important que celui des végétaux proposés en plants. À vous les tabacs décoratifs géants, introuvables parfois en jardineries, les impatiences aux coloris rares, les cosmos aux teintes inhabituelles, les fleurs des champs si faciles à faire pousser à partir de graines, pour des bouquets d'été.

## Les conditions pour réussir

Dans un sachet de graines, vous pouvez avoir entre une dizaine et plusieurs centaines de semences. Mais vous n'avez pas besoin d'une telle quantité de plantes. Quand les graines sont suffisamment grosses pour les tenir à la main, semez-les une à une en godets ou dans des pastilles de tourbe, ce qui vous fait gagner une étape de repiquage.

◄ Repiquez les jeunes plants quand ils ont 2 ou 3 feuilles vraies.

▼ Faites tremper la tourbe pressée.

▼ Tassez légèrement la surface.

▼ Semez les graines une à une.

Procurez-vous des terrines, des pots ou des matériaux de récupération (caissettes en polystyrène, etc.). Les miniserres avec un couvercle en plastique transparent permettent d'obtenir d'excellents résultats. Quel que soit le contenant choisi, il doit être propre. Prévoyez des étiquettes, un crayon, une batte pour tasser le sol, un tamis, du terreau spécial pour semis et un pulvérisateur.
Une plante qui germe rapidement est toujours de meilleure qualité. En fonction des espèces, la germination est obtenue avec des températures supérieures à 12 ou15 °C. Si vous effectuez vos semis sur votre balcon, attendez qu'il n'y ait plus de gelée. Pour les semis hâtifs, prévoyez une miniserre avec une terrine chauffante ou disposez les caissettes sur un radiateur dans la maison. Utilisez un substrat poreux, pour éviter la fonte des semis. Un mélange à parts égales de tourbe blonde et de sable de rivière convient très bien. Dès que les plantules sortent de terre, elles ont besoin d'une forte lumière pour ne pas s'étioler. Prévoyez un éclairage artificiel pour les semis à l'intérieur.

**LES PLANTES À SEMER**

L'avènement des plants fleuris a fait tomber dans l'oubli un grand nombre d'espèces de fleurs qui se multiplient uniquement par semis. Certaines méritent les honneurs de vos jardinières. C'est le cas, par exemple, des physalis aux jolis fruits en forme de lanternes japonaises, des gazanias dont les fleurs se ferment en fin de journée, des godétias aux teintes pastel, des lavatères naines en coupes blanches ou roses, du pourpier à fleurs doubles et au port tapissant, des soucis aux couleurs vives, des nigelles de Damas aux fleurs très finement dentelées, des némophiles en coupes bleues, des gomphrénas aux minuscules immortelles violacées, des sanvitalias en marguerites miniatures jaunes à cœur noir, de la gaillarde annuelle très colorée, etc.
C'est aussi par semis que se multiplient toutes les plantes grimpantes annuelles, idéales pour habiller un claustra ou un pilier de pergola. Les capucines « poussent toutes seules », la cobée montre une vigueur étonnante, tandis que le pois de senteur fleurit pendant plusieurs mois dans des teintes multicolores. Pensez aussi au haricot d'Espagne dont les gousses sont tout à fait comestibles. Ceci permet une transition vers les légumes, dont vous sèmerez en pot les espèces qui ne se repiquent pas, notamment les radis, les navets et les betteraves (variétés rondes).

## La technique du semis

Vérifiez que la terrine ou le pot ont des trous de drainage. Disposez une fine couche de drainage (un à deux centimètres) sur le fond du contenant. Remplissez-le en faisant déborder le terreau de semis. Répartissez-le avec une réglette pour obtenir une surface homogène et plane. La surface du sol doit arriver à environ un demi-centimètre du bord du contenant. Semez clair. À l'exception des graines les plus fines, recouvrez les semences avec une mince couche de terreau. Tassez légèrement, puis brumisez de l'eau sous forme de fin brouillard. Couvrez votre semis avec un couvercle transparent.

## Les soins après le semis

Dès que les plantules apparaissent, aérez le semis sous abri en soulevant le couvercle et donnez le maximum de lumière. Si la culture est placée derrière une fenêtre, retournez-la tous les jours, pour que les plants ne poussent pas tous dans la même direction. Arrosez régulièrement, sans pour autant détremper le sol. Repiquez les jeunes plants au stade de deux feuilles. Cette phase obligatoire permet à chaque plantule de trouver suffisamment de lumière, d'espace et de nourriture, nécessaires à sa croissance. Repiquez dans des petits pots remplis d'un mélange de terreau, de sable et de tourbe par tiers, ou dans des pastilles de tourbe. Arrachez délicatement chaque plant, sans tirer sur les racines. Repiquez uniquement les plus vigoureux. Enterrez profondément les plantules, jusqu'au niveau des cotylédons. Arrosez par trempage et couvrez vos cultures les plus fragiles jusqu'aux premiers signes de reprise.

▼ Couvrez les graines avec du terreau.

▼ Aérez de plus en plus le semis pour endurcir les plants.

▼ Repiquez le plant dans son pot.

# L'ENTRETIEN AU QUOTIDIEN

*Transformer fenêtre, balcon ou terrasse en un petit paradis de fleurs et de plantes est assurément plus facile que dans un jardin.* ✿ *Cela vient d'abord du contexte, avec ses dimensions réduites qui limitent les efforts et concentrent les interventions. La proximité de la maison crée un microclimat plus favorable à l'épanouissement précoce et généreux de toutes les plantes.* ✿ *Les cultures étant réalisées hors sol, c'est-à-dire dans des pots, des bacs ou des jardinières, il n'y a pas de lourdes interventions à effectuer, comme par exemple les labours ou les amendements. Autre avantage, les éléments de décor sont le plus souvent surélevés ce qui permet d'intervenir dans des positions beaucoup plus confortables.* ✿ *Dans un jardin suspendu, on ne souffre pas du fait que la « terre est basse ». L'outillage est limité à une panoplie de base, très simple d'emploi.* ✿ *Il est même possible d'utiliser, en dépannage, quelques ustensiles de cuisine, comme la fourchette qui fait une très bonne binette pour aérer le sol à la surface des pots ou un couteau qui peut remplacer ponctuellement un sécateur pour supprimer des fleurs fanées.* ✿ *Ne croyez pas pour autant que tout va pousser comme par magie. Les cultures sur balcon sont beaucoup plus exigeantes en eau que celles du jardin. Le faible volume de terre dont elles disposent les fait se dessécher plus vite.* ✿ *Les attaques parasitaires sont souvent plus virulentes chez les plantes en pots, dont la vigueur est toujours moindre que celle de leurs sœurs cultivées en pleine terre. La fine paroi des bacs constitue une protection insuffisante contre la morsure du gel que craignent les plantes.* ✿ *Enfin, les cultures sur balcon sont souvent plus éphémères que dans le jardin, mais c'est ce qui fait aussi leur charme.* ✿

*Ensoleillement, température, varient d'un espace à un autre et en fonction des heures de la journée ou de l'époque de l'année. Ne pouvant changer l'orientation du balcon ou de la terrasse, il est néanmoins possible de tirer parti de cet environnement et de faire du climat un allié.*

▲ Un store tendu au-dessus des baies vitrées, qui donnent sur le balcon, permet de générer une ombre bienfaisante.

*astuce Truffaut*

**Si ce n'est pas interdit par le règlement de copropriété, la couverture du balcon ou d'une partie de la terrasse par une baie vitrée vous permettra de créer une véranda où vous pourrez vous réfugier par mauvais temps.**
**Le choix des plantes s'en trouvera décuplé et leur hivernage facilité.**

## Jouer avec la lumière

Le soleil se trouve au plus haut à l'horizon en juin, au plus bas en décembre. Entre ces deux périodes, il évolue sans se lever ni se coucher exactement au même endroit chaque jour. Certaines zones du balcon seront bien ensoleillées l'été, mais elles manqueront de lumière dès le mois d'octobre. Pour les réchauffer, vous pouvez utiliser des contenants de couleur claire, qui conserve plus longtemps la chaleur, ou installer un grand miroir ou un panneau réfléchissant sur l'un des côtés et l'orienter pour qu'il renvoie la clarté vers la zone d'ombre.

### OCCULTATION ET DÉCORATION

Le balcon ou la terrasse doivent aussi être considérés comme des endroits à vivre. Votre tranquillité peut être troublée par les indiscrétions du voisinage. Pour vous en protéger, il existe de nombreux matériaux d'occultation naturels ou artificiels proposés par les jardineries. Les produits en polyéthylène doivent être traités anti UV. Ils ont essentiellement un rôle utilitaire.

▼ *L'écran total se compose d'une armature rigide en polyéthylène qui soutient un non tissé opaque et imputrescible. Il met le balcon à l'abri des regards, mais manque un peu d'esthétique.*

▼ *Le croisillon extensible s'adapte à toutes les dimensions en jouant sur la largeur des mailles. Ce modèle en plastique est d'un vert mat teinté dans la masse. Il ne demande aucun entretien.*

▼ *La palissade en osier naturel apporte une note rustique, tout en offrant une occultation de 95 % et un effet brise-vent. Ce type de matériau résiste une dizaine d'années à l'extérieur sans entretien.*

Si, au contraire, vous souhaitez atténuer les effets du soleil sur un balcon plein sud, créez un écran avec un treillage agrémenté de plantes grimpantes ou disposez des conifères en bordure.

## Couper le vent

Le vent est souvent cause de déboires dans la culture sur balcon. Il dessèche le terreau, casse les fleurs, courbe les plantes érigées, ralentit la végétation. Plus l'étage est élevé, plus les végétaux sont exposés, surtout à l'ouest, où souffle généralement le vent dominant. Pour atténuer ces effets néfastes, disposez des écrans le long de la rambarde ou sur les côtés. Les meilleurs brise-vent sont ceux qui laissent passer un peu d'air. Un treillage à petites mailles ou une haie d'arbustes à feuillage persistant sont également conseillés.

## La chaleur

Les rayons solaires apportent des calories qui vont être stockées par les matériaux clairs et provoquer une sensation d'étouffement si l'aération n'est pas suffisante. Ceci se remarque sur les espaces exposés plein sud. La liste des plantes pouvant résister à cette situation sans griller est très réduite. Pour atténuer cet effet de serre, la meilleure solution consiste à installer un store enroulable, descendu vers midi et remonté aux heures fraîches de la soirée ou de la nuit.

## La pollution

En ville, la proximité d'usines, de cheminées, d'une rue passante ou d'un carrefour très fréquenté, peuvent engendrer une pollution atmosphérique contre laquelle il n'y a pas de remède direct. Le meilleur moyen consiste à doucher le feuillage des plantes aussi régulièrement que possible, pour le dépoussiérer.

## Le voisinage

Qui n'a jamais été gêné par les arbres du voisin? Ils occultent les rayons du soleil, leurs feuilles bouchent les gouttières, rendent la terrasse glissante par temps de pluie. En principe, un végétal de plus de 2 m doit être planté à cette même distance du mur mitoyen. Mais, en réalité, l'exiguïté des surfaces urbaines fait qu'une dérogation générale existe. Entendez-vous à l'amiable avec votre voisin pour que ses arbres atteignent une taille raisonnable. Ne vous avisez pas d'effectuer vous-même une coupe, vous seriez dans votre tort.

▲ Il existe des parasols très sophistiqués et décoratifs.

▲ Un fin lattis accroché sur la rambarde masque la vue.

Treillages et plantations denses jouent les brise-vent. ▶

▼ *Le treillage extensible en bois est souvent proposé en bois exotique, ou en teck. Il est déconseillé de le peindre, car l'entretien devient alors très contraignant. Il peut tenir une quinzaine d'années dehors.*

▼ *La brande de bruyères permet de réaliser une occultation totale qui s'intègre bien avec les plantations alentour. L'irrégularité du matériau facilite l'accrochage des plantes grimpantes.*

▼ *Le croisillon extensible en bambous est une version décorative qui supporte des plantes grimpantes avec une plus grande rigidité que les lattes. Il complète les arbustes plantés en brise-vent sur le balcon.*

Les produits en polyéthylène ne sont pas décoratifs, même s'ils cherchent à imiter les canisses, les claies en lattis reliées ou les roseaux. Les éléments totalement hermétiques sont moins efficaces comme brise-vent que les matériaux à claire-voie. L'important consiste en effet à ralentir le déplacement du vent et non à lui présenter des obstacles fermés qu'il contourne aisément. Des kits de fixation permettent une accroche rapide et sûre sur les rambardes des balcons ou sur une armature solide.

# CLIMATS ET MICROCLIMATS

*L'orientation du balcon est déterminante pour le choix des végétaux, puisqu'elle allie l'ensoleillement et les vents dominants. L'environnement, la proximité des autres constructions jouent également un rôle, en créant un microclimat qu'il faut connaître pour pouvoir en tirer parti.*

▲ Orientée plein sud, cette terrasse méditerranéenne abrite peu de plantes car une chaleur torride y règne en été.

*astuce Truffaut*

**Pour profiter des rayons du soleil, sans en subir les excès en été, plaquez contre votre rambarde un store à lamelles orientables (type vénitien). Dans la position parallèle au sol, soleil et air passeront sans problème mais seront stoppés si vous déplacez les lamelles dans le sens de la hauteur.**

Selon la région où il est situé et son orientation, le balcon est soumis à un climat bien particulier. Il doit vous influencer dans votre choix de végétaux, car il est plus facile d'adapter les plantes à une situation climatique que de modifier ces données si subtiles et si changeantes.

Ne tentez pas l'impossible. Acclimater des plantes méditerranéennes dans le Nord reste une gageure et vous risquez bien des déboires. Personnalisez plutôt votre décor avec des plantes bien adaptées à la région où vous vivez.

## Nord

A priori, le nord est la plus mauvaise des expositions. Les plantes ont besoin de lumière pour se développer. Sans luminosité, pas de belle végétation, la plante s'étiole et manque de couleurs. Plein nord, recherchez des plantes d'ombre comme les impatiens, les fougères et les saxifrages. Vous pouvez garnir un balcon mal orienté, avec des conifères, des arbustes persistants comme les aucubas, mahonias et cotonéasters et des plantes dont le feuillage prédomine sur la floraison. Vous pourrez jouer astucieusement sur les panachures ou les couleurs de feuillages, les tons dorés notamment se plaisant bien à l'ombre.

◄ Au nord, on plante de préférence des plantes d'ombre.

## Sud

Dans la moitié septentrionale de la France, l'exposition sud donne les meilleurs résultats puisqu'elle reçoit un maximum d'ensoleillement, sans en subir les excès. C'est le domaine des géraniums et, pour les suspensions ou les appuis de fenêtres, celui des surfinias, ces pétunias en cascade, ou encore des verveines retombantes. Sauges ou anthémis s'y plairont également, de même que la plupart des végétaux d'ornement qui fleurissent. Un bon conseil toutefois, éloignez les jardinières des murs exposés au sud : ils réverbèrent trop de chaleur. Dans les régions méditerranéennes, le soleil se montre très agressif au sud. Il faut en modérer les ardeurs, en installant ombrière, store ou claies. La gamme des plantes tropicales est alors recommandée, ainsi que les cactées et les plantes grasses (succulentes).

## *Est*

C'est une bonne exposition qui bénéficie du soleil levant, dont la chaleur est plus douce que celle du midi. Il faut la privilégier dans les régions aux étés chauds et celles situées en bord de mer. Dans les zones à climat continental (au centre et à l'est du pays), un balcon orienté est-ouest est souvent très froid, ce qui entraîne du retard dans la végétation et la nécessité de mettre en place des protections hivernales.

## *Ouest*

Cette orientation subit de plein fouet le vent dominant, celui qui apporte la pluie. Soyez attentif aux fixations et méfiez-vous des plantes de grande taille et des espèces touffues qui offrent une forte résistance au vent. La pose de palissades ou de canisses est indispensable. Les floraisons peinent.

▼ En pleine ville, l'exposition naturelle est moins importante que la présence de grands bâtiments alentour.

### CRÉER UNE OMBRE BIENFAISANTE

Pour se protéger d'un soleil trop ardent, les stores présentent l'avantage de se positionner à volonté, ouverts ou fermés, selon le moment de la journée ou de l'année. Ils sont en toile et se déploient à l'horizontale, grâce à un treuil ou à un cordon. Leur installation doit être opérée avec soin car les stores offrent une forte prise au vent et doivent pouvoir résister à une tempête. Il est préférable de recourir aux services d'un spécialiste pour leur mise en place.
L'ombre peut être également apportée par le feuillage de plantes à croissance rapide comme les bambous, à installer dans une jardinière profonde de 50 cm. Leur feuillage persistant est décoratif toute l'année.
Une pergola sur une terrasse suffisamment grande sera couverte par une plante grimpante à développement rapide et aimant le soleil, telle une cobée qui peut atteindre 5 m dans la saison ou un houblon doré.
Sur un treillage, des haricots d'Espagne sont très appréciés. Ils produisent une ombre diffuse, agréable. Utilisez le campsis (bignone), l'aristoloche, le chèvrefeuille et dans le Midi la bougainvillée et la passiflore.

▼ Le store est le moyen d'ombrage le plus chic.

▼ Posez un paillon sur la pergola en plein été.

# L'ARROSAGE MANUEL

*L'eau est vitale pour les plantes. Elle représente 90 % de leur poids et sert à véhiculer, à travers les tissus, les sels minéraux puisés dans la terre dont les végétaux se nourrissent. Limitées par les dimensions du pot, les plantes ne peuvent lancer leurs racines à la recherche de l'eau comme dans un jardin. Il faut donc les arroser régulièrement, surtout que l'évaporation dessèche rapidement le substrat.*

▲ Le bassinage des paniers fleuris et des jardinières est très bénéfique le soir après une chaude journée d'été.

*astuce Truffaut*

**Pour connaître les besoins en eau de vos plantes, frappez légèrement le pot en terre avec un outil. S'il « sonne creux », le terreau est sec. Vous pouvez également placer dans le pot une sonde-test fonctionnant sur piles. Elle vous indiquera le degré d'humidité de la terre et les besoins en eau.**

L'arrosage est plus fréquent sur un balcon ou une terrasse qu'au jardin. La plante en pot ne peut espérer trouver l'eau dans les profondeurs du sol, ni profiter de la rosée matinale, très faible sur cet espace. En revanche, elle est soumise au dessèchement par le vent et les courants d'air, qui forment une croûte à la surface des pots. Les apports d'eau doivent être réguliers, voire quotidiens, selon les espèces et la chaleur ambiante. Mais attention aux excès : pas d'eau stagnante sous le pot, dans la soucoupe.

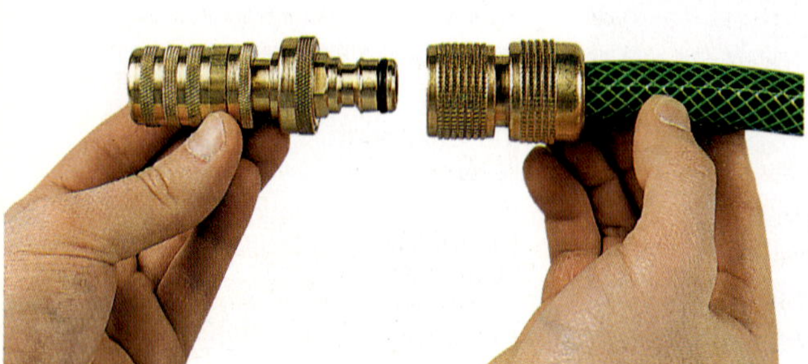

◄ Une simple lance à raccord automatique est très pratique pour le bassinage.

## Le moment opportun

La fréquence des arrosages varie avec la saison. En hiver, la plupart des plantes restées en place ne demandent qu'un apport toutes les quinzaines, hors période de gel. Au printemps, la croissance est à son maximum, en été, transpiration et évaporation sont plus intenses, les besoins sont donc accrus, avec une fréquence quasi journalière. L'aspect du terreau est une bonne indication : quand il devient sec et granuleux, c'est qu'il manque d'eau. Certaines plantes très sensibles, comme les impatiens, s'étiolent rapidement. Elles présentent la possibilité de se ressaisir, à condition de ne pas avoir attendu plus d'une journée. En revanche les anthémis fanés ne retrouvent pas leur turgescence. Méfiez-vous…

Les arrosoirs anciens sont devenus des objets de décor. ▶

## La bonne quantité d'eau

En moyenne, un arrosage doit apporter 1 l d'eau pour 10 l de substrat. Arrosez de préférence le soir, surtout l'été, pour éviter une trop grande perte par évaporation. La fraîcheur de la nuit permettra aux plantes de tirer le meilleur profit de cet apport.

Les bacs à réserve d'eau échappent à la règle générale. Il faut attendre que la jauge se trouve au niveau minimum et que la surface du pot soit sèche depuis 3 ou 4 jours avant de remplir de nouveau la réserve. Ce laps de temps permet aux racines de s'aérer.

## La qualité de l'eau

L'eau de pluie est idéale pour arroser les potées. Il n'est pas toujours facile d'en obtenir, sauf si l'on place un grand récipient à l'extérieur et pour y récolter l'eau des gouttières. En principe, les plantes de balcons acceptent l'eau du robinet, sauf les espèces de terre de bruyère, qui craignent le calcaire. Pour ces dernières, diluez quelques gouttes de produit décalcairisant (Truffaut) dans l'eau pour en corriger le pH.

Attention, l'eau provenant des adoucisseurs n'est pas très bien acceptée par les plantes en pots. En effet, elle contient des sels qui se trouvent vite en concentration excessive dans le substrat. À éviter…

## L'indispensable arrosoir

Les arrosoirs font partie des outils de base du jardinage. Ne choisissez pas le votre trop grand, afin de ne pas vous fatiguer en le portant à bout de bras lors d'un arrosage en hauteur. Une contenance de 3 à 6 l est amplement suffisante. Préférez les modèles munis d'un long bec, offrant la possibilité d'y adjoindre une pomme pour les interventions délicates, comme l'arrosage des jeunes semis, par exemple. Le long bec permet de déposer l'eau sur le terreau, entre les plantes, sans mouiller leur feuillage, ce qui évite l'apparition des maladies. Les modèles en plastique offrent l'avantage d'être plus légers et de pouvoir rester dehors sans s'oxyder. Les arrosoirs métalliques, plus esthétiques, sont très recherchés.

▲ Le pistolet est idéal pour les arrosages en fine pluie.

Utilisez un arrosoir à long bec pour plus de précision. ▶

### LES RACCORDS

Ils font la liaison entre le tuyau d'arrivée d'eau et le terminal, lance, pistolet ou pomme d'arrosoir, car il est peu courant d'installer un arroseur sur une terrasse ou un balcon. Les raccords doivent pouvoir se désolidariser facilement du terminal tout en présentant une parfaite étanchéité au niveau du tuyau. Les raccords rapides, très pratiques, sont souvent en plastique, quelquefois en laiton. Rentrez-les à l'abri l'hiver pour éviter qu'ils n'éclatent sous l'effet du gel.

Même s'ils sont différents en apparence, les raccords de la quasi-totalité des marques sont compatibles. Le réassortiment ne pose donc pas de problème. Les plus pratiques sont équipés d'un système qui coupe l'arrivée d'eau dès que le terminal est déconnecté. Pensez aussi à acquérir un nez de robinet. C'est un raccord mâle qui se visse sur le robinet et permet le couplage rapide du tuyau. Une arrivée d'eau est également indispensable pour un entretien pratique du balcon ou de la terrasse. Il est dommage que les architectes ne le prévoient pas au moment de la construction.

▶ Il existe de nombreux modèles de raccords automatiques.

▲ L'arrosage est une tâche ludique appréciée des enfants.

▲ L'arrosage par trempage convient aux jeunes plants.

◀ La douche du feuillage est bénéfique après la canicule.

## Tuyaux et terminaux

Sur un balcon ou une terrasse, vous pouvez installer un robinet d'arrivée d'eau pour brancher un tuyau et arroser toutes les cultures avec la lance, un pistolet ou la pomme. Ces terminaux doivent se régler pour obtenir une douche plus ou moins fine ou un jet peu puissant. L'important c'est qu'ils arrosent en douceur. Le fusil arrosoir avec sa rallonge est pratique pour alimenter les bacs situés en hauteur ou les suspensions, sans avoir à les descendre à chaque fois. Un modèle est spécialement prévu pour cet usage. Il offre un faible débit. Il existe également des pistolets arrosoirs avec diffuseur d'engrais : une petite boîte se visse près de la poignée et reçoit un engrais en pastille ou en poudre. Le débit de l'eau qui traverse ce récipient dissout les éléments fertilisants et permet un dosage continu.

Pour les tuyaux, vous avez le choix entre plusieurs diamètres intérieurs, les plus courants étant 13, 15 et 19 mm. Tenez compte de votre installation lors de vos achats d'accessoires (notamment les raccords). Le robinet peut être doté d'un bec lisse ou fileté. Vous trouverez des adaptateurs permettant de se brancher sur les becs ronds (robinets d'éviers) en tournant à la main une vis serrant un collier. Vérifiez bien le diamètre du robinet avant votre achat. En général, il est de 20 ou 27 mm.

Choisissez un tuyau léger et souple, mais qui ne se torde pas à l'usage et soit résistant au gel et aux rayons UV. Vous pouvez acheter le tuyau seul et l'équiper selon vos besoins, avec raccords et terminaux, mais il existe des batteries toutes équipées. Dans la plupart des cas, les tuyaux sont trop longs pour le simple usage sur balcon, avec des couronnes de 15, 25 ou 50 m. N'hésitez pas à les couper à longueur, ou utilisez un dévidoir que vous pouvez fixer sur un mur, près du robinet.

Le problème du tuyau est toujours son rangement après usage. Il existe des cassettes équipées d'un tuyau textile plat de 12,5 m ou 20 m, qui s'enroule à l'instar des bobines de fils électrique pour ne prendre que peu de place. L'ennui est qu'il faut libérer l'intégralité du tuyau pour pouvoir s'en servir.

## L'arrosage par trempage

Une plante venant d'être transplantée ou rempotée doit être abondamment arrosée pour permettre au terreau de se tasser, ce qui va éviter la formation de poches d'air au niveau des racines. Le trempage est souvent un bon moyen pour imbiber complètement un pot ou une jardinière, à condition que le récipient dispose d'au moins un trou de drainage.

Au moment de la plantation, il est souvent nécessaire d'immerger complètement le plant pendant quelques minutes dans un seau d'eau avant le dépotage. Vous le retirerez lorsque les bulles d'air ne monteront plus à la surface. C'est important pour les jeunes plants cultivés industriellement dans

la tourbe blonde, matériau assez difficile à réhumecter. Sans cette précaution, il arrive que des plantes nouvellement mises en places se dessèchent alors que la jardinière a pourtant été copieusement arrosée !
Le trempage permet également de réhumidifier un pot après un oubli accidentel d'arrosage. Dans ce cas, immergez le contenant jusqu'à la moitié de sa hauteur, dans une bassine d'eau et retirez-le lorsque le dessus du terreau commence à s'humidifier. Ceci ne peut être pratiqué, qu'avec les petits récipients facilement transportables.

## Vaporisation et bassinage

L'hygrométrie d'un balcon, surtout exposé plein sud, est souvent insuffisante pour la plupart des plantes. Il peut être utile, à la fin des chaudes journées d'été, d'apporter de l'eau par voie aérienne. L'humidité sera absorbée directement par les feuilles, ce qui donnera aux plantes une sensation de fraîcheur et de bien-être. Pour les arbustes et les plantes solides, une douche du feuillage (bassinage) avec une lance ou un pistolet, convient bien. Pour les plantes fragiles, effectuez une vaporisation en utilisant un pulvérisateur ou un brumisateur (modèle à gâchette). Diffusez un fin brouillard sur le dessus du feuillage, sans négliger son envers. C'est la méthode utilisée efficacement pour humidifier les terrines de semis, sans déranger les graines.
Vaporisation et bassinage ne doivent pas être employés pour les végétaux à feuillage duveteux (hélichrysum) ou les plantes sensibles aux maladies cryptogamiques (rosier, tomate).
Vous pouvez également vous servir d'un pistolet arrosoir réglé en pluie fine, en dirigeant le jet en hauteur pour qu'il retombe doucement sur les plantes. Cette dernière technique est à réserver aux plantes grimpantes et aux arbustes.

## Quelques bons conseils

Les plantes fleuries demandent un arrosage sur le dessus du terreau, en passant sous la végétation, sans toucher aux fleurs pour éviter la propagation de maladies, ne pas les alourdir et risquer de les faire tomber. Pour réussir cette opération sans problème, rien de tel qu'un arrosoir à long bec dont la précision est optimale. Il vous permet d'atteindre facilement tous les endroits à arroser, sans risque de les abîmer et sans déborder hors des limites du contenant. Vérifiez que la soucoupe, indispensable pour protéger le revêtement du sol, ne se remplit pas d'eau. Si c'est le cas, arrêtez aussitôt l'apport d'eau et attendez que le niveau baisse grâce à l'absorption par capillarité. N'oubliez jamais qu'un pot ou une jardinière ne doit pas se gorger d'eau et videz par temps pluvieux les modèles ne présentant pas de système d'évacuation Il en va de l'aération des racines, donc de la santé des plantes.

▲ Le bassinage est une fine vaporisation sur le feuillage.

Les jardinières sans drainage doivent être vidées. ▶

Arrosez les plantes en pluie de préférence le soir, en été. ▶

# L'ARROSAGE AUTOMATIQUE

*Pendant la période chaude, l'arrosage quotidien devient vite une corvée. Pour l'éviter, divers systèmes d'arrosage automatique effectuent un travail précis et fiable qui sera aussi très apprécié pendant les vacances. L'installation, à réaliser avec soin, est à la portée de tous...*

▲ La mise en place d'un système de goutte-à-goutte avec micro-aspersion est l'idéal pour l'arrosage d'une terrasse.

*astuce Truffaut*

**Au début de l'hiver, vidangez l'arrivée d'eau installée sur le mur extérieur pour la garantir contre le gel. Prévoyez à l'intérieur de la maison un robinet d'arrêt avec vidange. Dès l'annonce des premiers froids, coupez le circuit et videz-le complètement. Ouvrez aussi le robinet extérieur. Cette opération rapide et simple vous évitera tout problème d'éclatement dû au grand froid.**

Pour éviter de retrouver vos plantations en piteux état après une absence ou quelques jours de vacances : installez un arrosage intégré ; goutte-à-goutte, tuyau poreux ou micro-asperseur. Programmé, il fera le travail automatiquement avec précision.

## Le goutte-à-goutte

C'est, à notre avis, la technique qui convient le mieux à l'arrosage des plantes sur un balcon, une terrasse et même sur des fenêtres si elles se trouvent côte à côte. Le principe consiste à alimenter les plantes par l'intermédiaire de goutteurs très discrets (ils mesurent de 2 à 3 cm de long) qui délivrent entre 2 et 4 l d'eau à l'heure. Les goutteurs sont alimentés et raccordés par un tuyau de faible diamètre, facile à dissimuler, le long des récipients à arroser et à masquer par la végétation. Le goutte-à-goutte est alimenté en basse pression, par l'intermédiaire d'une centrale d'irrigation réduisant le débit à 1,5 bars. Elle est munie d'un filtre pour éviter le bouchage des goutteurs par des impuretés. Au niveau de chaque contenant, une dérivation aboutit à un ou plusieurs goutteurs. Il est possible de varier l'apport d'eau selon la plante à arroser, en jouant sur le réglage de chaque goutteur. Ce système, précis et régulier, permet d'économiser jusqu'à 50 % d'eau, car il n'y a pratiquement pas d'évaporation. Il existe des kits d'arrosage au goutte-à-goutte.

◄ Ne mouillez pas les fleurs des pélargoniums.

### LA PROGRAMMATION

Goutte-à-goutte et tuyau poreux vous déchargeront de tout souci, si vous installez un programmateur sur le robinet d'arrivée d'eau. Cet accessoire est aujourd'hui très simple à mettre en place et à régler. Vissé au filetage du robinet ouvert, le programmateur permet de déclencher de un à six arrosages par jour, avec une durée réglable, et des intervalles prévus au départ. C'est fiable et efficace.

*Très simple, le minuteur.*

## Le tuyau poreux

C'est un tuyau qui laisse suinter l'eau sur toute sa longueur, pour un apport en douceur. Alimenté par un robinet, il fonctionne sous une pression réduite à 0,5 bar. Son débit est d'environ 9 l/m et par heure. Ce système est intéressant pour les longues jardinières ou les grands bacs de terrasse. On peut varier la position du tuyau dans chaque contenant. Entre chaque potée ou jardinière, on utilise un tuyau normal qui se branche par un raccord. Cela permet de n'intervenir que sur le végétal à humidifier, sans risque d'épandre de l'eau sur le sol. Goutte-à-goutte et tuyau poreux présentent l'avantage d'apporter l'eau au pied du végétal, sans mouiller le feuillage.

## L'arroseur automatique

Un transformateur basse tension de 16 V, avec minuterie incorporée, fait fonctionner une pompe immergée dans un récipient empli d'eau. Tous les jours pendant un laps de temps déterminé, un arrosage sera déclenché. L'eau est envoyée à des répartiteurs alimentant des petits tuyaux positionnés dans les bacs et les pots à irriguer. Ces tuyaux sont fixés au moyen de cavaliers en plastiques piqués dans la terre.

## La micro-aspersion

Des tout petits arroseurs distribuant de l'eau très finement peuvent être installés à la place ou en complément des goutteurs. Ils arrosent en pluie fine en cercle ou fraction de cercle. Pour les plantes les plus fragiles, un débit très bas est obtenu par l'emploi de brumisateurs qui dispersent un fin brouillard, idéal pour rafraîchir les plantes les soirs de canicule.

Le micro-asperseur rafraîchit les plantes, le soir.

Débouchez les goutteurs avec un outil effilé.

### L'INSTALLATION D'UN GOUTTE-À-GOUTTE

Établissez le plan exact du système d'arrosage que vous désirez installer. Calculez le nombre de jardinières, le volume de terre à arroser et la longueur de tuyau nécessaire. Répartissez sur ce plan les coudes et les bifurcations souhaitables pour tout alimenter. Les kits d'installation pour balconnières comprennent un réducteur de pression, un tuyau de petit diamètre avec un bouchon pour l'extrémité du réseau, un certain nombre de goutteurs, des accessoires dont des supports de tuyaux. Il vous suffira d'ajouter un programmateur au nez du robinet.

Disposez tous les éléments nécessaires à chaque jardinière et vérifiez que tous les contenants sont bien équipés et raccordés. Le matériel peut être dissimulé dans les bacs sous une mince couche d'écorces décoratives.

L'installation terminée, faites la fonctionner tout de suite pour vérifier le réglage de tous les goutteurs et leur bonne mise en place. Attention aussi aux fuites, rarement graves, mais coûteuses à la longue.

*La centrale réduit la pression d'eau.*

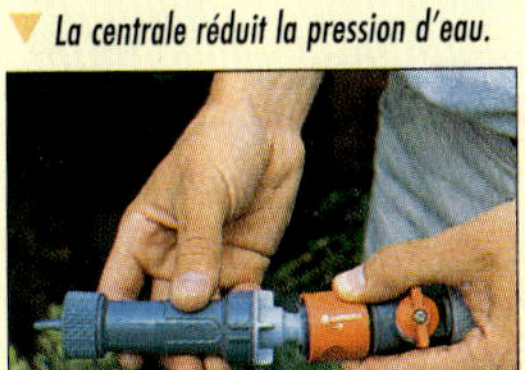

*Ajustez la longueur des tuyaux.*

*Fixez le goutteur dans le tuyau.*

*Un bouchon se place en fin de ligne.*

# LES PRINCIPES DE LA FERTILISATION

*Le volume de terre d'un bac étant restreint, sa réserve d'éléments nutritifs est vite épuisée. Il est donc nécessaire de la renouveler sous forme d'apports d'engrais, une nourriture équilibrée pour les plantes. Les compositions d'engrais et les présentations sont nombreuses, sous forme organique ou minérale, à action rapide ou retardée, en liquide ou en poudre, en granulés ou en bâtonnets…*

▲ Les engrais solubles, comme ici les pastilles à utiliser avec un pistolet, sont les plus pratiques d'emploi sur la terrasse.

*astuce Truffaut*

**Au printemps, versez un bouchon d'engrais liquide dans un arrosoir de 10 l et utilisez cette solution très faiblement concentrée en arrosage permanent. C'est le meilleur moyen pour provoquer un développement rapide des plantes, sans aucun risque de brûlure des racines.**

◀ Les bâtonnets fertilisent pendant trois à quatre mois.

Les engrais prêts à l'emploi qui vous sont proposés dans le commerce comportent les trois éléments de base que sont l'azote (symbole N), l'acide phosphorique (P), et la potasse (K). Ils sont toujours présentés dans cet ordre et exprimés en pourcentage dans le produit. Ainsi un engrais 10.10.10 contient 10% de chaque élément de base NPK. Ces engrais « complets » sont souvent enrichis d'oligoéléments.

## *L'azote, pour la croissance*

L'azote (N) est l'un des éléments fondamentaux de la matière vivante. Il permet la croissance du végétal et l'élaboration de la

### LES OLIGOÉLÉMENTS

Ce sont des éléments chimiques : fer, cuivre, manganèse, zinc, bore, etc., contenus en faible quantité dans le sol. Ils assurent aux plantes un développement harmonieux. Leur absence est synonyme de carence et de décoloration. Ils complètent les engrais en doses infinitésimales.

▼ *Une carence en fer se traduit par une chlorose.*

chlorophylle. Sa carence se traduit par des feuilles vert pâle et une croissance faible. Seul l'azote nitrique, soluble mais instable, peut être utilisé directement par les végétaux. On l'apporte surtout au printemps.

## L'acide phosphorique, pour la floraison

Le phosphore (P) stimule la nutrition des plantes. Il présente une action sur le développement du système racinaire et la rigidité des tissus. Il active la floraison et accentue la résistance aux maladies. Son insuffisance se traduit par un jaunissement du limbe des feuilles et par un retard dans la croissance avec une faible floraison.

## La potasse, pour la résistance

Le potassium (K) complète l'action de l'azote pour la croissance. Il agit sur les racines et les tissus qu'il endurcit. Cet élément accentue la résistance au froid et à la sécheresse. Il agit sur la coloration et la longévité des fleurs et sur la qualité gustative et le grossissement des fruits.

## Les éléments secondaires

En plus des trois « aliments majeurs » NPK, un engrais complet doit comporter d'autres éléments dits « secondaires ». Le soufre (S) conjugue son action avec celle de l'azote. Le calcium (Ca) améliore la physiologie de la plante. La magnésie (MgO) entre dans la composition de la chlorophylle. Elle est particulièrement appréciée des fleurs et des rosiers.
Vient ensuite une longue liste d'oligoéléments qui interviennent de façon complexe, mais importante dans le développement des végétaux. *(Voir encadré.)*

## Les apports d'engrais

La fréquence dépend de la formulation et de la présentation des produits. Un engrais de fond riche en P et K sera apporté à la plantation ou lors du rempotage. Les engrais azotés, à action rapide (engrais coup de fouet), devront être renouvelés souvent puisqu'ils sont rapidement assimilés ou lessivés par l'eau d'arrosage.
La tendance aujourd'hui est à l'engrais à libération lente qui se diffuse progressivement au fur et à mesure des besoins de la plante. Sur le balcon, on utilise ce type de fertilisant sous forme de bâtonnets ou de dés de granules agglomérées.
L'arrosage automatique peut être assorti d'un diffuseur d'engrais soluble qui permettra une alimentation régulière et sans votre intervention, d'où un gain de temps et la certitude de ne pas oublier.
Sur le balcon utilisez essentiellement de l'engrais « géraniums » pour les fleurs, de l'engrais « tomates » ou « fraisiers » pour les légumes et les fruits et de l'engrais « rosiers » pour tous les arbustes à fleurs.

## Les engrais organiques

Ces produits sont fournis par des êtres vivants végétaux ou animaux. Ils peuvent être simples (un seul élément fertilisant) : corne torréfiée ou broyée, sang desséché, déchets de plumes de volailles, de cuir de bovins, etc. ou composés (plusieurs éléments fertilisants) : tourteaux de ricin, guano, vinasse de betteraves, etc.
L'action des engrais organiques est lente, car ceux-ci ne peuvent être assimilés qu'après transformation par les micro-organismes du sol.

## Les engrais de synthèse

Appelés « engrais chimiques », ce sont les plus courants, car les plus faciles d'utilisation. Ils sont bien équilibrés adaptés à des besoins spécifiques des cultures et parfois associés à des insecticides. La libération de l'azote peut être rapide ou retardée.

La pastille d'engrais longue durée : 6 mois de nourriture. ▶

### UNE RÈGLE D'OR

**Ne jamais apporter d'engrais, même sous la forme d'une solution liquide, sur un terreau desséché, pour ne pas brûler les racines. Arrosez d'abord à l'eau claire pour réhumidifier le substrat. Vous donnerez l'engrais ensuite, lorsque la terre sera redevenue souple.**

▼ *Respectez bien le dosage prescrit par le fabricant.*

▲ L'engrais foliaire est proposé en « prêt à l'emploi ».

# LES DIFFÉRENTS ENGRAIS

*Les jardineries proposent un échantillonnage complet d'engrais pour plantes en pots, sous de nombreuses présentations. Si les engrais liquides paraissent les plus faciles d'emploi, les autres formules offrent chacune des avantages, selon les conditions d'utilisation, le volume des contenants, leur accessibilité et les végétaux qui s'y trouvent. Sans exagérer les achats, choisissez un assortiment d'engrais assez large pour couvrir tous les besoins.*

▲ L'engrais liquide est le plus souvent utilisé sur le balcon, car il est facile d'emploi et d'un dosage pratique.

*astuce Truffaut*

**Respectez bien les doses indiquées par le fabricant sur l'emballage. Un surplus d'engrais ne sera pas profitable à votre plante mais peut, au contraire, lui être fatal. Lorsque vous préparez une solution à partir d'une poudre ou d'un liquide, utilisez-la dans les 8 ou 10 jours maximum.**

◀ Les engrais solides ont une action lente.

## Les engrais liquides

Pour les bacs à réserve d'eau, il vous suffit de verser le produit dans l'ouverture prévue pour le remplissage de l'eau. L'engrais va couler dans la réserve et se mélanger à l'eau sans autre intervention. Pour les cultures plus classiques, les engrais liquides peuvent être utilisés dilués dans un arrosoir et répartis sur le terreau, ou vaporisés sur les feuilles avec un pulvérisateur s'il s'agit d'engrais foliaires. La dose dépend de la formule et de la marque, mais elle est comprise en général entre un et deux bouchons pour un arrosoir de 5 l. La fréquence conseillée est hebdomadaire.

## Les engrais solubles

Ils se présentent sous forme de poudre ou de cristaux à diluer dans l'eau et sont en principe plus concentrés que les précédents. Ces engrais sont utilisés en arrosage au pied des végétaux ou en application foliaire. Ils demandent à être bien agités avant l'emploi. Une variante consiste en une pastille placée dans le capuchon d'un vaporisateur ou dans le réceptacle d'un pistolet arroseur. Elle peut également être effervescente et se diluer dans l'eau de l'arrosoir. La fréquence d'emploi est sensiblement la même que celle des engrais liquides. Vous les appliquerez de manière progressive pendant toute la période de végétation, de mars à octobre.

## Les engrais en bâtonnets

Leur utilisation est encore plus simple, puisqu'il suffit de les piquer dans la terre du pot, pour une efficacité d'environ deux mois. Leur défaut est de concentrer l'engrais dans un faible rayon et de ne pas se déliter suffisamment si les arrosages sont trop espacés. Nombreux sont les bâtonnets à la fois nutritifs et insecticides, permettant en une seule opération de lutter préventivement contre les parasites. Le nombre de bâtonnets à enfoncer dans le terreau est fonction de l'importance du contenant (en général un tous les 15 cm). Ces engrais seront réservés aux pots de faible volume pour éviter d'en placer un nombre trop important. Pour les jardinières on utilise des bâtons plus durs et de gros volume.

## Les dés agglomérés

Depuis longtemps utilisés par les professionnels, ces engrais sont maintenant disponibles pour les plantes en bacs. Ce sont de petits dés composés de billes d'engrais durcies et agglomérées sous forme d'un tronc de cône. Ils s'enfoncent dans la terre du pot comme les bâtonnets et diffusent leurs éléments nutritifs au fur et à mesure des besoins de la plante. Ne soyez pas inquiets de constater que leur aspect extérieur ne change pas au fil des mois. Les dés restent compacts mais n'en distribuent pas moins l'engrais très efficacement.

## Les engrais en granulés

Très employés au jardin, ils sont économiques mais à réserver aux bacs ou aux jardinières de grande contenance. Ils s'épandent sur la terre humide du contenant et doivent être aussitôt arrosés et enfouis par un griffage pour permettre leur délitage.
Leur conservation est moins pratique que celle des engrais liquides. Un emballage devra être utilisé dans les deux à trois mois suivant son ouverture, pour conserver toutes les propriétés du produit.

## Les engrais minéraux

Ce sont des substances minérales extraites du sol, comme la potasse ou les phosphates naturels. Leur utilisation en jardinière ne présente pas d'intérêt, puisqu'il est préférable de retrouver ces éléments sous forme associée dans les formules d'engrais complets, prêts à l'emploi.

▲ L'engrais soluble se présente sous forme de poudre.

▲ La pastille d'engrais soluble se visse sur le pistolet.

▲ Le sang desséché est un engrais naturel très azoté.

◀ Un fertilisant complet minéral de synthèse : l'engrais « géraniums » en poudre.

### LES ENGRAIS LONGUE DURÉE

Sous cette appellation sont regroupées des formules à libération lente ou retardée de l'azote. Cette technique permet de fournir les éléments nutritifs à la plante au fur et à mesure de ses besoins, sans risque de brûlures. La minéralisation se produisant progressivement, la perte par lessivage est très réduite. Les anciens engrais dits « retard » sont devenus « à libération progressive » par adjonction de plusieurs formes d'azote se minéralisant successivement. Leur utilisation est intéressante, puisqu'elle limite les apports. La durée d'alimentation de la plante varie selon la formule choisie mais peut aller de 3 à 6 mois. Ces engrais sont employés à la plantation ou au printemps. Ils ne demandent, dans ce cas, qu'un renouvellement en automne pour les végétaux vivaces, les arbustes et tous ceux restant en place. Ils sont complets, avec souvent des ajouts d'oligoéléments.

◀ *Apport d'engrais granulés à diffusion lente.*

# LES OUTILS

*La panoplie du parfait jardinier de balcon ou de terrasse ne consiste pas en un vaste assortiment de matériels sophistiqués. La culture et l'entretien se pratiquent le plus souvent à hauteur d'homme. Vous avez donc besoin d'articles de format réduit, ce qui en facilite l'emploi et le rangement.*

▲ Vous avez à votre disposition un très large choix d'outils et d'accessoires pour jardiner agréablement sur la terrasse.

*astuce Truffaut*

**Une prise électrique extérieure semble indispensable sur le balcon ou la terrasse. Elle servira pour l'éclairage mais également pour brancher quelques outils électriques comme un petit taille-haies, voire un aspirateur. Choisissez-la étanche avec une prise de terre.**

◄ Le plantoir droit est très utile pour les bulbes.

Une dizaine d'outils à main sont suffisants pour aménager et entretenir l'espace restreint d'un balcon ou d'une terrasse. Dans le cas des balconnières sur un appui de fenêtre, la panoplie se réduit de moitié. Les prix de ces outils à main sont suffisamment attractifs pour éviter l'emploi de fourchettes ou de couteaux de cuisine.

## Le transplantoir

Il se présente sous la forme d'une petite pelle en creux pour retourner la terre, dépoter et planter. Utilisez-le pour déplacer les petits végétaux sans abîmer leur motte ni les déraciner. En fin de saison, il servira à vider le terreau de la jardinière, sans avoir besoin d'effectuer des manipulations fastidieuses. Pour la plantation, tenez l'outil verticalement, partie creuse vers vous. Plantez-le jusqu'à la garde, tirez vers vous, glissez la plante dans le trou, repoussez la terre, tassez avec les doigts et le tour est joué! Les modèles les plus solides en acier forgé sont maintenant concurrencés par des articles en résine de synthèse ou en fibre de verre, très résistants, plus légers et plus simples d'entretien. Un passage sous le robinet après usage suffit. Ceci est valable pour tous les petits outils à main.

## Le plantoir

C'est un outil en forme de cône allongé qui sert au repiquage des jeunes plantes à racines nues ou à la mise en place des grosses graines à semer. Pour les bulbes, utilisez un plantoir plat afin de ne pas former dans le terreau une cavité en cône, qui laisserait la base de l'oignon dans le vide, sans contact direct avec la terre.

## Le plantoir à bulbes

De forme cylindrique, sa base est crantée pour mieux pénétrer dans la terre. Il permet de creuser un trou rond à fond plat

## LES ACCESSOIRES UTILES

Ce sont des petits riens, mais ils vous facilitent grandement la vie. Ayez toujours à portée de main un paquet de liens pour attacher une branche tombante ou tuteurer un rameau. Des étiquettes en bois ou en plastique avec le crayon correspondant vous permettent de vous souvenir de vos semis ou des variétés plantées. Notez sur un petit carnet les dates et caractéristiques de vos plantations mais également celles de vos apports d'engrais, de vos traitements ainsi que vos projets pour la saison suivante.

*Les attaches automatiques servent en permanence.*

*Les étiquettes sont utiles et décoratives.*

*Un panier sert à transporter les outils les plus utiles.*

en prélevant le terreau qui reste à l'intérieur de l'outil. Le bulbe mis en place, secouez le plantoir à bulbes pour faire tomber la terre sur l'oignon et reboucher le trou. Un modèle très pratique est articulé : il s'ouvre sur simple pression du pouce sur la poignée pour libérer la terre.

### La binette et la griffe

La binette se présente sous la forme d'un fer carré, perpendiculaire au manche. Elle s'utilise en raclant la terre vers soi pour l'ameublir en surface. La griffe est munie de 3 à 5 dents recourbées pour décroûter le terreau, l'aérer et déraciner les herbes indésirables. En fin d'année, ces outils vous permettront d'enlever la couche morte de terreau ainsi que les sels minéraux qui donnent un aspect blanchâtre à la terre. Certains modèles combinent les deux fonctions, avec un élément à chaque bout d'un manche. Il vous suffira de retourner l'objet pour utiliser l'un ou l'autre des outils. Binette et griffe peuvent prendre le nom de « serfouette » avec d'un côté deux ou trois dents, de l'autre, une panne, rectangulaire ou pointue.

### Le sécateur

C'est l'outil de base du jardinier. Il sert à tailler les branches, les tiges abîmées, en surnombre ou mal placées. Il coupe les liens, égalise les tuteurs, etc. Choisissez un modèle souple et léger, mais dont les lames ne font pas partie intégrante de l'outil. Les sécateurs monoblocs sont tous de qualité très quelconque. Il existe aujourd'hui des sécateurs disposant d'un système de démultiplication de l'effort (comme celui photographié ci-contre). Ils sont à conseiller à tous les amateurs. Les dames apprécieront la souplesse des sécateurs à enclume, qui sont aussi moins puissants.

Le transplantoir, pour mettre en place les jeunes plants.

Le plantoir à bulbes : pour les gros oignons à fleurs.

Le sécateur doit être bien adapté à la longueur de votre main.

Les ciseaux de jardin, parfaits pour couper les fleurs.

Les ciseaux de jardin, plus rustiques, avec des lames fortes.

## Les ciseaux de jardin

Moins fins, mais plus puissants que des ciseaux de ménage, ce sont un peu des coupe-tout. Ils viennent en complément du sécateur pour trancher tout ce qui est souple ou pas assez dur pour ce dernier. Certains modèles disposent d'un système qui permet de couper du fil de fer. C'est très utile sur le balcon lors de la pose ou de la réparation des palissades ou des grillages brise-vent. Les ciseaux de jardin ne doivent jamais quitter votre poche car on en a besoin à tout instant, y compris pour couper des fleurs fanées.

Vous pouvez aussi utiliser des ciseaux à bonsaïs qui offrent l'avantage de permettre des coupes très nettes et précises en raison de leurs lames très courtes et pointues. Ces ciseaux dotés de branches qui entourent les doigts, sont d'un maniement très agréable. Il en existe aussi des plus petits modèles qui peuvent être utilisés pour les interventions de taille sur des petites branches très serrées. Choisissez des modèles venus du Japon, les seuls à offrir une grande qualité.

Les ciseaux à bonsaïs, à utiliser pour les coupes précises.

## Le râteau à main

De petite taille, il permet d'égaliser la terre, de ramasser les débris végétaux, les feuilles, les fleurs fanées. Ne le choisissez pas trop large, 5 dents suffisent, pour pouvoir passer entre les plantes sans les endommager. Comme la griffe, il ameublit la terre, mais en surface, sur 1 ou 2 cm, pas plus. Pour une terrasse, vous pourrez vous servir d'un modèle habituel, à 13 dents, les surfaces étant importantes. Le râteau peut être appelé « balai » s'il présente des dents plates et souples. Son usage est alors orienté vers le ramassage des déchets, surtout des feuilles mortes.

## Le pulvérisateur

Il va vous servir pour les brumisations mais aussi pour les traitements. Comme le désherbage avec des produits chimiques est pratiquement inexistant sur un balcon ou une terrasse, vous pouvez vous contenter d'un seul et même appareil pour arroser et traiter. Vous le choisirez en fonction de la grandeur du lieu et de l'importance des végétaux. Sur une fenêtre, un vaporisateur de 0,5 à 1 l suffit

### BIEN RANGER LES OUTILS

Même s'ils ne prennent pas beaucoup de place, les outils à main doivent être bien rangés à l'abri et à portée de main. Utilisez un petit meuble, une ancienne malle ou un coffre traités pour résister aux intempéries. Vous le dissimulerez dans un coin du balcon aisément accessible ou dans la maison, à proximité de la porte fenêtre servant de passage le plus fréquent. Ce meuble de rangement vous permettra également de stocker au sec vos produits de traitement, les engrais et le reliquat de terreau. C'est pourquoi il n'est jamais assez grand.

### MANCHE INTERCHANGEABLE

Plusieurs marques proposent des outils à manche interchangeable couvrant l'ensemble des travaux de jardinage pour une utilisation sur de petits espaces. Il s'agit d'une panoplie d'outils aux fonctions diverses, serfouette, balai, griffe, râteau, transplantoir ou même scie, qui s'adaptent sur un manche unique, d'où un rangement simplifié. Ce manche peut avoir, selon les outils, une longueur de 20 à 30 cm, de 80 cm ou encore 100 à 170 cm. Un modèle spécial est équipé d'un manche télescopique réglable en continu de 45 à 75 cm, un autre d'une rallonge pouvant aller de 58 à 98 cm.
Les systèmes d'ancrage diffèrent d'une marque à l'autre. C'est une partie liée à l'outil, plate et munie d'un trou qui s'engage dans le manche et s'y fixe selon le principe de la ceinture de sécurité des voitures, avec un bouton pressoir. Ou bien l'embout de l'outil possède un méplat arrondi qui s'engage dans le trou du manche et y reste bloqué grâce à un bouton moleté facile à serrer. Enfin, le système peut combiner les deux principes, méplat avec trou.
Votre choix se fera en essayant les différents modèles et en se portant sur celui qui vous semble le plus pratique. Mais sachez que, désormais, tous sont solides.

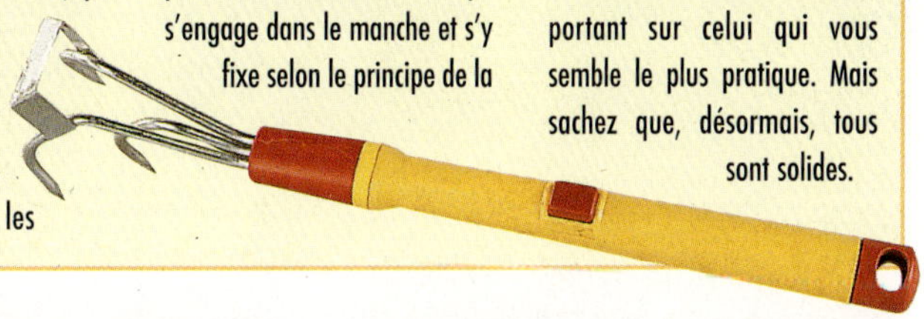

à condition qu'il dispose d'une tête de qualité suffisante pour assurer la distribution des bouillies antiparasitaires. Sinon, optez pour un pulvérisateur à pression préalable de 2 ou 3 l. Et pourquoi pas un des nouveaux modèles électriques qui évitent la corvée de pompage…

## Les tuteurs

Ils se présentent sous forme d'échelles ou d'arceaux en plastique à ficher dans la terre de la jardinière, pour soutenir les plantes grimpantes. Pour les vivaces, vous avez le choix entre des tuteurs en bambou de sections et de hauteurs variables, ou en plastique généralement vert, d'un diamètre de 8 à 16 mm et d'une longueur de 50 à 200 cm. Certains modèles sont emboîtables et peuvent « grandir » avec la plante. D'autres sont doublés de fibres de coco pour retenir l'eau par capillarité et humidifier les plantes.

## Les autres outils

D'une utilisation moins fréquente, ils peuvent répondre à des besoins spécifiques et avoir leur place dans cette panoplie.

La cisaille à haies vous permettra de tailler les conifères et les lavandes, de rabattre les grosses plantes vivaces ou de diminuer la vigueur des plantes grimpantes. Elle doit être légère, souple et surtout munie d'un butoir pour éviter de se blesser lors de sa fermeture parfois brutale.
Si vous avez besoin d'une scie, choisissez une égoïne à dents pointues et repliable pour un rangement plus aisé.
Le greffoir permettra aux plus avertis de bouturer et de greffer, et aux autres de couper facilement ficelles, liens ou de supprimer les fleurs fanées. Pour cette opération, il est préférable d'employer des ciseaux cueille-roses qui permettent de couper la fleur, tout en la maintenant, puis d'enlever les épines et d'écraser l'extrémité des tiges pour une meilleure tenue en vase.
Les cisailles à gazon sont très utiles pour tailler en forme les topiaires de buis (cônes ou boules). Vous les utiliserez aussi pour rabattre les lavandes, les santolines et les plantes vivaces trop rigides. Les modèles à lames traitées avec un produit contre la corrosion sont à préférer.

▲ Un petit pulvérisateur est indispensable pour traiter.

▲ Le râteau sert à émietter superficiellement le sol.

▲ Le couteau à désherber sert aussi à ameublir.

La cisaille à gazon, pour rabattre les plantes vivaces. ▶

# LA TAILLE

*La taille est une intervention fréquente dans le jardinage sur balcon. Il y a toujours une tige, une pousse, une feuille, une fleur à éliminer. Taille de nettoyage, taille d'équilibrage, mais aussi taille de formation ou de mise à fleur, ayez toujours un bon sécateur à portée de la main…*

*astuce Truffaut*

**La position de l'œil au-dessus duquel vous taillez indique l'orientation du futur rameau. Si vous coupez sur un bourgeon dirigé vers la droite, la branche va pousser dans cette direction. Indispensable pour former l'arbuste.**

▲ Sur le balcon, la taille consiste le plus souvent à limiter le développement des plantes et à équilibrer leur forme.

▼ Rabattez les tiges de bougainvillée après la floraison.

Pour le non-jardinier, tailler peut ressembler à une mutilation inutile. Après tout, les plantes ne subissent pas de taille dans la nature… Mais les avez-vous déjà bien observées en détail ? Il faut peu de temps pour qu'un arbuste se dégarnisse de la base, présente une forme dissymétrique et se charge de bois mort. Au jardin, et a fortiori sur le balcon, la recherche esthétique prime. La plante doit se présenter sous ses

**LES TOPIAIRES**

L'art topiaire est l'ensemble des techniques et des interventions de taille qui conduisent à la création de plantes à la silhouette évoquant diverses formes connues. Pour les plus simples ce sont des boules, des cônes, des spirales. Mais on crée aussi des silhouettes d'animaux, des pièces d'échiquiers ou n'importe quel motif structuré. Sur le balcon, les topiaires apportent une note d'élégance, tout en jouant comme éléments de structure. N'abusez pas de leur présence, mais ponctuez les points stratégiques : entrée, sortie, décrochement, etc. Le buis et l'if sont les plantes les plus utilisées. Il faut compter deux tailles par an (avril et octobre).

◄ *Un buis taillé en cône est très élégant.*

▼ *Le palissage sur l'armature.*

plus beaux atours. La taille va consister à éliminer les parties malades, mortes ou abîmées, à limiter le développement des rameaux à des proportions raisonnables, mais aussi et surtout à stimuler la floraison ou la formation de jeunes pousses colorées chez certains arbustes.

## Les principes de base

Tailler provoque une réaction stimulante chez la plante, qui, le plus souvent, réagit en poussant plus vigoureusement. On peut même dire qu'un élagage sévère accentue la force de la repousse. On va, par conséquent, couper plus court les plantes les moins vigoureuses. Ceci pouvant sembler paradoxal, il importe de bien le noter.

La taille intervient souvent après la période de floraison, sinon, elle risque d'éliminer une partie importante des fleurs. Pour les coupes sévères, il est souvent préférable de procéder en période hivernale, quand la plante se trouve en repos végétatif.

La coupe s'effectue toujours au-dessus d'un œil (bourgeon). Chez les plantes à feuilles alternes, comme le lilas par exemple, tranchez horizontalement au-dessus de la paire d'yeux. Chez les plantes à feuilles alternes, qui sont aussi les plus nombreuses, comme le rosier ou les fruitiers par exemple, taillez en biseau à l'opposé d'un œil, la partie supérieure du biseau dirigée dans le même sens que l'œil *(photo ci-dessous)*. Ceci permet à l'eau de pluie de s'écouler sans risquer de noyer le bourgeon. La portion de bois restant entre l'œil et la coupe doit mesurer environ 5 mm.

Utilisez toujours des outils bien affûtés, dont la lame est régulièrement désinfectée. Cette précaution en apparence banale est un des meilleurs moyens pour éviter la propagation des maladies les plus graves comme les chancres, par exemple.

## Les tailles sur le balcon

La plus fréquente des interventions de taille sur le balcon ou sur terrasse consiste à limiter le développement d'une plante. L'espace étant limité, chaque espèce doit se contenter de l'emplacement qui lui est imparti. Des velléités de conquête de l'espace ou du terrain seront enrayées par la suppression des rameaux un peu trop aventureux. Ces interventions s'effectuant sur des jeunes pousses d'extrémité, il est possible de les réaliser à tout moment. C'est le cas surtout sur les plantes grimpantes les plus vigoureuses comme les bougainvillées, le chèvrefeuille, voire la passiflore.

Vous allez aussi tailler pour supprimer toutes les parties fanées ou abîmées afin que la plantation conserve une belle esthétique. Une trop forte quantité de bois mort doit vous indiquer la nécessité de changer la plante de pot ou de la transplanter en pleine terre, car elle ne supporte plus de se trouver à l'étroit dans son contenant.

La taille doit être systématique pour tous les arbustes qui fleurissent sur des pousses de l'année, comme les rosiers buissons, le buddléia, l'hibiscus, le caryoptéris, le fuchsia et même le géranium *(Pelargonium)*. Elle se pratique à la fin de l'été, sa vocation étant de laisser un minimum de vieux bois pour que la plante reste compacte.

Taillez aussi pour équilibrer la silhouette des plantes, en respectant leur port naturel et une certaine symétrie. Ce type d'intervention s'effectue dès le plus jeune âge du sujet, afin de l'orienter vers une forme équilibrée. On profite de ce travail pour dégager le centre de la touffe, afin que le soleil puisse y pénétrer. Cela favorise la formation et l'épanouissement des boutons floraux. La taille provoquant des ramifications, elle joue toujours un rôle stimulant sur la floraison.

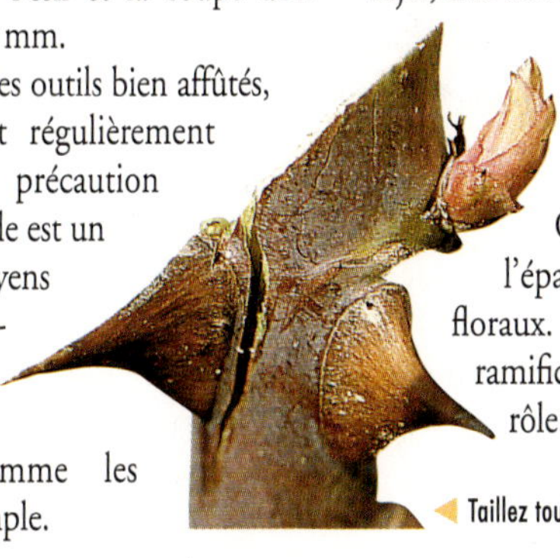

◄ Taillez toujours en biseau, au-dessus d'un œil.

### LES SUPPORTS

**Complément logique de la taille dans la volonté de conduire et de former les plantes, le palissage consiste à orienter les branches et à les maintenir sur une armature. Sur le balcon, treillages, pergolas, claustras font partie intégrante du décor. Les plantes volubiles s'enroulent tout autour, les plus rigides sont attachées dessus. La balustrade, les éléments brise-vent (cannisses) constituent aussi de bons supports.**

▼ *Un support en treillage pour le haricot d'Espagne.*

▼ Taillez l'*Hibiscus syriacus* très court à la fin de l'été.

## La taille d'entretien

Il s'agit d'une des interventions les plus importantes pour assurer le succès de toutes les cultures en pots. Elle consiste à limiter le développement anarchique des plantes, afin qu'elles restent toujours équilibrées dans leur contenant. La taille d'entretien a aussi pour but d'éliminer les parties mortes ou malades des plantes, par exemple les chapelets de pucerons qui s'agglutinent au printemps sur les jeunes pousses. Elle sert également à maintenir chaque espèce dans des proportions raisonnables à l'intérieur d'une jardinière, qu'il s'agisse d'une plantation monospécifique (une seule espèce représentée par plusieurs sujets dans le même contenant) ou de l'association de différents végétaux. C'est enfin une opération de nettoyage, avec l'élimination systématique des fleurs fanées et des pousses inutiles ou en surnombre.

La taille d'entretien se pratique à n'importe quelle époque de l'année. On pourrait dire pour simplifier : quand les plantes en ont besoin. Il s'agit rarement d'une intervention sévère, plutôt d'un pincement assez conséquent, puisque l'on coupe essentiellement les extrémités des rameaux. Vous devez conserver en permanence un sécateur à portée de main, car la taille d'entretien n'est pas une action délibérée, mais une réaction à une situation précise.

C'est en observant vos cultures, en les arrosant, ou en les fertilisant qu'il vous apparaît nécessaire de tailler. Une décision tout à fait personnelle qui responsabilise le jardinier et fait que deux plantes ne sont jamais semblables. Chaque jardinière doit être considérée comme un jardin à part entière que vous pouvez ciseler selon votre bon vouloir. C'est aussi ce qui fait de ce type de culture un véritable plaisir.

Taillez les géraniums pour qu'ils se ramifient bien.

## Une cure de jouvence

La taille permet aussi le rajeunissement des arbustes, en éliminant le vieux bois (écorce grise ou marron foncé, souvent crevassée), au profit de plus jeunes pousses (écorce verte ou marron clair, en général lisse). Il s'agit dans ce cas d'une coupe plus sévère que l'on pratique de préférence en hiver sur les espèces à feuillage caduc, car il est plus facile d'apprécier la silhouette de la plante dans son ensemble et de repérer les différents types de rameaux.

Les plantes cultivées en pots ou en bacs vieillissent souvent moins bien que celles du jardin. C'est pourquoi vous avez intérêt à éliminer tous les rameaux de plus de trois ans, qui ne constituent pas la structure même de la plante (tronc ou tige principale et branches charpentières).

Le recépage est la taille la plus sévère qui soit, puisqu'elle consiste à couper toute la partie aérienne juste au-dessus du sol. On le pratique beaucoup plus fréquemment sur le balcon que dans le jardin, notamment avec les arbustes qui émettent facilement des rejets (groseilliers, forsythias, spirées) et les plantes vivaces. Il peut arriver que le recépage entraîne l'absence de floraison pendant un an, mais c'est souvent le seul moyen de conserver l'aspect esthétique de certains végétaux qui tendent trop vite à se dégarnir de la base, ou bien qui poussent tout en hauteur.

Le recépage épuisant les plantes, il ne doit pas être pratiqué systématiquement chaque année, mais tous les deux ou trois ans seulement. Les plantes à feuillage persistant

### FORMER UNE PLANTE SUR TIGE

La taille joue un rôle primordial dans la formation des plantes. Pour obtenir une tige, il y a deux solutions : la taille ou la greffe. Ce dernier cas est surtout employé pour les rosiers et les arbres fruitiers. La taille qui conduit à l'obtention d'une tige consiste à privilégier chez un jeune sujet le bourgeon terminal, qui assure la croissance en hauteur de la plante. Vous éliminez toutes les pousses latérales jusqu'à parvenir à la hauteur souhaitée. Quand la tige est formée, il suffit de pincer l'extrémité pour provoquer des ramifications. Chez les anthémis ou les chrysanthèmes, les pincements sont répétés plusieurs fois, pour qu'il se forme une ramure très diversifiée qui portera de nombreuses fleurs. Offrez un fertilisant riche en potasse pour rigidifier la tige.

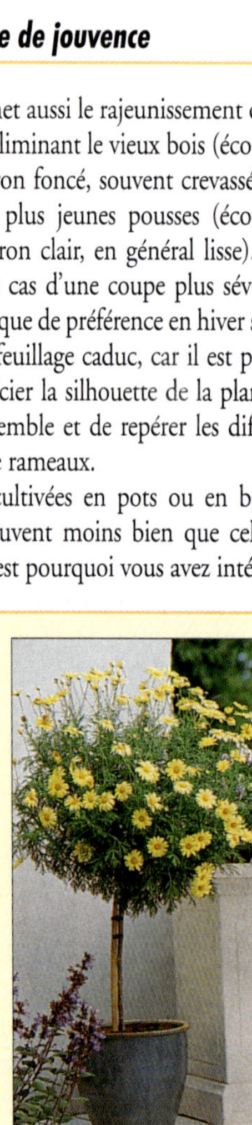

*Un bel anthémis sur tige.*

sont rarement recépées, les branches étant taillées ou éliminées au fur et à mesure qu'elles se dégarnissent.

## Stimuler la floraison

Un des principes importants de la taille consiste à entraîner la ramification des branches. Les plantes supérieures du groupe des dicotylédones (la quasi-totalité des arbustes d'ornement et des plantes vivaces) présentent un mode de croissance dichotomique. Cela signifie que les pousses vont par paires. En pratique, la taille d'un rameau entraîne l'apparition de deux pousses latérales (une à droite, une à gauche) émises par les deux yeux situés immédiatement sous la coupe. Ces derniers se trouvent à l'aisselle des feuilles, ce qui les rend seulement apparents en hiver sur les espèces caduques.

Les pousses latérales sont presque toujours celles qui portent les fleurs (et par conséquent les fruits), car elles sont moins vigoureuses du fait de leur position oblique. Provoquer des ramifications est souvent le seul moyen efficace pour parvenir à faire fleurir une plante trop vigoureuse. Avec les cultures sur balcon, on est plutôt moins ennuyé avec ce phénomène qu'au jardin; toutefois, les fertilisations régulières et la richesse du substrat en humus ont tendance à créer une suralimentation en azote. Cet élément fertilisant stimule le développement des feuilles et des tiges, au détriment de la floraison. Une intervention de taille systématique au printemps est donc conseillée sur toutes les espèces qui fleurissent sur des pousses de l'année. En revanche, celles qui forment leurs boutons floraux d'une saison sur l'autre, comme les rhododendrons, ne sont pas taillées.

▼ La taille d'entretien d'un laurier en forme de boule.

▼ Taillez et brûlez les pousses envahies de pucerons.

### BIEN CHOISIR LES TUTEURS

Le tuteurage nécessite sur le balcon l'emploi d'éléments très discrets ou décoratifs. Il existe une foule de tuteurs dans le commerce depuis le bambou standard jusqu'aux architectures les plus compliquées. L'important est la solidité, la résistance aux intempéries et l'harmonie avec le décor. Attention, les tuteurs trop fins ont du mal à bien tenir droit dans les pots.

▼ *L'assortiment de tuteurs est très large.*

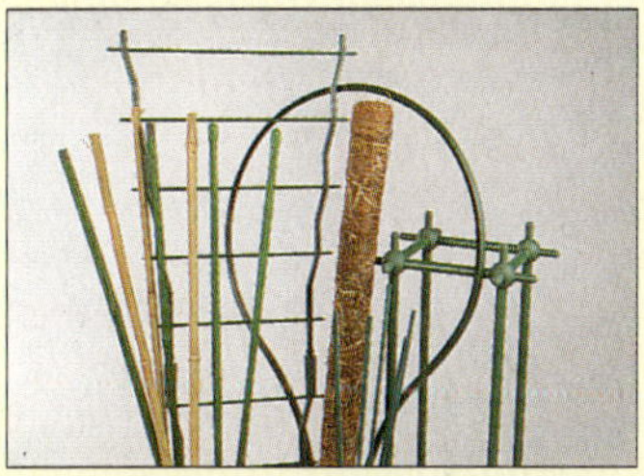

▼ *Idéal pour les lianes : trois tuteurs en triangle.*

▼ *Décorative : la colonne en osier tressé.*

# LA MULTIPLICATION

*Même s'il est beaucoup plus facile de laisser le soin aux professionnels d'élever les plantes que nous accueillons sur nos balcons, on résiste difficilement à l'envie de jouer aux apprentis sorciers, pour donner la vie à quelques spécimens que l'on montrera ensuite avec fierté aux amis.*

▲ Le bouturage dans l'eau (ici un plectranthe) est la technique la plus simple, conseillée à tous les débutants.

*astuce Truffaut*

**Profitez des interventions de taille pour utiliser comme boutures les jeunes rameaux qui viennent d'être coupés. Vous évitez ainsi de mutiler inutilement vos jardinières et vous disposez d'une abondance de matière première qui vous donnera toute satisfaction.**

Multiplier les plantes est un des plus grands plaisirs du jardinage, car on peut suivre pas à pas l'évolution de la culture et l'on ressent toujours un sentiment agréable de succès quand cela pousse !

Les végétaux supérieurs se propagent de manière sexuée après fécondation des fleurs et formation des graines. C'est le semis. Ils présentent la faculté de pouvoir se régénérer spontanément par le développement de racines sur certains fragments de la plante (bouturage ou marcottage), par division de la souche ou par greffage. C'est la multiplication végétative. Elle présente l'avantage de transmettre chez les nouvelles plantes les caractéristiques exactes de la plante mère et par conséquent de ne pas vous réserver les surprises hétérogènes du semis.

## BOUTURAGE DE PRINTEMPS

Les plantes à tiges tendres comme les anthémis, les dahlias, les chrysanthèmes, etc. reprennent assez facilement au printemps (de mars à mai). On appelle souvent cette technique : bouturage herbacé, car les rameaux ont une texture assez souple.

Les boutures sont prélevées sur des pieds mères qui ont été mis en végétation dans la maison ou la véranda (température ambiante moyenne de 15 °C, lumière et arrosage régulier). Ce sont les jeunes pousses nouvellement émises qui servent de boutures. Coupées sous une feuille, elles mesurent entre 6 et 10 cm de long.

Les boutures sont d'abord débarrassées de leur feuillage sur les 3/4 de leur longueur. C'est l'habillage. N'arrachez pas les feuilles, mais coupez-les proprement avec des petits ciseaux ou à l'aide d'un greffoir. Il faut également éliminer un tiers environ du limbe des feuilles qui ont été conservées. C'est important pour que les boutures très charnues ne fanent pas.

Piquez ensuite chaque bouture dans un substrat très léger (terreau de semis ou mélange de sable et de tourbe blonde), en l'enterrant jusqu'aux premières feuilles. Dans une terrine, les boutures doivent être espacées de 10 cm afin qu'elles ne se touchent pas. Arrosez, puis couvrez avec un plastique transparent.

▼ *Habillez un tiers du feuillage restant.*

▼ *Plantez les boutures profondément.*

▼ *L'idéal est d'utiliser une miniserre.*

### LE BOUTURAGE D'ÉTÉ

Appelé par les jardiniers « bouturage demi-aoûté », c'est, comme son nom l'indique, une technique pratiquée à partir de la mi-août et jusqu'à fin septembre. Cette période correspond à l'aoûtement, c'est-à-dire au durcissement des jeunes tissus qui se lignifient avant l'hiver. Le bouturage d'été concerne surtout les arbustes et les conifères. On le pratique aussi avec beaucoup de plantes de balcon : pélargonium, fuchsia, lantana, héliotrope, anisodontéa, etc.

Les boutures sont prélevées sur les jeunes tiges, coupées sous une feuille et dénudées sur les 3/4 de leur longueur. Le limbe est aussi habillé (réduit d'un bon tiers). La base des boutures est enduite de poudre d'hormones qui va stimuler la formation des racines. L'emploi de ce produit conditionne souvent la réussite, surtout chez les arbustes.

Piquez les boutures dans un terreau de semis sableux, en les enterrant de la moitié de leur longueur. Arrosez et mettez-les à l'étouffée sous une feuille de plastique.

*Utilisez de la poudre d'hormones.*

*Constituez un substrat léger, sableux.*

*Plantez chaque bouture en godet.*

## Les techniques de bouturage

Le bouturage consiste à détacher de la plante mère des fragments de tissus (cellules, tiges, racines, feuilles) qui vont être placés dans des conditions particulières pour qu'ils développent des racines, ce qui va générer une nouvelle plante autonome.

Les boutures de rameaux sont les plus courantes pour les plantes du balcon. Elles sont toujours constituées de parties jeunes, prélevées par conséquent à l'extrémité des tiges. Il est préférable que les pousses utilisées comme boutures n'aient pas fleuri. Elles doivent être bien droites, respecter les caractéristiques de la plante mère (forme et couleur des feuilles) et, bien sûr, ne pas présenter de symptômes de maladies. Selon les plantes, les boutures de rameaux mesurent entre 10 et 20 cm de longueur.

En pratique, vous pouvez provoquer l'enracinement des boutures dans un sol léger et poreux (un mélange de sable et de tourbe blonde par moitié est idéal) ou directement dans l'eau. Peu de plantes d'extérieur réussissent avec cette technique. Essayez avec les : coléus, impatiens, fuchsia, pélargonium, plectranthus et laurier-rose. Vous obtiendrez un meilleur résultat en ajoutant deux ou trois gouttes d'engrais organique dans l'équivalent d'un verre d'eau. Ne laissez pas les racines se développer trop longtemps dans l'eau, leur structure est différente des racines qui se forment en terre (les premières sont plus ténues, translucides, plus sensibles à la pourriture).

Les boutures sont repiquées après la reprise dans un substrat léger (un terreau de semis ou un mélange par tiers de terreau classique, sable et tourbe blonde). Il faut les maintenir sous abri le temps qu'elles développent de nouvelles pousses, signe d'une reprise effective.

Les boutures de feuilles concernent assez peu les cultures d'extérieur. Parmi les plantes de balcon, seuls certains bégonias et le tolmiéa acceptent de se propager de cette manière. C'est une technique assez délicate qui doit être obligatoirement réalisée dans une miniserre, à la maison. Les fragments de feuilles étant très sensibles à la pourriture, le secret du succès réside dans le juste dosage de l'humidité (sol et ambiance).

Les boutures de racines concernent certaines plantes vivaces notamment les pavots et les lupins dont il est facile de prélever des fragments de 6 à 7 cm de longueur, au moment de la transplantation des grosses touffes ou de leur éclatement. Les boutures s'enracinent dans du sable.

Le laurier-rose s'enracine dans l'eau en deux mois.

La transplantation des boutures est un moment délicat.

## Les marcottages

Ce sont des techniques de multiplication végétative consistant à provoquer l'enracinement d'une partie d'un rameau, sans que ce dernier ait été séparé de la plante mère. C'est ce qui distingue, dans le principe, le marcottage du bouturage. La partie à multiplier étant toujours alimentée en sève, il est bien évident qu'une marcotte est souvent plus facile à réussir. En revanche, on ne peut pas le pratiquer sur toutes les plantes et surtout, on n'obtient qu'un nombre assez limité de nouvelles plantes.
Le marcottage s'effectuant essentiellement par couchage, il s'adresse aux plantes grimpantes ou aux espèces dont les tiges sont très souples. Les professionnels pratiquent le marcottage par buttage des cognassiers, des noisetiers et des porte-greffes de pommiers et de poiriers, mais c'est une technique très contraignante pour la plante, que nous déconseillons à l'amateur.
Sur le balcon, toutes les marcottes vont être réalisées en pot ou en jardinière, mais les mêmes techniques peuvent être appliquées en pleine terre dans le jardin.

• **Le marcottage par couchage simple** est le plus pratiqué. Il suffit tout simplement de courber une tige dans le sol, la partie enterrée émettant des racines après quelques mois. En pratique, la portion de tige qui va se trouver au contact de la terre est débarrassée de toutes ses feuilles (comptez une longueur de 30 cm). Il ne doit jamais s'agir de l'extrémité de la pousse, cette dernière devant se trouver à l'air libre pour agir comme « tire sève ».
Avec une lame de rasoir ou un greffoir parfaitement affûté, incisez l'écorce superficiellement au niveau des feuilles qui ont été éliminées. Creusez la terre du pot ou de la jardinière sur une dizaine de centimètres de profondeur et enterrez la marcotte. Maintenez-la en place avec un cavalier métallique (une épingle à cheveu fait très bien l'affaire). Recouvrez avec le substrat (un bon terreau sableux est idéal).
L'extrémité de la tige est redressée, puis attachée le long d'un tuteur, sans être serrée. Terminez par un arrosage copieux.

• **Le marcottage en serpenteau** est une variante de la technique précédente, que l'on utilise pour les très longues tiges. Il doit être pratiqué dans une jardinière, car le principe consiste à coucher plusieurs fois la tige dans le sol en la faisant onduler « comme un serpent de mer », chaque partie enterrée fournissant une nouvelle plante. Marcottez au printemps et séparez les marcottes de la plante mère en automne.

▲ Sélectionnez la branche à marcotter (ici une clématite).

▲ Éliminez les feuilles sur la partie à enterrer.

▲ Maintenez la marcotte au sol avec un cavalier.

▲ Tuteurez verticalement l'extrémité de la tige marcottée.

### LE MARCOTTAGE AÉRIEN

**Cette technique se pratique surtout sur les philodendrons. Elle donne aussi de bons résultats avec les lilas. C'est une manière de rajeunir cet arbuste qui a vite tendance à pousser trop haut et à se dégarnir. Incisez l'écorce obliquement sur une branche dénudée, sans entamer le bois de plus de 1/3 de son diamètre. Saupoudrez l'entaille de poudre d'hormones et enveloppez le tout dans un manchon de mousse humide.**

▼ *Un film plastique retient la mousse.*

## Les semis

On pense rarement au semis pour les cultures sur balcon et pourtant, c'est le moyen le plus économique pour obtenir une grande quantité de plantes *(voir aussi pages 70-71)*. Certaines espèces (cosmos, clarkia, lin, nigelle, capucine, cobée, pois de senteur, etc.) n'appréciant pas le repiquage, elles sont semées directement dans les pots ou les jardinières.

Le semis est une technique facile et productive. On l'utilise aussi beaucoup sur les balcons potagers, car c'est le seul mode de multiplication de la plupart des légumes.

Pour réussir, il ne faut pas semer trop dru et ne pas hésiter à éclaircir les jeunes plantules afin que celles qui sont conservées se développent sans se gêner. Pour les radis, par exemple, c'est le vrai secret de la réussite. Il suffit que les plantules soient trop serrées pour que les racines ne grossissent pas (on dit qu'elles filent).

Côté fleurs, beaucoup exigent un semis suivi d'un repiquage. La meilleure solution consiste à éparpiller les graines dans une terrine remplie d'un terreau pour semis et de couvrir cette dernière avec une cloche plastique. Nous vous conseillons fortement de faire l'acquisition d'une miniserre en plastique rigide, un accessoire bon marché et très pratique. Dès que les plantules ont développé deux vraies feuilles (les premières qui apparaissent sont les cotylédons), procédez au repiquage en terrine.

Soulevez les jeunes plantes avec un petit morceau de bois fourchu (il ne faut pas les tenir avec les doigts), faites un trou avec un crayon bien pointu et enterrez la plante des deux tiers de sa longueur. Le substrat doit être un mélange de sable, tourbe blonde et terreau pour géraniums.

▲ Semis de graines enrobées dans une terrine.

▲ Une feuille de papier pliée sert de semoir.

▲ Le semis en pastille de tourbe : pour les grosses graines.

▲ Repiquez les plantules le plus tôt possible.

### LA DIVISION DES TOUFFES

**Cette opération de multiplication est aussi assimilée à un rajeunissement des cultures. Elle doit être réalisée fréquemment avec toutes les plantes vivaces cultivées en bacs ou en jardinières. Dès que la touffe commence à déborder de l'emplacement qui lui a été dévolu, il faut diviser. Vous pouvez opérer au printemps ou en automne. Commencez par arracher la plante avec sa motte de terre complète. Si les racines sont fibreuses et se détachent facilement, séparez les touffettes à la main. Dans la plupart des cas, il est nécessaire de trancher dans la souche, comme si vous découpiez un gâteau. Seules les parties les plus jeunes sont conservées, les éléments ligneux (durs) ou secs devant être éliminés. Vous replantez ensuite chaque morceau comme s'il s'agissait d'un nouvel individu. Utilisez bien sûr du terreau tout neuf.**

▼ *Il est souvent nécessaire de trancher la souche.*

▼ *La corbeille-d'or se sépare très facilement.*

# LE SUIVI AU JOUR LE JOUR

*Bien moins accaparant qu'un jardin, le balcon ou la terrasse nécessitent une attention de chaque jour pour que les plantations se maintiennent à leur meilleur niveau. C'est l'affaire de quelques instants, de gestes simples qui deviennent naturels quand on sait observer les plantes…*

*astuce Truffaut*

**Pour que l'entretien des plantes en bacs et jardinières ne vous paraisse jamais une corvée, profitez de la pause-café ou de l'apéritif pour prendre l'air quelques instants sur le balcon. Vous allez admirer vos plantations et leur offrir à l'occasion les quelques soins qu'elles semblent vous demander.**

La suppression des fleurs fanées et des parties abîmées est un geste tout simple qui devient presque instinctif à la longue.

Ne laissez pas fleurir les plantes à feuillage (coléus).

Une fois planté, le décor du balcon va prospérer généreusement s'il est bien arrosé et fertilisé convenablement. Les plantations saisonnières demandent peu d'interventions. C'est plutôt une surveillance quotidienne, avec des petits gestes simples qui font plus appel au bon sens qu'à des techniques de jardinage sophistiquées.

## Le nettoyage, une évidence

Plus une surface décorée est petite et moins elle souffre de négligence et d'à-peu-près. Sur le balcon, tout doit être impeccable. Un peu de terreau qui tache une poterie au moment de l'arrosage disparaîtra immédiatement d'un coup d'éponge. Même chose pour l'eau d'arrosage qui peut déborder de la soucoupe et venir souiller le sol.

L'hibiscus fleurit plus longtemps s'il est bien nettoyé.

Les contenants jouent un rôle décoratif important par leur matière et leur couleur. Celle-ci ternit vite en ville, sous l'effet de la pollution. C'est encore plus évident par temps de pluie. Les couleurs retrouveront leur éclat d'un petit coup de chiffon humide. Inutile d'utiliser le moindre produit, il serait mal accepté par les plantes.

## Supprimer les fleurs fanées

Côté plantes, le nettoyage courant consiste à éliminer les fleurs fanées. C'est très important sur le plan esthétique, mais également pour le comportement de certaines espèces. Par exemple l'hibiscus porte des fleurs très éphémères qui se referment en bouchon une fois passées. Si vous ne prenez pas garde à les éliminer de façon systématique, ces fleurs vont logiquement évoluer en fruits et le cycle végétatif sera terminé. Résultat : au lieu de profiter d'une floraison continuelle tout l'été, vous réduirez à quelques semaines seulement l'épanouissement de votre arbuste. En éliminant les fleurs tout juste fanées, vous obligez la plante à en produire d'autres, car c'est pour elle une question de survie. Elle est « programmée » pour se reproduire et tant que les conditions sont favorables, elle fleurit et refleurit jusqu'à ce que ses graines soient enfin protégées par l'enveloppe des fructifications.

Vous pouvez supprimer les fleurs fanées de manières différentes. La plus simple consiste à prélever la fleur en la pinçant avec les doigts. Cette méthode convient fort bien pour les plantes dont le pédoncule floral semble comme articulé sur une base fragile (hibiscus, par exemple), ou dont les fleurs s'échappent aisément de leur calice (pétunia). Pour ces derniers, il est toutefois préférable d'utiliser des ciseaux, car la fanaison s'accompagne le plus souvent d'un flétrissement de l'extrémité de certains rameaux qu'il faut donc couper. Chez les pétunias retombants, vous constaterez souvent que les tiges sont collantes. C'est un phénomène normal, mais peu agréable au toucher, alors mieux vaut utiliser un outil.

Chez les dahlias, la plupart des vivaces et les géraniums zonales, les hampes florales sont assez rigides. Il n'est guère possible de les éliminer à la main. Le sécateur se montre alors le meilleur des outils, un modèle à enclume convenant parfaitement. Vous coupez au niveau de la première feuille située à la base de la hampe florale.

Pour les rosiers, il faut également utiliser un sécateur, mais coupez plus bas, à trois feuilles au moins sous la fleurs. Ce « nettoyage-taille » va stimuler l'apparition de nouvelles fleurs.

## Le désherbage

Si la lutte contre les mauvaises herbes prend souvent une allure de corvée au jardin, c'est presque une partie de plaisir avec les cultures en pots et en jardinières. Les terreaux du commerce sont normalement indemnes de tout germe de plante sauvage. L'invasion par les adventices est donc limitée aux seules graines apportées par le vent ou les oiseaux. Il s'agit de plantes annuelles en grande majorité, espèces qui, pour la plupart, développent un système racinaire assez faible. Il suffit donc de tirer dessus dès qu'elles apparaissent et leur élimination est radicale. Attention, on assiste en septembre à une recrudescence des levées de mauvaises herbes, soyez vigilant au retour des vacances. Bien sûr, il n'est pas possible d'utiliser le moindre produit herbicide sur les cultures hors sol.

## Émietter et aérer la terre

Les arrosages fréquents ont tendance à compacter progressivement la terre des jardinières. Ce phénomène de tassement est accentué par le passage rapide du substrat de l'humidité à la sécheresse. Il suffit d'une demi-journée en plein été pour que toute l'eau soit absorbée (notamment dans les paniers suspendus). La terre se rétracte et se compacte. Les racines sont mal aérées et les plantes en souffrent. Le décroûtage du sol avec une petite griffe ou la langue d'une serfouette va permettre à l'air de pénétrer en profondeur. Il va aussi aider l'eau d'arrosage à s'infiltrer jusqu'aux racines.

### L'ENTRETIEN DES POTS

Tous les contenants ayant abrité des plantes annuelles peuvent être réutilisés d'une année sur l'autre. Il est indispensable de bien les nettoyer dans le courant de l'automne, avant de leur offrir de nouveaux hôtes. Qu'ils soient en plastique, en poterie ou en pierre, plongez-les pendant une demi-journée dans une solution d'eau de Javel (1 litre pour 10 litres d'eau). Frottez ensuite énergiquement avec une brosse en chiendent et lavez à l'eau claire. En aucun cas, il ne faut utiliser de détergents ni de produits agressifs (soude, acide).

▼ *Brossez les pots et les soucoupes à l'eau de Javel.*

▲ Arrachez manuellement les mauvaises herbes.

Décroûtez la surface du sol par temps chaud et sec. ▶

## Le paillage économise l'eau

Couche homogène de produit d'origine naturelle que l'on épand sur le sol, le paillis a pour but d'éviter l'évaporation de l'eau, la germination des mauvaises herbes et la salissure des bacs due au débordement du terreau au moment de l'arrosage. Si le paillage est de plus en plus populaire au jardin, il n'a pas encore conquis les adeptes de la culture sur balcon et c'est dommage, car on peut économiser jusqu'à 25 % d'eau en été, tout en réduisant la fréquence des arrosages de 30 %.

Il suffit, quand la plantation des jardinières est terminée, de couvrir la surface des bacs avec un des matériaux présentés dans l'encadré de la page suivante. Les paillis sont le plus souvent des produits inertes qui n'interfèrent pas sur les cultures. Font exception les composts que l'on peut aussi utiliser comme améliorants en les incorporant par griffage. Ils n'ont certes pas l'aspect esthétique des autres matériaux.

Pour les amateurs de fantaisie, il faut signaler la diffusion récente d'écorces et de copeaux de bois débarrassés de leurs tanins, stabilisés pour qu'ils ne se décomposent pas et colorés avec des pigments naturels ou inertes. C'est un concept original qui va demander un certain temps pour s'imposer, mais qui s'intègre bien dans l'esprit décoratif du balcon. Les tons bleus ou jaune vif sont ceux qui, à notre avis, offrent le plus d'intérêt, car ils se marient très bien avec les nuances des poteries et contrastent sans heurts avec les plantes.

Le seul problème des paillis en jardinière est la nécessité de les retirer plus souvent qu'au jardin, puisque les plantes sont renouvelées avec une plus grande fréquence. Par souci de simplicité, mieux vaut gratter la couche superficielle avec un peu de terreau et l'éliminer. Ensuite, vous procéderez à un surfaçage avec du terreau neuf, ce qui sera bénéfique aux plantations, puis vous replacerez un nouveau paillis.

Nouveau, le paillis coloré en copeaux de bois inerte.

## Le pincement, une fausse taille

En théorie, pincer consiste à éliminer un fragment de jeune pousse, en la saisissant entre le pouce et le majeur et en la coupant avec les ongles. On pourrait assimiler le pincement à une taille, mais la finalité n'est pas tout à fait la même. Le pincement se pratique pendant la période de croissance. Il provoque la naissance de ramifications que l'on nomme pousses anticipées, car sans cette intervention, elles n'auraient

Pincez les tiges pour qu'elles forment des fleurs.

Les hampes florales sont attachées avec du raphia.

### LE REMPLACEMENT SAISONNIER

Les cultures en bacs et jardinières évoluent au fil des saison, c'est ce qui fait leur charme. Dès qu'une plante perd de son intérêt ornemental, vous pouvez la remplacer par une autre. Cela vous permet de disposer d'un décor qui change en permanence et se renouvelle rapidement. La plantation a beau occuper un espace réduit, elle n'est jamais ennuyeuse.

Cette technique de remplacement rapide vous permet de mettre en place à la fin du printemps des annuelles de courte durée comme les mufliers, les mimulus, les godétias, les schizanthus, etc. pour les remplacer courant août par des reines-marguerites, des célosies ou des amarantes, plantes qui céderont la place en automne aux chrysanthèmes, cinéraires maritimes et choux décoratifs.

Ce remplacement doit être ponctuel et ne concerner qu'un tiers au maximum de la plantation, afin de conserver une certaine impression d'unité et de structure dans le décor. Pensez aussi aux espèces à feuillage.

L'aster fané est remplacé.

▲ Tuteurage d'un penstémon avec un lien renforcé.

jamais vu le jour. Ces pousses anticipées vont porter des fleurs ou créer des ramifications pour que la plante prenne une silhouette plus étoffée. Les pincements se pratiquent aussi beaucoup sur les plantes à feuillage pour éviter qu'elles ne forment des fleurs. C'est le cas notamment des coléus, rue, santoline, cinéraire maritime, oreille-d'ours, etc. Cela leur permet de conserver une forme plus touffue, car, une fois fleuries, ces plantes ont tendance à se dégarnir un peu.

On pince aussi les plantes vivaces et les chrysanthèmes pour qu'ils développent un nombre important de boutons floraux. Vous pouvez effectuer ce travail sur les pélargoniums et les anthémis trop vigoureux, sur les pétunias qui partent trop en longueur et sur les impatiens qui s'allongent démesurément.

Les pincements concernent uniquement les parties herbacées des plantes. Quand on réalise une intervention similaire sur un arbuste, on parle d'étêtage ou d'épointage.

## Attacher, palisser

Toutes les plantes dont les tiges sont trop faibles pour se tenir seules bien droites doivent être attachées à un support (palissées en langage jardinier). Les plantes grimpantes qui ne disposent pas d'artifices pour s'accrocher doivent aussi être maintenues par un lien. Les différents tuteurs qui vous ont été présentés page 91 sont les supports les plus communément utilisés. Les supports en forme de croisillons ou les différents treillages conviennent également.

▲ La tige d'anthémis est attachée avec un lien plastique.

Côté liens, on trouve un large échantillonnage dans le commerce depuis le raphia (naturel ou synthétique), qui convient aux petites tiges souples et fragiles, jusqu'aux attaches capitonnées de mousse, destinées aux arbres, en passant par les fils de fer plastifiés, les liens plastique armés et les divers colliers à fixation rapide ou bandeaux de tuteurage qui servent à maintenir en position verticale les plantations nouvelles.

Sur le balcon, il y a toujours une plante à attacher. Pensez à disposer en permanence d'un assortiment de liens de longueur et de diamètre différents.

L'important c'est de fixer la plante en position adéquate, tout en lui offrant la possibilité de grossir sans s'étrangler. Une des méthodes les plus simples consiste à faire un nœud en forme de 8 avec le lien, afin que la partie où se croisent les brins, se trouve entre la tige et le tuteur. Elle sert ainsi d'amortisseur et permet de laisser une certaine souplesse, tout en obtenant un bon soutien. Dans les zones ventées, les liens doivent être plus serrés, car il ne faut pas que les plantes se balancent, ce qui rendrait inefficace le tuteurage.

### LES PAILLIS

Une couche homogène de 3 cm de l'un des différents matériaux illustrés ci-dessous vous garantit un résultat efficace. La paille et la tourbe seront surtout utilisés en hiver, car elles présentent un effet protecteur contre le froid. Ces matériaux étant très légers, il est préférable de les recouvrir avec un voile d'hivernage pour qu'ils ne soient pas soufflés par le vent. Sur le plan esthétique, les coques de cacao, l'écorce de pin et la paille de lin sont à préférer pour leur finesse et leur aspect homogène. Les écorces de pin sont proposées dans différents calibres. Choisissez le plus fin pour les jardinières contenant des plantes saisonnières. Pour les bacs d'arbustes, vous pouvez utiliser des écorces de gros calibre. Quant au compost ou au fertilisant organique à base de fumier décomposé, il doit être tamisé et utilisé en premier lieu pour le surfaçage des contenants dont le niveau de terre a sensiblement diminué. Ce matériau enrichit la terre et stimule efficacement son activité microbienne.

▲ *La paille de lin, compacte.*

▲ *Les coques de cacao, fines.*

▲ *Les écorces de pin, jolies.*

▲ *La tourbe blonde, acide.*

▲ *Le compost, nutritif.*

▲ *La paille, légère, aérée.*

*Appelés ravageurs par les scientifiques, ce sont le plus souvent des insectes, mais aussi différents petits animaux qui se nourrissent de nos plantes. Sur le balcon, les attaques prennent toujours une grande ampleur. Alors soyez vigilant…*

*astuce Truffaut*

**Placez une jardinière plus haute que les autres, afin que l'œil se pose naturellement sur la face inférieure des plantes. C'est là en effet que sévissent la plupart des insectes. À la première attaque, soignez l'ensemble des bacs et potées.**

Une colonie de pucerons noirs sur un abutilon.

Les aleurodes sont communs sur les fuchsias.

## Les pucerons

Ces petits insectes verts, noirs, gris ou bruns pullulent sur toutes les plantes. Ils s'agglutinent en colonies à l'extrémité des tiges ou sous les feuilles. Les pucerons piquent l'épiderme tendre et pompent la sève. La plante réagit par des crispations et ralentit sa croissance. Les dégâts sont rarement graves, mais les pucerons doivent être combattus car ils transmettent des maladies à virus et la fumagine se développe sur leurs déjections sucrées (miellat).

• **Méthode de lutte :** commencez par éliminer les pousses abritant les colonies, puis traitez quatre fois à six jours d'intervalle, en utilisant deux insecticides différents pour une meilleure efficacité.

## Les araignées rouges

C'est le terme le plus employé pour désigner diverses espèces d'acariens (petits animaux à huit pattes) de couleur rouge, jaune ou brune. Minuscules (ils mesurent moins de 0,5 cm), les acariens se nourrissent de l'épiderme des feuilles. Les morsures répétées provoquent la décoloration des feuilles qui prennent un aspect plombé. Des taches minuscules ainsi que de fines toiles entre les rameaux complètent les symptômes. De très nombreuses plantes peuvent être attaquées, mais les conifères, les rosiers, les magnolias, les palmiers se montrent les plus sensibles.

• **Méthode de lutte :** les acariens détestant l'humidité, vaporisez généreusement le feuillage des plantes par temps chaud et sec. Dès les premières attaques, pulvérisez sur le feuillage un acaricide spécifique à base de dicofol. Renouvelez l'intervention tous les huit jours si la chaleur se maintient.

Des cochenilles farineuses sur un érable du Japon.

Les symptômes d'une attaque d'araignées rouges.

Les pucerons verts du rosier.

## Les aleurodes

On les appelle plus souvent mouches blanches, ce sont des insectes ailés minuscules (3 mm) dont les femelles piquent la face inférieure des feuilles pour y coller leurs œufs. Quand on bouge le feuillage, on assiste à une envolée de ces insectes. Les dégâts se manifestent par un ralentissement de la croissance et une texture collante. La fumagine (sorte de suie) apparaît souvent sur le miellat des aleurodes. Les attaques sont plus fréquentes dans les vérandas ou sur les balcons bien abrités, les légumes sont des cibles privilégiées.

• **Méthode de lutte :** ces petits insectes se montrent assez réfractaires à la plupart des insecticides. Utilisez trois produits aux matières actives différentes, en renouvelant le traitement toutes les semaines.

## Les cochenilles

Véritable fléau, ces insectes protégés par une carapace cireuse ou farineuse, attaquent de préférence les agrumes, les palmiers, les lauriers-roses, les camélias, les hortensias et les plantes grasses. Immobiles, les cochenilles prolifèrent le long des jeunes tiges et sur la nervure centrale à la face inférieure des feuilles. Elles piquent la plante et sucent la sève. La végétation est très ralentie, d'autant plus que la salive des cochenilles est toxique. La fumagine envahit souvent le miellat laissé par les colonies.

• **Méthode de lutte :** la carapace qui protège les cochenilles les rend peu sensibles aux insecticides. Les produits d'hiver à consistance huileuse sont plus efficaces, mais ils sont mal supportés par les plantes d'ornement (sauf les rosiers en hiver). Le mieux consiste à pulvériser de la bière (alcoolisée), pour provoquer le décollement des insectes, et de traiter dans l'heure qui suit avec un insecticide. Renouvelez l'intervention trois fois à dix jours d'intervalle.

## Les chenilles

Ce sont les larves de différents papillons, qui dévorent le feuillage des plantes, laissant des trous dans le limbe dans le meilleur des cas et uniquement les nervures quand les attaques sont importantes. Les chenilles sont bien visibles et faciles à éliminer manuellement. Les arbustes et les légumes sont les plus menacés.

• **Méthode de lutte :** prélevez à la main les chenilles visibles et jetez-les au feu. Portez des gants car de nombreuses espèces sont pourvues de poils urticants. En cas de forte attaque, pulvérisez un insecticide biologique à base de *Bacillus thuringiensis*.

## Les vers de terre

Les lombrics sont considérés comme utiles dans le jardin car ils ameublissent le sol. En pot, ils bouleversent les racines, ce qui provoque des dérèglements dans le comportement des plantes. Les terreaux du commerce sont le plus souvent indemnes d'œufs de lombrics. Mais quand on ajoute de la terre de jardin au substrat, les vers peuvent se développer. Si vous constatez un arrêt brutal de la croissance et des symptômes de faiblesse, sans cause particulière, n'hésitez pas à dépoter et à rechercher la présence des vers de terre.

• **Méthode de lutte :** pour faire sortir les vers sans avoir à dépoter la plante, épandez à la surface d'un pot de 18 cm de diamètre, une ou deux pincées d'insecticide naturel à base de roténone, puis arrosez. Il vous suffira ensuite de « récolter » les vers et de les transférer dans le jardin.

▲ Ces feuilles trouées sont l'œuvre des chenilles.

▲ Les vers de terre sont indésirables dans la terre des bacs.

▲ Les limaces dévorent les jeunes pousses au printemps.

▲ Les piqûres des thrips ont décoloré cette feuille.

## Les limaces

On pourrait croire que, suspendu à plusieurs étages au-dessus du sol, le balcon se trouve à l'abri de ces indésirables et pourtant, il n'en est rien. Les œufs minuscules peuvent être transportés par les nouvelles plantes que vous ajoutez à votre création. Ils éclosent par temps humide et les voraces gastéropodes se mettent à grignoter toutes les jeunes pousses ou les feuilles. Les hostas, les delphiniums, les salades, les chrysanthèmes, les dahlias, les tabacs d'ornement sont les plus menacés. Il existe plusieurs espèces de limaces, mais la petite grise (loche) est la plus redoutable. Ces attaques sont caractéristiques avec des feuilles perforées et la présence de mucus.

• **Méthode de lutte :** prélevez manuellement les limaces que vous découvrez et placez des granulés spécifiques sur le sol des jardinières, surtout par temps humide.

## Les thrips

Ce sont des insectes d'environ 1 mm de longueur qui se cachent sous le feuillage et piquent le limbe pour pondre. Les larves se nourrissent de la sève. De juin à septembre, les dahlias, les palmiers, les chrysanthèmes, les troènes, les soucis sont souvent attaqués. Les feuilles se décolorent et ont une teinte argentée. Les plantes ne poussent plus.

• **Méthode de lutte :** les traitements contre les pucerons sont en général efficaces. Les insecticides systémiques sont préférables.

*Les champignons qui parasitent nos cultures provoquent des taches ou des colorations que nous traduisons par le terme « maladie ». Si les conditions de culture sont bonnes et l'ambiance pas trop humide, ces affections restent assez limitées sur le balcon. N'hésitez pas toutefois à intervenir, de préférence en prévention.*

*astuce Truffaut*

**Les taches sur les plantes ne disparaissant pas avec le traitement, empêchez les maladies de contaminer les végétaux, en effectuant des traitement préventifs tous les dix jours avec des fongicides polyvalents, quand le temps est humide.**

Une forte attaque d'oïdium (blanc) sur un dahlia.

La maladie des taches noires du rosier, ou marsonia.

## L'oïdium

C'est la maladie la plus commune. On l'appelle « blanc » parce que ce champignon développe une sorte de feutrage blanc grisâtre sur les feuilles. Presque toutes les plantes peuvent être attaquées, surtout les rosiers, les phlox, les groseilliers, les bégonias, les chrysanthèmes, les mahonias, etc. Le champignon développant des « suçoirs » dans les cellules, il épuise la plante qui réagit en se crispant. Le feuillage peut tomber.

• **Méthode de lutte :** il existe de nombreux fongicides efficaces contre l'oïdium, dont certains sont même spécifiques. Traitez tous les huit jours jusqu'à l'arrêt du développement de la maladie.

## Les taches noires

Divers champignons provoquent l'apparition de taches noires ou brunes sur le feuillage. L'affection la plus commune est le marsonia, ou maladie des taches noires du rosier, qui apparaît systématiquement quand le printemps est pluvieux.

L'anthracnose provoque des taches plus petites, d'abord brunes, puis noires. Elle attaque beaucoup de légumes, d'arbustes et de petits arbres. Cette maladie est favorisée par la présence d'eau stagnante sur les feuilles au printemps, d'où le conseil d'éviter d'arroser en pluie, mais plutôt au pied des plantes.

• **Méthode de lutte :** il est indispensable d'entreprendre des traitements préventifs, surtout si le temps est humide. Utilisez la bouillie bordelaise en pulvérisation sur les arbres et les arbustes dès la fin mars.

La rouille du pélargonium forme des pustules brunes.

Le mildiou de la tomate flétrit toute la plante.

◀ Une tige de rose toute habillée d'un feutrage d'oïdium.

## Les mildious

Plusieurs champignons plus ou moins spécifiques transmettent le mildiou, qui commence par des taches irrégulières sur le feuillage, suivies de décolorations. Les rameaux attaqués peuvent se dessécher totalement. Les plantes les plus sensibles sont les légumes et la vigne, mais certaines plantes d'ornement comme le rosier, la primevère, le myosotis, les cactées, y sont sensibles. Une forte humidité et une température inférieure à 18 °C sont favorables au développement du mildiou.

• **Méthode de lutte :** il existe des fongicides spécifiques contre le mildiou qu'il faut appliquer en traitement préventif dès le début du printemps sur les plantes à risque. Arrachez et brûlez les plantes contaminées sur le balcon.

## La fumagine

C'est une sorte de charbon noir qui donne l'impression que les feuilles sont couvertes de suie. Ce champignon se développe sur le miellat des cochenilles, des pucerons ou des aleurodes. Il n'est pas dangereux en soi, mais empêche la fonction chlorophyllienne de la plante qui s'étiole et ne pousse plus. Les rosiers, les rhododendrons, les palmiers, les agrumes, les camélias, les hortensias et les lauriers y sont très sensibles.

• **Méthode de lutte :** on ne combat pas directement la fumagine. Il faut commencer par lutter contre les insectes qui l'attirent. Seul un nettoyage systématique des feuilles à l'eau tiède s'avère efficace.

## La pourriture grise

C'est une des plus graves maladies dont puissent être atteintes les plantes du balcon. Elle est due à deux champignons : le botrytis et le pythium. Quand elle se transmet aux semis ou aux boutures, on lui donne le nom de « fonte ». Un feutrage gris vaporeux se développe sur les tiges ou les fruits. Les parties atteintes pourrissent immédiatement, le feuillage se dessèche, la plante meurt. Les chrysanthèmes, les agrumes, les tomates, les laitues sont souvent attaqués. Une humidité stagnante et une chaleur importante sont les facteurs favorables à l'apparition de la maladie.

• **Méthode de lutte :** aucun fongicide disponible dans le commerce n'est vraiment valable. De toute façon, une fois la maladie en place, il est trop tard.

## La chlorose et les carences

Il ne s'agit pas à proprement parler de maladies, mais de réactions de la plante à une déficience dans son alimentation. La chlorose, ou carence en fer, est la manifestation la plus courante et la plus spectaculaire. Les feuilles des plantes jaunissent fortement, seules les nervures restent vertes. La croissance est très ralentie, car la fonction chlorophyllienne ne se fait plus. Cette carence se produit en général dans les sols calcaires, ces derniers empêchant l'assimilation du fer par la plante. Tous les végétaux dits « acidophiles » : camélia, azalée, rhododendron, magnolia, hortensia et même le rosier en souffrent. Mais, les terreaux utilisés dans les bacs sont rarement alcalins, d'où moins de risque que dans le jardin.

• **Méthode de lutte :** évitez d'arroser les jardinières avec de l'eau trop calcaire qui peut entraîner l'apparition de la chlorose. En ce cas, utilisez un décalcairisant.

## Les viroses

Ce sont les maladies transmises par des virus. Elles se traduisent par diverses décolorations du feuillage, souvent en forme de mosaïque, de marbrures ou de ponctuations. Les plantes attaquées voient leur croissance ralentie. Elles présentent aussi des dégénérescences. Les plantes que l'on multiplie soi-même par division de touffes ou par bouturage sont les plus menacées par les maladies à virus.

• **Méthode de lutte :** il n'existe pas de traitement direct. Seul l'achat de plantes multipliées par des professionnels sérieux peut garantir une culture indemne de virus.

▼ La fumagine, sorte de suie, attaque les agrumes.

▼ La pourriture grise est très difficile à combattre.

▼ Une forte chlorose sur un hortensia en sol calcaire.

▼ Un symptôme de virose en mosaïque sur le groseillier.

# LES PROBLÈMES DE CULTURE

*Un grand nombre de dégâts sur les plantes sont attribués à tort à des maladies. Dans de nombreux cas, il s'agit d'erreurs de culture, d'une mauvaise exposition et d'un arrosage excessif.*

▲ Les plantes, souvent très serrées dans les jardinières, parviennent parfois à fissurer celles-ci en se développant.

*astuce Truffaut*

**Quand une plante présente des signes de « maladie », commencez par rechercher la présence d'insectes. Si vous ne décelez rien, observez l'évolution des dégâts. Une maladie cryptogamique passe par plusieurs stades et se généralise à l'ensemble de la plante. Un problème physiologique est le plus souvent localisé et il se caractérise par des signes multiples, pas toujours bien définis.**

Les méthodes artificielles de culture auxquelles vous soumettez les plantes du balcon favorisent l'apparition de problèmes divers, qu'il ne faut pas attribuer forcément à des maladies. Avant d'entreprendre un traitement, analysez plutôt les conditions dans lesquelles vivent les plantes.

## La terre épuisée

Le volume de substrat assez réduit dans lequel poussent les plantes en pots ne peut assurer leur alimentation pendant très longtemps. Si vous n'apportez pas régulièrement de l'engrais, les cultures vont végé-

### LES SYMPTÔMES

Une erreur de culture se manifeste par une réaction du feuillage. Le signe avant-coureur d'un problème grave est le plus souvent un jaunissement. S'il est localisé à quelques feuilles, ce n'est pas grave, il est normal que les feuilles d'une plante vieillissent et tombent. Quand vous constatez une chute de feuilles vertes, c'est plus inquiétant. Leur brunissement doit aussi vous alerter sérieusement, tout comme leur flétrissure brutale. Celle-ci est un signe d'excès ou de manque d'eau. Quant aux brûlures, elles indiquent une exposition trop chaude ou le plus souvent un excès d'engrais, trop concentré ou mal réparti.

▼ Le jaunissement est un signal d'alarme.

▼ La chute des feuilles est assez grave.

▼ Flétrissure due à un excès d'arrosage.

▼ Trop d'engrais entraîne une brûlure.

ter, se montrer chétives et, bien souvent, présenter des décolorations du feuillage. Les apports d'engrais doivent commencer entre 15 et 20 jours après la plantation de la jardinière. Ils sont interrompus d'octobre à mars (arrêt de la végétation).

## La terre compactée

Les arrosages successifs ont tendance à tasser la terre des jardinières par l'infiltration naturelle de l'eau en profondeur. Au fil des mois, le substrat se compacte et les racines peuvent manquer d'air. Ce problème se traduit de la même manière que l'excès d'eau, par un brunissement des feuilles (cela commence toujours sur le bord), suivi d'un flétrissement. Vous pouvez y remédier en décroûtant régulièrement le dessus de la jardinière avec une petite griffe et surtout en ajoutant du sable au substrat. En effet, beaucoup de terreaux du commerce sont trop finement tamisés, ce qui accélère le processus de compactage.

## L'excès d'arrosage

C'est sans doute le mal dont souffrent le plus souvent les plantes en pots (qu'elles soient cultivées à l'extérieur ou à l'intérieur). Si vous utilisez sur le balcon des bacs à réserve d'eau ou des poteries non percées, veillez à ce qu'ils se trouvent à l'abri des pluies. En effet, un printemps humide transforme les contenants étanches en « aquariums » dans lesquels les racines s'asphyxient très rapidement. La plante prend une consistance molle, elle présente des taches brunes sur le bord du feuillage, puis elle se met à flétrir brutalement. À ce stade, il est souvent trop tard pour intervenir, car des champignons ont profité de l'humidité et de l'affaiblissement de la plante pour développer des pourritures. Vous pouvez tenter un dépotage, avec le remplacement du terreau transformé en boue par un substrat léger, sans oublier une épaisse couche drainante au fond du contenant.

## Le manque d'eau

Curieusement, un végétal insuffisamment arrosé présente des symptômes de flétrissement similaires à ceux de la plante qui souffre d'un excès d'eau. Il suffit de gratter la terre du pot pour définir le vrai problème. Le dessèchement est assez fréquent en été chez les plantes qui ont été conservées dans leur pot d'origine après l'achat. En effet, les professionnels utilisent de la tourbe blonde, un substrat bien aéré, mais qui se dessèche vite et présente de grosses difficultés à se réhumecter. Les plantes très développées dans leur jardinière, ou les décors très touffus, ainsi que les paniers suspendus souffrent souvent d'un manque d'eau, car ils peuvent nécessiter deux arrosages quotidiens (matin et soir) en plein été. Une plante qui s'est avachie par manque d'eau sera de préférence mise à tremper dans un seau, quitte à être immergée complètement pendant une bonne demi-heure. Le plus souvent, elle va retrouver sa rigidité le lendemain.

## Les dégâts du vent

Outre la possibilité de briser des branches sous l'action de violentes bourrasques, le vent a un effet desséchant sur les plantes. Si sa direction est constante, il a tendance à coucher un peu les tiges en position oblique, ce qui est inesthétique. C'est aussi un facteur ralentissant pour la croissance et inhibant pour la floraison *(voir encadré)*. Une des premières tâches à réaliser sur le balcon ou la terrasse consiste à poser des brise-vent qui peuvent être des palissades, des claustras ou des conifères pour haies, plantés dans des jardinières profondes.
Parmi les problèmes fréquents sur le balcon, il faut aussi noter les brûlures dues au soleil. Ne collez jamais les jardinières le long d'un mur blanc. Un excès d'engrais peut produire le même phénomène.

### QUAND LES PLANTES NE FLEURISSENT PAS

**Un des problèmes physiologiques les plus fréquents est l'absence de floraison. Il faut incriminer l'exposition, surtout sur les balcons. Les plantes soumises aux vents dominants ont beaucoup de mal à induire leurs boutons floraux. De trop brusques écarts de température, une luminosité insuffisante sont également des facteurs de non-floraison. Attention aussi aux excès d'engrais azotés qui font pousser les feuilles et pas les fleurs.**

*Le camélia se montre assez capricieux. Il craint les vents froids.* ▶

▲ Ce brunissement indique une terre trop compacte.

La pluie violente a abîmé cette fleur d'hibiscus. ▶

*Sans jouer les va-t-en-guerre contre tout ce qui porte atteinte à nos précieuses plantations, il est vrai que l'on a du mal à accepter l'intrusion des ravageurs parmi les cultures que l'on a pris tant de soin à mettre en place. Sur le balcon, les plus petites épidémies prenant vite des allures de désastre, soyez vigilant et sortez le pulvérisateur pour appliquer le fameux principe : « mieux vaut prévenir que guérir ». Il est souvent valable et efficace.*

▲ Sur une terrasse, il est bon de prévoir un traitement total préventif une fois par mois, d'avril à fin septembre.

*astuce Truffaut*

**Les produits totaux, qui associent fongicide et insecticide dans le même traitement, sont tout à fait indiqués sur un balcon. Il suffit de pulvériser toutes les cultures une fois par mois pendant la période de végétation pour réduire les risques d'attaque de plus de 80 %.**

Même si l'on a tendance aujourd'hui à jouer les « écologistes » en criant haro sur les traitements, il n'empêche qu'ils s'avèrent bien utiles quand les ravageurs passent à l'attaque. Les jardiniers amateurs ont à leur disposition un choix très large de produits plus ou moins ciblés qui ont tous en commun l'homologation « jardin d'amateur ». Cette précision est importante, car elle implique obligatoirement une déconcentration de la matière active pour éviter un classement toxicologique sévère. Les fabricants ont beaucoup fait évoluer leurs gammes ces derniers temps. On peut penser qu'à terme, tous les produits qui seront mis à la disposition des amateurs ne feront même plus l'objet d'aucun classement.

◀ Les traitements doivent être appliqués en pulvérisation.

Cela ne signifie pas pour autant qu'on peut les utiliser n'importe comment. La première des choses consiste à lire attentivement le mode d'emploi et à respecter scrupuleusement les doses et les conditions d'application préconisées par le fabricant. Ce sont elles qui ont été homologuées officiellement. Même si certaines peuvent vous apparaître comme très faibles, ne surdosez jamais, le danger vient de là.

## Les insecticides

Ce sont les produits destinés à éliminer les insectes (pucerons, chenilles, mouches, cochenilles, thrips, etc.). Ils sont généralement dotés d'un très large spectre d'efficacité, ce qui évite d'avoir à identifier l'ennemi avec précision. Les insecticides ont

◀ Avant de stocker les bulbes pour les conserver, poudrez-les avec un fongicide.

tous un effet curatif. Ils peuvent par conséquent être appliqués quand les ravageurs commencent à s'installer sur les plantes. Pour une bonne efficacité, il faut toujours renouveler le traitement au moins trois fois à 5 ou 7 jours d'intervalle. Les insectes se montrant vite résistants aux produits, utilisez au moins deux préparations aux matières actives différentes.

## *Les fongicides*

Ce sont les produits destinés à combattre les maladies cryptogamiques (dues à des champignons). Beaucoup de fongicides sont préventifs, c'est-à-dire qu'ils empêchent le mal de s'installer sur la plante. C'est le cas de la fameuse bouillie bordelaise, sans doute le fongicide le plus ancien, mais encore un des plus utilisés de nos jours. Certains fongicides sont dits « curatifs ». Cela ne veut pas dire pour autant qu'ils effacent les symptômes apparus sur la plante. Ils circonscrivent le développement du champignon et stoppent sa progression, mais, dans tous les cas, les taches ou les pustules restent présentes. Beaucoup de fongicides curatifs sont dits « systémiques ». Cela signifie qu'ils sont absorbés par l'épiderme de la plante et véhiculés par la sève, d'où une meilleure efficacité contre les champignons qui attaquent par l'intérieur. Un fongicide doit s'appliquer en plusieurs traitements espacés de 8 à 10 jours.

### LE STOCKAGE DES PRODUITS

Même si les produits qu'utilise le jardinier amateur sont loin d'être aussi redoutables que les pesticides de l'agriculture, il convient de prendre quelques précautions pour les conserver en toute sécurité. D'abord, gardez-les dans leur emballage d'origine et ne les transvasez jamais dans un récipient susceptible de contenir de l'eau potable ou des denrées alimentaires. Rangez les produits dans une armoire fermant à clé et se trouvant hors de portée des jeunes enfants. Le local doit être sec et frais et se trouver en permanence hors gel.

▲ Dosez avec précision en respectant les conseils d'emploi.

## *Les acaricides*

Ce sont des produits spécifiques contre les acariens (araignées rouges). Aujourd'hui, seul le dicofol est autorisé pour les jardins d'amateurs. Ce produit élimine les acariens à tous les stades de leur croissance, y compris les œufs. Il doit être employé au début de chaque attaque en trois traitements espacés de 4 à 5 jours.

## *Les herbicides*

On les appelle aussi désherbants, ce sont les produits destinés à éliminer les mauvaises herbes. Ils s'emploient uniquement sur les sols de la terrasse pour détruire la flore sauvage qui s'insinue entre les dalles. En revanche, aucun herbicide n'est utilisé sur les cultures en jardinières, y compris les arbustes, car, dans leur volume de terre limité, les plantes ne supporteraient pas la concentration du produit.

### PULVÉRISATION : LE CHOIX

L'application des produits de traitement doit se faire sous forme de fin brouillard, afin que la matière active se diffuse le plus largement possible, tout en restant sur la plante dans une faible concentration.
Pour le balcon, un petit pulvérisateur de 2 l est bien suffisant. Il existe aussi depuis peu des pulvérisateurs électriques de petite contenance, très pratiques, car il n'y a plus besoin de pomper. Attention, la plupart des pulvérisateurs à gâchette (brumisateurs) ne conviennent qu'à l'application des produits liquides. Les poudres mouillables nécessitent des buses de précision. Les fabricants proposent depuis plusieurs années des produits prêts à l'emploi présentés dans des pulvérisateurs à gâchette. Ils sont pratiques, car dosés avec précision et toujours disponibles. Nous vous les conseillons pour les fenêtres et les petits balcons, de même que les bombes aérosols, à utiliser de façon ponctuelle.

▼ *Idéal, le pulvérisateur à pression préalable de 2 l.*

▼ *Les produits prêts à l'emploi sont très pratiques.*

▼ *La bombe aérosol, pour les traitements ponctuels.*

# LE BALCON EN VACANCES

*Attendues avec impatience, les vacances vont souvent se transformer en calvaire pour les plantations sur le balcon ou la terrasse. Le problème à résoudre est l'alimentation en eau des potées et des balconnières, qui ont besoin d'un arrosage quasi quotidien. Le reste attendra bien votre retour…*

▲ Il suffit de trois ou quatre jours d'absence en été pour qu'un aussi joli balcon soit irrémédiablement desséché.

*astuce Truffaut*

**Pour faciliter l'entretien du jardin suspendu pendant les vacances, regroupez toutes les potées, les bacs et les jardinières dans un même endroit, de préférence bien dégagé des murs clairs, avec une exposition mi-ombragée. Il sera beaucoup plus facile de mettre en place les solutions de survie.**

◀ Des pots surdimensionnés réduisent l'arrosage.

L'indéracinable tradition française des vacances d'été s'accorde mal avec l'idée d'un balcon croulant sous les fleurs et la végétation. En juillet et août, mois les plus chauds de l'année, les paniers suspendus et les petites balconnières demandent un arrosage quotidien. En effet, les rayons du soleil qui atteignent les contenants réchauffent fortement la terre (bien plus que dans le jardin) et accélèrent l'évaporation. Les plus grosses potées et les bacs contenant des arbustes nécessitent au minimum deux apports d'eau par semaine à cette époque de l'année.

Si vous ne trouvez pas un voisin complaisant pour assurer l'entretien de vos plantations, il est sûr que vous retrouverez un désert à votre retour, à moins de mettre en œuvre certaines mesures…

## Les paillis de protection

Un lit de matière organique spongieuse, par exemple un bon compost de jardin ou de la tourbe blonde gorgée d'eau, disposé en couche uniforme de 10 cm d'épaisseur, assure une protection efficace contre l'évaporation pour trois ou quatre jours au moins. Si vous avez pris soin de « noyer » la jardinière juste avant de partir, elle va pouvoir tenir une semaine comme cela, sans grand problème.

Vous pouvez aussi renforcer la lutte contre l'évaporation en enveloppant les bacs avec des films de mousse de polyuréthanne ou une triple épaisseur de voile de forçage. C'est un moyen d'isoler le terreau pour qu'il ne se réchauffe pas trop vite. Vous gagnez ainsi deux jours. Et, tant pis pour l'esthétique, puisque vous serez absent !

## L'arrosage au goutte-à-goutte

C'est, à l'évidence, une des meilleures solutions pour passer des vacances tranquilles sans souci pour les plantes du balcon. Un système de goutte-à-goutte peut aisément être relié à un programmateur. Il suffira de calculer le temps d'arrosage nécessaire en fonction du débit des goutteurs (utilisez des 2 litres par heure dans les jardinières) et de leur nombre, pour régler la minuterie. Pour un bon arrosage estival, comptez qu'il faut apporter quotidiennement en eau le quart du volume total du contenant, jusqu'à 20 litres de terre, le sixième entre 20 et 50 litres et le dixième au-delà. En pratique, une jardinière de 12 litres recevra 3 litres d'eau chaque jour, une potée d'un volume de 30 litres, 5 litres d'eau et un grand bac de 100 litres de terre, 10 litres d'eau.

Dans nos exemples, il suffira de faire fonctionner chaque jour deux goutteurs pendant 3/4 d'heure dans la jardinière, 3 goutteurs pendant le même laps de temps dans la potée et 5 goutteurs pendant 1 heure dans le grand bac.

On voit tout de suite que le problème pour l'automatisation est de se trouver en phase en fonction de la dimension des contenants. Pour éviter les casse-tête, vous pouvez corriger à 1/2 litre près et surtout diviser l'installation en plusieurs réseaux selon les différentes durées d'arrosage.

## La micro-aspersion

C'est le complément logique de l'arrosage au goutte-à-goutte, avec la possibilité de mouiller le feuillage, c'est-à-dire de lui apporter un peu de fraîcheur très bénéfique après une journée de canicule.

Si le fonctionnement du goutte-à-goutte peut être programmé à n'importe quel moment de la journée, l'eau distribuée par les goutteurs dissimulés sous le feuillage ne risque pas de s'évaporer ; il n'en est pas de même pour la micro-aspersion qui doit fonctionner de préférence la nuit, « à la fraîche », comme disent les jardiniers. Si vous aspergez le feuillage dans la journée, les gouttelettes vont se comporter comme de minuscules loupes qui vont amplifier l'intensité des rayons solaires et risquer de provoquer des brûlures sur le feuillage.

## Juste avant le départ

Même si vous disposez du système d'arrosage le plus sophistiqué, prenez les précautions suivantes avant d'abandonner votre balcon pour plusieurs jours.

Décrochez les suspensions et les balconnières, puis regroupez les à terre, car elles constituent un danger potentiel dans le cas d'un orage accompagné de rafales de vent.

Coupez toutes les fleurs des plantes annuelles, des géraniums et des fuchsias, en taillant les pousses d'un tiers de leur longueur. La végétation étant réduite, la plante supportera mieux la sécheresse.

La micro-aspersion est la solution la plus valable. ▶

### LES BACS À RÉSERVE D'EAU

**Dans des conditions normales de culture en été, un bac à réserve d'eau permet « d'oublier » les plantes du balcon entre une semaine et dix jours, selon la température ambiante. Arrosez d'abord par le dessus, de manière à mouiller tout le volume de terre, puis remplissez complètement la réserve, de préférence avec une solution nutritive, dosée à 1 g d'engrais par litre d'eau. À votre retour, si la terre est sèche, utilisez de l'eau pure pour la réhumecter (arrosez par le dessus). En période pluvieuse, les bacs à réserve d'eau doivent être abrités.**

▼ *Remplissez la réserve avec une solution fertilisante.*

# LE SOMMEIL HIVERNAL

*Tout comme les plantes du jardin, les cultures en bacs et en pots prennent leurs quartiers d'hiver dans un sommeil végétatif complet. Mais elles sont plus exposées aux morsures du gel, ce qui nécessite la mise en œuvre de protections supplémentaires, qui vont également préserver les poteries les plus fragiles.*

▲ La neige constitue une protection thermique naturelle. Il faut secouer les conifères si le manteau neigeux est trop épais.

*astuce Truffaut*

**Rapprochez le plus possible de la maison toutes les cultures frileuses afin qu'elles se trouvent moins exposées aux vents froids. De plus, les murs sont des capteurs thermiques naturels qui restituent durant la nuit les calories qu'ils ont emmagasinées au soleil de la journée.**

◄ Les paillassons protègent et laissent respirer les plantes.

L'hiver est une saison critique sur le balcon, car il est rare de ne pas constater quelques dégâts après son passage. L'association froid et humidité est très destructrice, aussi bien pour les matériaux que pour les végétaux. Alors, soyez prévoyant et mettez tout ce qui craint à l'abri, avant les premières grosses gelées. Début novembre, les protections doivent être en place dans la plupart des régions, excepté le Midi et le Sud-Ouest.

## La neige

Elle est rarement abondante et durable dans les villes. Un fin manteau de neige de moins de 20 cm d'épaisseur ne pose en général aucun problème aux cultures du balcon. À l'inverse, il constitue même une bonne protection, les plantes se trouvant à une température de 0 à -2 °C sous la couverture de neige, même s'il s'est mis à geler plus fort. En cas de fortes chutes de neige, il est prudent de secouer les arbustes à feuillage persistant et les conifères, afin que le poids important de la couche poudreuse ne provoque pas la cassure des branches.

Par temps de neige, les oiseaux ont beaucoup de mal à trouver leur pitance, alors n'hésitez pas à leur offrir un peu de nourriture (graines, saindoux, riz au lait).

## Le gel

Dès que la température ambiante atteint 0 °C, on dit qu'il gèle. Les plantes sont qualifiées de « rustiques » quand elles supportent les conditions climatiques de la région où elles sont cultivées. Ainsi, un mimosa ou un pittosporum sont rustiques sur la Côte d'Azur et gélifs ailleurs. Vous trouverez dans le dictionnaire des plantes (pages 280 à 475) des indications sur les températures limites supportées par chaque espèce. Sachez que toutes les plantes sont plus frileuses quand elles sont cultivées en pots ou en bacs, tout simplement parce que la faible épaisseur du contenant n'assure pas une protection très efficace au niveau

L'hamamélis fleurit au cœur de l'hiver, ses fines araignées d'or supportant même d'être recouvertes de glace.

des racines. Il serait très utile, à ce sujet, de prévoir un habillage systématique des pots, bacs, jardinières et autres contenants, avec des voiles d'hivernage, du feutre de jardin ou un film de plastique à bulles. Les contenants seraient protégés *(voir encadré)*, mais les plantes aussi.

Quand il est sec, le gel est beaucoup mieux accepté par les plantes qu'un temps froid et humide. C'est souvent l'humidité qui provoque les plus gros dégâts. L'eau se prenant en glace à 0 °C, elle augmente de volume en passant à l'état solide, ce qui provoque un surcroît de pression sur les parois des bacs et des pots, mais également sur les membranes cellulaires des tissus végétaux. La succession brutale de gels et de dégels est souvent catastrophique pour les plantes.

Les protections hivernales des végétaux vont donc servir à limiter l'intensité du gel en jouant sur l'effet de serre, mais aussi et surtout à maintenir les plantes dans un environnement aussi sec que possible. C'est pourquoi nous déconseillons l'emploi de films plastiques au contact direct des cultures. Ces feuilles étanches génèrent toujours de la condensation, très néfaste en matière de protection hivernale. Mieux vaut emmailloter les plantes dans une ou plusieurs épaisseurs de voile d'hivernage (un non-tissé bien aéré) ou sous des paillassons, voire des feuilles de papier kraft, du de feutre jardin, des feuilles mortes, de la laine de roche, etc. Et dans le cas de grands froids annoncés, couvrez ces protections légères avec des films en plastique qui viendront renforcer la protection.

En aucun cas, les plantes ne doivent rester en permanence sous ces abris improvisés. Il faut les ouvrir dès que le temps le permet afin de bien aérer les végétaux ce qui va empêcher le développement des moisissures et pourritures. Mais attention, les plantes doivent toujours être replacées à l'abri le soir et ne jamais passer la nuit sans leur couverture protectrice.

La véranda est l'endroit idéal pour hiverner les plantes.

## Stocker les plantes frileuses

Les pieds mères de fuchsias et de pélargoniums, les plantes méditerranéennes ou subtropicales (palmier, bougainvillée), les arbustes gélifs (camélias, hébé, etc.) posent des problèmes en hiver. Ils ne supportent pas la chaleur sèche de la maison et tolèrent tout juste quelques rares moments entre 0 et -3 °C. L'idéal consiste à les abriter dans une véranda dont la température sera maintenue au plus bas autour de 5 °C. Sinon, faites l'acquisition d'une miniserre de balcon qui pourra recevoir une partie de ces plantes. Il s'agit le plus souvent d'une structure légère et démontable qui est couverte de plastique. Pour une protection accrue, enveloppez-la par temps très froid avec deux épaisseurs de plastique à bulles ou couvrez-la de paillassons.

Un dernier conseil : les plantes en pots et en bacs nécessitent un arrosage minimum en hiver (une fois par mois).

Protégez les plantations du vent, jusqu'au printemps.

Le gel a fait éclater cette jardinière en terre mal cuite.

### PROTÉGER LES JARDINIÈRES

Lors de l'achat d'une poterie, vérifiez bien qu'elle est garantie pour un usage à l'extérieur. La résistance vient de la qualité de la terre et de la cuisson. Les poteries d'origine exotique (surtout les mexicaines) sont friables et se désagrègent sous l'action du froid. Les vernissées peuvent s'écailler et les poteries fragilisées par le vieillissement peuvent éclater. L'idéal consiste à envelopper les contenants dans du plastique à bulles, trois épaisseurs de feutre de jardin ou pour les jardinières rectangulaires, de les entourer avec des plaques de polystyrène.

*Des plaques de polystyrène joliment peintes sont très efficaces.*

# LES BALCONS EN TOUTE SÉCURITÉ

*Si votre jardin suspendu vous apparaît comme un petit paradis, il ne doit pas gêner votre entourage. La vie en société nous impose certaines règles de bienséance qui commencent par le respect de la tranquillité et de la sécurité du voisinage. Respectez-les et vivez heureux parmi les fleurs…*

Accrocher des jardinières à l'extérieur du balcon n'est pas autorisé dans les habitats collectifs, sauf au rez-de-chaussée.

*astuce Truffaut*

**En habitat locatif, veillez à ne pas modifier de façon importante l'aspect de la façade ou à changer les éléments d'architecture. En effet, à la fin de votre bail, le propriétaire est en droit de vous demander la remise en état de l'endroit dans son aspect initial. Évitez donc les dallages, lambris, etc.**

Une pièce métallique coince la jardinière sur le support.

Même dans une maison individuelle, la culture sur balcons présente quelques risques du fait de la situation surélevée de l'endroit. La première précaution à prendre est évidemment la pose d'une balustrade. Cette dernière doit être fixée de façon suffisamment solide pour qu'il soit possible de s'appuyer dessus et d'y accrocher des plantations. Une fixation tous les 30 à 50 cm est une précaution élémentaire. Les balustrades en bois devront être vérifiées plus souvent que les autres en raison du caractère putrescible du matériau (même s'il s'agit de bois traité par imprégnation).

La grande majorité des balcons et des terrasses se trouvant en habitat collectif, il est indispensable de se comporter en « personne civilisée » et de veiller à ce que le fleurissement ne devienne pas une gêne (même involontaire) pour les autres.

## L'étanchéité, problème majeur

Qu'on le veuille ou non, la présence de cultures sur le balcon va entraîner tôt ou tard un ruissellement d'eau. Il sera provoqué par un arrosage trop généreux, par un temps très pluvieux qui fait déborder les soucoupes, etc. L'eau provenant des potées est généralement chargée de particules de terre qui, en s'écoulant, risquent de souiller la façade. Une bonne mesure de protection pour éviter tout problème avec le voisinage serait de construire sur le pourtour du balcon un rebord étanche afin d'éviter toute coulure à l'extérieur. L'eau sera tout naturellement récupérée par le système d'évacuation vers les gouttières, qui est forcément prévu sur chaque balcon au moment de la construction.

Dans le cas d'un jardin en terrasse planté directement sur dalle, il faut obligatoirement renforcer l'étanchéité et prévoir des

Nouveau : la jardinière avec un système d'accrochage moulé dans la masse.

systèmes très efficaces d'évacuation de l'excédent d'eau.

Si vous habitez en copropriété (que vous soyez locataire ou propriétaire), mieux vaut toujours informer le syndic de votre intention de créer un jardin suspendu. En général, on ne peut vous refuser le droit de fleurir votre balcon. Ce dernier fait partie intégrante de l'appartement et, légalement, vous disposez du droit d'en jouir librement. Toutefois, il suffit d'une plainte d'un des colocataires ou des copropriétaires pour que tout soit remis en question.

## Les problèmes de poids

Ce sont les plus importants sur le plan technique, surtout pour ce qui concerne les terrasses. Pour réaliser un jardin sur dalle, il faut disposer d'une résistance utile, d'au moins 500 kg/m². Sur les balcons, la résistance est en général de 300 kg/m², une donnée qui peut s'amenuiser au niveau de la balustrade pour atteindre seulement 100 kg/m linéaire. Dans ce dernier cas, vous devez vous limiter à l'accrochage de balconnières en plastique, contenant uniquement des fleurs. En revanche, vous pourrez installer des bacs plus importants à proximité du mur de façade de l'appartement.

## La chute d'objets

Un pot, même en plastique, qui tombe du balcon, constitue un projectile dangereux. Les risques de chute ne sont pas limités à la rupture du support. Le vent constitue un danger permanent, de même que les maladresses lors de l'entretien des balconnières. À ce sujet, décrochez-les quand vous procédez à leur entretien. Un rameau d'arbuste venant d'être taillé, qui tombe du 6e étage, peut blesser sérieusement un passant. Utilisez de préférence des supports de balconnières en fer plat, ils sont plus solides que ceux en fer rond. Par souci de sécurité, ces derniers gagnent à ne pas être réutilisés d'une année sur l'autre. Changez aussi de support quand les vis et les autres systèmes de réglage sont rouillés. Sur une fenêtre, vous maintiendrez les jardinières ou les pots par une latte de bois épaisse, maintenue de chaque côté de la fenêtre par des équerres fixées dans le mur (avec des vis et des chevilles). Par correction, respectez les voisins. Par exemple, n'effectuez pas un traitement quand ils se trouvent sur leur balcon.

La soucoupe recueille l'eau d'arrosage en excès.

### LÉGISLATION

**Pour tout ce qui concerne la décoration des balcons et des terrasses, la législation reste encore assez floue et se limite souvent aux règlements de la copropriété. Vérifiez bien qu'il n'existe pas de restrictions fondamentales concernant le fleurissement. Sachez toutefois que vous êtes civilement responsable des dégâts que vous pouvez occasionner, par exemple des infiltrations d'eau liées à une mauvaise étanchéité, des salissures de la façade du fait du débordement des bacs et, bien sûr, des chutes d'objets. L'accrochage des bacs et jardinières doit être réalisé de manière à ce que les contenants se trouvent à l'intérieur des balcons. Ne posez jamais un pot sur une fenêtre sans vérifier qu'il est parfaitement accroché.**

L'étanchéité du sol d'une terrasse doit être parfaite.

Attention à la prise au vent des structures importantes.

2

# LES FENÊTRES FLEURIES

# LES FENÊTRES FLEURIES

*Accrocher quelques fleurs à sa fenêtre, c'est créer une ambiance chaleureuse et personnalisée autour de la maison. Une balconnière bien garnie, une suspension débordante, et la façade est transformée. La plus banale des constructions devient ravissante, par la cette présence des fleurs. Le mariage des plantes, leur façon de se développer, de s'imbriquer les unes dans les autres, font de chaque jardinière une composition unique. Considérez chaque balconnière, chaque panier, comme un jardin à part entière. Cherchez à transformer ce décor en paysage miniature avec son relief, son volume, sa tonalité, sa personnalité propre. Même le plus petit des récipients peut servir à associer différentes plantes. Le secret de la réussite se trouve dans la composition. Oubliez les alignements tristes en rangs d'oignons, qui rendent tant de jardinières si peu attrayantes. Créez des dégradés de hauteurs avec des plantes dressées en arrière-plan, des formes plus arrondies au centre et des espèces retombantes en bordure. Dissimulez partiellement le pot en le faisant disparaître sous des feuillages à port souple. Donnez libre cours à votre imagination et tentez des expériences en vous fiant à l'inspiration du moment. Les plus inattendues des associations sont souvent à l'origine des plus grandes réussites. Respectez simplement l'harmonie des couleurs et associez des plantes aux exigences culturales comparables. Avec des arrosages copieux et une bonne fertilisation, le succès est à votre portée.*

# *Un festival de couleurs*

**PLEIN ÉTÉ**

À ESSAYER AUSSI

**Verveine 'Tropic'** Vous pouvez utiliser, à la place des géraniums-lierres, cet excellent hybride au port souple qui va fleurir jusqu'aux premières gelées. Cette verveine s'accommode d'arrosages peu fréquents.

**Le fuchsia hybride**
Il peut être planté en remplacement des géraniums zonales à l'arrière de la composition. Il apporte un élément plus léger et plus gracieux, tout en assurant une longévité de floraison comparable, mais il nécessite plus d'eau.

La densité de plantation et une disposition judicieuse des différents végétaux donnent l'impression de profusion qui se dégage de cette balconnière toute simple de 1 m de long, 30 cm de large et 25 cm de haut. La dominante rouge est fournie par les géraniums qui sont plantés en deux rangs. À l'arrière-plan, des *Pelargonium zonale* à fleurs semi-doubles sont tuteurés verticalement avec des bambous qui se dissimulent aisément dans la végétation. Au premier plan, des géraniums-lierres *(Pelargonium* x *peltatum)* à fleurs simples dissimulent le récipient sous leur abondante floraison.

La ligne intermédiaire de plantation est constituée par une alternance d'anagallis à fleurs bleues et d'œnothères jaunes. Les tiges fleuries sont ensuite réparties habilement les unes entre les autres. Un arrosage quotidien avec une solution fertilisante est nécessaire.

LES PLANTES POUR RÉUSSIR

1. ***Pelargonium zonale,*** quatre pieds d'une variété à fleurs semi-doubles.
2. ***Anagallis linifolia,*** trois pieds espacés de 30 cm les uns des autres.
3. ***Pelargonium* x *peltatum,*** quatre pieds de géraniums-lierres à fleurs simples et tiges retombantes.
4. **Œnothère hybride,** deux pieds de cette jolie vivace à fleurs jaunes.

# D'autres idées

### ▲ SIMPLICITÉ RUSTIQUE

Comment donner du charme à une plantation, a priori des plus banales ? C'est ce qu'illustre à la perfection cette fenêtre vue au parc floral d'Apremont-sur-Allier. Pour renforcer leur identité, les géraniums zonales ont été plantés dans des pots individuels. Cela permet de mieux apprécier leur silhouette et de leur donner un rôle plus important dans le décor. Trois blancs, quatre rose pâle, le total est un chiffre impair qui évite la symétrie monotone. La bonne idée vient de l'utilisation du banc en pierre qui permet une disposition sur deux étages.

### ▼ UN HABILE MÉLANGE DE FLEURS ET DE FEUILLAGES

Dominée par le feuillage maculé de crème des capucines (*Tropaeolum* x 'Alaska'), cette balconnière de 1 m de longueur, et de 20 cm de largeur et de profondeur attire le regard par l'originalité même des plantes qui la composent. Les fleurs des capucines se déclinent entre le jaune pur et le rouge-brun en passant par l'orangé. Il y en a trois pieds espacés de 30 cm.
À l'arrière-plan, deux pieds de fenouil 'bronze', un hélichrysum doré et le feuillage lancéolé d'un iris nain complètent le décor. Ils lui donnent une certaine ampleur, sans toutefois l'alourdir.
Ce type de composition nécessite une exposition mi-ombragée, des arrosages abondants et une fertilisation régulière. Il est aussi indispensable de traiter les capucines contre les pucerons. Une pulvérisation tous les huit jours.

*astuce Truffaut*

**L'arrosage et la fertilisation des jardinières aux plantations débordantes posent un problème pratique. Vous le résoudrez aisément en utilisant un arrosoir à très long bec. Il suffira de le faire pénétrer au beau milieu de la masse de feuillage pour être assuré que l'eau se répartit bien au pied des plantes, sans déperdition.**

### ▶ UN RIDEAU DE FLEURS

C'est la qualité intrinsèque de chaque plante et son développement spectaculaire qui confèrent toute sa valeur à cette balconnière. La priorité a été donnée aux plantes retombantes, car le but était de masquer partiellement le mur de façade peu attrayant.
Deux géraniums-lierres à fleurs rose pâle, un de couleur corail, un pétunia retombant violet et deux bidens aux étoiles jaunes créent une composition lumineuse qui a besoin de soleil et d'une quantité abondante d'engrais liquide.

### LES BONS GESTES

La fertilisation est le secret de la réussite avec les géraniums. Le premier apport d'engrais s'effectue un mois seulement après la plantation. L'emploi, comme ici, d'engrais solide en bâtonnet permet deux mois de tranquilité. C'est une bonne solution pour une première fertilisation. Ensuite, il est préférable d'utiliser un engrais liquide qui permettra d'alimenter la plante de manière très régulière.

**Un mélange en harmonie**

Une simple balconnière peut être composée comme un véritable massif fleuri avec des plantations rythmées et variées. Ici le rose domine, mais il est souligné avec subtilité par le feuillage argenté et doré de deux variétés d'hélichrysum. Ces plantes duveteuses retombent avec élégance en bordure de la jardinière et en font oublier la présence. Deux pieds de géraniums-lierres aux fleurs simples très fines viennent alléger la masse des pétunias. À l'arrière-plan, deux linaires jouent le même rôle. C'est un ensemble joyeux, très frais et d'un goût raffiné, qu'il faut arroser en permanence avec une solution fertilisante, en raison de la densité de la plantation.

**PAGE DE DROITE :**
**Joyeux contraste**

Il n'est pas toujours utile de sophistiquer la composition des jardinières pour obtenir de superbes décors. Ici le jaune d'or des *Bidens ferulifolia* vient illuminer le rose profond des pétunias retombants, très vigoureux.

# Une blancheur éclatante

JUIN-SEPTEMBRE

LES PLANTES POUR RÉUSSIR

1 **Sauge officinale,** un pied de la forme classique argentée.

2 **Hortensia,** trois jeunes plants forcés en serre et taillés court.

3 ***Pieris japonica,*** un pied à feuilles vertes et un à feuillage panaché. Floraison blanche en fin d'hiver.

4 ***Helichrysum petiolatum,*** deux pieds, feuillage retombant gris argenté, duveteux.

5 **Lierre panaché de crème,** deux pieds à laisser retomber sur le devant de la jardinière.

À ESSAYER AUSSI

**L'oreille-d'ours**
***(Stachys lanata)***
Cette vivace porte des feuilles persistantes de couleur argentée, à la consistance laineuse. La variété 'Silver Carpet', représentée ici, forme un tapis qui peut remplacer le lierre dans la jardinière.

***Viola cornuta* 'de Paris'**
Dans sa forme blanche, cette vivace qui s'épanouit en juin peut prendre la place des hélichrysums pour renforcer l'impact fleuri du décor. Espacez chaque plant de 25 cm. Mi-ombre.

La déclinaison d'un décor de jardinière en camaïeu est un exercice de style passionnant qui confine à la plus grande subtilité, quand on parvient, comme ici, à mêler les nuances et à associer fleurs et feuillages. La tonalité blanche crée un effet de raffinement incomparable dans cette jardinière de 80 cm de long et 30 cm de profondeur. Il est préférable de la placer sous une lumière tamisée afin de profiter au mieux de toutes les nuances. Il est certain que ce type de décor gagne à être admiré de près, surtout quand il s'intègre, comme ici, dans un environnement aux teintes similaires. Les hortensias ne peuvent passer plus d'une saison dans la jardinière. Ils seront remplacés par des pensées blanches au printemps et des géraniums doubles blancs en été. Un sol plutôt acide et une fertilisation régulière sont les garanties du succès.

# D'autres idées

### LA SUBTILITÉ DES GRIS

Cette généreuse balconnière de 1 m de long et 25 cm de profondeur joue en début de saison sur les feuillages gris argenté du lamier et des anthémis *(Argyranthemum frutescens)*. La composition va blanchir au cours de l'été quand les fleurs des pétunias, des fuchsias et du bacopa *(Sutera diffusa)* seront en plein épanouissement. Les impatiens peuvent accepter l'exposition en plein soleil nécessaire au développement des autres espèces, car elles se trouvent naturellement ombragées par les feuillages. Cette jardinière qui fleurira tout l'été demande de généreux arrosages, le sol devant rester humide en permanence pour assurer une floraison régulière. Utilisez un arrosoir à long bec pour bien pénétrer au cœur de la composition.

### UNE GRANDE PURETÉ

Très fleurie, cette jardinière reprend les principes de la composition ci-dessus, mais on a remplacé les fuchsias par des *Viola cornuta* qui ont l'avantage de s'épanouir plus tôt et de se montrer moins sensibles aux écarts de température. Nous sommes à la fin mai et la jardinière est déjà bien épanouie. Elle fournit une impression franchement monochrome en raison de la pureté du coloris des variétés choisies. Notez aussi l'utilisation de lierre terrestre panaché (*Glechoma hederacea* 'Variegata') qui retombe sur le devant de la balconnière et en fait oublier les contours. Cette plante peut atteindre 1 m de longueur en fin de saison. Éliminez toutes les fleurs fanées au fur et à mesure qu'elles se forment.

*astuce Truffaut* **Pour un effet spectaculaire dans une jardinière, il importe de planter assez serré. Pour que la composition puisse bien prospérer, il convient bien sûr de la fertiliser régulièrement, mais aussi et surtout de limiter volontairement le développement de chaque espèce. N'hésitez pas à pincer les pousses trop longues ou à éliminer les rameaux qui s'orientent dans une mauvaise position. Coupez toujours au-dessus d'une feuille ou d'un bourgeon.**

### UN PANIER HABILLÉ DE BLANC

Rien de tel pour accompagner une jardinière en camaïeu blanc qu'un joli panier suspendu dans la même tonalité. Ici, surfinia, muflier, alysse odorant *(Lobularia maritima)* et bacopa *(Sutera diffusa)* s'associent avec des lierres panachés pour composer un ensemble foisonnant et charmant qui va fleurir tout l'été. La composition vient d'être mise en place. Elle devrait doubler de volume entre mai et la fin septembre, à condition d'être généreusement alimentée en engrais liquide bien dilué.

# De l'or à vos fenêtres

PRINTEMPS

Le comble du raffinement en matière de décor de fenêtre consiste à associer une balconnière avec un panier suspendu et à créer une composition similaire dans les deux récipients. On obtient ainsi un effet de masse beaucoup plus fort et une ambiance qui exprime une parfaite harmonie.

Quand, en plus, la composition se décline dans un camaïeu délicat, c'est une totale réussite qui exprime un grand raffinement. Les genêts : *Cytisus* x *kewensis* pour la forme retombante et *Cytisus* x *praecox* pour le sujet central apportent une note de grande originalité car on ne les attendait pas dans cet emploi. Ils ont peu de chance de prospérer dans ces récipients exigus, aussi seront-ils transplantés au jardin après leur floraison. L'emploi ponctuel de jeunes arbustes pour le décor saisonnier de petites balconnières est une idée à retenir.

On retrouve dans le panier les mêmes lierres panachés qui bordent la jardinière. Ils apportent un élément de stabilité, tout en restant dans l'esprit de profusion qui a été voulu. Ils peuvent constituer à terme un décor permanent. La présence de l'hélichrysum doré renforce la tonalité dominante, tandis que les chrysanthèmes apportent la note chaleureuse et ensoleillée indispensable pour faire chanter cet ensemble lumineux. Une décoration éphémère à renouveler chaque année.

## LES PLANTES POUR RÉUSSIR

1 **Genêt précoce *(Cytisus* x *praecox),*** un sujet central dans le panier et un dans la balconnière.

2 **Genêt rampant *(Cytisus* x *kewensis),*** deux jeunes plants.

3 **Lierre panaché *(Hedera helix* 'Chicago'*),*** trois pieds divisés.

4 **Chrysanthème hybride,** un plant tous les 30 cm.

5 **Abutilon panaché,** deux plants.

## À ESSAYER AUSSI

***Bidens procera***

Très souple, il viendra remplacer les genêts rampants quand ils seront défleuris. Cette annuelle s'épanouit tout l'été.

**Pensées**

Une variété jaune à cœur noir comme 'Soleil d'hiver' peut remplacer les chrysanthèmes au tout début du printemps.

# D'autres idées

### COMME UN FLASH LUMINEUX

La profusion fait souvent bien les choses en matière de décoration de fenêtre, mais, souvent, abondance de biens nuit. Ici, on a joué sur la diversité pour que la masse florale ne s'impose pas de façon trop lourde.
À l'arrière-plan, des mimulus dont les fleurs tachetées ne manquent pas d'originalité. Ils vont fleurir jusqu'à mi-août, prenant petit à petit, avec les calcéolaires encore timides, la place des pensées qui ont assuré la transition entre le printemps et l'été. Des capucines, dont les rameaux grêles retombent sous leur propre poids, dissimulent la jardinière. Elles sont associées à chaque extrémité à des lierres panachés. Soleil tamisé.

### UN SUBTIL CAMAÏEU

Cette balconnière nouvellement plantée associe avec habileté les fleurs et les feuillages. Pensées, roses d'Inde et œillets d'Inde assurent la partie florale à l'arrière-plan. Les pieds sont encore jeunes, mais ils ne vont pas tarder à dominer la composition. Trois jolies espèces à feuillage vert acide ou doré assurent le flou nécessaire du premier plan. Il s'agit, de part et d'autre de la jardinière, d'un *Helichrysum petiolatum* 'Aureum' qui accompagne aussi, au centre, un *Lysimachia nummularia* 'Aurea', entouré de deux lierres panachés à petites feuilles. Humidité souhaitée.

*astuce Truffaut* **Pour donner une impression très foisonnante à un panier suspendu, n'hésitez pas à diviser les touffes des plantes que vous utilisez. Cela va vous permettre d'augmenter le nombre de pieds, ce qui vous aidera à mieux les répartir tout autour du récipient. Vous pourrez mieux, avec cette technique, mêler les différentes espèces et leur faire prendre la position et l'orientation que vous souhaitez. Arrosage quotidien.**

### LES BONS GESTES

Pour conserver un genêt dans un pot ou dans une jardinière, il faut le tailler après la floraison. N'hésitez pas à couper sévèrement les branches qui ont fleuri. Par cette intervention, vous provoquerez la formation de nouvelles pousses qui pourront porter les fleurs de l'année suivante. Méfiez-vous aussi des risques d'humidité stagnante en hiver, qui fait pourrir les racines.

Gare aux pucerons noirs qui se développent en abondance sur les jeunes pousses des abutilons tout au long du printemps. Un traitement est indispensable, car si vous coupez les jeunes pousses où se trouvent les pucerons, vous éliminerez la floraison. Pulvérisez trois fois à cinq jours d'intervalle.

# *La vie en rose*

**TOUT L'ÉTÉ**

Rompre avec la blancheur monotone de la fenêtre et du mur, tout en conservant sa sobriété, telle a été la réflexion conduisant à la création de cette balconnière. Le blanc est rappelé symboliquement par la présence des alysses odorantes *(Lobularia maritima)*. Tout le reste de la plantation se décline dans un subtil mélange de rose qui va de la nuance tendre des verveines au violacé des lobélias. C'est tout simple, mais il fallait y penser. Exposition en plein soleil. Arrosage modéré.

LES PLANTES POUR RÉUSSIR

1 ***Verbena* x 'Perfecta'**, quatre pieds à disposer tous les 25 cm.

2 ***Lobularia maritima,*** un plant à chaque angle de la jardinière.

3 ***Lobelia erinus,*** un pied d'une variété à port compact et retombant.

4 ***Pelargonium* x *peltatum* 'Admiral Bouvet',** deux pieds dont on conserve le port naturellement souple.

**LES BONS GESTES**

**La plantation en jardinière des jeunes sujets de verveine hybride peut être réalisée dès le début avril, ces plantes montrant une certaine résistance à la fraîcheur printanière. Utilisez un bon terreau souple et drainant, mais riche.**

À ESSAYER AUSSI

**Pétunias et impatiens**

Pour un effet de masse plus fort à exposition mi-ombragée, vous pouvez réaliser cette association qui paraîtra lumineuse grâce au vert tendre du feuillage. Un arrosage généreux est utile.

**Géranium-lierre et scaévola**

Cette association génère une impression de profusion assez extraordinaire. La variété de géranium utilisée ici est 'Ville de Paris', qui fleurit en abondance même à mi-ombre. Fertilisez très régulièrement.

# D'autres idées

▶ **TOUTES LES NUANCES DE ROSE**

La grande difficulté d'un camaïeu est de ne pas tomber dans la monotonie. C'est ce qui a été réussi ici avec brio en utilisant pourtant deux sortes de plantes : géraniums-lierres et pétunias. Le choix judicieux des variétés permet de générer une impression de relief, grâce à la teinte tonique des pétunias plantés au centre. L'idée de base est la profusion, mais on évite le tapis de fleurs, uniforme et monotone grâce à l'interaction entre les espèces qui s'imbriquent bien les unes dans les autres. Pour réussir cet effet, il est indispensable d'effectuer une plantation en quinconce sur deux rangs. L'opulence des plantes sera liée à la fertilisation que vous leur offrirez. Un décor pour le plein soleil.

▲ **UNE GRANDE DOUCEUR**

Le rose n'est pas une teinte très facile à utiliser, car il fait vite un peu mièvre, avec son côté « bonbonnière » un peu rétro. Pour éviter cet écueil, on joue sur la présence des verveines blanches et sur la mise en évidence des feuillages avec, au centre, un *Plectranthus coleoides* 'Variegata'. Les différents roses des pétunias, verveines et géraniums-lierres sont tout en subtilité. Plein soleil.

*astuce Truffaut*

**Les exemples monochromes présentés sur ces pages vous dévoilent un des éléments de base pour réussir vos décors de balconnières, à savoir l'homogénéité. Il est indispensable de composer un motif en ne répartissant pas les plantes au hasard, mais en cherchant à ce qu'elles créent des effets esthétiques les unes avec les autres.**

▼ **LA COULEUR, C'EST LA VIE**

Sans les géraniums zonales à fleurs doubles, cette composition serait bien terne avec une dominante verte trop marquée. Le blanc des marguerites *(Argyranthemum)* joue un rôle neutralisant, de même que le feuillage panaché des lierres terrestres (*Glechoma hederacea* 'Variegata'). Les fuchsias donnent de l'élégance et du volume à l'ensemble. Mi-ombre.

# C'est tout vert !

TOUTE L'ANNÉE

LES PLANTES POUR RÉUSSIR

1 **Lierre des forêts *(Hedera helix),*** avec son feuillage bien vert.

2 ***Hedera helix* 'Pedata'** aux feuilles vertes, très finement découpées.

3 ***Hedera* 'Golden Ester',** des feuilles triangulaires panachées de jaune.

4 ***Hedera canariensis* 'Gloire de Marengo'** plus frileux, mais avec de très belles panachures jaune d'or.

Créer un décor de fenêtre avec seulement des feuillages est déjà une gageure, mais jouer avec un même type de plante est franchement osé. Mais le lierre *(Hedera)* est un genre riche de plusieurs dizaines de cultivars dont l'aspect est franchement différent de l'un à l'autre. C'est ce qui permet de créer cette petite collection sans qu'elle nous fasse ressentir le moindre ennui. L'astuce consiste à jouer sur les textures des feuillages en associant des formes très découpées avec des cultivars plus volumineux et en privilégiant bien sûr les panachures et la couleur. Notez aussi la présence du petit arceau au centre du décor pour lui donner un bon volume.

À ESSAYER AUSSI

***Hedera* 'Eugène Hahn'**
A des feuilles en triangle éclaboussées de crème et de plusieurs nuances de vert. Étonnant!

***Hedera* 'Parsley Crested'**
Un lierre aux feuilles vertes arrondies. Les nervures sont jaunes.

# D'autres idées

**▶ CONTRASTES AUDACIEUX**

Cette composition est une véritable création artistique où l'on met en évidence le pourpre foncé de deux fuchsias hybrides, par la présence du feuillage doré d'un hosta et d'un lierre. Ce dernier prend un aspect plus lumineux. Le côté sophistiqué est renforcé par la présence de deux *Allium oreophilum* aux ombelles grises et par l'éclat presque anecdotique du pélargonium rouge et blanc. C'est raffiné, reposant, très chic. Pour une exposition de préférence un peu ombragée.

**◀ UN CERTAIN PANACHE**

Pour obtenir un effet assez gai et lumineux avec une composition à base de feuillages, jouez la carte des variétés panachées. Les stries, les marbrures, les éclaboussures crème ou dorées sont comme un coup de « blush » pour la plante, qui donne du tonus au décor. Ici, lamiers, lierres terrestres *(Glechoma)*, misère *(Tradescantia)*, géranium zonale aux reflets argentés ou crème accompagnent des hélichrysums et une lysimaque dorés. Pour les éclairages tamisés et les ambiances assez humides. Une plantation à tailler souvent pour limiter son ampleur.

*astuce Truffaut* **Les lierres montrant une croissance assez lente dans les premières années suivant leur plantation, il est possible de renforcer leur présence dans la jardinière en provoquant des marcottes naturelles. Il suffit pour cela de poser une branche à plat sur le sol et de la maintenir en place par un cavalier en métal (un trombone fait bien l'affaire). Maintenez le sol humide et vaporisez le feuillage lors des grosses chaleurs. Fertilisez deux fois par mois avec un engrais soluble.**

**▶ L'HIVER EN BEAUTÉ**

Deux gros choux décoratifs aux feuilles ivoire s'associent à des lierres panachés pour éclairer un *Skimmia reevesiana* aux fruits rouge vif et un *Brachyglottis monroi* (sénécio) dont le feuillage argenté est légèrement fripé. C'est une composition à réaliser en automne et à conserver dans un endroit abrité jusqu'aux fortes gelées. Sol léger et bien drainé, indispensable. Soleil.

# Des feuilles de toutes les couleurs

MAI-OCTOBRE

Les feuilles des plantes prennent parfois des coloris étonnants qui sont sélectionnés par les horticulteurs afin de donner naissance à des cultivars originaux. Ces plantes pas comme les autres permettent de composer des ensembles au charme certain, comme cette jardinière de 60 cm de longueur et de 20 cm de profondeur. Le contraste créé naturellement entre les formes et les teintes des feuillages se suffit à lui-même. Il n'est pas utile d'y ajouter des plantes à fleurs. Pour un bon effet visuel, il est indispensable que les plantes soient très généreuses et plantées assez serrées. Il suffira, pour assurer leur développement, de leur offrir régulièrement une solution nutritive, surtout entre avril et fin juin. Exposition mi-ombragée si possible.

LES PLANTES POUR RÉUSSIR

1 ***Pelargonium zonale* 'Gold Papa',** deux pieds espacés de 30 cm. Il donne aussi des fleurs rouge vif simples.

2 ***Hypoestes sanguinolenta*,** habituellement cultivée à la maison, une plante grêle qui porte des feuilles vert foncé tachetées de rose. Deux pieds.

3 ***Helichrysum petiolare* 'Aureum',** deux pieds de cette plante retombante au feuillage tout duveteux.

4 ***Tropaeolum majus* 'Alaska',** une jolie capucine retombante aux feuilles éclaboussées de crème. Un pied.

5 **Fuchsia hybride,** une variété originale au feuillage vert bronze nervuré de rouge. Deux pieds.

*astuce Truffaut*

**Ne placez jamais les plantes à feuillage coloré en plein soleil. Les nuances souvent subtiles seraient écrasées par un excès de lumière. L'idéal est de bénéficier d'une lumière tamisée afin de pouvoir saisir toute la finesse des différents cultivars. À l'inverse, une ombre trop dense ne permet pas la totale expression des teintes les plus vives.**

# D'autres idées

## LE GOÛT DU CONTRASTE

Dominée par la présence forte d'un pied de *Pelargonium zonale* 'Contrast' dont le feuillage tricolore voit son impact renforcé par les plantes voisines colorées d'argent, cette jardinière de 60 cm de longueur et de 20 cm de profondeur est une composition lumineuse. Le feuillage panaché de crème du fusain (*Euonymus fortunei* 'Silver Queen') y est pour beaucoup. Différents lierres panachés complètent le décor, encadré par deux touffes d'asparagus (*Asparagus densiflorus* 'Sprengeri') et dominé par un aralia panaché. Pour une exposition chaude et ensoleillée.

## L'OR ET LE NOIR

Rien de tel que la présence d'un feuillage très sombre pour renforcer l'impact lumineux d'une plante dorée ou vert très clair. Sur cet exemple, le pourpre presque noir des phormiums et des bégonias fait ressortir le ton vert acide du fuchsia qui prend une tonalité plus dorée. Il en est de même pour le coléus panaché du premier plan ainsi que pour les *Lysimachia congesta* dont les fleurs jaunes, renforceront, en été, l'intérêt de la composition. Ce décor est planté dans une jardinière de 1 m de long et 25 cm de large et de profondeur. Une exposition mi-ombragée, mais assez chaude est exigée, car les plantes utilisées sont plutôt frileuses. La plantation s'effectuera en mai, le décor pouvant tenir jusqu'aux gelées.

## À ESSAYER AUSSI

**_Plectranthus coleoides_ 'Marginata'**
Une plante frileuse à la croissance rapide, à cultiver comme annuelle.

**Chou d'ornement**
Des feuilles toutes frisées qui prennent des coloris très étonnants. Idéal pour les jardinières d'automne.

## LA PALETTE DU PEINTRE

La nature ose souvent et réussit des associations de couleurs qui, réalisées par l'homme, auraient quelque chose d'incongru. Si le vert souligné de pourpre presque noir et de rouge sang du coléus peut surprendre, il n'est pourtant pas de mauvais goût et c'est ce qui fait toute la richesse de cette jardinière.
Le crème de la phalangère (*Chlorophytum elatum* 'Variegatum') apporte l'effet de lumière nécessaire pour apprécier toutes les subtilités du feuillage des coléus. Lierres et lysimaques retombent sur le devant de la jardinière afin de la dissimuler sous la végétation. Une scène pour les zones un peu ombragées, mais assez chaudes.

# Un goût d'exotisme

MAI-OCTOBRE

Une collection de plantes grasses gagne à passer la belle saison dehors, en plein soleil. Une fenêtre exposée au sud est un excellent endroit. Ici, les plantes ont été regroupées avec un sens certain de l'esthétique, pour composer une balconnière généreuse et originale. Il faut une terre très légère contenant au moins 50% de sable. Par souci de simplicité, mieux vaut laisser chaque plante dans son pot individuel. Comblez les vides par des écorces de pin ou du sable qui seront couverts ensuite de gravillons pour renforcer l'idée d'une ambiance sèche et désertique. Rentrée obligatoire au 15 octobre.

## LES PLANTES POUR RÉUSSIR

1 ***Senecio kleinia,*** cet arbuste au tronc souvent ramifié atteint 3 m de hauteur aux Canaries.

2 ***Aeonium arboreum* 'Atropurpureum'** peut rester dehors toute l'année en Bretagne et dans le Midi.

3 ***Echeveria hybridus,*** ses feuilles en rosettes portent parfois une hampe florale aux clochettes roses.

4 ***Echeveria crenulata,*** une espèce de grande taille aux feuilles crénelées, comme son nom l'indique.

5 ***Echeveria agavoides,*** chaque touffe peut mesurer 10 cm, la plante émet de nombreux rejets.

6 ***Dorotheanthus hybridus,*** va se couvrir de petites marguerites colorées durant l'été.

7 ***Sedum morganianum,*** les tiges retombantes portent parfois des fleurs écarlates.

8 ***Carpobrotus deliciosus*** épanouit en plein soleil estival des fleurs très fines, roses au cœur blanc.

## À ESSAYER AUSSI

***Astrophytum myriostigma***
Un cactus non épineux en forme de bonnet d'évêque qui porte au printemps des fleurs jaunes de 10 cm de diamètre. Un hivernage au frais et au sec est obligatoire.

***Chamaecereus sylvestri***
Un des cactus les plus faciles à faire fleurir. Il forme des touffes importantes où les tiges épineuses s'imbriquent les unes dans les autres. Une plante peu frileuse qui peut rester sur le rebord d'une fenêtre bien exposée et à l'abri de la pluie.

# D'autres idées

◀ **UN MÉLANGE DE GENRES**

En associant dans cette balconnière de 1 m de long trois jeunes cordylines, on a donné à la composition un ton volontairement exotique. Il est renforcé par la misère qui apprécie également un passage en plein air durant la belle saison. Mimulus, géranium-lierre panaché, *Sutera cordata* 'Snowflake' (bacopa) complètent le décor qui offre l'avantage de mettre en scène des plantes relativement peu courantes.
Destinée à une exposition bien ensoleillée et abritée des vents dominants, cette jardinière sera décorative de juin à fin septembre. Il est préférable de laisser les cordylines dans leur pot d'origine, car elles apprécient des arrosages moins fréquents que les autres plantes qui lui ont été associées ici.

▶ **LES BÉGONIAS SONT DE SORTIE**

Deux belles potées de *Begonia rex* sont venues égayer de leur feuillage étonnant une balconnière qui manquait un peu de personnalité. La présence de trois impatiens de Nouvelle-Guinée renforce l'idée d'exotisme de ce petit jardin sur fenêtre. Leur feuillage pourpre foncé est en harmonie avec celui des bégonias. Le reste de la plantation est assuré par des géraniums zonales et un oxalis à fleurs jaunes. C'est une balconnière qui peut être exposée à mi-ombre et qui offre le mérite de se satisfaire d'arrosages assez épisodiques. N'oubliez pas de bien fertiliser.

◀ **LES CLOCHETTES DU CARDINAL**

Dans cette balconnière de 80 cm de large, un *Rhodochiton atrosanguineum* domine la composition. C'est une plante grimpante originaire du Mexique, qu'il est possible de cultiver comme une annuelle. Les fleurs en clochettes ont la couleur de la pourpre ecclésiastique. L'association avec le blanc des pétunias et des bacopas est très réussie. Plein soleil.

*astuce Truffaut* **Contrairement à une idée trop répandue, les plantes grasses et les cactées apprécient des arrosages réguliers, dont la fréquence peut être bi-hebdomadaire durant l'été. L'important est d'éviter toute stagnation d'eau sous le pot. Pensez à vider la soucoupe une heure après l'arrosage. Vous pouvez aussi leur donner une fois par mois un engrais dilué. Dans ces conditions les plantes vont pousser beaucoup plus rapidement.**

# Légendes d'automne

DÈS SEPTEMBRE

En automne, on recherche des tons chauds et vifs pour créer des compositions en harmonie avec la nature environnante. Dans cette petite jardinière de 40 cm de long et 15 cm de large, le mélange des frondes élégantes et finement découpées des fougères avec les baies rouge-orangé des pommiers d'amour *(Solanum pseudocapsicum)* est tout à fait original. L'astuce consiste à bien répartir les rameaux de chaque plante afin qu'ils s'imbriquent avec ceux de sa voisine. Cela donne ainsi une impression de profusion. Les fruits du pommier d'amour persistent longtemps sur la plante. Si la fenêtre est bien exposée, il est possible d'en profiter jusqu'au cœur de l'hiver. Mais ce solanum est frileux et il sera détruit à -5 °C. Vous le remplacerez ensuite par des pensées, pour le printemps.

LES PLANTES POUR RÉUSSIR

1 ***Dryopteris dilatata* 'Crispa Cristata',** deux pieds. 40 cm.

2 ***Solanum pseudocapsicum*,** frileux, deux pieds.

3 **Bambou,** pour ombrager.

4 **Lierre,** il vient habiller l'encadrement de la fenêtre.

À ESSAYER AUSSI

**Piment**
Les fruits se colorent dès la fin de l'été. Ils restent longtemps sur la plante qui est détruite par la première gelée. Utilisez les formes ornementales.

**Bruyère du Cap**
***(Erica hyemalis)***
Une des grandes vedettes de l'automne pour le balcon avec ses longues fleurs tubulaires rose saumoné. Elle craint le gel.

# D'autres idées

## ▶ SPLENDEUR DES CHRYSANTHÈMES

On est bien loin ici de la traditionnelle potée de la Toussaint. La richesse variétale des chrysanthèmes (*Dendranthema* x) permet des compositions très diverses, dans les formes, les textures et les couleurs. Ici, les formes à grosses fleurs occupent l'arrière-plan, tandis que des espèces naines viennent décorer la bordure de cette jardinière de 50 cm de long et 17 cm de profondeur. Les chrysanthèmes ne se développant plus une fois fleuris, ils peuvent être plantés serrés, pour créer un effet de masse très spectaculaire.

## ◀ TRANSITION VERS LA MAISON

Souvent belle et douce, la première partie de l'automne peut être l'occasion de composer des ensembles un peu audacieux comme cette association de cyclamens de Perse et de *Asparagus densiflorus* 'Sprengeri', plantes gélives mais qui apprécient une certaine fraîcheur. Il suffira de sortir la composition sur la fenêtre par temps doux et de la rentrer systématiquement à l'intérieur pour la nuit.
Cette technique est une des meilleures solutions pour prolonger la vie des cyclamens qui ont beaucoup trop chaud dans une maison normalement chauffée. Ne mouillez surtout pas les fleurs.

## ▼ DES CHAPELETS DE BONBONS COLORÉS

Cette potée est plantée de trois *Pernettya mucronata*. Un cultivar à fruits blancs 'Alba' et deux roses 'Atrococcinea'. Ces petits arbustes donnent presque l'impression de plantes artificielles tant leurs baies brillantes ressemblent à des bonbons appétissants. Mais attention, elles sont toxiques et il ne faut les toucher que des yeux. Les pernettyas appartiennent à la famille des éricacées. Ils se cultivent en sol acide et à l'ombre, comme les bruyères.

**LES BONS GESTES**

**Pour prolonger la durée de vie des potées de chrysanthèmes à petites fleurs, supprimez les fleurs fanées dès qu'elles se forment. Vous permettrez ainsi aux boutons voisins, encore fermés, de pouvoir s'épanouir à leur tour. Arrosez abondamment.**

*astuce Truffaut*

**Achetez vos chrysanthèmes à petites fleurs quand ils sont encore en boutons. C'est le meilleur moyen d'en profiter le plus longtemps possible. transplantez-les aussitôt dans un pot plus grand que celui dont ils disposent, en utilisant un terreau souple à base d'écorces compostées. Vous pouvez l'enrichir d'une cuillerée à soupe d'un bon engrais organique, car les chrysanthèmes sont des plantes gourmandes. Une exposition ensoleillée est souhaitée.**

# Fenêtres gourmandes

MAI-AOÛT

LES PLANTES POUR RÉUSSIR

1 **Chou brocoli violet,** trois pieds en arrière-plan.

2 **Fenouil,** deux pieds dont on utilisera le feuillage aromatique.

3 **Tomate,** deux pieds que l'on ne tuteure pas afin qu'ils retombent avec élégance sur le devant.

4 **Capucine 'Alaska',** deux pieds apportent une note colorée.

À ESSAYER AUSSI

**Tomate poire**
Cette variété aussi décorative que délicieuse pousse sans problème en jardinière. Elle nécessite un tuteur et de bons engrais.

**Laitue pommée 'Augusta'**
Une excellente salade d'été qui se comporte fort bien en jardinière et parvient à pommer sans problème si elle dispose d'une place suffisante. Arrosez très copieusement.

Composer une jardinière avec des légumes est un exercice de style intéressant qui associe le plaisir des yeux à celui du palais. Ici, dans une balconnière de 1 m de long et 25 cm de large et de profondeur, le dosage entre l'utile et l'agréable est vraiment réussi. On a joué sur la subtilité des coloris en utilisant une variété violette de brocoli, plus ornementale que savoureuse, mais dont le feuillage joliment découpé compose un fond de bonne tenue. Les fenouils apportent une note de légèreté. Ils ne parviendront pas à former leur pied renflé dans cette situation, mais leur feuillage fin agrémente agréablement les salades et les poissons.

Au premier plan, les tomates s'associent de façon naturelle avec les capucines pour faire oublier les contours de la jardinière.

# *D'autres idées*

### ▼ LE PANIER DES DÉLICES

Pour compléter le décor d'une balconnière plantée de légumes, associez-lui une suspension composée comme ici de cerfeuil, de laitue à couper 'Feuille de chêne' et au centre d'une poirée rouge qui joue surtout un rôle décoratif. La plantation a été réalisée six semaines plus tôt, à partir de jeunes plants achetés en jardinerie. Le secret de la réussite est un bon terreau pas trop compact, un arrosage très régulier, quasi quotidien, et une fertilisation constante à faible dose. Une exposition mi-ombragée est idéale.

### ▲ TENDRE À CROQUER

Cette jardinière du même modèle que celle de notre exemple principal est généreusement plantée d'un pied de chou-fleur (variété miniature), de deux tomates, de trois salades à couper 'Bowl', d'un fraisier et de quelques carottes (variété courte à forcer, type 'Grelot'). Les salades seront les premières à être récoltées, mais leur forme de végétation permet plusieurs coupes successives. Viendront ensuite les carottes qui pourront être remplacées par un semis très épars de radis. Pour un maximum de plaisir, le fraisier doit être une variété remontante ('Mara des bois'), ce qui permettra une cueillette jusqu'à fin septembre. Les tomates seront réduites à un seul bouquet de fleurs par pied, afin de ne pas devenir trop envahissantes.

*astuce Truffaut*

**Vu la densité de la plantation, il faut prévoir une alimentation régulière des plantes. Utilisez un fertilisant liquide pour légumes que vous diluerez à raison de un bouchon d'engrais dans dix litres d'eau. Arrosez en permanence la jardinière avec cette solution. la croissance des plantes sera spectaculaire et sans à-coups. N'oubliez pas aussi de traiter régulièrement les pucerons sur les capucines, en utilisant un insecticide à base de pyrèthres. Ce produit non toxique permet de consommer les légumes sans crainte.**

#### LES BONS GESTES

Ne laissez qu'un seul bouquet de fleurs sur chaque pied de tomate et coupez systématiquement tous les gourmands qui apparaissent à l'aisselle des feuilles. Après la formation des premiers fruits, vous pourrez laisser une nouvelle tige porter des fleurs. Cela vous permettra d'obtenir une récolte échelonnée sur une plante à la silhouette assez compacte.

Pour une bonne tenue verticale en jardinière, prévoir un tuteurage de tous les légumes à grand développement. Une armature de bambous est idéale et discrète. Les attaches en raphia sont pliées en forme de 8 pour ne pas blesser la tige.

# Les bonnes herbes

**JUIN-OCTOBRE**

Aromatiser ses salades avec des plantes condimentaires cueillies au dernier moment sur la fenêtre de la cuisine est un plaisir unique qui procure une réelle sensation de réussite, en même temps qu'un délicieux frémissement des papilles. La satisfaction du goût s'accommode aussi d'un plaisir esthétique dans cette association subtile, où l'on joue sur les nuances et les textures des feuillages. Les camomilles dorées ont ici une vocation décorative, bien que les fleurs fassent d'efficaces tisanes digestives. Le contraste avec le feuillage très fin des fenouils est vraiment réussi. C'est une jardinière de 1 m de long, de 25 cm de large et de profondeur, remplie d'un bon terreau. Deux poignées de sang desséché ou de fumier parfaitement composté seront très appréciées.

## LES PLANTES POUR RÉUSSIR

1 **Camomille dorée,** deux pieds à espacer d'au moins 40 cm.

2 **Persil frisé,** un pied à planter en bordure et à laisser retomber devant.

3 **Ciboule,** deux pieds à disposer en arrière-plan, à côté des fenouils.

4 **Fenouil bronze,** trois pieds bien espacés, à pincer régulièrement pour qu'ils ne poussent pas trop en hauteur.

5 **Thym citron doré,** un pied placé en bordure, à l'angle de la jardinière.

## À ESSAYER AUSSI

**Le basilic**

Il peut remplacer avantageusement la camomille dans un concept de jardinière à but condimentaire. C'est une plante frileuse qui apprécie le plein soleil.

**La verveine citronnelle**

C'est un petit arbuste frileux au feuillage très parfumé. Taillez l'extrémité des jeunes pousses pour que la plante reste compacte.

# D'autres idées

## POUR TOUS LES GOÛTS

Si vous avez des goûts éclectiques aussi bien en matière gustative que sur le plan esthétique, pourquoi ne pas vous inspirer de cette fenêtre où chaque espèce de plante condimentaire est cultivée dans un pot individuel. Ici, l'astuce a consisté à varier la forme et la couleur des récipients afin de générer une impression de fantaisie. Cette solution permet de disposer de plantes en permanence au mieux de leur forme et de les remplacer (avec des jeunes plants achetés en godets) chaque fois que vous en avez envie.

## GOURMANDISE SOPHISTIQUÉE

Privilégiant l'esthétique et le sens du raffinement dans la composition au côté utilitaire, cette jardinière de 1 m de long et 25 cm de profondeur est dominée par deux origans dorés et trois pieds de sauge panachée. On obtient un effet lumineux du fait de la coloration des feuillages, dont l'intensité est bien renforcée par le vert foncé du persil et de la ciboulette. À l'arrière-plan, une capucine va se développer généreusement durant l'été, égayant le décor de ses nombreuses fleurs. Sa présence n'est pas incongrue dans cette composition, car les fleurs encore en bouton peuvent être confites dans du vinaigre pour agrémenter les salades. Une exposition mi-ombragée est idéale. Pensez à traiter contre les pucerons.

### LES BONS GESTES

Le persil peut être semé directement en pot d'avril à juin. Il est bon de faire tremper les graines dans de l'eau tiède pendant une nuit entière afin de favoriser la germination. Ne touchez pas la semence directement avec les doigts. Couvrez avec un demi-centimètre de terreau finement tamisé. La levée se produit entre 10 à 25 jours après le semis. Soyez patient !

La récolte des plantes condimentaires doit être régulière afin de générer l'apparition de nouvelles pousses, plus tendres et plus savoureuses. Plutôt que de les arracher, coupez proprement les tiges avec des ciseaux ou un couteau de cuisine bien aiguisé. C'est moins stressant pour la plante qui peut ainsi plus facilement continuer son développement végétatif sans risquer une interruption de croissance.

*astuce Truffaut*

**Le fenouil ayant un développement incompatible avec les dimensions restreintes d'une jardinière, il convient de le tailler régulièrement et d'utiliser le jeune feuillage comme condiment. Après deux mois environ, toute la plante a été coupée. Elle va être remplacée par la ciboule qui a été plantée juste à côté et dont la touffe a pris de l'ampleur. Coupez régulièrement les plus vieilles tiges afin de les empêcher de fleurir. En effet, après floraison, ciboule et ciboulette ne produisent plus un arôme aussi fin. S'il fait très chaud en été, vous pouvez couper la touffe au ras du sol, elle produira à nouveau en septembre. Maintenez le sol humide en permanence, c'est important.**

# Paniers suspendus

Accrocher une suspension à une fenêtre change complètement le décor de la façade de la maison. Par sa générosité, son occupation inattendue de l'espace, l'opulence de ses floraisons qui s'associe à une impression toujours gracieuse, le panier fleuri est un décor à part entière.
L'exemple ci-contre illustre bien l'aspect spectaculaire de la suspension. C'est une composition destinée à un lieu ombragé, par exemple sous le surplomb d'une toiture. Le but recherché est de faire oublier complètement la présence du panier, les plantes paraissant en lévitation. Le secret de la réussite est une fertilisation constante.

LES PLANTES POUR RÉUSSIR

1 **Impatiens hybride,** deux pieds.
2 **Bégonia tubéreux 'Pendula',** deux pieds à fleurs doubles.
3 **Brachycome,** un pied.
4 **Pétunia 'Pendula' à fleurs doubles,** un beau sujet.
5 **Lobélia 'Blue Cascade',** un pied.
6 **Fuchsia retombant,** un plant.

**RÉALISER UN PANIER SUSPENDU**

Commencez par perforer la coque en tourbe compressée ou par habiller la structure métallique du panier avec de la mousse qui va retenir la terre et l'eau d'arrosage. Une suspension doit recevoir des plantations latérales pour donner cette impression retombante si esthétique.

Utilisez des jeunes plantes encore peu développées afin de pouvoir les faire glisser dans les trous. Vous pouvez envelopper tiges et feuilles dans une feuille de plastique que vous serrez fortement. Il est ainsi plus facile de faire passer la plante dans le trou sans risquer de l'abîmer.

Utilisez un bon terreau riche et assez dense pour qu'il ne se faufile pas par les trous. Terminez toujours la décoration d'un panier par une plante dressée qui occupera la position centrale sur le dessus. Repiquez aussi sur la partie supérieure des petites plantes retombantes. Arrosez copieusement.

# D'autres idées

◀ **IMPRESSION MONOCHROME**

Associé à une verveine et à un fuchsia rose tendre, ce pétunia retombant violacé domine la décoration de ce panier tout simple. Un treillage extensible a été placé à l'arrière-plan afin de limiter la réverbération lumineuse du mur clair. Le dessèchement est le problème majeur des suspensions. Il faut jouer de tous les artifices pour l'éviter, ce qui n'empêche pas d'arroser deux fois par jour en été.

▼ **VIVE LA SIMPLICITÉ**

L'avènement assez récent des pétunias retombants, ces généreux hybrides de pétunia aux tiges souples et retombantes, a complètement révolutionné l'univers des paniers fleuris. Ces plantes sont si vigoureuses qu'elles peuvent dépasser 70 cm de longueur et de largeur. Cela permet de les utiliser seules pour créer une suspension toute simple mais vraiment spectaculaire. Le secret de la réussite est un arrosage abondant et une fertilisation très suivie jusqu'au milieu de l'été. Vous gagnerez également à acheter une potée déjà bien développée. Les tout jeunes plants montrent souvent quelques difficultés au moment de la reprise, ce qui leur fait vite prendre un mois de retard dans leur développement. Traitez contre les pucerons.

▲ **UNE BOULE DE FLEURS**

Fuchsias, lobélias retombant et impatiens à fleurs doubles composent ce panier très classique dans son harmonie et sa forme sphérique. Vu la densité de la végétation, il est nécessaire de décrocher la suspension et de la plonger dans un seau d'eau pour effectuer un arrosage efficace. Vérifiez chaque année la solidité des potences. Éliminez à l'automne tout le contenu du panier : végétaux, enveloppe, mousse et terreau.

**LES BONS GESTES**

Le *Tolmiea menziezii*, avec ses feuilles duveteuses et ses rameaux grêles qui atteignent 60 cm de longueur, est une excellente plante pour les suspensions. Non rustique, il faut l'hiverner dans la maison, ce qui se fait beaucoup plus facilement sous forme de boutures. Cette plante présente la particularité d'être vivipare. C'est-à-dire qu'elle forme de nouvelles touffes au cœur même des feuilles adultes. Il suffit par conséquent de prélever cette feuille avec un fragment de pétiole et de la repiquer dans un petit pot contenant un terreau pour semis.

*astuce Truffaut*

**Pour composer vos paniers fleuris, utilisez des plantes dont la période de floraison est similaire. Il n'est pratiquement pas possible de remplacer un sujet au sein de la suspension car les racines sont enchevêtrées.**

**Le regard du printemps**
Légères, aériennes, fantaisistes dans leur port et leurs couleurs, les pensées semblent vous sourire et jouent les séductrices avec leurs grands yeux noirs. Plantées dès septembre, elles fleurissent une grande partie de l'hiver, tant que les froids ne sont pas trop vifs. Elles reprennent vie aux premières caresses du printemps pour nous enchanter jusqu'en juin, dans un festival de couleurs. Une très bonne idée pour un panier fleuri.

**La délicatesse des feuillages**
La suspension présentée ci-contre oublie les critères habituels de profusion colorée pour composer un délicat camaïeu de verts à partir de plantes à feuillage.
Seul le lobélia aux timides fleurettes bleues vient rompre l'harmonie. Le reste de la plantation est constitué de fuchsias, impatiens et misères.

**Tout en douceur**
Sur la page de droite, le panier disparaît sous la végétation généreuse d'un bégonia tubéreux pleureur et d'un lobélia cascade. La composition est complétée en arrière-plan par une impatiens. L'intérêt de cet ensemble vient de la juste harmonie des couleurs avec le rose tendre qui se marie bien avec le bleu.

3

# UN JARDIN AU BALCON

# UN JARDIN AU BALCON

*Espace privilégié plus tout à fait dedans mais pas complètement dehors, le balcon bénéficie souvent d'un microclimat exceptionnel. ❧ Associé à un appartement, c'est une bouffée d'air pur, un coin refuge d'où l'on domine la ville en profitant des beaux jours. Greffé sur une maison individuelle, le balcon devient le lieu phare pour contempler le jardin, souvent le seul point d'où il soit possible d'apprécier celui-ci dans son ensemble. ❧ Mais le balcon, c'est aussi un fantastique jardin en devenir. Limité dans l'espace, il est d'un entretien plus facile. Intégré intimement à votre cadre de vie, il est si proche, si disponible. ❧ Il va suffire de peu de choses pour transformer complètement cet espace un peu froid en un havre de fleurs et de verdure. Commencez d'abord par en habiller les contours. ❧ Dissimulez votre intimité derrière des palissades qui vont jouer dans le même temps l'indispensable rôle de brise-vent. Créez ensuite une architecture pour lui donner du volume. ❧ Une arche en bois, une petite pergola, des treillages, un mini-salon de jardin et le tour est joué. Il ne reste plus qu'à accueillir potées et jardinières pour donner vie à votre nouveau jardin. ❧ Dans un premier temps, restez classique, faites confiance aux valeurs sûres. Et puis, la passion venant et la connaissance aidant, vous pourrez vous hasarder vers des compositions plus complexes, des associations plus hardies, voire des créations thématiques. ❧ À ce stade, il est fort probable que votre balcon vous apparaisse comme le plus merveilleux des lieux de détente. Un petit bonheur dans votre vie. ❧*

# Le printemps en fête

DÉBUT AVRIL

LES PLANTES POUR RÉUSSIR

1 **Chèvrefeuille,** un pied pour faire un coupe-vent efficace. 2 m.

2 ***Clematis alpina,*** un sujet palissé sur un tuteur pyramidal.

3 **Rhododendron « yak »,** 1 plant dans un pot de 25 cm.

4 **Tulipes simples hâtives,** 12 bulbes espacés de 15 cm.

5 **Myosotis,** 8 plants disposés entre les tulipes et en bordure.

6 **Cognassier du Japon,** 1 plant.

À ESSAYER AUSSI

***Forsythia suspensa***
L'arbuste le plus éclatant du printemps peut remplacer le cognassier du Japon dans un pot de 30 cm de diamètre.

**Narcisses**
Une variété à fleurs doubles à raison de 10 gros bulbes dans un pot de 20 cm de diamètre, pour une potée éclatante.

Participez au renouveau printanier en décorant votre balcon de fleurs précoces très faciles. Dans la jardinière de 1 m de long, les tulipes simples hâtives ont été plantées entre le 10 octobre et le 20 novembre, sur un lit de sable pour que les bulbes supportent bien les intempéries. Les myosotis les ont rejointes au tout début mars, s'immisçant entre les premières feuilles des tulipes. Aux premiers jours d'avril, la jardinière est à son apogée. Elle est accompagnée ici d'une belle potée de cognassier du Japon, qui pourra être palissée sur la rambarde au fur et à mesure de son développement. Le chèvrefeuille persistant fait office de coupe-vent.

# D'autres idées

## DES PLANTATIONS ÉVOLUTIVES

Ce balcon est la simplicité même, puisque les plantes sédentaires (buis taillés, chèvrefeuilles) sont installées dans des pots individuels. Ces espèces persistantes assurent un décor permanent qui est égayé par des jardinières saisonnières. On reconnaît ici des primevères *(Primula denticulata)*, à gauche, un ensemble de tulipes botaniques et de saxifrages, à droite. La potée au sol est composée de doronics du Caucase, de tulipes, d'ancolies hybrides et de jacinthes. L'ensemble est gai, sympathique, sans sophistication. L'avantage majeur vient de la possibilité de modifier à tout instant la composition, en déplaçant une potée. Vous pouvez ainsi donner un nouveau rythme au décor et y intégrer à votre gré de nouvelles plantations. C'est le balcon en mouvement.

## UNE ÉTRANGE POTERIE PERCÉE DE FLEURS

Utilisée d'ordinaire pour la culture des fraisiers ou des plantes aromatiques, cette jarre percée « d'oreilles » est vendue sous le nom de « pot à fraisiers ». Elle accueille ici sur ses ouvertures latérales des saxifrages *(Saxifraga hypnoides)* en duo avec des tulipes Fleur de lis. Le centre de la potée est une harmonie de tulipes jaunes et de myosotis bleus qui se déclinent dans la même teinte que la *Clematis alpina*. On a réussi une belle ambiance par le côté très décontracté des plantes utilisées, dont les teintes contrastent sans heurter. Sol léger, sableux.

## SOPHISTICATION

Beaucoup de recherche dans cette composition dominée par deux plantes conduites sur tige : une glycine à gauche et un lilas à petites feuilles *(Syringa microphylla)*, à droite. La potée de rhododendron nain vient renforcer l'opulence des floraisons. Nous sommes en mai, avec la présence porte-bonheur du petit brin de muguet et le tapis fleuri du *Phlox subulata*. Un décor spectaculaire pendant plus d'un mois et qui va se renouveler chaque année, s'il n'est pas grillé par le soleil.

*astuce Truffaut* **Plutôt que d'alourdir l'environnement du balcon avec des palissades ou des claustras, pourquoi ne pas utiliser les propriétés naturellement brise-vent des plantes à feuillage persistant ? Des plantes grimpantes comme le chèvrefeuille ou le lierre jouent parfaitement ce rôle.**

**Le tout premier éclat**
Des jacinthes encore à peine ouvertes, les premiers narcisses, des *Anemone blanda* déjà bien épanouies, les primevères des jardins qui s'éveillent, nous sommes assurément dans les derniers jours de mars. Cette balconnière de 50 cm de long accueille aussi une touffe de *Ophiopogon japonicus,* pour une note de fantaisie. Le forsythia est planté en trompe-l'œil, derrière la balustrade. Le feuillage situé à gauche est celui d'un chèvrefeuille.

**Un joli porte-bonheur**
Associées à des myosotis, des griffes de muguet épanouissent leurs clochettes parfumées aux premiers jours de mai. Cette composition toute simple apprécie la mi-ombre. Le muguet étant vivace, il peut rester en place. Le myosotis, bisannuel, sera remplacé par des fleurs d'été, par exemple des impatiens. Cette jardinière est destinée à une exposition un peu ombragée.

**Le coin du collectionneur**
Cette adorable jardinière en bois de 1,50 m de long et 20 cm de profondeur accueille un ensemble de petits bijoux botaniques. C'est le cas des *Lewisia cotyledon* aux étoiles saumon et roses. Les amateurs de plantes peu courantes apprécieront aussi le jeune sapin de Corée *(Abies koreana)* et le pin sylvestre nain greffé sur un petit tronc (*Pinus sylvestris* 'Nana'). Un *Prunus* x *cistena* est en fleur. On distingue déjà ses premières feuilles pourpres. À son pied, un très jeune *Pinus mugo* 'Gnom'. La croissance très lente de ces conifères va permettre de les conserver deux à trois ans dans cette jardinière.

**Une explosion de bulbes**
Plantés à l'automne dans un terreau enrichi d'un tiers de sable, 10 narcisses, 6 jacinthes ainsi que quelques muscaris transforment à la mi-avril cette jardinière de 50 cm, en un festival fleuri. La réussite est liée à l'utilisation de bulbes de très gros calibre, à une protection contre l'excès d'humidité hivernale et à une exposition mi-ombragée. Quelques primevères viennent compléter ce décor qui sera éliminé après la floraison pour être remplacé par des annuelles à floraison estivale.

# Les chaudes couleurs de l'été

**MAI-OCTOBRE**

LES PLANTES POUR RÉUSSIR

1 **Scaévola,** un pied dans un pot de 25 cm de diamètre.

2 **Surfinias,** blancs et rouges. 5 pieds dans une jardinière de 1 m.

3 ***Miscanthus sinensis,*** un pied dans un grand pot de 30 cm.

4 ***Bidens ferulifolia,*** un pied dans un panier suspendu.

5 **Anthémis,** un pied avec des surfinias bleus dans une vasque.

6 **Diascia,** trois plants en pot.

Sous le soleil estival, l'opulence des annuelles couvre le balcon de fleurs. On joue sur les contrastes dans ce décor où le soleil n'éclaire en direct que le matin. Sous la lumière des rayons, le rouge sombre des surfinias va s'égayer, renforcé par la présence de la variété blanche. Cette dernière va s'imposer quand l'ombre dominera, soutenant la profondeur et l'intensité des fleurs sombres. Appréciez la répétition de l'association en potée, jardinière et suspension, afin que la dominante soit aussi forte que possible et l'harmonie maîtrisée. Les autres potées se contentent de jouer les seconds rôles. Arrosez beaucoup et souvent avec une solution fertilisante.

À ESSAYER AUSSI

**Géranium-lierre 'Rouletta'**
Avec son port retombant, il peut remplacer les surfinias en plein soleil. Beau coloris.

**Lobélia hybride**
Le 'Crystal Palace', à la forme buissonnante, atteint 40 cm de haut. 5 pieds dans un pot de 30 cm.

# D'autres idées

◀ UNE DÉLICATE SYMPHONIE DE MAUVES

Une composition en camaïeu exprime toujours une certaine délicatesse et génère une impression de raffinement. C'est le cas ici, sur ce balcon décliné en rose, mauve et violet. La composition, de sensibilité très féminine, évite le côté un peu mièvre du rose vif par la subtilité des nuances mises en œuvre. Le rose tonique de la verveine placée à gauche est atténué par le mauve des scaévolas et des agératums ; dans la jardinière de droite, l'unité de couleur domine, les lobélias étant pratiquement dans la tonalité des verveines. Les géraniums-lierres viennent juste les rehausser par une note plus tonique. La plantation est opulente, agrémentée de subtiles taches blanches pour ne pas donner une impression terne. C'est un décor saisonnier qui sera à son apogée en juin et juillet, avec un renouveau en septembre si vous éliminez régulièrement les fleurs fanées.

**LES BONS GESTES**

Si vous achetez des plantes déjà munies d'une abondance de racines, supprimez le chignon qui s'est formé au fond du pot et grattez l'extérieur de la motte pour démêler cet écheveau trop serré.

En plein été, la plupart des jardinières et des potées fleuries exigent un arrosage quotidien. Intervenez de préférence le soir, après les lourdes chaleurs. Distribuez de l'eau enrichie d'un bon engrais liquide (un bouchon d'engrais pour 10 litres d'eau). Cette solution très peu concentrée permet de stimuler la croissance et la floraison, sans à-coups. Pensez aussi à doucher le feuillage des arbustes et des conifères pour les revigorer et limiter la prolifération des araignées rouges.

◀ UN SAVANT FOUILLIS DE FLEURS

C'est le balcon typique du collectionneur, amoureux des plantes et qui cède à toutes les tentations. Le résultat est plus que séduisant, grâce à la disposition astucieuse des potées. Groupées sur plusieurs niveaux, elles composent des massifs d'une grande générosité. On reconnaît entre autres la légèreté azur des nigelles, l'œil noir des lins rose vif et plusieurs espèces d'immortelles. Ces plantes ont été semées directement en place dans leurs contenants, ce qui est à la fois bon marché et très facile à réussir. Éclaircissage indispensable.

*astuce Truffaut* **Pour bien réussir une composition en duo, comme l'association de surfinias de couleurs différentes, il convient de disposer les plantes en quinconce dans le pot et surtout de diriger leurs branches de façon à ce qu'elles s'entremêlent. Intervenez quand les plantes sont jeunes, c'est plus facile. Pour réussir les surfinias, il ne faut pas laisser la motte de terre sécher et surtout les fertiliser en permanence.**

**Une profusion aux reflets d'or**
La croissance généreuse des plantes fait complètement oublier la jardinière de 1 m de long qui disparaît sous le feuillage et les floraisons.
À gauche, une Suzanne-aux-yeux-noirs *(Thunbergia alata)* qu'il est nécessaire de tuteurer en raison de sa végétation volubile. À ses côtés, un lantana qui adore le plein soleil et une certaine sécheresse.
Les plantes retombantes sont deux *Helichrysum petiolare* 'Rondello' aux feuilles laineuses.

**Une bonne idée pour changer**
Un tabac d'ornement rouge domine cette jardinière de 40 cm de long, dont les extrémités sont plantées d'un liseron de Mauritanie à fleurs bleues et d'un pourpier hybride orange. Simple et superbe.

**Le souci de la nuance**
Cette balconnière en plastique de 1 m de long croule sous la végétation opulente des sauges bleues et blanches, d'une impatiens rose pâle qui s'associe avec délicatesse au rose plus soutenu de la verveine. Les extrémités sont plantées de lobélias bleus, en harmonie avec les sauges. Les teintes jouent habilement sur les effets d'ombre et de lumière, pour donner une impression pastel des plus raffinées. La densité de la plantation oblige à une fertilisation très généreuse et fréquente.

**Une plante nouvelle et tout change**
Cette jardinière est identique à celle illustrée en bas de la page précédente. Mais le tabac a été remplacé par une lysimaque globuleuse *(Lysimachia congesta)*. Cela suffit pour changer complètement l'aspect de la composition et le rythme de la plantation qui prend ici un aspect plus original et une ampleur nouvelle.

# Balcons d'automne

## OCTOBRE

Dans une dernière explosion colorée, la vie semble quitter les plantes qui perdent leurs feuilles en automne et s'endorment pour l'hiver. C'est l'enchantement sur ce balcon qui met parfaitement en évidence toutes les nuances de cette saison au charme subtil. La composition est dominée par la présence d'un beau sujet d'érable du Japon tout cuivré. Il pousse dans un pot de 40 cm de diamètre rempli d'un terreau acide. Cet arbuste assez délicat ne supporte pas la chaleur estivale ; il doit être disposé sur un balcon mi-ombragé et bien aéré. Bruyères, asters, *Sedum spectabile* complètent le décor fleuri, tandis que le feuillage fin des carex apporte une note de délicatesse. Les moindres détails expriment l'automne, comme ce petit chou décoratif dans son pot, à côté de quelques pommes colorées à souhait. N'oubliez pas les arrosages en cette période s'il fait sec.

### LES PLANTES POUR RÉUSSIR

1 ***Acer palmatum* 'Dissectum',** un sujet sur tige d'érable du Japon à feuilles laciniées.

2 ***Cotoneaster microphylla,*** ce petit persistant étalé vient très bien en pot.

3 **Bruyères,** un mélange de diverses variétés à floraison automnale et hivernale.

### À ESSAYER AUSSI

***Pernettya mucronata* 'Lilacina'**
Ce petit arbuste à croissance lente vient bien en pot, dans de la terre de bruyère. Les baies ressemblent à des bonbons.

**Cinéraire maritime**
Il en existe de nombreuses variétés, qui ont toutes le feuillage argenté. À associer avec des choux décoratifs et des bruyères pour un très bel effet.

# D'autres idées

## ▶ TOUT EN NUANCES SUBTILES

Ce balcon très simple dans son concept donne une impression de sophistication et de préciosité. Cette sensation est due à quelques infimes détails qui font toute la différence. La tête en poterie située dans l'axe du décor attire le regard vers la masse fleurie des reines-marguerites *(Callistephus sinensis)* et de la bruyère *(Erica gracilis)*. Le thème « sculpture » est repris sur plusieurs potées et cela suffit à créer l'indispensable unité qui génère l'harmonie. La citrouille et les courges vont aussi dans ce sens, exprimant une certaine sensualité dans leur rondeur végétale. À gauche, un pommier d'ornement s'épanouit en mille fruits d'or. Son vis-à-vis, le cornouiller, tire à sa fin. Ce balcon séduisant ne dure qu'un mois.

## ▲ MODERNISME ET CHARME RÉTRO

Ce décor de dahlias et de graminées *(Pennisetum compressum)* joue le choc des générations, en exprimant aussi un côté champêtre tout en simplicité. Les dahlias cactus, avec leurs grosses fleurs ébouriffées, nous laissent retrouver, nostalgique, le jardin de campagne de notre enfance. À l'inverse, les graminées expriment la tendance très contemporaine de « l'herbe folle domestiquée ». Tout ceci fait un balcon plein de charme, un rien mélancolique mais chaleureux. Des pots de 25 cm suffisent pour accueillir individuellement chaque plante. Il aura fallu se montrer généreux en engrais pour obtenir un développement aussi avantageux des dahlias et ne pas oublier de dissimuler un bon tuteur au milieu de leur feuillage.

### LES BONS GESTES

Les carex sont des plantes à feuillage persistant, assez proches des graminées. Si les touffes semblent chétives ou présentent une grande partie desséchée, n'hésitez pas à tout couper à quelques centimètres du sol. La plante repartira de plus belle au printemps.

Ne laissez pas les feuilles mortes joncher les potées fleuries. C'est inesthétique et l'humidité retenue par les feuilles favorise la prolifération de champignons qui peuvent attaquer la plante et faire rapidement pourrir les fleurs. Un geste d'entretien tout simple.

*astuce Truffaut*

**L'érable du Japon voit souvent son feuillage se dessécher après les chaudes journées estivales. Pour éviter ce problème, pensez à doucher la ramure de l'arbre chaque soir, en insistant sur le dessous des feuilles. L'arbre craignant aussi la sécheresse des racines, plantez à la surface du pot un tapis d'helxine *(Soleirola soleirolii)* qui joue le rôle de la mousse et conserve l'humidité. Surveillez aussi l'apparition des cochenilles.**

**Une coupe éphémère**
Magnifiquement réalisée avec le même souci d'harmonie qu'un bouquet, cette coupe automnale associe toutes les grandes vedettes de cette saison : chou décoratif, véronique arbustive à feuillage panaché, aster (fleurs blanches), cinéraire maritime au feuillage d'argent, sédum, bruyère et l'inévitable chrysanthème. La plantation peut sembler très dense, mais ce n'est pas un problème car la plupart des plantes disparaîtront à la première gelée.

**Ne pas négliger l'accessoire**
La jardinière n'a en soi rien de bien original si ce n'est la spectaculaire floraison des chrysanthèmes (*Dendranthema* x), de la bruyère (*Erica carnea* 'Gracilis') et l'utilisation d'une sauge panachée pour apporter une sympathique note de feuillage. Toute la subtilité du décor vient du panier de pommes et de coings qui lui donne une personnalité et une présence. Un petit détail qui fait une grande différence...

**Des atouts maîtres**
En mariant des plantes très diverses dans cette jardinière de 60 cm de long, on a obtenu un décor inattendu par sa richesse et son opulence : un pommier d'amour et un skimmia pour évoquer la tentation du fruit défendu ; un cyclamen pour le dépaysement, deux choux décoratifs et une bruyère pour renforcer la teinte dominante. Dernière note de subtilité, le feuillage parfumé du romarin (*Rosmarinus corsicus* 'Prostratus') et de l'armoise (*Artemisia splendens*).

# Balcons d'hiver

**FIN JANVIER**

LES PLANTES POUR RÉUSSIR

1 **Houx,** cet arbuste persistant symbolise bien Noël. 1,50 m.

2 **If *(Taxus baccata)*** est un conifère compact. De 1 à 2 m.

3 ***Picea abies,*** le sapin de Noël peut sortir sur le balcon. 3 m.

4 ***Picea glauca* 'Conica'** est naturellement conique. 80 cm.

À ESSAYER AUSSI

***Skimmia japonica***
Un petit arbuste persistant dont les pieds femelles portent des baies rouge vif. 50 cm.

***Hebe* panaché**
Persistant, compact, en forme de boule, cet arbuste semi-rustique persistant porte des fleurs bleues au début de l'hiver. 60

Quand la neige recouvre le balcon, c'est un moment magique qui transforme le décor végétal en sculptures éphémères. Dans les régions où il neige souvent, profitez de ce don du ciel pour créer un décor de carte de bonne année. Ici, la mise en scène est complète avec le bonhomme de neige et le sapin de Noël. Pour un bel effet, il faut que la plantation comprenne un maximum d'espèces à feuillage persistant. Les conifères se prêtent à merveille à cet usage car ils résistent au froid et leurs formes variées donnent du rythme à la plantation.

# D'autres idées

## ▶ LE JARDIN DES ARTIFICES

La neige seule ne suffit pas à redonner au balcon un souffle de vie au cœur de l'hiver. En revanche, le vent souvent présent peut animer des objets suspendus et les faire chanter comme autant de clochettes au son différent. C'est ce qui a été réalisé ici. Un pot, un caillou, un bout de ficelle suffisent. Dans le même temps, on a pensé aux oiseaux en accrochant dans le décor des pommes de pin protégées par un pot renversé. Et, puisque les fleurs ne sont pas au rendez-vous, pourquoi ne pas inventer la couleur? Quelques petites pommes bien rouges accrochées dans un sapin et le tour est joué. C'est simple mais créatif, et les enfants vont adorer participer à cette mise en scène.

## ▼ NOËL AU BALCON

Un conifère, quelques menus objets décoratifs, des tranches d'agrumes séchés et des fruits de physalis à la place des boules de couleurs et des bougies pour illuminer le décor le soir, voici le balcon prêt à accueillir le Père Noël. Et si on le parait d'une guirlande lumineuse ? Une bonne idée pour renforcer le suspense auprès des enfants et égayer l'environnement de la maison.

*astuce Truffaut* **Donnez de la vie à votre balcon hivernal en y installant une ou plusieurs mangeoires pour les oiseaux. C'est une période de disette pour eux et ils se précipiteront avec joie sur vos offrandes, égayant votre environnement de leurs babillages. Offrez-leur des graines variées, des fruits, du pain trempé de lait et du saindoux.**

## ▲ UN HIVER TOUJOURS VERT

En utilisant judicieusement des plantes à feuillage persistant, vous conservez un décor végétal intéressant en toutes saisons. On a joué l'élégance classique avec les deux buis taillés en topiaires, qui encadrent le décor. Les arbustes à fruits décoratifs (symphorine, pernettya, cotonéaster) apportent un peu de couleur et de nourriture aux oiseaux. Pensez à bien arroser par temps doux.

# Rose tendresse

MAI-OCTOBRE

LES PLANTES POUR RÉUSSIR

1 ***Acalypha hispida,*** une plante en suspension, à rentrer en hiver.

2 **Fuchsias divers,** des hybrides et un ***Fuchsia magellanica.***

3 ***Fatsia japonica,*** un pied dans une grande potée. Frileux.

4 ***Aristolochia durior,*** une grande grimpante caduque.

Bien que l'on ait privilégié ici l'aspect collection avec tous ces fuchsias, l'esthétique n'a pas été oubliée. Ce petit balcon se décline dans les diverses nuances de rose. Cela donne un côté très sobre au décor et lui confère beaucoup de séduction. C'est l'abondance, due au côté prolifique des fuchsias et à la présence de deux plantes de grande taille. L'aralia, au premier plan *(Fatsia japonica)*, dont les feuilles palmées peuvent dépasser 40 cm de diamètre, se montre plus résistant au froid que les fuchsias. Quant à l'aristoloche, à droite *(Aristolochia durior)*, on peut s'étonner de la présence de cette liane géante en pot, mais elle se comporte bien si elle est taillée régulièrement. Plein soleil.

À ESSAYER AUSSI

***Fuchsia* 'Caledonia'**
Une variété de collection aux fleurs pendantes très fines, réunies en petits groupes. Idéal conduit sur une tige.

***Fuchsia* 'Abbé Farges'**
Une forme bicolore à grosses fleurs simples qui associent le mauve et le rouge avec une certaine audace. Très florifère avec un port bien retombant.

# D'autres idées

## AMBIANCE MÉDITERRANÉENNE

La présence des lauriers-roses *(Nerium oleander)* et des roses de Chine *(Hibiscus rosa-sinensis)* sur ce balcon fait penser aux meilleures heures des vacances dans le Midi. Les plantes dominantes sont les *Diascia rigescens* qui se déploient en cascades généreuses dans les balconnières. La disposition est significative d'une composition réussie avec plusieurs étages de végétation et l'occupation d'un volume maximum. C'est un ensemble floral à placer en plein soleil. La plupart des plantes devront être mises sous abri dès l'arrivée de l'automne.

## HOMMAGE À LA VERVEINE

En matière de décoration de balcon, les solutions les plus simples sont souvent les meilleures. Ici, la prolifération de la verveine hybride *(Verbena hortensis)* suffit à donner son ampleur à la scène. La présence du *Mandevilla* aux cornets spectaculaires apporte une note sophistiquée qui gagne en densité avec, à l'arrière-plan, des géraniums. Rien de plus simple que cette plantation où chaque pied de verveine est espacé de 20 cm seulement afin d'obtenir une plus grande densité de végétation. Une exposition en plein soleil, des arrosages moyens et une fertilisation régulière assurent le succès.

### LES BONS GESTES

La taille des fuchsias s'effectue dans le courant de l'automne en coupant les pousses de l'année à deux yeux (bourgeons) de leur point de départ. Il est aussi nécessaire de dégager la ramure, surtout sur les sujets conduits sur tige. Si les plantes ne sont pas taillées, elles font beaucoup de bois mort.

Les fuchsias sont fréquemment attaqués par les pucerons, surtout en début de végétation et en septembre. Traitez avec un insecticide dès l'apparition des premiers ravageurs et répétez l'intervention trois fois de suite.

*astuce Truffaut*

**Les fuchsias doivent être conservés sous abri hors gel durant l'hiver. Il suffit ici de tendre sur les treillages une bâche transparente en plastique armé pour créer une petite serre improvisée. Les arrosages seront très parcimonieux durant la période de repos (une fois par mois).**

# *Un éclat d'or et de soleil*

PLEIN ÉTÉ

Opposer le bleu et le jaune renforce l'éclat lumineux de ce dernier. Cette jardinière en est le vivant exemple. Elle mesure 1,20 m de long, 30 cm de large et de haut. La franche dominante jaune de la plantation exprime toutes ses nuances grâce à la présence d'un héliotrope du Pérou de part et d'autre de la jardinière. Cette masse bleu sombre a pour but de mettre en exergue les mille soleils de l'anthémis (*Chrysanthemum frutescens* 'Shone von Nizza'). Comme dans toutes les jardinières réussies, on oublie complètement la présence du contenant, grâce à la générosité des plantes de bordure. Les *Sanvitalia procumbens* se marient à merveille avec des agératums. Plantez en mai dans un terreau riche. Arrosez presque chaque jour avec une solution nutritive. Supprimez les fleurs fanées.

LES PLANTES POUR RÉUSSIR

1 **Tournesol *(Helianthus annuus)*,** un pied par bac. Il atteint 2 m.

2 **Anthémis jaune,** trois pieds espacés de 35 à 40 cm.

3 **Héliotrope,** deux pieds.

4 **Sanvitalia,** un plant tous les 25 cm, associé à des agératums.

À ESSAYER AUSSI

**La capucine**
Sa variété naine 'Golden Yellow' remplacera très bien les sanvitalias en bordure de la jardinière.

**Rudbéckia**
Traitée comme une annuelle, l'espèce *hirta* peut remplacer les anthémis dans un endroit moins ensoleillé. Fleurs de juillet à septembre : 45 cm.

# D'autres idées

## UNE SOLUTION POUR UN PRINTEMPS EN OR

Le jaune est une des couleurs dominantes du printemps. Ce tout petit balcon d'avril se pare de la floraison spectaculaire d'un corête du Japon (*Kerria japonica* 'Flore Pleno') qui va dépasser 1,50 m de hauteur dans un pot de 40 cm de diamètre. La sophistication va très loin, puisque les pots ont été peints pour se fondre dans la teinte dominante. Parmi les plantes d'accompagnement, on remarque une potée de *Viola cornuta,* une petite hosta, une coronille dans la jardinière. En bas, à gauche, un fusain panaché. Il habille un chèvrefeuille à feuillage persistant (*Lonicera* x 'Heckrotti') qui fleurira aussi dans les tons jaunes dès le début de l'été.

### LES BONS GESTES

**Les anthémis se bouturent très facilement dans le courant du printemps. Prélevez des extrémités de rameaux de 15 cm de longueur environ. Il est bon de ne pas conserver le bourgeon terminal. Piquez chaque bouture dans une terrine contenant à parts égales un mélange de sable et de tourbe. Arrosez et couvrez d'un plastique.**

*astuce Truffaut* **Les tournesols *(Helianthus annuus)* donnent du volume à la composition. Semez-les directement en place en avril, dans un grand pot de 30 cm de diamètre. Tuteurez les jeunes tiges afin qu'elles restent bien droites. Dissimulez les pots pour donner l'impression d'une végétation spontanée.**

## ROSES D'INDE, REINES DE BEAUTÉ

Plantée en camaïeu de jaune, cette jardinière de 70 cm de long et 30 cm de profondeur est dominée par une splendide touffe de roses d'Inde *(Tagetes erecta)*. Pour obtenir un effet semblable, il faut utiliser une variété hybride F1 qui, seule, assure la profusion et la régularité de la floraison. La plante ayant tendance à être peu garnie à la base, on l'a habillée de calcéolaires et de dahlias nains qui augmentent l'effet de masse. Sur le devant, deux pieds de *Sanvitalia procumbens* font « oublier » la jardinière. Le tuteurage des roses d'Inde est obligatoire, de même qu'une fertilisation généreuse.

# Dominante rouge

PLEIN ÉTÉ

LES PLANTES POUR RÉUSSIR

1 ***Lobelia cardinalis,*** un pied atteint 1 m dans un pot de 30 cm.

2 **Dahlia cactus,** un tubercule dans un grand pot de 30 cm.

3 ***Salvia coccinea,*** trois pieds de cette sauge qui atteint 40 cm.

4 ***Lantana camara,*** un pied.

Le rouge est une couleur forte, violente, qui génère un sentiment de dynamisme et d'enthousiasme. Ici, son ardeur est tempérée par la balustrade en fer forgé blanc, du meilleur effet. Les fleurs rouges paraissant parfois sombres en plein soleil, on a choisi de renforcer la couleur dominante avec les accessoires. La jardinière en bois a été peinte en rouge, teinte que l'on retrouve sur le rotin du fauteuil et le métal de l'arrosoir. Ce choix monochrome génère une impression de raffinement que l'on n'obtiendrait pas en mêlant deux couleurs toniques. Tuteurez le dahlia et traitez contre les pucerons. Pincez le lantana pour qu'il fleurisse plus.

À ESSAYER AUSSI

**Rudbéckia rouge**
Appelé aussi *Echinacea purpurea*, il peut remplacer le dahlia pour une floraison tout aussi tardive.

***Zinnia elegans***
Une variété naine rouge comme 'Scarlet Gem' fleurit tout l'été et peut être plantée à la place de la sauge.

# D'autres idées

## ▶ La couleur en toute simplicité

Ne croyez surtout pas que de la complication naît la beauté. Cet exemple de balustrade généreusement fleurie de géraniums-lierres rouges (*Pelargonium peltatum* hybride) exprime l'opulence sans être tape-à-l'œil. Le décor fleuri est orienté vers l'extérieur du balcon afin de personnaliser la façade et de symboliser l'accueil chaleureux. C'est un flash coloré au milieu de l'océan de feuillage de la vigne vierge, un effet lumineux par le côté monochrome et l'abondance de la floraison. Il suffit de planter de jeunes sujets en mai et de les fertiliser à chaque arrosage jusqu'à la fin de l'été pour obtenir ce déluge ininterrompu de fleurs. N'arrosez pas trop, sinon le feuillage se développera en abondance.

## ▼ De l'éclat sans soleil

Ne recevant pas le soleil direct, ce balcon paraîtrait sombre, sans cette jardinière savamment composée. La dominante est franchement rouge avec l'écarlate des bégonias tubéreux 'Non Stop' et des verveines hybrides. Cette teinte assez dense est mise en valeur avec subtilité par la touche de blanc au centre qui vient focaliser le regard. Elle est due à un agératum nain. De part et d'autre de la jardinière de 80 cm de longueur et de 25 cm de profondeur, une cascade de lobélias violets renforce le côté lumineux des bégonias. Il suffit souvent d'associer une plante sombre à un coloris intense pour qu'il prenne de l'éclat. Arrosage modéré.

**LES BONS GESTES**

Tuteurez les dahlias dès que les boutons floraux apparaissent, car les tiges des fleurs plient à la première pluie. Attachez avec du raphia.

Le pincement des tiges des plantes annuelles ou estivales provoque des ramifications qui vont porter les fleurs. Intervenez au printemps sur les plantes jeunes et vigoureuses.

*astuce Truffaut* **Évitez un effet de masse trop lourd qui devient agressif avec les rouges, en utilisant uniquement des plantes aux floraisons en épis. Préférez une exposition au sud-ouest pour bénéficier d'un éclairage en transparence.**

# *Fantaisie bleue*

TOUT L'ÉTÉ

Teinte subtile à l'effet reposant, le bleu gagne à être utilisé sur les balcons qui ne reçoivent pas directement les rayons du soleil. Ce n'est pas pour autant une couleur pour les zones ombragées, où elle apparaîtrait un peu sombre. Ici, on a joué l'homogénéité et le dépaysement en utilisant surtout des plantes courantes dans les jardins du Midi. C'est le cas du *Plumbago,* de l'aster bleu du cap *(Felicia)* et du *Convolvulus mauritanicus* qui, dans les régions au climat doux, peuvent être laissés à l'extérieur d'une année sur l'autre. Ailleurs, il faudra renouveler la culture chaque printemps ou conserver les pieds mères hors gel et au sec dans une véranda.

LES PLANTES POUR RÉUSSIR

1 **Dentelaire du Cap *(Plumbago capensis),*** un pied à palisser. 1,20 m.

2 ***Felicia amelloides,*** un pied domine la jardinière. 40 cm.

3 **Pétunia,** un pied dans une potée et un autre dans la jardinière. 30 cm.

4 **Liseron de Mauritanie,** quatre plants en potées individuelles. 60 cm.

À ESSAYER AUSSI

***Browallia speciosa***
De juillet à septembre s'épanouissent de jolies étoiles bleu intense. La plante atteint 60 cm. Elle est frileuse et doit être abritée dès octobre.

***Isotoma grandiflora***
Depuis peu dans l'assortiment des plants fleuris, elle se couvre tout l'été de fines étoiles. Mi-ombre.

# D'autres idées

## SYMPHONIE PRINTANIÈRE

Une généreuse potée de campanules bisannuelles *(Campanula medium)*, une jardinière de violettes cornues *(Viola cornuta)* et un phlox suffisent à faire de ce balcon un lieu enchanteur en avril et en mai. La présence de fleurs blanches et de feuillages panachés (lamier et menthe) vient illuminer les bleus et les mettre en valeur, sans pour autant gommer le style monochrome de la composition. L'emploi de plantes inhabituelles sur le balcon, comme les campanules, crée un élément de fantaisie et apporte une personnalisation au décor. En sortant des grandes lignes traditionnelles, on obtient toujours un résultat plus fort, sans pour autant avoir besoin d'artifices complexes. En juin, ces plantes seront toutes remplacées par des espèces à floraison estivale.

## MYSTÈRE ET PROFONDEUR

Le choix de plantes d'un bleu intense (*Scaevola aemula* 'Blue Wonder', Verveine hybride 'Tapis bleu' et *Lobelia erinus*) confère à cette jardinière une dimension originale qui ne laisse pas insensible. Le bleu avive la nostalgie, il fait ressentir de l'émotion. Sous l'effet du soleil, il prend de la profondeur et nous transporte vers une douce rêverie.

Il ne faut pas abuser de ce type de composition qui devient vite mélancolique, tout en ayant toujours beaucoup de classe. Un arrière-plan très clair, ici la balustrade blanche, est nécessaire pour sa mise en valeur.

### LES BONS GESTES

Fertilisez généreusement à l'engrais liquide les dentelaires du Cap et les liserons de Mauritanie. Ces plantes à la végétation assez exubérante apprécient un apport d'engrais très dilué (un bouchon pour 10 litres d'eau) à chaque arrosage entre avril et septembre.

Le *Plumbago* développe de longues tiges volubiles qu'il est bon de palisser le plus horizontalement possible pour qu'elles portent des fleurs. Ne serrez pas les liens afin de permettre un bon grossissement du rameau.

*astuce Truffaut* **En hiver, les liserons de Mauritanie prennent beaucoup de place dans la véranda. Mieux vaut prélever des boutures en fin d'été sur les jeunes rameaux n'ayant pas fleuri. La reprise est très facile et il est même possible de les conserver dans la maison.**

# *La couleur en duo*

**MAI-OCTOBRE**

LES PLANTES POUR RÉUSSIR

1 **Anthémis *(Chrysanthemum frutescens),*** un pied en pot de 40 cm

2 ***Helichrysum petiolare* 'Silver',** un pied de cette retombante veloutée.

3 **Cinéraire maritime,** un pied de cette vivace au feuillage argenté.

4 ***Dipladenia scandens,*** une potée à palisser en plein soleil. Craint le gel.

5 **Dahlia,** un pied en pot.

Une association de deux teintes sur un balcon est souvent moins difficile à réaliser qu'une composition monochrome. Bien réussie, elle a toutes les chances de générer un effet visuel plus fort. Ici, les fleurs roses sont mises en valeur par les feuillages argentés ou panachés de blanc. Cette teinte, habituellement neutre, prend une nouvelle dimension dans ce type d'association, car elle joue un rôle de couleur véritable. On le voit nettement avec l'éclat de l'anthémis sur tige ou l'impact évident du cinéraire. La finesse des coloris sera mieux appréciée dans une lumière tamisée. Orientez les rameaux pour qu'ils s'imbriquent avec élégance.

À ESSAYER AUSSI

**Rose 'Iceberg'**
La blancheur quasi parfaite d'une fleur délicate qui fleurit très tard dans la saison. À cultiver dans un pot de 30 à 40 cm.

***Anisodontea capensis***
Un sujet sur tige qui, au soleil, peut remplacer l'anthémis et mieux résister à la sécheresse. Cette plante est détruite à la première gelée.

# D'autres idées

◀ **CONTRASTES ET HARMONIE**

Le bleu et le jaune ont toujours fait bon ménage car ils s'éclairent mutuellement. Cette association crée un effet tonique lié au contraste de ces deux couleurs primaires. Il n'est jamais de mauvais goût, car les deux teintes mélangées donnent le vert, coloris neutre dans le jardin. Ici, la dominante jaune de la partie gauche est tempérée par la droite du balcon en bleu. Cette répartition quasi symétrique des couleurs est harmonieuse. Tout le reste se fait avec la subtile différence de teinte qui existe entre les fleurs jaunes (rudkéckias, mélampodiums, sanvitalias, cassias et roses d'Inde). La potée bleue est plantée d'un liseron de Mauritanie. Éliminez bien les fleurs fanées pour un aspect impeccable.

**LES BONS GESTES**

Les dahlias sont très sensibles aux attaques des pucerons noirs, surtout au départ de la végétation. Pulvérisez en alternance chaque semaine deux insecticides différents afin de renforcer l'efficacité du traitement. Insistez sur le dessous des fleurs et la face inférieure du feuillage. Respectez bien les doses prescrites par le fabricant. Elles figurent sur l'emballage.

Les pousses volubiles du dipladénia doivent être taillées à mi-longueur quand elles ne portent pas de boutons floraux à leur extrémité. Ceci provoque l'émission de pousses latérales qui donneront des fleurs.

▲ **DOUCEUR PASTEL À L'OMBRE**

Les teintes douces et les blancs diaphanes s'apprécient beaucoup mieux sous une lumière tamisée, même voilée. Ce joli balcon en est la preuve éclatante avec une opposition de tabacs blancs et de surfinias roses dans la jardinière centrale. Le blanc est soutenu par le fauteuil, la balustrade et l'arrosoir, alors qu'une bougainvillée sur tige dynamise l'effet rose. C'est simple, délicat, très frais.

*astuce Truffaut* **Ne laissez jamais sécher complètement la motte d'un anthémis tige. Si les feuilles se crispent après une période de sécheresse, la plante aura beaucoup de mal à repartir. Empotez-la sitôt après l'achat, dans un mélange de terreau et de terre de jardin qui retiendra mieux l'humidité que le substrat d'origine. Fertilisez bien.**

**Un effet lumineux**
Disposez quatre pieds d'impatiens hybrides blanches parmi les fleurs dorées des calcéolaires, *Melampodium* et *Sanvitalia*, pour que la jardinière soit inégalable. C'est le blanc qui fait ressortir le rouge sang de l'impatiens de Nouvelle-Guinée.

**Soleil sur l'azur**
Les *Bidens ferulifolia* aux mille étoiles d'or éclairent les pétunias bleu foncé. Cette habile association permet de faire ressortir le côté velouté des pétunias, tout en attirant le regard vers la jardinière.

**Neige d'automne**
La rangée de fleurs blanches (aster et *Chrysanthemum parthenium*) fait comme une couverture neigeuse au-dessus de la cascade des *Nierembergia repens*. On crée ainsi un effet lumineux qui met bien en valeur la teinte bleu violacé des plantes retombantes. Une belle idée de fin d'été, réalisée dans une jardinière en terre cuite de 80 cm de longueur.

**Un certain mystère**
Contrairement aux idées reçues, le rouge est une teinte plutôt sombre dans un jardin. Une association avec du blanc le ravive, mais lui fait souvent perdre de son intensité. Pour renforcer son côté tonique et la profondeur de son éclat, rien ne vaut la présence d'un mauve. Ici, les *Scaevola aemula* mettent bien en valeur les impatiens et les tabacs d'ornement.

# Une profusion de couleurs

**TOUT L'ÉTÉ**

LES PLANTES POUR RÉUSSIR

1 **Calcéolaire,** deux pieds de part et d'autre de la jardinière. 30 cm.

2 ***Lysimachia congesta,*** un pied tous les 25 cm. Hauteur, 30 cm.

3 ***Lobelia pendula* 'Saphir',** deux pieds plantés en bordure.

4 ***Manettia inflata,*** cette grimpante tropicale atteint 3 m de hauteur dans un pot de 40 cm.

Mélanger les couleurs primaires (rouge, jaune, bleu), comme ici, est toujours un exercice osé, car il confine vite à la vulgarité. La réussite évidente de ce balcon vient d'abord de la profusion de ses floraisons, mais aussi et surtout du savant dosage entre les couleurs. Le rouge n'est présent que dans la partie centrale, sous la forme d'une généreuse touffe d'impatiens (il y a deux pieds) dont la présence illumine les bleus intenses qui l'entourent (lobélia et héliotrope). Le reste du décor est dominé par les jaunes, y compris celui du *Manettia inflata,* jolie grimpante brésilienne. Exposition plein soleil, arrosages et fertilisation seront très généreux.

À ESSAYER AUSSI

**Campanule**
De nombreuses formes en cascade vont remplacer en beauté les lobélias, pour le printemps. À planter dès le mois d'octobre.

**Narcisses**
Ils vont offrir le même effet lumineux que les lysimaques, mais ceci dès avril.

## D'autres idées

### ◀ ÉLÉGANCE ET FANTAISIE

Ce mélange de teintes un peu hardi est tempéré par les nuances de chaque coloris. En évitant les tons criards et trop vifs, on obtient une palette agréable, presque reposante. Le jaune de l'anthémis tend vers le doré, alors que le blanc des lis tire sur l'ivoire. Les pétunias pourpres et la bougainvillée violette sont suffisamment sombres pour paraître discrets, alors qu'ils croulent sous les fleurs. Une belle composition pour le plein soleil.

### ▲ UNE ASSOCIATION EXEMPLAIRE

La générosité des formes et la douceur des coloris sont les points forts de cette balconnière où se retrouvent : sauges farineuses, verveines hybrides 'Cléopâtre', impatiens 'Accent rose', œillets de Chine et lobélias. On a réussi à éviter la cacophonie en répartissant les masses sombres (bleues) au cœur de la plantation, pour renforcer l'éclat des parties plus claires. Une harmonie savante.

### ▲ DÉTENTE, COULEURS ET FANTAISIE

En évitant les formes trop sophistiquées comme les fleurs bicolores, par exemple, et en jouant essentiellement sur les couleurs primaires, on a réussi à composer sur ce balcon une jardinière amusante et spectaculaire. Amusante par les formes échevelées des plantes qui poussent au gré de leur port naturel. Spectaculaire par l'abondance des floraisons et l'intensité des coloris. Le bégonia rouge, au centre, est entouré de l'or des mélampodiums et des calcéolaires dont l'éclat est tempéré par la fraîcheur des bleus des sauges et des scaévolas.

*astuce Truffaut*

**Les grandes lianes frileuses gagnent à être laissées en place afin de leur permettre d'habiller complètement le mur ou la palissade qui leur sert d'appui. Protégez-les à partir de la fin octobre, en accrochant un film plastique transparent sur le sommet du claustra et en le tendant devant la plante. Il sera maintenu au sol par des pots.**

# Un peu d'originalité

MARS-JUIN

Profiter de son balcon pour collectionner les plantes est une excellente idée qui peut aussi s'avérer décorative. C'est ce que nous prouve cette jolie présentation de pensées *(Viola* x *wittrockiana)* disposées en pots et en jardinières sur des étagères en dégradés. L'astuce vient de la plantation systématique d'une seule et unique variété dans le même contenant. On obtient ainsi un effet de masse en évitant que les couleurs se tuent entre elles. Les boules de verre translucide, dans les mêmes teintes que les pensées, renforcent la subtile harmonie des couleurs. Ce décor peut être mis en place en octobre à partir de jeunes plants déjà fleuris, qui resteront épanouis tant que l'hiver sera doux.

LES PLANTES POUR RÉUSSIR

1 **Pensées hybrides,** une variété dans chaque jardinière. Une plante tous les 20 cm.

2 ***Glechoma hederacea* 'Variegata',** des feuilles arrondies panachées, portées par de longues tiges grêles qui retombent jusqu'au sol. Un plant.

3 **Lierre panaché,** cultivé en retombant dans un pot de 18 cm.

À ESSAYER AUSSI

***Begonia ewansiana*** Un des très rares bégonias à être pratiquement rustique dans nos régions. Il survit très bien à l'hiver sur un balcon, protégé d'un simple voile d'hivernage. Les jolies feuilles vernissées sur le dessus sont rougeâtres au revers. Les fleurs rose chair, de 3 cm de diamètre, sont portées en grappes ramifiées de juin à septembre. Une plante originale.

***Primula auricula*** C'est la primevère qui a donné les hybrides les plus étonnants, comme ici 'St Boswells' dont les fleurs semblent couvertes de givre. Les feuilles allongées, souvent grisâtres, sont parfois recouvertes d'un feutrage blanc, caractéristique de cette espèce. N'aimant pas l'humidité hivernale, on la cultive de préférence en petit pot ou en terrine.

# D'autres idées

## ▶ UNE PLANTE D'EXCEPTION

Les grosses têtes écarlates de deux *Haemanthus multiflorus* donnent un ton insolite à cette petite jardinière de 40 cm de long, joliment habillée par une ipomée. Il est souvent plus intéressant d'intégrer une plante exceptionnelle au milieu d'une composition, plutôt que la maintenir isolée dans son pot. On obtient, comme ici, une ambiance inattendue et très séduisante. L'haemanthus est une plante bulbeuse qui se conserve sous abri et au sec tout l'hiver.

## ▶ UN PETIT JARDIN DE VIVACES

Oubliée l'opulence des jardinières d'annuelles, vive la finesse et la simplicité des fleurs sauvages. Cette composition illustre bien l'infinie créativité que permet la culture sur balcon. La plantation joue sur la transparence, la légèreté, la grâce aérienne des fleurs et les feuillages. En bordure, des joubarbes *(Sempervivum)*, en arrière-plan, un lis hybride 'Jacques S. Digit' dont les fleurs virevoltent comme des papillons. À ses côtés, l'or d'une *Achillea tomentosa* souligne une mauve *(Malva moschata)*. Les fleurs bleu clair, éparses, sont celles du *Linum narbonense*. Une grande et durable réussite !

### LES BONS GESTES

Le semis des pensées s'effectue à partir de la mi-juin et jusqu'au début d'août, de préférence en terrine. Les plantules sont repiquées dans des godets individuels, quand elles ont développé deux vraies feuilles. La plantation définitive, en pot ou en jardinière, s'effectue à l'automne. Semez le contenu d'un sachet de graines dans deux terrines.

**astuce Truffaut** **Les plus jolies pensées se trouvent parmi les hybrides F1, plantes qui peuvent porter des fleurs de 8 cm de diamètre. Beaucoup de variétés sont présentées en mélanges de coloris, ce qui vous obligera à les trier avant la plantation des jardinières. Si vous maintenez les jeunes plants sous tunnel plastique après le repiquage, ils peuvent fleurir dès octobre.**

## ▲ DES FEUILLAGES OPULENTS

La dominante des plantes à feuillage est assez inattendue sur un balcon, plus encore la présence d'une aristoloche *(Aristolochia durior)*, liane d'une rare vigueur, mais dont la force est tempérée ici par la culture en bac (50 cm de diamètre). À ses côtés, un bel hosta prospère dans un demi-tonnelet transformé en pot pour l'occasion. Il en est de même du mimulus placé presque sous le fauteuil et dont les fleurs tachetées attisent la curiosité. Bien tuteurer l'aristoloche.

# La douceur des feuillages

TOUTE L'ANNÉE

La réussite d'un décor de balcon ne passe pas forcément par un débordement de fleurs et de couleurs. On se lasse beaucoup moins vite du vert tendre des feuillages, de leur finesse et de leur aspect évolutif au cours des saisons. Bien sûr, un balcon de feuillages est moins éclatant, moins spectaculaire, mais combien plus reposant! Dans un décor de verdure, il faut donner libre cours à l'imaginaire, en utilisant des plantes grimpantes qui vont partir à l'assaut des infrastructures du balcon. Le côté invasion par la végétation peut gêner ceux qui redoutent les forces de la nature. Il permettra aux autres de s'évader de l'environnement urbain, en privilégiant le décor vivant. Jouez sur les formes, les couleurs, les textures et les dimensions de différentes espèces. Pensez à les dépoussiérer régulièrement si vous habitez au cœur de la ville.

LES PLANTES POUR RÉUSSIR

1 **Houblon** ***(Humulus lupulus),*** une grimpante très « poussante » qui dépasse 3 m en pot de 40 cm.

2 ***Phalaris arundinacea*** **'Picta',** une graminée très souple au joli feuillage panaché. 60 cm de haut.

3 **Rosier grimpant,** les variétés modernes, de vigueur moyenne, viennent bien en bac de 40 cm.

À ESSAYER AUSSI

***Hedera colchica*** **'Sulphur Heart'**
A l'avantage du feuillage panaché et persistant pour remplacer la vigne vierge. Pousse lente.

***Miscanthus sinensis*** **'Zebrinus'**
Une graminée très opulente qui vient bien dans un grand bac et peut atteindre 1,30 m de haut.

# D'autres idées

## L'INSPIRATION VENUE DU JAPON

Ce petit coin de balcon illustre à merveille les possibilités créatives que nous offrent les cultures hors sol. On a réalisé ici un véritable jardin en disposant les bacs et les pots de telle manière qu'ils disparaissent presque totalement du décor. De ce fait, on perd le côté un peu artificiel et figé des contenants, pour privilégier la composition végétale et l'impression naturelle.
Le fait de privilégier les feuillages dans ce décor améliore encore son authenticité. Les plantes semblent avoir poussé là spontanément, elles occupent une place logique dans une harmonie de teintes et un équilibre de proportions très reposants. On a envie de s'asseoir sur la chaise et de laisser s'évader son imagination…
Toutes les sensations que procure ce décor de balcon sont caractéristiques du jardin japonais. Sans rien avoir d'asiatique, cet ensemble puise à coup sûr son inspiration au pays du Soleil levant. L'érable du Japon, le bambou, la pierre dans le petit bassin sont des signes qui ne trompent pas. Mais il suffit d'un dallage en carreaux réguliers, de la présence rigide de la chaise et de la structure géométrique du bassin avec son habillage de bois, pour nous faire revenir dans une logique européenne et contemporaine. Un ensemble d'entretien facile, qui nécessite une exposition ombragée et une certaine fraîcheur.

## OUBLIER LES SAISONS

En utilisant comme ici des feuillages persistants comme ossature du décor, on donne au balcon un aspect un peu immuable, avec toutefois la possibilité d'en profiter à n'importe quel moment de l'année. Un avantage supplémentaire vient de l'entretien réduit, puisqu'il suffit d'arroser, de fertiliser et de tailler un peu de temps en temps.

## LA NATURE PREND LE DESSUS

Une glycine entreprenante fait disparaître les structures métalliques de ce balcon dans un foisonnement de feuillage. L'habillage par des plantes venues de l'extérieur est une technique intéressante qui permet de mieux intégrer le balcon dans l'architecture de la maison, tout en jouant sur l'effet décoratif.

*astuce Truffaut* **Sur un balcon qui ne reçoit pas la pluie, utilisez des bacs à réserve d'eau. Vous réduirez considérablement votre temps d'entretien, puisqu'une réserve pleine d'une solution nutritive peut alimenter les plantes pendant une dizaine de jours.**

# Un rêve d'exotisme

**MAI-OCTOBRE**

Oublier son quotidien en transformant l'environnement, retrouver les plantes de ses vacances, changer de monde en un instant, ce balcon matérialise les rêves les plus fous, grâce à quelques plantes bien choisies. La clé de la réussite réside dans la dimension des végétaux qui doivent être aussi spectaculaires que possible, afin que l'on n'ait d'yeux que pour eux. Regroupés en massif opulent dans un angle du balcon, ils coupent la vue vers l'extérieur, tout en servant d'abri lorsqu'on s'assoit. Rien de bien compliqué dans tout cela, juste le sens du végétal, ce petit « je-ne-sais-quoi » qui fait choisir d'instinct les bonnes harmonies. L'opposition des textures de feuillage, par exemple entre la finesse du papyrus et la rigidité du yucca, est égayée en souplesse par les trompettes fantaisistes du datura. Ces plantes seront rentrées en automne dans une pièce fraîche et lumineuse de la maison.

LES PLANTES POUR RÉUSSIR

1 ***Yucca aloifolia,*** un grand sujet de 2 m dans un pot de 30 cm.

2 ***Datura* x *insignis*** buissonnant et ramifié, avec des fleurs en trompette.

3 ***Cyperus papyrus,*** une grosse touffe qui pousse les pieds dans l'eau.

4 ***Grevillea hybridus,*** des feuilles très découpées, une floraison étonnante.

5 **Échevéria,** une plante grasse.

## À ESSAYER AUSSI

***Cordyline australis***

Un air de yucca avec des feuilles plus souples et une croissance plus rapide. Semi-rustique.

***Phormium tenax***

Une touffe de feuillage persistant très coloré. De nombreuses variétés permettent diverses créations.

**Bambous nains**

Rustiques, volontaires, joliment dorés sur le pourtour des feuilles, ils créent une ambiance exotique.

# D'autres idées

### L'OPULENCE DES FEUILLAGES

L'ambiance exotique est de bon ton sur ce balcon très ensoleillé où règnent en maîtres les palmiers. On reconnaît au centre un grand *Washingtonia filifera*. Il est accompagné, sur sa droite, d'un jeune *Phoenix roebelinii* qui voisine avec un *Livistona chinensis* aux longues palmes souples. Pour compléter le côté franchement tropical du décor, un bananier nous gratifie de ses immenses feuilles. Toutes ces plantes doivent être hivernées en véranda.

### LE PARADIS ARTIFICIEL

Un décor exotique est vite incongru quand il ne parvient pas à s'intégrer dans l'environnement ou à s'en isoler complètement. C'est un peu le cas ici, où tous les palmiers de la maison ont été sortis pour passer l'été sur le balcon. Mais ils s'opposent un peu visuellement à la jardinière, généreusement garnie d'annuelles. On se trouve donc dans une ambiance un peu « arrangée » qui étonne, mais ne parvient pas à séduire tout à fait. Traitez les cochenilles chaque mois.

### UN GOÛT DE BOUT DU MONDE

Contrairement à l'exemple ci-dessus, rien n'empêche d'imaginer que nous sommes à Tahiti ou au Brésil comme nous y inclinent les *Hibiscus rosa-sinensis* et la bougainvillée. L'occupation de l'espace par les plantes a un petit côté « jungle » tout à fait dans le ton. La disposition des plantes, avec des suspensions qui dégringolent du plafond, laisse simplement une trouée de lumière vers l'extérieur. Un décor intimiste où l'on passe son temps à arroser et à fertiliser.

*astuce Truffaut*

**Le papyrus se conserve difficilement l'hiver dans la maison. En revanche, vous le multiplierez très bien par semis en pot, dès janvier, au chaud.**

**LES BONS GESTES**

Le yucca est assez résistant au froid. Vous pouvez le laisser sur le balcon en l'enveloppant tout entier dans un paillasson. Rapprochez la potée de la maison afin de l'abriter des courants d'air. Couvrez avec un plastique par temps de pluie.

# Sous le soleil du Midi

**JUIN-OCTOBRE**

LES PLANTES POUR RÉUSSIR

1 ***Trachelospermum jasminoides,*** un pied palissé.

2 ***Bougainvillea glabra,*** une jeune touffe taillée en buisson.

3 ***Lantana camara,*** deux plants espacés de 30 cm dans la jardinière.

4 **Citronnier,** une potée solitaire d'un sujet greffé portant des fruits.

Baigné de lumière, écrasé de chaleur, ce balcon exposé plein sud profite des meilleurs mois de l'année pour nous faire penser aux vacances. La végétation est composée de plantes méditerranéennes qui ont besoin d'un maximum de soleil pour donner le meilleur d'elles-mêmes. C'est le cas du faux jasmin *(Trachelospermum jasminoides)* dont les fleurs embaument comme celles du vrai jasmin, mais plus longtemps. La bougainvillée et le lantana supportent les situations arides. Ces plantes seront abritées dans une véranda durant l'automne, les potées étant maintenues au sec entre 5 et 7 °C, ce qui est idéal aux bonnes conditions d'hivernage.

À ESSAYER AUSSI

***Gazania splendens***
Une vivace très florifère quand elle est en plein soleil. Pour remplacer la potée de géraniums. Un plant tous les 30 cm.

***Alyogyne huegelii***
Un proche parent de l'hibiscus aux fleurs en forme d'hélice de bateau. À la place du citronnier.

# D'autres idées

### ◀ PÉCHÉ DE GOURMANDISE

Une jolie collection d'agrumes accompagne un palmier aux larges éventails *(Washingtonia filifera)*. Chaque plante est mise en pot individuel afin qu'on puisse lui offrir des soins particuliers. Kumquats, mandarines et citrons mûrissent sans problème sur ce balcon bien ensoleillé et abrité des vents froids. On reconnaît aussi la floraison rose intense d'un cestrum. C'est une composition typiquement méditerranéenne dont la réussite est conditionnée à la présence du soleil. Arrosez sans excès en ne mouillant pas le feuillage pour éviter les maladies cryptogamiques. Utilisez un engrais peu azoté pour ne pas trop favoriser le feuillage.

### ▶ TOUS LES CHARMES DE LA RIVIERA

En conjuguant la générosité de la floraison avec l'ampleur des formes, cette plantation sur balcon nous transporte sur les rives de la Grande Bleue. Un laurier-rose *(Nerium oleander)* et un datura arborescent *(Brugmansia arborea)* dominent la scène, chacun planté dans un grand pot de 40 cm de diamètre. De jolies poteries florentines accueillent un citronnier et une magnifique ismène *(Hymenocallis* x *festalis)* aux grandes fleurs immaculées, dont la silhouette fait penser à d'étranges araignées. À ses côtés, un liseron de Mauritanie dissimule complètement sa potée sous son abondante végétation. La mise en scène de ce décor, où l'on a veillé à l'authenticité des moindres détails, est très simple. Chaque plante peut être déplacée à volonté, pour faire évoluer la composition qui ne sera jamais statique. C'est du grand spectacle assuré pendant tout l'été. Hivernage sous abri vitré.

*astuce Truffaut* **Il serait souhaitable qu'un balcon planté d'espèces méditerranéennes dispose d'un store, non pour les protéger du soleil, mais pour jouer les parapluies en cas de saison pluvieuse. En effet, ces plantes ne supportent pas de baigner en permanence. Bien sûr, aucune ne sera cultivée dans un bac à réserve d'eau et les soucoupes seront systématiquement vidées.**

**LES BONS GESTES**

Les bougainvillées épanouissant leurs fleurs sur les branches de l'année, il est bon de procéder à un pincement systématique au printemps et dans le courant du mois de juillet, après la première floraison. Cette intervention consiste à étêter les jeunes pousses d'environ un tiers de leur longueur. Coupez toujours au-dessus d'une feuille. Les petits yeux (bourgeons) se trouvant à la base du pétiole vont produire de nouveaux rameaux qui ont toutes les chances de se couvrir de fleurs. Bien entendu, il est nécessaire de bien fertiliser la plante afin qu'elle repousse avec une bonne vigueur.

**Farniente en couleurs**
Niché au creux de la végétation généreuse d'un laurier-rose et d'un *Citrus mitis* conduits sur tiges, un fauteuil en osier invite à la détente. De là, le regard se pose sur la floraison généreuse du *Solanum rantonnetii*, tandis qu'une ipomée, à l'arrière-plan, renforce l'impression d'intimité par son abondante végétation. À la droite du fauteuil, deux potées toutes simples accueillent un brachycome et un kumquat. C'est frais et généreux à la fois.

**De l'idée, du mouvement et de la passion**
Un arceau métallique habillé par des tiges volubiles et par les fleurs gracieuses d'une passiflore, et une simple jardinière rectangulaire prend la dimension d'un vrai jardin. Ce berceau de végétation qui la domine crée un effet de relief incomparable. Le reste de la plantation se décline en demi-teintes très harmonieuses, avec un *Pelargonium zonale* au centre, un plectranthe foisonnant à droite et un petit pétunia rose qui fleurira tout l'été.

**La nature est toujours la plus forte**
Un tout petit coin de balcon écrasé entre des murs trop présents a été transformé en petit paradis fleuri. Une grande jardinière accueille une énorme touffe d'anthémis blancs, associée au feuillage retombant des asparagus et des plectranthes. Un *Plumbago capensis* habille le mur blanc de ses tiges volubiles et nous offre déjà les prémices de sa floraison bleu azur.

**Une collection en devenir**
Un petit coin de balcon bien ensoleillé accueille des potées de plantes frileuses : cestrum aux feuilles bronze et aux fleurs rouges, kumquat aux petits fruits (mandarines) délicieusement acidulés, polygale aux fleurs roses, et *Nicotiana sylvestris* aux longues feuilles duveteuses. Groupées comme dans un massif, ces plantes vont profiter de l'été pour se développer avec générosité.

# Le balcon de la gourmandise

TOUTE L'ANNÉE

## LES PLANTES POUR RÉUSSIR

1 **Mandarinier,** un des agrumes les moins frileux, pied greffé sur tige.

2 **Citronnier,** un jeune arbre greffé pour obtenir plus de fruits..

3 ***Citrus mitis,*** l'oranger décoratif, résistant, mais non comestible.

4 **Échevéria,** une petite vasque à disposer en plein soleil.

5 **Kumquat,** un jeune sujet taillé court pour qu'il fructifie plus.

6 **Kumquat panaché,** une petite potée à placer plutôt à mi-ombre.

Toutes les plantes voisines de l'oranger sont regroupées sous l'appellation générique d'agrumes. Ci-dessus sont regroupées pratiquement toutes les espèces qui fructifient facilement en pot sous nos climats. Il faut bien sûr les abriter en hiver dans une pièce très lumineuse dont la température nocturne est comprise entre 7 et 12 °C. Dès le mois de mai, ces plantes doivent être sorties sur un balcon très ensoleillé et abrité des vents dominants.

## À ESSAYER AUSSI

**Cassis**
C'est un buisson bien évasé qui réussit en pot à condition d'être taillé chaque année au mois de février. 'Noir de Bourgogne' est la variété conseillée pour ses gros fruits bien charnus.

**Groseille à maquereau**
Un buisson assez dense, souvent épineux, qu'il faut placer dans une grande potée ou à l'arrière-plan d'une jardinière. Offrez-lui une exposition bien ensoleillée et ne mouillez pas le feuillage pour éviter l'oïdium.

# D'autres idées

### PETITS FRUITS ET AUTRES DÉLICES

Il est bien évident que seuls les arbustes à petits fruits ou des arbres naturellement nains peuvent se développer suffisamment bien en pots ou en bacs pour parvenir à produire correctement. Ici, un beau buisson de myrtille *(Vaccinium myrtillus)* dont les baies bleues et pruineuses commencent à mûrir. Il est cultivé dans une large poterie de 40 cm de diamètre contenant de la terre de bruyère. À ses côtés, un groseillier à grappes conduit sur tige est en pleine production. La jardinière accrochée à la rambarde du balcon accueille des fraisiers. À gauche, une ronce sans épines a élu domicile dans un bac. Ses longues tiges souples s'enroulent autour de la rambarde. Toutes ces plantes doivent être taillées sévèrement, de manière à être maintenues dans des proportions raisonnables. La taille est aussi le seul moyen de provoquer des ramifications qui porteront les fruits. N'utilisez pas d'engrais trop riche en azote.

### UNE PROFUSION DE FRAISIERS

Les fraisiers sont assurément les fruits les plus faciles à réussir en pot. Ici, les plantes se sont développées très vigoureusement à la suite d'une fertilisation régulière avec une solution nutritive (1 g d'engrais par litre). Chaque pied, dans son pot de 14 cm de diamètre, est laissé libre de retomber en souplesse.

### COLONNES DE POMMES

'Ballerina' est une forme de pommier qui développe une seule tige peu ramifiée. Il forme une sorte de cordon vertical aux dimensions réduites. Cette particularité le rend propice à la culture sur balcon, dans des pots individuels de 30 à 40 cm de diamètre. La fructification est assez importante.

**LES BONS GESTES**

Les cochenilles sont les ennemis des agrumes. Ces insectes, protégés par une carapace cireuse, se développent sur la face inférieure des feuilles et sur les tiges. Repérez-les dès leur apparition afin de les éliminer, en les grattant avec le dos d'un couteau.

*astuce Truffaut*

**Les agrumes, notamment le mandarinier et le kumquat, sont beaucoup plus résistants au froid qu'on veut bien le croire. Si vous ne disposez pas d'une véranda, contentez-vous de les emmitoufler dans une triple épaisseur de voile d'hivernage. Vous retirerez la protection dans la journée par temps doux et la remettrez en place systématiquement pour la nuit. S'il gèle fort, une feuille de plastique ou un paillasson compléteront la couverture.**

# Des jardinières de légumes

MAI-OCTOBRE

LES PLANTES POUR RÉUSSIR

1 **Tomates cerises,** deux pieds non tuteurés, dans une jardinière de 50 cm.

2 **Basilic,** un plant avec menthe et poivron dans une jardinière de 80 cm.

3 **Concombre,** un pied dans un pot de 30 cm de diamètre. À palisser.

4 **Tomate hybride,** un pied accompagné d'un poivron, dans un pot de 30 cm de diamètre. À tuteurer.

Faire pousser des légumes sur un balcon est moins difficile qu'il n'y paraît. En achetant des plants prêts à être mis en terre, on économise du temps et les jardinières sont aussitôt décoratives. Les légumes ne manquent pas de charme, comme on peut le constater sur cet exemple où ils jouent les vedettes. Ils sont simplement associés à quelques reines-marguerites qui renforcent l'impression colorée. Tomates et concombres sont utilisés en habillage du claustra en bois latté qui les abrite bien des vents froids. Une exposition plein soleil, des arrosages généreux tous les deux ou trois jours et une bonne fertilisation sont les secrets de la réussite.

À ESSAYER AUSSI

**Radis 'Savour'**
Ils réussissent bien dans un pot de 20 cm de haut, au minimum, mais il faut les éclaircir.

**Courge longue**
Très décorative et vigoureuse, elle doit être palissée verticalement sur un treillage.

# D'autres idées

## UN VRAI POTAGER MODULAIRE

La plupart des légumes appréciant d'avoir leurs aises, on a conçu ici un véritable potager de balcon à partir de châssis en bois qui servent de caisses de plantations. L'intérieur est tapissé d'un film plastique pour garantir l'étanchéité au sol. Les légumes qui demandent beaucoup de terre, comme les oignons, sont disposés dans un module de 50 cm de hauteur. Pour éviter que ce dernier ne donne une impression de lourdeur, il est bordé au premier plan par un châssis de 25 cm de hauteur qui accueille des petits choux-raves au dernier stade de leur croissance. La grande jardinière de droite est le domaine réservé des salades et des choux. Le reste de la plantation est un habillage de pots divers qui accueillent individuellement tomates et basilic.

L'aspect décoratif de ce potager de balcon vient des différents niveaux de plantation. Ils créent une impression de souplesse et de fantaisie dans le décor. Autres points forts : la possibilité de faire évoluer les cultures d'un bac à l'autre en fonction de leur développement et de la présence des fleurs (ipomée, sanvitalia).

### LES BONS GESTES

Les pots « à fraisiers », qui se caractérisent par des ouvertures latérales, peuvent accueillir des plantes condimentaires ou même certains légumes comme les laitues à couper. Remplissez le contenant avec un bon terreau et disposez les jeunes plants en les glissant dans les pots.

Tassez la terre autour des racines et terminez par un arrosage copieux. L'eau doit être déversée doucement afin qu'elle soit absorbée par le substrat et ne s'écoule pas au niveau des plantes disposées sur le pourtour.

Le pot choisi ici peut s'utiliser comme suspension. En raison de son poids, il est prudent de prévoir une potence solidement fixée dans le mur avec des chevilles acceptant une traction de plus de 10 kg.

## UNE CUVETTE DE BONNES HERBES

Les récipients les plus insolites peuvent se transformer en mini-potagers. Ici, une cuvette émaillée de 50 cm de diamètre accueille une composition de menthe, persil, pourpier et deux laitues batavias. C'est original et sympathique, avec un côté rétro qui convient bien aux légumes. Pour réussir, utilisez un mélange terreux léger, maintenez en permanence le sol humide, sans jamais le détremper, et arrosez avec une solution fertilisante.

**Tout est de bon goût**
Légumes et plantes condimentaires s'associent logiquement sur ce balcon pour composer un ensemble à la végétation généreuse. Le secret de la réussite réside dans la disposition et la variété des contenants qui permettent de diversifier les plantations, tout en les réunissant en massifs assez compacts.

PAGE DE DROITE
**Du raffinement dans les détails**
Un très petit balcon avec une étagère pour tout artifice est transformé en véritable mini-jardin suspendu par la simple présence de potées variées. Côté légumes, les radis sont prêts à être récoltés, alors que le melon en fleur est une promesse de cueillette future. Une jardinière de condimentaires contenant basilic et ciboulette complète le décor qui va jusqu'au bout de la gourmandise avec la vasque de fraisiers et le pêcher nain.

**Des piments chauds comme l'été**
À la fois décoratifs et faciles à réussir en pots, différentes variétés de piments (forts et doux) sont réunies sur ce balcon très ensoleillé. Le grand choix des couleurs (vert, jaune, rouge, violet) permet de créer un réel effet ornemental.

# L'exubérance des lianes

PLEIN ÉTÉ

### LES PLANTES POUR RÉUSSIR

1 **Cobée,** très vigoureuse, elle fleurit tard en saison. À semer en place.

2 ***Abutilon megapotamicum,*** il porte des clochettes rouge et or.

3 **Ipomée,** un grand liseron bleu à végétation annuelle. Semis en place.

4 **Lagénaria,** la plus vigoureuse des courges. Uniquement ornementale.

5 ***Dipladenia splendens,*** une belle liane tropicale qui a besoin d'un abri assez doux (15 °C) durant l'hiver.

Abriter un balcon des regards indiscrets, tout en coupant les vents dominants, est souvent la vocation des palissades et des claustras. Ici, on a choisi la solution végétale pour un effet de profusion assez extraordinaire à dominante de lianes annuelles. Les grimpantes saisonnières viennent très bien en bac parce que leur développement rapide privilégie avant tout la partie aérienne. Si les racines disposent de suffisamment d'éléments nutritifs, tout va bien. La recette du succès tient au départ dans un substrat riche et consistant qui va offrir une assise suffisante à ces plantes conquérantes. Pour assurer leur développement optimum, celles-ci seront arrosées uniquement avec une solution fertilisante (1 g d'engrais par litre).

### À ESSAYER AUSSI

**Passiflore**
Une grande liane tropicale dont les fleurs en étoiles très raffinées se succèdent tout l'été. Une plante à abriter en hiver à la maison.

***Solanum jasminoides***
Sarmenteux, il habille bien les claustras. Ses fleurs s'épanouissent de juillet à octobre.

# *D'autres idées*

### ▶ UN CADRE AU DÉCOR

Les plantes grimpantes pouvant être aisément orientées dans une direction précise, il est logique de les utiliser, comme ici, pour cerner le balcon dans un cadre de verdure. Cela donne du relief à la composition, tout en mettant les autres plantes en valeur, comme si elles se trouvaient dans un écrin. Une solution à généraliser.

### ▼ EN DIRECT DES TROPIQUES

La végétation exubérante des plantes grimpantes évoque la jungle et ses plantes géantes. Ici, deux espèces tropicales : passiflore et abutilon affirment une volonté de dépaysement. L'ossature du décor à base de bambous et de rotin s'intègre à merveille dans ce style et le renforce avec goût.

### LES BONS GESTES

**Les grimpantes annuelles sont des plantes volubiles qui s'accrochent d'elles-mêmes à leur support, en y enroulant leurs longs bras flexibles. Pour obtenir un écran de verdure, il convient au départ de prévoir une armature adéquate. Il peut s'agir de simples treillis en bois, en plastique ou en grillage. Des mailles carrées de 10 cm minimum sont conseillées afin que les tiges ne risquent pas de s'étrangler dans des ouvertures trop étroites. Attachez les pousses principales au début de la végétation pour bien les orienter.**

### ▲ OSER L'EXTRÊME

*Aristolochia durior* peut dépasser 10 m de long et pousser de 3 m dans l'année. On pourrait donc la croire mal venue sur un balcon. L'exemple ci-contre prouve le contraire et démontre qu'une grande majorité de plantes s'accommode fort bien de la culture hors sol. Le bac est un demi-tonneau de grande contenance, rempli de terre riche et consistante. Cela suffit à la plante, qui module sa croissance en fonction des possibilités qui lui sont offertes.

PAGE DE DROITE
**Variation sur un thème**
Ce balcon est le même que celui de gauche, mais la végétation est encore plus abondante, car, cette année, on a augmenté le nombre de pieds de haricots d'Espagne et ils ont été mieux nourris. La vigne commence à habiller tout le haut de la pergola. Le décor floral a été complètement changé pour une collection de dahlias rouges qui s'associent avec un fuchsia. Notez aussi les jardinières de choux-raves et de poirées à cardes rouges.

**Une manne venue du ciel**
Ce balcon, joliment encadré par une pergola, croule sous la végétation délirante d'un haricot d'Espagne et d'une vigne chasselas. Ces deux plantes à vocation comestible apportent un intérêt supplémentaire au décor. Le reste de la plantation reste dans le style généreux avec deux énormes surfinias et un grand dahlia cactus.

**Une liane entreprenante**
Un chèvrefeuille habille de verdure la palissade qui délimite ce petit balcon. Son feuillage persistant assure une présence végétale permanente dans le décor, tout en jouant le coupe-vent. Ses longues tiges souples partent à l'assaut de la pergola pour la faire subtilement disparaître sous la végétation.

# Le coin des jardiniers en herbe

TOUT L'ÉTÉ

Petit coin de nature privilégié, le balcon aménagé en jardin va vite devenir l'endroit préféré des enfants pour s'extérioriser dans les jeux de plein air. Une rambarde solide décorée de jardinières, des palissades sur les côtés, il n'en faut pas plus pour garantir une bonne sécurité. Ici, une pergola toute simple, composée d'échelles en bois, encadre le décor pour lui donner son intimité. Elle est habillée de plantes grimpantes vigoureuses ni toxiques ni épineuses. Les jardinières sont garnies de plantes condimentaires et de légumes que les enfants adorent récolter. Ils ont semé eux-mêmes le grand tournesol qui offre l'avantage de pousser très vite. Côté distraction, le demi-tonneau rempli d'eau est l'occasion de jouer à s'éclabousser et de prendre un peu de fraîcheur en plein été.

LES PLANTES POUR RÉUSSIR

1 ***Actinidia chinensis,*** un plant de kiwi palissé sur la pergola.

2 **Houblon,** un jeune plant de cette grimpante qui s'entortille partout.

3 **Tomates cerises,** deux plants dans une jardinière de 60 cm de long.

4 **Pétunia pleureur,** en suspension.

5 ***Helianthus annuus,*** une potée de tournesol demi-nain.

# D'autres idées

## UN PETIT NID DANS LA JUNGLE

Pour intéresser les enfants au jardin, il faut faire appel à leur imaginaire et les entraîner dans un autre monde. Ici, l'opulence des plantations crée un univers intime, véritable petit nid de verdure, où l'enfant aime voir sans être vu. Il a besoin de cachettes et de coins secrets pour s'épanouir totalement. Et pourquoi ne pas associer le jardin du balcon avec l'univers des animaux familiers ? Une cage à oiseaux peut être suspendue sur la pergola, une maison à petits rongeurs (hamsters ou cochons d'Inde) se dissimulera sans problème au milieu de la végétation. Prévoyez d'entretenir vous-même les plantations, côté nettoyage et arrosage surtout.

*astuce Truffaut* **Pensez à placer une petite pompe électrique immergée au fond du tonneau. Elle va générer un brassage de l'eau et l'oxygéner ce qui l'empêchera de croupir et de dégager de mauvaises odeurs. Placez aussi un appareil antimoustiques sur le balcon, car l'eau les attire.**

### LES BONS GESTES

Sandrine et Anthony ont décidé de réaliser par eux-mêmes une balconnière pour le printemps. Avec un budget modeste, ils ont pu acheter une jardinière en plastique toute simple, un sac de billes d'argile expansée et quelques fleurs de saison.
Après avoir vérifié que la jardinière dispose bien de trous dans le fond pour l'évacuation de l'excès d'eau, ils posent une bonne couche drainante au fond. Un lit de 3 cm de billes d'argile (ou de gravillons) va éviter au terreau de se saturer d'eau.

La jardinière est remplie aux trois quarts de sa hauteur avec un bon terreau de plantation à base de tourbe, d'écorces compostées et de pouzzolane pour la structure. On peut y ajouter pour un contenant de cette dimension trois poignées de fertilisant organique (fumier décomposé et algues).
La mise en place des plantes commence par les extrémités de la jardinière. Chaque enfant plante une belle touffe de campanules déjà fleuries. On en trouve dans les jardineries dès le mois de février. Ces plantes vivaces restent épanouies jusqu'à la mi-mai.

Sous la conduite de leurs parents, les deux enfants ont complété leur plantation par deux primevères des jardins et deux pâquerettes pomponnettes. Ces dernières, qui commencent tout juste à fleurir, vont donner un peu de légèreté et de volume au décor.
Ce type de jardinière saisonnière gagne à être planté tout de suite de manière généreuse. On ne va pas chercher à ce que les plantes se développent vraiment, mais plutôt à ce qu'elles nous gratifient le plus longtemps possible de leur floraison. Il est temps maintenant d'arroser, opération dont raffolent les enfants.

Pour intéresser durablement les enfants aux activités de jardinage, il faut les responsabiliser et leur permettre d'aller jusqu'au bout de leur tâche. La mise en place de la jardinière sur son support peut s'avérer un peu périlleuse, en raison du poids de la plantation et de la précision des gestes que cela demande. En faisant confiance aux enfants pour cette intervention, on leur fait comprendre qu'il s'agit bien de leur jardinière et qu'ils doivent en prendre soin à tout moment. Fiers de cette attention, les jeunes se prennent au jeu, se concentrent mieux et, forcément, réussissent.

# *Un salon de plein air*

AOÛT-OCTOBRE

LES PLANTES POUR RÉUSSIR

1 **Dahlia cactus,** un tubercule par pot de 22 cm de diamètre minimum. Les tiges sont liées.

2 ***Rudbeckia triloba,*** une touffe dans un pot de 20 cm de diamètre, rempli d'un mélange très riche.

3 ***Panicum virgatum,*** une belle graminée à la floraison légère, dont les feuilles rougissent en automne.

Paresser sous la caresse du soleil, en se délectant du parfum des fleurs, est un des plaisirs rares qu'offre le balcon, beaucoup plus que le jardin. L'entretien des plantations étant moindre et la surface réduite, on dispose de plus de temps pour se consacrer à la contemplation et au farniente. Si les plantes dépassent 1,30 m de hauteur, on ressent, une fois assis, l'impression d'être dissimulé dans la végétation. Ici, des dahlias cactus plantés dans des pots individuels sont associés à un rudbéckia dont les petites fleurs accentuent l'impression de générosité de la plantation. La graminée évoque la détente avec sa silhouette souple qui se balance au gré du vent. Arrosez généreusement et fertilisez avant la floraison.

À ESSAYER AUSSI

***Helianthus annuus***

Le tournesol annuel peut remplacer les rudbéckias avec pour avantage ses fleurs de grand diamètre et sa croissance très rapide. Il lui faut un terreau assez consistant, enrichi de fumier décomposé et un pot d'au moins 25 cm de profondeur.

***Agapanthus umbellatus***

Cette généreuse plante vivace va se marier joliment avec les dahlias, apportant une couleur complémentaire dans la composition. Frileuse, on la mettra à l'abri en hiver.

# D'autres idées

## UN REMPART DE FLEURS

Les plantations sur balcons peuvent être surélevées à volonté. Les disposer sur des supports variés offre l'avantage de donner du relief à la plantation, mais aussi de créer des massifs « suspendus ». Dans un jardin, les géraniums n'auraient jamais donné cette impression de profusion. Ici, accrochés à la rambarde, ils dissimulent la palissade et créent une ambiance à la fois intime et sympathique autour du guéridon. On trouve aujourd'hui un large choix de meubles de plein air, étudiés pour une utilisation sur le balcon. Plus compacts, ils sont moins encombrants que les modèles classiques. Notez la belle harmonie de la nappe, dans les mêmes coloris que les fleurs, une idée à retenir…

## DÉTENTE EN CLAIR-OBSCUR

On apprécie toujours une certaine intimité sur le balcon. La solution la plus simple serait de se barricader derrière des palissades ou des panneaux d'occultation qui bouchent complètement la vue. Ici, on a préféré jouer subtilement avec la végétation pour profiter d'un décor agréable et varié, tout en se dissimulant aux regards des voisins. Le choix de feuillages légers, comme celui du palmier (ici, un *Howea forsteriana* qui a quitté la maison pour passer l'été en plein air) permet de filtrer subtilement les rayons du soleil et de profiter de leur chaleur, sans en subir la morsure. Toute la scène se joue entre ombre et lumière avec des intensités variables au cours de la journée. Parmi les plantes, on reconnaît : pétunia, tomate 'Roma', *Thunbergia alata*, lantana, fusain panaché, aster.

### LES BONS GESTES

Les meubles de jardin en bois peint voient leur revêtement s'écailler au fil des ans, surtout s'ils sont laissés en plein air. Pour les rénover, commencez par bien les poncer.

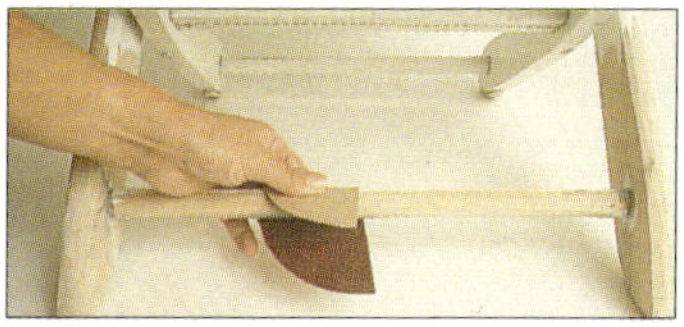

Une fois le meuble décapé, vous allez pouvoir le repeindre. Il est toutefois souhaitable de lui faire subir au préalable un traitement avec un produit antifongique. Appliquez-le partout au pinceau et plongez les pieds du meuble dedans, pendant 24 h.

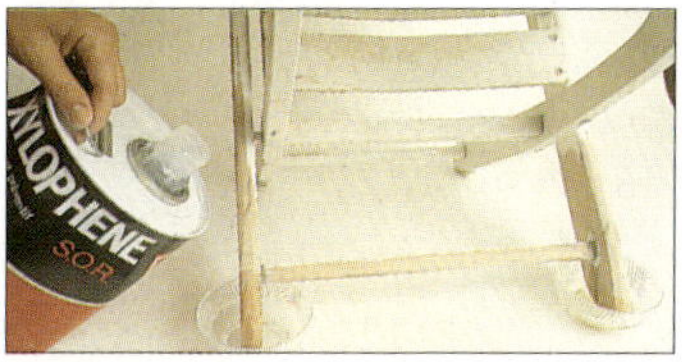


*astuce Truffaut* **Il est indispensable de prévoir le tuteurage de toutes les plantes herbacées qui, en pot, dépassent 80 cm de hauteur. Le moindre souffle de vent peut les coucher, voire casser leurs tiges frêles. Pour ne pas nuire au décor, les tuteurs doivent être aussi discrets que possible. Plantez-les au milieu du pot, en même temps que la plante. Ils seront vite dissimulés par le feuillage. Il suffit ensuite d'attacher les tiges au tuteur avec un lien de couleur verte, pour obtenir une attache solide et quasi invisible.**

4

# LES TERRASSES SUSPENDUES

# LES TERRASSES SUSPENDUES

*Se détendre dans une ambiance de fleurs et de verdure qui surplombe la ville provoque un sentiment jubilatoire de puissance et de bien-être. ✱ Par sa position dominante, la terrasse de toiture est un lieu d'exception. Privilège de l'observation, avec une vision panoramique des environs, avantage de l'exposition, sans construction alentour, ni le moindre arbre venant la priver des caresses du soleil. ✱ Suspendue entre ciel et terre, comme les fameux jardins de Babylone, la terrasse est un univers totalement artificiel qui nécessite la mise en œuvre de techniques sophistiquées, pour être transformée en jardin. ✱ Deux problèmes majeurs doivent être résolus : l'étanchéité et l'excès de poids. Pas question de laisser la moindre goutte d'eau s'infiltrer sous la dalle, cela provoquerait des dégâts considérables dans la construction et des problèmes avec le voisinage. Dans le même temps, il faut prévoir l'évacuation de l'excédent d'eau, qu'il provienne de la pluie ou de l'arrosage. ✱ Côté poids, la construction est prévue pour offrir une résistance limitée. Cette dernière est définie par l'architecte, pour chaque mètre carré de terrasse. ✱ La terre normale étant très lourde, la plupart des professionnels de l'aménagement paysager sur terrasse utilisent souvent comme substrat des matériaux artificiels très légers, à base de mousses synthétiques. ✱ Ils permettent des gains de poids appréciables mais obligent à un entretien plus suivi, notamment sur le plan de la fertilisation, car les plantes ne disposent plus d'éléments nutritifs dans leurs substrats. Une fois ces contraintes résolues, la terrasse se transforme en véritable jardin. ✱*

# *Un vrai jardin sur le toit*

TOUTE L'ANNÉE

Aménagée sur le toit d'un immeuble parisien, cette terrasse aux plantations opulentes a été réalisée par le paysagiste Alain Charles. Elle se caractérise par une végétation très dense, destinée à faire oublier la ville proche. Une fois résolues l'étanchéité de la dalle et l'installation d'un système de drainage, avec évacuation de l'eau, un mélange terreux très léger a été réparti uniformément sur 50 cm d'épaisseur. Ceci a permis la plantation « en pleine terre » des arbres et des arbustes qui peuvent développer leurs racines sans contrainte. Il en résulte une croissance exubérante, favorisée par une fertilisation régulière à l'engrais liquide entre avril et mi-juillet. Les plantes sont taillées à l'automne afin qu'elles se maintiennent dans des proportions raisonnables et harmonieuses. La pelouse est naturelle, constituée de graminées résistantes au piétinement (pelouse sport et jeux). Elle est tondue chaque semaine.

## À ESSAYER AUSSI

**Houx panaché**
Pour composer des massifs touffus qui protègent bien du bruit et du vent. Un arbuste persistant très résistant à la pollution.

**L'arbre aux quarante écus (ginkgo)**
Poussant lentement, il peut remplacer le bouleau ou le liquidambar sur une terrasse. Couleur automnale superbe.

## LES PLANTES POUR RÉUSSIR

1 ***Liquidambar styraciflua,*** un arbre fastigié, superbe en automne.

2 **Rhododendrons,** plusieurs bosquets qui fleurissent en mai.

3 ***Betula pendula,*** un bouleau pleureur pour ombrager joliment.

4 ***Acer palmatum,*** un érable du Japon, cuivré en automne.

# D'autres idées

## LE JARDIN EXTRAORDINAIRE

Cette création élégante et généreuse du paysagiste Alain Bisson est située en haut d'un immeuble de plusieurs étages. Tout l'art du professionnel a été de transformer l'endroit en un véritable jardin qui croule sous la végétation. Les massifs sont surélevés par des murets dissimulés en partie par des touffes de lavandes. Beaucoup de plantations ont été réalisées dans de grands bacs qui s'habillent de treillage afin de créer une unité. Les haies de bambous font un écran efficace qui crée un microclimat favorable au développement du palmier *(Chamaerops)*.

## RÊVER, S'ÉVADER, TOUT OUBLIER

C'est une autre partie de la terrasse illustrée ci-dessus, le lieu de détente et de repos qui surplombe la ville et permet d'en apercevoir quelques prémices, du fait de la position surélevée de la gloriette. Cette construction légère est un refuge discret, où l'on vient se détendre par tous les temps. Abritée du soleil et de la pluie, elle permet de se déconnecter des contingences matérielles et de laisser l'esprit s'évader. On y prend du bon temps, en se relaxant et en appréciant les plantations alentour. La dominante de végétaux à feuillage a aussi un côté délassant, le vert étant apaisant. Une grande réussite.

## LES BONS GESTES

Les arbres plantés sur cette terrasse étant caducs, ils génèrent un très gros volume de feuilles mortes en automne. Ramassez-les soigneusement car elles souillent la pelouse. Passez-les au broyeur qui réduira leur volume de dix à un.

Une pelouse sur terrasse gagnera à être installée par la technique du placage. Il s'agit de couvrir le sol bien préparé et impeccablement nivelé, avec des plaques ou des rouleaux de gazon déjà bien développé. Le gain de temps est considérable et le développement du gazon quasi immédiat. Huit jours après, on marche dessus.

*astuce Truffaut*

**Avec des plantations sur dalles, la terre se compacte assez vite en surface. Il peut alors se former une croûte dure qui nuit à la pénétration de l'eau d'arrosage et des engrais. Passez la griffe à trois dents chaque semaine autour des plantes afin d'aérer le sol superficiellement. Dans le même temps, vous éliminerez les mauvaises herbes qui, comme dans les jardins ordinaires, sont apportées par le vent et les oiseaux.**

**Un petit coin de terre de bruyère**
Plantés dans des bacs en bois, rendu imputrescible par un traitement à cœur par imprégnation, un érable du Japon (*Acer palmatum* 'Dissectum'), des rhododendrons nains, un cléthra, un jeune hortensia composent un joli massif rehaussé par le rouge cuivré d'une autre variété d'érable (*Acer palmatum* 'Osakazuki'). Une situation mi-ombragée est nécessaire.

**Plus fort que le béton**
Cette terrasse pourrait illustrer le thème : « rien ne résiste à la nature », tant la végétation semble se libérer du béton et le dominer. La densité de plantation d'espèces persistantes permet de créer un microclimat favorable à la conservation en plein air des phormiums et des *Cordyline australis*. D'ordinaire, ces plantes préfèrent des climats plus cléments que celui de Boulogne, dans la région parisienne. Une réalisation du paysagiste Alain Charles.

PAGE DE GAUCHE
**La nature dans la ville**
Cette terrasse réalisée par le Cercle de Babylone intègre toutes les plantations dans de grands bacs à demi creusés dans la dalle étanche. Profonds de 80 cm, ils permettent l'installation de plantes aussi inattendues que cette glycine toute dorée par l'automne et le jeune hêtre qui, lentement, prend de l'ampleur.

# *Terrasses, tendance bois*

TOUTE L'ANNÉE

LES PLANTES POUR RÉUSSIR

1 **Laurier-cerise,** un pied non taillé donne un peu d'ampleur.

2 ***Phormium tenax,*** une grande touffe à protéger en hiver.

3 **Rosier 'Dame de cœur',** un pied dans une grande vasque.

4 **Œillet d'Inde,** deux plants de couleur différente dans la potée.

5 ***Choisya ternata,*** un beau buisson d'oranger du Mexique.

Structurer le décor d'une terrasse est assez facile, car les contenants, les revêtements de sol et les éléments d'habillage des murs peuvent se décliner dans un même matériau ou bien utiliser des composants qui s'harmonisent. Cette terrasse, réalisée par le paysagiste Alain Charles, est tout à fait dans le goût contemporain par la dominante du bois. Il s'agit de pin devenu imputrescible par traitement à cœur. Tout est fabriqué sur mesure à partir de lattes qui servent aussi à fabriquer les bacs. Ces derniers, de 40 cm de haut, peuvent accueillir de grands arbustes. Un arrosage automatique réduit l'entretien. Les arbustes trop imposants sont taillés en automne.

À ESSAYER AUSSI

**Lavande**
Idéale pour les terrasses exposées en pleine chaleur. Une plante qui résiste bien à la sécheresse.

***Pieris* x *forrestii* 'Wakehurst'**
Un bel arbuste persistant dont les jeunes feuilles sont rouge vif au printemps.

# D'autres idées

**DES MASSIFS EN CAISSES ▶**

Ces grandes jardinières en bois ont été réalisées sur mesure pour composer de véritables massifs, aussi variés que ceux d'un jardin. Notez la structure à deux étages qui permet d'accueillir des arbres ou de grands arbustes dans les bacs les plus hauts. Rhododendron, cotonéaster, bouleau, laurier, millepertuis sont égayés par des œillets d'Inde, des impatiens de Nouvelle-Guinée et des lavandes. Une composition qui nécessite peu d'entretien et reste en grande partie décorative durant l'hiver.

**◀ LA VERDURE DANS TOUTE SA GÉNÉROSITÉ**

Cette grande terrasse en forme de couloir aurait pu paraître monotone sans l'astuce du paysagiste qui a su couper l'effet de perspective par la double arche en bois qui sert de pergola et par la présence d'un treillage sur les murs. Ce panneau à claire-voie apporte une note de légèreté à la partie construite. Il permet aussi aux plantes de monter à l'assaut du mur, comme ici une jeune glycine. On développe donc de façon très simple l'impression de profusion végétale. Les bacs en bois sont disposés en ligne, avec des décrochements pour éviter la monotonie. La plantation d'arbustes — millepertuis, spirée, rosiers, mahonia — reste décorative tout au long de l'année. Une taille sévère est indispensable en fin de saison afin de limiter le développement de chaque espèce et de bien dégager le passage.

**LES BONS GESTES**

Les jardinières d'arbustes sont assez résistantes à la sécheresse. En été, deux apports d'eau par semaine sont suffisants. En revanche, il peut être utile de mouiller le feuillage chaque soir après une journée de canicule.

Les treillages en bois peint s'écaillent assez vite sous l'action des intempéries. Après un léger ponçage de la partie abîmée, passez une nouvelle couche de peinture. C'est important pour l'esthétique, mais également pour la longévité de la structure en bois.

*astuce Truffaut*

**Le sol de la terrasse étant recouvert de bois, appliquez sur ce dernier une triple couche de vernis mat « qualité marine ». Il va renforcer la résistance du bois aux intempéries et surtout lui éviter de se tacher à cause de l'humidité stagnante autour des pots. Cette protection doit être renouvelée tous les trois ans environ. C'est le même produit que l'on passe sur le pont des bateaux en bois.**

**Banc intégré**
Ensemble évolutif intégrant le sol, les bacs et même un coin repos avec banc, cette réalisation est fabriquée avec des planches de 10 cm de large, coupées et assemblées sur mesure. Laurier-rose, phormium, magnolia, choisya y poussent bien.

PAGE DE GAUCHE
**Plein soleil et bleu azur**
Créée par le paysagiste Jacques Messin, cette terrasse en plein soleil accueille des plantes frileuses comme le *Ceanothus thyrsiflorus* 'Repens' ou le *Fremontodendron californicum*.

**Raffinement classique**
Le treillage qui délimite cette terrasse se décline sur différents niveaux pour éviter la monotonie. Le panneau arrondi met en valeur la jarre ancienne et les poteaux se parent de jolies boules.

# *La terrasse fait salon*

**MAI-SEPTEMBRE**

LES PLANTES POUR RÉUSSIR

1 **Chèvrefeuille,** une plante grimpante à palisser sur le pylône.

2 ***Magnolia grandiflora,*** un jeune arbre dans un pot de 40 cm.

3 ***Argyranthemum frutescens,*** trois pieds d'anthémis blanc par pot de 40 cm de diamètre.

Farniente, loisir, bronzage, cette grande et belle terrasse invite à la détente et au plaisir avec son « bain de soleil » mis en évidence parmi les potées fleuries. Elle joue aussi la carte de l'accueil avec cette grande table prête pour des agapes en plein air. L'harmonie du décor vient de l'utilisation massive du bois, avec un salon de jardin dans les mêmes teintes que le plancher et la grande pergola. La recherche d'une certaine homogénéité ou d'une dominante est la clé du succès dans la plupart des créations paysagères. Les grandes potées fleuries d'anthémis accentuent le côté convivial, tout en offrant la possibilité de transformer le décor en les déplaçant. C'est une terrasse encore jeune, mais, dans quelques années, elle sera bien ombragée par le chèvrefeuille.

À ESSAYER AUSSI

**Rosier 'Rimosa'**
Une excellente variété grimpante qui accepte d'être cultivée en bac de 40 cm de profondeur. À palisser sur un des pylônes.

***Solanum rantonnetii***
Un buisson très touffu qui se couvre tout l'été de fleurs en coupe, bleu intense à centre d'or. L'arbuste peut être conduit sur tige. Il vient bien en pot de 30 cm de diamètre. À protéger du froid.

# D'autres idées

### UN PETIT REPAS ENTRE AMIS

La situation privilégiée de cette terrasse qui domine la ville (c'est la même que celle de la page précédente, mais vue sous un autre angle) en fait un endroit de prédilection pour partager des repas amicaux. On profite de la vue panoramique sur les buildings, tout en se dissimulant à plaisir derrière les écrans de verdure. L'emplacement très en hauteur nous met à l'abri des fumées polluantes et du bruit de la rue. C'est un plaisir partagé par les convives et les plantes. Un arrosage automatique assure l'entretien. Taillez de temps en temps et fertilisez.

### SOUS LA CARESSE DU SOLEIL

Les terrasses situées au dernier étage d'un grand immeuble offrent l'avantage de ne pas avoir de vis-à-vis. Elles offrent l'occasion de s'exposer en toute décontraction à la caresse du soleil. Un grand parasol a été installé pour bénéficier d'un peu de fraîcheur aux heures les plus chaudes de l'été. Il est piqué dans un pied en béton très lourd, et dont la stabilité est renforcée par une potée posée dessus. C'est un point très important, car les terrasses sont toujours plus exposées aux vents violents que les jardins. Chaque fois que vous quittez l'endroit, fermez soigneusement le parasol pour éviter tout problème, c'est plus prudent.

### LES BONS GESTES

La plupart des arbustes à floraison estivale comme les hibiscus, les buddléias, les caryoptéris, les lantanas et même les lauriers-roses ont besoin d'être taillés après la floraison. En effet, ces plantes développent leurs boutons sur les pousses de l'année (à l'extrémité des rameaux). Sans une taille annuelle, la souche s'agrandit et se dégarnit de la base, donnant un arbuste dégingandé, à la silhouette peu esthétique.

À l'entrée de l'automne, taillez toutes les pousses à environ 5 cm du vieux bois. L'idéal est de conserver seulement deux bourgeons (yeux) ou deux feuilles sur le rameau. C'est une taille très spectaculaire qu'il ne faut pas avoir peur de pratiquer, car la plante repart de plus belle au printemps. Éliminez aussi les plus vieilles branches (écorce ridée, crevassée) au profit de jeunes rejets qui apparaissent souvent à la base de la souche.

*astuce Truffaut*

**Sur les grandes terrasses, utilisez des pots surdimensionnés, de préférence en matériau lourd (terre cuite, bois, pierre reconstituée) afin de ne pas être obligé de les lester ou de les attacher pour leur éviter d'être renversés par le vent. Des plantes touffues, comme l'anthémis, par exemple, ont une prise au vent très importante et le fait de tomber suffit souvent à troubler leur croissance, sans oublier les risques de casse.**

**Le luxe à l'état pur**
Vue imprenable, décor végétal raffiné, motif distingué du dallage, mobilier de style, tout concourt à faire de cette terrasse un lieu de fastes et de plaisirs. Une réalisation de Alain Frédéric Bisson.

**Tout simplement contemporain**
Des meubles aux lignes d'une grande sobriété, un décor tout en bois, du caillebotis au claustra en passant par les grandes jardinières. L'ambiance est chaleureuse mais sans ostentation.

**Tranquille chez soi**
À mi-chemin entre le grand balcon et le vrai jardin en terrasse, cet espace détente se trouve au deuxième étage d'un immeuble en pleine ville. L'utilisation judicieuse des arbustes à feuillage persistant (rhododendrons, magnolias) et des bambous assure une présence végétale en toutes saisons Le salon de jardin en rotin est simple mais confortable. C'est un endroit bien abrité où l'on a envie de s'arrêter quelques instants.

**Complètement jardin**
Cette grande terrasse parisienne réussit le miracle de faire oublier complètement son environnement. La plantation bénéficie de très grands bacs, joliment habillés de treillage et disposés avec des décrochements comme de vrais massifs de jardin. Disposant d'un grand volume de terre, les plantes et les arbustes prospèrent à leur aise.

# *Sur les toits de la Riviera*

TOUTE L'ANNÉE

Bénéficiant d'une vue imprenable sur la « Grande Bleue », cette terrasse monégasque est environnée de cactus et de plantes grasses dans une ambiance des plus exotiques. Le microclimat très privilégié qui règne ici est dû à l'influence de la mer et à l'exposition plein sud des constructions à flanc de coteau. La baie se trouve protégée de tous les vents violents, hormis ceux du sud et du sud-est qui, par leur côté chaud et sec, sont tout à fait propices à la prolifération des plantes grasses. Ces dernières sont plantées directement dans des poches de terre ménagées à même la roche. En raison de la faiblesse des précipitations, il n'y a pas de risque de pourriture des racines. Les plantes prospèrent naturellement, recevant, éventuellement, la protection d'un voile en hiver par temps un peu froid et surtout pluvieux. Le jardin sur la terrasse est planté directement sur la dalle. Le « gazon » est du *Dichondra repens.*

LES PLANTES POUR RÉUSSIR

1 **Figuier de Barbarie,** ce cactus rustique porte des fruits comestibles.

2 ***Euphorbia resinifera,*** une plante grasse en forme de coussins épineux.

3 **Aloès,** une plante grasse aux feuilles épineuses et aux fleurs rouges.

4 **Lavande,** l'indispensable plante de bordure pour le plein soleil.

5 ***Pittosporum tobira,*** un bel arbuste arrondi aux fleurs parfumées.

## À ESSAYER AUSSI

**Mimosa**
Cet arbre à feuilles persistantes et à floraison hivernale vit très longtemps en bac s'il est taillé chaque année après la floraison. Exposition chaude, en plein soleil.

**Bougainvillée**
La grimpante de la Côte d'Azur par excellence, avec une floraison généreuse de mai à octobre. La culture en bac est facile si la plante bénéficie de la chaleur.

# D'autres idées

## ◄ JARDIN DANS L'AZUR

La construction en gradins de la marina de la baie des Anges réserve de beaux espaces aux terrasses. Certaines prennent l'aspect d'un véritable jardin planté sur dalle, avec gazon et massifs. Ici, une *Cordyline australis* voisine avec une touffe d'anthémis blancs et des lavandes. Sur la gauche, on découvre l'ébauche d'un bassin creusé dans la dalle. Une terrasse détente dans une ambiance vacances.

## ▼ S'ÉVADER SUR L'EXTÉRIEUR

Une terrasse aménagée en jardin peut être transformée en nid de verdure pour s'abriter d'un environnement hostile ou, comme ici, s'ouvrir sur l'extérieur afin de donner l'impression d'espace et de profiter d'un climat favorable. Dans ce cas, on n'hésite pas à ménager des trouées dans la verdure pour que le regard file vers l'infini.

*astuce Truffaut*

**La plantation des cactées dans des anfractuosités rocheuses permet de prolonger l'ambiance humide après les arrosages, la pierre s'imbibant légèrement. C'est très bénéfique à ces végétaux en été, car, contrairement à une idée répandue, ils ont besoin d'eau pour se développer.**

## ◄ RÉSISTER AUX EMBRUNS

Les vents humides et salés en provenance de la mer sont un des handicaps majeurs pour la réussite d'une terrasse sur la Côte d'Azur. La solution passe en général par l'utilisation de plantes résistantes dans les zones les plus exposées. Le *Pittosporum tobira*, planté ici dans de grands bacs, est une des meilleures espèces pour cet usage car il fleurit longtemps. Il peut être associé à des lauriers-roses, des tamaris. Les abélias, escallonias et oléarias conviennent aussi fort bien.

## LES BONS GESTES

**En été, prévoyez un ombrage sur la terrasse pour qu'elle devienne « vivable ». Il suffit de dérouler un paillasson, un rouleau de joncs ou de brandes sur la pergola pour obtenir une bonne efficacité. Attachez-le bien pour qu'il tienne au vent.**

# Un petit coin de paradis

TOUTE L'ANNÉE

Avec la perspective de la butte Montmartre dans le lointain, cette terrasse bénéficie d'une vue magnifique qu'il fallait conserver. Pour offrir aux propriétaires une impression verdoyante toute l'année et une ambiance assez intime, le paysagiste Laurent Sustrac a privilégié des arbustes à croissance lente et à végétation compacte. Plantés dans de grands bacs élégants, en bois exotique, ces arbustes, à dominante de persistants, constituent une sorte de haie décontractée et décorative. La présence de plantes à parfum (les fleurs printanières du choisya sentent la fleur d'oranger et la lavande embaume en été) est une idée toute simple mais astucieuse, qui fait plus encore apprécier ce petit coin de terrasse. Côté entretien, il suffira d'un arrosage par semaine et d'une taille annuelle pour équilibrer les plantes.

LES PLANTES POUR RÉUSSIR

1 ***Elaeagnus pungens* 'Maculata Aurea',** persistant.

2 ***Choisya ternata*,** persistant, compact, fleurs odorantes, 1 pied.

3 **Lavande,** deux plants espacés de 40 cm. Persistante, florifère.

4 **Cornus alba 'Marginata',** caduc, tailler court chaque hiver.

À ESSAYER AUSSI

***Aucuba japonica***
Un bel arbuste persistant, très résistant à la pollution, qui peut vivre en bac de longues années. Ne pas trop arroser.

***Ruta graveolens***
Une plante vivace poussante et solide dont le feuillage dégage une odeur aromatique. Les petites fleurs sont jaunes en été.

# D'autres idées

## ◀ UN SQUARE DANS LES ÉTAGES

Cette très étonnante terrasse parisienne se caractérise par la sobriété de ses lignes et de ses plantations. Le seul matériau utilisé est le bois exotique, qui réchauffe l'environnement de béton. Les grand bacs carrés accueillent des *Magnolia grandiflora*. Ces arbres à croissance lente sont persistants. Ils produisent en été de grandes fleurs en coupes blanches, parfumées. Le pied de chaque magnolia est habillé d'arbustes tapissants et de quelques vivaces. La répétition des doubles bancs s'inspire un peu des jardins publics. Original !

## ▼ STYLE RÉTRO, CHARME RUSTIQUE

Bordée de murs en pierre qui reprennent le mode de construction de la maison, cette terrasse d'une élégance très sobre est tapissée d'un opus romain en dalles de grès. Ici et là quelques pierres ont été « oubliées » pour laisser la place à la végétation. C'est le cas pour la valériane rouge *(Centranthus ruber)* du premier plan. Des pélargoniums à feuillage odorant décorent les potées. Quant à l'arbuste jaune, il s'agit d'un *Cytisus battandieri*, une espèce peu commune.

*astuce Truffaut* **Chaque printemps, taillez assez court les branches du *Cornus alba* afin qu'il produise un maximum de nouveaux rameaux. Ces derniers ont une écorce rouge vif ou jaune la première année, ce qui les rend très décoratifs en hiver.**

### LES BONS GESTES

Les lavandes ayant tendance à se dégarnir du pied au fil des saisons et reperçant difficilement sur le vieux bois après une taille sévère, pensez à les rajeunir par bouturage. Les petites pousses d'extrémité s'enracinent fort bien si elles sont plantées dans un mélange de sable et de tourbe. Opérez en août et septembre.

**Un massif de couleurs et de fraîcheur**
Profitant du fait que les plantes de terre de bruyère se contentent d'un sol de faible épaisseur, le paysagiste Laurent Sustrac a composé un massif sur dalle avec magnolia, piéris, *Hydrangea quercifolia*, bruyères. À l'arrière-plan, un grand rosier 'Cocktail' fleurit de juin à octobre. L'ensemble bénéficie d'un arrosage automatique. La pelouse est synthétique.

**Détente à l'ombre**
Discrètement abritée des regards indiscrets par la bande de treillage qui rehausse avec élégance le mur de séparation, cette terrasse est un agréable coin repos, ombragé par un immense parasol. Le sol est en gazon synthétique pour réduire l'entretien. Le muret, à gauche, constitue une sorte de bac géant qui permet l'épanouissement de plantations comme le genévrier doré.

PAGE DE DROITE
**Dans un nid de verdure**
L'abondance de plantes est un point fort sur une terrasse, a fortiori quand elle est, comme ici, de petite taille. Les énormes bacs de 50 cm de hauteur permettent le bon développement des lavandes, abélias, rhododendrons, hortensias, bambous et de l'érable du Japon.

5

# LES REZ-DE-JARDIN

# LES REZ-DE-JARDIN

*À la fois prolongement de la maison et transition entre l'intérieur et l'extérieur, le rez-de-jardin combine les éléments construits avec les plantations.* ❦ *On l'appelle parfois terrasse, parce qu'il s'agit d'une surface plane et dégagée, bordée le plus souvent par un muret ou un parapet. Le rez-de-jardin se couvre en partie d'un dallage, qui constitue un lien pratique et esthétique entre la maison et le jardin.* ❦ *On peut ainsi pointer le nez dehors par mauvais temps, sans risquer de patauger dans la boue. À la belle saison, c'est un endroit privilégié pour installer un salon de jardin et créer une très agréable salle à manger de plein air, où se dérouleront tout l'été des « barbecue-parties » mémorables.* ❦ *Situé en général à l'arrière de la maison, le rez-de-jardin est un endroit intime qui se niche au milieu d'une végétation généreuse. Il associe les plantations en pleine terre aux potées à la floraison opulente.* ❦ *Ces dernières permettent de varier le décor à l'infini, en les disposant au gré de votre fantaisie.* ❦ *Pour que l'on s'y sente bien, le rez-de-jardin doit être accessible, avec juste ce qu'il faut de camouflage pour voir sans être vu. C'est un lieu d'accueil et de détente, où doivent proliférer les plantes aromatiques et les fleurs parfumées.* ❦ *Offrez-lui un peu de sophistication, pour donner une impression de chic. Utilisez par exemple des plantes taillées aux formes régulières et même des topiaires originales. Qu'ils se nomment buis, laurier, if, troène ou pittosporum, ces végétaux gagnent à être laissés en pots.* ❦ *Vous éviterez ainsi une impression un peu rigide et monotone à la longue, en ayant la possibilité de les déplacer à votre gré. Bien défini, structuré, organisé avec sa personnalité propre, le rez-de-jardin doit à la fois s'exprimer par lui-même et s'intégrer au reste du jardin. C'est ce qui en fait son charme et sa complexité.* ❦

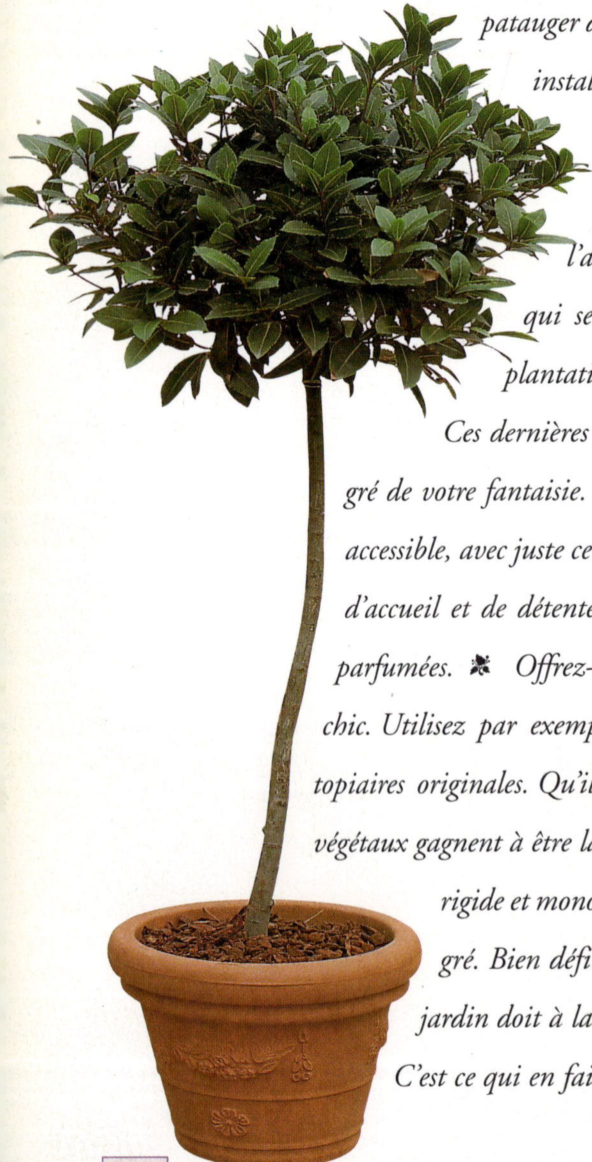

# Une touche de romantisme

**JUIN-SEPTEMBRE**

LES PLANTES POUR RÉUSSIR

1 **Rosier 'Iceberg',** un pied greffé sur une tige de 1 m.

2 **Bigaradier,** deux potées de cet oranger amer assez résistant au froid.

3 ***Ficus retusa,*** un grand sujet en pot, à rentrer à la maison l'hiver.

4 **Géranium-lierre,** trois pieds dans une grande vasque.

Le rez-de-jardin renforce la personnalité de la propriété, en imposant un style dominant. C'est le cas ici avec cette terrasse de plain-pied couverte d'une pergola métallique dont les montants sont joliment ouvragés à l'ancienne. On retrouve ce style romantique avec la petite balustrade, qui joue surtout les barrières symboliques, et le mobilier de jardin orné de motifs similaires. Toute la surface a été carrelée afin de constituer un véritable « salon de plein-air » qui prolonge bien la maison. Toutes les plantations sont en bacs. Elles jouent l'originalité avec des espèces d'orangerie qui séjournent tout l'été à l'extérieur dans cet endroit privilégié.

À ESSAYER AUSSI

**Laurier-sauce**
Conduit sur tige et taillé en boule, il apporte une note d'élégance. Son feuillage persistant très aromatique est utilisé en cuisine.

***Manettia bicolor***
Une grimpante frileuse qui se cultive comme une annuelle. Pour habiller un pylône.

# *D'autres idées*

### L'ESPACE DÉTENTE

Dans ce jardin privé de l'île de Jersey, une imposante surface dallée fait le lien entre la maison et l'orangerie. Exposé en plein soleil, ce rez-de-jardin est un lieu de détente qui permet la contemplation du jardin en contrebas. La dominante minérale du dallage est atténuée par la présence du bassin circulaire, au milieu duquel trône une fontaine. La rigidité un peu pompeuse de l'orangerie est atténuée par les arceaux métalliques habillés de plantes grimpantes. Nous sommes au début du printemps et la végétation n'est pas encore bien avancée. Plus tard dans la saison, l'orangerie disparaîtra en grande partie derrière l'opulente végétation des bignones et des glycines.

### OÙ COMMENCE LE JARDIN ?

C'est la question que l'on peut se poser, tant la végétation semble prendre le pas sur le minéral. Les contours de la courette dallée de briques disparaissent sous le foisonnement des potées d'agapanthes et d'arums. Elles ne sont pas encore en fleurs car nous sommes à la mi-mai. En juillet, ce sera une explosion spectaculaire en bleu et blanc. Pour l'instant, le décor est assuré par la floraison généreuse des rhododendrons qui apprécient cette situation mi-ombragée. Cet endroit passe dans la même journée de l'ombre au soleil et de la canicule à la fraîcheur. C'est ce qui en fait son côté si plaisant.

**astuce Truffaut** **Ménagez des ouvertures dans la partie dallée du rez-de-jardin pour y planter un petit arbre, un conifère ou un bel arbuste. Se trouvant en pleine terre, celui-ci aura toutes les possibilités de se développer et d'atteindre rapidement sa maturité. Une bonne idée pour créer un ombrage avec un érable du Japon, par exemple.**

### LES BONS GESTES

Les pluies printanières et du début de l'été favorisent les attaques du marsonia sur les rosiers. Ce champignon forme des taches noires circulaires sur le feuillage. Il est important de traiter avec un fongicide dès l'apparition de la maladie afin d'enrayer son développement.

Les plantes grimpantes volubiles comme le kiwi, la clématite, le chèvrefeuille, ou sarmenteuses comme les rosiers doivent être orientées et attachées sur leur support, au fur et à mesure leur croissance. Enroulez les branches sans les tordre ni les contraindre.

# *Les grands classiques*

TOUTE L'ANNÉE

### LES PLANTES POUR RÉUSSIR

1 **Buis (*Buxus sempervirens*),** un plant tous les 15 cm en bordure.

2 ***Euphorbia wulfenii,*** un pied de cette vivace persistante.

3 ***Picea glauca* 'Conica',** un cône régulier à croissance lente.

4 ***Alchemilla mollis,*** une plante de bordure à la floraison vaporeuse.

Un rez-de-jardin bien conçu peut passer inaperçu s'il s'intègre avec une parfaite logique esthétique dans le concept global du jardin. C'est le cas ici, dans une splendide propriété privée de Belgique. La partie la plus structurée, avec ses bordures de buis, ponctuées à chaque extrémité par un cône du même arbuste, constitue le rez-de-jardin. Ce tracé résolument classique avec ses lignes géométriques casse la monotonie d'un dallage vieillissant. Entre chaque carré de buis, des plantes vivaces au port souple et décontracté animent le décor. C'est un style très actuel, pour une scène d'entretien facile, hormis les deux tailles annuelles des buis.

### À ESSAYER AUSSI

***Taxus baccata* (if)**
Un conifère à feuilles plates et souples qui accepte toutes les tailles, peut par conséquent être formé en topiaire. Les fruits (arilles) sont décoratifs et toxiques.

**Santoline**
Buissonnant, compact, ce sous-arbrisseau au feuillage argenté et aux fleurs jaunes fait de très jolies bordures.

## D'autres idées

### ◀ UNE SOBRIÉTÉ MINÉRALE

Si vous rêvez d'un jardin pratiquement sans entretien, voici une solution très contemporaine, d'inspiration méditerranéenne. Créée par le paysagiste Didier Danet, cette grande terrasse en carreaux de pierres du Gard aurait pu paraître monotone sans les motifs géométriques en galets qui la quadrillent astucieusement. De magnifiques poteries surdimensionnées accueillent des pélargoniums à feuillage odorant et des pétunias. Le grand volume de terre dont elles disposent permet de réduire la fréquence des arrosages. Nous sommes dans un véritable rez-de-jardin, en effet il n'y a pas de balustrade pour le délimiter, deux marches seulement conduisant au jardin proprement dit. Elles constituent un lien très sobre, souligné de chaque côté par une potée plantée de petits œillets. Très chic.

### ▶ TOUT DE PLAIN-PIED

Voici l'exemple idéal pour différencier un rez-de-jardin et une terrasse. Ici, le dallage se trouve au même niveau que la pelouse et les massifs. Il n'y a même pas de transition, tout est englobé pour donner une belle impression d'uniformité. Le dallage en opus romain contribue à l'aspect luxueux de l'ensemble, renforcé par les lignes très pures des plantations. Les potées de lauriers en boules portées par des tiges spiralées renforcent l'impression de classicisme. La scène serait un peu rigide sans la présence des rosiers grimpants qui fleurissent la façade en beauté.

*astuce Truffaut* **La taille des bordures de buis gagne à être effectuée avec un modèle de taille-haies léger, maniable et dont la lame est aussi courte que possible pour obtenir un excellent équilibre. Posez une baguette de bois sur le dessus de la haie afin qu'elle vous serve de guide pour une taille parfaitement droite.**

**LES BONS GESTES**

La formation d'un buis en cône ou en boule commence à partir d'un jeune sujet de 20 cm de hauteur. Dans un premier temps, laissez-le s'étoffer pendant un an. Au printemps suivant, commencez la mise en forme. Pour les boules, il faut éliminer la pousse terminale et tailler en partant du dessus de la plante. C'est la partie médiane de l'arbuste qui doit être la plus bombée. Pour obtenir un cône, il ne faut surtout pas toucher à la tige centrale, mais au contraire en stimuler le développement, en taillant les pousses qui l'entourent du tiers de leur longueur. Ensuite, descendez en dégradé, en élargissant vers le bas.

# *Détente parmi les fleurs*

**JUILLET-AOÛT**

## LES PLANTES POUR RÉUSSIR

1. **Penstémon,** espacer chaque pied de cette vivace de 40 cm.
2. ***Diascia rigescens,*** une vivace à planter tous les 30 cm.
3. ***Magnolia stellata,*** il se couvre de fleurs blanches au printemps.
4. **Millepertuis,** une vivace très envahissante, mais florifère en été.

Joliment colorés, ces tapis de fleurs vivaces délimitent en beauté ce rez-de-jardin. Leur tracé sinueux minimise l'importance de la surface dallée, tout en apportant une touche de naturel. C'est une composition simple mais spectaculaire qui illustre bien l'importance de l'effet de masse au niveau des couleurs. Chaque plante occupe au moins 1 m$^2$ au sol, afin de bien marquer sa présence dans la palette de couleurs. On obtient ainsi une impression beaucoup moins cacophonique, même en mariant, comme ici, des teintes assez violentes. Au printemps, des bulbes composeront une scène similaire, dans des tons plus doux.

## À ESSAYER AUSSI

***Alchemilla mollis***
Une plante vivace couvre-sol au feuillage opulent et à la floraison très légère à la fin du printemps.

***Polygonum affine***
Un tapis régulier et envahissant qui porte au cœur de l'été une multitude de petits épis roses ou rouges.

# D'autres idées

## DES POTS POUR CHAQUE SAISON

Conçu un peu comme un grand balcon, ce joli coin de terrasse, dallé de petits pavés de porphyre, change de décor au fil des saisons. Ici, pour le printemps, divers rhododendrons viennent nous enchanter de leur floraison. Appréciez le sujet conduit sur tige. Il apporte une certaine originalité dans le décor, tout en lui donnant de l'ampleur. Pour jouer aussi sur le volume, la vasque de rhododendrons nains a été disposée sur un piédestal. Ainsi surélevée, elle paraît plus imposante. Une fois les rhododendrons défleuris, les potées seront transportées dans le jardin attenant, exposées à mi-ombre. Elles pourront être immédiatement remplacées par de nouveaux bacs plantés de fleurs annuelles ou d'arbustes méditerranéens. Pour l'automne, des potées de chrysanthèmes, des jardinières de bruyères, un bac contenant un érable du Japon transformeront à nouveau le décor. Le secret de la réussite tient dans un travail de manipulation, qui nécessite quelques efforts mais ne pose pas de difficulté particulière. En revanche, le nombre important de contenants implique un budget relativement important et du temps à consacrer à l'arrosage. L'avantage indéniable est de disposer en permanence d'un nouveau jardin dans lequel on ne s'ennuie jamais.

## L'ÂME SAUVAGEONNE

Autour d'un dallage en carreaux de grès, qui délimite avec force le territoire du rez-de-jardin, des plantations foisonnantes et variées animent le décor. Les potées disposées judicieusement à la périphérie du dallage assurent la transition avec le jardin. Elles évoluent au fil des saisons et sont déplacées au gré de l'humeur du jardinier. Tout autour, c'est la profusion des plantes vivaces qui s'entremêlent en beauté, donnant l'impression d'une végétation spontanée. Viennent ensuite les arbustes qui constituent une seconde ligne de végétation, formant comme un écrin chaleureux et rassurant alentour.

### LES BONS GESTES

Les plantes vivaces couvre-sol se caractérisent par une croissance assez envahissante. Les touffes devenant de plus en plus serrées au fil des saisons, elles vont petit à petit réduire leur floraison, voire jaunir un peu. Il est temps alors de procéder à un rajeunissement de la plantation. Celui-ci s'effectue en divisant les touffes dont les plus jeunes rejets sont remis en terre à bon écartement après fertilisation du sol.

*astuce Truffaut*

**Dans un massif de vivaces, délimitez l'emplacement dévolu à chaque espèce avec un petit grillage enterré de 20 cm et dépassant de 10 cm au-dessus du sol. Il vous servira de repère pour tailler chaque plante.**

**Tiré à quatre épingles**
Ce petit coin terrasse dans un jardin de ville est l'archétype du style « fin de XXe siècle ». Il associe habilement les lignes géométriques des matériaux avec la fantaisie des plantations. Le dessin en décroché du dallage permet de répartir les plantes avec beaucoup de rythme. On reconnaît, au premier plan à gauche, un *Chamaecyparis pisifera* 'Boulevard', un cône bleuté à la texture souple et légère. Il fait un joli contraste avec un piéris à feuillage panaché. Le massif à l'arrière-plan est légèrement ombragé. Il est composé de digitales, mahonias, astilbes, hostas, tabacs d'ornement et de nombreux arbustes persistants qui maintiennent la présence de la verdure en toutes saisons.

**Une invasion végétale**
Facile à réaliser et toujours spectaculaire, le dallage ponctué d'une végétation tapissante est fort bien illustré par ce rez-de-jardin où foisonne l'alchémille *(Alchemilla mollis)*. L'utilisation d'une seule espèce permet un effet d'unité très spectaculaire et d'un raffinement sans égal. Une jolie réalisation, vue dans un jardin de St Peter, à Jersey.

**Fantaisie de valérianes**
Prolongement d'un manoir breton, ce rez-de-jardin reprend les matériaux de construction locaux pour le muret habillé de valérianes *(Centranthus ruber)*. Ces plantes vivaces très résistantes poussent même dans les anfractuosités de la pierre.

# Dans la fraîcheur de l'ombre

**JUIN-OCTOBRE**

Habillant joliment une solide pergola aux colonnes de pierre de style antique, deux glycines de Chine partent à l'assaut de la construction. La vigueur de la plante est phénoménale, avec une capacité de croissance de plus de 2 m par an. Ses jeunes tiges souples s'enroulent autour du premier obstacle qu'elles rencontrent. Elles se lignifient ensuite, continuant à grossir au fil des ans et accentuant la pression sur leur support, jusqu'à parfois le briser. C'est le cas ici avec la troisième colonne qui n'a pas résisté à la force herculéenne de la plante. Nous sommes au Clos du Peyronnet, à Menton, où la glycine sert de véritable régulateur thermique à ce petit passage dallé entre maison et jardin. Les jeunes tiges redescendent même le long de la façade, l'habillant joliment d'une végétation luxuriante. Une taille hivernale réduit à deux ou trois yeux toutes les pousses latérales pour favoriser la floraison.

LES PLANTES POUR RÉUSSIR

1 **Glycine de Chine *(Wisteria sinensis)*,** la plus vigoureuse des grimpantes, qui a besoin d'un support très solide. Floraison en mai.

À ESSAYER AUSSI

***Campsis radicans***
Une généreuse liane à floraison estivale qui parviendra à habiller totalement une pergola. Plantation au sud, car elle est frileuse.

***Ceanothus impressus***
Un arbuste persistant à petites feuilles gaufrées et fleurs bleues en mai. On le palisse contre un mur exposé au sud, car il craint les fortes gelées. Il atteint 3 m.

# D'autres idées

## ▶ UN SALON D'EXTÉRIEUR

Prendre l'air et deviser entre amis est la destination première de ce rez-de-jardin aménagé en grande terrasse bien dégagée sur laquelle a été installé un ensemble complet de meubles de jardin. Chaises et bancs sont ombragés par un généreux figuier palissé le long du mur afin de résister aux morsures de l'hiver. Nous sommes aux Pays-Bas et l'influence maritime permet de conserver cette plante sans autre protection. Le dallage de brique est sobre et rustique.

## ◀ OMBRAGER À TOUT PRIX

Exposé plein sud, ce rez-de-jardin transformé en coin détente serait inutilisable une grande partie de la journée, sans la présence de l'acacia *(Robinia pseudoacacia)* et du store qui dispensent une ombre bienfaisante. Les plantations à dominante de feuillage ont été judicieusement choisies, afin que leur couleur « neutre » compose un camaïeu, fondu dans l'environnement. À l'inverse, une profusion de fleurs pourrait paraître agressive et nuire à l'ambiance paisible de l'endroit. Appréciez les buis en boules, ils ont plus de vingt ans.

## ▶ UNE JUNGLE BIEN SYMPATHIQUE

Les passionnés de plantes conçoivent leur jardin comme un fouillis de feuilles et de fleurs parmi lequel on se faufile à plaisir, goûtant un parfum ici, appréciant une silhouette là. Cet amour du végétal est bien illustré par ce petit coin de jardin belge où l'on sent à peine la transition avec la maison. Celle-ci s'exprime symboliquement par la présence du citronnier, une plante qui passe de l'intérieur à l'extérieur avec beaucoup d'à-propos selon les saisons. La plupart des cultures sont en pots, pour varier le décor et le plaisir.

*astuce Truffaut* **Pour éviter qu'une glycine ne brise les montants d'une pergola, guidez les tiges le long de tuteurs piqués tout près des montants. Vous empêcherez ainsi les longs bras de la plante de s'enrouler autour des pylônes.**

# *Un parfum de terroir*

TOUTE L'ANNÉE

### LES PLANTES POUR RÉUSSIR

1 ***Albizzia julibrissin,*** c'est l'arbre de soie à fleurs roses en juin.

2 ***Nepeta calamintha,*** à la fois décoratif et aromatique.

3 **Tabac d'ornement,** une fleur annuelle qui s'épanouit tout l'été.

4 ***Achillea ptarmica,*** une plante officinale à petites fleurs blanches.

Respecter le style régional, le remettre au goût du jour, en découvrir toutes les subtilités et en dévoiler la beauté, fait aussi partie des grands principes de la mise en scène d'un jardin. Cette grande terrasse carrelée jouxte la superbe maison de pierre des jardins de Sardy en Dordogne. La dominante minérale est habilement gommée par la présence majestueuse de deux *Albizzia julibrissin.* Ce sont des arbres à port étalé et à feuillage finement découpé, dont la cime se couvre de fleurs en pompons soyeux au début de l'été. Le pied est habillé de diverses plantes à la fois décoratives et aromatiques, destinées à flatter tous les sens. Sobre et parfaitement réussi.

### À ESSAYER AUSSI

***Morus nigra*** **(mûrier)**
Un bel arbre à la silhouette compacte et aux très grandes feuilles, qui produit des fruits comestibles en été. Idéal pour les régions du sud de la Loire.

***Thymus serpyllum***
Un petit thym à la végétation très tapissante, qui se couvre au printemps d'une féerie de petites fleurs rose intense.

# D'autres idées

## ▶ AVEC L'ACCENT CH'TIMI

Cette architecture typique des régions du Nord et de la Belgique est bien mise en valeur par un dallage en carreaux de grès qui en accentuent le caractère rustique. C'est un endroit bien dégagé afin de profiter des meilleures journées de l'été. Il joue l'évasion avec la bordure de lavandes et la potée de lauriers-roses qui évoquent le Midi. La terrasse est protégée des vents dominants par une épaisse boule de buis, à la rondeur synonyme de générosité. C'est un décor tout simple, dont la mise en scène est à la portée des débutants, avec des potées de vivaces qui vont fleurir au fil des mois. Côté entretien, deux arrosages par semaine suffisent.

## ◀ ADORABLE CHAUMIÈRE

Le toit de chaume donnait déjà un caractère rustique et sympathique à la maison. Il a suffi de l'opulence d'une *Vitis coignetiae* pour que ce petit coin de jardin s'anime et gagne en personnalité. De plain-pied au sortir de la maison, la terrasse dallée en opus incertum est le rez-de-jardin type. Deux grosses touffes d'*Euphorbia wulfenii* émergent des dalles. Leur floraison est une explosion de louis d'or en été. Ces plantes vivaces sont un peu envahissantes, mais leur expansion est astucieusement limitée par les ouvertures dans le dallage. Les plantations alentour sont à dominante de plantes vivaces, qui viennent grignoter les contours du dallage, pour mieux l'intégrer dans l'environnement.

### LES BONS GESTES

Une terrasse carrelée ne souffre pas la médiocrité pour ce qui concerne son entretien, que les dalles perdent de leur régularité sous l'action du gel et des différents mouvements du terrain, peu importe, cela confère un peu plus de rusticité à la terrasse. Mais en revanche, vous devez éliminer les mousses et les lichens, voire les mauvaises herbes qui pourraient poindre entre les joints ou se développer sur les carreaux. Non seulement elles sont inesthétiques, mais aussi et surtout elles rendent le revêtement très glissant par temps humide. Grattez avec une spatule les plantes les plus apparentes et traitez le carrelage à la fin de l'hiver avec un produit contre les mousses.

*astuce Truffaut*

**Ne laissez pas la mousse et les lichens recouvrir le tronc des arbres, ce sont des nids à parasites. Appliquez un produit dit « de fin d'hiver » en décembre et en février, en laissant bien ruisseler la pulvérisation le long des branches principales et sur le tronc. Vous pouvez aussi les gratter à la paille de fer.**

# L'âme des vieilles pierres

AVRIL-MAI

Usés, patinés par le temps et les passages répétés, de vieux pavés en granit habillent le sol avec élégance et rusticité. La noblesse de leur matériau apporte une note très chic, tandis que l'irrégularité des formes évoque un passé lointain. La transition avec le jardin se fait par des potées joliment garnies de fleurs blanches. La pureté de la teinte renforce le cachet de ce coin reposant, mais sans y imprimer un luxe trop ostentatoire qui serait de mauvais goût. On se sent bien ici. C'est un endroit pour deviser à l'aise, en échappant aux brûlures du soleil grâce à l'ombrage naturel dispensé par la maison et le peuplier tout proche. Les potées sont fleuries toute l'année, des annuelles et des fleurs d'été remplaçant les plantations printanières.

LES PLANTES POUR RÉUSSIR

1 **Azalée japonaise 'Palestrina',** la meilleure variété à fleurs blanches.

2 **Rosier 'Iceberg'**, un pied réussit fort bien dans un pot de 30 cm.

3 ***Viburnum opulus* 'Flore Pleno',** un pied de boule-de-neige en bac.

4 **Tulipe triomphe 'White Dream',** un bulbe tous les 10 cm.

À ESSAYER AUSSI

***Pelargonium zonale* 'Alba'**
Ce géranium à fleurs blanches semi-doubles, forme de grosses têtes arrondies, fleuries de mi-mai jusqu'à fin octobre. C'est une plante idéale pour décorer tous les types de potées en plein soleil. Il ne faut pas trop arroser et surtout ne pas mouiller les fleurs.

**Pâquerette 'Tapis blanc'**
Une des meilleures bisannuelles blanches pour le printemps avec des fleurs très doubles et largement épanouies, dont l'œil jaune d'or attire le regard. C'est une très bonne plante pour les potées, les coupes et les jardinières, à associer à des tulipes.

# D'autres idées

▶ LA CONQUÊTE DU VÉGÉTAL

Un vieil escalier de pierre et de brique fait la liaison entre jardin et terrasse au jardin de La Mortola, en Italie. La construction qui s'écroule un peu a été conservée en l'état pour évoquer un lourd passé chargé d'histoire. Cette impression est même subtilement renforcée par la présence du bloc de pierre aux gravures à demi effacées. De la lavande s'incruste dans le dallage pour donner l'idée d'une végétation conquérante. La potée généreuse de pélargoniums indique toutefois que le jardin n'est pas abandonné.

▲ LA NOSTALGIE DES FASTES D'ANTAN

Pour atténuer le côté un peu pompeux de cette demeure, un grand fusain panaché vient habiller la façade d'une étonnante profusion. On a toutefois conservé le style classique avec des potées de buis taillé sur chaque marche de l'escalier, encadré de vasques en pierre. Le banc en bois et les demi-tonneaux plantés de tulipes blanches apportent une note de simplicité.

**LES BONS GESTES**

Pour récupérer les oignons de tulipes, attendez que le feuillage jaunisse. Les bulbes ont alors reconstitué toutes leurs réserves. Arrachez-les, coupez la partie aérienne et stockez-les bien au sec.

Si les pavés sont posés directement sur le sol, sans être liés par du béton, des mauvaises herbes peuvent apparaître entre les joints. Traitez au printemps avec un désherbant total qui laissera l'endroit propre durant un an.

*astuce Truffaut*

**Si la partie dallée ou pavée n'est pas une voie de passage fréquente, laissez les mousses et les lichens s'y incruster, comme sur l'exemple de la page de gauche. Leur présence accentue le côté ancien du matériau et lui confère une authenticité qui joue un rôle dans l'esthétique générale. Les traitements herbicides ne les élimineront pas.**

# En toute intimité

TOUTE L'ANNÉE

### LES PLANTES POUR RÉUSSIR

1 ***Pittosporum tobira,*** deux arbustes taillés en boule.

2 **Rosier 'The Garland',** un grimpant couvert de petites fleurs.

3 **Érable du Japon pourpre,** un sujet en pot, conduit sur tige.

4 ***Hosta sieboldiana,*** un plant adulte dans un pot de 40 cm.

Oublier un environnement urbain assez pesant et gommer la banalité d'une architecture moderne sont les deux vocations de ce rez-de-jardin qui croule sous la végétation. Deux belles grimpantes habillent la façade : un rosier 'The Garland' qui fleurit à la fin du printemps et une très vigoureuse renouée du Turkestan *(Polygonum baldschuanicum)*. C'est un jardin en opposition de styles avec d'un côté les pittosporums taillés en boule et les potées bien maîtrisées, puis de l'autre, la végétation libre des grimpantes et du grand érable du Japon, à droite. Ces plantes s'accommodent bien de l'ombre mais aiment un sol acide et toujours frais.

### À ESSAYER AUSSI

**Agapanthe**
Cette grande vivace africaine épanouit ses ombelles bleues en été. Elle pousse très bien en bac de 40 cm de diamètre.

**Azalée japonaise**
Sa forme compacte et sa croissance lente en font un des meilleurs arbustes à fleurs à cultiver en pot. Terre de bruyère, mi-ombre et fraîcheur nécessaires.

# D'autres idées

◀ **UN ABRI À L'ABRI**

Quand la cabane de jardin prend des allures de maisonnette, elle peut servir de coin refuge pour la détente et la méditation. Dans ce cas, il faut, comme ici, l'isoler avec une profusion de plantes (laurier, photinia, rhododendron, piéris) qui lui procurent une grande intimité, tout en créant un décor.

▲ **JARDIN SECRET**

Encadré par les constructions, dissimulé aux yeux de tous, ce rez-de-jardin invite à prendre le frais sous l'ombrage du noyer. C'est un lieu de détente et de réflexion qui limite l'enthousiasme de la végétation alentour par des haies rectilignes. L'expression bien citadine de la nature maîtrisée.

◀ **LE HASARD N'A PAS SA PLACE**

Lieu de passage et prolongement d'une véranda au style très sobre, cette grande zone pavée est animée par son appareillage élégant en queue de paon. La végétation alentour semble très maîtrisée, un lierre bien sage servant de bordure, alors que les potées et paniers fleuris sont disposés comme à la parade sur des étagères. C'est un décor bien léché, presque trop parfait. Il dégage une impression de chic et de raffinement, mais on risque de s'y ennuyer à la longue…

*astuce Truffaut* **Les plantes qui aiment la fraîcheur et l'humidité comme celle du jardin de la page de gauche, apprécieront une généreuse douche du feuillage les soirs d'été après les fortes chaleurs. Vous pouvez opérer avec un tuyau muni d'une lance diffusant un fin brouillard, ou mettre en place un arroseur oscillant qui fera retomber l'eau en pluie sur le feuillage. C'est aussi un moyen de limiter les attaques des araignées rouges.**

# Jardins d'eau

TOUT L'ÉTÉ

Source de fraîcheur mettant en scène des plantations originales, un petit coin d'eau crée un pôle d'attraction. Sur ce rez-de-jardin dallé de brique, le bassin rectangulaire s'intègre bien dans le tracé géométrique de l'ensemble. Mais il en coupe les lignes un peu rigide, apportant une note de fantaisie. La bonne idée vient de la présence des deux plantes géantes, le gunnéra et l'herbe de la pampa. Leur ampleur accentue le côté généreux qu'exprime toujours un jardin d'eau. Ce sont des plantes qui apprécient la fraîcheur et peuvent même passer de longs moments « les pieds dans l'eau ». Les potées de plantes originales comme le lis du Cap *(Galtonia candicans)* contribuent à la qualité d'ensemble de cette réalisation. Côté entretien, soyez généreux en compost pour aider le gunnéra à bien démarrer au printemps.

## LES PLANTES POUR RÉUSSIR

1 ***Gunnera mannicata,*** un pied de cette plante géante.

2 ***Gynerium argenteum,*** un pied d'herbe de la pampa.

3 ***Galtonia candicans,*** une potée de cette bulbeuse africaine.

4 ***Iris pseudacorus,*** un pied immergé de l'iris d'eau à fleurs jaunes. Il est vite envahissant.

## À ESSAYER AUSSI

***Petasites hybridus***
Ses grandes feuilles atteignent 50 cm. Une plante envahissante, à cultiver au bord du bassin ombragé, en sol humifère humide. Jolies couleurs d'automne.

***Thalia dealbata***
Un aspect assez exotique pour cette belle plante frileuse aux fleurs en épis bleus dans le courant de l'été. 1,20 m.

# D'autres idées

### ▼ LE POINT D'EAU SURÉLEVÉ

En règle générale, le bassin occupe la partie la plus basse du jardin, l'eau se trouvant au niveau zéro. Dans les aménagements de terrasses ou de rez-de-jardin où l'environnement de bacs et de potées est important, il peut s'avérer astucieux d'intégrer le bassin dans le même contexte. C'est ce qui a été réalisé ici dans un ensemble à dominante de bois. Le résultat est agréable et très original. Notez la double margelle en pavés et en bois, qui souligne l'aspect chic de l'ensemble. La présence du jet d'eau élimine la possibilité de planter un nénuphar dans le bassin.

### ▲ LE MIROIR DU JARDIN

Ce rez-de-jardin très sobre avec sa décoration en vagues de buis incite à la contemplation, depuis les bancs proches d'un bassin surélevé. Ce dernier prend une forme très rectiligne pour respecter le style dépouillé du jardin. Il apporte toutefois une notion d'immensité et même d'infini, en servant de miroir aux plantations alentour et aux nuages du ciel. Un concept subtil et d'une grande sensibilité.

### LES BONS GESTES

Le gunnéra est une plante fragile dont les feuilles fanent à l'automne. Coupez-les au ras de la souche avant les premiers froids (attention les pétioles sont piquants). Entassez ensuite les feuilles sur le cœur de la plante, afin de lui assurer une bonne protection contre le froid. Vous pouvez ajouter différentes sortes de feuilles mortes pour faire un tapis d'au moins 25 cm d'épaisseur. Couvrez le tout avec un voile qui sera maintenu par des briques ou des pierres.

Si votre bassin offre au moins 50 cm de profondeur, vous pouvez y installer un nénuphar. L'idéal consiste à planter la souche rhizomateuse de la plante dans un pot en forme de panier ajouré (en vente au rayon aquatique des jardineries). Utilisez une terre argileuse et riche en matières organiques que vous couvrirez avec un lit de gravillons pour qu'elle se maintienne bien en place.

*astuce Truffaut*

**Ne laissez pas le niveau de l'eau s'abaisser du fait de l'évaporation naturelle. Ajoutez-en régulièrement, en utilisant un tuyau que vous ferez couler sur une feuille de plastique posée à plat à la surface du bassin. De cette façon, la pression ne risquera pas de soulever la vase qui se trouve au fond du bassin et l'eau ne se troublera pas. N'hésitez pas à laisser le bassin déborder quelques instants, afin d'humidifier le dallage et de rafraîchir les plantes de la terrasse.**

# Ambiance exotique

TOUT L'ÉTÉ

Évoquer l'évasion, inviter à la rêverie, donner l'impression d'ailleurs, tout se conjugue dans cette création raffinée qui convient idéalement à un petit jardin de ville. La réussite passe d'abord par l'occultation de l'environnement afin de pouvoir se concentrer sur le jardin lui-même. La clôture est ici doublée de plantations assez denses. Lauriers-roses, *Solanum rantonnetii*, datura et bananier forment l'ossature de la composition. Tous sont des végétaux frileux qui évoquent les pays lointains ou le Midi. On retrouve ce souci d'évasion avec le petit bassin planté d'un *Thalia dealbata* et de laitues d'eau *(Pistia stratiotes)*, deux plantes subtropicales. Notez aussi, face au banc, la jeune bougainvillée et un *Asclepias curassavica*.

## À ESSAYER AUSSI

***Abutilon vitifolium***
Ce bel arbuste chilien dépasse 2 m de hauteur. Il vient très bien en bac dans les mêmes conditions que le datura, mais il peut aussi être palissé contre un mur ou une clôture bien exposés. Les fleurs lavande apparaissent de mai à octobre.

***Streptosolen jamesoni***
Cette solanacée colombienne forme un arbuste aux feuilles persistantes un peu collantes au toucher. Les rameaux grêles peuvent être palissés. La floraison très abondante dans les tons orangés dure tout l'été. Un abri est obligatoire en hiver.

## LES BONS GESTES

**La plupart des espèces méditerranéennes peuvent résister dehors, à condition de prévoir une protection. Constituez une armature semi-rigide autour de la plante avec des brandes ou des bambous. Bourrez l'intérieur de paille et recouvrez l'ensemble d'un plastique perforé (ici un bananier). La couverture sera retirée dès les premiers beaux jours.**

## LES PLANTES POUR RÉUSSIR

1 ***Lantana camara,*** une potée laissée en arbuste buissonnant : 1 m.

2 ***Solanum rantonnetii,*** un grand pot de cet arbuste qui atteint 1,50 m.

3 **Bananier *(Musa basjoo),*** une grosse potée à rentrer l'hiver : 2 m.

4 **Datura*(Brugmansia arborea),*** un gros bac à abriter du froid : 3 m.

# D'autres idées

### ▲ DES POTÉES AU GOÛT DE SOLEIL

Située en plein Midi, sur la partie arrière de la maison, cette terrasse aux grandes dalles de béton bien patinées accueille en été des potées insolites. Nous sommes au cœur de l'Angleterre, dans le jardin « The old Rectory ». Au premier plan, une généreuse potée est dominée par une *Cordyline australis* qui prend des faux airs de palmier. Elle sert de support à un beau dahlia qui parvient à son complet développement en raison de la profondeur exceptionnelle du pot (60 cm). Le reste de la composition est constitué de pétunias, d'un hélichrysum et d'un pélargonium à feuillage odorant. Plus près du mur, on peut admirer les fruits d'un citronnier. Ils ont profité de la réverbération pour mûrir. Dans la potée de droite, des *Euryops* venus d'Afrique du Sud voisinent avec un agave. Ils sont dominés par un immense lis asiatique. Les bords de la poterie sont habillés d'hélichrysums et de bidens. Des décors originaux et très réussis.

### ◀ L'IMPRESSION D'ÊTRE EN VACANCES

Les plantes qui sont regroupées à l'entrée de la maison invitent au voyage en évoquant les jardins du Midi, avec un *Abutilon vitifolium* au premier plan, un *Plumbago capensis*, un bougainvillée, un *Solanum rantonnetii*, un *Solanum jasminoides*, une *Cordyline australis* et même le feuillage bleuté d'un mimosa. Les plantes profitent de l'exposition bien abritée de l'endroit qu'il suffira de couvrir d'un film plastique transparent pour assurer la protection hivernale. Les potées individuelles facilitent les soins spécifiques.

*astuce Truffaut* **Les grandes plantes tropicales gagnent à être cultivées dans des bacs volumineux, et donc lourds. Pensez à choisir des modèles munis de roulettes pour les déplacer plus facilement. Si vous décidez de placer le bac au cœur d'un massif, protégez les roulettes avec un sac plastique pour qu'elles ne se grippent pas.**

# À l'heure du thé

MAI-OCTOBRE

Une terrasse de plain-pied trouve un usage logique comme salle à manger d'extérieur. Le dallage permet l'installation permanente d'un salon de jardin, voire d'un barbecue. Dans ce ravissant jardin de ville dessiné par le paysagiste bruxellois E. Le Hardy, la terrasse pavée domine légèrement le jardin. Cette position surélevée est intéressante pour bénéficier d'une vue d'ensemble, d'autant plus importante ici que le jardin tout en longueur crée un bel effet de perspective. Le pavage en carré est à la fois chic et moderne. Les plantations très simples ont pour but de fournir de l'ombre agréable, tout en masquant légèrement les constructions alentour. Le salon de jardin choisi est en résine résistante et facile à nettoyer. Un jardin agréable, tout à fait accessible et d'un entretien réduit.

## À ESSAYER AUSSI

**L'arbre de soie *(Albizzia)***
Idéal pour les régions du Sud-Ouest, car il a besoin d'un fort ensoleillement. Son feuillage léger dispense une ombre très agréable. Floraison en été.

***Hydrangea aspera***
Il remplace avec bonheur le classique hortensia pour les expositions ombragées. Feuillage duveteux. Grandes ombelles vieux rose en été.

### LES PLANTES POUR RÉUSSIR

1 **Chèvrefeuille,** un pied pour habiller le mur et le plaisir du parfum.

2 **Sumac de Virginie *(Rhus typhina),*** deux pieds en vis-à-vis procurent une ombre légère.

3 **Pêcher,** le feuillage léger de ce petit arbre s'intègre au décor. Les fruits sont un bonus.

4 **Hortensia,** une belle touffe pour une indispensable présence fleurie tout l'été.

# D'autres idées

## À L'OMBRE DE LA TREILLE

Rien de tel qu'une petite pergola habillée d'une généreuse vigne pour donner à un rez-de-jardin une ambiance de fête. Le feuillage ample de la vigne procure une ombre efficace aux plus chaudes heures de l'été. En automne, les fruits se grappillent sur place, un savoureux moment de gourmandise. Ici, le sol est dallé avec des briques disposées en quinconce. Ce revêtement allie solidité, esthétique et prix avantageux. C'est un endroit fort agréable qui sert en même temps de coin repos et repas. Il s'ouvre sur le jardin, que l'on peut contempler en toute quiétude.

## À L'ABRI DES REGARDS

Dans les zones de lotissements ou les jardins de ville, la recherche de l'intimité est une priorité. Ici, un solide rideau de charmille protège le petit coin repas du voisinage et des vents dominants. Avec le renfort des buis taillés en boule, l'endroit prend un côté sophistiqué qui est loin d'être déplaisant. Cette harmonie de verts est des plus reposante. Elle ne paraîtra pas monotone, car le feuillage de la charmille se pare d'or à l'automne. Il persiste sur l'arbre jusqu'au printemps, prenant un aspect brun-roux (on dit que la plante est marcescente).
La terrasse toute simple est dallée de briques pleines comme celles que l'on utilise pour les construction du Nord et de la Belgique.

### LES BONS GESTES

La pose du dallage d'une terrasse peut être effectuée sur un lit de sable, à condition d'utiliser des éléments lourds ou épais (de 4 à 5 cm) pour garantir une bonne stabilité. Des dalles de formes régulières peuvent être associées comme ici à des traverses de chemin de fer ou à d'autres éléments en bois, afin de créer une ambiance plus chaleureuse.
L'important est de poser les dalles parfaitement de niveau les unes par rapport aux autres. En revanche, le positionnement ne se fait pas exactement dans le plan. Une légère pente permettra aux eaux de pluie et d'arrosage de s'écouler, évitant ainsi la formation de flaques désagréables. Dans les jardins peuplés de taupes, préférez la pose des dalles sur béton.

*astuce Truffaut* **Dans le dallage d'une terrasse destinée à recevoir un salon de jardin, prévoyez l'emplacement du pied de parasol. Il suffit pour cela « d'oublier » un pavé et de placer à cet endroit un tube de PVC, enfoncé d'au moins 30 cm dans le sol. Un bouchon de couleur grise fera oublier sa présence, tout en évitant qu'il se comble d'impuretés. Une solution pratique.**

6

# LES COURS ET PATIOS

# LES COURS ET PATIOS

*Blottis entre les murs de la clôture et de la maison, cours et patios sont des jardins-écrins. Ils n'offrent pas de perspective sur l'extérieur et le regard ne peut s'évader au-delà de démarcations souvent très présentes. ❀ C'est pourquoi ces jardins doivent exprimer l'élégance et l'harmonie. Véritables petits bijoux qui ne souffrent pas la médiocrité, ce sont des lieux magiques où l'on peut assouvir tout son talent créatif. ❀ Cours et patios ne s'intègrent pas dans un archétype, l'environnement ne les influence pas ; ce sont des jardins-tableaux qui existent en tant que tels. ❀ Ils vous permettent d'aller au bout de vos rêves et d'y imprimer la marque la plus secrète de votre personnalité. Bénéficiant le plus souvent d'un microclimat très favorable, cours et patios sont tout désignés pour accueillir des plantes à la rusticité contestable. ❀ On pense en premier lieu aux espèces méditerranéennes, le patio fleuri trouvant naturellement son inspiration du côté de Séville ou de Florence. ❀ Mais vous pouvez aller encore plus loin et constituer, en été, un petit univers exotique avec les plantes de la maison qui prennent le grand air pour l'occasion. ❀ Et pourquoi ne pas délirer totalement avec un jardin mexicain peuplé de cactus, de cailloux et de plantes grasses ou s'inspirer de l'esprit zen pour constituer un univers à la poésie toute minérale ? ❀ L'important c'est de s'y sentir bien et de respecter un certain équilibre. Vous y parviendrez plus facilement en associant des plantes en pots aux cultures de pleine terre, les premières venant structurer la composition et surtout lui donner un agréable petit côté « déco ». ❀*

# Intimité fleurie

TOUTE L'ANNÉE

### LES PLANTES POUR RÉUSSIR

1 ***Solanum jasminoides,*** une grimpante qui craint le froid.

2 **Pélargonium panaché,** un feuillage lumineux. 4 pieds.

3 ***Phormium tenax,*** une potée d'une variété à feuillage panaché.

4 **Anthémis jaune,** un plant.

5 ***Pittosporum tobira,*** deux touffes taillées en boule.

6 ***Geranium sanguineum,*** une touffe composée de 3 plants.

Vivre dans un écrin de fleurs et de feuillages, c'est échapper aux contraintes de la vie moderne et retrouver chaque jour un havre de beauté et de tranquillité. C'est en partant de ce principe que le paysagiste Timothy Vaughan a conçu cette cour qui sépare deux bâtiments de sa propre demeure. Nous sommes en Bretagne, dans une zone bien abritée qui permet d'accueillir des plantes réputées délicates comme le *Solanum jasminoides*, les phormiums ou les pittosporums. L'influence maritime apaise les rigueurs de l'hiver et la disposition des constructions crée un vrai microclimat, protégé des vents violents venus de l'océan. Cette cour-jardin s'articule sur trois niveaux où s'imbriquent potées et massifs.

### À ESSAYER AUSSI

***Coleus blumei***
Cette vivace frileuse développe un feuillage ample au large éventail de coloris. Idéale pour remplacer les géraniums.

**Anthémis tige**
Un joli parasol, ample et généreux, qui fleurit tout l'été sur un petit tronc de 50 à 100 cm de hauteur. Il donne du relief au décor.

## D'autres idées

### RÊVER, CONTEMPLER, S'ÉVADER ▶

Au fond d'une petite cour très fleurie, un banc, abrité par une élégante guérite en bois et orienté vers la maison, invite à la méditation. Intime et discret, il est habillé d'une passiflore *(Passiflora cœrulea)* qui va se couvrir d'une multitude de fleurs exotiques durant l'été. Pour se sentir ailleurs, à l'écart des contingençes quotidiennes, on a ajouté un grand dattier des Canaries *(Phoenix canariensis)* dont les larges palmes sont l'image de vacances heureuses. Cette plante frileuse est cultivée dans un grand bac, dissimulé par une touffe de lavandes. Trop volumineuse pour être rentrée l'hiver, elle sera bourrée de paille entre les palmes, au niveau du cœur, puis le feuillage sera attaché afin de pouvoir être enveloppé dans une triple épaisseur de voile non tissé. Le reste du décor est assuré par des plantes annuelles (pétunias, œillets d'Inde) ou saisonnières *(Convolvulus mauritanicus, Brachycome iberidifolia)*, qui seront astucieusement remplacées par des bulbes et des plantes bisannuelles pour le printemps.

### ◀ DERRIÈRE UN ABRI DE FLEURS

La cour-jardin qui dégage le devant de la maison est protégée du vent par une importante palissade, efficace, mais a priori peu décorative. L'armature de bois a été habillée de panneaux de brandes, afin de renforcer l'efficacité protectrice. Dans le même temps, cette couverture naturelle sert de support à de nombreux pots décoratifs, plantés d'œillets d'Inde et de pensées. La partie basse du claustra est dissimulée par diverses potées contenant héliotropes, hélichrysum, félicia, etc. Notez la superbe harmonie générale en bleu et orangé.

### LES BONS GESTES

Pour conserver en hiver les plantes saisonnières frileuses (géraniums, fuchsias, coléus), il est souvent plus facile de les bouturer en fin d'été que de conserver les pieds-mères. Utilisez toujours des pousses d'extrémité n'ayant pas fleuri.

*astuce Truffaut* **Dans une cour ou un patio, l'utilisation de belles potées fleuries permet de dissimuler les « trous » dans les massifs ou de faire oublier les plantes qui manquent d'intérêt en certaines saisons. Il suffit pour cela d'intégrer directement la potée dans le massif au beau milieu des plantations.**

# Un havre de verdure

TOUTE L'ANNÉE

### LES PLANTES POUR RÉUSSIR

1 ***Acer palmatum,*** un érable du Japon lacinié, au port étalé.

2 **Buis taillé en cône,** deux plants en topiaires, cultivés en pots.

3 **Lierre arbustif,** un pied de *Hedera helix* 'Conglomerata'.

4 ***Lonicera pileata,*** un pied taillé de ce persistant très étalé.

5 ***Cotoneaster dammeri,*** un plant de ce couvre-sol persistant.

Quel que soit le style adopté pour le jardin, le feuillage a un effet reposant. Accalmie dans l'explosion colorée des massifs, il joue les éléments modérateurs dans toutes les compositions. S'il peut être considéré comme neutre parmi les fleurs multicolores, le vert, quand il domine le décor, exprime une grande subtilité avec des nuances infinies. Dans cette petite cour ombragée, les plantations se fondent dans un camaïeu de vert pour créer une harmonie d'une riche simplicité, toute en rondeurs. On a envie de caresser le coussin taillé du *Lonicera pileata,* qui épouse la forme du sol, ou de frôler les « mains » fines et souples de l'*Acer palmatum.* Un jardin d'entretien facile, où il suffit surtout de lutter contre les mauvaises herbes.

### À ESSAYER AUSSI

***Aucuba japonica***
Ce persistant aux feuilles tachetées de jaune d'or, aime les lieux ombragés. Les pieds femelles portent des fruits rouges en automne.

***Cotoneaster horizontalis***
Très étalé, semi-persistant, il porte une abondance de baies écarlates qui persistent l'hiver. Fleurs blanches.

# *D'autres idées*

## ▶ INVITATION AU FARNIENTE

Cette courette, bien abritée derrière de hauts murs, est aménagée en jardin au style très contemporain dans son association de formes taillées et d'arbustes laissés libres.
Le thème dominant est la détente, car tout conduit vers la tonnelle ombragée par un opulent sumac de Virginie *(Rhus typhina)*. L'allée rectiligne pavée de brique est le chemin le plus court vers le salon de jardin. Sa présence accueillante est soulignée par la rondeur des buis taillés, qui ponctuent en beauté le cheminement. Derrière ces plantations structurées, un beau massif composé de divers hydrangéas, suggère une certaine décontraction. C'est un coin de jardin très simple créé par le paysagiste belge Piet Blanckaert, qui a su en limiter l'entretien.

## ◀ LA SOBRIÉTÉ DU CLASSICISME

Toute simple, d'entretien aisé, sans sophistication outrancière, cette petite cour au cœur de la ville était au départ une surface toute gravillonnée. Il a suffi d'implanter quelques îlots de végétation pour que l'environnement soit transformé. Deux buis en cône pour respecter l'architecture un peu désuète, un petit salon de jardin, quelques potées et le tour est joué. Facile, non ?

## ▼ LES AROMATIQUES AU MENU

Un petit coin de cour transformé en potager, pourquoi pas ? L'exemple est donné ici avec de nombreuses potées qui accueillent une collection complète de plantes condimentaires et aromatiques. Pour oublier le côté un peu « foufou » de leur végétation désordonnée, on a disposé ici et là des potées de buis taillés en boules, qui suffisent à donner une cohérence au décor.

# Des lignes, des volumes et des formes

**TOUTE L'ANNÉE**

Pas besoin d'un parc immense pour bien mettre en valeur le jardin à la française. Les lignes géométriques et le plantes taillées s'intègrent à merveille dans les tout petits espaces. Dans cette courette, la partie centrale est occupée par un dallage de briques posées en chevrons. Un motif de quatre carrés bordés de buis s'inspire des tracés classiques. Mais il parvient à donner une note très contemporaine par la présence d'œillets vaporeux au centre des carrés et « l'oubli » volontaire de quelques vivaces tapissantes qui viennent mordre timidement le dallage. On exprime ici avec sensibilité la volonté de domination de l'homme et la reconquête permanente de la nature. Le côté structuré ne l'emporte que dans l'impression générale. Dès que l'on entre dans les détails, on découvre une foule de petites plantes qui poussent sans contrainte. Un jardin d'entretien facile qui a besoin de beaucoup d'eau.

## À ESSAYER AUSSI

**Rue officinale**
Une vivace très résistante et très poussante qui peut remplacer le buis pour constituer des bordures régulières qu'il faudra tailler trois ou quatre fois dans l'année.

***Epicea albertiana***
C'est le *Picea glauca* 'Conica' qui forme un cône naturel à croissance lente. Il peut remplacer les buis taillés en topiaires. Attention l'été aux araignées rouges.

### LES PLANTES POUR RÉUSSIR

1 **Bouleau,** un jeune sujet pour masquer le mur.

2 **Cornouiller,** une variété panachée au feuillage lumineux.

3 **Hortensia blanc,** un pied pour donner un peu d'éclairage à la scène.

4 **Rosier grimpant,** une variété vigoureuse pour habiller le kiosque en bois.

5 **Houx,** deux jeunes plants, futurs topiaires.

6 **Buis,** un plant tous les 15 cm pour la bordure et 4 pieds en cône.

*astuce Truffaut* **Pour vieillir le dallage de brique et favoriser l'apparition de mousse, il suffit de frotter le dallage avec une brosse imbibée d'un mélange par moitié de lait entier et d'eau. Procédez au printemps et renouvelez en fin d'été si nécessaire.**

# D'autres idées

## ▶ DANS LA VERDURE TOUTE L'ANNÉE

Cette petite cour de 5 x 8 m donne l'impression d'un jardin sophistiqué par son tracé subtil et raffiné. En fait, le paysagiste Erwan Tymen a tout mis en œuvre pour faciliter la vie des propriétaires du lieu. Nous sommes en Bretagne, dans un jardin de ville bien à l'abri du gel. Les plantes présentes, y compris l'anthémis, la *Cordyline australis* et le *Gunnera mannicata* vont se comporter comme des vivaces, ne nécessitant même pas de protection. Tout au plus recouvrira-t-on la souche du gunnéra avec ses propres feuilles. Cette plante géante pourrait sembler incongrue dans un pot, si ce n'était sa bonne volonté à développer ses feuilles immenses. Le secret de la réussite tient tout simplement à une fertilisation régulière à l'engrais liquide. La personnalité de ce mini-jardin vient aussi de l'opposition de deux formes de dallage. La partie dégagée en éléments rectangulaires accentue le côté très contemporain du décor, tandis que le rond de pavés apporte une note d'élégance.

## ▼ LA PETITE COUR DES GOURMETS

Vue dans la banlieue londonnienne, cette courette d'à peine 20 m² est transformée en petit paradis de senteurs et de saveurs. Les propriétaires des lieux se sont inspirés du tracé des jardins de plantes condimentaires classiques, avec leur partie centrale en cercle. Et ils ont regroupé une collection complète d'espèces aromatiques. On y reconnaît : sauge, lavande, marjolaine, thym, romarin, menthe, mélisse, plante curry (hélichrysum), laurier-sauce, rue officinale, etc. Toute la subtilité vient de l'harmonie entre les formes et les couleurs, les textures et les silhouettes. Pour éviter le côté trop utilitaire, il a suffi de disposer ici et là quelques potées. La recherche des odeurs va jusqu'à semer quelques pois de senteur le long de la grille d'entrée, afin qu'ils l'habillent en été de leur délicieuse fragrance. Ce petit jardin, dont les murs sont petit à petit recouverts du feuillage des lierres, nécessite un minimum d'entretien, juste des arrosages réguliers aux heures chaudes de l'été.

### LES BONS GESTES

La taille des buis en topiaires s'effectue environ deux fois par an, dans le courant de mai et à la mi-octobre. Intervenez avec des cisailles courtes pour un travail aussi précis que possible, ou bien avec un petit modèle de taille-haies à batterie. Vous fignolerez la forme de chaque plante en utilisant des ciseaux à bonsaï. Ils permettent des coupes très précises pour rectifier les imperfections de la silhouette.

# Un petit goût de nature

MAI-AOÛT

Séparé de la terrasse qui jouxte la maison par un simple muret de moellons taillés, appareillés à l'ancienne, ce petit coin de jardin donne l'impression de pousser « tout seul ». Les rapports entre les plantes sont laissés au gré de la nature et seules les espèces les plus solides, les plus volontaires, ont droit de cité. Outre son aspect sympathique et décontracté, l'avantage de ce type d'association est de nécessiter un minimum d'entretien. Un bon apport de compost ou de fumier bien décomposé au printemps, la suppression des fleurs fanées et la taille des parties abîmées à l'automne suffisent.
Il n'y a pas de recherche particulière sur le plan artistique, on joue plutôt ici sur l'opulence des végétaux eux-mêmes et sur leur faculté à se développer rapidement. C'est encore un petit jardin (deux ans), mais il deviendra très vite généreux et prolifique, faisant même oublier les dalles du sentier.

## À ESSAYER AUSSI

**Monarde**
Une vivace très facile que l'on peut associer ici aux lychnis pour un massif à la floraison estivale très intense. Sol riche, compact.

***Aegopodium***
Ce couvre-sol envahissant est idéal pour jouer les « bouche-trous » dans ce genre de scène assez libre. Coupez les fleurs.

## LES PLANTES POUR RÉUSSIR

1 ***Lychnis chalcedonica,*** un seul pied suffit à former une belle touffe.

2 **Hosta,** un grand choix de formes et de couleurs de feuillage. Deux pieds.

3 ***Acanthus mollis,*** une grande plante au feuillage épineux. Un plant.

4 ***Ligularia przewalskii,*** une floraison en longs épis d'or. Un pied.

5 **Rosier grimpant,** deux pieds d'une variété vigoureuse ancienne.

6 ***Hypericum patulum* 'Hidcote',** un bel arbuste très florifère en été.

7 ***Alchemilla mollis,*** 4 pieds plantés à 40 cm de distance.

8 **Rosier 'Sylvie Vartan',** un pied de ce rosier buisson d'un rose bien vif.

# D'autres idées

## DES PLANTES À PROFUSION

La surface disponible dans une cour-jardin étant forcément limitée, jouez sur les volumes afin d'occuper tout l'espace. Cela vous permet ainsi de donner libre cours à votre passion pour les plantes, mais aussi et surtout de composer un monde végétal harmonieux qui gomme l'environnement alentour. Ici, deux pièces maîtresses : l'arceau qui accueille une suspension de *Pelargonium zonale* et le grand rosier liane 'Bobbie James' qui masque les limites de la propriété. Par son côté rigide, l'arceau métallique cloisonne ce petit coin de jardin. C'est l'élément de structure indispensable. Les plantations ont été réalisées sur plusieurs niveaux, le massif de terre de bruyère où règnent rhododendron nain et *Hydrangea quercifolia* est délimité par une bordure en traverses de chemin de fer garnie de potées.

## UN FOUILLIS SAVAMMENT DOSÉ

Ce petit carré au sortir de la maison est délimité par des allées en pavés qui lui confèrent un cachet rustique. Pour renforcer cette impression, les plantes sont laissées libres de pousser à leur guise. Une belle touffe de pavots d'Orient *(Papaver orientale)* s'associe joliment à un rosier 'Lavender dream'. Ils succèdent à une plantation dense de tulipes et précèdent l'explosion des lavandes et des delphiniums hybrides. Un jardin tout en décontraction, qui n'est en rien négligé.

**astuce Truffaut** **Plantez assez serré de manière que les vivaces occupent rapidement l'ensemble de la surface. Vous éviterez ainsi les désherbages fastidieux et obtiendrez un décor bien fourni plus rapidement. Il suffit ensuite de laisser faire la nature, qui va installer un équilibre entre les diverses espèces, vous garantissant une parfaite harmonie, sans entretien inutile. Prévoyez un désherbage annuel.**

### LES BONS GESTES

La grande majorité des plantes vivaces fait le délice des limaces au début du printemps et au cours de l'automne. On voit d'ailleurs nettement les trous dans les feuilles des hostas du premier plan. Dès que le temps est pluvieux ou que l'humidité ambiante augmente, il est indispensable de placer des appâts antilimaces autour de chaque plante. Vous pouvez disperser les granulés à raison d'une demi-poignée environ pour 1 m², ou bien créer des barrières homogènes le long du massif, avec les granulés déposés en rangées bien serrées. Si vous avez des animaux familiers, surtout de jeunes chiens, utilisez de préférence un produit contenant un répulsif. Vous éviterez ainsi tout problème. Les appâts doivent être renouvelés dès qu'ils sont délités.

# Evadez-vous

TOUT L'ÉTÉ

LES PLANTES POUR RÉUSSIR

1 ***Bignonia capreolata,*** une étonnante grimpante tropicale.

2 **Jasmin blanc,** un pied pour habiller le pilier de fleurs parfumées.

3 **Citronnier,** deux grands pots.

4 **Lis hybride,** deux touffes de 1 m² ayant chacune 20 bulbes.

5 ***Phoenix roebelenii,*** une grande potée à rentrer l'hiver.

6 **Iris à feuillage panaché,** 4 rhizomes pour une touffe ample.

Magnifique, ce jardinet et le prolongement d'une grande maison de la Côte d'Azur, toute ouverte sur l'extérieur. Il s'inspire un peu du style mauresque par la présence centrale du bassin hexagonal autour duquel s'articule tout le reste de la composition. Les sentiers sablés sont ombragés par une pergola légère, dont chaque pilier en bois est habillé par une grimpante exotique. Par leur végétation très prolifique, ces lianes renforcent le côté dépaysant du jardin. Le motif de chaque massif est identique, avec une grosse touffe de lis hybrides et un phormium panaché. Ce jardin peut être recréé dans une région moins favorisée côté climat, avec l'obligation de rentrer ou de protéger sur place toutes les plantes frileuses.

À ESSAYER AUSSI

**Gloriosa**
Une liane volubile qui, tout l'été, produit de grandes fleurs déchiquetées comme des flammes. À la place de la bignone.

***Thunbergia alata***
On l'appelle suzanne-aux-yeux-noirs, c'est une excellente grimpante annuelle pour habiller un pilier de la pergola.

# D'autres idées

## LES PLANTES SONT DE SORTIE ▶

Ce petit coin de jardin mi-ombragé, situé juste au pignon de la maison, sert de demeure estivale à un grand nombre de plantes dites « d'intérieur ». Bien à l'abri des vents, isolé par la présence des murs, il bénéficie d'un microclimat qui permet au poinsettia *(Euphorbia pulcherrima)* de prendre des proportions étonnantes. On notera aussi le côté opulent de la capillaire *(Adiantum capillus-veneris)* et la présence de très nombreuses orchidées, principalement des dendrobiums, qui profitent des différences de température entre le jour et la nuit pour prolonger leur floraison. Non seulement les plantes se sentent bien, mais c'est l'occasion de composer une scène exotique de très bonne facture. Une idée simple, mais forte.

## ▲ C'EST TOUS LES JOURS LES VACANCES

En mêlant dans un joyeux fouillis toutes les grandes vedettes des jardins du Midi, ce petit coin fleuri tout entouré de murs est franchement dépaysant. *Solanum rantonnetii*, lauriers-roses, anthémis, bougainvillée, pélargonium à feuillage odorant, la collection a fière allure. Toutes les plantes sont en potées individuelles, de manière à pouvoir être déplacées à volonté quand elles ne sont plus à leur apogée décorative. Comme un décor de théâtre, ce mini-jardin change au gré de l'humeur du jour et de l'expression du moment. Il est rafraîchi par la présence d'une fontaine dont on apprécie le murmure reposant. Une ambiance de détente.

### LES BONS GESTES

Plantez les bulbes de lis à l'automne, en les enterrant à 15 cm de profondeur. Espacez chacun de 30 cm. Dans les terres lourdes, pensez à jeter une poignée de sable de rivière au fond de chaque trou de plantation afin d'assurer un bon drainage. Marquez l'emplacement de la touffe avec un piquet.

Les palmiers sont fréquemment attaqués par les cochenilles qui s'installent sur le dessous des feuilles. Elles sucent la sève, ce qui épuise la plante. Traitez préventivement une fois par mois avec un insecticide polyvalent.

*astuce Truffaut* **Pensez à munir les plus grands pots de roulettes afin de pouvoir les déplacer plus aisément et surtout les rentrer sous abri en automne, sans que cela se transforme en tour de force. Une véranda est indispensable pour conserver ces plantes.**

7

# LES JARDINS DE FAÇADE

# LES JARDINS DE FAÇADE

*Quand la maison s'ouvre sur un joli jardin, c'est déjà une première attention envers vos invités, une invitation amicale à entrer. La plus charmante des constructions n'est rien sans sa parure végétale. Le mur habillé de vigne vierge change d'aspect au fil des saisons. Il fait oublier l'austérité du matériau inerte. Un treillage sur un crépis va servir de support à un rosier et c'est un nouvel enchantement. Des potées ponctuent les pas le long de l'allée qui conduit à la porte d'entrée. Elles rendent l'endroit plus gai et l'agrémentent d'un doux parfum. Un dallage pour ne pas se salir les jours de pluie, quelques plantes tapissantes qui habillent un talus, un cerisier pour satisfaire une légitime envie de gourmandise. Tout est prétexte pour composer, planter et structurer un jardin de façade. Il anticipe votre accueil, exprime votre personnalité secrète. Ce jardin dévoile subtilement votre tempérament, en exposant vos goûts, vos désirs et vos rêves. Ouvert sur l'extérieur, le jardin de façade est le premier contact que vous offrez à vos invités. C'est l'image spontanée que l'on se fait de vous. Pour être réussi, il doit parler votre langage et ne pas paraître. Il va extérioriser votre sensibilité et traduire vos goûts en matière de couleurs, de décoration et d'harmonie. Le jardin de façade est aussi celui de toute la famille. Il se veut simple, convivial, jamais austère. Pensez aussi et surtout à créer un style en rapport avec celui de la maison, ni pompeux ni trop discret. La difficulté vient souvent de l'exiguïté de la surface à transformer en jardin. C'est une gageure supplémentaire, qui trouve souvent sa solution dans l'utilisation de bacs et de potées, bien plus faciles à personnaliser.*

# Bienvenue au jardin

Donner du sens à l'accueil, créer une ambiance sympathique autour de la maison, générer un sentiment de convivialité sont autant de buts que l'on cherche à atteindre avec un jardin de façade. La composition doit donc refléter votre personnalité et surtout ne pas tricher. Plus elle sera spontanée et plus fort sera son impact. C'est le cas ici, chez le paysagiste Timothy Vaughan, qui a voulu un endroit chaleureux et flamboyant pour accueillir sa clientèle et ses amis. Un jardin qui évoque aussi son savoir-faire, en matière d'harmonie des couleurs et de choix des végétaux. Le dallage en pavés de granit respecte l'authenticité de la construction bretonne. La disposition des plantes par taches en dégradés de hauteur permet de les apprécier toutes d'un seul coup d'œil. La potée à l'entrée de la maison est une invitation à entrer, une sorte de haie d'honneur discrète, mais dont on ressent la présence avec plaisir en arrivant. Un jardin très réussi et d'entretien assez facile, à condition de limiter l'expansion de chaque espèce.

LES PLANTES POUR RÉUSSIR

1 ***Pelargonium zonale*** **panaché,** 3 pieds pour former une grosse touffe.

2 ***Agapanthus africanus,*** 2 pieds espacés de 40 cm. À protéger l'hiver.

3 ***Phormium tenax,*** une touffe de lin panaché de Nouvelle-Zélande.

4 ***Argyranthemum frutescens,*** 3 pieds pour composer une belle potée.

5 ***Gazania splendens,*** 3 plants.

## À ESSAYER AUSSI

***Cestrum elegans (purpureum)***

Ce très bel arbuste mexicain peut fort bien remplacer les agapanthes dans notre exemple. Buissonnant, souple, il lui est possible de palisser ses tiges contre un mur pour profiter au maximum de l'ensoleillement. La plante n'est pas rustique, excepté dans les régions aux hivers doux. Il est donc prudent de la couvrir de paille ou de l'abriter dans une véranda. Dans ce cas, la floraison se prolonge une partie de l'hiver.

***Olearia macrodonta***

Cet arbuste à feuillage persistant gris argenté est idéal pour les régions du bord de mer. Assez frileux, il convient aux zones les plus abritées de la Bretagne et du Sud-Ouest. Nous le déconseillons dans le Midi, car il n'apprécie pas les étés torrides. Il dépasse 2 m et se couvre de fleurs parfumées en juin et juillet.

# D'autres idées

### ▼ UN HABIT DE VERDURE

Une collection de potées variées, où se mêlent des plantes taillées et des formes plus naturelles, suffit à égayer un coin de façade un peu triste. Toutes ces potées renforcent l'impact du grand rosier grimpant qui fait oublier le mur aveugle. Ainsi, on se sent vraiment dans un jardin.

### ▲ LA NATURE REVIENT EN FORCE

Pour accentuer le côté rustique de cette vieille ferme, on laisse entendre que la nature reprend ses droits et qu'elle a reconquis les moindres espaces de terre. L'effet est réussi, en raison de la profusion des plantes utilisées et de l'exploitation astucieuse des différentes espèces. C'est ainsi que l'on a privilégié les couvre-sol pour habiller le dallage. Mais le décor ne reste surtout pas plat, grâce à un rosier grimpant qui part à l'assaut du mur, à la présence de différents arbustes et à l'impact visuel des hautes tiges du pavot annuel qui dominent les autres plantes. La note de raffinement est donnée par la présence des plantes en pot qui ponctuent et rythment le décor par leur présence. C'est tout simple, mais chaleureux et d'un entretien facile.

*astuce Truffaut*

**Pour que le jardin paraisse plus naturel, il est bon de laisser les plantes tapissantes venir mordre sur le dallage et en faire disparaître les contours. Cela donne l'impression que la végétation prend le pas sur la partie construite et c'est plus joli.**

# Des murs en habits de verdure

Habiller une façade avec une ou plusieurs plantes grimpantes est le meilleur moyen d'intégrer la maison dans le jardin. C'est souvent l'occasion de donner un peu de caractère à une construction banale. Contrairement à ce que l'on entend ici et là, les plantes ne sont pas une source d'humidité sur les murs. Au contraire, elles ont plutôt tendance à les protéger des intempéries. Ici, dans le jardin du paysagiste Timothy Vaughan, les murs de pierre un peu trop présents disparaissent sous la végétation d'un *Berberidopsis corallina* qui va développer des inflorescences rouge corail en fin d'été et d'un *Solanum jasminoides* qui épanouit de généreuses grappes blanches de mai à juillet. Ce sont deux plantes persistantes assez peu courantes et à réserver aux régions du littoral, car elles sont frileuses (- 5 °C).

### LES PLANTES POUR RÉUSSIR

1 ***Berberidopsis corallina,*** un persistant frileux, cramoisi en été.

2 ***Solanum jasminoides,*** un pied volubile, florifère, vigoureux.

3 ***Pittosporum tobira,*** une plante taillée en boule.

4 ***Pelargonium crispum,*** deux potées au feuillage très étonnant.

### À ESSAYER AUSSI

***Schizophragma hydrangeoides***
Un proche cousin de l'hortensia grimpant, mais moins vigoureux et bien plus délicat dans sa floraison aux longues bractées crème.

***Fremontodendron californicum***
Un buisson persistant qui, palissé, peut atteindre 4 m. Les fleurs jaunes, cireuses, s'épanouissent de mai à octobre. Frileux.

# D'autres idées

### LES PLAISIRS DE LA TREILLE

Une vigne palissée en cordons horizontaux renforce le caractère rustique de cette maison. À la fois décorative et productive, la vigne est la grimpante préférée des maisons de campagne. C'est toutefois une plante délicate qui nécessite une taille annuelle *(voir ci-dessous)* et des traitements suivis contre ses nombreux ennemis (mildiou, blanc, acariens, entre autres). La vigne est décorative toute l'année (même en hiver par son architecture et le côté torturé de ses sarments). Elle est accompagnée ici par une balsamine.

### LES BONS GESTES

La vigne est un arbuste sarmenteux qui fructifie uniquement sur des pousses de l'année, portées par du bois de un an ou plus. La taille qui s'effectue dans le courant des mois de février et mars a pour but d'éliminer les rameaux (sarments) qui ont produit des grappes, car ils sont désormais inutiles. Elle sert également à prévoir la présence d'un rameau de remplacement pour la fructification de l'année suivante.

En pratique, on commence par éliminer à leur point de naissance toutes les parties qui ont fructifié. Ensuite, on taille à 2 yeux (chasselas, gamay, madeleine) ou à 3-4 yeux (muscats, frankenthal) le sarment de remplacement qui accompagnait le fructifère. L'œil situé le plus près de la coupe développera un sarment fertile, qui sera palissé au fur et à mesure de son développement printanier. Les autres bourgeons se transformeront en pousses stériles, assurant dans le même temps la pérennité. Il ne faut pas tailler la vigne trop tôt, sous peine de risquer la destruction des bourgeons par le gel. N'intervenez pas trop tard non plus, car la sève qui monte se met à couler (ce sont les pleurs), affaiblissant la plante. En coupant au niveau de l'œil situé au-dessus de celui destiné à fructifier, on parvient à limiter les pleurs. Par exemple dans le cas d'une taille à deux yeux, on coupe juste sur le troisième, ce qui permet une cicatrisation plus rapide de la plaie.

*astuce Truffaut* **Les plantes grimpantes bénéficient naturellement d'un réchauffement par les murs de la maison, il est souvent possible, par le simple fait de les palisser, de réussir des espèces réputées non rustiques. Faites la tentative et augmentez la protection contre le froid, en tendant verticalement le long du mur un film plastique avant les premières gelées.**

### LA GÉNÉROSITÉ DES ROSES

Cette façade de brique, un peu austère, disparaît sous des bouquets de roses parfumées. Seuls les rosiers anciens, comme ici 'Madame Alfred Carrière', ont la vigueur suffisante pour habiller toute une façade. Ils offrent pour la plupart l'inconvénient d'être non remontants, c'est-à-dire de ne fleurir que pendant 3 semaines en juin. Mais ce n'est pas le cas de celui-ci, qui refleurit bien en septembre. Le décor végétal est renforcé par les potées de laurier-rose et de verveine citronnelle, qui donnent une impression accueillante par leur foisonnement.

# La fête des fleurs

MAI-OCTOBRE

Cette façade rustique s'égaie d'une végétation toute simple, composition bien réussie et à la portée de tous. Les jardinières en bois, de 50 cm de long, ont une teinte en harmonie avec les volets. Elles sont plantées de trois pétunias de la même variété. On obtient ainsi un effet de masse, bien plus spectaculaire qu'avec un mélange de couleurs.
Le mur de pierre, un peu triste, est partiellement dissimulé sous la végétation généreuse de deux glycines. Celles-ci sont encore un peu jeunes mais devraient rapidement habiller la façade tout entière.
Les petits massifs au pied du mur ne sont pas d'une grande originalité, mais ils renforcent l'impression colorée. La bordure de pierre doublée de grillage est tout à fait superflue.

## À ESSAYER AUSSI

**Alysse odorante *(Lobularia maritima)***
Cette petite plante annuelle atteint 15 cm de hauteur, mais s'étale sur 30 cm. Les fleurs blanches, mauves ou pourpres, en petites têtes vaporeuses, dégagent un parfum agréable. On utilise l'alysse en bordure, pour remplacer des plantes de printemps, ou avec des bégonias, des agératums. Il se plaît aussi en jardinières. Floraison de juin à septembre, au soleil.

**Mimulus hybride**
Ces vivaces éphémères sont cultivées comme des annuelles pour leurs fleurs de forme originale, qui s'épanouissent de mai à août dans des coloris très chauds : jaune, orangé, rouge. Le port évasé, les tiges souples font logiquement des mimulus les compagnons des pétunias ou des mufliers. Exposition en plein soleil.

## LES PLANTES POUR RÉUSSIR

1 **Pétunias,** trois pieds dans la jardinière de 50 cm de long.

2 **Glycine,** cette immense grimpante habille la façade. Fleurs en avril-mai.

3 **Pensées,** un pied tous les 25 cm, elles fleurissent de septembre à juin.

4 **Bégonias,** espacer chaque pied de 15 cm. Floraison de mai à octobre.

# D'autres idées

## PIERRES ET FLEURS SE MARIENT

Cette façade fleurie est celle de la maison du paysagiste Timothy Vaughan. La construction en pierres granitiques s'associe à merveille avec le magnifique dallage en opus romain. Ce dernier doit sa réussite à l'utilisation d'éléments de grande taille (40 cm de côté au minimum). La lourdeur naturelle de la pierre est atténuée par la prolifération végétale et la subtile disposition des potées qui font disparaître le tracé de l'allée. Cette solution du « contour flou » est à conseiller chaque fois que l'on souhaite casser une symétrie ou privilégier la présence végétale dans une partie de jardin.
Ici, les potées font comme une haie d'honneur de part et d'autre de l'allée. Elles invitent à progresser jusqu'à la porte en découvrant pas à pas chaque composition qui recèle une nouvelle surprise. C'est à la fois simple et original, les associations de végétaux étant de véritables trouvailles. Pour un entretien facile, l'installation d'un arrosage au goutte à goutte est souhaitable.

## LE CHOIX DE LA SOBRIÉTÉ

C'est un manteau de vigne vierge qui donne à cette façade toute simple une impression d'opulence. Cette grande plante grimpante habille les murs en y adhérant par des ventouses qui n'abîment pas le crépis. Sa seule présence donne immédiatement un caractère plus rustique à la construction.
De nombreuses potées disposées de manière éparse constituent le seul décor fleuri du jardin. Elles sont toutes plantées des mêmes géraniums qui donnent à l'ensemble un aspect monochrome de bon goût.
L'emploi d'une seule espèce sur une petite surface simplifie l'entretien. La fréquence des arrosages peut être mieux contrôlée, de même que la fertilisation. En revanche, il faut traiter préventivement contre les maladies, car une attaque serait dramatique pour l'ensemble du décor.

*astuce Truffaut*

**En matière de jardinage, les solutions les plus simples sont toujours les meilleures. Pas de surcharges inutiles avec des artifices soi-disant décoratifs. Aussi souvent que possible, privilégiez la solution du végétal. Ainsi, dans l'exemple principal de la page de gauche, la bordure des petits massifs gagnerait à être constituée de plantes couvre-sol comme des saxifrages, du gazon d'Espagne, des thyms d'ornement ou même des agératums ou des alysses odorantes.**

# Une profusion de feuillages

Une impression de luxuriance s'obtient en utilisant des végétaux de grand développement et à croissance rapide. Ici, trois des plus vigoureuses grimpantes ont été utilisées pour couvrir la façade d'un manteau de feuillage. La vigne vierge s'accroche toute seule aux murs avec ses jeunes pousses munies de ventouses. Il suffit d'un support simple comme la rambarde de l'escalier pour que la glycine entortille ses longs rameaux sarmenteux qui peuvent dépasser 3 m de long en une seule saison. Quant à la vigne, elle nécessite des soins plus attentifs et notamment une taille systématique en février ou mars. Le choix de la variété 'Chasselas doré de Fontainebleau' s'explique par la précocité de cette variété qui parvient à mûrir dans la plupart des régions. Sur le pilier droit de la pergola, une jeune vigne à feuillage pourpre commence son ascension. Elle est destinée à masquer complètement la construction sous la végétation. Cette opulente présence végétale donne du caractère à une façade un peu triste et elle gomme la lourdeur du matériau de construction. Le reste de ce jardin de façade est dominé par les plantes à feuillage avec, entre autres, la belle association du genévrier rampant et du phormium panaché.

## LES PLANTES POUR RÉUSSIR

1 **Treille de vigne,** un cep de 'Chasselas doré de Fontainebleau'.

2 **Glycine,** un pied planté au bas de l'escalier et palissé le long de la rampe qu'il dissimule.

3 **Vigne vierge,** un pied palissé sur le mur de séparation.

4 ***Juniperus squamata* 'Blue carpet',** un pied va s'étendre sur 3 m² en trois à cinq ans.

**LES BONS GESTES**

Les plantes exotiques à feuillage, comme les *Phormium tenax*, certains palmiers ou les *Cordyline australis* peuvent être laissées dehors en hiver, à condition de bien les protéger. Enveloppez toute la partie aérienne et le pot avec un paillon que vous pourrez doubler d'une feuille de plastique transparent par grand froid.

# D'autres idées

▲ **TOUTE LA SUBTILITÉ DES VERTS**

Privilège des feuillages, la couleur verte se retrouve aussi chez certaines fleurs comme ici le jaune verdâtre des santolines et des euphorbes. Utilisées en masses, ces deux plantes donnent une impression d'uniformité, tout en évitant la monotonie par leur silhouette gracieuse. La petite note raffinée donnée par le bleu de la campanule suffit à égayer le massif. Notez sur la façade la présence généreuse d'un grand *Actinidia sinensis* (kiwi).

**LA NATURE BIEN MAÎTRISÉE** ▶

Un jardin est souvent un coin de nature façonné par l'homme à son image. Cette définition trouve son illustration ici, où la façade de la maison disparaît complètement sous l'assaut de plusieurs grimpantes. Mais la dominante végétale est renforcée par la présence de potées aux cultures originales (magnolia, hosta, citronnier, alocasia, etc.).

# Des idées venues d'ailleurs

MAI-OCTOBRE

LES PLANTES POUR RÉUSSIR

1 **Abutilon hybride,** un arbuste de 2 m de hauteur en fleurs toute l'année.

2 **Laurier-rose,** ce persistant vigoureux fleurit l'été en plein soleil.

3 ***Tibouchina semidecandra,*** un arbuste tropical tout velouté. Bleu.

4 ***Agave americana* 'Variegata',** résiste fort bien à la sécheresse.

Une façade bien ensoleillée, abritée des vents dominants, peut accueillir en été toutes sortes de plantes méditerranéennes et subtropicales. Celles-ci seront rentrées dans une véranda ou une serre dans le courant d'octobre. Ici, l'essentiel du décor est assuré par des espèces arbustives qui apportent une certaine ampleur à la composition et créent vraiment une ambiance dépaysante. La potée d'agave du premier plan est agrémentée de *Bidens ferulifolia* qui font oublier le côté un peu rigide de la plante grasse. Les tibouchina, laurier-rose et abutilon se trouvent chacun dans un pot individuel afin de pouvoir être entretenus de manière spécifique. Le laurier-rose s'arrose peu.

À ESSAYER AUSSI

***Cycas revoluta***
Un faux palmier à croissance très lente qui supporte le climat de la Côte d'Azur.

***Hibiscus rosa-sinensis***
Un arbuste tropical aux immenses fleurs éphémères qui se renouvellent tout l'été.

# D'autres idées

## VACANCES ESTIVALES AU JARDIN

Célèbre pour ses roses, le jardin d'Anne-Marie à Lardy (91) séduit dans ses moindres détails. Ici, un petit coin de terrasse, juste devant la maison, accueille à la belle saison des plantes originaires de contrées subtropicales. C'est le cas de l'aéonium avec ses rosettes presque noires, d'un beau datura arborescent *(Brugmansia arborea)* encore en boutons et d'un abutilon dont les fleurs roses commencent tout juste à s'épanouir. Le fait de grouper ces potées (associées aussi avec un réséda et un anthémis) permet de composer, entre mai et octobre, une ambiance au goût exotique.

### LES BONS GESTES

L'abutilon craint les attaques printanières des pucerons noirs. Ses jeunes pousses florifères se couvrent de chapelets de ces petits insectes suceurs qui déforment les rameaux. Traitez dès l'apparition des ravageurs en utilisant deux insecticides différents que vous pulvériserez en alternance.

À la fin de l'été, pensez à faire des boutures des plantes que vous aimez. Les lauriers-roses et les fuchsias, par exemple, reprennent très bien dans l'eau. Ajoutez cinq gouttes d'engrais organique dans un verre de 25 cl, cela stimule bien l'apparition des racines. Mettez les boutures en pot dès que les petites racines atteignent 2 cm de longueur. Utilisez un mélange de sable et de terreau pour semis.

*astuce Truffaut*

**L'hivernage des plantes méditerranéennes doit s'effectuer dans une pièce très bien éclairée, dont la température est comprise entre 5 et 10 °C durant la nuit. L'ambiance normale de la maison est trop chaude. Elle provoque la chute rapide du feuillage des plantes. Une véranda est idéale. L'arrosage doit être parcimonieux, pas plus de deux fois par mois. En revanche, ne laissez pas les plantes se dessécher complètement, elles ne résisteraient pas.**

## UN MICROCLIMAT FAVORABLE

Un mur bien exposé, un environnement qui protège complètement des vents froids et quelques autres éléments parfois mystérieux permettent à certains petits endroits privilégiés de disposer d'une situation climatique privilégiée. C'est le cas ici pour cette petite entrée de jardin que domine un magnifique *Araucaria exelsa* que l'on a plus l'habitude de voir dans nos intérieurs. Un sol parfaitement drainé est aussi à l'origine de cet exploit, l'humidité hivernale étant la cause de nombreux problèmes. Pour renforcer l'impression exotique, des amaryllis (*Hippeastrum* x) ont été plantés en pleine terre pour l'été. Notez aussi, à droite, les vestiges de deux bananiers qui vont repartir du pied l'année suivante.

8

# DICTIONNAIRE DE A à Z des plantes pour pots, bacs et jardinières

405 fiches pratiques illustrées de plantes convenant bien pour la culture en pots et classées dans l'ordre alphabétique de leur nom latin .............. 280 à 475

*La **dimension** et la **température,** qui sont mentionnées au début de chaque fiche descriptive, correspondent à la hauteur maximale que peut atteindre la plante cultivée en pot ou en bac et à la température la plus basse qu'elle peut supporter dans ces conditions.*

*Ce logo indique qu'il s'agit d'une plante particulièrement facile à cultiver.*

## *Abelia* x *grandiflora*
## ABÉLIA

*Un buisson fleuri tout l'été.*

**Arbuste (1,20 m, -8 °C).**

**Feuillage :** lancéolé, simple, vert olive, ombré de pourpre, semi-persistant.

**Floraison :** les clochettes, légèrement parfumées, roses quand elles sont en boutons, évoluent vers le blanc. Elles s'épanouissent du milieu de l'été jusqu'en automne.

**Espèces et variétés :** *Abelia* x 'Édouard Goucher' est une superbe forme à la floraison blanche et rose soutenu. *Abelia* x *grandiflora* 'Francis Mason' au feuillage doré est légèrement moins encombrante que l'espèce type. Elle demande à être bien abritée.

**Comportement en pot :** des arrosages réguliers sont nécessaires, l'abélia tolérant mal la sécheresse. Si l'eau d'arrosage est très calcaire, l'arbuste peut souffrir de chlorose au bout de deux ou trois ans. Il faut le traiter avec un produit antichlorose.

**Dimensions du pot :** pour un arbuste de 70 cm de haut, un pot de 40 cm de diamètre est conseillé. Le développement est nettement moins important si le pot est trop petit.

**Exposition :** l'abélia préfère le plein soleil, mais il tolère une ombre légère, surtout en plein été.

**Terre :** un bon terreau, additionné de 1/4 de terre de bruyère et de 1/4 de terre de jardin non calcaire.

**Arrosage :** tous les jours en été, deux à trois fois par semaine en demi-saison.

**Ennemis et maladies :** pratiquement aucun. Des conditions de culture défavorables (pot trop petit) sont les causes fréquentes d'un dépérissement.

**Utilisations :** en isolé, dans un pot. Dans un grand bac, l'abélia peut passer en arrière-plan, où son feuillage semi-persistant fait un bel écran.

**Conseil Truffaut :** les branches cassant comme du verre, l'abélia doit être protégé des vents violents sur les terrasses situées dans les étages élevés. Des froids inférieurs à -10 °C peuvent être fatals à l'abélia en pot, s'ils durent plusieurs jours de suite. Dès le mois de novembre, protégez le contenant et la base de la plante, sur 30 cm de hauteur, avec un paillis, ou une feuille de voile d'hivernage.

▲ *Abelia* x *grandiflora* apprécie la chaleur et le soleil.

▲ *Abies balsamea* 'Hudsonia' : une petite boule compacte.

▲ *Abies nordmanniana* 'Golden Spreader' : joliment doré.

▼ *Abies concolor* 'Archer's Dwarf' : un éclat bleu acier.

## *Abies spp.*
## SAPIN NAIN

*Son indispensable feuillage persistant.*

**Conifère (1,50 m, -15 °C).**

**Feuillage :** dense, d'un vert franc, aux aiguilles courtes, ornées de deux bandes blanches au revers.

**Floraison :** sans valeur décorative.

**Espèces et variétés :** *Abies balsamea* 'Hudsonia' est certainement la forme la plus tolérante aux arrosages à l'eau calcaire. Elle est parfois étiquetée 'Nana'. Sa croissance est très lente. *Abies nordmanniana* 'Golden Spreader' craint les expositions brûlantes. Il ne dépasse pas un mètre de hauteur en quinze ans. *Abies concolor* 'Glauca Compacta' et 'Archer's Dwarf' sont de très belles formes naines, dans les couleurs bleu-gris. *Abies procera* 'Glauca' est un adorable petit fuseau bleu-gris.

**Comportement en pot :** les races naines sont capables de prospérer en pot assez profond.

**Dimensions du pot :** 30 cm en tous sens au minimum. Ils n'aiment pas les transplantations trop fréquentes. Prévoyez dès le début un pot au moins aussi profond et large que la hauteur de l'arbuste.

**Exposition :** toutes les situations conviennent, sauf les plus brûlantes. Sur les balcons balayés par les vents en hiver, prévoyez une canisse de protection.

**Terre :** un mélange de terreau universel et de terre dite de bruyère convient, s'il est additionné de

trois ou quatre bonnes poignées d'un engrais organique, à base d'algues et de fumier décomposé.
**Arrosage :** une fois par semaine. Ne laissez pas le pot tremper dans la soucoupe pleine d'eau.
**Ennemis et maladies :** les araignées rouges sont fréquentes et dévastatrices. Traitez par temps sec.
**Utilisations :** associez les sapins nains, dans de grands bacs, à des plantes de rocaille : sédums, aéthionèmes, armérias, aubriètes, etc.
**Conseil Truffaut :** disposez un paillis sur le dessus des pots de vos sapins nains. Cela permettra de conserver la fraîcheur de la terre et d'apporter une légère acidité bénéfique au mélange terreux.

## *Abutilon megapotamicum* ABUTILON

*Des clochettes qui volent au vent.*
**Arbuste gélif (2 m, 5 °C).**
**Feuillage :** vert mat et franc. Quand l'abutilon passe l'hiver hors gel, le feuillage est quasi persistant.
**Floraison :** les jolies clochettes bicolores, rouge et jaune, très caractéristiques, se succèdent tout l'été.
**Espèces et variétés :** les abutilons hybrides sont intéressants pour leurs fleurs aux coloris somptueux. *Abutilon* x *milleri* possède un feuillage panaché jaune et vert, très lumineux. *Abutilon vitifolium* est une des plus belles espèces, avec des fleurs de plus de 5 cm de diamètre, qui se succèdent de mai à août. La variété blanche, 'Album', est très recherchée.
**Comportement en pot :** quand l'abutilon bénéficie d'une bonne luminosité et d'une atmosphère chaude, il pousse sans problème. Prévoyez un tuteurage et mettez-le à l'abri des vents forts.
**Dimensions du pot :** un pot de 20 litres est suffisant la première année pour une plante de 60 à 70 cm de haut. Prévoyez de larges trous de drainage.
**Exposition :** chaude et ensoleillée, sinon les fleurs ne s'ouvrent pas. Cette plante craint le gel.
**Terre :** une terre de jardin souple et bien drainée.
**Arrosage :** arrosez tous les deux ou trois jours car la plante peut se flétrir en quelques heures.
**Ennemis et maladies :** les aleurodes, ces petites mouches blanches, sont fréquentes, tout comme les cochenilles, brunes ou farineuses. Leur présence indique des conditions de culture inadéquates.
**Utilisations :** l'abutilon est idéal en bac, comme sujet principal, en association avec des annuelles, qui masquent sa base parfois dégarnie.
**Conseil Truffaut :** même avec une protection, il ne peut passer l'hiver sur le balcon hormis dans le Midi. Rabattez toutes les branches de moitié et rentrez-le dans une pièce peu chauffée et bien éclairée de l'appartement. L'idéal est une véranda peu chauffée.

## *Acacia dealbata* MIMOSA D'HIVER

*Des pompons veloutés et parfumés.*
**Arbuste (3 m, -2 °C).**
**Feuillage :** très fin, découpé, vert bleuté, couvert d'un joli duvet d'argent à l'état jeune.
**Floraison :** de janvier à mars, les petites sphères veloutées jaune d'or, au parfum prononcé, embaument à plusieurs mètres.
**Espèces et variétés :** *Acacia retinodes,* le « mimosa des quatre saisons » est moins parfumé, mais il résiste mieux au calcaire. Il fleurit presque toute l'année, avec un pic entre juillet et septembre.
**Comportement en pot :** le mimosa prospère en pot plusieurs années, s'il est bien fertilisé.
**Dimensions du pot :** le puissant système racinaire du mimosa supporte mal les pots trop petits. Le mieux est de prévoir une caisse d'orangerie en bois, d'au moins 40 cm de côté, ou une grosse poterie.
**Exposition :** chaude et ensoleillée. Un mur au sud lui renvoie une chaleur très appréciée.
**Terre :** *Acacia dealbata* ne supporte pas le calcaire. Si l'eau de la région est très dure, choisissez un sujet greffé sur *Acacia retinodes.* Sol sec et pauvre.
**Arrosage :** le mimosa supporte une sécheresse d'une semaine. L'idéal est un apport de deux litres d'eau par sujet, tous les deux jours en été.
**Ennemis et maladies :** les cochenilles menacent sérieusement le mimosa surtout en hiver. Traitez préventivement avec un insecticide non huileux.
**Utilisations :** en sujet isolé, dans un grand pot.
**Conseil Truffaut :** aux premiers froids, placez le pot dans un coin bien abrité. Prévoyez une épaisse protection si la température est inférieure à -5 °C.

▲ Une association réussie de divers abutilons hybrides.

▲ *Abutilon megapotamicum* : tout en légèreté.

*Acacia dealbata* 'Doumergue', presque rustique à Paris. ▶

▲ *Acaena microphylla* : un bien joli tapis couvre-sol.

▲ L'érable du Japon *(Acer palmatum)* vit longtemps en pot.

◀ *Acer japonicum* 'Aureum' pousse très lentement.

## *Acaena microphylla*
## ACAÉNA

*Un tapis de fausses châtaignes.*

**Plante vivace (15 cm, - 10 °C).**

**Feuillage :** composé, penné, brunâtre, même en hiver, il s'étale et se ramifie bien. La plante forme de véritables tapis, comme de la mousse.

**Floraison :** les inflorescences sphériques, à épines rouges et brillantes, sont peu spectaculaires. Les fruits épineux rappellent de petites châtaignes.

**Espèces et variétés :** 'Kupferteppich' est la plus vigoureuse. En une saison, elle recouvre la surface d'un pot de 40 cm de diamètre. *Acaena buchananii* forme des tapis denses, d'un vert-gris clair.

**Comportement en pot :** La croissance est assez lente durant les deux premières saisons. Il vit plusieurs années s'il est bien soigné.

**Dimensions du pot :** cette plante tapissante est à l'aise dans une coupe plus large que profonde, de 40 x 20 cm, par exemple.

**Exposition :** plus l'acaéna a de soleil, plus il se développe. Il supporte la mi-ombre.

**Terre :** toute terre bien drainée, un peu humifère. L'acaéna résiste en terre franchement sableuse.

**Arrosage :** comme beaucoup de plantes de rocaille, l'acaéna supporte une semaine de sécheresse. Arrosez très peu durant l'hiver.

**Ennemis et maladies :** généralement aucun.

**Utilisations :** l'acaéna peut jouer les couvre-sol à la surface des grands pots. C'est un excellent compagnon des bulbes, des graminées et des sédums.

**Conseil Truffaut :** si le tapis devient trop important, vous pouvez diviser les touffes et replanter les éclats entre septembre et mars.

## *Acer spp.*
## ÉRABLES JAPONAIS

*Des feuilles d'une rare finesse.*

**Arbrisseau (4 m, - 15 °C).**

**Feuillage :** les feuilles palmées, portées par des branches graciles, sont d'une grande délicatesse.

**Floraison :** sans réelle valeur ornementale.

**Espèces et variétés :** *Acer palmatum* est le plus facile à cultiver. Il s'habille de pourpre et d'orangé dès octobre. La variété 'Atropurpureum' garde un feuillage rouge bronze toute la saison. Il existe de nombreuses formes au feuillage très fin, comme *Acer palmatum* 'Dissectum'. Beaucoup d'hybrides offrent une large palette de coloris : vert tendre, rose, rouge foncé, corail. *Acer japonicum* 'Aureum' possède des feuilles palmées, presque rondes, d'un vert doré, très lumineux à l'ombre.

**Comportement en pot :** l'érable japonais peut devenir superbe en deux ou trois ans, si le pot est profond et l'exposition fraîche. Il peut se tailler pour prendre une forme étalée, originale.

**Dimensions du pot :** un pot de 40 cm de haut accueillera une plante de 1 m de hauteur. L'arbre adulte peut vivre dans un pot de 60 cm de profondeur, en changeant la terre de surface tous les ans.

**Exposition :** le soleil trop chaud grille le bout des jeunes feuilles, qui brunissent et se recroquevillent. Un emplacement semi-ombragé est idéal.

**Terre :** offrez-lui de la terre acide à base de terre de bruyère. Faites un mélange, à parts égales, avec du terreau universel et de la tourbe brune. Rajoutez 50 g d'engrais organique par plante.

**Arrosage :** ne laissez pas le terreau se dessécher. Redoublez de vigilance et surveillez l'humidité de la terre, quand le vent souffle plusieurs jours d'affilée.

**Ennemis et maladies :** les araignées rouges peuvent affecter le feuillage. Les pucerons favorisent le développement d'un champignon noir : la fumagine.

**Utilisations :** en isolé ou avec des rhododendrons nains, comme *Rhododendron yakushimanum,* des fougères, des hostas, des camélias, des bruyères.

**Conseil Truffaut :** douchez le feuillage de l'érable du Japon le soir après une chaude journée ensoleillée, il appréciera beaucoup.

## *Achillea spp.*
## ACHILLÉE

*L'herbe aux pièces d'or.*

**Plante vivace (60 cm, - 15 °C).**

**Feuillage :** très fin et divisé pour la majorité des espèces. *Achillea tomentosa* forme des coussins laineux vert-gris, très décoratifs au printemps.

**Floraison :** les minuscules fleurs sont portées par des bouquets lâches ou forment des petites têtes resserrées. Elles durent de quatre à cinq semaines.

**Espèces et variétés :** les hybrides offrent en été de ravissants coloris jaune clair, vieux rose, ou des teintes saumonées. La variété double *Achillea ptarmica* 'Boule de neige', est ravissante avec ses petits pompons éclatants, d'un blanc rarement égalé. *Achillea tomentosa* fleurit jaune bouton-d'or.

**Comportement en pot :** assez grandes, souples, les achillées sont vite envahissantes. Divisez-les tous les deux ou trois ans.

**Dimensions du pot :** cette plante apprécie la compagnie. Espacez-la d'une trentaine de centimètres. Profondeur du pot : 25 cm minimum.

**Exposition :** ensoleillée, même chaude.

**Terre :** pas trop riche, bien drainante, sableuse.

**Arrosage :** parcimonieux. Si la plante reçoit bien la pluie, c'est le plus souvent suffisant.

**Ennemis et maladies :** normalement aucun.

**Utilisations :** les achillées se marient avec les lavandes, les romarins, les népétas, les calaments et avec le *Sedum* 'Autumn Joy'.

**Conseil Truffaut :** *Achillea ptarmica* a tendance à s'affaisser, il faut le tuteurer. *Achillea tomentosa* se « creuse » fréquemment après deux à trois années de culture, et disparaît ensuite. Renouvelez les plantations tous le deux ans. Coupez régulièrement les fleurs fanées, vous prolongerez la durée de floraison de deux ou trois semaines.

## *Actinidia kolomikta*
## KIWI D'ORNEMENT

*Un étonnant feuillage tricolore.*

**Plante grimpante caduque (4 m, -7 °C).**

**Feuillage :** vert avec certaines feuilles irrégulièrement « éclaboussées » de rose et de blanc-crème.

**Floraison :** les fleurs rondes et blanches, grosses comme l'ongle du pouce, ont un parfum léger qui rappelle celui du muguet. Elles apparaissent à partir de la mi-mai, selon les régions.

**Espèces et variétés :** cousin des kiwis, *Actinidia kolomikta* est moins vigoureux. Cette forme généralement mâle ne donne donc pas de fruits. Les feuilles sont vertes dans les régions où l'air est très sec durant l'été. Une plante assez délicate.

**Comportement en pot :** une situation protégée favorise la pousse. Il faut protéger les racines du froid en hiver en enveloppant le pot.

**Dimensions du pot :** 40 cm est un minimum.

**Exposition :** abritée des vents dominants, ensoleillée, face au sud durant l'hiver, à l'est l'été.

**Terre :** riche et bien drainée, non calcaire.

**Arrosage :** 5 litres par jour, durant les mois les plus chauds de l'été. Presque rien durant l'hiver.

**Ennemis et maladies :** cette plante est indemne de toute affection.

**Utilisations :** en isolé en bac, pour garnir les murs, les piliers, les treillages ou les pergolas.

**Conseil Truffaut :** attachez les branches. Taillez en été celles qui sont trop longues. Attention aux gelées tardives qui endommagent la floraison.

## *Adiantum pedatum*
## CAPILLAIRE PÉDALÉ

*Un bijou pour l'ombre.*

**Fougère (50 cm, -8 °C).**

**Feuillage :** très fin, porté par des tiges brunes. Les couleurs d'automne sont superbes et persistent tard.

**Floraison :** aucune chez les fougères.

**Espèces et variétés :** *Adiantum pedatum* 'Japonicum' possède des frondes en forme de fer à cheval, teintées de rose au printemps.

**Comportement en pot :** le capillaire aime la compagnie des plantes vivaces, qui lui procurent de l'ombre et un microclimat humide.

**Dimensions du pot :** 25 cm de diamètre.

**Exposition :** ombragée, même sombre.

**Terre :** mélangez à parts égales terreau d'écorces, terre de bruyère et tourbe brune.

**Arrosage :** très régulier. Le goutte-à-goutte et la microaspersion sont parfaits pour le capillaire !

**Ennemis et maladies :** les feuilles, attaquées par les anguillules (nématodes), se tachent de brun.

**Utilisations :** en isolé dans une coupe large, ou au pied d'un arbuste qui l'ombrage.

**Conseil Truffaut :** les touffes trop denses doivent être divisées au printemps.

▲ *Achillea filipendulina* 'Golden Plate' adore le plein soleil.

▲ L'étonnant feuillage tricolore de l'*Actinidia kolomikta*.

*Adiantum pedatum* 'Japonicum' est idéal à l'ombre. ▶

▲ *Aeonium arboreum* : un sujet adulte en pot.

▲ *Aethionema armenum* 'Warley Ruber' : un joli tapis.

◀ *Agapanthus orientalis* : blancheur et légèreté pour l'été.

## *Aeonium arboreum* AÉONIUM

*Le noir lui va si bien…*

**Plante succulente (50 cm, 0 °C).**

**Feuillage :** une variété de cette crassulacée possède un des feuillages les plus noirs du règne végétal. Les rosettes de petites feuilles pourpre très foncé, portées par des tiges charnues, parfois tortueuses, lui donnent une silhouette très graphique.

**Floraison :** des étoiles jaunes s'ouvrent en avril.

**Espèces et variétés :** la forme la plus souvent proposée est 'Zwarkop', ou 'Atropurpureum'.

**Comportement en pot :** excellent sur les balcons très ensoleillés en été.

**Dimensions du pot :** 20 cm en tous sens la première année. Le double deux ans après.

**Exposition :** du soleil, du soleil et encore du soleil.

**Terre :** sableuse. La terre à cactées lui convient.

**Arrosage :** parcimonieux. Un léger flétrissement des feuilles indique qu'il est temps d'arroser. Ne posez pas le pot dans une soucoupe pleine d'eau.

**Ennemis et maladies :** généralement aucun.

**Utilisations :** seul, pour mettre en valeur l'étrangeté du feuillage, ou avec des exotiques.

**Conseil Truffaut :** sa terre de prédilection étant la Floride, tout ce qui peut lui rappeler ce climat est bienvenu (chaleur, luminosité, sécheresse). Rentrez l'aéonium dans une pièce chauffée l'hiver.

## *Aethionema armenum* AÉTHIONÈME

*La providence des balcons secs.*

**Plante vivace (15 cm, - 10 °C).**

**Feuillage :** l'aéthionème forme d'épais tapis de feuilles, linéaires, vert bleuté.

**Floraison :** un vrai cadeau de début d'été. Les fleurs roses portées par des tiges dressées en forme de croix sont groupées en têtes compactes.

**Espèces et variétés :** les fleurs rose foncé de l'*Aethionema armenum* 'Warley Ruber' se marient parfaitement avec son feuillage presque bleu.

**Comportement en pot :** l'aéthionème se sent à l'aise sur les petits balcons, exposés plein sud.

**Dimensions du pot :** un pot de 10 litres est suffisant pour la première année.

**Exposition :** le plein soleil, sans hésitation.

**Terre :** préparez un mélange par moitié de terre à cactées et de terre de jardin. Prévoyez une couche drainante de 5 cm. Recouvrez la surface du sol avec une couche de 2 cm de graviers, en paillis.

**Arrosage :** en été, arrosez une fois par semaine. En hiver, stoppez tout arrosage.

**Ennemis et maladies :** aucun problème majeur.

**Utilisations :** l'aéthionème se plaît dans les jardins de rocaille miniatures et les auges.

**Conseil Truffaut :** coupez les fleurs fanées. Faites des boutures en été avec les pousses latérales.

## *Agapanthus umbellatus* AGAPANTHE

*De jolies têtes d'un bleu azur.*

**Plante vivace (1 m, - 5 °C).**

**Feuillage :** en longs rubans vert franc.

**Floraison :** d'un bleu inégalable ou blanc. Les fleurs en clochettes sont réunies en têtes rondes, portées par des hampes souples. Cette belle floraison dure tout l'été et une partie de l'automne.

**Espèces et variétés :** les hybrides de 'Headbourne' sont les plus rustiques.

**Comportement en pot :** cette fleur sud-africaine se languit loin de la lumière et de la chaleur.

**Dimensions du pot :** importantes, car les souches prennent vite de la place. Les pots chinois bruns, aussi larges que hauts, leur conviennent. Trois plantes tiennent dans un pot de 40 à 45 cm.

**Exposition :** au soleil, impérativement.

**Terre :** donnez-leur un sol pas trop sec, un terreau riche, que vous aurez amélioré avec du compost bien mûr. Alimentez avec un engrais organique.

**Arrosage :** les agapanthes supportent la sécheresse mais ont besoin de deux arrosages par semaine en moyenne durant la végétation.

**Ennemis et maladies :** généralement aucun.

**Utilisations :** en grosses potées pour l'été. Ne pas les mélanger avec d'autres espèces dans le même pot. Faites-les voisiner avec des pots d'hémérocalles, des crinums ou des yuccas.

**Conseil Truffaut :** après la floraison, coupez les tiges au ras du sol. Éliminez les feuilles au fur et à mesure qu'elles jaunissent. Les agapanthes craignent le gel et l'humidité hivernale.

## *Agave spp.* AGAVE

*Des épées pointues.*

**Plante grasse (60 cm, 0 °C).**

**Feuillage :** disposé en rosette, sur des tiges très courtes, il est allongé, pointu comme une épée, souvent épineux sur les bords.

**Floraison :** une longue hampe de plusieurs mètres porte de grosses clochettes blanches. La floraison signe en général la mort de la plante.

**Espèces et variétés :** *Agave americana* est la plus vigoureuse. La version panachée, 'Variegata', est plus spectaculaire. *Agave ferox* est une vraie sculpture vivante, mais attention, ses terribles épines font honneur à son nom !

**Comportement en pot :** l'agave apprécie la proximité des murs qui réverbèrent la chaleur.

**Dimensions du pot :** 30 cm de diamètre.

**Exposition :** un maximum de soleil en été. Dès que l'hiver pointe son nez, rentrez l'agave dans une pièce aux larges baies vitrées, exposée plein sud.

**Terre :** mélangez une part de terre à cactus, une part de terreau pour orchidées, une part de terre végétale et quelques poignées de compost d'algues et de fumier. Drainage indispensable.

**Arrosage :** les agaves détestent les excès d'eau. Ils prospèrent dans la nature, dans les endroits pierreux, ou en équilibre au bord d'un ravin. Ils apprécient aussi le bord de mer.

**Ennemis et maladies :** parfois les cochenilles, mais surtout la pourriture qui apparaît dans les sols compacts ou trop humides. Ne pas arroser l'hiver si la température est inférieure à 10 °C.

**Utilisations :** en sujet isolé, pour sa silhouette sculpturale. L'agave fait bon voisinage avec toutes les plantes qui adorent le plein soleil (agapanthes, yuccas, phormiums, cordylines, palmiers, etc.).

**Conseil Truffaut :** rempotez dans un pot plus grand à chaque fois que la silhouette vous semble disproportionnée par rapport au contenant.

## *Ageratum houstonianum* AGÉRATUM

*Une jolie floraison veloutée.*

**Plante annuelle (de 20 à 60 cm, 5 °C).**

**Feuillage :** duveteux, d'un vert moyen. Les feuilles font penser à des petits cœurs.

**Floraison :** à partir du mois de juin, jusqu'aux premières gelées, les petits bouquets serrés se succèdent dans les tons bleus, rose mauve ou blancs.

**Espèces et variétés :** parmi les races naines, 'Blue Ball' est l'un des plus foncés. 'Pinkie Improved', avec un coloris rose vif, est inhabituel. 'Blazer' est rose soutenu, 'Atlantic' très florifère. Chez les variétés hautes, 'Bouquet Blanc' ou 'Bouquet Bleu' montent à 60 cm et peuvent être utilisés en bouquet.

**Comportement en pot :** la plante se développe généreusement dans tous les types de contenants.

**Dimensions du pot :** profondeur minimale de 15 cm. Espacez chaque sujet de 10 cm.

**Exposition :** abritée, mais ensoleillée.

**Terre :** un substrat riche, qui retient l'eau, est idéal. Pour soutenir la floraison toute la saison, faites des apports d'engrais liquide pour plantes fleuries.

**Arrosage :** une jardinière de 30 cm de long doit au moins recevoir 3 litres d'eau par jour, quand il fait beau et chaud. Bassinez souvent le feuillage.

**Ennemis et maladies :** les araignées rouges sont un fléau redoutable. Quand elles envahissent un plant, les feuilles se décolorent puis sèchent sur pied. Aspergez le feuillage à chaque arrosage ; par temps chaud, traitez avec un acaricide spécifique.

**Utilisations :** en jardinières, en mélange avec des plantes à feuillage, comme les lierres, les hélichrysums, les cinéraires. N'hésitez pas à les marier avec des bacopas, des *Zinnia angustifolia*, des brachycomes ou des nièrembergias rampants.

**Conseil Truffaut :** les variétés hautes sont introuvables en barquettes. Il faut acheter les graines et semer en mars, au chaud. Coupez les premières fleurs des variétés naines, achetées en mai en jardineries, vous provoquerez des ramifications qui donneront au plant une silhouette plus étoffée et fleuriront encore plus longtemps.

▲ *Agave attenuata* : une plante succulente très résistante.

▲ *Ageratum houstonianum* 'Blazer' : un grand classique.

▲ *Ageratum houstonianum* 'Atlantic' : très généreux.

*Ageratum houstonianum* 'Boule rose' : un coloris évolutif. ▶

▲ *Ajuga reptans* 'Tricolor' : un excellent couvre-sol.

▲ *Akebia quinata* : une grimpante qui réussit bien en pot.

◀ *Alchemilla mollis* : une végétation foisonnante.

## *Ajuga reptans*
## BUGLE RAMPANT

*Un tapis de feuilles multicolores…*

**Plante vivace (15 cm, - 20 °C).**

**Feuillage :** ovale, d'un vert profond pour l'espèce type, en forme de rosettes plaquées au sol.

**Floraison :** les épis bleus apparaissent au printemps, sur de courtes tiges dressées verticalement.

**Espèces et variétés :** la forme sauvage n'est guère spectaculaire. En revanche, les variétés au feuillage pourpre ('Atropurpuréa'), rose et vert panaché de crème ('Burgundy Glow'), pourpre marqué de blanc crème ('Variégata'), ou brun pourpré, veiné de reflets bronze et vert ('Palisander'), sont très décoratives.

**Comportement en pot :** bon à la mi-ombre.

**Dimensions du pot :** 15 cm de profondeur minimum. Une jardinière de 40 cm de long peut accueillir deux pieds, pas plus.

**Exposition :** dans la nature, le bugle vit en sous-bois. L'ombre ou la mi-ombre lui conviennent parfaitement.

**Terre :** les racines superficielles exigent un terreau riche, toujours frais, même humide.

**Arrosage :** tous les deux ou trois jours, en été.

**Ennemis et maladies :** aucun, sauf quelques limaces qui améliorent leur menu avec ses feuilles.

**Utilisations :** plantez le bugle en compagnie de belles vivaces dans de grands pots. Associez-le à des bulbes, auxquels il fera un écrin au printemps.

**Conseil Truffaut :** si la plante n'a pas bel aspect à la fin de l'hiver, vous pouvez la « tondre », avec des cisailles à gazon, elle repartira de plus belle.

## *Akebia quinata*
## AKÉBIE

*Une liane étonnante et presque persistante !*

**Plante grimpante (3 m, - 15 °C).**

**Feuillage :** des vrilles souples, s'enroulant délicatement autour de leur support, portent des feuilles palmées, constituées de folioles toutes rondes.

**Floraison :** les grappes violet pourpre sont discrètes et légèrement parfumées en avril et mai.

**Espèces et variétés :** une seule espèce est proposée par les jardineries, *Akebia quinata*.

**Comportement en pot :** si elle n'est pas trop à l'étroit, l'akébie pousse longtemps en bac.

**Dimensions du pot :** 30 cm en tous sens pour la première plantation. En dessous de cette taille, la profondeur est trop faible pour le système racinaire vigoureux de l'akébie.

**Exposition :** ensoleillée et abritée.

**Terre :** un mélange « maison » composé de 10 litres de terreau universel avec deux ou trois grosses poignées de sable de rivière et autant de compost d'algues et de fumier.

**Arrosage :** l'akébie peut supporter, de temps en temps, de courtes périodes de sécheresse. Mais, à terme, des à-coups répétés lui sont nuisibles.

**Ennemis et maladies :** rien de sérieux.

**Utilisations :** à palisser contre un treillage.

**Conseil Truffaut :** enroulez ses branches autour d'un support au fur et à mesure de leur croissance.

## *Alchemilla mollis*
## ALCHÉMILLE

*Le piège à rosée…*

**Plante vivace (40 cm, - 15 °C).**

**Feuillage :** les feuilles palmées, presque rondes, ont la particularité, grâce à leurs poils, de retenir l'eau, qui forme de jolies gouttelettes translucides.

**Floraison :** les fleurs minuscules sont portées par des tiges enchevêtrées. De loin, elles forment un nuage mousseux, vert acide, qui met en valeur presque toutes les autres couleurs.

**Espèces et variétés :** *Alchemilla mollis*, qui atteint 50 cm, est la plus courante. On peut trouver *Alchemilla ellenbeckii*, au feuillage plus brillant. Elle forme un excellent couvre-sol pour l'ombre.

**Comportement en pot :** l'alchémille est pleine de bonne volonté. Passé le premier mois d'acclimatation, la plante se met à pousser vigoureusement.

**Dimensions du pot :** 20 cm de haut au moins.

**Exposition :** une heure de soleil par jour suffit à l'alchémille. Elle accepte les endroits humides.

**Terre :** du terreau universel ou une terre légère.

**Arrosage :** l'alchémille se débrouille avec ce que vous voudrez bien lui donner. Elle sera plus belle

si vous lui offrez à boire deux fois par semaine.
**Ennemis et maladies :** à part la pourriture, qui atteint les tiges du cœur de la touffe, quand on l'arrose trop, l'alchémille est sans problème.
**Utilisations :** avec des hémérocalles, des sauges, des rosiers. Toute seule, en masse. Ou, pourquoi pas, avec des annuelles qui cascaderont : géraniums, pétunias, scaévolas... L'alchémille sait jouer les utilités, en accompagnant les bulbes d'été, dont elle masque le feuillage jaunissant.
**Conseil Truffaut :** quand la touffe devient moins belle et se « creuse », vers le milieu de l'été, coupez les feuilles de la saison. Un nouveau feuillage viendra les remplacer et la potée sera belle pour septembre. Quand la plante vieillit, arrachez-la, et divisez la touffe pour conserver les pousses les plus jeunes.

## *Allium spp.* AIL D'ORNEMENT

*Des têtes bien pleines et bien faites.*
**Plante bulbeuse (1 m, -20 °C).**
**Feuillage :** très variable selon l'espèce, mais toujours en forme de ruban ou de tube.
**Floraison :** du blanc au rose pourpre en passant par le jaune, en ombelles plutôt sphériques.
**Espèces et variétés :** parmi les innombrables espèces et variétés, retenez *Allium karataviense,* aux feuilles pourpre grisé, larges comme la main, et aux grosses têtes sphériques rose vineux. Plus tardif, *Allium oreophilum* fleurit au cœur de l'été, rose foncé, avec des fleurs étoilées, en ombelles légères. Pour les amateurs de sensation, *Allium giganteum,* avec ses têtes de 10 cm de large, ne manque jamais son effet. *Allium moly* est jaune.
**Comportement en pot :** irréprochable... jusqu'à ce que les feuilles jaunissent. Prévoir des cache-misère (alchémilles, ancolies, pétunias, plantes à feuillage) ou arrachez les plants sans remords.
**Dimensions du pot :** 15 cm de profondeur au moins. Plantez un bulbe tous les 15 à 20 cm.
**Exposition :** ensoleillée.
**Terre :** bien drainant, un terreau souple et léger, enrichi de 1/4 de sable convient bien. N'hésitez pas à prévoir, lors de la plantation, une couche de graviers de 5 cm au fond du pot (drainage).
**Arrosage :** une fois par semaine environ, mais la terre doit sécher entre deux apports d'eau.
**Ennemis et maladies :** la pourriture blanche dessèche les feuilles. Arrachez et jetez le bulbe.
**Utilisations :** en groupes en compagnie d'arbustes printaniers, en simples potées, ou en jardinières, dans un mélange avec des pensées.
**Conseil Truffaut :** quand le feuillage est complètement jauni, il a réapprovisionné le bulbe pour la saison suivante. Déterrez alors les bulbes et stockez-les dans de la tourbe jusqu'à la plantation en automne.

## *Allium schoenoprasum* CIBOULETTE

*Elle met les salades en fête.*
**Plante condimentaire (30 cm, -8 °C).**
**Feuillage :** ce sont les « fines herbes », si bien nommées, d'un joli vert clair au printemps.
**Floraison :** les fleurs roses, étoilées, formant de petites têtes rondes, sont indésirables, mais si jolies !
**Espèces et variétés :** ne confondez pas *Allium fistulosum,* la ciboule ou cive, aux grosses feuilles tubulaires, à l'odeur d'oignon prononcée et *Allium schoenoprasum,* la ciboulette, dont la variété 'Staro', développe des feuilles de 30 cm de long. 'Forescate' est encore plus haute. Un seul plant donne une touffe de 50 cm de diamètre !
**Comportement en pot :** avec de la lumière et de l'eau, elle se développe bien toute la saison.
**Dimensions du pot :** 15 cm de diamètre, la première année. Vous rempoterez dans un pot d'une taille au-dessus, la saison suivante.
**Exposition :** quatre heures de soleil par jour.
**Terre :** n'importe quelle terre bien drainée convient.
**Arrosage :** trois fois par semaine en moyenne.
**Ennemis et maladies :** il arrive qu'un champignon s'installe sur les feuilles et forme des pustules orange. Il s'agit de la rouille qui se traite bien avec un fongicide polyvalent.
**Utilisations :** avec d'autres aromatiques.
**Conseil Truffaut :** pincez les fleurs avant qu'elles ne soient complètement formées, pour conserver des feuilles bien tendres.

▲ *Allium oreophilum.* On l'appelle aussi *ostrowskianum.*

▲ *Allium moly* : un jaune éclatant, une culture très facile.

▲ Une superbe potée d'*Allium karataviense.*

La ciboulette se plaît en pot si elle est très arrosée. ▶

▲ *Aloysia citriodora* : un délicieux parfum de citronnelle.

▲ *Alstroemeria* x 'Tiara' : un coloris chaud, profond.

## *Aloysia triphylla (Lippia)* VERVEINE CITRONNELLE

*Un parfum citronné, tout en finesse.*

**Arbuste (70 cm, 0 °C).**

**Feuillage :** vert très pâle, lancéolé, porté par des tiges assez raides, qui dégagent, au toucher, une forte odeur de citron, très agréable.

**Floraison :** des grappes de petites fleurs mauve pâle apparaissent en août.

**Espèces et variétés :** on ne trouve qu'une espèce : *Aloysia triphylla* (ou *Lippia citriodora*).

**Comportement en pot :** la plante a tendance à se dégarnir et à pousser de manière échevelée.

**Dimensions du pot :** après avoir acheté la verveine citronnelle en godet, rempotez-la dans un pot de 25 cm de diamètre et autant de profondeur.

**Exposition :** un angle entre deux murs, faisant face à l'ouest, lui conviendra à merveille.

**Terre :** mélangez à parts égales du terreau, du sable et de la terre de jardin.

**Arrosage :** deux fois par semaine de mars à octobre. Réduisez les apports d'eau pour l'hiver.

**Ennemis et maladies :** généralement aucun.

**Utilisations :** pour étoffer sa silhouette un peu dégingandée, associez l'*Aloyzia* avec des géraniums à feuillage odorant, des héliotropes, des tabacs et des *Verbena tapiens*, au port souple.

**Conseil Truffaut :** si vous n'avez pas de place suffisante pour la rentrer en hiver dans une pièce fraîche et lumineuse, faites des boutures en été. Prélevez des pousses latérales, que vous piquerez en terre, dans des petits pots, faciles à rentrer sur le rebord d'une fenêtre.

## *Alstroemeria spp.* LIS DES INCAS

*Délicate, mais c'est un vrai spectacle.*

**Plante vivace (80 cm, -2 °C).**

**Feuillage :** lancéolé, vert bleuté.

**Floraison :** généreuse pour ceux qui ont la chance de la réussir. Les coloris passent par tous les tons de rose, de blanc, de violet et de jaune.

◄ *Alyssum saxatile* : une plante de couverture lumineuse.

**Espèces et variétés :** les hybrides d'*Alstroemeria ligtu* sont presque rustiques. Bien protégés, ils passent l'hiver dehors, en ville, dans la région d'Île-de-France. *Alstroemeria aurantiaca* est le plus rustique de tous. Il fleurit uniquement dans les tons orangés.

**Comportement en pot :** de belles potées d'alstroemères sont assez difficiles à réussir car ces plantes s'implantent assez péniblement et ne vivent guère plus de 2 ou 3 ans en pot.

**Dimensions du pot :** le secret de la réussite des alstroemères réside dans la plantation. Les racines doivent être enterrées à une bonne main de profondeur. Un pot de 40 cm de haut convient.

**Exposition :** une situation abritée et ensoleillée.

**Terre :** une bonne terre de jardin. Le terreau « géraniums », additionné de quelques poignées de compost fait aussi l'affaire.

**Arrosage :** 2 à 3 fois par semaine selon la température ambiante. Ne noyez pas la plante.

**Ennemis et maladies :** dans la nature, chenilles et limaces adorent grignoter les racines et les feuilles des alstroemères. Sur les terrasses, c'est plus improbable. En revanche, une virose peut provoquer des déformations sur les feuilles.

**Utilisations :** le lis des Incas aime la compagnie des autres plantes. Comme ses coloris sont très chaleureux, associez-le à des plantes à feuillage gris, qui les mettront en valeur : armoises, cinéraires.

**Conseil Truffaut :** pour une réussite presque assurée, débutez avec des alstroemères vendus en godets ou en conteneurs, déjà bien développés.

## ♣ *Alyssum saxatile* CORBEILLE-D'OR

*Une floraison d'or au parfum de miel.*

**Plante vivace (30 cm, -15 °C).**

**Feuillage :** les feuilles gris-vert, linéaires et fines, persistent en hiver. Elles forment un beau tapis.

**Floraison :** les fleurs jaune d'or apparaissent d'avril à juin, en grappes denses, très uniformes.

**Espèces et variétés :** 'Compactum' ne dépasse pas 15 cm de haut. 'Citrinum' vous gratifiera d'un beau jaune citron vif, très lumineux. 'Plenum' offre des fleurs doubles, très généreuses.

**Comportement en pot :** peu exigeant, pourvu

qu'il y ait du soleil et une certaine sécheresse.
**Dimensions du pot :** choisissez un pot plus large que haut, d'au moins 20 cm de diamètre.
**Exposition :** la condition sine qua non, du soleil !
**Terre :** la corbeille-d'or n'aime pas les terreaux qui gardent l'eau trop longtemps. Ajoutez deux poignées de sable par plante lors de la plantation.
**Arrosage :** modéré. Il est bon de laisser sécher la surface de la terre, avant d'arroser de nouveau.
**Ennemis et maladies :** le mildiou forme un duvet blanchâtre à la face inférieure des feuilles. La rouille blanche des crucifères, un autre champignon, forme des pustules blanches sur les tiges.
**Utilisations :** sur le devant des jardinières, avec des œillets, des stachys, des armérias. Dans des paniers suspendus avec sédums et aubriètes.
**Conseil Truffaut :** taillez la plante à 3 cm du sol, après la première grosse floraison de mai-juin.

## *Amaranthus caudatus* AMARANTE

*Une originale qui gagne à être connue.*
**Plante annuelle (1 m, 5 °C).**
**Feuillage :** les feuilles ovales, vert clair, sont assez banales, sauf chez *Amaranthus tricolor*.
**Floraison :** théâtrale ! Les grappes pourpres, épanouies de juillet à octobre, retombent comme de lourdes draperies de velours.
**Espèces et variétés :** il existe une variété vert chartreuse, ravissante, mélangée à des variétés pourpres. Certaines, comme 'Red Cathedral Superior', offrent un port dressé. *Amaranthus tricolor* offre un feuillage panaché de rouge, de bronze, de jaune et de vert.
**Comportement en pot :** calez bien le pot, car le vent renverse souvent cette plante opulente.
**Dimensions du pot :** une caisse à orangerie, de 40 cm au moins de côtés, est nécessaire. Elle apportera la stabilité à l'amarante, qui peut nécessiter parfois un tuteurage si la floraison est très lourde.
**Exposition :** toutes les amarantes sont de grandes amoureuses du soleil.
**Terre :** ajoutez 10 % de compost au terreau de plantation. Vous pouvez utiliser du terreau « géraniums », dont la composition est étudiée pour ne pas se tasser sous l'effet des arrosages répétés. Dans une terre pauvre, l'amarante se développera un peu moins en hauteur.
**Arrosage :** de 3 à 4 l tous les soirs, en été.
**Ennemis et maladies :** les pucerons sont friands de la sève des amarantes.
**Utilisations :** associez-leur de grandes fleurs, comme les tabacs géants. La silhouette très graphique des yuccas les met aussi en valeur.
**Conseil Truffaut :** c'est la plante idéale pour remplacer les annuelles défleuries en fin d'été.

## *Amaryllis belladona* LIS BELLADONE

*Un lis rose tendre...*
**Plante bulbeuse (60 cm, 0 °C).**
**Feuillage :** les feuilles rubanées apparaissent après la floraison automnale, au printemps suivant.
**Floraison :** les splendides trompettes rose pâle, portées par une tige nue et rigide, apparaissent en août et en septembre, jusqu'aux gelées.
**Espèces et variétés :** il existe des variétés blanches ou roses, à gorge jaune, mais elles restent assez rares en France. Dommage !
**Comportement en pot :** le lis belladone supporte mal les terrasses exposées à l'est ou au nord.
**Dimensions du pot :** plantez chaque gros bulbe dans un pot de 30 cm de diamètre.
**Exposition :** pour bien fleurir, le lis belladone demande l'exposition la plus chaude possible. Offrez-lui un angle abrité face au sud.
**Terre :** terreau et sable en mélange. Comme pour toutes les plantes bulbeuses, le lis belladone craint l'excès d'eau qui provoque la pourriture du bulbe.
**Arrosage :** une fois par semaine, sans excès.
**Ennemis et maladies :** la mouche du narcisse peut détruire le bourgeon du lis belladone avant qu'il ait eu le temps de démarrer. Des viroses provoquent des taches irrégulières sur les feuilles.
**Utilisations :** en belles potées de plusieurs bulbes.
**Conseil Truffaut :** offrez à l'*Amaryllis belladona* un engrais potassique après la floraison. Protégez la plante en hiver et au printemps, surtout quand les jeunes feuilles pointent. Utilisez un voile d'hivernage.

▲ *Amaranthus caudatus* : elle fleurit à la fin de l'été.

▲ *Amaranthus tricolor* : un panache spectaculaire.

*Amaryllis belladona* : une des beautés de l'automne. ▶

▲ *Anagallis linifolia* : souplesse et légèreté.

▲ *Anaphalis triplinervis* : une profusion d'étoiles blanches.

◀ *Anchusa azurea* : la buglosse d'Italie au bleu intense.

## *Anagallis monelli*
## MOURON

*Un nuage bleu.*

**Plante vivace (40 cm, - 5 °C).**

**Feuillage :** vert foncé, étroitement lancéolé.

**Floraison :** ce cousin chic de notre brave mouron des champs, reconverti côté jardin, offre des fleurs d'un beau bleu, larges comme une pièce de un franc.

**Espèces et variétés :** 'Blaulight', d'un bleu-violet, fleurit de juin à septembre. 'Sky Lover', d'un bleu électrique, peut se cultiver en suspension.

**Comportement en pot :** en raison de son aspect foisonnant, il faut le tailler de temps en temps.

**Dimensions du pot :** pour une seule plante, un pot de 20 cm de haut, et autant de large, suffit.

**Exposition :** abritée, ensoleillée, sans être brûlante.

**Terre :** n'importe quel bon terreau convient.

**Arrosage :** en plein été, un petit pot se dessèche totalement en une journée. Un grand verre d'eau quotidien est nécessaire.

**Ennemis et maladies :** contre les pucerons, faites deux traitements insecticides à 8 jours d'intervalle.

**Utilisations :** le mouron d'ornement forme de jolies petites potées estivales. Le bleu de ses fleurs se marie à merveille avec les tons jaunes : associez-le avec des anthémis, des bidens, des hélichrysums à feuillage panaché, des œillets d'Inde, des rudbéckias.

**Conseil Truffaut :** bien que le mouron d'ornement soit vivace, il vaut mieux le traiter comme une plante annuelle, car il survit rarement à l'hiver et manque de tenue la deuxième année. Préparez vos potées dès mars, en les semant à l'intérieur. Acclimatez les jeunes plants sur le balcon à partir d'avril.

## ♣ *Anaphalis triplinervis*
## IMMORTELLE DE VIRGINIE

*Une valeur sûre.*

**Plante vivace (60 cm, - 15 °C).**

**Feuillage :** gris argenté, laineux et dense.

**Floraison :** de petits bouquets de pompons ivoire apparaissent en août et en septembre. Les fleurs sèches restent décoratives tout l'été.

**Espèces et variétés :** 'Sommerschnee', avec ses 25 cm de haut, forme des touffes qui ne « versent » pas.

**Comportement en pot :** taillez chaque année en automne pour que la plante reste bien compacte.

**Dimensions du pot :** comptez 25 cm de large pour une plante, et 20 cm en profondeur.

**Exposition :** l'immortelle de Virginie aime le plein soleil. Mais elle se contentera d'un emplacement un peu ombragé, s'il est suffisamment sec.

**Terre :** la plante aime les terres qui ne retiennent pas trop l'eau. Faites un mélange de 1/4 de terre à cactées et de 3/4 de terreau universel.

**Arrosage :** attendez que la surface de la terre soit sèche, avant chaque nouvel apport d'eau. Videz ensuite l'excédent qui stagne dans la soucoupe.

**Ennemis et maladies :** l'immortelle de Virginie ne subit pratiquement aucune attaque parasitaire.

**Utilisations :** mariez la plante avec des diascias, des pélargoniums, des tabacs de couleur.

**Conseil Truffaut :** en octobre, rabattez l'immortelle au ras du sol. Divisez la touffe tous les deux ans.

## ♣ *Anchusa spp.*
## BUGLOSSE

*Une intensité de bleu incomparable.*

**Plante vivace (1 m, - 12 °C).**

**Feuillage :** de vert clair à vert moyen, il est lancéolé, un peu rêche au toucher.

**Floraison :** le bleu céleste des corolles rivalise avec la perfection des myosotis. Les fleurs apparaissent en masse, de juin à août, sur de grandes tiges dressées.

**Espèces et variétés :** *Anchusa azurea* 'Loddon Royalist' atteint 1 m de haut. Ses fleurs, plus grandes et plus bleues que le type, forment une impressionnante masse azur. *Anchusa capensis*, bisannuelle, moins haute (45 cm), convient aux petites potées.

**Comportement en pot :** la deuxième année, la plante devient moins belle, remplacez-la.

**Dimensions du pot :** les racines, profondes, demandent un pot d'au moins 30 cm de hauteur.

**Exposition :** il faut à la buglosse au moins cinq heures de soleil par jour.

**Terre :** donnez-lui une bonne terre de jardin.

À défaut, la terre pour rosiers ou le terreau pour géraniums, vendus en sac, conviennent bien.
**Arrosage :** régulier. Quand la plante vit relativement au sec, elle ne dépasse pas 50 cm de haut, mais ses couleurs deviennent plus intenses.
**Ennemis et maladies :** des taches jaunes qui apparaissent sur les feuilles indiquent une virose.
**Utilisations :** la buglosse forme de grosses potées très décoratives. Faites-la voisiner avec des tabacs géants et des pavots d'Orient. Plantez des capucines qui habilleront le bas de la potée.
**Conseil Truffaut :** si vous souhaitez conserver la buglosse l'année suivante, coupez les fleurs fanées. Protégez la plante en hiver, près d'un mur.

## *Anemone blanda* ANÉMONE BULBEUSE

*La messagère du printemps…*
**Plante vivace à tubercules (25 cm, - 5 °C).**
**Feuillage :** assez décoratif, d'un joli vert clair, finement divisé en lobes étroits.
**Floraison :** les mini-marguerites blanches, bleues, mauves, rouges ou roses de l'anémone bulbeuse, apparaissent à partir du mois de février.
**Espèces et variétés :** elles sont vendues le plus souvent sans dénomination, par couleurs ou en mélange des différents coloris.
**Comportement en pot :** *Anemone blanda* forme de jolies potées basses (15 cm), qui annoncent la venue du printemps. Placez-les sur un rebord de fenêtre pour en profiter. Pour un effet réussi en pot, il faut une trentaine de tubercules.
**Dimensions du pot :** une petite jardinière de 30 cm de long et 15 cm de hauteur peut accueillir jusqu'à 50 plantes (espacez-les de 3 cm).
**Exposition :** ombre légère.
**Terre :** ajoutez du sable à un bon terreau universel.
**Arrosage :** ces anémones supportent mal la sécheresse ou les arrosages excessifs. En mars, s'il ne pleut pas, un arrosage copieux par semaine est nécessaire.
**Ennemis et maladies :** des tiges poisseuses indiquent une attaque de pucerons. Traitez avec un insecticide. Des plantes rabougries, un feuillage jauni, des fleurs déformées, sont les signes d'une virose. Il faut alors remplacer la totalité de la plantation.
**Utilisations :** les *Anemone blanda* accompagnent avec bonheur les perce-neige, les nivéoles, les crocus, les jacinthes, les muscaris. Elles se marient aussi avec les fougères, les lierres, les helxines.
**Conseil Truffaut :** laissez en place dans le pot ou la jardinière les tubercules aplatis des *Anemone blanda*, la plante réapparaîtra l'année suivante. Renouvelez la plantation tous les deux ans.

## *Anethum graveolens* ANETH

*La légèreté faite plante.*
**Plante annuelle (1 m, - 10 °C).**
**Feuillage :** très fin, presque arachnéen, vert bleuté. Les feuilles aromatisent les salades, les poissons, les pommes de terre et les marinades.
**Floraison :** des étoiles minuscules, d'un jaune acide, forment des ombelles légères. Les graines, très anisées, parfument le vinaigre et les cornichons.
**Espèces et variétés :** 'Sari' est une variété solide, très améliorée par rapport au type. Un cultivar nain, 'Fernleaf' (à feuilles de fougères), ne dépasse pas 45 cm de hauteur. Il offre un port touffu, très ramifié dès la base, idéal pour les petits balcons.
**Comportement en pot :** l'aneth, à l'arrière-plan des jardinières, apporte légèreté et douceur.
**Dimensions du pot :** la plante atteint 1 m de haut. Prévoyez une jardinière d'au moins 30 cm de profondeur et un bon tuteur en forme de grille.
**Exposition :** cette plante aromatique demande au moins un plein après-midi de soleil par jour.
**Terre :** l'aneth aime les terres sableuses et drainées.
**Arrosage :** laissez le pot s'assécher un peu entre deux apports d'eau, en moyenne 2 fois par semaine.
**Ennemis et maladies :** rien à signaler.
**Utilisations :** le feuillage nuageux de l'aneth permet de mettre en valeur pratiquement toutes les autres plantes à grosses fleurs, les lavatères, les cléomes, les cosmos, les pétunias.
**Conseil Truffaut :** l'aneth, annuelle, se ressème spontanément. Laissez quelques ombelles monter à graines. Vous pourrez les semer dans des pots qui passeront l'hiver dehors.

▲ *Anemone blanda* 'Radar' : une floraison très précoce.

▲ *Anemone coronaria* fait aussi de très beaux bouquets.

L'aneth est d'une grande élégance par sa finesse. ▶

▲ *Anisodontea capensis* sur tige : une belle potée estivale.

▲ La floraison gracieuse de *Anisodontea* x *hypomadenum*.

◀ Très fin et parfumé, le cerfeuil aromatise les salades.

## *Anisodontea* x *hypomadenum* ANISODONTÉA

*Des petites fleurs joliment colorées.*

**Arbuste (1,20 m, 5 °C).**

**Feuillage :** très fin, d'un vert clair, persistant sous les climats doux et si la plante hiverne en serre.

**Floraison :** une myriade de mauves miniatures couvre la plante de juin à octobre.

**Espèces et variétés :** *Anisodontea* x *hypomadenum* et *capensis* ont un aspect similaire.

**Comportement en pot :** tuteurez les sujets sur tige, car le vent peut les briser. Prenez soin d'attacher le tronc en plusieurs endroits sur toute sa hauteur, pour éviter une cassure au point d'attache.

**Dimensions du pot :** pour les sujets en touffe, choisissez une jardinière dont la hauteur et la largeur sont la moitié de la taille de la plante. Pour les sujets sur tige, prenez un pot dont le diamètre est égal ou légèrement inférieur à celui de la ramure.

**Exposition :** il lui faut de la chaleur et une bonne lumière constante. Évitez les vents dominants.

**Terre :** faites un mélange à parts égales de terre à cactées, de terreau de plantation et de terre du jardin. Ajoutez une bonne poignée d'engrais.

**Arrosage :** l'anisodontéa supporte la sécheresse, mais il préfère un arrosage hebdomadaire.

**Ennemis et maladies :** les mouches blanches peuvent envahir la plante quand l'arbuste est en serre. Traitez préventivement avec un insecticide.

**Utilisations :** cultivez l'anisodontéa seul ou avec des annuelles retombantes. Certains jardiniers méticuleux réussissent même à le palisser contre un mur.

**Conseil Truffaut :** l'anisodontéa peut supporter un gel de -5 °C, surtout s'il survient petit à petit et ne dure que quelques jours. Au-delà, il faut rentrer la plante en serre froide ou en véranda.

## *Anthriscus cerefolium* CERFEUIL

*Une plante aromatique très décorative.*

**Plante bisannuelle (30 cm, -15 °C).**

**Feuillage :** très fin, comme celui d'une fougère.

**Floraison :** les ombelles blanches éclosent en mai.

**Espèces et variétés :** il ne faut pas confondre le cerfeuil bisannuel *(Anthriscus cerefolium)*, souvent cultivé comme une annuelle, avec le cerfeuil musqué *(Myrrhis odorata)*, qui est vivace.

**Comportement en pot :** le cerfeuil est assez éphémère, mais il se ressème très facilement.

**Dimensions du pot :** chaque plante nécessite un contenant de 20 cm de large et de haut.

**Exposition :** légèrement ombragée.

**Terre :** une bonne terre de jardin convient. Vous pouvez également lui préparer un mélange de terre pour rosiers (2/3) et de compost organique (1/3).

**Arrosage :** chaque pied a besoin, par temps sec, d'un demi-litre d'eau par jour. Une fois par semaine, arrosez en trempant le pot.

**Ennemis et maladies :** comme la plupart des aromatiques, le cerfeuil est rarement attaqué.

**Utilisations :** en compagnie d'autres plantes aromatiques dans des potées ou des jardinières. Il peut aussi garnir le pied de petits arbustes.

**Conseil Truffaut :** pour que le feuillage reste beau, pincez les boutons floraux dès qu'ils apparaissent.

## *Antirrhinum spp.* MUFLIER

*On m'appelle « gueule-de-loup »...*

**Plante vivace (30 cm, 3 °C).**

**Feuillage :** ovale, un peu vernissé, vert moyen.

**Floraison :** les corolles tubulaires s'ourlent de lèvres arrondies. Les coloris vont du blanc au jaune, en passant par tous les tons de rose et d'orange. Les fleurs se succèdent de mai aux gelées.

**Espèces et variétés :** *Antirrhinum majus*, le muflier des jardins, se décline dans des centaines d'hybrides et de variétés. Le groupe 'Nanum' produit des plantes de 30 à 40 cm, idéales pour la culture en potées. On préférera souvent les hybrides F1 plus florifères et très réguliers dans leur végétation. Il existe un muflier rampant, au beau feuillage gris duveteux, merveilleux en jardinière.

**Comportement en pot :** sans problème à condition de ne pas trop serrer les plantes. Un espacement de 15 cm convient bien.

**Dimensions du pot :** un plant en motte, vendu

en barquette, a très vite besoin d'un pot d'au moins 15 cm de large et 20 cm de profondeur.

**Exposition :** pour une belle floraison, les mufliers doivent bénéficier de cinq heures de soleil par jour.

**Terre :** un terreau riche et bien drainé du type terreau « géraniums » ou terreau « balcons terrasses ».

**Arrosage :** tous les deux jours en été.

**Ennemis et maladies :** le mildiou attaque les jeunes plantes. La pourriture grise envahit les fleurs si vous mouillez trop les corolles. Des traitements spécifiques sont en général inutiles.

**Utilisations :** usez et abusez des mufliers, seuls ou en associations, partout où il y a du soleil.

**Conseil Truffaut :** enlevez les épis fanés pour faire durer la floraison plus longtemps.

## *Apium spp.* CÉLERI À CÔTES

*Un parfum étonnant, un goût irrésistible.*

**Légume bisannuel (60 cm, -15 °C).**

**Feuillage :** profondément divisé, en segments dentés. Les pétioles charnus sont renforcés de côtes fibreuses, sur toute leur longueur.

**Floraison :** les ombelles, composées de petites fleurs blanc verdâtre, apparaissent en début d'été.

**Espèces et variétés :** 'Géant Doré' ou 'Plein Blanc Doré' offrent des côtes blanches et croquantes; 'Giant Red', des côtes rouges, décoratives, très larges.

**Comportement en pot :** le céleri à côtes est une plante inattendue sur un balcon, mais il réussit à condition de disposer de suffisamment de place.

**Dimensions du pot :** un pot carré de 30 cm de côtés est nécessaire pour un seul pied, car la plante est gourmande et pousse vite.

**Exposition :** au soleil, sans grand vent.

**Terre :** elle doit être riche et bien retenir l'eau. Confectionnez pour le céleri un mélange sur mesure : 1/3 de bon terreau de feuilles, 1/3 de terre de jardin, 1/3 de compost organique à base de fumier et d'algues lentement décomposés.

**Arrosage :** ne placez pas le pot trop loin d'un point d'eau, car le secret de la réussite du céleri réside dans des arrosages copieux tous les 2 ou 3 jours.

**Ennemis et maladies :** la mouche creuse des galeries dans les tiges. Traitez à la plantation.

**Utilisations :** dans une jardinière créant un mini-potager avec basilic et persil, ou seul dans un pot.

**Conseil Truffaut :** paillez le dessus du pot avec du compost, ou de l'écorce de pin, pour éviter le tassement de la terre dû aux arrosages répétés.

## *Aquilegia spp.* ANCOLIE

*Une colombine en jupons multicolores.*

**Plante vivace (50 cm, -20 °C).**

**Feuillage :** très fin, léger, vert bleuté.

**Floraison :** les pétales très travaillés portent souvent de grands éperons dressés ou recourbés.

**Espèces et variétés :** la série des 'Barlow' est intéressante pour ses fleurs doubles, sans éperons, ses grandes tiges, et ses coloris inhabituels, tous teintés de vert. Les hybrides offrent de spectaculaires éperons, qui les font ressembler à des papillons. Les nostalgiques choisiront la variété 'Grands-mères du jardin', proche du type ancien.

**Comportement en pot :** quand l'ancolie a été transplantée jeune, elle forme de belles touffes en pot. Sinon, elle boude la première année et il faut attendre la saison suivante pour avoir des fleurs.

**Dimensions du pot :** une seule plante demande un pot de 25 cm de large et 30 cm de profondeur.

**Exposition :** soleil léger ou mi-ombre.

**Terre :** légère et riche en humus, bien drainée.

**Arrosage :** quand la plante est jeune ou fraîchement installée, il faut vérifier la surface de la terre, qui doit rester humide. Le mois suivant, des arrosages bi-hebdomadaires sont suffisants.

**Ennemis et maladies :** le virus de la mosaïque du concombre provoque des taches jaunes sur les feuilles. La rouille forme des taches orangées.

**Utilisations :** avec des crocus, des tulipes, des jacinthes. Le feuillage précoce et décoratif de l'ancolie masque les feuilles jaunissantes des bulbes.

**Conseil Truffaut :** bien que les ancolies soient des plantes vivaces, leur durée de vie n'excède pas trois ou quatre ans. Mais elles se ressèment partout. Recueillez une pincée de graines et mettez-les en terre, dans les « vides » de vos jardinières.

▲ Le muflier demi-nain variété 'Majestic' est très florifère.

▲ Le céleri à côtes 'Plein blanc doré' vient bien en pot.

La délicieuse ancolie hybride 'Pink Star'. ▶

▲ *Arabis albida* : un charmant couvre-sol printanier.

▲ *Arbutus unedo* : l'étonnant arbre aux fraises.

◀ *Argyranthemum frutescens* : un arbre de fleurs.

## *Arabis spp.* ARABETTE

*Comme un tapis d'argent.*

**Plante vivace (20 cm, - 15 °C).**

**Feuillage :** velouté, recouvert d'un duvet blanc.

**Floraison :** imaginez un petit tapis de neige qui se déroule au printemps. C'est la corbeille-d'argent (*Arabis caucasica*), qui attire l'attention !

**Espèces et variétés :** la *Arabis caucasica* existe en blanc, mais aussi en rose carminé, ('Rosea') ou en blanc double ('Flore Pleno'). *Arabis ferdinandi-coburgii* 'Old Gold' offre un feuillage dense, panaché de crème, plus décoratif durant l'été.

**Comportement en pot :** l'arabette est idéale pour les balcons exposés au soleil de l'après-midi.

**Dimensions du pot :** cette plante assez vigoureuse est à l'étroit dans des petits pots. Elle se plaira dans une jardinière de 20 à 25 cm de large.

**Exposition :** fleurs et feuillage sont plus beaux au soleil. Mais un léger ombrage ne leur nuit pas.

**Terre :** elle ne doit pas retenir l'eau. Faites un mélange de terre de jardin additionnée de sable et de compost à base de fumier et d'algues.

**Arrosage :** la pluie suffit. Apportez un petit complément hebdomadaire par temps beau et chaud.

**Ennemis et maladies :** le mildiou peut envahir les feuilles par temps pluvieux, formant un duvet blanc sur les feuilles. Des viroses provoquent des marbrures roses sur les feuilles.

**Utilisations :** l'arabis accompagne les narcisses et les tulipes, les aubriètes et les petits phlox.

**Conseil Truffaut :** quand la floraison est terminée, taillez les hampes défleuries avec la cisaille à gazon.

## *Arbutus unedo* ARBOUSIER

*Découvrez l'arbre aux fraises.*

**Arbuste (2 m, - 5 °C).**

**Feuillage :** persistant et brillant, solide, vert foncé, denté sur les bords.

**Floraison :** d'octobre à janvier, de toutes petites clochettes, ressemblant à celles des piéris, décorent l'arbre. L'hiver suivant, les fruits d'abord jaunes, puis rouges, comestibles, ressemblant à des fraises ou à des litchis, achèvent de mûrir.

**Espèces et variétés :** la variété 'Rubra' présente un port compact et une abondante floraison rose. 'Compacta', une forme naine, à croissance lente, ne dépasse pas 1 m. Elle est idéale pour les petits balcons. *Arbutus* x *andrachnoides* arbore une belle écorce brun-rouge qui se desquame en vieillissant.

**Comportement en pot :** le Val de Loire marque la limite nord de l'arbousier en pot. Protégez la plante en hiver, sauf près de la Méditerranée.

**Dimensions du pot :** une caisse à orangerie de 30 à 40 cm de côté suffit les dix premières années.

**Exposition :** soleil léger ou mi-ombre.

**Terre :** l'arbousier préfère les sols neutres ou peu acides, mais il supporte des arrosages à l'eau calcaire.

**Arrosage :** la plante résiste à la sécheresse, surtout si elle dispose de suffisamment de terre. Mais veillez à lui apporter de 3 à 5 l chaque semaine.

**Ennemis et maladies :** des champignons provoquent des taches rondes sur les feuilles.

**Utilisations :** plantez des asters *novi-belgii* au pied de l'arbousier. Ils accompagneront en beauté la floraison automnale.

**Conseil Truffaut :** soyez patient les premières années, car l'arbousier est lent à s'installer en pot.

## *Argyranthemum frutescens* ANTHÉMIS

*Une boule de marguerites.*

**Plante vivace (60 cm, 2 °C).**

**Feuillage :** vert glauque, finement découpé.

**Floraison :** les marguerites, blanches, jaunes ou roses, n'ont qu'une durée de vie de quelques jours. Mais elles se succèdent de manière ininterrompue du printemps jusqu'aux gelées.

**Espèces et variétés :** *Argyranthemum frutescens* est vendu par couleurs : blanc, jaune ou rose.

**Comportement en pot :** l'anthémis est « la » plante pour les balcons et terrasses. Bien soignée, elle forme, dans la saison, de magnifiques touffes de 80 cm de diamètre. Rempotage annuel.

**Dimensions du pot :** un jeune plant peut être empoté dans un pot de 20 cm de diamètre et d'une égale profondeur. Mais la vigueur de l'anthémis est telle, qu'il faudra souvent rempoter, en cours de saison, dans un pot plus grand.

**Exposition :** bien que l'anthémis soit une plante de plein soleil, elle fleurit mieux et plus longtemps quand l'insolation n'est pas brûlante.

**Terre :** pour que la plante atteigne son plein développement, il lui faut un substrat riche. Achetez du terreau pour géraniums, auquel vous ajouterez une bonne poignée de fertilisant organique.

**Arrosage :** deux à trois fois par semaine, l'anthémis ne supporte pas les périodes de sécheresse. Une fois par semaine, ajoutez de l'engrais liquide.

**Ennemis et maladies :** normalement, aucun.

**Utilisations :** en grosses potées, l'anthémis est superbe. Associez-le avec des annuelles, des fuchsias, des alchémilles, ou faites-le voisiner avec des arbustes comme les lavatères ou les lauriers-roses.

**Conseil Truffaut :** coupez les fleurs fanées au fur et à mesure qu'elles se forment. Vous obtiendrez une floraison continue pendant cinq mois.

## *Armeria maritima*
## GAZON D'ESPAGNE

*Tout petit, tout rond, tout vert, tout beau…*

**Plante vivace (20 cm, - 8 °C).**

**Feuillage :** persistant, dru et serré en petits coussins, il évoque un gazon vert bleuté, de mai à juillet.

**Floraison :** de petites têtes sphériques aux airs de ciboulette, rose vif, de 20 cm de haut, se relaient en avril et en mai.

**Espèces et variétés :** 'Alba' est la version blanche du gazon d'Espagne.

**Comportement en pot :** idéal pour les balcons au bord de la mer. Rempotage tous les deux ans.

**Dimensions du pot :** un pot de 20 cm de large est suffisant pour un pied. Mais quatre ou cinq plants groupés dans une jardinière font plus d'effet.

**Exposition :** seul le plein soleil permet une floraison abondante. Attention aux hivers très froids.

**Terre :** tout substrat bien drainé convient. Procurez-vous de la terre de jardin assez riche.

**Arrosage :** un verre par pied et par semaine suffit normalement, excepté en période de canicule.

**Ennemis et maladies :** la rouille peut se manifester en taches oranges sur les feuilles et les tiges.

**Utilisations :** le gazon d'Espagne est idéal pour les bordures, au pied des arbustes dans des jardinières, ou en compagnie des arabis et des thyms.

**Conseil Truffaut :** les fleurs qui fanent donnent un air négligé à la plante. Éliminez-les.

## *Aronia melanocarpa*
## ARONIA

*Tous les feux de l'automne.*

**Arbuste (1,5 m, - 15 °C).**

**Feuillage :** ovale, vert olive en été, prenant des couleurs vives dès octobre.

**Floraison :** des fleurs blanches apparaissent au printemps, suivies par des fruits noirs et brillants.

**Espèces et variétés :** les couleurs d'automne d'*Aronia arbutifolia* 'Brillant' suscitent l'admiration. *Aronia melanocarpa* 'Viking' offre, en été, une jolie floraison blanche en corymbes, suivie de nombreux fruits noirs très brillants.

**Comportement en pot :** l'aronia forme une touffe assez dense, et résiste bien au vent. Mais il réagit assez mal à la sécheresse en pot.

**Dimensions du pot :** l'aronia adulte devra disposer d'un pot d'au moins 40 cm de largeur et d'une égale profondeur.

**Exposition :** l'aronia accepte de pousser à mi-ombre, sur un balcon à l'est ou même au nord.

**Terre :** un bon terreau acide convient à l'aronia. Mélangez 1/3 de sable, 1/3 de terre de bruyère et 1/3 de terre végétale assez souple.

**Arrosage :** un arbuste de 1 m de haut doit recevoir un arrosoir de 10 l, au moins deux à trois fois par semaine, en pleine saison.

**Ennemis et maladies :** cette plante est rarement malade, des branches sèchent parfois.

**Utilisations :** en compagnie des bruyères et des rhododendrons, dans de grandes jardinières. En potée isolée, avec de petits bulbes de printemps et des colchiques pour l'automne.

**Conseil Truffaut :** l'aronia aime les sols franchement acides. Si l'eau est calcaire, ajoutez de la tourbe blonde sur le dessus du pot pour l'acidifier.

▲ L'anthémis est l'incontournable des potées de l'été.

▲ *Armeria maritima* : une jolie touffe tout en finesse.

*Aronia melanocarpa* : il aime la terre de bruyère. ▶

▲ Une potée d'estragon : indispensable près de la cuisine.

▲ *Artemisia ludoviciana* : un charmant envahisseur.

◄ *Artemisia* x 'Bowles Castle' : un feuillage de dentelle.

## *Artemisia dracunculus* ESTRAGON

*Un condiment inégalable pour les salades.*

**Plante vivace (40 cm, - 8 °C).**

**Feuillage :** linéaire, vert moyen. Les feuilles, subtilement parfumées, aromatisent les salades.

**Floraison :** en été, l'estragon porte des panicules lâches de fleurs blanc verdâtre.

**Variétés conseillées :** on trouve en graines l'estragon dit « de Russie », plus vigoureux et qui résiste mieux au froid, mais de moindre saveur. Préférez les plantes d'estragon véritable, toutes issues de division car il ne produit pas de graines fertiles.

**Comportement en pot :** la plante offre un port lâche, même si on la taille, et elle perd ses feuilles en hiver. Le pot d'estragon gagne à être renouvelé chaque année à partir d'un jeune plant.

**Dimensions du pot :** cette vivace rhizomateuse demande un contenant d'au moins 20 cm.

**Exposition :** l'estragon se languit à mi-ombre.

**Terre :** un bon terreau de rempotage pour les plantes vertes enrichi d'un fertilisant organique.

**Arrosage :** l'estragon se plaît dans une terre légèrement humide. Arrosez un peu chaque jour en été, et plus copieusement une fois par semaine.

**Ennemis et maladies :** des viroses abrègent généralement la vie des pieds d'estragon.

**Utilisations :** mélangez l'estragon à d'autres herbes aromatiques (persil, marjolaine, thym). Plantez, à son pied, des origans décoratifs nains, (*Origanum microphyllum*, par exemple).

**Conseil Truffaut :** l'estragon ne résiste pas aux hivers froids et humides. Dès le mois d'octobre, installez la potée contre un mur au sud.

## ♣ *Artemisia spp.* ARMOISE

*Du feuillage en habit d'argent.*

**Plante vivace (1 m, - 15 °C).**

**Feuillage :** on cultive les armoises pour leur feuillage décoratif découpé, d'un gris argenté.

**Floraison :** des petites grappes jaunes, sans véritable éclat, apparaissent en été.

**Variétés conseillées :** *Artemisia ludoviciana* 'Silver Queen' possède un feuillage découpé, argenté et très lumineux. *Artemisia* 'Powis Castle' affiche des rondeurs généreuses. Elle culmine à plus de 1 m et pousse rapidement. *Artemisia schmidtiana* 'Nana' forme un tapis de soie argentée.

**Comportement en pot :** un rempotage annuel est nécessaire en raison de la forte croissance.

**Dimensions du pot :** les espèces naines se contentent d'un pot de 15 cm de large. Celles qui montent à 1 m demandent une jardinière de 40 cm de profondeur et de 30 cm de largeur.

**Exposition :** les armoises ont besoin de soleil.

**Terre :** n'importe quelle terre de jardin convient.

**Arrosage :** une fois par semaine en moyenne.

**Ennemis et maladies :** les oiseaux picorent les jeunes pousses. Installez un filet en plastique léger sur la plante, pendant quelques semaines, le temps qu'ils portent leur attention ailleurs.

**Utilisations :** mariez les armoises à des sédums, des lavandes, du fenouil bronze, des caryoptéris.

**Conseil Truffaut :** taillez l'armoise en avril pour conserver une forme compacte.

## *Arundinaria spp.* BAMBOU

*Des herbes géantes ultra-poussantes.*

**Bambou (de 0,50 à 5 m, - 15 °C).**

**Feuillage :** rubané, porté par des cannes rigides.

**Floraison :** en épillets, elle n'intervient heureusement que tous les 30 ou 40 ans, car elle signe le plus souvent la mort du bambou.

**Variétés conseillées :** *Arundinaria murielae* forme une touffe dense, d'au moins 1,50 m d'envergure. *Arundinaria viridistriata*, classé aujourd'hui parmi les *Pleioblastus*, est un nain panaché de jaune qui forme en pot une belle masse colorée.

**Comportement en pot :** les variétés traçantes supportent mal la vie en pot. Celles qui drageonnent peu, comme *Arundinaria murielae*, conviennent mieux.

**Dimensions du pot :** un bac de 40 cm de côté paraît trop grand la première année, mais les racines des bambous n'aiment pas être dérangées.

**Exposition :** la mi-ombre convient mieux aux

bambous en pot. Mais ils supportent un soleil modéré, tant qu'ils ont les pieds au frais.

**Terre :** un bon terreau convient aux bambous.

**Arrosage :** le premier été est le plus délicat. Arrosez les bambous nouvellement plantés tous les deux jours quand il fait beau, jusqu'à la reprise.

**Ennemis et maladies :** les tiges qui sèchent représentent un phénomène naturel, et non une maladie. Coupez-les à ras pour nettoyer la touffe.

**Utilisations :** avec des aucubas, des mahonias, des érables du Japon pour un balcon asiatique.

**Conseil Truffaut :** laissez les feuilles sèches à la surface des pots, c'est le meilleur paillis qui soit.

## *Asparagus spp.* ASPARAGUS

*Une finesse de feuillage sans équivalent.*

**Plante vivace (50 cm, - 2 °C).**

**Feuillage :** persistant, très fin ou plumeux et souple, sa légèreté rend la plante originale.

**Floraison :** de discrètes étoiles blanc verdâtre suivies, en été, de baies rouges et rondes.

**Variétés conseillées :** *Asparagus densiflorus* 'Sprengeri' émet des tiges souples et joliment arquées. *Asparagus plumosus* arbore un feuillage plumeux, d'une légèreté ravissante.

**Comportement en pot :** l'asparagus est capable de faire éclater un pot, par la seule pression de ses racines, quand elles sont à l'étroit.

**Dimensions du pot :** les jeunes sujets peuvent se contenter d'un pot de 15 cm de diamètre la première année. Une touffe âgée de six ou sept ans vivra dans un pot de 30 cm en tous sens.

**Exposition :** l'asparagus vit contre un mur exposé au sud, mais il reste tout aussi beau avec juste un peu de soleil le matin ou l'après-midi.

**Terre :** un terreau de rempotage standard.

**Arrosage :** quand l'asparagus est laissé à lui-même, il se débrouille avec l'eau du ciel. Mais avec des arrosages hebdomadaires, il devient plus touffu.

**Ennemis et maladies :** les araignées rouges provoquent la décoloration des feuilles. Il arrive que les cochenilles s'installent le long des tiges.

**Utilisations :** l'asparagus accompagne les pétunias, les géraniums, les scaévolas, les fuchsias. Seul, ou en association avec des surfinias, il permet la réalisation de magnifiques suspensions. Dans les régions très abritées, *Asparagus plumosus* peut grimper contre un treillage. L'effet est splendide.

**Conseil Truffaut :** rempotez l'asparagus chaque année au printemps, divisez-le si nécessaire.

## *Aster spp.* ASTER

*Le choix du printemps ou de l'automne.*

**Plante vivace (de 25 à 90 cm, - 15 °C).**

**Feuillage :** fin, dense, d'un vert profond.

**Floraison :** des petites marguerites, aux coloris variés, viennent étoiler les jardinières.

**Variétés conseillées :** *Aster alpinus* inaugure la saison, du haut de ses 25 cm, à partir de mars. *Aster amellus*, guère plus haut, prend le relais de mai jusqu'à juillet. La relève est assurée, à partir de la fin août, par *Aster dumosus,* le plus petit de tous, avec ses 15 cm de hauteur. *Aster novi-belgii* forme de grandes potées qui, selon les variétés, mesurent entre 60 cm et 1 m.

**Comportement en pot :** les races naines prospèrent bien en pot, les grandes sont plus éphémères.

**Dimensions du pot :** une jardinière de 30 cm de long peut accueillir 3 petits asters. Les grands ont besoin d'un pot de 25 à 30 cm en tous sens.

**Exposition :** les asters demandent au moins quatre heures de soleil par jour, excepté *Aster divaricatus,* qui fleurit à l'ombre légère.

**Terre :** mélangez un bon terreau universel avec quelques poignées de fumier décomposé.

**Arrosage :** ne laissez pas la motte sécher en surface. Apportez de l'engrais liquide pour plantes fleuries une fois par semaine.

**Ennemis et maladies :** l'oïdium provoque souvent un duvet farineux sur les feuilles. La pourriture des racines peut entraîner le dépérissement de la plante.

**Utilisations :** mélangez les asters de printemps avec des vivaces de saison. Les asters plus tardifs voisineront avec des annuelles.

**Conseil Truffaut :** divisez les asters tous les 3 ans ou renouvelez les plantes pour éviter les maladies.

▲ *Arundinaria viridistriata* : un bambou nain, rustique.

▲ *Asparagus densiflorus* 'Sprengeri' : tout en légèreté.

*Aster cordifolius* et *Aster novi belgii* 'Sailor Bay'. ▶

▲ *Asteriscus maritimus* : un tapis régulier en jardinière.

▲ *Astilbe x arendsii* : de superbes plumets vaporeux.

## *Asteriscus maritimus*
## ASTÉRISCUS

*Des centaines de petits soleils tout l'été.*

**Plante vivace (15 cm, - 2 °C).**

**Feuillage :** persistant, vert argenté et velouté, s'étalant en couvre-sol dense. L'astériscus forme un tapis compact, même en jardinière.

**Floraison :** jaune vif, de mai à septembre. Les fleurs rappellent celles des soucis.

**Espèces et variétés :** *Asteriscus sericeus* peut atteindre 1 m de hauteur. Dans les climats très doux, il fleurit presque continuellement.

**Comportement en pot :** s'il ne gèle pas, il vit plusieurs années en pot et résiste aux embruns.

**Dimensions du pot :** rempotez chaque godet dans un pot de 15 cm de large, ou installez trois plantes dans une jardinière de 30 cm de long.

**Exposition :** le plein soleil est impératif.

**Terre :** drainante, pauvre et même caillouteuse.

**Arrosage :** oubliez-le. En général, la pluie suffit.

**Ennemis et maladies :** rien à signaler.

**Utilisations :** l'astériscus est une plante facile, qui se marie avec : lavandes, romarin, sédums, aéthionèmes, gazon d'Espagne, aubriètes, érodiums, népétas, cistes, marjolaines vivaces. Associez-le à quelques bulbes de printemps.

**Conseil Truffaut :** il faut protéger la potée du froid avec des voiles non tissés.

## *Astilbe spp.*
## ASTILBE

*Quel panache !*

**Plante vivace (70 cm, - 15 °C).**

**Feuillage :** découpé, vert moyen, assombri par des touches cuivrées quand il est jeune.

**Floraison :** les panicules en pyramides lâches, souvent vivement colorées, surmontent le feuillage, évoquant des épis plumeux. Cette belle floraison dure de juin à août.

**Espèces et variétés :** *Astilbe chinensis,* robuste plante à rhizomes longs, supporte mieux le soleil et la sécheresse que les autres espèces. 'Pumila', qui ne dépasse pas 40 cm de haut, s'étend en tapis compact. Les astilbes sont couramment vendues en potées fleuries forcées.

◀ *Athyrium filix-femina* : grâce et souplesse naturelles.

**Comportement en pot :** sans problème si la plante est bien alimentée. Rempotage annuel.

**Dimensions du pot :** il faut que la touffe soit assez large pour produire de l'effet. Un pot de 30 cm de largeur et d'une égale profondeur peut accueillir deux plantes de teintes différentes.

**Exposition :** les astilbes supportent le soleil, à condition d'avoir toujours les pieds au frais.

**Terre :** ces plantes demandent une terre riche et qui retient l'eau. Ajoutez quelques grosses poignées de tourbe brune au terreau de plantation.

**Arrosage :** arrosez abondamment en été. Laissez de temps en temps le pot dans une soucoupe pleine d'eau. Mouillez le feuillage le soir.

**Ennemis et maladies :** chenilles et escargots apprécient les feuilles, qu'ils criblent de trous.

**Utilisations :** vous pouvez les marier avec des boltonias, des vergerettes, des géraniums vivaces comme 'Johnson's Blue', des iris de Sibérie et surtout des fougères et des hostas.

**Conseil Truffaut :** quand le feuillage devient complètement jaune, rabattez les astilbes à ras. Au printemps, ôtez les premiers centimètres de terre et remplacez par du terreau neuf et riche.

## *Athyrium filix-femina*
## FOUGÈRE FEMELLE

*Une élégance toute féminine.*

**Fougère (70 cm, - 15 °C).**

**Feuillage :** les frondes vert vif et délicatement ciselées surgissent au printemps en touffes denses.

**Floraison :** les fougères ne portent pas de fleurs.

**Espèces et variétés :** *Athyrium filix-femina* 'Fritzelliae Multifidum' arbore des frondes divisées à leur extrémité, en plusieurs fourches. Les pinnules rappellent des confettis très découpés. 'Grandiceps' affiche des frondes plumeuses, fournies et décoratives. 'Vernoniae' peut s'installer au bord d'une fontaine.

**Comportement en pot :** la fougère femelle s'acclimate lentement dans son pot la première année. Par la suite, elle se montre plus

résistante au froid et pousse plus vite.
**Dimensions du pot :** les plus petites variétés vivent dans des pots de 20 cm de profondeur et de largeur. Les plus importantes demandent des contenants de 30 cm de diamètre.
**Exposition :** un emplacement ensoleillé, mais non brûlant, ou la mi-ombre, permettent un développement harmonieux de la fougère femelle.
**Terre :** ajoutez plusieurs pelletées de tourbe à de la bonne terre de jardin.
**Arrosage :** versez un arrosoir en pluie sur le feuillage, tous les deux jours, en été. Mouillez le sol de la terrasse lorsqu'il fait chaud.
**Ennemis et maladies :** généralement aucun.
**Utilisations :** cultivez les fougères en association avec d'autres plantes qui aiment la fraîcheur, comme le cerfeuil, les dryoptéris, les ancolies, les hellébores, les hostas, les astilbes, les azalées ou des bulbes, comme les fritillaires.
**Conseil Truffaut :** coupez les feuilles jaunissantes et paillez le dessus du pot, avant l'hiver, avec du mulch d'écorces de pin.

## *Aubrieta deltoidea* AUBRIÈTE

*La printanière à tout faire.*
**Plante vivace (2 cm, - 15 °C).**
**Feuillage :** persistant, vert doux, hexagonal, formant des touffes denses.
**Floraison :** l'aubriète épanouit de généreux tapis roses ou mauves au printemps.
**Espèces et variétés :** 'Blue King', avec ses 25 cm, s'avère la plus haute des aubriètes. Ses fleurs couleurs lilas, au cœur clair, se détachent bien du feuillage. 'Midinette' offre une belle masse de grandes fleurs semi-doubles, rose clair.
**Comportement en pot :** l'aubriète est si peu exigeante qu'elle fleurit presque partout, pourvu qu'il y ait un peu de terre à sa disposition.
**Dimensions du pot :** une profondeur minimale de 20 cm est souhaitable, dont 3 cm seront occupés par du gravier, pour le drainage. Pour la largeur, cela dépend du nombre de plantes, ménagez au moins 20 cm entre chacune d'elles.
**Exposition :** la plus ensoleillée possible.
**Terre :** une terre de jardin souple et fertile.
**Arrosage :** arrosez surtout prendant les deux premières semaines, après la mise en place.
**Ennemis et maladies :** le mildiou provoque l'apparition d'un duvet grisâtre sur la face inférieure des feuilles et des taches sur le dessus.
**Utilisations :** en suspensions, en potées toutes rondes, au premier plan d'un bac, pour habiller le pied d'arbustes en pot, dans des auges.
**Conseil Truffaut :** après la floraison, taillez les tiges sèches, pour obtenir des touffes bien nettes.

## *Aucuba japonica* AUCUBA

*Insensible à la pollution des villes.*
**Arbuste (2 m, - 15 °C).**
**Feuillage :** persistant, brillant, coriace.
**Floraison :** l'aucuba est dioïque (il existe des pieds mâles et des pieds femelles). Plantez un plant de chaque pour obtenir une fructification.
**Espèces et variétés :** les variétés panachées de jaune, qui apportent une touche de lumière dans les endroits sombres, ('Variegata', 'Crotonifolia'), sont les plus courantes. 'Rozannie', au beau feuillage entièrement vert, ne dépasse pas 1,20 m de haut. Il est hermaphrodite.
**Comportement en pot :** l'aucuba vit longtemps en pot, formant une belle touffe régulière.
**Dimensions du pot :** une plante de 1,60 m vit bien dans un bac de 40 cm de côtés.
**Exposition :** l'aucuba supporte une ombre dense.
**Terre :** ajoutez quelques poignées d'un amendement organique à de la bonne terre de jardin.
**Arrosage :** la plante supporte la sécheresse, mais préfère des arrosages hebdomadaires.
**Ennemis et maladies :** des taches noires sur les feuilles indiquent de mauvaises conditions de culture. Le grand gel peut endommager le feuillage de l'aucuba, qui prend alors un aspect brûlé.
**Utilisations :** avec des azalées, des rhododendrons nains, des bambous, des érables à petites feuilles, pour une ambiance japonisante.
**Conseil Truffaut :** taillez les branches trop longues.

La fructification décorative de l'aucuba dure tout l'hiver. ▶

▲ *Aubrieta* x *cultorum* : une profusion printanière.

▲ *Aucuba japonica* 'Maculata' : résistant à la pollution.

B

▲ **Begonia grandis spp. evansiana : il peut rester dehors.**

## *Begonia spp.* BÉGONIA

*Une infinité de formes et de couleurs.*

**Vivace ou annuelle (80 cm, 0 °C).**

**Feuillage :** très variable. Les feuilles ont des formes et une consistance très changeante d'une espèce à l'autre. Elles peuvent être pleines ou découpées, mais aussi palmées, lobées ou en aile d'ange. Leurs couleurs présentent une immense diversité de nuances où il ne manque que le bleu.

**Floraison :** très abondante et prolongée. À la fin de l'hiver pour la majorité des espèces rhizomateuses. De mai aux premières gelées pour les bégonias cultivés à l'extérieur. Fleurs simples, semi-doubles ou doubles, rouges, roses, jaunes, oranges ou blanches, parfois bicolores.

**Espèces et variétés :** parmi les *Begonia semperflorens,* retenez 'Lotto' pour ses très grandes fleurs de 5 cm de diamètre, 'Olympia' pour sa floraison exceptionnelle et ses nombreux coloris, 'F1 Chernobyl Pink' pour son surprenant feuillage vert panaché de crème, au port légèrement retombant et à la floraison rose clair. Parmi les innombrables cultivars de *Begonia* x *tuberhybrida,* choisissez plus particulièrement 'Pin Up' aux grandes fleurs simples blanc pur ourlé de rose vif ou 'Non Stop', plus trapu, très florifère et qui supporte le soleil. 'Worthiana' forme des tiges puissantes et érigées de près de 1 m de hauteur. Il produit une profusion de grandes fleurs simples rouge vermillon. 'La Madelon' est un adorable petit bijou, aux fleurs semi-doubles rose vif. 'Bouton de rose' porte de très belles fleurs blanches, finement bordées d'un liseré rose. 'Cascade Pastel' épanouit d'énormes fleurs doubles aux coloris doux très séduisants. Il permet de réaliser des suspensions d'un très grand effet décoratif. *Begonia grandis spp. evansiana* est la seule espèce vraiment rustique. Elle peut rester en place toute l'année, avec une petite protection hivernale dans les régions à climat un peu rude. Ce bégonia produit une abondance de fleurs simples rose tendre en été, au-dessus des feuilles amples, d'un beau vert au dessous rose-rouge. 'Alba' est une forme magnifique, à fleurs blanc pur. *Begonia sutherlandii* (parfois proposé sous l'appellation commerciale de 'Papaya') est une petite merveille délicate, qui montre une superbe floraison orange vif. Peu rustique, ce bégonia est souvent très sensible à l'oïdium. Certains cultivars de bégonias sont traditionnellement cultivés dans la maison mais ils prospèrent mieux en séjournant sur le balcon ou la terrasse de fin mai à septembre. Essayez *Begonia* x 'Corbeille de Feu', au port érigé buissonnant et aux petites fleurs rouge vif, *Begonia fuchsioides* toujours couvert de fleurs pendantes roses ou *Begonia fuchsioides* 'Miniata', qui se distingue par une généreuse floraison rouge éclatante, mise en valeur par un feuillage vernissé vert vif ou *Begonia* x 'Digswelliana' à la floraison perpétuellement rose.

◀ **Begonia rex : pour une balconnière de style exotique.**

**Comportement en pot :** hormis *Begonia grandis ssp. evansiana,* qu'il est possible de conserver plusieurs années de suite à l'extérieur dans son pot, les bégonias ne peuvent séjourner dehors qu'en été. Ils se développent parfaitement dans tous les types de contenants, à condition d'être régulièrement fertilisés, car ce sont des plantes gourmandes.

**Dimensions du pot :** 14 cm de largeur et 12 cm de profondeur suffisent pour un pied. Utilisez toujours des contenants plus larges que hauts, en terre cuite de préférence, pour que la terre s'assèche plus rapidement. Évitez les bacs à réserve d'eau qui favorisent la pourriture des racines charnues.

**Exposition :** plein soleil pour les hybrides de *Begonia semperflorens,* qui résistent très bien au vent et aux intempéries. Toutes les autres espèces et variétés préfèrent une situation chaude, à mi-ombre, à l'abri des courants d'air violents.

**Terre :** utilisez un terreau « géraniums », léger et très bien drainé, enrichi de fumier décomposé.

**Arrosage :** une à deux fois par semaine, selon la température et les dimensions du contenant. Utilisez une eau non calcaire. Arrosez au pied de la plante, sans mouiller le feuillage. Après quelques heures, enlevez l'eau en excès dans la soucoupe. Attention, un excès d'humidité entraîne souvent la pourriture du collet et des racines.

**Ennemis et maladies :** un temps froid et pluvieux favorise les attaques d'oïdium et de *Botrytis.*

*Begonia semperflorens* dans un festival de potées.

**Utilisations :** dans une petite jardinière, associez les bégonias de type *semperflorens* à des lobélias, des alysses odorants, des œillets d'Inde, des verveines, des pétunias, des sauges ou des mufliers nains. Dans les grands contenants, placez-les au premier plan, en bordure. Plantez les bégonias, tubéreux avec des fuchsias, des impatiences, des bacopas, des gléchomas, des misères ou des coléus. En été, installez les potées de bégonias habituellement cultivées dans la maison, dehors à mi-ombre et réalisez une ambiance exotique en les associant à des tradescantias, des tolmiéas, des plectranthus ou des chlorophytums. Après quelques semaines d'adaptation, leur croissance est surprenante de vigueur et de beauté.

**Conseil Truffaut :** quelles que soient l'espèce ou la variété, faites un apport d'engrais soluble pour plantes fleuries tous les dix jours, de mai à fin septembre. Ôtez régulièrement les fleurs fanées. Achetez les variétés tubéreuses en mars, en choisissant les plus gros calibres, plus florifères. Lors du rempotage, enterrez les tubercules à 2 ou 3 cm de profondeur seulement, en les espaçant de 20 à 30 cm. Dirigez la partie creuse et les petits bourgeons vers le haut. Tuteurez les pousses au fur et à mesure de leur croissance, car les tiges peuvent casser sous le poids des grosses fleurs. Fin septembre, réduisez les apports d'eau. Quand le feuillage est devenu complètement jaune, arrachez les tubercules et laissez-les sécher quelques jours, à l'abri du soleil. Conservez-les tout l'hiver dans de la tourbe sèche, dans une pièce fraîche, hors gel. Les *Begonia semperflorens* se multiplient facilement par semis. Les graines sont d'une extrême finesse et ne doivent pas être enterrées. La germination demande une chaleur régulière (environ de 20 à 22 °C). Il est préférable de réaliser votre semis en février, dans une mini-serre ou dans une terrine couverte d'une plaque de verre et posée près d'un radiateur dans la maison. Arrosez en faisant tremper la base de la terrine dans l'eau. Le mélange ne doit jamais être détrempé en permanence, pour éviter la fonte des semis. Dès que les jeunes plantules présentent une ou deux vraies feuilles, repiquez-les dans des petits godets individuels. La mise en place définitive s'effectue en mai. Quelle que soit la variété de bégonias cultivée, supprimez toutes les fleurs sur les jeunes plants au moment de la plantation sur le balcon. Cela favorisera la reprise et la potée sera beaucoup plus florifère par la suite. Les potées de *Begonia semperflorens* peuvent être rentrées dans la maison fin septembre. Auparavant, taillez toutes les fleurs fanées, les tiges et les feuilles mortes. Rabattez un tiers de la touffe. En quelques semaines, vous obtiendrez de nouveau une belle plante florifère.

*Begonia sutherlandii* 'Papaya' : suspension d'élite.

*Begonia* x *pendula* : une élégance aérienne.

*Begonia* x *tuberhybrida* : des fleurs énormes.

▲ *Bellis perennis* : des pompons enchanteurs au printemps.

▲ *Berberis verruculosa* : compact et subtilement cuivré.

◀ *Berberis darwinii* : une floraison très généreuse.

## *Bellis perennis*
## PÂQUERETTE

*Une explosion de pompons printaniers.*

**Plante bisannuelle (20 cm, -10 °C).**

**Feuillage :** vert clair, feuilles ovales et arrondies, disposées en rosettes étalées.

**Floraison :** au printemps, blanche, rose ou rouge. Les fleurs régulières, érigées, simples ou doubles, sont parfois bicolores. Longue durée.

**Espèces et variétés :** 'Pomponnette' porte des petites fleurs doubles bien fournies. 'Super Énorme' déploie des inflorescences doubles énormes.

**Comportement en pot :** robuste, la pâquerette forme des tapis denses, parfaits pour habiller le pied des bulbes printaniers dans les jardinières.

**Dimensions du pot :** 14 cm de largeur et 12 cm de profondeur pour un pied solitaire.

**Exposition :** en plein soleil ou à mi-ombre.

**Terre :** un mélange bien drainé, composé d'une moitié de terreau de feuilles, d'un quart de terre de jardin légère et d'un quart de sable de rivière.

**Arrosage :** maintenez le sol toujours frais.

**Ennemis et maladies :** en général, aucun.

**Utilisations :** au premier plan d'une jardinière ou d'une coupe, associée avec des myosotis, des tulipes, des scilles, des jacinthes ou des narcisses.

**Conseil Truffaut :** renouvelez les pieds chaque année pour éviter la dégénérescence des fleurs.

## *Berberis spp.*
## ÉPINE VINETTE

*Un charmeur qui a du piquant.*

**Arbuste (1 m, -15 °C).**

**Feuillage :** caduc ou persistant selon les espèces, d'un beau vert ou rouge pourpre, épineux.

**Floraison :** jaune ou orange, au printemps. Les fleurs sont solitaires et donnent de petites baies rouges, bleues ou noires, décoratives à maturité.

**Espèces et variétés :** le genre comprend plus de 450 espèces. Parmi les berbéris caducs, recherchés pour leurs superbes couleurs d'automne, choisissez : *Berberis thunbergii* pour son beau feuillage pourpre. Sa variété 'Harlequin' se distingue par une panachure crème subtile et de splendides colorations automnales. 'Kelleriis' développe un feuillage panaché vert mousse et crème très lumineux. Il prend des couleurs rouges et orange somptueuses, avant de perdre ses feuilles. 'Pink Attraction' est bariolé de rose et de jaune crème. Avec son port étalé, il n'excède pas 1 m de hauteur. Parmi les nombreux berbéris persistants, retenez : *Berberis* x *stenophylla*, rustique, très florifère, qui se conduit bien en pot. Sa variété 'Cream Showers' épanouit des fleurs jaune citron. 'Claret Cascade' présente de jeunes pousses rouge bordeaux. 'Corallina Compacta' est un cultivar miniature, parfait pour les balcons et les petites terrasses. *Berberis temolaica* se distingue par un feuillage bleu comme un eucalyptus. C'est une rareté appréciée par les collectionneurs.

**Comportement en pot :** réservez les berbéris pour une grande terrasse, où ils peuvent former de très belles haies, qui atteignent 1 m de hauteur. Disposez-les à l'écart des zones de passage, car il sont très épineux. Rempotage tous les 3 ans.

**Dimensions du pot :** prévoyez un contenant de 50 cm de profondeur et de largeur, pour espérer une croissance généreuse et assez rapide.

**Exposition :** au soleil pour les espèces caduques. Une lumière tamisée, éventuellement à mi-ombre, est appréciée par les berbéris persistants.

**Terre :** un bon terreau universel bien drainé.

**Arrosage :** tous les six à dix jours selon la température ambiante. Presque rien en hiver.

**Ennemis et maladies :** l'oïdium est à redouter quand le temps est pluvieux ou si l'atmosphère est confinée. Traitez préventivement au soufre.

**Utilisations :** les coloris sombres des variétés pourpres mettent en valeur les feuillages dorés ou argentés, comme les *Choisya ternata* 'Sundance', *Euonymus fortunei* 'Blondy', *Spiraea japonica* 'Candelight' ou *Spiraea* x *vanhouttei* 'Pink Ice'.

**Conseil Truffaut :** pour obtenir une petite haie régulière dans une grande jardinière, taillez tous les ans, après la floraison pour les variétés persistantes ou en fin d'été pour les caduques. Le berbéris développera un feuillage dense, si vous ne le laissez pas pousser trop vite. Ôtez les 2/3 de la longueur des nouvelles branches chaque année.

## *Bergenia cordifolia*
## PLANTE DES SAVETIERS

*Une des vivaces les plus précoces.*

**Plante vivace (40 cm, -20 °C).**

**Feuillage :** large, épais, persistant. Les feuilles arrondies sont parfois teintées de rouge et de brun en hiver.

**Floraison :** à la fin de l'hiver, dès le mois de février en grappes blanches, roses, ou rouge foncé.

**Espèces et variétés :** 'Morgenröte' porte des fleurs rose rougeâtre. Il refleurit en été. 'Ballawley' a un feuillage très ample, aux belles couleurs hivernales.

**Comportement en pot :** laissez pousser le *Bergenia cordifolia* naturellement, sans aucun entretien. Rempotage tous les trois ou quatre ans

**Dimensions du pot :** 30 cm de largeur et 25 cm de profondeur suffisent pour un pied.

**Exposition :** ensoleillée ou à mi-ombre.

**Terre :** une bonne terre de jardin, bien drainée.

**Arrosage :** quand la terre sèche en surface.

**Ennemis et maladies :** pratiquement aucun.

**Utilisations :** d'une grande longévité, les bergénias sont les compagnons des rhododendrons, des narcisses, des saxifrages ou des tiarellas.

**Conseil Truffaut :** enlevez les feuilles mortes et les hampes défleuries. Faites un apport d'engrais organique (corne, sang desséché) au printemps.

## *Beta vulgaris*
## POIRÉE

*Belle et bonne à la fois.*

**Plante bisannuelle (60 cm, -15 °C).**

**Feuillage :** ample et arrondi, vert clair ou foncé, brillant. Les pétioles, plus ou moins larges, sont blancs, jaunes, orange ou rouges selon les variétés.

**Floraison :** sans intérêt ornemental, en début d'été, la deuxième année après le semis.

**Espèces et variétés :** 'Blonde à cardes blanches', pour la cuisine et les balcons monochromes blancs. 'Rhubarb chard', à pétioles rouge vif, très décoratif, il se mange aussi !

**Comportement en pot :** sans problème, à condition que la plante soit bien nourrie.

**Dimensions du pot :** de 25 à 30 cm de profondeur et de largeur pour un plant.

**Exposition :** plein soleil, mais pas brûlant.

**Terre :** une bonne terre ordinaire de jardin. Dans un sol riche, le feuillage devient énorme.

**Arrosage :** une à deux fois par semaine, selon la taille du contenant et la température ambiante.

**Ennemis et maladies :** surveillez les attaques des pucerons noirs. Traitez préventivement contre le mildiou et la rouille qui tachent les feuilles.

**Utilisations :** dans une jardinière potagère décorative, en association avec des laitues à couper 'Feuilles de chêne', des cosmos 'Versailles' vaporeux et compacts, des kochias, des centaurées bleuets et des *Salvia coccinea* blanches ou rouges.

**Conseil Truffaut :** semis d'avril à mai, en place ou en godet. Arrachez les pieds en octobre.

## *Betula pendula*
## BOULEAU BLANC

*De longs bras souples à la peau blanche.*

**Arbre (4 m, -20 °C).**

**Feuillage :** presque triangulaire, caduc, vert puis jaune d'or en automne. Les rameaux pleureurs, fins et souples, ont une écorce blanche,

**Floraison :** en mars-avril. Les fleurs sont groupées en chatons mâles ou femelles.

**Espèces et variétés :** 'Dalecarlica' présente des feuilles découpées. 'Youngii', assez compact, a un port en forme de dôme aux rameaux retombants.

**Comportement en pot :** seules les grandes terrasses peuvent accueillir ce bel arbre à la croissance vigoureuse et rapide qui souffre dans un bac.

**Dimensions du pot :** 1 m de largeur et 80 cm de profondeur pour un sujet de 3 m de hauteur.

**Exposition :** ensoleillée sans être trop sèche.

**Terre :** un bon terreau forestier, bien drainé.

**Arrosage :** en été, gardez le sol toujours frais.

**Ennemis et maladies :** pucerons et thrips crispent les feuilles et les rendent collantes.

**Utilisations :** en isolé ou à l'arrière des potées d'arbustes et de vivaces. Associez-le à une clématite.

**Conseil Truffaut :** protégez le bouleau des grands vents et tuteurez bien, car l'enracinement est superficiel. Changez la terre de surface une fois par an.

▲ *Bergenia cordifolia* : une grande précocité.

▲ *Beta vulgaris* : des côtes flamboyantes.

*Betula verrucosa* : un port élégant et tout en souplesse. ▶

▲ *Bidens ferulifolia* : de la fantaisie et de la couleur.

▲ *Borago officinalis* : tout doux, tout velouté, tout bleuté.

◀ *Bougainvillea glabra* : cette grande star aime le soleil.

## *Bidens ferulifolia*
## BIDENS

*Tout en souplesse et en légèreté.*

**Plante vivace (50 cm, 5 °C).**

**Feuillage :** vert, fin et découpé comme celui d'une fougère. Les tiges s'allongent vite et donnent à la plante un port très retombant.

**Floraison :** toujours plus abondante, du printemps à l'automne. Les fleurs simples de 2 à 3 cm de diamètre évoquent des étoiles jaune d'or.

**Espèces et variétés :** il existe environ deux cent trente espèces, mais seul *Bidens ferulifolia* est utilisé pour la décoration des jardins et des balcons.

**Comportement en pot :** sa croissance vigoureuse, rapide et sa floraison prolongée expliquent son succès comme plante saisonnière.

**Dimensions du pot :** 25 cm de largeur et de profondeur pour une touffe de deux pieds.

**Exposition :** très ensoleillée, mais pas brûlante.

**Terre :** un terreau « géraniums », bien drainé.

**Arrosage :** une à deux fois par semaine en moyenne tous les jours quand il fait chaud et sec.

**Ennemis et maladies :** c'est une plante robuste, peu sensible aux parasites et aux maladies.

**Utilisations :** privilégiez la culture en suspension, avec des *Helichrysum petiolare,* des sauges, des pélargoniums, des œillets d'Inde, des pétunias ou des surfinias. À cultiver en paniers suspendus.

**Conseil Truffaut :** apportez de l'engrais soluble tous les huit jours. Pincez les jeunes plants régulièrement pour provoquer des ramifications florifères.

## *Borago officinalis*
## BOURRACHE

*La plante douceur.*

**Plante annuelle (50 cm, -15 °C).**

**Feuillage :** vert tendre, tout recouvert de poils argentés. Les feuilles sont ovales et plissées.

**Floraison :** d'avril à septembre. Groupées à l'extrémité des tiges, les petites fleurs bleu vif, en forme d'étoiles à cinq branches, regardent vers le sol.

**Espèces et variétés :** il existe des formes à fleurs blanches ou roses, tout aussi florifères.

**Comportement en pot :** la bourrache est assez vite envahissante, même dans un pot. Divisez et rempotez au minimum tous les deux ans.

**Dimensions du pot :** 18 cm de largeur et 16 cm de profondeur pour un seul pied.

**Exposition :** en plein soleil, sans trop de chaleur.

**Terre :** un mélange par moitié de bonne terre de jardin et de terreau universel pas trop compact.

**Arrosage :** en moyenne deux fois par semaine.

**Ennemis et maladies :** la bourrache est résistante, mais elle peut être attaquée par l'oïdium, qui recouvre le feuillage d'un fin feutrage blanc.

**Utilisations :** joignez l'utile à l'agréable en l'associant à du céleri perpétuel, du persil, des salades à couper, des soucis nains ou des œillets d'Inde à petites fleurs simples. Joli en paniers suspendus.

**Conseil Truffaut :** semez directement en place au printemps ou repiquez des plants en les espaçant de 30 cm en tous sens. Ôtez les fleurs fanées pour éviter les semis spontanés, envahissants.

## *Bougainvillea glabra*
## BOUGAINVILLÉE

*Une grande star tropicale.*

**Plante grimpante (3 m, -2 °C).**

**Feuillage :** semi-persistant. Les feuilles vertes et coriaces sont ovales. Attention, les rameaux portent des épines recourbées, bien acérées.

**Floraison :** même chez les jeunes sujets, du début de l'été à l'automne. Les fleurs blanches, insignifiantes, sont entourées par des bractées colorées, persistant longtemps après la floraison.

**Espèces et variétés :** la gamme des cultivars offre des bractées blanches, jaunes, orange, roses ou rouges. 'Sanderiana', le plus vigoureux, résiste jusqu'à -4°C. Il existe des variétés à bractées simples ou doubles et à feuillage panaché de blanc ou de crème. 'Mini Thaï' est une forme compacte très naine, à feuillage caduc, assez fragile.

**Comportement en pot :** palissée sur une armature de treillage, le bougainvillée prospère de longues années en pot. Rempotage tous les 2 ans.

**Dimensions du pot :** 30 cm de profondeur et de largeur au minimum.

**Exposition :** chaude, ensoleillée, à l'abri du vent.
**Terre :** un bon terreau de plantation assez léger.
**Arrosage :** copieux en été, pour maintenir le sol frais. Une période de sécheresse provisoire pendant tout le repos de la végétation (octobre à mars) stimule la floraison des sujets cultivés en pots.
**Ennemis et maladies :** gare aux cochenilles.
**Utilisations :** une potée extravagante qui donne un caractère exotique et original au décor. La plante volubile, habille les murs ou rambardes.
**Conseil Truffaut :** dans les régions plus froides que celles du climat de l'olivier, protégez votre bougainvillée pendant la mauvaise saison, en la rentrant dans une véranda ou dans une serre froide. Arrosez très peu et maintenez une température minimum de 5 °C. En février, taillez les pousses trop longues en les coupant au-dessus d'une feuille.

## *Brachycome iberidifolia* BRACHYCOME

*Un coussin de petites marguerites.*

**Plante vivace (30 cm, 0 °C).**
**Feuillage :** vert, tapissant, très fin et découpé.
**Floraison :** de juin à octobre. Les fleurs ressemblent à des petites marguerites de 2 à 3 cm de diamètre, épanouies au-dessus du feuillage.
**Espèces et variétés :** la gamme des coloris s'enrichit en permanence de nouvelles nuances dans les teintes bleues, blanches, jaunes, roses ou violettes.
**Comportement en pot :** la plante prend naturellement un port en boule. On la cultive en général comme une annuelle, éliminée en fin d'été.
**Dimensions du pot :** au moins 14 cm de largeur et 12 cm de profondeur pour un seul pied. Il est préférable de cultiver plusieurs plants dans une potée plus grande, qui garde le sol frais plus longtemps.
**Exposition :** très ensoleillée, même chaude.
**Terre :** un terreau, riche, assez consistant.
**Arrosage :** maintenez le sol toujours frais. La moindre sécheresse provoque le dépérissement du feuillage. La touffe prend alors un aspect peu esthétique, difficile à « récupérer ».
**Ennemis et maladies :** en général, aucun.
**Utilisations :** pour apporter une touche fleurie dans une petite jardinière d'aromatiques, avec du thym, de la ciboulette, du basilic et des œillets d'Inde à petites fleurs simples. Parfait pour habiller le pied d'un petit rosier tige.
**Conseil Truffaut :** semez les graines en mars, sous abri. Repiquez une première fois, puis plantez en jardinière en mai en espaçant les plants de 25 cm.

## *Brassica crispa* CHOU D'ORNEMENT

*Des couleurs très inattendues.*

**Plante bisannuelle (25 cm, -8 °C).**
**Feuillage :** vert ou bronze, plus ou moins frisé et crispé suivant les cultivars. Les feuilles du cœur de la pomme sont blanches, roses ou rouges.
**Floraison :** elle n'a aucun intérêt ornemental, on cultive d'ailleurs le chou comme une annuelle.
**Espèces et variétés :** 'F1 Nagoya' porto un feuillage finement frangé et crispé, il est très résistant au froid. 'Peacock' se distingue par de grandes pommes décoratives, aux feuilles découpées comme de la dentelle. 'F1 Osaka' présente un feuillage rond et un port plus compact.
**Comportement en pot :** c'est un élément important des décors d'automne, où il fait merveille cultivé en potée isolée ou en association.
**Dimensions du pot :** 18 cm de largeur pour 16 cm de profondeur pour un seul pied.
**Exposition :** ensoleillée. Ce chou résiste bien aux embruns, au vent et aux intempéries.
**Terre :** terreau et terre de jardin en mélange.
**Arrosage :** deux fois par semaine environ.
**Ennemis et maladies :** les altises peuvent abîmer le feuillage des jeunes semis. Attention aux chenilles de la piéride, qui dévorent les feuilles.
**Utilisations :** associez le chou décoratif à des chrysanthèmes, des bruyères, des cinéraires maritimes ou des véroniques pour composer un agencement d'automne de toutes les couleurs.
**Conseil Truffaut :** semez en terrine en mai ou en juin. Repiquez les plants deux fois en godet, avant de les mettre à leur place définitive. Enfoncez bien le collet de la plante car la pomme devient très lourde et peut dépoter la plante.

▲ La bougainvillée pousse bien en pot si elle est fertilisée.

▲ *Brachycome iberidifolia* : beaucoup de finesse.

*Brassica crispa* : un chou d'ornement pour l'automne. ▶

▲ *Briza maxima* : elle frémit au moindre souffle du vent.

▲ *Browallia speciosa* : de mignonnes étoiles bleues.

## *Briza maxima*
## AMOURETTE

*Des clochettes qui frétillent au vent.*

**Plante annuelle (40 cm, 0 °C).**

**Feuillage :** en touffe assez dense. Les feuilles étroites sont vert vif, effilées et pointues.

**Floraison :** gracieuse et légère, de mai à août. Les inflorescences blanchâtres, en forme de cœur, sont pendantes et regroupées en panicules lâches.

**Espèces et variétés :** *Briza media,* une espèce vivace qui forme une petite touffe lâche d'environ 30 à 40 cm de hauteur. Sa croissance est lente. En été, ses épillets prennent une belle couleur crème.

**Comportement en pot :** la plante pousse vigoureusement, si elle est régulièrement fertilisée. Évitez les bacs à réserve d'eau, trop humides.

**Dimensions du pot :** 40 cm de largeur et 18 cm de profondeur pour trois jeunes plants.

**Exposition :** en plein soleil, même à la chaleur.

**Terre :** enrichissez le terreau de sable, car le substrat doit être sec et bien drainé.

**Arrosage :** seulement quand la terre est bien sèche en surface.

**Ennemis et maladies :** en général aucun. Cette graminée est très robuste malgré son aspect frêle.

**Utilisations :** associez cette petite herbe avec des *Erigeron karvinskianus* et des annuelles à semer en place, tels que les centaurées bleuets, les *Cosmos sulphureus,* les xéranthémums (immortelle annuelle), les clarkias, ou les nigelles de Damas.

**Conseil Truffaut :** semez au début du printemps, directement dans les pots ou en terrine. Repiquez les plants en avril, en les espaçant de 15 à 20 cm.

## *Browallia speciosa*
## BROWALLE

*Comme une violette géante…*

**Plante annuelle (0,70 m, 0 °C).**

**Feuillage :** vert vif. Les feuilles sont ovales et pointues. La touffe croît assez vite en hauteur.

**Floraison :** de juin à septembre. Les fleurs simples et tubulaires, d'environ 5 cm de diamètre, ont une belle couleur bleu-violet soutenu, lumineuse.

**Espèces et variétés :** 'Blue Bells' est une des variétés les plus répandues. Ses fleurs sont bleu foncé. 'Silver Bells' diffère par la couleur blanc pur de sa floraison. 'Starlight' est une forme plus compacte et très hâtive.

**Comportement en pot :** souvent cultivée comme plante d'intérieur, le browalle s'installe à la mi-mai dans la partie la plus chaude du balcon.

**Dimensions du pot :** 20 cm de profondeur et de largeur au minimum pour un pied.

**Exposition :** très ensoleillée et abritée du vent.

**Terre :** un bon terreau de rempotage enrichi d'une poignée de fumier bien décomposé (pour un plant).

**Arrosage :** une à deux fois par semaine, selon les dimensions du contenant et en fonction du temps.

**Ennemis et maladies :** la plante peut être envahie par les mouches blanches, difficiles à éliminer.

**Utilisations :** en belle potée isolée. Dans une grande jardinière, installez le browalle au second plan, avec des brachycomes, de fuchsias, des lobélias, des scaévolas ou des hélichrysums.

**Conseil Truffaut :** pincez les nouvelles tiges pour garder un port ramifié à la plante. Sinon, tuteurez les pousses au fur et à mesure de leur croissance.

◀ *Brugmansia arborea* : un somptueux datura arbustif.

## *Brugmansia arborea*
## DATURA EN ARBRE

*Les trompettes des anges.*

**Arbuste (2 m, 0 °C).**

**Feuillage :** vert clair, duveteux et semi-persistant. Les grandes feuilles ont un port retombant.

**Floraison :** tout l'été jusqu'aux premières gelées. Les fleurs simples, semi-doubles ou doubles ont l'aspect de grosses trompettes pendantes. Coloris variés. Certains daturas exhalent un suave parfum.

**Espèces et variétés :** *Brugmansia cornigera* 'Knightii' porte d'immenses fleurs semi-doubles blanc pur, au parfum prononcé. *Brugmansia sanguinea* offre une floraison jaune et rouge-orangé. *Brugmansia* x *candida* 'Grand Marnier' se couvre de fleurs rose-orangé parfumées.

**Comportement en pot :** la plante atteint très vite des dimensions imposantes. Cultivez-la dans un bac à orangerie. Rempotage annuel souhaité.

**Dimensions du pot :** de 25 à 35 cm de largeur et de profondeur au minimum.

**Exposition :** chaude et ensoleillée, abritée du vent.

**Terre :** un bon terreau riche et souple, maintenu toujours frais pendant la période de croissance et enrichi avec un engrais organique, à base d'algues et 10 à 20 % de fumier bien composté.

**Arrosage :** plus ou moins quotidien en été. En hiver, maintenez la plante plutôt au sec. Donnez un engrais liquide chaque semaine en été.

**Ennemis et maladies :** les aleurodes et les acariens parasitent souvent ces arbustes magnifiques.

**Utilisations :** dans un grand bac, vous pouvez l'associer à des agapanthes, des liserons de Mauritanie, des anthémis, des pélargoniums odorants, des euryops, des léonotis ou des cuphéas.

**Conseil Truffaut :** rentrez votre potée en octobre, dans une véranda. En mars, rempotez et rabattez la touffe pour lui garder un port équilibré.

## *Buddleja davidii 'Nanohensis'* ARBRE AUX PAPILLONS

*Une grande décontraction estivale.*

**Arbuste (1,50 m, -15 °C).**

**Feuillage :** vert gris, exubérant et très fin. Ce petit buddléia ne dépasse pas 1,20 à 1,50 m d'envergure.

**Floraison :** tout l'été, en grappes bleu lavande.

**Espèces et variétés :** 'Nanho Purple' se distingue par une floraison violet pourpre.

**Comportement en pot :** seules ces sélections naines conviennent sur une terrasse, car les tiges cassent facilement sous l'effet des intempéries.

**Dimensions du pot :** 30 cm en tous sens.

**Exposition :** en plein soleil, pas trop ventée.

**Terre :** terre de jardin et terreau en mélange.

**Arrosage :** assez copieux mais, seulement quand la terre s'assèche légèrement en surface.

**Ennemis et maladies :** pratiquement aucun.

**Utilisations :** associez-le aux lavandes, cinéraires, armoises, millepertuis ou potentilles.

**Conseil Truffaut :** taillez court au début du printemps, pour lui garder une forme compacte. Éliminez les grappes fanées au fur et à mesure.

## *Buxus sempervirens* BUIS

*Le buis est destiné à la sculpture végétale.*

**Arbuste persistant (1,50 m, - 20 °C).**

**Feuillage :** arrondi, brillant et persistant. Les feuilles vertes et coriaces ont un aspect vernissé.

**Floraison :** insignifiante, en mars.

**Espèces et variétés :** 'Elegantissima' porte un beau feuillage gris-vert, bordé d'argent. 'Suffruticosa' est une forme naine, idéale pour réaliser des bordures régulières. 'Pyramidalis' est dressé.

**Comportement en pot :** c'est une des rares plantes qui reste belle toute l'année. Mais il faut de la patience pour obtenir un beau spécimen.

**Dimensions du pot :** pour un sujet isolé de moins d'un mètre de haut, prévoyez un contenant de 30 cm de largeur et de profondeur.

**Exposition :** ensoleillée ou mi-ombragée.

**Terre :** une bonne terre de jardin bien drainée. Le buis supporte un sol calcaire et sec.

**Arrosage :** tous les huit à dix jours.

**Ennemis et maladies :** les psylles, les cécidomyies et la rouille abîment le feuillage.

**Utilisations :** le buis donne une rigueur au jardin suspendu. Les formes taillées créent des perspectives de style classique, modifiables à volonté.

**Conseil Truffaut :** taillez deux fois par an pour obtenir une petite haie bien fournie. Les sujets formés sont taillés en août ou en septembre.

▲ *Buddleja davidii* 'Nanho blue' : un nain pour les potées.

▲ *Buxus sempervirens* : taillé en forme de petit lapin.

Le buis accepte d'être sculpté dans toutes les formes. ▶

▲ *Calceolaria x rugosa* : des fleurs en forme de chaussons.

◀ La calcéolaire fleurit tout l'été, même en pot.

## *Calceolaria spp.* CALCÉOLAIRE

*Des fleurs en pantoufles de bal.*

**Plante annuelle (0,80 m, 5 °C).**

**Feuillage :** généralement caduc, lancéolé, mais large et finement ridé, d'un vert franc.

**Floraison :** la lèvre inférieure des fleurs est arrondie, en forme de petit chausson. Les calcéolaires déclinent tous les tons de jaune et d'orangé.

**Espèces et variétés :** il existe des calcéolaires vivaces en climat doux, comme *Calceolaria biflora*, qui forme une rosette de feuilles persistantes poilues. 'Goldcap', parfaite dans une auge en pierre, possède des fleurs superbes, jaunes et mouchetées de rouge cramoisi. *Calceolaria integrifolia* forme plutôt un sous-arbrisseau vivace, semi-rustique, qui fleurit à profusion entre juillet et septembre.

**Comportement en pot :** facile. Les calcéolaires demandent de l'engrais liquide pour plantes fleuries une fois par semaine, à partir de juillet.

**Dimensions du pot :** un sujet vit dans un pot de 15 cm de diamètre et de 20 cm de profondeur.

**Exposition :** les calcéolaires aiment la chaleur, mais pas les expositions brûlantes. Ménagez-leur des après-midi semi-ombragés.

**Terre :** de préférence acide et bien drainée. Mélangez terre de bruyère et terreau à parts égales.

**Arrosage :** il doit être abondant et presque quotidien, surtout les jours de chaleur. Bassinez le feuillage au passage (de préférence le soir).

**Ennemis et maladies :** les pucerons se montrent friands de la sève. Les mouches blanches attaquent les calcéolaires, surtout en véranda. Différents champignons provoquent la pourriture du collet, puis la mort de la plante en sol trop compact.

**Utilisations :** les espèces basses forment des bordures, autour des grands bacs, au pied des arbustes. Les hybrides fleurissent les jardinières, seuls, en masses colorées ou en mélange avec des lobélias, des bacopas, des scaévolas et des géraniums.

**Conseil Truffaut :** achetez de préférence les calcéolaires en petits plants, car la culture à partir du semis n'est pas évidente pour un amateur.

## *Calendula officinalis* SOUCI

*Une plante facile et passe-partout.*

**Plante annuelle (50 cm, -15 °C).**

**Feuillage :** lancéolé, vert clair. Il dégage une odeur un peu piquante quand on le froisse.

**Floraison :** de mai jusqu'aux premières gelées se succèdent, une multitude de marguerites doubles, un peu ébouriffées, jaunes ou orange vif.

**Espèces et variétés :** les formes basses (30 cm), comme 'Fiesta Gitana', aux fleurs doubles, « versent » moins que les autres, surtout en pot. 'Radio', avec ses pétales tuyautés, renouvelle le genre. 'Prince Indien', une variété assez haute (60 cm), tient assez bien en pot, grâce à ses tiges rigides.

**Comportement en pot :** les soucis poussent si facilement en pot, que les jardiniers débutants peuvent les adopter les yeux fermés. Ils se ressèment seuls.

**Dimensions du pot :** une barquette de 10 plants doit vous permettre de réaliser deux jardinières de 50 cm de diamètre et de 20 cm de profondeur.

**Exposition :** les soucis passent pour des plantes de soleil, mais ils tolèrent volontiers la mi-ombre.

**Terre :** un bon terreau universel assez consistant.

**Arrosage :** les soucis ne se froisseront pas si vous les oubliez de temps en temps. Mais la floraison sera plus belle avec deux arrosages hebdomadaires.

**Ennemis et maladies :** l'oïdium forme souvent une sorte de feutrage blanc sur les feuilles. La mosaïque du concombre déforme les fleurs. La rouille tache les feuilles de brun.

**Utilisations :** mélangez les soucis à des plantes à feuillage gris ; cinéraires, hélichrysums, armoises, oreilles d'ours, lavande, teucrium, etc.

**Conseil Truffaut :** ôtez les fleurs fanées au fur et à mesure, pour conserver une belle potée.

## *Callistemon citrinus* CALLISTÉMON

*On l'appelle la plante-goupillon.*

**Arbuste (1,70 m, -2 °C).**

**Feuillage :** persistant, rigide, très linéaire, brun-rose à l'état jeune, devenant d'un beau vert foncé. Les feuilles froissées dégagent une odeur agréable.

**Floraison :** les étamines forment l'élément décoratif de la fleur, les pétales étant réduits au minimum. Les fleurs rouges ou jaunes se groupent en manchons hérissés, autour des jeunes rameaux.
**Espèces et variétés :** choisissez des formes naines, qui conviennent à la culture en pot, comme *Callistemon citrinus* 'Red Cluster' à la croissance lente. *Callistemon laevis* ne dépasse pas 1,50 m et refleurit de 4 à 5 fois dans l'année. *Callistemon viminalis* 'Captain Cook' atteint 1 m à l'âge adulte tandis que 'Little John' plafonne à 50 cm.
**Comportement en pot :** cet arbuste pousse doucement. Un rempotage tous les trois ans suffit.
**Dimensions du pot :** le callistémon peut vivre dans un bac à réserve d'eau de 30 cm de côté.
**Exposition :** de quatre à cinq heures de soleil par jour, mais pas aux périodes les plus brûlantes.
**Terre :** mélangez par tiers ; terre de jardin, terre de bruyère et terreau universel.
**Arrosage :** gardez la terre toujours humide en période de végétation. Régime sec en hiver.
**Ennemis et maladies :** généralement aucun.
**Utilisations :** cultivez le callistémon en isolé dans un bac à proximité de plantes méditerranéennes comme les palmiers et les agrumes. Dans les régions au climat doux, plusieurs plantes peuvent former un écran fleuri sur le balcon.
**Conseil Truffaut :** s'il gèle, le callistémon doit être rentré en hiver dans une véranda. À Paris, il peut être sorti dehors de mai à octobre. Quand les fleurs se fanent, les étamines gorgées de suc, tombent au sol, qui devient alors poisseux. Prévoyez un nettoyage à grande eau de temps en temps.

## *Callistephus chinensis*
## REINE-MARGUERITE

*La star de l'arrière-saison.*
**Plante annuelle (40 cm, 5 °C).**
**Feuillage :** denté, assez fin, vert clair.
**Floraison :** des sortes de grosses pâquerettes simples ou doubles fleurissent d'août à octobre.
**Espèces et variétés :** il existe un nombre incalculable de variétés. Choisissez des formes naines, comme 'Love Me' ou 'Reine des Naines'.
**Comportement en pot :** les reines-marguerites cultivées en bac, demandent des soins réguliers pour être vraiment belles. Gourmandes en eau, elles vivent à l'aise dans les bacs à réserve d'eau.
**Dimensions du pot :** ces fleurs font de l'effet en masse fleurie compacte, ou mélangées à divers feuillages. Une jardinière de 80 cm de long accueillera une barquette de 6 godets.
**Exposition :** plus les reines-marguerites ont de soleil, plus elles fleurissent. Attention cependant à ce que le pot ne devienne pas brûlant, car les racines ne le supporteraient pas.
**Terre :** les reines-marguerites exigent un terreau riche. Dès la plantation, ajoutez une bonne poignée de compost organique par litre de terreau et saupoudrez une pincée d'engrais à décomposition différée à la surface du pot.
**Arrosage :** ne laissez pas la terre se dessécher. Prévoyez un arrosage par jour en été, deux (matin et soir), si le pot est de petites dimensions.
**Ennemis et maladies :** la fusariose provoque un flétrissement brutal des plantes. Utilisez lors de la plantation, un pot neuf (ou désinfecté à l'eau de Javel) et du terreau n'ayant jamais servi.
**Utilisations :** dans les jardinières, les reines-marguerites prennent le relais des annuelles qui terminent leur floraison en août (muflier, mimulus, etc.).
**Conseil Truffaut :** n'oubliez pas l'engrais liquide (pour géraniums) une fois par semaine, toujours appliqué sur une terre encore humide.

▲ *Calendula officinalis* : le souci est une plante sans souci.

▲ *Callistemon citrinus* : des fleurs en forme de goupillons.

*Callistephus sinensis* : la plante reine de la fin d'été. ▶

▲ *Calluna vulgaris* : une belle potée de bruyère d'été.

▲ *Camellia* x 'Donation' : il fleurit plus dans la véranda.

◄ *Camellia japonica* 'Grand Prix' : des fleurs parfaites.

## *Calluna vulgaris*
## BRUYÈRE ou CALLUNE

*Une floraison exceptionnelle.*

**Sous-arbrisseau (40 cm, - 10 °C).**

**Feuillage :** les écailles fournies et denses prennent des coloris changeants selon les variétés et la saison, vert clair, argenté, doré, foncé, bleuté, bronze, orange, pourpre, jaune ou cuivré.

**Floraison :** les clochettes blanches, roses, mauves, lilas ou pourpres apparaissent entre juillet et novembre, selon les variétés. Pour toutes, la floraison dure au moins deux mois.

**Espèces et variétés :** il existe des centaines de variétés, qui atteignent en pot de 10 à 40 cm. Les catalogues spécialisés offrent des petites merveilles comme 'Elsie Purnell', au feuillage vert argenté, à la floraison double, rose nuancé de gris. Ou 'Peter Sparkes', aux fleurs doubles rose saumon, qui se détachent sur un beau feuillage vert gris.

**Comportement en pot :** les callunes en pot dessèchent vite. Rempotage chaque printemps.

**Dimensions du pot :** les jardineries vendent souvent les callunes en pot de 12 cm de large. Rempotez-les tout de suite dans un contenant d'une taille immédiatement supérieure. Une touffe de 25 cm à 30 cm de diamètre prospérera dans un pot d'au moins 20 cm en tous sens.

**Exposition :** un balcon exposé à l'ouest, ou au sud-ouest fera le bonheur de votre callune. Évitez-lui le soleil brûlant de midi et les vents secs.

**Terre :** terre de bruyère et terreau en mélange.

**Arrosage :** deux à trois fois par semaine. N'hésitez pas à arroser le sol du balcon, les jours de forte chaleur, pour créer une humidité ambiante.

**Ennemis et maladies :** en sol trop lourd, un champignon attaque parfois les bruyères, dont le feuillage devient brun grisâtre et meurt.

**Utilisations :** la tentation est grande de laisser la callune dans son pot, telle qu'on l'a achetée. C'est dommage : mélangée à d'autres plantes, cette bruyère gagne en personnalité. Associez-la aux : érables japonais, camélias, piéris, arbutus, enkianthus. Elle se marie avec toutes les autres bruyères, comme les daboécies aux grosses clochettes ou les éricas aux fleurs très fines.

**Conseil Truffaut :** au printemps, coupez juste au-dessous des fleurs fanées. Rempotez pour changer la terre qui s'est compactée avec les arrosages.

## *Camellia spp.*
## CAMÉLIA

*La perfection faite fleur.*

**Arbuste (2 m, - 8 °C).**

**Feuillage :** persistant, ovale et vernissé.

**Floraison :** le camélia offre des fleurs raffinées, simples ou doubles roses, rouges ou blanches.

**Espèces et variétés :** *Camellia sasanqua* fleurit de l'automne au début de l'hiver. Il embaume la fleur d'oranger. Les hybrides 'williamsii', très florifères, s'épanouissent de février à avril, avec l'avantage de laisser tomber au sol leurs fleurs fanées. 'Donation' est une variété populaire très florifère. Beaucoup d'hybrides de *Camellia japonica* arborent des fleurs larges comme la main.

**Comportement en pot :** au nord de la Loire, le camélia en pot risque de geler en hiver. Entourez le bac avec un carton épais et emmaillotez les branches dans un voile de protection.

**Dimensions du pot :** rempotez le jeune camélia, chaque année, juste après sa floraison, dans un pot plus grand de quelques centimètres. Un camélia adulte vit bien dans un pot de 40 cm de côté et d'au moins 30 cm de profondeur.

**Exposition :** la plante déteste les grands écarts de température, encore plus que le froid. Installez la potée près d'un mur de la maison, qui lui offrira une protection. Le nord-ouest est idéal.

**Terre :** acide et riche. Ne soyez pas avare d'engrais organique à la plantation. Une pelletée de tourbe, une pelletée de terreau de feuilles, une demi-pelletée de fumier décomposé. Mélangez, c'est prêt !

**Arrosage :** quasi quotidien en été ! Le camélia prospère les pieds au frais. N'oubliez pas de bassiner le feuillage pour entretenir l'ambiance humide.

**Ennemis et maladies :** le gel fait brunir et tomber les boutons, avant même qu'ils ne s'ouvrent. Des nuits trop froides provoquent des taches brunes sur les feuilles. Un sol ou une eau trop calcaire entraînent une chlorose : les feuilles jaunissent. Les cochenilles peuvent envahir gravement la plante.

**Utilisations :** en isolé, dans un grand pot, palissé contre un mur ou en association avec des plantes basses, quand son tronc se dégarnit. Le camélia se marie de manière idéale avec les bruyères.

**Conseil Truffaut :** laissez 7 à 8 cm, entre la surface de la terre et le haut du pot. Cet espace sera précieux pour arroser et pour apporter des amendements à base de tourbe chaque année.

## *Campanula portenschlagiana* CAMPANULE DES MURAILLES

*Pour les inconditionnels du bleu.*

**Plante vivace (30 cm, - 10 °C).**

**Feuillage :** en forme de petit cœur arrondi, dentelé, formant des coussins qui s'étalent bien.

**Floraison :** des clochettes délicates, d'un bleu violet, dessinent des tapis colorés, en juin. On assiste à une belle remontée en septembre.

**Espèces et variétés :** *Campanula portenschlagiana* 'Resholdt's Variety' affiche un très beau violet foncé. *Campanula carpatica*, aux grosses clochette bleues ou blanches, se plaît dans les auges, où elle arrive à former des coussins dodus. *Campanula medium,* une bisannuelle vigoureuse, monte à 60 cm en pot. Elle exhibe d'imposantes clochettes, roses, blanches, bleues ou violettes.

**Comportement en pot :** cette plante vivace est habituée à vivre dans les crevasses des murs. Les pots étroits ne lui font pas peur. Rempotage annuel.

**Dimensions du pot :** au moins 15 cm de diamètre et 12 cm de profondeur.

**Exposition :** soleil ou mi-ombre, c'est égal.

**Terre :** une bonne terre de jardin en mélange avec un terreau d'écorces souple et léger.

**Arrosage :** la campanule des murailles peut, à l'occasion, se passer d'arrosage pendant une semaine. Mais elle fleurit bien mieux quand elle ne subit pas de périodes de sécheresse.

**Ennemis et maladies :** la rouille forme des pustules orangées sur les feuilles, des champignons provoquent des taches brunâtres sans gravité.

**Utilisations :** la campanule des murailles forme des bordures monochromes, ou des tapis colorés au pied des arbustes ou des suspensions. Elle garnit les jardinières de la rambarde du balcon, en compagnie des tabacs, héliotropes ou pélargoniums.

**Conseil Truffaut :** supprimez les fleurs fanées.

## *Canna hybrida* BALISIER

*Un délicieux petit côté exotique.*

**Plante vivace (1 m, 0 °C).**

**Feuillage :** ample, très décoratif. Les feuilles larges et lancéolées sont parfois panachées, brunes, pourpres ou striées de jaune.

**Floraison :** les corolles somptueuses, aux couleurs vives, évoquent des orchidées géantes.

**Espèces et variétés :** les formes à feuilles pourpres ('Feu Magique') ou striées de jaune ('Panach') ont beaucoup de présence. Pour les balcons, choisissez des cannas nains (60 cm), comme 'Picador'. Les amateurs de coloris doux se tourneront vers 'Angèle Martin'(1 m), rose saumoné pâle.

**Comportement en pot :** protégez les cannas du vent qui renverse les pots et déchire les feuilles.

**Dimensions du pot :** vu le tempérament gourmand des cannas, un pot de 30 cm en tous sens reste un minimum. Rempotage annuel.

**Exposition :** chaude et ensoleillée.

**Terre :** préparez un mélange par tiers de terreau de feuilles, de compost à base de fumier et d'algues compostés et de sable, pour le drainage.

**Arrosage :** pas de beaux cannas sans arrosages suivis ! Augmentez la dose, au fur et à mesure que le feuillage se développe. Arrosez à l'engrais liquide pour géraniums, une fois par semaine, toujours quand la terre est bien mouillée.

**Ennemis et maladies :** les thrips abîment les boutons et les vers gris attaquent les rhizomes.

**Utilisations :** en mélange avec des plantes à la forte personnalité, comme les tabacs géants, les amarantes, les abutilons panachés et les cléomes.

**Conseil Truffaut :** à la fin d'octobre, déterrez, nettoyez et rentrez les rhizomes pour la prochaine saison. Conservez-les à l'ombre et au frais.

▲ *Campanula barbata* et *portenschlagiana* : fantaisie bleue.

▲ *Campanula medium* et *lactiflora* : de la prestance.

*Canna* x 'Jocelyn' : une fleur en robe de panthère. ▶

▲ *Capparis spinosa* pousse dans les endroits très arides.

▲ *Capsicum annuum* : le piment vient bien en pot.

◄ *Carex* 'Ever Bright' : un feuillage très original.

## *Capparis spinosa* CÂPRIER

*Un certain piquant.*

**Sous-arbrisseau (1 m, - 3 °C).**

**Feuillage :** presque rond, en forme de cœur à la base, avec des stipules transformées en épines.

**Floraison :** les étamines délicates, très allongées et nombreuses, presque violettes, surmontent quatre pétales blancs, en juin et juillet.

**Espèces et variétés :** *Capparis spinosa* 'Inermis' qui ne porte pas d'épines est recommandé.

**Comportement en pot :** le câprier en pot tend à s'élargir et à prendre beaucoup de place.

**Dimensions du pot :** la plante peut vivre dans peu de terre. Un pot de 25 cm en tous sens représente un minimum pour un arbuste adulte.

**Exposition :** aussi chaude et ensoleillée que possible, contre un mur au sud, par exemple.

**Terre :** le câprier préfère un mélange de terre de jardin un peu calcaire, terreau et sable.

**Arrosage :** laissez la terre sécher entre deux apports d'eau (environ une fois par semaine).

**Ennemis et maladies :** généralement aucun.

**Utilisations :** disposez au pied du câprier des plantes qui aiment la sécheresse : cistes, valérianes, gazanias, arctotis, romarin, euryops, lavandes, pourpiers. Rentrez la plante en hiver.

**Conseil Truffaut :** faites des boutures en été, à partir de rameaux fraîchement lignifiés.

## *Capsicum annuum* POIVRON et PIMENT

*La couleur et la brûlure du soleil.*

**Légume annuel (de 20 à 80 cm, 5°C).**

**Feuillage :** lancéolé, vert franc, souple.

**Floraison :** l'aisselle des feuilles abrite de discrètes fleurs blanches, suivies par des fruits creux, charnus, verts, rouges, jaunes ou orange.

**Espèces et variétés :** 'Sweet Banana' produit des fruits plus grands que la main, rouges à maturité, à la saveur douce. 'F1 Ariane', au goût aromatique prononcé, séduira les amateurs de saveurs fortes. On utilise la variété 'De Cayenne ' séchée, pour faire le poivre du même nom.

**Comportement en pot :** installez le poivron sur la terrasse, quand les températures nocturnes ne descendent plus en dessous de 12 °C.

**Dimensions du pot :** un plant doit avoir à sa disposition un espace d'au moins 30 cm en tous sens.

**Exposition :** chaleur, plein soleil et tout ira bien !

**Terre :** le poivron demande une terre nutritive. Ajoutez au terreau de plantation, une pincée d'engrais complet riche en potasse (engrais tomates).

**Arrosage :** pour que les fruits se développent harmonieusement, ne laissez pas la terre se dessécher.

**Ennemis et maladies :** les aleurodes et les pucerons attaquent souvent la plante.

**Utilisations :** installez le pied de poivron à côté de tomates cerises en pot, de basilic, de ciboulette.

**Conseil Truffaut :** ne laissez pas le pied porter tous ses fruits ; 8 poivrons par plant au maximum.

## *Carex spp.* LAÎCHE

*De la présence et du panache !*

**Plante vivace (de 20 à 100 cm, - 10 °C).**

**Feuillage :** toujours rubané, il varie en couleur, en taille, en finesse, selon les espèces. Il reste décoratif en hiver même sous le givre.

**Floraison :** les épis, souvent pendants, sont plutôt moins décoratifs que le feuillage.

**Espèces et variétés :** *Carex buchananii* arbore toute l'année un bronzage brun rougeâtre. Il atteint 50 cm de haut. 'Viridis' montre des reflets argentés. *Carex comans,* au feuillage argenté, est la version réduite du précédent. *Carex grayi,* au feuillage souple, bouge au vent. *Carex elata* 'Bowles Golden' est joliment doré toute l'année.

**Comportement en pot :** les carex, vigoureux de nature, colonisent vite l'espace qui leur est accordé au détriment des plantes voisines plantées dans le même bac. Rempotage annuel obligatoire.

**Dimensions du pot :** de 15 à 30 cm de largeur, et autant en profondeur, selon l'espèce.

**Exposition :** une bonne lumière, une exposition non brûlante, ou la mi-ombre, conviennent.

**Terre :** la plupart des espèces préfèrent un bon terreau universel assez consistant.

**Arrosage :** la plupart des carex préfèrent une terre qui reste humide en permanence.

**Ennemis et maladies :** généralement aucun, excepté les chats qui mangent le feuillage.

**Utilisations :** avec des conifères nains, des bambous. Les différentes espèces de carex et les graminées (désormais appelées « Poacées ») mettent mutuellement en valeur leurs feuillages colorés.

**Conseil Truffaut :** divisez les touffes trop compactes au printemps. Taillez le feuillage desséché, avant le démarrage des nouvelles feuilles.

## *Caryopteris* x *clandonensis* CARYOPTÉRIS

*Le nuage bleu de l'automne.*

**Arbuste (1 m, - 8 °C).**

**Feuillage :** gris-vert, fin, allongé, élégamment dentelé, aromatique, soyeux au toucher.

**Floraison :** des bouquets mousseux de fleurs bleues, légères et décoratives, apparaissent à la fin de l'été.

**Espèces et variétés :** 'Heavenly Blue' présente un port compact plus dressé que les autres et un bleu violet intense. 'Kew Blue', au port lui aussi compact, fleurit deux semaines après les autres caryoptéris. Le feuillage doré de 'Worcester Gold' séduit les amateurs de plantes panachées, mais l'arbuste est un peu plus fragile que le type.

**Comportement en pot :** le caryoptéris a du mal à prospérer les deux ou trois premières années. Il faut bien le tailler au printemps, et lui apporter des engrais, pour que sa silhouette forcisse.

**Dimensions du pot :** de 25 à 30 cm de diamètre et d'une égale profondeur.

**Exposition :** un coin abrité des vents froids, une bonne lumière et quelques heures de soleil par jour, font le bonheur du caryoptéris.

**Terre :** une bonne terre de jardin, et 5 cm de cailloux au fond du pot, pour le drainage, suffisent.

**Arrosage :** au cœur de l'été, chaque arbuste a besoin d'environ un demi-arrosoir par jour.

**Ennemis et maladies :** généralement aucun.

**Utilisations :** le caryoptéris peut devenir le point central d'une grande jardinière, mélangé à des plantes annuelles aux coloris pastel, comme les pétunias, les pélargoniums, les diascias, les brachycomes. Les capucines orange offrent l'exact contrepoint au bleu du caryoptéris.

**Conseil Truffaut :** rabattez les tiges après la floraison, à 30 cm de la base, pour garder un port touffu.

## *Cassia corymbosa* CASSIA

*Un joli rayon de soleil.*

**Arbuste (1,80 m, - 2 °C).**

**Feuillage :** semi-persistant, composé de deux ou trois paires de folioles lancéolées, vert pâle.

**Floraison :** des corymbes de grosses fleurs, d'un jaune intense, s'épanouissent à la fin de l'été.

**Espèces et variétés :** *Cassia* x *floribunda*, un peu moins rustique, s'épanouit de juin à octobre. *Cassia phillodenia*, persistant et gris argenté, convient aux petits balcons méditerranéens. Il fleurit à l'automne et remonte durant l'hiver et le printemps. *Cassia fistula* est somptueux, mais assez frileux.

**Comportement en pot :** le cassia se développe moins bien en pot qu'en pleine terre. Mais si l'on soutient sa croissance par des arrosages à l'engrais et des pincements, il peut atteindre 1 m de largeur.

**Dimensions du pot :** une petite caisse à orangerie de 40 cm de côté accueillera le cassia.

**Exposition :** un mur au sud ou à l'ouest apportera à la plante toute la chaleur dont elle a besoin.

**Terre :** le cassia se développe dans n'importe quelle bonne terre de jardin ou dans du terreau.

**Arrosage :** le cassia appréciera un demi-arrosoir par jour en été. Vous diminuerez progressivement la quantité et la fréquence à l'automne.

**Ennemis et maladies :** les cassias sont parfois victimes des cochenilles des racines. Les plantes s'affaiblissent et les extrémités des tiges se flétrissent.

**Utilisations :** le cassia peut se palisser contre un mur ou un treillage. Il forme alors un bel écran. On peut aussi le cultiver, plus classiquement, en isolé, dans un pot. Superbe à proximité des palmiers.

**Conseil Truffaut :** à la fin du mois de mars, taillez toutes les pousses de l'année à 30 cm de leur point de naissance ou de la ramure.

▲ *Caryopteris* x *clandonensis* 'Haevenly blue' : tardif.

▲ *Cassia fistula* : à réserver aux terrasses du Midi.

*Cassia corymbosa* : un arbuste coloré mais frileux. ▶

▲ *Ceanothus* x *delilianus* 'Gloire de Versailles' : estival.

▲ *Ceanothus thyrsiflorus* 'Repens' : un tapis tout bleu.

## *Ceanothus spp.* CÉANOTHE

*Un arbuste à deux visages.*

**Arbuste (1,50 m, - 5 °C).**

**Feuillage :** persistant ou caduc, à feuilles petites, parfois crénelées, ovales et brillantes.

**Floraison :** les panicules de petites fleurs, d'un bleu inimitable, ou d'un vieux rose ravissant, apparaissent à profusion, en mai et embaument le miel.

**Espèces et variétés :** *Ceanothus griseus* 'Hurricane Point', persistant, au port prostré (60 cm) fleurit en avril. *Ceanothus thyrsiflorus* 'Blue Mound', semi-prostré (1 m) et persistant, fleurit abondamment. *Ceanothus* x 'Gloire de Versailles', caduc, forme, en bac, une belle touffe bleu lin, de 1,50 m, de juin à août. 'Marie Simon' en est la version rose, un peu plus tardive.

**Comportement en pot :** les céanothes résistent bien en bac, même en bordure de mer.

**Dimensions du pot :** le céanothe s'étale en largeur. Prévoyez un bac d'au moins 40 cm de côté.

**Exposition :** tous les céanothes préfèrent la présence chaleureuse d'un mur ensoleillé.

**Terre :** terre, sable et terreau en mélange.

**Arrosage :** un arrosoir tous les deux jours en été, pendant les deux premières années. Par la suite, la plante se montre résistante à la sécheresse.

**Ennemis et maladies :** les cochenilles peuvent envahir les rameaux. Le gel est à redouter au nord de la Loire, même pour les espèces dites « rustiques ».

**Utilisations :** dans une jarre, pour les formes prostrées, palissé contre un mur, pour les formes hautes.

**Conseil Truffaut :** achetez le céanothe en début de saison, car il vaut mieux que la plante soit déjà bien installée pour résister à son premier hiver.

## *Cedrus deodara* CÈDRE DE L'HIMALAYA

*Un conifère ample et majestueux.*

**Conifère (2 m, - 20 °C).**

**Feuillage :** les jeunes aiguilles vert tendre, disposées en rosettes, deviennent vert foncé à maturité.

◀ *Cedrus deodara* 'Aurea nana' : un cèdre très compact.

**Floraison :** les cônes ovales, aux écailles serrées, n'apparaissent que chez les sujets âgés.

**Espèces et variétés :** seules les variétés basses conviennent. *Cedrus deodara* 'Aurea Nana' atteint 2 m à l'âge adulte. Quand il est jeune, son feuillage doré est très lumineux.

**Comportement en pot :** le cèdre de l'Himalaya nain pousse lentement. Il est conseillé de l'accrocher à la rambarde ou à une attache fixée dans le mur, car le vent peut renverser le pot et la plante. Un rempotage tous les trois ans suffit.

**Dimensions du pot :** le contenant doit mesurer au moins 30 cm de côté pour un petit sujet.

**Exposition :** une demi-journée de soleil par jour suffit au cèdre de l'Himalaya nain.

**Terre :** terreau universel et terre de jardin mélangés.

**Arrosage :** une à deux fois par semaine durant les trois premières années de son installation. Par la suite, il supporte de courtes périodes sèches.

**Ennemis et maladies :** les pucerons envahissent les branches et provoquent l'apparition de la fumagine.

**Utilisations :** avec des plantes couvre-sol au pied.

**Conseil Truffaut :** taillez les branches quand elles se dessèchent. Fertilisez avec un engrais foliaire.

## *Celosia argentea* CÉLOSIE

*De la couleur au superlatif…*

**Plante annuelle (40 cm, 5°C).**

**Feuillage :** lancéolé, vert pâle, compact.

**Floraison :** les panaches dressés aux couleurs vives de la célosie, perdurent de juillet à octobre. Certaines variétés, dites « crêtes de coq », ou « cristata » rappellent les circonvolutions des coraux.

**Espèces et variétés :** dans le groupe des 'Cristata', 'Chef Bicolore' se distingue par l'originalité de ses coloris irrégulièrement flammés. *Celosia spicata* 'Flamingo Feather' séduira les amateurs de couleurs plus tendres, avec ses plumets rose tendre.

**Comportement en pot :** la célosie supporte mal la concurrence des autres plantes. Laissez-la en groupes. Ôtez les feuilles jaunes qui ne manqueront pas d'apparaître à la base de la potée.

**Dimensions du pot :** une barquette de six jeunes plants tient dans une jardinière de 60 cm de

long et de 20 cm de profondeur.
**Exposition :** protégée du vent et ensoleillée.
**Terre :** ajoutez une bonne poignée de fertilisant organique complet à du terreau universel. Évitez la terre de jardin calcaire qui fait jaunir les feuilles.
**Arrosage :** les célosies restent belles plus longtemps, quand la terre ne se dessèche jamais.
**Ennemis et maladies :** la pourriture du collet provoque un flétrissement prématuré de la plante.
**Utilisations :** mieux vaut utiliser la célosie par petites touches, mélangée à des plantes à feuillage, qui équilibrent l'intensité de ses coloris.
**Conseil Truffaut :** apportez un peu d'engrais liquide pour plantes fleuries, tous les dix jours.

## *Centradenia spp.* CENTRADÉNIA

*Original, généreux mais frileux.*
**Sous-arbrisseau (40 cm, 5 °C).**
**Feuillage :** lancéolé, très légèrement gaufré, d'un vert profond et duveteux.
**Floraison :** ce cousin du tibouchina arbore des fleurs aux corolles largement ouvertes, rose magenta. Cette belle floraison dure une bonne partie de l'été et jusqu'aux premiers froids, entrecoupée de courtes périodes de repos.
**Espèces et variétés :** 'Cascade' est un cultivar à port retombant, qui forme de belles suspensions.
**Comportement en pot :** le centradénia développe de généreuses touffes fleuries en pot, quand il bénéficie de suffisamment de lumière et de chaleur. Sinon, la floraison reste parcimonieuse.
**Dimensions du pot :** une jardinière de 25 cm de large et d'une égale profondeur suffit pour la saison.
**Exposition :** il faut au centradénia un maximum de lumière. Mais, en août, un léger ombrage peut s'avérer nécessaire quand le soleil est au zénith.
**Terre :** le terreau « géraniums » convient au centradénia. La plante se montre gourmande. En été, pensez à diluer de l'engrais pour plantes à fleurs dans l'eau d'arrosage, une fois tous les huit jours.
**Arrosage :** ne lésinez pas sur les apports d'eau pendant toute la croissance et la floraison. En hiver, humidifiez simplement la terre quand elle sèche.
**Ennemis et maladies :** dans une véranda ou une serre froide, attention aux mouches blanches, promptes à envahir les plantes les plus faibles.
**Utilisations :** en suspensions, ou en potées composées. La couleur des fleurs peut s'avérer difficile à marier avec d'autres teintes, sauf le blanc. Les plantes à feuillage gris s'associent harmonieusement avec le rose intense du centradénia.
**Conseil Truffaut :** rentrez le centradénia en véranda, dès octobre. Avant le démarrage de la végétation, raccourcissez les pousses latérales au niveau de la seconde feuille comptée en partant de la base.

## *Cerastium tomentosum* CÉRAISTE

*Un tapis parsemé d'argent.*
**Plante vivace (10 cm, -15 °C).**
**Feuillage :** les fins rameaux portent des petites feuilles vert gris mat, persistantes et duveteuses.
**Floraison :** d'une blancheur éclatante, les fleurs, en coupe évasée, arrivent à couvrir la touffe entière.
**Espèces et variétés :** *Cerastium arvense* 'Compactum' forme un tapis épais, qu'il est facile de contenir en potée.
**Comportement en pot :** le céraiste, cultivé dans une jardinière supporte la réverbération de la chaleur et de la lumière sur le mur des balcons.
**Dimensions du pot :** une potée de 30 cm de large et de 20 cm de profondeur permettra au céraiste de s'étaler à sa guise.
**Exposition :** ensoleillée, même assez chaude.
**Terre :** ce couvre-sol n'aime pas la tourbe, qui retient trop l'eau. Optez pour de la terre de jardin un peu sableuse, voire même caillouteuse.
**Arrosage :** un verre d'eau tous les deux jours, le premier mois de l'installation. Par la suite, la pluie pourvoira normalement aux besoins du céraiste.
**Ennemis et maladies :** généralement aucun.
**Utilisations :** au pied des arbustes aimant le soleil, dans des auges, associé à des aubriètes, des sédums, des arméria, des corbeilles-d'or. Et pourquoi pas en suspension, mélangé à des surfinias ?
**Conseil Truffaut :** taillez aux ciseaux, après la floraison pour lui donner une forme régulière.

▲ *Celosia* x 'Venezuela' : ses épis brillent au soleil.

▲ *Celosia argentea* et *plumosa* : un mélange très réussi.

▲ *Centradenia* x 'Cascade' : une beauté à suspendre.

*Cerastium tomentosum* : la parfaite bordure des potées. ▶

▲ *Ceratostigma plumbaginoides* : un joli tapis bleuté.

▲ *Cestrum aurantiacum* : un arbuste frileux, pour le Midi.

◀ *Cestrum elegans* : à protéger obligatoirement en hiver.

## *Ceratostigma spp.* CÉRATOSTIGMA

*Un couvre-sol étoilé d'azur.*

**Sous-arbrisseau (60 cm, - 8 °C).**

**Feuillage :** les feuilles lancéolées n'ont pas ou peu de pétiole. Vertes, ombrées d'acajou au printemps, elles terminent la saison couleur bronze.

**Floraison :** les corolles bleu gentiane, délicatement veinées de rouge, se succèdent sans répit en été.

**Espèces et variétés :** *Ceratostigma plumbaginoides* forme un couvre-sol, qui ne dépasse pas 25 cm de hauteur. *Ceratostigma willmottianum* est une forme arbustive au port léger et gracieux qui dépasse rarement 60 cm en bac.

**Comportement en pot :** l'espèce basse, rustique, forme un couvre-sol dense, qui recouvre complètement la potée. Le froid fait vite disparaître l'espèce arbustive. Rempotage tous les deux ans.

**Dimensions du pot :** pour l'espèce basse, une potée de 30 cm de diamètre et de 20 cm de profondeur convient. L'espèce arbustive vivra dans un pot de 30 cm de profondeur et de 35 cm de largeur.

**Exposition :** les cératostigmas aiment le soleil et la lumière, tant que l'emplacement reste assez frais.

**Terre :** un bon terreau universel assez consistant.

**Arrosage :** de deux à trois fois par semaine selon l'époque et la température ambiante.

**Ennemis et maladies :** pendant les hivers rudes, les cératostigmas peuvent geler à ras du sol. Le plus souvent, ils repartent bien de la souche.

**Utilisations :** mariez le cératostigma à des plantes fleuries qui éclairent son feuillage, telles que les lantanas, les verveines ou le bidens.

**Conseil Truffaut :** protégez la souche, en hiver, par une bonne couche de petites écorces de pin.

## *Cestrum spp.* CESTRUM

*Tout un été de fleurs et d'exotisme.*

**Arbuste (1,50 m, 0 °C).**

**Feuillage :** semi-persistant, vert profond. Les feuilles lancéolées atteignent 10 cm de long.

**Floraison :** les clochettes tubulaires, jaunes, rouges ou blanches selon les espèces, apparaissent tout l'été.

**Espèces et variétés :** le « galant de nuit », *Cestrum nocturnum*, est capable d'embaumer la terrasse entière de son parfum épicé, à la nuit tombée. Il fleurit par vagues, tout au long de l'été, jusqu'en octobre. Ses fleurs restent fermées le jour. *Cestrum elegans* fleurit rouge-orangé et *Cestrum aurantiacum* porte mille petites trompettes jaune cuivré.

**Comportement en pot :** les cestrums forment des buissons lâches. Les branches peuvent gagner 40 cm dans la saison. N'hésitez pas à les pincer.

**Dimensions du pot :** une plante adulte a besoin d'un pot de 35 cm de côté et 30 cm de profondeur.

**Exposition :** ce Sud-Américain exige de la chaleur. Il la trouvera près d'un mur exposé plein sud.

**Terre :** dès l'achat, rempotez le cestrum dans du terreau d'écorces souple et léger. Épandez à la surface une poignée de fertilisant organique à base de fumier, qui stimulera la plante toute la saison.

**Arrosage :** durant la période de croissance, au printemps, et pendant la floraison, arrosez tous les deux jours. Au moment de rentrer le cestrum, limitez les arrosages à une fois tous les 10 à 15 jours.

**Ennemis et maladies :** les pucerons s'installent sur les jeunes feuilles et les déforment.

**Utilisations :** palissez le *Cestrum nocturnum* contre un mur bien exposé ou guidez ses branches autour d'un pilier. Associez-le à des plantes fleuries, car sa silhouette est peu attractive quand il n'est pas fleuri.

**Conseil Truffaut :** protégez les cestrums du froid hivernal avec plusieurs couches de voile non tissé.

## *Chaenomeles speciosa* COGNASSIER DU JAPON

*Le printemps en avant-première.*

**Arbuste (1,50 m, - 15 °C).**

**Feuillage :** dentelé, assez épais, comme des petites feuilles de pommier.

**Floraison :** des bouquets apparaissent très tôt dans la saison, vers le mois de février si le temps est doux. Les fleurs, en forme de coupe, ressemblent à celles du pommier rose vif ou rouges.

**Espèces et variétés :** *Chaenomeles speciosa* 'Nivalis' présente un port évasé et se pare d'un somptueux manteau immaculé au mois de mars. *Chaenomeles speciosa* 'Toyo Nishiki' offre une des plus délicates floraisons qui soient, avec des bouquets où le blanc se mélange au rose.

**Comportement en pot :** le cognassier du Japon pousse moins vite en pot que dans la nature. Mais il dure longtemps s'il est rempoté tous les 2 ans.

**Dimensions du pot :** une caisse à orangerie de 30 cm de côté est idéale.

**Exposition :** ensoleillée, à l'abri d'un mur.

**Terre :** une bonne terre de jardin convient. Vous pouvez aussi réaliser un mélange à parts égales de terre pour rosiers et d'un terreau de plantation.

**Arrosage :** une fois par semaine à partir d'avril. Doublez la cadence à partir de juin. Oubliez-le l'hiver.

**Ennemis et maladies :** une eau d'arrosage très calcaire peut provoquer après plusieurs années, une chlorose des feuilles, qui se mettent alors à jaunir.

**Utilisations :** installez le cognassier du Japon sur un tapis de muguet ou de myosotis. Parsemez la potée de scilles, de crocus, de muscaris, ajoutez quelques narcisses et vous obtiendrez une adorable scène printanière. Plantez aussi des pensées.

**Conseil Truffaut :** ne renoncez pas au cognassier du Japon si votre terrasse n'est pas très ensoleillée. Il donnera un peu moins de fleurs, mais poussera sans problèmes. Il peut être aussi palissé.

## *Chamaecyparis lawsoniana*
## CYPRÈS DE LAWSON

*Les plus jolis nains de jardin.*

**Conifère (de 40 cm à 2 m, -15 °C).**

**Feuillage :** les rameaux très ramifiés portent de minuscules aiguilles, non piquantes. Les jeunes feuilles, à l'extrémité des pousses, restent vertes, jaunes ou bleues, donnant la couleur dominante de l'arbuste. Quand on les froisse, elles dégagent une nette odeur... de persil !

**Floraison :** sans valeur décorative.

**Espèces et variétés :** 'Elwood's Pillar' atteint 1 m à 10 ans et 1,50 m à 20 ans. Le cyprès de Lawson ne dépasse pas 40 cm de largeur. Il résiste au calcaire et à la pollution des villes. 'Elwood's Gold', plus grand d'une cinquantaine de centimètres est jaune-vert en début de saison. 'Ellwoodii' est vert bleuté, assez léger, colonnaire. 'Minima' et 'Glauca', qui ne dépassent pas 1 m, conviennent pour les tout petits balcons. Une espèce voisine, *Chamaecyparis pisifera*, a donné naissance à de nombreuses variétés naines intéressantes comme 'Nana', 40 cm de hauteur, 'Compacta', une grosse boule basse, ou 'Plumosa Aurea Nana', un petit buisson conique, qui garde sa couleur dorée toute l'année.

**Comportement en pot :** les formes naines restent de nombreuses années dans le même pot, à condition de remplacer la terre de surface tous les ans.

**Dimensions du pot :** prévoyez à terme un pot de 30 cm de profondeur et de largeur.

**Exposition :** la mi-ombre leur va bien au teint ! Les variétés dorées demandent plus de lumière.

**Terre :** un terreau enrichi d'une pincée d'engrais pour conifères, leur assurera un bon démarrage.

**Arrosage :** le cyprès de Lawson supporte une sécheresse passagère, mais il vaut mieux ne pas l'assoiffer, car ce stress l'affaiblit. Il devient alors plus sensible aux maladies. Arrosez chaque semaine.

**Ennemis et maladies :** un champignon, le phytophthora, fait brunir le feuillage des sujets en pots.

**Utilisations :** les cyprès de Lawson se marient avec bonheur aux graminées et aux autres conifères nains. Leurs formes et leurs couleurs variées se mettent mutuellement en valeur.

**Conseil Truffaut :** ponctuez les grandes jardinières de ces conifères nains afin de disposer en permanence d'une présence végétale décorative.

Une balconnière hivernale avec plusieurs *Chamaecyparis*. ▶

*Chamaecyparis lawsoniana* 'Ellwoodii' : idéal en pot. ▶

▲ *Chaenomeles* x 'Jane Taudevin' : très florifère.

▲ *Chamaecyparis lawsoniana* 'Green Wonder' : élégant.

▲ *Chamaerops humilis* est un palmier peu frileux.

▲ *Cheiranthus cheirii* : la très facile giroflée de printemps.

◀ *Cheiranthus allionii* 'Lingot d'or' : un coloris tonique.

## *Chamaerops humilis* PALMIER NAIN

*Le seul vrai palmier d'Europe !*

**Palmier (2,50 m, -5 °C).**

**Feuillage :** de grands éventails presque ronds, au limbe vert clair sur le dessus et argenté en dessous. Un duvet blanc couvre les pétioles, fins et munis d'épines brunâtres assez acérées.

**Floraison :** des grappes denses de petites fleurs jaunes apparaissent en mai et juin.

**Espèces et variétés :** il existe de nombreuses formes, dont certaines presque bleues.

**Comportement en pot :** le palmier nain croît lentement, plus en largeur qu'en hauteur. Il vit plusieurs années dans des récipients assez profond.

**Dimensions du pot :** une belle potée de 30 cm de large et de 40 cm de haut offre un volume suffisant.

**Exposition :** abritez le palmier nain des vents froids. Il est à l'aise au soleil, ou à la mi-ombre.

**Terre :** le *Chamaerops* se plaira mieux dans une terre sèche, sablonneuse et même rocailleuse.

**Arrosage :** la plante supporte bien la sécheresse, mais il est conseillé de l'arroser une fois par semaine, surtout les deux premières années.

**Ennemis et maladies :** les araignées rouges attaquent les sujets faibles, mal cultivés.

**Utilisations :** en isolé ou avec des fleurs d'été.

**Conseil Truffaut :** supprimez les palmes desséchées. En hiver, en dehors de la zone de l'oranger, rentrez le palmier nain dans une véranda.

## *Cheiranthus spp.* GIROFLÉE

*Des tons chauds pour le printemps.*

**Vivace ou bisannuelle (50 cm, -10 °C).**

**Feuillage :** assez fin, allongé en petites languettes recourbées. Certaines formes panachées de jaune apportent une touche lumineuse.

**Floraison :** les tiges ploient sous les grappes aux pétales arrondis. Les giroflées arbustives développent une époustouflante gamme de coloris feu.

**Espèces et variétés :** *Cheiranthus* x *allionii* (rarement étiqueté de son vrai nom, *Erysimum* x *allionii*) développe des touffes généreuses. *Cheiranthus cheiri*, la giroflée jaune, bisannuelle, décline tous les tons du blanc à l'écarlate, en passant par les jaunes, en version haute (jusqu'à 60 cm) ou basse (20 cm).

**Comportement en pot :** les giroflées forment d'opulentes potées, surtout la première année.

**Dimensions du pot :** 25 cm en tous sens est un minimum. Un pot plus petit se dessèche trop vite.

**Exposition :** ensoleillée et abritée du vent.

**Terre :** n'importe quelle bonne terre de jardin, neutre et non argileuse, ou du terreau universel.

**Arrosage :** deux à trois fois par semaine.

**Ennemis et maladies :** aucun mais les giroflées ont une vie éphémère. Remplacez-les sans regret.

**Utilisations :** les fleurs orange font mal aux yeux quand elles sont plantées en masse. Mais associées au bleu, leur couleur complémentaire, elles forment de jolies scènes. Mettez à contribution les héliotropes, les cératostigmas, les lobélias, les scaévolas, les pétunias, les verveines, les lavandes.

**Conseil Truffaut :** coupez les fleurs fanées et pincez les tiges pour obliger la touffe à s'étoffer.

## *Chelone obliqua* GALANE OBLIQUE

*Jolies petites têtes roses.*

**Plante vivace (70 cm, -10 °C).**

**Feuillage :** vert franc, lancéolé et dentelé.

**Floraison :** les extrémités des tiges portent des épis denses de fleurs rose foncé, presque fermées, comme de petits museaux aplatis. Les lèvres entrouvertes laissent deviner une languette d'étamines jaunes.

**Espèces et variétés :** 'Alba' est l'exacte réplique en blanc de la plante type.

**Comportement en pot :** les galanes poussent bien en bac. Leur floraison coïncide avec les retours de vacances et dure jusqu'en octobre.

**Dimensions du pot :** deux godets de cette plante vivace se contentent, la première année, d'une jardinière de 30 cm sur 20 cm.

**Exposition :** un soleil pas trop ardent ou une lumière tamisée par un store permettent à la galane d'atteindre son plein développement.

**Terre :** argileuse, si possible, retenant bien l'eau.

À défaut, ajoutez une grosse poignée de tourbe brune à un terreau de plantation.

**Arrosage :** si vous ne pouvez arroser la galane que le week-end, abreuvez-la, le dimanche soir, d'une triple rasade d'eau. Laissez l'eau dans la soucoupe. Poussez la potée à la mi-ombre.

**Ennemis et maladies :** généralement aucun.

**Utilisations :** mariez la *Chelone* avec des fougères, des astilbes, des hostas.

**Conseil Truffaut :** taillez les tiges après la floraison.

## *Chimonanthus praecox* CHIMONANTHE

*Un doux parfum au cœur de l'hiver.*

**Arbuste (2 m, - 15 °C).**

**Feuillage :** caduc, lancéolé, vert brillant.

**Floraison :** les petites coupes étoilées, jaune pâle à cœur pourpre, solitaires ou réunies par deux sur les rameaux nus, dégagent un puissant parfum épicé, de décembre à février, quand le temps s'adoucit.

**Espèces et variétés :** les fleurs de la variété 'Grandiflorus' affichent un jaune plus cuivré, taché de rouge. Celles de 'Luteus' arborent un jaune éclatant, sans traces de rouge. Dans les deux cas, les fleurs sont plus larges que celles du type.

**Comportement en pot :** soyez patient, le chimonanthe ne fleurit qu'après plusieurs années. Installez le bac près d'une porte ou d'un passage, pour profiter de son parfum en hiver.

**Dimensions du pot :** une jeune touffe peut vivre plusieurs années dans un pot de 30 cm x 30 cm. Quand elle prendra de l'ampleur, vous la rempoterez dans un bac d'au moins 40 cm x 40 cm.

**Exposition :** un mur exposé au sud favorise l'abondance et le parfum de la floraison.

**Terre :** les racines du chimonanthe n'aiment pas stagner dans l'eau. Donnez-lui un bon terreau d'écorces, bien drainant, auquel vous aurez rajouté un cinquième de terre à cactées.

**Arrosage :** l'eau de pluie suffit en hiver. En été, soutenez la croissance en arrosant, tous les deux jours. Apportez de l'engrais liquide pour arbustes.

**Ennemis et maladies :** des taches brunes sur les feuilles, qui finissent par jaunir ou tomber, indiquent des conditions de culture défavorables.

**Utilisations :** seul, dans un bac, palissé contre un mur, en arrière-plan d'un groupe de jardinières.

**Conseil Truffaut :** gringalet dans sa jeunesse, le chimonanthe doit être surveillé de près le premier hiver. Protégez la plante dans un voile d'hivernage, si le thermomètre descend en dessous de -10 °C.

## *Chionodoxa luciliae* CHIONODOXA

*Toute la tendresse du printemps.*

**Plante bulbeuse (20 cm, - 10 °C).**

**Feuillage :** en lanières pointues, vert soutenu et bordé de bronze quand les feuilles sortent.

**Floraison :** des tiges souples et courtes portent des étoiles à six pétales, de 2 cm de diamètre, groupées par 5 ou 6, bleues, roses ou blanches.

**Espèces et variétés :** les amoureux du blanc se tourneront vers la variété 'Alba'. 'Pink Giant' et 'Rosea' sont des versions roses. Mais en bleu, les chionodoxas sont encore plus beaux : 'Gigantea' offre de grandes fleurs d'azur à centre blanc.

**Comportement en pot :** une fois planté, en automne, le chionodoxa se fait oublier. Il réapparaît fidèlement chaque printemps.

**Dimensions du pot :** en général, on achète les bulbes de chionodoxas par 30 ou plus. Une potée de 10 cm de profondeur et de 20 cm de large en accueillera une douzaine. À la plantation, espacez les bulbes de la largeur du pouce.

**Exposition :** ensoleillée ou à mi-ombre.

**Terre :** bien drainée, pas trop riche. Une grosse poignée de sable ajoutée à un terreau de plantation améliore la perméabilité du substrat.

**Arrosage :** surveillez la terre en hiver afin qu'elle ne se dessèche pas. Au printemps, la pluie suffit.

**Ennemis et maladies :** les limaces dévorent les feuilles. Le charbon foliaire attaque les étamines.

**Utilisations :** en potées printanières, recouverte d'un tapis d'helxine. En mélange avec des scilles, des jacinthes, des crocus, des puschkinias.

**Conseil Truffaut :** quand les feuilles ont complètement jauni, déterrez les bulbes, séparez-les et replantez-les dans les jardinières voisines.

▲ *Chelone obliqua* : une vivace qui aime le plein soleil.

▲ *Chimonanthus praecox* : fleurit au cœur de l'hiver.

*Chionodoxa luciliae* : adorable au début du printemps. ▶

▲ *Chlorophytum elatum* est idéal en panier suspendu.

▲ *Choisya ternata* apprécie les expositions tamisées.

◀ *Chrysanthemum coccineum* 'Brenda' est très florifère.

## *Chlorophytum elatum* PHALANGÈRE

*Aussi à l'aise dedans que dehors !*

**Plante de véranda (40 cm, 5°C).**

**Feuillage :** rubané, vert pâle, strié de blanc.

**Floraison :** de mignonnes étoiles blanches accompagnent les rosettes de feuilles portées par de longues tiges souples (stolons).

**Espèces et variétés :** 'Variegatum' est le plus souvent cultivé. Il existe des variétés totalement vertes, moins décoratives.

**Comportement en pot :** la phalangère devient vite envahissante, divisez-la tous les deux ans.

**Dimensions du pot :** les jeunes pousses émises par les stolons s'enracinent dans des pots de 7 cm de diamètre. Un spécimen adulte vit bien dans un pot de 25 à 30 cm de large.

**Exposition :** abritez le chlorophytum du vent et offrez-lui un endroit lumineux mais pas trop chaud.

**Terre :** le *Chlorophytum* a besoin d'un substrat riche et qui retient l'eau. Un mélange de tourbe brune, terreau de feuilles et fumier composté (1/3 de chaque). Le terreau tout prêt pour plantes vertes convient si vous ajoutez une pincée d'engrais.

**Arrosage :** laissez le pot s'alléger sensiblement entre deux apports d'eau.

**Ennemis et maladies :** les extrémités des feuilles brunes indiquent que la plante doit être rempotée.

**Utilisations :** le *Chlorophytum* forme de belles suspensions. On peut également l'employer dans des jardinières, avec des annuelles.

**Conseil Truffaut :** n'oubliez pas l'engrais liquide hebdomadaire de juin à septembre.

## *Choisya ternata* ORANGER DU MEXIQUE

*Un délicieux parfum d'oranger.*

**Arbuste (1,50 m, -7 °C).**

**Feuillage :** persistant, vert brillant, trifolié, il reste décoratif en toutes saisons.

**Floraison :** au printemps, la plante se couvre de fleurs blanches au parfum de miel. Elle offre une petite remontée de fleurs en août qui se renforce souvent en septembre.

**Espèces et variétés :** 'Aztec Pearl' , au feuillage très fin et décoratif, surpasse presque en beauté l'espèce. Les fleurs, roses en boutons, sont aussi légèrement plus grandes. 'Sundance' a un feuillage doré, surtout au printemps.

**Comportement en pot :** l'oranger du Mexique a besoin d'un grand volume de terre.

**Dimensions du pot :** pour une petite touffe, commencez par un pot de 25 cm de côté. Vous terminerez, quelques années plus tard, par une grosse potée de 40 cm de large et de haut.

**Exposition :** le soleil ne lui fait pas peur. Il est toutefois plus beau à la mi-ombre.

**Terre :** un terreau bien poreux et acide.

**Arrosage :** l'oranger du Mexique est réputé pour supporter la sécheresse. Si cela est vrai en pleine terre, en pot, il faut veiller à ce que le terreau ne se dessèche jamais totalement.

**Ennemis et maladies :** le gel brunit les feuilles.

**Utilisations :** l'oranger du Mexique a tendance à se développer vigoureusement. Mieux vaut le laisser seul dans son pot. Mais vous pouvez le faire voisiner avec des fuchsias, des bégonias, des hostas.

**Conseil Truffaut :** calez le pot, pour l'hiver, dans l'angle d'un mur exposé au sud ou à l'ouest, pour protéger naturellement la plante du froid.

## *Chrysanthemum coccineum* PYRÈTHRE

*Des couleurs toniques pour l'été.*

**Plante vivace (70 cm, -8 °C).**

**Feuillage :** vert, fin et plumeux.

**Floraison :** de grosses marguerites, simples ou doubles, roses, blanches ou rouges fleurissent à partir de mai. Elles marquent un temps d'arrêt pendant juillet, puis remontent un peu en septembre.

**Espèces et variétés :** les variétés simples comme 'Robinson's Pink', rose soutenu, ou 'Robinson's Red', rouge à cœur jaune, offrent un aspect moins sophistiqué que les fleurs doubles.

**Comportement en pot :** il faut diviser les pyrèthres pratiquement tous les deux ans, afin de conserver une belle potée compacte et florifère.

**Dimensions du pot :** mieux vaut prévoir un grand pot dès le début, car les pyrèthres n'aiment pas être dérangés. Un bac de 25 à 30 cm de côté et de 20 cm de profondeur au moins est convenable.
**Exposition :** le pyrèthre adore le soleil et la chaleur, mais écartez la potée du mur en plein été pour éviter que la plante ne s'étouffe.
**Terre :** une floraison abondante ne s'obtient qu'avec un terreau enrichi de fumier composté.
**Arrosage :** le pyrèthre supporte quelques oublis. Mais soyez réguliers dans vos arrosages quand les boutons sont en formation.
**Ennemis et maladies :** généralement aucun.
**Utilisations :** le pyrèthre se marie avec les plantes de soleil comme les népétas, les stachys. Des euphorbes, mélangées à des variétés rouges de pyrèthre, forment de belles potées.
**Conseil Truffaut :** tuteurez discrètement les tiges de plus de 50 cm de hauteur.

## *Chrysogonum virginianum* CHRYSOGONUM

*Un tapis d'étoiles.*

**Plante vivace (30 cm, -5 °C).**
**Feuillage :** vert, mat et rugueux, ne montant guère plus haut que la cheville.
**Floraison :** les nombreuses étoiles jaunes, rappelant les zinnias, se succèdent de juin à septembre.
**Espèces et variétés :** on ne trouve que l'espèce type : *Chrysogonum virginianum*.
**Comportement en pot :** le chrysogonum forme, en potée, une touffe à la fois compacte et étalée.
**Dimensions du pot :** la première année, le chrysogonum vivra dans un pot de 15 cm de diamètre. Ensuite, il s'étale et demande 25 cm au moins.
**Exposition :** ce cousin des asters préfère, comme eux, les emplacements ensoleillés, pas trop chauds.
**Terre :** un bon terreau de plantation, souple et poreux conviendra au chrysogonum. Ajoutez une poignée de fumier bien décomposé par plante.
**Arrosage :** deux fois par semaine en moyenne.
**Ennemis et maladies :** généralement aucun. Un gel sévère peut endommager la plante. Attendez un mois avant de jeter le pot, au printemps, car le chrysogonum repart souvent de la souche.
**Utilisations :** plantez le chrysogonum en bordure des grandes jardinières. Mélangez-le à des annuelles ou à d'autres vivaces qui ont les mêmes exigences que lui : boltonias, coréopsis, érigerons, heléniums, asters d'automne, etc.
**Conseil Truffaut :** quand la touffe devient trop grosse, ce qui peut se produire en deux ans, divisez-la.

## *Cistus spp.* CISTE

*Un frileux au tempérament de feu.*

**Arbuste (de 30 cm à 1 m, -6 °C).**
**Feuillage :** persistant, lancéolé, vert-gris.
**Floraison :** les fragiles pétales de soie blanche ou rose se déploient le matin pour faner le soir. Mais les fleurs sont si nombreuses que la floraison paraît continue en mai et en juin.
**Espèces et variétés :** *Cistus corbariensis*, au port compact et étalé, n'aime pas la terre calcaire. *Cistus* x *purpureus* peut dépasser 1 m.
**Comportement en pot :** les cistes cultivés en pot gèlent très facilement au niveau des racines. *Cistus corbariensis* est un des plus résistants.
**Dimensions du pot :** un pied de ciste peut vivre dans un contenant de 25 cm de large et de profondeur. Pour un effet plus rapide, réunissez deux ou trois plantes dans une grande jarre de 40 cm de large et de 30 cm de profondeur.
**Exposition :** du soleil, et encore du soleil...
**Terre :** un sol pauvre et bien drainé comme dans leur garrigue natale. Ajoutez du sable au terreau.
**Arrosage :** les cistes résistent bien à la sécheresse. Ils se contentent d'un arrosage hebdomadaire en été et bi-mensuel en hiver.
**Ennemis et maladies :** le gel est leur principal ennemi. Si la température descend en-dessous de -5 °C, protégez le pot et la plante. Tenez-la au sec.
**Utilisations :** mélangez les cistes avec toutes les plantes qui aiment le climat méditerranéen : laurier-rose, plumbago, agrumes, sauges, pélargoniums à feuillage odorant, etc.
**Conseil Truffaut :** par temps froid, veillez à ce que la potée de cistes soit à l'abri de l'humidité.

▲ *Chrysogonum virginianum* : un tapis bien fleuri.

▲ *Cistus* x *purpureus* : une floraison très abondante.

*Cistus corbariensis* : des petites fleurs blanc pur. ▶

▲ *Citrus mitis*, le calamondin est un des plus rustiques.

◀ *Citrus limon* 'Meyer' : un citronnier productif en pot.

## *Citrus spp.*
## AGRUMES

*Ils ont tout pour vous plaire.*

**Arbuste (2 m, -3 °C).**

**Feuillage :** un petit pédoncule ailé porte des feuilles ovales, lisses, brillantes, persistantes. Les rameaux sont munis d'épines vertes, acérées.

**Floraison :** les petits boutons ronds et cireux s'ouvrent en étoiles blanches, de décembre à mars. Leur parfum embaume les soirées d'hiver. Le mûrissement des fruits se fait d'autant mieux que la chaleur et la lumière sont au rendez-vous.

**Espèces et variétés :** en pot, l'intérêt de l'oranger est plus décoratif que productif. Les variétés d'agrumes ne sont pas toujours mentionnées sur l'étiquette. Chez les spécialistes, on peut se procurer *Citrus* x *limon* 'La Valette', un hybride de lime et de citronnier, qui fleurit abondamment et embaume à plusieurs mètres. *Citrus* x *limon* '4 saisons' offre une floraison remontante toute l'année. *Citrus nobilis*, le mandarinier, donne de très bons résultats, car il est assez peu frileux, de même que le calamondin (*Citrus mitis*). Les pamplemoussiers (*Citrus paradisi*) possèdent des feuilles plus grosses et fleurissent à la fin de l'hiver. Ils sont frileux. Les citronniers (*Citrus limon*) sont les plus souvent proposés en fruits sur de jeunes plantes.

**Comportement en pot :** les agrumes cultivés en bac sont plus sensibles au froid que ceux maintenus en pleine terre. Une chute de température, même passagère, peut faire tomber les boutons ou les jeunes fruits. À plus de 100 km des côtes, abritez l'oranger près d'un mur bien exposé, pour atténuer la brutalité des écarts de température.

**Dimensions du pot :** un arbuste ayant une cime de 60 cm de large doit disposer d'un pot de 40 cm de diamètre et de profondeur identique.

**Exposition :** le plein soleil et la chaleur sont nécessaires pour la floraison et la nouaison des fruits.

**Terre :** légère, fertile et riche en matière organique (ajoutez quelques poignées d'un compost à base de fumier et d'algues), bien drainée (deux ou trois poignées de sable amélioreront le mélange).

**Arrosage :** les agrumes ont besoin de beaucoup d'eau au printemps, un peu moins en été, et pratiquement pas en automne et en hiver.

**Ennemis et maladies :** les cochenilles envahissent souvent les agrumes en pot. Un nettoyage manuel répété avec un coton imbibé d'une solution légèrement alcoolisée est efficace et préventif.

▼ *Citrus nobilis*, le mandarinier fructifie bien en pot.

**Utilisations :** les agrumes se cultivent souvent solitaires dans leur bac. Faites-les voisiner avec des plantes méditerranéennes, comme les cistes, les thyms, les lauriers-roses, les agapanthes, les pittosporums, les grenadiers et les lavandes.

**Conseil Truffaut :** taillez les agrumes en boule, en dégageant les branches du centre pour aérer l'arbuste. Pour les plantes laissées en forme libre, contentez-vous de réduire, après la récolte, la longueur des branches ayant porté des fruits.

## *Clematis spp.* CLÉMATITE

*Volubile, florifère, indispensable !*

**Plante grimpant (de 2 à 4 m, -10 °C).**

**Feuillage :** il est composé de trois folioles, elles-mêmes parfois profondément divisées, le plus souvent lancéolées, d'un joli vert mat.

**Floraison :** les clématites s'épanouissent en larges fleurs, aplaties en forme d'étoiles ou parfois arrondies. Certaines se couvrent d'un manteau de clochettes très légères. Toute la palette de l'arc-en-ciel y passe, excepté l'orangé vif.

**Espèces et variétés :** *Clematis alpina* fleurit la première, avec de timides clochettes au charme certain. La variété 'Francis Rives' arbore un bleu-violet ravissant, tout comme 'Blue Giant'. Il existe plusieurs centaines de variétés, toutes intéressantes.

**Comportement en pot :** sur une terrasse dégagée, sans la présence d'autres plantes qui créent un microclimat frais et humide, la clématite a du mal à prospérer. C'est une plante de sous-bois.

**Dimensions du pot :** si vous installez la clématite seule, un bac de 30 cm de côté fera l'affaire. Choisissez un modèle qui soit plus profond que large. À la plantation, il est bon d'enterrer légèrement le collet et de couvrir le pied avec une tuile.

**Exposition :** les pieds à l'ombre, le corps entre ciel et terre, caressé par la brise et la tête au soleil, paresseusement couchée sur un support solide, telle est la situation rêvée pour une clématite. Pour essayer de reproduire ces conditions idéales, installez la plante contre un mur à l'est. Fixez le treillage de façon qu'il soit bien décollé du mur, afin de faciliter la circulation de l'air. Dissimulez le pot de la clématite derrière un arbuste touffu, persistant et dense. Un oranger du Mexique ou un *Physocarpus*, par exemple, apportera à la clématite un peu de la fraîcheur et de l'ombre qu'elle aime.

**Terre :** les clématites préfèrent un sol peu calcaire. Mélangez un tiers de tourbe brune à du terreau de feuilles. Ajoutez une petite poignée de chaux éteinte et de l'engrais à diffusion différée, qui se décomposera au cours des six prochains mois.

**Arrosage :** il est impératif d'être vigilant, car la clématite déteste avoir les pieds trop secs ! Si vous installez un arrosage automatique au goutte-à-goutte, la clématite sera la première à en profiter. Ne détrempez pas, pour éviter le flétrissement.

**Ennemis et maladies :** les pucerons envahissent parfois les jeunes feuilles. L'oïdium couvre les feuilles d'un duvet blanc-gris. Il arrive qu'un champignon attaque la base des jeunes plants qui se dessèchent et meurent dans le mois. Ne réutilisez pas le pot pour une autre clématite sans l'avoir brossé et lavé à l'eau de Javel.

**Utilisations :** la clématite grimpe sur tous les supports qui lui sont proposés, tels que treillage, pergola, pilier. C'est une plante à feuillage caduc, installez-la en compagnie d'un akébia ou en complicité avec un chèvrefeuille semi-persistant. Il vous restera toujours un décor en hiver.

**Conseil Truffaut :** taillez en hiver toutes les branches assez près du sol. Dès avril, apportez de l'engrais liquide une fois tous les deux arrosages.

*Clematis florida* 'Bicolor' est une des plus subtiles.

*Clematis alpina* 'Blue Giant' : beaucoup de légèreté.

*Clematis* x 'Hagley' : de grandes étoiles pastel.

Une nouveauté très pure : *Clematis* 'Early Sensation'.

▲ *Cleome spinosa* : de la majesté tout en finesse.

▲ *Clivia miniata* : il fleurit mieux après un séjour dehors.

◀ *Cobaea scandens* : une superbe floraison très tardive.

## *Cleome spinosa* CLÉOME (FLEUR ARAIGNÉE)

*Mélodie en rose majeur.*

**Plante annuelle (1,50 m, 3 °C).**

**Feuillage :** vert moyen, divisé en 6 ou 7 folioles pointues. Les tiges velues sont épineuses.

**Floraison :** les nombreuses étamines dépassent des pétales étroits, qui déclinent toute la palette des roses. Les fleurs se réunissent en grappes rondes à l'extrémité des tiges, de juillet à octobre.

**Espèces et variétés :** 'Reine des cerises' affiche un rose carmin très tendre. 'Helen Campbel' est l'unique variété blanc pur, tandis que 'Reine des violets' arbore un rose vif.

**Comportement en pot :** on obtient de spectaculaires potées avec des apports d'engrais réguliers.

**Dimensions du pot :** deux plantes peuvent cohabiter dans un récipient de 30 cm de diamètre.

**Exposition :** le cléome a besoin de soleil pour s'épanouir et les expositions abritées du vent.

**Terre :** une terre de jardin bien drainée convient.

**Arrosage :** en plein été, le cléome boit la moitié d'un arrosoir tous les deux jours.

**Ennemis et maladies :** les pucerons s'installent à l'aisselle des feuilles et sur les jeunes pousses.

**Utilisations :** plusieurs pieds de cléomes dans un grand bac font un décor spectaculaire. Ajoutez des cosmos pour la légèreté et une armoise, pour l'argent de son feuillage, l'ensemble sera superbe.

**Conseil Truffaut :** les cléomes exigent des apports d'engrais liquides tous les quinze jours.

## *Clivia spp.* CLIVIA

*À la fois dedans et dehors.*

**Plante vivace (50 cm, 5 °C).**

**Feuillage :** vert profond, rubané. Les feuilles vernissées atteignent parfois 50 cm de long.

**Floraison :** les tiges portent, de mai à août, de 10 à 20 fleurs dressées, aux coloris très chauds.

**Espèces et variétés :** *Clivia miniata* possède des fleurs dressées. Les fleurs de *Clivia nobilis,* moins spectaculaires, retombent en grappes lâches. *Clivia x cyrtanthiflora* est un hybride des deux précédents, aux grosses fleurs retombantes.

**Comportement en pot :** le clivia n'aime pas les rempotages trop fréquents.

**Dimensions du pot :** un contenant de 15 cm de diamètre et de 15 cm de profondeur convient à une jeune plante. Un adulte a besoin de 30 cm.

**Exposition :** le soleil trop chaud brûle les feuilles. Une exposition protégée des vents est idéale.

**Terre :** mélangez une part de terreau pour plantes vertes, une demi-part de sable et autant de tourbe.

**Arrosage :** mieux vaut laisser sécher complètement le pot entre deux apports d'eau.

**Ennemis et maladies :** les cochenilles farineuses élisent domicile à la base des feuilles.

**Utilisations :** le clivia sera à l'aise en compagnie du chlorophytum et de l'asparagus.

**Conseil Truffaut :** attention de ne pas briser les racines charnues et fragiles lors du rempotage.

## ♣ *Cobaea scandens* COBÉE

*Des clochettes en habit d'évêque.*

**Plante vivace (4 m, 5 °C).**

**Feuillage :** exubérant, vert foncé, persistant en

véranda. Les feuilles pennées, à trois paires de folioles, sont portées par des tiges pouvant atteindre plus de 4 m en une saison.

**Floraison :** les clochettes, vertes en bouton puis blanches et enfin d'un bleu d'encre quand elles s'ouvrent, ressemblent à de grosses campanules, délicatement posées sur un calice très ouvert. Les étamines débordent largement des collerettes.

**Espèces et variétés :** à côté des cobées violettes, il existe une variété blanche, 'Alba'.

**Comportement en pot :** dans les régions au climat doux, les cobées en pot sont vivaces. Partout ailleurs, une température inférieure à 5 °C leur est fatale. Au nord de la Loire, la floraison débute très tard, juste avant les premières gelées, ce qui ne laisse guère de temps pour en profiter.

**Dimensions du pot :** cultivez les cobées en pot de 20 cm de diamètre ou plus.

**Exposition :** ces fleurs demandent du soleil ou une lumière tamisée, et de la chaleur.

**Terre :** une terre de jardin normale suffit. Ne rajoutez pas d'engrais, car le feuillage prend un développement excessif, au détriment de la floraison.

**Arrosage :** tous les jours, par temps sec.

**Ennemis et maladies :** généralement aucun.

**Utilisations :** les cobées garnissent les treillages, ou bien servent à masquer la vue. Guidez-les le long des ficelles tendues. Associez-les avec des capucines tubéreuses, qui elles aussi fleurissent tard.

**Conseil Truffaut :** taillez les pousses trop longues. Rentrez les plantes en véranda l'hiver.

## *Colchicum spp.*
## COLCHIQUE

*C'est la fin de l'été.*

**Plante bulbeuse (25 cm, - 15°C).**

**Feuillage :** rubané, long et large, vert franc, il apparaît au printemps.

**Floraison :** les coupes bien épanouies prennent naissance directement sur le cormus, en masses denses, de septembre à novembre.

**Espèces et variétés :** il existe de très nombreuses variétés de colchiques. *Colchicum cilicicum* forme des touffes roses très denses. 'The Giant' est un des plus hauts, avec 25 cm.

**Comportement en pot :** on peut laisser les colchiques en potées plusieurs années de suite.

**Dimensions du pot :** plantez les cormus par 6, dans un pot de 25 cm de large.

**Exposition :** soleil ou mi-ombre.

**Terre :** un mélange de terreau, de terre de bruyère et de sable convient aux colchiques.

**Arrosage :** maximum une fois par semaine.

**Ennemis et maladies :** généralement aucun, sauf les limaces qui se régalent des jeunes feuilles.

**Utilisations :** les colchiques forment des taches de couleurs, qui s'associent bien aux annuelles en fin de carrière ou garnissent des mini-potées.

**Conseil Truffaut :** divisez les touffes en juin et repiquez les cormus en surnombre.

## *Coleus spp.*
## COLÉUS

*Un feuillage aux couleurs incroyables.*

**Plante vivace (50 cm, 5 °C).**

**Feuillage :** très vivement coloré, du jaune au pourpre presque noir. Les feuilles arborent des dessins d'une grande originalité.

**Floraison :** des petites fleurs bleues apparaissent en été sur des pédoncules dressés.

**Espèces et variétés :** *Coleus blumei* est couramment cultivé pour son feuillage aux dessins variés.

**Comportement en pot :** les coloris vifs du coléus lui permettent d'apporter de la couleur chaque fois que la lumière est insuffisante.

**Dimensions du pot :** un plant passera la saison dans un pot de 20 cm de diamètre.

**Exposition :** protégée du soleil de l'après-midi.

**Terre :** mélangez une part de tourbe avec autant de terreau de feuilles.

**Arrosage :** ne pas abuser, laissez sécher en surface.

**Ennemis et maladies :** les mouches blanches s'installent fréquemment sur les coléus, en serre.

**Utilisations :** le coléus se marie avec les fuchsias, les lobélias, les impatiens, les fougères, etc.

**Conseil Truffaut :** cette plante se bouture très facilement dans l'eau. N'hésitez à la multiplier dès qu'elle donne des signes de faiblesse.

▲ *Colchicum cilicium* : une floraison rapide et abondante.

▲ *Coleus blumei* : un feuillage multicolore très étonnant.

Les hybrides de coléus offrent un feuillage opulent. ▶

▲ *Convallaria majalis* : le muguet au parfum délicieux.

▲ *Convolvulus cneorum* : un liseron très gracieux en pot.

◀ *Convolvulus mauritanicus* : il aime le plein soleil.

## *Convallaria majalis* MUGUET

*Un porte-bonheur au parfum exquis.*

**Plante vivace (25 cm, - 15 °C).**

**Feuillage :** elliptique, vert moyen. Les feuilles dressées, sont disposées par paires.

**Floraison :** les hampes gracieusement courbées portent une rangée de clochettes blanches, ou roses, au parfum inimitable.

**Espèces et variétés :** la variété 'Rosea' offre des fleurs roses. Les puristes préfèrent le type blanc. Il existe une forme à feuillage panaché.

**Comportement en pot :** une fois passée la période de floraison, les potées ne sont plus très décoratives. Il vaut mieux alors installer le muguet au pied d'arbustes, dans des grands bacs, où il jouera le rôle de couvre-sol, ou bien l'intégrer dans des jardinières fleuries.

**Dimensions du pot :** le muguet est souvent offert, en mai, dans une petit pot de 10 cm de diamètre. Laissez la plante en place tant que dure la floraison, puis replantez-la, dans des jardinières de 40 cm de long, avec d'autres espèces fleuries qui prendront le pas sur le feuillage.

**Exposition :** cultivez le muguet dans un endroit ombragé pendant une grande partie de la journée. Ombrez pour éviter la chaleur qui se réverbère sur les murs en béton des terrasses.

**Terre :** mélangez du terreau de feuilles et du terreau d'écorces à parts égales. Chaque année, changez les premiers centimètres de terre et remplacez-les par du terreau de feuilles tout neuf.

**Arrosage :** le muguet, planté au pied des arbustes en pot, doit subir la concurrence sans pitié de leurs racines. N'oubliez pas de l'arroser très régulièrement, sinon les feuilles resteront petites et la floraison s'en ressentira l'année suivante.

**Ennemis et maladies :** la pourriture grise provoque des taches brunes sur les feuilles.

**Utilisations :** mariez-le à des crocus, qui fleurissent plus tôt et dont le feuillage jaunissant sera caché par le muguet. Installez-le au pied des arbustes à feuilles caduques.

**Conseil Truffaut :** divisez les touffes de muguet en hiver si la potée devient trop dense. Apportez de l'engrais à partir d'avril et pendant toute la belle saison.

## *Convolvulus spp.* LISERON DÉCORATIF

*Un délicieux envahisseur.*

**Plante annuelle ou arbustive (40 cm, - 5 °C).**

**Feuillage :** ovale et vert argenté pour le liseron de Mauritanie (*Convolvulus mauritanicus)* ou gris soyeux, à reflets métalliques pour *Convolvulus cneorum,* vert franc chez le liseron tricolore.

**Floraison :** le liseron de Mauritanie est une plante précieuse par la durée et l'abondance de ses fleurs bleu violacé. Les coupes blanches de *Convolvulus cneorum,* posées sur leur coussin d'argent, rappellent celles des liserons des champs. Les fleurs en entonnoir violet du liseron tricolore, s'éclairent d'un cœur jaune et blanc. Elles ne s'ouvrent que le jour, d'où le nom de belle-de-jour.

**Espèces et variétés :** *Convolvulus cneorum* est rustique et persistant dans le Midi. *Convolvulus mauritanicus* est une plante tapissante, rustique jusqu'à -5 °C. La belle-de-jour est annuelle.

**Comportement en pot :** *Convolvulus cneorum* ne prend toute son ampleur, dans une jardinière, que la deuxième année. Achetez plutôt des plantes déjà bien formées, pour en profiter tout de suite. Les feuilles du liseron de Mauritanie commencent à « brûler » à partir de -6 °C, mais la souche repart souvent au printemps si le pot a été bien protégé.

**Dimensions du pot :** une plante achetée en godet demande à être replantée, la première année, dans un pot d'au moins 20 cm de large. Une jardinière de 40 cm de long peut accueillir 3 pieds de liserons de Mauritanie la première saison.

**Exposition :** les fleurs de tous les liserons ne s'ouvrent qu'au soleil. Une exposition sud-sud-est permet de profiter du soleil dès le matin.

**Terre :** mélangez du terreau de plantation avec 1/4 de tourbe blonde et un peu de terre de jardin.

**Arrosage :** ne laissez pas la terre de surface se dessécher plus de deux jours de suite.

**Ennemis et maladies :** les araignées rouges peuvent envahir le feuillage par temps chaud et

sec. Arrosez le plus souvent possible le sol de la terrasse, pour créer une atmosphère plus humide.
**Utilisations :** *Convolvulus cneorum* a les mêmes besoins que les gazanias dont les coloris éclatants se marient à merveille avec l'argent de ses feuilles. Le liseron de Mauritanie est splendide dans de grandes jarres méditerranéennes, en compagnie de tabacs, de lavandes ou de cistes.
**Conseil Truffaut :** évitez de mouiller les feuilles de *Convolvulus cneorum* et abritez l'arbuste en hiver. Il déteste le froid humide.

## *Cordyline australis* CORDYLINE

*Pour rêver des tropiques.*
**Arbuste (1,50 m, -5 °C).**
**Feuillage :** étroit, lancéolé, presque rubané. Les feuilles sont groupées en gros bouquets à l'extrémité des tiges ramifiées.
**Floraison :** sous les climat doux et en pleine terre, des panicules de plumets blanc crème, parfumés, apparaissent à l'extrémité des tiges. La floraison est rare en pot, le plus souvent en raison du manque de lumière et de chaleur.
**Espèces et variétés :** la forme *Cordyline australis* 'Atropurpurea' présente de longues feuilles pourpres très décoratives.
**Comportement en pot :** les cordylines croissent lentement et ne dépassent guère 1,50 m quand elles vivent en bac. Elles durent plusieurs années.
**Dimensions du pot :** une jardinière de 30 cm de diamètre et de même profondeur accueillera votre cordyline pendant trois années de suite.
**Exposition :** les cordylines demandent de la lumière toute l'année. En été, placez-les à l'ombre légère pour leur éviter un soleil trop brûlant.
**Terre :** constituez un mélange de sable, de terreau de plantation et de tourbe par tiers. N'oubliez pas un bon drainage au fond du pot.
**Arrosage :** arrosez abondamment pendant l'été. L'hiver, réduisez les arrosages de manière drastique. Un ou deux litres, une fois par semaine, suffisent, surtout si la température de la pièce ne dépasse pas 10 °C.
**Ennemis et maladies :** des taches sur les feuilles indiquent, la plupart du temps. un problème d'arrosage excessif. Ayez la main légère !
**Utilisations :** avec des agaves, des phormiums, des yuccas, des sédums, pour une ambiance californienne ou australienne, très originale.
**Conseil Truffaut :** dès que la température nocturne descend en dessous de 7 à 8 °C, rentrez les potées de cordylines dans une pièce lumineuse et pas trop chaude. Isolez le pot du sol en le surélevant avec des supports décoratifs.

## *Coriandrum sativum* CORIANDRE

*Une saveur toute orientale.*
**Plante annuelle (50 cm, 0 °C).**
**Feuillage :** fin et très découpé, aromatique.
**Floraison :** les ombelles de fleurs blanches ou roses donnent ensuite des graines que l'on récolte pour parfumer les cornichons ou le vinaigre.
**Espèces et variétés :** *Coriandrum sativum* est la seule espèce que l'on trouve dans le commerce.
**Comportement en pot :** la coriandre est facile à semer, à partir du mois d'avril, dans de mini-potagers ou en pots, sur un petit balcon.
**Dimensions du pot :** une coupe de 20 cm de diamètre et de 15 cm de profondeur peut contenir deux ou trois jeunes plants.
**Exposition :** la coriandre se plaît à mi-ombre.
**Terre :** la plante aime les terres sableuses, qui ne retiennent pas l'eau. Mélangez par tiers terreau, sable et terre de jardin neutre ou calcaire.
**Arrosage :** si la plante souffre de la sécheresse, elle monte à graines rapidement. Un grand verre d'eau par jour lui assurera la fraîcheur nécessaire.
**Ennemis et maladies :** généralement aucun.
**Utilisations :** faites voisiner la coriandre avec de l'aneth, du persil, un pied d'oseille, des fines herbes, pour un jardin d'herbes suspendu.
**Conseil Truffaut :** recueillez les graines quand elles sont mûres et faites-les sécher quelques jours à l'air libre avant de les stocker dans des flacons hermétiques en verre. Savez-vous qu'on appelle aussi la coriandre persil arabe ?

▲ *Convolvulus tricolor* : on l'appelle la belle-de-jour.

▲ *Cordyline australis* : l'idéal pour un balcon exotique.

*Coriandrum sativum* : une délicieuse plante aromatique. ▶

▲ *Cornus controversa* 'Variegata' : beaucoup d'élégance.

▲ *Coronilla valentina* 'Glauca' : une floraison superbe.

## *Cornus controversa*
## CORNOUILLER

*L'élégance à l'état pur.*

**Arbuste (4 m, -20 °C).**

**Feuillage :** ovale, vert clair, largement marginé de blanc dans sa forme panachée.

**Floraison :** à la fin du printemps, des ombelles de fleurs blanches se dressent sur de courtes tiges.

**Espèces et variétés :** on trouve facilement *Cornus controversa* dans sa version panachée, étiquetée 'Variegata'. Son port, aux branches étagées, presque horizontales, en fait un arbuste d'exception. 'Gold Spot', au feuillage à nuance dorée, pousse plus rapidement. 'Marginata', aux feuilles vertes bordées de blanc crème, offre une spectaculaire floraison blanche. Réservez ces arbustes importants aux très grandes terrasses.

**Comportement en pot :** *Cornus controversa* est un petit arbre qui a besoin d'une grosse potée. N'hésitez pas à le tailler, lors de chaque rempotage, pour lui conserver des proportions raisonnables.

**Dimensions du pot :** une caisse à oranger, de 40 cm de côté, apportera à la fois le volume de terre nécessaire et la stabilité face au vent.

**Exposition :** une bonne lumière est nécessaire. Pour la forme panachée de blanc, évitez que les feuilles ne s'appuient sur des murs très exposés en été. À l'ombre dense, l'arbuste, qui cherche avant tout la lumière, a tendance à perdre sa structure étagée.

**Terre :** *Cornus controversa* demande une terre très riche, neutre ou légèrement acide. Tourbe, terreau et amendement fertilisant doivent entrer dans la composition du mélange de plantation.

**Arrosage :** un cornouiller de 1,50 m de haut demande environ un demi arrosoir d'eau par jour pendant les grandes chaleurs.

**Ennemis et maladies :** aucun. Seules des conditions de culture défavorables altèrent le feuillage.

**Utilisations :** le feuillage panaché de *Cornus controversa* sera mis en valeur par des plantes à feuilles pourpres, comme *Ajuga reptans* 'Palisander', *Heuchera* 'Palace Purple', ou des herbes ornementales comme *Carex buchananii*.

◄ *Coronilla emerus* : un port étonnant, échevelé.

**Conseil Truffaut :** ne laissez jamais *Cornus controversa* dans une ambiance sèche. Par temps chaud, douchez le feuillage tous les soirs.

## *Coronilla valentina*
## CORONILLE

*Une masse de fleurs sympathiques.*

**Arbuste (1,50 m, -8 °C).**

**Feuillage :** persistant, épais et glauque.

**Floraison :** de petits papillons d'un jaune éclatant et parfumés, apparaissent en masse, à la fin de janvier et jusqu'au printemps, dans le sud de la France, un ou deux mois plus tard ailleurs.

**Espèces et variétés :** les fleurs de la forme 'Citrina' offrent un surprenant coloris jaune pâle, très doux. 'Variegata' arbore des feuilles panachées de blanc crème. Cette variété fleurit un peu plus précocement que ses consœurs.

**Comportement en pot :** la coronille vit longtemps en pot et se montre résistante à la sécheresse : les jardiniers du week-end apprécieront !

**Dimensions du pot :** choisissez une poterie décorative de 30 cm de diamètre et de profondeur.

**Exposition :** la plus chaude possible. Les murs exposés plein sud sont parfaits pour abriter la coronille.

**Terre :** un mélange pauvre, même caillouteux, est idéal. Ne rajoutez surtout pas d'engrais !

**Arrosage :** la pluie pourvoira la plupart du temps aux besoins de la coronille. En plein été, apportez un ou deux litres d'eau par semaine.

**Ennemis et maladies :** généralement aucun.

**Utilisations :** mariez la coronille à des plantes de soleil telles que cistes, lavande, romarin.

**Conseil Truffaut :** la coronille se bouture facilement. Des jeunes pousses prélevées en juin, repiquées dans du terreau et recouvertes d'un film plastique, s'enracinent en quelques semaines.

## *Corylus spp.*
## NOISETIER

*Un bon arbuste pour ombrager.*

**Arbuste (3 m, -15 °C).**

**Feuillage :** ovale à arrondi, grossièrement denté.

**Floraison :** de longs chatons jaunes (les fleurs

mâles), apparaissent en février. Ils peuvent atteindre jusqu'à 10 cm de long. Effet décoratif garanti ! Les fleurs femelles sont insignifiantes.

**Espèces et variétés :** *Corylus maxima*, qui ne dépasse pas 3 m, convient bien à la culture en bac, tout comme *Corylus avellana* 'Contorta', à croissance lente et aux branches curieusement tordues. La silhouette de ce dernier est spécialement décorative en hiver en l'absence du feuillage.

**Comportement en pot :** le noisetier plaira aux jardiniers pressés, car il pousse vite (sauf la variété 'Contorta'). Mais il demande, en pot, des arrosages et des bassinages suivis. Sinon les feuilles jaunissent et tombent prématurément.

**Dimensions du pot :** un jeune plant en touffe de 40 cm de haut double de taille dans la saison. Prévoyez large : un bac d'au moins 30 cm de diamètre s'avère nécessaire.

**Exposition :** les noisetiers aiment les endroits abrités du vent, clairs mais non brûlants.

**Terre :** une bonne terre franche de jardin convient. L'arbuste n'aime pas l'excès d'eau. Veillez à toujours vider la soucoupe. N'ajoutez pas de tourbe.

**Arrosage :** un manque d'eau pendant plusieurs jours entraîne une chute précoce des feuilles. Pendant la belle saison, un demi-arrosoir tous les deux jours est une moyenne raisonnable.

**Ennemis et maladies :** l'oïdium forme un feutrage blanc sous les feuilles. Les jeunes pousses craignent les pucerons. L'anthracnose tache les feuilles de noir. Le balanin creuse les noisettes.

**Utilisations :** mariez le noisetier à des fleurs bon enfant comme des marguerites, des bleuets, des campanules, des roses à petites fleurs...

**Conseil Truffaut :** taillez sur une pousse latérale les rameaux de plus de trois ou quatre ans pour favoriser le départ de jeunes tiges.

## *Cotoneaster spp.* COTONÉASTER

*Une profusion de baies automnales.*

**Arbuste (2 m, -20 °C).**

**Feuillage :** persistant ou caduc selon les espèces. Les feuilles ovales se distinguent par leur petite taille et leur finesse. Elles sont vert très foncé.

**Floraison :** roses ou blanches, solitaires ou par paires, les fleurs apparaissent à profusion en juin, suivies de nombreuses baies rouges et rondes, fort appréciées des oiseaux en hiver.

**Espèces et variétés :** *Cotoneaster horizontalis* présente un port très caractéristique, avec des branches situées toutes dans un même plan. Les Anglais l'appellent d'ailleurs, de manière très imagée, « Cotonéaster arête de poisson » ! *Cotoneaster dammeri* rampe franchement. Ses rameaux souples présentent un faible développement, parfait pour la culture en bacs. *Cotoneaster lacteus* et *Cotoneaster franchetii*, deux formes arbustives, offrent l'avantage d'être persistants et buissonnants.

**Comportement en pot :** les variétés à port étalé sont parfaites pour cacher le devant des gros bacs. Les variétés arbustives ont si bon caractère qu'elles prospèrent même entre les mains des débutants et sans beaucoup de soins.

**Dimensions du pot :** installez les cotonéasters arbustifs dans des pots mesurant la moitié de la hauteur totale de la plante.

**Exposition :** soleil ou ombre légère.

**Terre :** terre de jardin ou terreau universel conviennent indifféremment aux cotonéasters.

**Arrosage :** les cotonéasters supportent une sécheresse passagère, mais ils sont plus beaux avec des arrosages réguliers.

**Ennemis et maladies :** le feu bactérien provoque un dépérissement progressif des rameaux. Les feuilles atteintes par la maladie du plomb deviennent grises et meurent. Les cochenilles qui envahissent les branches affaiblissent la plante. Elles favorisent l'apparition de la fumagine.

**Utilisations :** *Cotoneaster horizontalis*, au port étalé, se plante au premier plan d'un bac. Mais, adossé à un mur, il poussera à la verticale si vous le palissez. Les cotonéasters arbustifs forment des petits écrans pour masquer la vue.

**Conseil Truffaut :** les cotonéasters supportent parfaitement la taille. N'hésitez pas à jouer du sécateur pour leur donner la forme voulue. Intervenez à la fin de l'hiver quand la fructification est terminée. La floraison s'en ressentira un an.

▲ *Corylus avellana* 'Contorta' : très étrange, torturé.

▲ *Cotoneaster horizontalis* : une fructification généreuse.

*Cotoneaster dammeri* 'Jürgl' : idéal pour les potées. ▶

▲ *Crassula arborescens* : il lui faut un soleil ardent.

▲ *Crassula densinosulata* : une croissance très lente.

◄ *Crocosmia masonorum* : une floraison exceptionnelle.

## *Crassula spp.*
## CRASSULA

*Ne jamais trop l'arroser.*

**Plante grasse (80 cm, 5 °C).**

**Feuillage :** épais, arrondi, vert à reflets gris. Des points translucides piquettent les feuilles marginées de rouge, portées par des branches ramifiées.

**Floraison :** en mai et juin apparaissent des panicules de fleurs blanches, qui virent ensuite au rouge à l'extrémité des rameaux. Plus la plante a bénéficié de chaleur et de lumière, plus la floraison est abondante, sinon elle est inexistante.

**Espèces et variétés :** *Crassula arborescens* forme un petit arbuste très rond et très branchu.

**Comportement en pot :** les crassulas ne passent que 5 ou 6 mois dehors dans la plupart des régions. Rentrez-les à la fin des vacances d'été.

**Dimensions du pot :** le développement et le poids des crassulas peuvent être si importants que la potée devient instable. Choisissez un pot proportionné, plus large que haut, pour éviter la chute.

**Exposition :** les crassulas demandent le plus de lumière possible, tout au long de l'année.

**Terre :** faites un mélange par tiers de terre à cactées, de terreau et de terre de jardin sableuse.

**Arrosage :** très parcimonieux. N'oubliez pas que les tiges charnues font office de réserve.

**Ennemis et maladies :** les cochenilles farineuses se montrent redoutables. Un excès d'eau entraîne la pourriture des tiges.

**Utilisations :** les grosses potées de crassulas habillent les patios exposés au sud, avec des phormiums, des sédums ou des plantes de rocaille.

**Conseil Truffaut :** les crassulas se bouturent aisément, à partir de feuilles ou de morceaux de tiges. Après avoir prélevé ceux-ci, laissez-les sécher 24 heures à l'air libre avant de les mettre en terre.

## *Crocosmia spp.*
## MONTBRÉTIA

*Un faux air de plante exotique.*

**Plante vivace (1 m, 0 °C).**

**Feuillage :** vert, lancéolé, dressé en forme d'épée, parfois un peu plissé.

**Floraison :** de longues tiges souples portent des rangées de fleurs tubulaires, aux tons chauds.

**Espèces et variétés :** *Crocosmia masonorum* offre des grappes de fleurs orange. 'Lucifer' constitue une amélioration de l'espèce, avec des fleurs plus larges. 'Emberglow', plus tardif, s'épanouit en août. *Crocosmia* x *crocosmiiflora* supporte un peu mieux le froid. Il s'est d'ailleurs naturalisé dans le sud-ouest de la France. Ses larges fleurs en trompettes (4 cm de large) affichent des tons allant du jaune au rouge le plus profond.

**Comportement en pot :** les crocosmias ne résistent pas toujours d'une année à l'autre en pot, car la conservation hivernale est délicate.

**Dimensions du pot :** une « coupe » de 40 cm de diamètre et de 30 cm de profondeur peut accueillir une petite dizaine de cormes.

**Exposition :** la plus ensoleillée possible.

**Terre :** ces plantes exigent un sol léger, sableux.

**Arrosage :** le secret de leur réussite réside dans les

arrosages. Les crocosmias exigent en effet beaucoup d'eau en été et quasiment pas en hiver.

**Ennemis et maladies :** une terre trop humide ou trop sèche provoque une végétation médiocre.

**Utilisations :** offrez aux crocosmias un tapis de cératostigmas à fleurs bleues. Ou disposez-les près de larges potées d'asparagus.

**Conseil Truffaut :** après la floraison, supprimez les fleurs fanées. En octobre, déterrez les cormus et stockez-les à l'ombre, au frais et au sec.

## *Crocus spp.* CROCUS

*Les messagers du printemps !*

**Plante bulbeuse (20 cm, -20 °C).**

**Feuillage :** linéaire, fin, vert foncé, avec une jolie rayure médiane blanche.

**Floraison :** les corolles en coupe profonde, à 6 pétales, jaillissent directement du bulbe.

**Espèces et variétés :** parmi les crocus fleurissant au printemps, citons *Crocus vernus*, qui a donné naissance à de nombreuses variétés horticoles, fleurissant vers le mois de mars. *Crocus chrysanthus* et ses hybrides, comme 'Blue Pearl', bleu à l'extérieur et blanc à l'intérieur ou *Crocus susianus*, une forme naine qui fleurit en février. Parmi les espèces automnales, *Crocus speciosus* déploie en octobre de grandes fleurs bleu lilas ; *Crocus ochroleucus*, termine la saison en novembre, avec des fleurs ivoire.

**Comportement en pot :** les crocus feront la joie des jardiniers débordés, car, une fois plantés dans leurs pots, il n'y a plus à s'occuper d'eux.

**Dimensions du pot :** une dizaine de crocus fleurissent dans une potée de 15 à 20 cm de diamètre.

**Exposition :** les crocus ont besoin du plein soleil pour bien s'ouvrir.

**Terre :** comme la plupart des bulbes, les crocus aiment les terres qui ne retiennent que l'eau strictement nécessaire à leur croissance. Ajoutez une bonne poignée de sable au terreau de plantation.

**Arrosage :** arrosez parcimonieusement en hiver, pour maintenir la terre juste humide. Augmentez la cadence au fur et à mesure que le feuillage pointe.

**Ennemis et maladies :** la moisissure bleue atteint les bulbes en cours de stockage. Des excès d'eau entraînent toujours la pourriture du bulbe.

**Utilisations :** les crocus conviennent bien aux mini-rocailles et aux petites potées. Noyé dans un tapis de céraiste, leur feuillage jaunissant passera inaperçu.

**Conseil Truffaut :** après la floraison, cachez la potée derrière d'autres plantes pour laisser le feuillage jaunir. Vous pouvez laisser les crocus en place ou les replanter ailleurs en automne.

## *Cryptomeria japonica* CRYPTOMÉRIA

*Il roussit joliment en automne.*

**Conifère (1,50 m, -20 °C).**

**Feuillage :** les aiguilles prennent différents aspects selon les espèces. Elles sont lisses et vernissées, fines et nombreuses, ou courtes et denses.

**Floraison :** pas de fleurs chez les conifères.

**Espèces et variétés :** l'espèce, haute de plus de 15 m dans la nature, a donné naissance à des formes naines, adaptées à la culture en pot, comme 'Bandai-Sugi', aussi large que haut, d'un vert pur brunissant en hiver, ou 'Elegans Nana', au port dense et aux rameaux fins. 'Vilmoriniana' forme une boule parfaite, ne dépassant pas 1 m de haut.

**Comportement en pot :** le cryptoméria n'est pas à l'aise sur un balcon chaud et sec en été.

**Dimensions du pot :** un jeune arbuste loge dans un pot de 25 cm de diamètre et de hauteur.

**Exposition :** les cryptomérias poussent plus lentement à l'ombre. Pour leur plein épanouissement, il leur faut plusieurs heures de soleil le matin.

**Terre :** ces conifères réussissent mieux dans un terreau légèrement acide (écorces et tourbe).

**Arrosage :** les cryptomérias détestent l'eau en excès et font grise mine si les arrosages se laissent désirer. Un à deux apports par semaine environ.

**Ennemis et maladies :** la pourriture grise attaque les tout jeunes sujets trop arrosés.

**Utilisations :** mélangez les cryptomérias avec des graminées, d'autres conifères, ou des bambous nains... pour une ambiance japonaise.

**Conseil Truffaut :** apportez au printemps, de l'engrais « spécial conifères » sur le dessus du pot.

▲ *Crocus vernus* et *chrysanthus* fleurissant en jardinière.

▲ *Cryptomeria japonica* : il roussit à chaque automne.

*Cryptomeria japonica* 'Elegans nana' : très compact. ▶

▲ Cultivé en pot, le concombre se palisse contre un mur.

◀ Un melon en pot portera environ deux fruits par pied.

## *Cucumis sativus* CONCOMBRE

*Un croquant inégalable.*

**Légume annuel (1 m, 4 °C).**

**Feuillage :** râpeux, dentelé. Les feuilles, grises au revers, présentent cinq lobes vert foncé.

**Floraison :** les fleurs jaunes, mâles ou femelles, naissent sur les tiges secondaires. Ne laissez pas plus de trois fruits en formation par plant.

**Espèces et variétés :** quitte à donner dans l'inhabituel, cultivez le concombre serpent, 'Vert Long de Chine', aux fruits longs de près de un mètre ! Sur les petits balcons, choisissez une variété comme 'Busch Champion', à l'appétit réduit.

**Comportement en pot :** le concombre demande à être guidé verticalement sur un treillage.

**Dimensions du pot :** le concombre est malheureux dans un pot trop petit, car il n'y trouve pas l'eau et la nourriture dont il a besoin. Donnez-lui un contenant qui mesure au moins 25 cm de large et de haut.

**Exposition :** la plante demande le plein soleil.

**Terre :** offrez à ce légume de quoi satisfaire sa faim chronique, avec des amendements organiques et une poignée d'engrais pour 20 litres de terreau.

**Arrosage :** le secret de la réussite du concombre réside dans des arrosages quasi quotidiens.

**Ennemis et maladies :** les araignées rouges peuvent envahir la face inférieure des feuilles. Divers champignons provoquent des taches brun-rouge ou jaunes sur les feuilles. L'oïdium forme un feutrage blanchâtre sur les feuilles et les tiges.

**Utilisations :** plusieurs plants, conduits sur un treillage, peuvent servir à masquer la vue en été. Un concombre peut habiller un pilier à lui tout seul.

**Conseil Truffaut :** semez en mai quelques graines « au chaud », derrière une vitre bien exposée. Ne repiquez que les plants bien vigoureux.

## *Cucumis melo* MELON

*Gourmand en tout.*

**Plante annuelle (3 m, 5 °C).**

**Feuillage :** alterne, lobé, à la texture rêche.

**Floraison :** des corolles solitaires, jaune d'or, mâles ou femelles, apparaissent en juin.

**Espèces et variétés :** les variétés 'Ogen', à chair blanche, et 'Ananas d'Amérique', à chair rouge, acceptent de ne pas être taillées. Le melon charentais et ses hybrides, comme 'Diabolo' ou 'Major', restent les aristocrates de leur catégorie.

**Comportement en pot :** le melon est envahissant. Il est recommandé de le pincer une première fois au-dessus de la 2e paire de feuilles. Deux tiges se développent alors. Pincez une seconde fois au dessus de la 3e paire de feuilles pour obtenir plusieurs fruits.

**Dimensions du pot :** les racines profondes seront à leur aise dans une jarre plus haute que large.

**Exposition :** du soleil et encore du soleil.

**Terre :** ne forcez pas trop sur les engrais azotés, sinon il donnera plus de feuilles que de fruits.

**Arrosage :** arrosez abondamment, en évitant

d'asperger les feuilles, sensibles aux maladies.

**Ennemis et maladies :** il arrive que les araignées rouges et les pucerons envahissent le feuillage, de même que l'oïdium (blanc).

**Utilisations :** cultiver un melon sur son balcon relève plus de la curiosité que de la production. Mais une plante vigoureuse et saine, dans une belle poterie, peut devenir très décorative.

**Conseil Truffaut :** au début mai, semez plusieurs graines en godet, au chaud. Vous transplanterez les plants vigoureux dehors au début de juin.

## *Cucurbita spp.* COURGES

*Un développement imposant.*

**Légume annuel (3 m, 5 °C).**

**Feuillage :** large, aux grands lobes plus ou moins incisés et râpeux au toucher.

**Floraison :** de grandes fleurs jaunes apparaissent en mai, avant la formation des fruits.

**Espèces et variétés :** *Cucurbita maxima* (le potiron), arrive à maturité en 3 mois à partir du semis. 'Red Kuri' fait preuve d'une extraordinaire durée de conservation. Un pied de courgettes *(Cucurbita pepo)* suffit à fournir des fruits pour la famille, en été. 'Verte petite d'Alger' est une des plus gustatives. Il en existe des dizaines.

**Comportement en pot :** outre le côté amusant de la culture, les courges présentent le grand avantage de « faire de la verdure » et d'habiller un balcon un peu vide, en un temps record. Couvrir 5 m$^2$ dans la saison ne les effraie pas !

**Dimensions du pot :** les courges étant gourmandes, mettez-les à l'aise dans un pot d'au moins 25 à 30 cm de large et de haut.

**Exposition :** comme toutes les cucurbitacées, les courges demandent un maximum de soleil.

**Terre :** ajoutez une poignée d'engrais à plantation, car les courges ont un appétit féroce.

**Arrosage :** en été, il faut au minimum deux arrosages par semaine et plus par temps de canicule.

**Ennemis et maladies :** le virus de la mosaïque du concombre, transmis par les pucerons, peut entraîner un rabougrissement des plantes.

**Utilisations :** les courges prennent beaucoup de place, mais vous pouvez facilement guider les tiges sur un treillage. Pour les courgettes et les pâtissons, sachez qu'un pied occupe environ 1 m$^2$.

**Conseil Truffaut :** quand les potirons sont formés, coupez la tige au-dessus de la feuille qui les coiffe.

## *Cucurbita pepo* COLOQUINTE

*L'attrait des formes étranges…*

**Plante annuelle (3 m, 5 °C).**

**Feuillage :** lobé et rugueux, porté par des tiges solides, munies de vrilles.

**Floraison :** les fleurs jaunes sont suivies par des fruits aux formes et aux couleurs très variées.

**Espèces et variétés :** 'Galeuse Orange' forme de petits fruits bosselés, 'Poire Rayée' semble trempée par moitié dans la peinture jaune citron, 'Griffes du Diable' ressemble à un pâtisson très cornu. Avec la variété 'Cuillère', aux formes très allongées, on réalise (en séchant les fruits) des animaux étranges. Mais notre préférée reste 'Mini Turban Rouge', à cheval entre le melon, le potiron et... le champignon !

**Comportement en pot :** les coloquintes forment de longues tiges rampantes qui envahissent tout. Guidez-les dès leur jeune âge.

**Dimensions du pot :** un plant doit avoir à sa disposition un pot de 20 à 25 cm de diamètre.

**Exposition :** la mi-ombre, de préférence.

**Terre :** une bonne terre de jardin, enrichie d'un compost végétal, convient aux coloquintes.

**Arrosage :** comptez environ 5 litres par plant tous les deux jours en été.

**Ennemis et maladies :** outre l'oïdium et le virus de la mosaïque du tabac, la pourriture grise attaque les jeunes fruits et les fait tomber par temps humide.

**Utilisations :** les coloquintes peuvent garnir un treillage. Leurs fruits à faire sécher constituent une des grandes attractions de l'automne.

**Conseil Truffaut :** récoltez très délicatement les fruits, le plus tard possible avant les gelées. Lavez-les au savon, laissez-les sécher quelques jours, sans les manipuler, puis passez-les à la cire claire. Ils se conserveront plusieurs années sans problème.

▲ L'opulente végétation de la courge 'Ronde de Nice'.

▲ La coloquinte est plus frileuse que les autres courges.

▲ La courgette 'Verte maraîchère' exige un grand bac.

Le pâtisson blanc est à la fois décoratif et savoureux. ▶

▲ *Cuphea ignea* : on peut en faire une plante d'intérieur.

▲ *Cupressus macrocarpa* 'Gold Crest' est assez frileux.

◀ *Cupressus arizonica* 'Fastigiata Aurea' : gracieux.

## *Cuphea ignea*
## PLANTE CIGARETTE

*Délicieusement originale...*

**Sous-arbrisseau (40 cm, 5 °C).**

**Feuillage :** vert moyen, ovale, lisse, avec une nervure plus claire. Les feuilles persistent en climat doux.

**Floraison :** des fleurs en forme de tubes rouge-orangé naissent à l'aisselle des feuilles, en bout de rameaux. Ces fleurs originales portent un anneau blanc et violet, presque noir, à la base.

**Espèces et variétés :** *Cuphea hyssopifolia* forme une petite touffe dense, idéale pour les bordures. *Cuphea ignea* est plus buissonnant.

**Comportement en pot :** la croissance raisonnée lui permet de vivre plusieurs années en pot.

**Dimensions du pot :** en début de saison, une poterie de 20 cm de large et de haut suffira. À la fin de l'été, si vous désirez garder le cuphéa une année de plus, vous le rempoterez dans un pot de taille supérieure et le placerez à l'abri.

**Exposition :** indispensables, le plein soleil et la chaleur rappellent au cuphéa son Mexique natal.

**Terre :** faites un mélange par tiers de terreau de feuilles, de tourbe et de sable.

**Arrosage :** laissez sécher la surface de la terre un jour ou deux avant d'arroser de nouveau. Une fois par semaine, ajoutez un bouchon d'engrais liquide dans l'eau de l'arrosoir.

**Ennemis et maladies :** généralement aucun.

**Utilisations :** mariez le cuphéa à des héliotropes, des lantanas, des pétunias bleus.

**Conseil Truffaut :** le cuphéa aime bénéficier d'une forte humidité ambiante. En été, arrosez le sol de la terrasse et bassinez le feuillage à chaque arrosage. En hiver, rentrez-le dans la véranda.

## *Cupressus spp.*
## CYPRÈS

*Il joue bien les brise-vent.*

**Arbuste (2 m, -15 °C).**

**Feuillage :** des écailles charnues, étroitement serrées les unes contre les autres, garnissent les tiges.

**Floraison :** même les très jeunes sujets portent des cônes globuleux, épineux. Pas de vraies fleurs.

**Espèces et variétés :** *Cupressus sempervirens* 'Totem', un cyprès d'Italie en colonne compacte, pousse moins haut que le cyprès commun. *Cupressus arizonica* 'Fastigiata Aurea' offre des jeunes pousses jaune clair au printemps. Sa croissance est un peu moins rapide que l'espèce type. Il convient aux très grandes terrasses. *Cupressus macrocarpa*, le « cyprès d'intérieur », est gélif.

**Comportement en pot :** la plupart des cyprès sont des arbres de haute taille, qui vont ralentir naturellement leur croissance dans des bacs. Fertilisés régulièrement, ils vivent longtemps.

**Dimensions du pot :** il faut une caisse à oranger ou un bac carré de 50 cm de côté.

**Exposition :** le plein soleil est conseillé.

**Terre :** ajoutez un ou deux litres de sable à une bonne terre de jardin, pas trop argileuse.

**Arrosage :** un volume de terre important assurera une réserve d'eau suffisante pour la semaine. Le cyprès supporte, de temps en temps, des périodes de sécheresse.

**Ennemis et maladies :** un champignon, le *Coryneum,* peut provoquer un dépérissement des rameaux, qui brunissent et se dessèchent.

**Utilisations :** le cyprès d'Italie est parfait pour structurer une terrasse et marquer les verticales. Donnez-lui pour compagnon des arbousiers et des cistes.

**Conseil Truffaut :** pour que la colonne reste nette et touffue, à la fin du printemps, taillez légèrement toutes les branches qui ont tendance à s'écarter de la verticale.

## *Cycas revoluta*
## CYCAS

*Venu du fond des âges...*

**Arbuste primitif (1 m, -2 °C).**

**Feuillage :** vert brillant, ressemblant à celui des palmiers, raide et piquant.

**Floraison :** les fleurs mâles et femelles, qui naissent au cœur de la touffe, sont portées par des individus différents. Ce sont des cônes.

**Espèces et variétés :** on ne trouve dans le commerce que *Cycas revoluta*.

**Comportement en pot :** dans les régions épargnées toute l'année par le gel, le cycas peut vivre à demeure sur le balcon. Partout ailleurs, il faut le rentrer dès que le gel menace.

**Dimensions du pot :** sa croissance étant très lente, le cycas peut rester plusieurs années dans le même pot. Veillez à ce que la taille de ce dernier soit adaptée à celle de la plante : mesurez le diamètre de la couronne de feuilles et choisissez un pot moins large et moins haut de moitié.

**Exposition :** le plein soleil est exigé, sauf au cœur de l'été, quand il devient brûlant. Poussez alors le pot vers la mi-ombre.

**Terre :** tout sol de jardin bien drainé fait l'affaire. Allégez-le par quelques poignées de sable.

**Arrosage :** humidifiez la terre deux fois par semaine en été. En septembre, réduisez les arrosages. En hiver, maintenez la terre presque sèche.

**Ennemis et maladies :** les cochenilles peuvent envahir le feuillage. Traitez préventivement.

**Utilisations :** le cycas voisine volontiers avec les agaves, les palmiers, les cordylines et les plantes du Sud : cistes, callistémons, bougainvilliers, etc.

**Conseil Truffaut :** ne laissez pas le cycas geler. Bien qu'il puisse endurer des froids proches de -10 °C en pleine terre et repartir de la souche, il pousse si lentement qu'il restera longtemps dégarni.

▲ *Cycas revoluta* : un faux palmier à croissance lente.

## *Cyclamen spp.*
## CYCLAMEN

*La délicatesse faite fleur.*

**Plante bulbeuse (25 cm, - 10 °C).**

**Feuillage :** très décoratif, arrondi, en forme de cœur, orné de dessins jaune pâle ou argentés.

**Floraison :** au printemps *(Cyclamen coum)*, ou à l'automne *(Cyclamen hederifolium)*, des boutons pointus s'ouvrent et donnent naissance à des fleurs pourpres, roses ou blanches, aux larges pétales relevés.

**Espèces et variétés :** *Cyclamen coum* fleurit de février à avril. *Cyclamen hederifolium* (ou de Naples) débute sa floraison en juillet. *Cyclamen persicum* vendu en potée pour l'intérieur, tient bien dehors de mai à fin octobre.

**Comportement en pot :** les cyclamens restent décoratifs tout au long de l'année, grâce à leur feuillage délicatement panaché de gris argenté.

**Dimensions du pot :** un pied peut vivre dans un pot de 20 cm de diamètre. Pour obtenir un effet de masse, groupez plusieurs plantes dans de grandes jardinières, au pied d'arbustes élancés.

**Exposition :** la mi-ombre leur convient parfaitement. L'ombre entraînera une floraison dispersée.

**Terre :** allégez le terreau de plantation à base d'écorces avec un tiers de sable de rivière et ajoutez une pincée d'engrais complet.

**Arrosage :** on provoque en général la floraison des cyclamens de Naples en juillet, en les arrosant abondamment. Le reste de la saison, laissez le pot s'alléger nettement entre deux apports d'eau.

**Ennemis et maladies :** quand les cyclamens sont trop fréquemment arrosés, la pourriture grise attaque le pétiole des feuilles, puis le cœur de la touffe où se trouvent les boutons floraux.

**Utilisations :** les petits balcons accueilleront des potées de cyclamens, seuls ou en mélange avec des primevères ou des bruyères. Sur les grandes terrasses déjà arborées, on peut utiliser les cyclamens en couvre-sol, au pied des arbustes à floraison printanière, comme les groseilliers à fleurs, les daphnés ou les viornes de Bodnant.

**Conseil Truffaut :** pour ne pas vous tromper de sens à la plantation, la partie lisse des tubercules est le dessous. Si vous hésitez, placez la plante verticalement dans le fond du trou.

▲ *Cyclamen hederifolium* : il adore l'ombre fraîche.

*Cyclamen persicum* : il préfère le balcon à la maison. ▶

▲ *Cyperus papyrus* : une ambiance exotique sur le balcon.

▲ *Cyperus alternifolius* aime avoir les pieds dans l'eau.

## *Cyperus spp.* CYPÉRUS et PAPYRUS

*Sur la piste des pharaons…*

**Plante vivace, non rustique (1 m, 7 °C).**

**Feuillage :** les tiges à la texture creuse portent de longues bractées vertes disposées comme des baleines de parapluie. La plante forme une touffe assez dense qui manque parfois de rigidité.

**Floraison :** des panicules légères et duveteuses, jaune clair, se forment à la base des bractées. En forme d'étoiles, elles apparaissent en été.

**Espèces et variétés :** *Cyperus diffusus* porte les « feuilles » les plus larges. *Cyperus alternifolius* est le plus commun. Il résiste bien à la sécheresse. *Cyperus papyrus*, très fin, gracieux, très touffu, peut atteindre 3 m en serre.

**Comportement en pot :** un récipient étroit est apprécié. Croissance rapide par temps chaud.

**Dimensions du pot :** choisissez un contenant de 20 à 30 cm de diamètre, ne disposant pas de trou de drainage. Les pots plastiques conviennent bien.

**Exposition :** le papyrus demande une lumière vive. Les cypérus prospèrent assez bien à la mi-ombre.

**Terre :** mélangez tourbe et terreau de feuilles à parts égales, avec un soupçon de sang desséché.

**Arrosage :** la terre doit rester humide en permanence, voire détrempée pour le papyrus.

**Ennemis et maladies :** généralement aucun.

**Utilisations :** associez les cypérus avec des plantes aquatiques dans un demi-tonneau. En hiver, ces plantes décorent bien les intérieurs.

**Conseil Truffaut :** taillez la souche à ras du sol pour la rajeunir quand les feuilles sont jaunies.

◀ *Cytisus x praecox* : compact et très florifère.

## *Cytisus spp.* GENÊT

*La providence du printemps.*

**Arbuste d'ornement (1 m, -10 °C).**

**Feuillage :** composé de trois feuilles (trifolié) pour certaines espèces, ovale ou linéaire pour d'autres, vert ou argenté, semi-persistant.

**Floraison :** vues de près, les fleurs rappellent celles des pois de senteur, sans le parfum.

**Espèces et variétés :** *Cytisus* x *praecox* se décline en blanc ivoire ('Albus'), jaune clair ('All Gold') ou pourpre et rose ('Zeelandia'). Il est très compact, pour les petits balcons. Les genêts à balai *(Cytisus scoparius)*, s'épanouissent du jaune au pourpre.

**Comportement en pot :** les genêts poussent vite et durent plusieurs années en bac.

**Dimensions du pot :** cette plante aime ses aises, prévoyez un pot de 30 cm, dès le départ.

**Exposition :** plein soleil, même desséchant.

**Terre :** bien drainée, non calcaire, sableuse.

**Arrosage :** arrosez pendant la canicule. Le reste de l'année, un apport d'eau par semaine suffit.

**Ennemis et maladies :** des galles apparaissent parfois sur les tiges. Coupez les parties atteintes.

**Utilisations :** ponctuelle, car les *Cytisus* sont spectaculaires seulement deux semaines par an. Mélangez-les à d'autres arbustes comme les mahonias, les millepertuis arbustifs, ou les escallonias.

**Conseil Truffaut :** coupez régulièrement les branches mortes et taillez court après la floraison pour conserver une forme compacte à l'arbuste. Un peu d'engrais dilué au départ du printemps.

## *Daboecia cantabrica*
## BRUYÈRE D'IRLANDE

*D'adorables clochettes frémissantes.*

**Sous-arbrisseau persistant (50 cm, -8 °C).**

**Feuillage :** fin, lancéolé, vert foncé, brillant sur le dessus, argenté au revers.

**Floraison :** les daboécies épanouissent les plus grosses fleurs parmi les bruyères. Elles fleurissent de mai jusqu'en décembre. Les hampes florales se dénudent petit à petit, ce qui n'est pas esthétique.

**Espèces et variétés :** les daboécies sont disponibles en blanc 'Alba', en pourpre 'Atropurpurea', en rose vif 'Rosea'. 'Bicolor' est blanc et rose.

**Comportement en pot :** les bruyères d'Irlande ne sont pas belles plus de 3 ans. Rajeunissez-les.

**Dimensions du pot :** on achète souvent les daboécies dans des pots de 15 cm de diamètre. Rempotez dans un contenant un peu plus grand.

**Exposition :** quelques heures de soleil par jour, le matin ou en fin d'après-midi, suffisent.

**Terre :** les bruyères d'Irlande détestent le calcaire. Fournissez-leur de la terre dite « de bruyère », à laquelle vous ajouterez un quart de tourbe brune.

**Arrosage :** gardez le sol toujours humide.

**Ennemis et maladies :** quand le feuillage jaunit, c'est souvent le signe que la terre est épuisée.

**Utilisations :** mariez les bruyères d'Irlande avec des camélias, d'autres bruyères *(Erica, Calluna)*, des piéris, des rhododendrons nains, des érables japonais et diverses fleurs à bulbes de printemps.

**Conseil Truffaut :** taillez après la floraison.

## *Dahlia*
## DAHLIA

*Les belles couleurs de la fin d'été…*

**Plante vivace à tubercule (70 cm, 0 °C).**

**Feuillage :** vert franc, denté, assez ample.

**Floraison :** spectaculaire ! Les dahlias peuvent prendre presque tous les tons. Seule la couleur bleue est absente. Les formes sont innombrables.

**Espèces et variétés :** tous les dahlias cultivés sont des hybrides, classés par catégorie selon la forme de leurs fleurs. Pour les potées, les « pompons » offrent de petites têtes rondes. Les « nains », ne dépassent pas 50 cm de haut. Les « Topmix », aux petites fleurs simples ont un développement réduit, parfait pour la culture en pot.

**Comportement en pot :** attention à l'excès de feuillage dû à un sol trop riche en azote. Renouvelez la culture chaque année.

**Dimensions du pot :** les dahlias nains vivent bien tout l'été dans des jardinières de 40 cm de long et de 25 cm de profondeur.

**Exposition :** les dahlias aiment le plein soleil, sauf les précoces qui fleurissent à la mi-ombre.

**Terre :** un mélange de terre de jardin, sable, terreau et fumier décomposé. Un engrais liquide est à prévoir en cours de croissance.

**Arrosage :** ne noyez pas les dahlias, car les tubercules restent sensibles à la pourriture.

**Ennemis et maladies :** les perce-oreilles rongent le cœur des fleurs. Les pucerons envahissent les jeunes pousses. Par temps humide, la pourriture grise détruit les boutons floraux.

**Utilisations :** les grands dahlias gagnent à rester seuls dans leur pot. Associez les formes naines avec des légumes, pour recréer l'ambiance bon enfant du potager (tomates, courgettes, poirées et herbes aromatiques). Mariez les dahlias à fleurs très doubles avec des impatiens naines qui fleurissent jusqu'à tard en saison.

**Conseil Truffaut :** coupez les tiges et arrachez les tubercules dès que le gel menace. Nettoyez-les et conservez-les à l'ombre et au frais, dans de la tourbe ou des copeaux de bois bien secs.

▲ *Daboecia cantabrica* 'William Buchanan', très gracieuse.

▲ Dahlia nain et impatiens, une belle potée de fin d'été.

Les formes naines de dahlias viennent bien en pots. ▶

▲ *Daphne x burkwoodii* apprécie la terre de bruyère.

▲ Le dasylirion porte des feuilles très bien armées.

◄ *Delosperma cooperi* : ses étoiles colorent le désert.

## *Daphne spp.* DAPHNÉ

*Un timide poison…*

**Arbuste d'ornement (1 m, -5 °C).**

**Feuillage :** caduc ou persistant, ovale et lisse, vert parfois teinté de gris.

**Floraison :** des petites fleurs cireuses, blanches ou roses, en grappes parfumées, apparaissent en hiver ou au printemps.

**Espèces et variétés :** *Daphne mezereum,* le bois joli, perd ses feuilles à l'entrée de l'hiver et se pare, quelques mois plus tard, de manchons de fleurs roses, parfumées. *Daphne* x *burkwoodii* atteint 1 m de haut et fleurit rose pâle en mai. *Daphne odora* est le champion toutes catégories question parfum.

**Comportement en pot :** les daphnés vivent peu de temps, disparaissant subitement, sans raison apparente. Ne les conservez pas plus de 3 ans.

**Dimensions du pot :** une plante de 30 cm de haut accepte une jardinière de 20 cm de largeur et de profondeur. Plantez les grands sujets en pot.

**Exposition :** mi-ombre ou soleil tamisé.

**Terre :** une terre de bruyère bien drainée, additionnée d'un tiers de terreau forestier, convient.

**Arrosage :** les daphnés périssent le plus souvent par excès d'arrosage que par manque d'eau.

**Ennemis et maladies :** des virus, transmis par des pucerons, peuvent provoquer la mort subite du daphné. Traitez systématiquement au printemps.

**Utilisations :** mélangez les daphnés qui fleurissent en hiver avec *Viburnum bodnantense,* aux boutons roses en février. Déroulez un tapis de bruyères à leurs pieds et ajoutez-y quelques bulbes précoces.

**Conseil Truffaut :** changez complètement le terreau si un daphné dépérit brutalement.

## *Dasylirion glaucophyllum* DASYLIRION CHEVELU

*L'ambiance du désert.*

**Plante succulente (70 cm, 0 °C).**

**Feuillage :** en longs rubans vert bleuté, coriaces et persistants garnis d'épines acérées. Ils forment une couronne houppée sculpturale, portée par un tronc court, à la manière des yuccas. Les feuilles se terminent par une touffe de fibres.

**Floraison :** sur les gros sujets, une hampe de 2 m de haut porte un plumeau de fleurs, couleur paille.

**Espèces et variétés :** le dasylirion ne se trouve que chez les spécialistes des plantes grasses. *Dasylirion longissimum,* aux très longues feuilles, est une des espèces les plus couramment cultivées.

**Comportement en pot :** le dasylirion pousse lentement, mais vit longtemps en pot. Il doit être rentré sous un abri hors gel durant l'hiver.

**Dimensions du pot :** cultivez le dasylirion à l'étroit, les feuilles débordant généreusement de chaque côté du pot.

**Exposition :** le plein soleil et la chaleur sont exigés, comme pour toutes les plantes succulentes.

**Terre :** le drainage doit être parfait. Le dasylirion aime les substrats sableux et un peu calcaires.

**Arrosage :** une fois par semaine pendant la végétation, une fois par mois de novembre à février.

**Ennemis et maladies :** attention aux cochenilles farineuses qui piquent le dessous des feuilles.

**Utilisations :** avec sa silhouette sculpturale, le dasylirion mérite une place bien en vue, planté seul dans une large poterie.

**Conseil Truffaut :** ne mouillez pas le feuillage en arrosant. Opérez par trempage du pot.

## *Delosperma spp.* POURPIER VIVACE

*Des étoiles en plein soleil…*

**Plante succulente (10 cm, -8 °C).**

**Feuillage :** persistant et charnu, la plante forme des touffes rampantes aux feuilles cylindriques.

**Floraison :** des fleurs colorées, aux pétales fins et rayonnants, recouvrent la plante dès juin.

**Espèces et variétés :** *Delosperma caespitosum* offre un feuillage fin et bleuté, ainsi que des fleurs rose carminé, à cœur blanc. Il forme un couvre-sol très ras. *Delosperma cooperi,* qui fleurit de la même couleur que le précédent, est une plante très tapissante.

**Comportement en pot :** le pourpier vivace est idéal pour les balcons « écrasés » de soleil en été.

**Dimensions du pot :** une grande coupe plate de

15 à 20 cm de profondeur et de 40 à 50 cm de diamètre permettra à cette plante de bien s'étaler.
**Exposition :** les fleurs ne s'ouvrent qu'en plein soleil. Un balcon dégagé est donc impératif.
**Terre :** 2/3 de sable, 1/3 de terreau.
**Arrosage :** les feuilles charnues du *Delosperma* jouent le rôle de réserve d'eau. Arrosez au compte-gouttes ! L'humidité hivernale est mortelle.
**Ennemis et maladies :** les cochenilles farineuses peuvent envahir les feuilles. Des arrosages trop rapprochés entraînent la pourriture du collet.
**Utilisations :** en bordure de jardinière avec des plantes aimant les sols secs. Les pourpiers vivaces peuvent garnir des auges, ou des mini-jardins sur plateaux, avec des œillets, du gazon d'Espagne, des orpins, des barbes de Jupiter, des thyms, etc.
**Conseil Truffaut :** en jardinière, renouvelez la plantation tous les trois ans.

## *Delphinium spp.* PIED D'ALOUETTE

*Des épis couleur d'azur.*
**Plante annuelle ou vivace (1,2 m, -15 °C).**
**Feuillage :** très découpé, denté et palmé.
**Floraison :** des hampes dressées au-dessus du feuillage portent de grands épis de fleurs dès la fin mai. Il y a parfois une remontée en septembre.
**Espèces et variétés :** les *Delphinium belladona*, de taille moyenne, au port buissonnant et ramifié, conviennent le mieux à la culture en pot. Le superbe 'Connecticut Yankees' arbore de grandes fleurs aux tons de bleus mélangés. 'Völkerfrieden' affiche un bleu gentiane, avec un œil blanc.
**Comportement en pot :** les delphiniums détestent le vent et prospèrent sur les terrasses abritées et ensoleillées sans être torrides.
**Dimensions du pot :** prévoir des pots profonds, 30 cm est un minimum pour les variétés basses. Plantez les variétés de plus de 1 m de haut dans des pots de 40 cm de profondeur.
**Exposition :** une floraison abondante ne s'obtient qu'avec le plein soleil.
**Terre :** un bon terreau pas trop compact.
**Arrosage :** la terre doit être maintenue humide pour que le feuillage ne fane pas.
**Ennemis et maladies :** divers champignons peuvent former des taches sur les feuilles et provoquer le dessèchement du feuillage. En sol trop lourd, la pourriture noire détruit le collet et les racines, provoquant la mort de la plante.
**Utilisations :** associez les delphiniums avec des graminées, comme *Calamagrostis* 'Karl Foerster', aux inflorescences jaune d'or ou des *Cosmos sulphureus* 'Sunset' d'un bel orange cuivré.
**Conseil Truffaut :** éliminez les hampes défleuries au fur et à mesure de leur formation.

## *Dendranthema spp.* CHRYSANTHÈME

*Le grand festival de l'automne.*
**Plante vivace non rustique (60 cm, 0 °C).**
**Feuillage :** vert moyen, profondément divisé.
**Floraison :** des marguerites solitaires ou en corymbes lâches se succèdent de la fin d'août jusqu'aux premières gelées.
**Espèces et variétés :** 'Denise', aux fleurs doubles, en pompons jaune canari, est une des variétés les plus basses (40 cm). 'Clara Curtis', aux fleurs simples et roses, fleurit précocement. 'Séoul', très tardif, fleurit encore fin octobre.
**Comportement en pot :** les chrysanthèmes sont des plantes éphémères qui tiennent de 4 à 7 semaines dans les jardinières, mais quel éclat !
**Dimensions du pot :** vu le temps limité de leur mise en place sur le balcon, tous les types de récipients conviennent, même s'ils sont exigus.
**Exposition :** chaude et ensoleillée.
**Terre :** améliorez le terreau d'origine avec quelques poignées de fumure organique.
**Arrosage :** mesuré mais régulier, pour avoir une plante au feuillage sain et une floraison abondante. Ne mouillez pas les feuilles.
**Ennemis et maladies :** pucerons, araignées rouges, rouille et oïdium sont fréquents.
**Utilisations :** mariez ces plantes avec des asters, des rudbeckias, des graminées.
**Conseil Truffaut :** stimulez avec de l'engrais liquide les plantes achetées en septembre.

*Dendranthema* fera-t-il oublier le nom chrysanthème ? ▶

▲ Les delphiniums hybrides doivent être bien tuteurés.

▲ *Dendranthema indicum* sur tige, le roi de l'automne.

▲ *Deutzia* x 'Elegantissima' : facile et généreux.

▲ *Dianthus barbatus* offre des coloris vraiment uniques.

◀ *Dianthus chinensis* 'Nelken' : simplicité et douceur.

## *Deutzia spp.*
## DEUTZIA

*Un nuage rose ou blanc.*

**Arbuste caduc (1,30 m, - 10 °C).**

**Feuillage :** vert mat, parfois panaché, lancéolé, porté par des tiges pourpres chez certaines espèces.

**Floraison :** des grappes abondantes d'étoiles roses ou blanches, font fléchir les branches en mai.

**Espèces et variétés :** *Deutzia* x *elegantissima* 'Fasciculata', rose vif, fleurit abondamment. Son port retombant est très décoratif en potée isolée. *Deutzia* x *magnifica* se couvre d'une neige vaporeuse au printemps. *Deutzia* x 'Mont Rose' plus trapu, offre de ravissants tons mauves.

**Comportement en pot :** les pousses des deutzias peuvent être endommagées par le gel, printanier sur les balcons exposés. Rapprochez les potées d'un mur, et entourez le pot avec un voile d'hivernage.

**Dimensions du pot :** les racines du deutzia aiment disposer d'une certaine aisance. La plante sera plus belle si le pot mesure au moins 30 cm de diamètre et 40 cm de profondeur.

**Exposition :** les deutzias préfèrent la mi-ombre, où leurs coloris délicats paraissent plus vifs.

**Terre :** celle du jardin leur convient, de même que le terreau de plantation vendu en sacs.

**Arrosage :** ne laissez pas le sol se dessécher. En été, comptez un plein arrosoir tous les deux jours.

**Ennemis et maladies :** généralement aucun.

**Utilisations :** les deutzias forment de beaux isolés, ou des écrans fleuris en arrière-plan des grands bacs.

**Conseil Truffaut :** après la floraison, taillez les vieux rameaux au ras du sol. Vous encouragerez ainsi le départ de nouvelles tiges vigoureuses.

## *Dianthus spp.*
## ŒILLET

*Tout un poème…*

**Plante vivace (20 cm, - 15 °C).**

**Feuillage :** long, étroit, lancéolé, vert argenté ou bleuté. Certaines espèces forment des coussins denses, persistants et décoratifs en hiver.

**Floraison :** les corolles, étalées comme des jupes rondes, offrent tous les coloris possibles entre le rouge, le blanc et le rose. Leur parfum est poivré.

**Espèces et variétés :** Les hybrides de *Dianthus plumarius*, l'œillet mignardise, offrent de spectaculaires fleurs doubles. Si les autres espèces meurent au bout de deux ou trois ans, l'œillet mignardise passe allégrement le cap des 5 à 6 années de vie. *Dianthus alpinus*, l'œillet des Alpes, forme des tapis ras, fleurit de fin mai à août. *Dianthus chinensis*, l'œillet de Chine, fleurit de juillet aux gelées.

**Comportement en pot :** les œillets supportent l'air pollué des villes et sont à l'aise, en été, sur les balcons exposés à la chaleur.

**Dimensions du pot :** les œillets se contentent d'un pot de 15 cm de diamètre. Mais ils sont bien plus décoratifs quand ils sont plantés en groupe, dans des jardinières plus grandes.

**Exposition :** le plein soleil est impératif !

**Terre :** poreuse, souple, pas trop riche. Un mélange de terre de jardin, sable et terreau par tiers, assurera longue vie à vos œillets.

**Arrosage :** ayez la main légère, et laissez la surface de la terre s'assécher avant d'arroser.

**Ennemis et maladies :** de nombreux champignons s'attaquent aux œillets. Ils forment des taches sur les feuilles, déforment les fleurs, font flétrir les jeunes pousses et dessèchent les rameaux. Traitez préventivement avec un fongicide, dès le départ de la végétation au printemps.

**Utilisations :** les œillets s'accordent à merveille avec les plantes de rocaille et les végétaux à feuillage gris. Mélangez-les sans retenue avec des armoises naines, des céraistes, des hélianthèmes, des lavandes, des thyms, des origans, etc.

**Conseil Truffaut :** veillez à ce que la base de la plante soit toujours propre, sans feuilles mortes ni terre humide, pouvant abriter des parasites.

## *Diascia spp.*
## DIASCIA

*L'exubérance couleur tendresse.*

**Plante vivace rustique (40 cm, - 5 °C).**

**Feuillage :** vert mat, en forme de cœur, plus ou moins arrondi et denté.

**Floraison :** les corolles roses arborent une lèvre inférieure assez large. Le cœur de la fleur est rehaussé par des étamines jaune d'or. La floraison dure de la fin du mois de mai jusqu'aux premières gelées.

**Espèces et variétés :** *Diascia cordata* offre un port rampant. Les tiges de *Diascia rigescens* se tiennent beaucoup plus droites et les épis sont plus denses. 'Ruby Field' offre une superbe floraison rose foncé. *Diascia vigilis* 'Elliot's Variety' développe des rameaux souples au port gracieusement retombant.

**Comportement en pot :** bien que les diascias soient des plantes vivaces, il est préférable de les considérer comme des pélargoniums ou des pétunias, car leur rusticité n'est pas à toute épreuve.

**Dimensions du pot :** mélangez les diascias avec des scaévolas, des fuchsias, des bidens et des géraniums lierres dans des jardinières de 30 cm de longueur et de 20 cm de hauteur.

**Exposition :** évitez aux diascias les rayons brûlants des après-midi d'été. L'est convient bien.

**Terre :** un bon terreau classique.

**Arrosage :** évitez les arrosages irréguliers, qui affaiblissent inutilement la floraison.

**Ennemis et maladies :** généralement aucun.

**Utilisations :** *Diascia cordata* fait merveille dans les suspensions fleuries. *Diascia rigescens* forme de belles potées de 40 cm de haut.

**Conseil Truffaut :** les diascias méritent d'être conservées d'une année sur l'autre, à la manière des fuchsias, car ils seront beaucoup plus beaux l'année suivante. Rentrez-les en octobre dans une pièce hors gel. En mars, coupez toutes les tiges à ras du sol et transplantez les rhizomes blancs.

▲ *Diascia vigilis* 'Elliot's Variety' : superbe en suspension.

## *Dicentra spp.*
## CŒUR-DE-MARIE

*Des guirlandes de petits cœurs.*

**Plante vivace rustique (60 cm, -10 °C).**

**Feuillage :** léger et découpé, vert tirant sur le glauque, il jaunit normalement dès le mois de juillet.

**Floraison :** des petits cœurs, rose et blanc sont suspendus à des tiges gracieusement arquées.

**Espèces et variétés :** *Dicentra spectabilis* existe en rose et en blanc (la version blanche est un tout petit peu plus fragile). *Dicentra eximia* fleurit longuement de mai à août, son port est plus dressé.

**Comportement en pot :** la floraison des cœurs-de-Marie est assez éphémère. Placez la potée près de la fenêtre pour en profiter pleinement.

**Dimensions du pot :** repiquez le godet, nouvellement acheté, dans un pot de 20 cm de diamètre.

**Exposition :** la mi-ombre ou même l'ombre n'empêchent pas le dicentra de fleurir. Sous un soleil trop ardent, les plantes ont tendance à se rabougrir.

**Terre :** mélangez à parts égales tourbe, terreau de feuilles et amendement organique.

**Arrosage :** le dicentra étant une plante forestière, il préfère une légère humidité permanente. Il sera le premier à profiter de l'arrosage automatique régulier au goutte-à-goutte.

**Ennemis et maladies :** généralement aucun.

**Utilisations :** mariez le dicentra avec des népétas, dont l'exubérance cachera son feuillage jaunissant. Accompagnez-le de narcisses au printemps.

**Conseil Truffaut :** coupez le feuillage du *Dicentra* en septembre, mais marquez sa présence par une étiquette, pour ne pas l'oublier.

▲ *Dicentra spectabilis* : le bien nommé cœur-de-Marie.

*Dicentra eximia* : il adore la compagnie des fougères. ▶

▲ *Dictamnus albus* 'Purpureus', une jolie vivace légère.

◀ *Dipladenia splendens* est une grande liane tropicale.

## *Dictamnus albus* FRAXINELLE

*Une plante qui pétille !*

**Plante vivace (70 cm, -6 °C).**

**Feuillage :** vert brillant, composé, dégageant un fort parfum aromatique. La sève est si chargée en huiles essentielles que les feuilles émettent des étincelles lors des chaudes soirées estivales.

**Floraison :** des épis de 30 cm de long portent des fleurs parfumées, aux étamines apparentes.

**Espèces et variétés :** *Dictamnus albus* forme une touffe buissonnante, aux fleurs blanc rosé, rayées de carmin. 'Purpureus' offre un coloris plus intense.

**Comportement en pot :** la fraxinelle est rustique dans le Midi et au sud de la Garonne. Partout ailleurs, il vaut mieux la cultiver en annuelle.

**Dimensions du pot :** les touffes peuvent devenir imposantes en fin de saison. Prévoyez une jardinière de 25 cm de large au minimum.

**Exposition :** mi-ombre ou soleil non brûlant.

**Terre :** la fraxinelle, bien adaptée aux pays méditerranéens, accepte les sols secs et calcaires.

**Arrosage :** ne noyez pas la fraxinelle sous des arrosages quotidiens ; un demi-litre d'eau, deux fois par semaine, lui suffit amplement.

**Ennemis et maladies :** généralement aucun.

**Utilisations :** la floraison de la fraxinelle ne durant que deux mois, associez-la, pour prolonger le décor, à des feuillages comme les carex, des euphorbes ou des hostas.

**Conseil Truffaut :** prévoyez un pot assez profond, car la fraxinelle n'aime pas les transplantations. Fertilisez tous les deux arrosages au printemps.

## *Dipladenia spp.* DIPLADÉNIA

*Une brésilienne de charme.*

**Plante sarmenteuse (3 m, 3 °C).**

**Feuillage :** vert brillant, simple, persistant.

**Floraison :** les trompettes, rose plus ou moins vif, apparaissent de juin à octobre.

**Espèces et variétés :** *Dipladenia splendens* présente plusieurs coloris, allant du blanc au rose vif.

**Comportement en pot :** le dipladénia lance de vigoureux rameaux volubiles, offrez-lui un treillage pour les supporter. Il pousse très bien en pot rond.

**Dimensions du pot :** un plant de un an peut vivre dans une jardinière de 25 cm de large et de profondeur. L'année suivante, il a besoin d'un contenant de 40 cm x 30 cm.

**Exposition :** pendant sa période de floraison, le dipladénia aime le grand air et le soleil.

**Terre :** la plante demande un mélange nourrissant, à base de terreau de feuilles, de fumier de ferme bien décomposé et de terre à rosiers. Surfacez le dessus du pot avec un peu de guano.

**Arrosage :** en été, les dipladénias ont besoin d'une atmosphère humide. Aspergez abondamment le sol de la terrasse à chaque arrosage.

**Ennemis et maladies :** les cochenilles peuvent parfois se loger à l'aisselle des feuilles.

**Utilisations :** le dipladénia peut habiller un pilier, ou un mur, encadrer une fenêtre. Installé dans une grande suspension, il forme une avalanche de fleurs.

**Conseil Truffaut :** à l'automne, taillez les branches trop longues et réduisez les arrosages. En hiver, maintenez la terre à peine humide. Rempotez au mois de mars et reprenez les arrosages aux fertilisants dès avril.

## *Dorotheanthus spp.* FICOÏDE

*On l'appelle tapis magique.*

**Plante annuelle (15 cm, 5 °C).**

**Feuillage :** tapissant, vert clair, charnu et lancéolé.

**Floraison :** en été, une multitude de petites marguerites, aux coloris fluorescents, recouvre la plante.

**Espèces et variétés :** *Dorotheanthus bellidiformis* a donné naissance à de nombreux hybrides, aux fleurs chatoyantes, rouges, blanches, jaunes.

**Comportement en pot :** inutile de vous lancer dans la culture de cette plante, si vous ne disposez pas d'une terrasse exposée plein sud.

**Dimensions du pot :** les petits pots (15 cm de diamètre) ont l'avantage de ne pas retenir beaucoup d'eau, ce qui évite à la plante de pourrir.

**Exposition :** le plein soleil est obligatoire, sinon les fleurs restent fermées.
**Terre :** ces plantes poussent dans les lieux les plus secs et les plus pauvres. Donnez-leur une terre très sableuse, sans apport d'engrais.
**Arrosage :** une fois tous les quinze jours suffit.
**Ennemis et maladies :** les excès d'eau font pourrir les tiges et le collet.
**Utilisations :** les balcons du sud accueilleront avec bonheur les ficoïdes, avec des pourpiers, des sédums, des échevérias, pour des potées exotiques.
**Conseil Truffaut :** semez directement à la surface d'une jardinière au mois d'avril, couvrez les graines d'un demi-centimètre de terreau fin.

## *Dregea sinensis* WATTAKAKA

*Un parfum étourdissant.*
**Plante grimpante (4m, - 10 °C).**
**Feuillage :** ovale, pointu, gris-vert au revers, vert mat au-dessus, porté par des tiges volubiles.
**Floraison :** la plante produit des grappes de fleurs en ombelles, portées par un pédoncule de 10 cm environ, cireuses, blanches, évoquant la floraison des hoyas. Elles émettent un puissant parfum de tubéreuse, mêlé de fleurs d'oranger.
**Espèces et variétés :** seule l'espèce est vendu.
**Comportement en pot :** le wattakaka se développe moins en pot qu'en pleine terre, mais il atteint tout de même 3 m de hauteur. Les jeunes tiges sont fragiles et « brûlent » quand elles s'appuient contre un mur trop chaud.
**Dimensions du pot :** cette plante grimpante aime les contenants profonds. Offrez-lui un pot d'au moins 40 cm de hauteur et 30 cm de largeur.
**Exposition :** le wattakaka demande une bonne luminosité, mais pas de soleil brûlant. Un mur exposé à l'ouest s'avère un bon compromis.
**Terre :** riche en humus et neutre.
**Arrosage :** seuls les premiers centimètres de terre peuvent sécher. Les racines profondes doivent toujours conserver une certaine fraîcheur.
**Ennemis et maladies :** le wattakaka semble virtuellement indemne de problèmes.
**Utilisations :** les longues branches flexibles du wattakaka doivent impérativement être guidées sur un support : treillage, pilier, rambarde, ficelle tendue autour d'une fenêtre, etc.
**Conseil Truffaut :** la plante, souvent décrite comme moyennement rustique, semble plus solide que l'on ne croit. Mais il serait dommage de la perdre, car elle est difficile à trouver. Entourez le pot en hiver, de plusieurs couches de carton, pour faire un matelas d'air isolant.

## *Dryopteris spp.* FOUGÈRE

*De la finesse dans l'opulence.*
**Plante vivace (80 cm, - 15 °C).**
**Feuillage :** vert franc à vert foncé, finement divisé.
**Floraison :** les fougères ne fleurissent pas.
**Espèces et variétés :** Il existe plus de 40 espèces et variétés disponibles en France. *Dryopteris filix-mas*, la fougère mâle, se décline en plusieurs formes, au feuillage plus ou moins divisé. La variété 'Linearis Polydactyla', aux frondes si fines qu'elles en paraissent aériennes, vit à l'aise en pot et résiste même à la sécheresse. *Dryopteris erythrosora* compte parmi les plus belles espèces. Les jeunes crosses naissent rouges.
**Comportement en pot :** ces fougères rustiques prospèrent facilement dans n'importe quel contenant.
**Dimensions du pot :** les fougères les plus grandes vivront deux ans dans des pots de 30 cm de haut. Les espèces basses (20 cm) logeront à trois dans des jardinières de 60 cm de long et 15 cm de profondeur.
**Exposition :** la mi-ombre est conseillée.
**Terre :** un terreau de plantation ordinaire.
**Arrosage :** bien que ces plantes supportent la sécheresse, leurs frondes seront plus belles avec des arrosages réguliers deux fois par semaine.
**Ennemis et maladies :** généralement aucun.
**Utilisations et associations :** recréez une ambiance de sous-bois avec épimédiums, fuchsias, impatiens, hostas, brunneras, et primevères, que vous installerez à l'ombre d'arbustes.
**Conseil Truffaut :** divisez les touffes, au printemps, quand elles deviennent trop importantes.

▲ *Dregea sinensis*, une étonnante plante grimpante.

▲ *Dorotheanthus bellidiformis*, le vrai « tapis magique ».

*Dryopteris erythrodora*, la fougère au joli reflet bronze. ▶

▲ Un superbe tapis d'échevéria dans une vasque en pierre.

▲ *Echinocactus grusonii* : un coussin hérissé d'épines.

◀ *Elaeagnus pungens* 'Maculata' : un buisson persistant.

## *Echeveria spp.* ÉCHEVÉRIA

*Un air d'artichaut miniature.*

**Plante grasse (15 cm, - 5 °C).**

**Feuillage :** petites rosettes de feuilles persistantes, épaisses et succulentes, d'une belle teinte gris bleuté.

**Floraison :** en été, sur des hampes duveteuses, qui s'allongent à partir du cœur du feuillage, dans les tons jaune-orangé à rose.

**Espèces et variétés :** il existe environ 150 espèces et de nombreux hybrides. *Echeveria gibbiflora* 'Metallica' développe des rosettes qui peuvent dépasser 30 cm de diamètre.

**Comportement en pot :** une plante peu encombrante à réserver aux décorations estivales car elle craint le gel. Elle résiste bien aux embruns et au vent.

**Dimensions du pot :** 12 cm de profondeur et 14 cm de largeur suffisent pour un pied portant deux ou trois rosettes de feuilles. Superbe en coupe large.

**Exposition :** très ensoleillée, toute l'année.

**Terre :** une partie de terreau, de feuilles et de tourbe en mélange, pour trois parties de sable.

**Arrosage :** très réduit en hiver. Pendant la belle saison, laissez la terre sécher avant d'arroser.

**Ennemis et maladies :** les cochenilles sont fréquentes. Ôtez-les avec un Coton-Tige imbibé d'alcool.

**Utilisations :** réalisez un décor exotique en l'associant à des yuccas, diverses cactées, des aloès, des crassulas ou des délospermas.

**Conseil Truffaut :** de la mi-octobre à début mai, rentrez votre potée dans une serre ou dans une véranda chauffée entre 8 et 12 °C.

## *Echinocactus grusonii* COUSSIN DE BELLE-MÈRE

*Qui s'y frotte s'y pique !*

**Cactus (1 m, 5 °C).**

**Feuillage :** la tige globuleuse, peut atteindre 1 m de hauteur et 0,80 m de diamètre chez de vieux sujets. Les côtes (entre 20 et 30), marquées et disposées régulièrement, sont couvertes d'aiguillons acérés, jaunes qui évoluent vers le blanc.

**Floraison :** en couronne, au sommet de la tige. Les fleurs jaunes apparaissent sur des plantes âgées.

**Espèces et variétés :** *Echinocactus grusonii* est la seule espèce intéressante à l'extérieur.

**Comportement en pot :** ce cactus gélif doit être protégé en hiver. Il pousse lentement en pot.

**Dimensions du pot :** le diamètre du pot doit être légèrement supérieur à celui de la plante. Utilisez un contenant plus large que haut.

**Exposition :** en plein soleil, chaud, aride.

**Terre :** un mélange très perméable et acide, d'un tiers de terreau et de deux tiers de sable.

**Arrosage :** modéré en été. Nul en hiver.

**Ennemis et maladies :** attention aux cochenilles, difficiles à éliminer une fois installées.

**Utilisations :** cultivez cette plante en sujet isolé pour mettre en valeur son joli port en coussin.

**Conseil Truffaut :** hivernez dans une véranda, à une température qui n'excède pas 10 °C.

## ♣ *Elaeagnus pungens* ÉLÉAGNUS

*Un buisson très protecteur.*

**Arbuste (1,50 m, - 15 °C).**

**Feuillage :** persistant, à tiges parfois épineuses. Les feuilles coriaces et ovales sont vertes sur le dessus et gris-blanc, poudreux, au revers.

**Floraison :** parfumée, à la fin de l'automne, suivie par des petits fruits ovoïdes, rouge-orangé.

**Espèces et variétés :** *Elaeagnus pungens* 'Maculata Aurea' est un peu moins vigoureux que le type. Ses feuilles vert foncé sont tachées de jaune d'or. 'Variegata' présente le bord du feuillage panaché de blanc crème.

**Comportement en pot :** de croissance rapide, cet arbuste forme des buissons denses, décoratifs toute l'année, résistants aux embruns et au vent.

**Dimensions du pot :** au moins 40 cm de largeur et de profondeur pour un seul pied.

**Exposition :** chaude, de préférence ensoleillée.

**Terre :** sol de jardin léger et bien drainé.

**Arrosage :** modéré, en laissant la terre du pot sécher en surface entre deux apports d'eau.

**Ennemis et maladies :** en général, aucun.

**Utilisations :** en sujet isolé pour les variétés panachées ou en écran de verdure de hauteur moyenne pour un effet protecteur et anti-bruit.

**Conseil Truffaut :** taillez en éliminant le vieux bois qui se développe au cœur de l'arbuste.

## *Enkianthus campanulatus*
## ENKIANTHUS

*Précieuses clochettes…*

**Arbuste (2 m, -20 °C).**

**Feuillage :** vert mat, caduc. Le port est érigé. Superbe coloration automnale rouge et or.

**Floraison :** abondante, en mai. Les fleurs en clochettes pendantes, blanc-jaune à nervures rouges, apparaissent en grappes généreuses.

**Espèces et variétés :** 'Sikokianus' a une floraison rose ; celle de 'Palibinii' est rouge vif. 'Albiflorus' épanouit des fleurs blanc crème.

**Comportement en pot :** c'est une plante facile, très élégante. Sa croissance est lente.

**Dimensions du pot :** au minimum 40 cm de largeur et de profondeur pour un jeune arbuste.

**Exposition :** à mi-ombre ou au soleil tamisé.

**Terre :** acide et fraîche, un terreau de tourbe.

**Arrosage :** fréquent par temps chaud et sec pour conserver un sol humide, mais non détrempé.

**Ennemis et maladies :** en général, aucun.

**Utilisations :** en complément avec des rhododendrons, des hydrangéas ou des piéris.

**Conseil Truffaut :** quand le sol n'est pas assez acide, utilisez un produit antichlorose ou apportez en surface de la terre de bruyère.

## *Ensete maurelii*
## BANANIER

*Exotique et volumineux.*

**Plante vivace arbustive (3 m, -2 °C).**

**Feuillage :** étalé, porté par une fausse tige qui peut dépasser 1,80 m. Les feuilles entières sont vertes, avec le revers et les nervures centrales brun-rouge.

**Floraison :** rare dans nos régions.

**Espèces et variétés :** *Ensete maurelii* a des feuilles vertes immenses, à nervures et tiges rouges.

**Comportement en pot :** réservez cette espèce vite encombrante pour une très grande terrasse.

**Dimensions du pot :** 30 cm de profondeur et de largeur pour un sujet de 1 m de haut.

**Exposition :** ensoleillée, et abritée du vent.

**Terre :** terreau et terre de jardin en mélange.

**Arrosage :** quotidien par temps chaud et sec. Très réduit en hiver, pendant la période de repos.

**Ennemis et maladies :** les cochenilles peuvent provoquer des dégâts sévères. Traitez en préventif.

**Utilisations :** créez une ambiance exotique en associant le bananier à des potées de strélitzia, d'alocasia, de datura, de ricin ou de bambou.

**Conseil Truffaut :** fin septembre, rentrez votre bananier dans une grande véranda maintenue à une température de 10 à 12 °C. En été, effectuez des apports d'engrais hebdomadaires.

## *Eranthis hyemalis*
## ACONIT D'HIVER

*La première fleur de l'année.*

**Plante bulbeuse (10 cm, -15 °C).**

**Feuillage :** vert, divisé en petite collerette sous la fleur. La plante s'étale en petits bouquets.

**Floraison :** de fin janvier à mars. Les fleurs solitaires jaune vif ont une forme en coupe.

**Espèces et variétés :** *Eranthis cilicicara*, encore plus petite, fleurit plus tard et plus longtemps.

**Comportement en pot :** très rustique, cette petite bulbeuse est si précoce qu'elle fleurit parfois sous la neige, bien avant le perce-neige.

**Dimensions du pot :** 16 cm de largeur et 14 cm de profondeur pour quatre ou cinq rhizomes.

**Exposition :** mi-ombragée à ensoleillée.

**Terre :** légère, humifère et bien drainée.

**Arrosage :** le sol ne doit jamais se dessécher complètement, surtout en été.

**Ennemis et maladies :** les oiseaux en quête de nourriture peuvent abîmer les boutons floraux.

**Utilisations :** installez l'aconit d'hiver au premier plan d'un grand bac contenant un laurier-tin, un camélia précoce ou un hamamélis.

**Conseil Truffaut :** plantez les rhizomes en octobre, à 3 cm de profondeur, en les espaçant de 5 cm.

▲ *Enkianthus campanulatus* : des clochettes raffinées.

▲ *Ensete maurelii* : un bananier assez résistant au froid.

*Eranthis hyemalis* : la fleur bulbeuse la plus précoce. ▶

▲ *Erica darleyensis* : des fleurs généreuses en automne.

▲ *Erica gracilis* : une potée magnifique, mais frileuse.

## *Erica spp.*
## BRUYÈRE

*Des couleurs toute l'année.*

**Arbuste (50 cm, - 15 °C).**

**Feuillage :** persistant. Les petites feuilles en forme d'aiguilles sont serrées le long des tiges.

**Floraison :** à différents moments de l'année, selon les espèces et les variétés. Coloris blanc, rose, rouge ou violet, plus ou moins foncé.

**Espèces et variétés :** *Erica gracilis* et *Erica hyemalis*, à floraison hivernale, ne sont pas rustiques.

*Erica carnea* forme un tapis dense vert clair, d'environ 20 cm de haut et de 60 cm de diamètre. La floraison rose rouge se prolonge de novembre à mai. Il existe un grand nombre de variétés : 'Ann Sparkes', 'Aurea', 'Foxhollow' se distinguent par un beau feuillage jaune et des fleurs roses. 'Golden Starlet' a des fleurs blanches. 'Cecilia M. Beale', 'Snow Queen', 'Springwood White' et 'White Rocket' portent des fleurs blanches au-dessus d'un feuillage vert foncé. 'Praecox Rubra' présente un port bas, très étalé, et une floraison hivernale rose lilas. 'Myretoun Ruby' a des grandes fleurs rose foncé. 'Vivellii' au feuillage qui se teinte de rouge en hiver, se couvre de fleurs carmin de janvier à mars.

La bruyère cendrée, *Erica cinerea*, forme des touffes de 20 à 30 cm de haut et fleurit de juin à novembre. 'Alba Minor' n'excède pas 15 cm de haut et donne de petites fleurs blanches. 'Golden Drop' et 'Golden Hue' développent un feuillage jaune cuivré, teinté de rouge en hiver. Leur floraison rose est peu abondante. 'Fanny', 'Pallas' et 'P. S. Patrick' ont des fleurs violettes. 'Fidders gold' est doré avec des fleurs roses.

*Erica x darleyensis* est une belle bruyère rustique qui atteint environ 50 cm de haut et 60 cm de large. Elle fleurit d'octobre à mai. 'Darley Dale' a des fleurs rose pâle. 'George Rendall' fleurit rose vif ; 'Jack H. Brummage' présente un feuillage jaune, teinté de rouge en hiver et de belles fleurs rose foncé. 'Silberschmelze' et 'White Perfection' se couvrent d'une floraison blanche.

*Erica arborea* est une grande espèce arbustive à feuillage vert. En mars-avril, elle produit une abondante floraison blanche et parfumée. Peu rustique, elle est réservée aux balcons abrités et mi-ombragés.

**Comportement en pot :** la diversité des espèces et des variétés, permet de varier à l'infini les compositions et d'obtenir un décor persistant, attractif toute l'année. La tenue en pot est excellente.

**Dimensions du pot :** une largeur et une profondeur de 20 cm conviennent pour un jeune plant.

**Exposition :** chaude et ensoleillée.

**Terre :** non calcaire, légère, humifère, drainante.

**Arrosage :** très abondant et régulier dès que le temps est chaud et sec. Très peu en hiver.

**Ennemis et maladies :** un champignon provoque la décoloration du feuillage puis le dépérissement de la plante. Désinfectez le bac et changez le sol avant de replanter d'autres bruyères.

**Utilisations :** dans les grandes jardinières en couvre-sol ou en bordure, au pied des différentes plantes de terre de bruyère.

**Conseil Truffaut :** après la floraison, taillez les tiges sous les fleurs fanées.

## *Erigeron karvinskianus*
## VERGERETTE

*Une profusion de mini-pâquerettes.*

**Plante vivace (20 cm, -7 °C).**

**Feuillage :** en touffe étalée. Les petites feuilles étroites et lancéolées sont vertes, plus ou moins lavées de pourpre. Tiges fines et ramifiées.

**Floraison :** abondante de juin à octobre. Les petites inflorescences ressemblent à des pâquerettes blanches, devenant rosées en se fanant.

**Espèces et variétés :** *Erigeron glaucus* forme des

◄ *Erica cinerea* 'Fiddlers gold' : un superbe tapis d'or.

coussins denses de 20 à 30 cm de haut, couverts de grandes fleurs roses à cœur jaune, de juin à octobre. *Erigeron alpinus* et *Erigeron aurantiacus* ne dépassent pas 20 cm de hauteur. Ces espèces fleurissent en mai et juin, rose et rouge-orangé.

**Comportement en pot :** peu exigeante, la vergerette se contente d'un petit bac et d'un faible volume de terre. Elle se ressème spontanément.

**Dimensions du pot :** 14 cm de largeur et de profondeur suffisent pour un plant.

**Exposition :** en plein soleil, à la chaleur.

**Terre :** une bonne terre de jardin bien drainée. Cette petite plante supporte un sol calcaire.

**Arrosage :** modéré, en laissant le substrat sécher entre deux apports d'eau. La vergerette redoute l'humidité qui stagne au niveau des racines.

**Ennemis et maladies :** en général, aucun.

**Utilisations :** en suspension ou au premier plan d'une jardinière, bien en vue. Son port souple et très ramifié apporte une touche de légèreté dans une composition de feuillages plus structurés.

**Conseil Truffaut :** protégez le plant des fortes gelées et de l'humidité en hiver.

## *Erysimum linifolium* VÉLAR et GIROFLÉE

*Très attrayante, mais éphémère.*

**Sous-arbrisseau (40 cm, -5°C).**

**Feuillage :** vert gris et persistant. Le port de la plante est ramifié, formant un coussin étalé. Les feuilles sont étroites et dentelées.

**Floraison :** en mai et juin. Les fleurs violet mauve sont groupées en grappes au-dessus du feuillage.

**Espèces et variétés :** 'Variegatum' a des feuilles bordées de jaune crème, décoratives toute l'année.

**Comportement en pot :** c'est une plante à cultiver pendant deux ans, pas plus car elle se dégarnit vite de la base et manque alors de charme.

**Dimensions du pot :** 25 cm de largeur et de profondeur au minimum pour un pied.

**Exposition :** chaude, abritée et très ensoleillée.

**Terre :** une terre ordinaire de jardin, très bien drainée. Le vélar supporte même un sol sec et pauvre.

**Arrosage :** très modéré. Laissez sécher la terre du pot entre deux apports d'eau.

**Ennemis et maladies :** pratiquement aucun. La plante redoute l'humidité stagnante, en hiver.

**Utilisations :** dans un grand bac, installez-la au premier plan avec des anthémis et des népétas, devant des *Euphorbia charassias*, des *Artemisia* 'Powis Castle' et des *Centranthus ruber* 'Albus'.

**Conseil Truffaut :** prélevez des boutures semi-aoûtées à la fin de l'été, car le pied-mère ne vit pas très longtemps. La reprise est facile.

## *Erythrina crista-galli* ÉRYTHRINE CRÊTE-DE-COQ

*D'étranges fleurs de corail.*

**Arbuste (1,50 m, 3 °C).**

**Feuillage :** vert glauque, caduc, coriace et épars. Les tiges annuelles sont très épineuses. La touffe peut atteindre une envergure de 1 à 2 m.

**Floraison :** généreuse, en juin et juillet. Les grandes fleurs rouge cerise à texture cireuse, apparaissent à l'extrémité des tiges.

**Espèces et variétés :** 'Compacta' est une forme naine, idéale pour les petites terrasses.

**Comportement en pot :** cette belle espèce demande un climat doux et une situation protégée pour épanouir sa splendide floraison. Attention aux épines, si vous avez des enfants.

**Dimensions du pot :** 40 cm de profondeur et de largeur au minimum, car la plante forme une souche épaisse et lignifiée.

**Exposition :** chaude, abritée, en plein soleil.

**Terre :** humifère, riche et bien drainée.

**Arrosage :** abondant en été. Très réduit en hiver.

**Ennemis et maladies :** surveillez l'apparition éventuelle de cochenilles.

**Utilisations :** c'est une des plus belles plantes tropicales à fleurs. Associez-la le temps d'un été à de hibiscus hybrides, des abutilons, des lantanas, des daturas ou des lauriers-roses.

**Conseil Truffaut :** dans les régions froides, maintenez la souche en hiver, entre 5 et 8 °C. En mars, rabattez les tiges et apportez du fumier composté à la surface du pot.

▲ *Erigeron karvinskianus* : une suspension pour le Midi.

▲ *Erysimum* x 'Wenlock Beauty' : une couleur forte.

*Erythrina crista galli* : exubérante, précieuse, exotique. ▶

▲ *Escallonia* hybride : un arbuste qui aime le bord de mer.

▲ *Eschscholzia californica* : un mignon petit pavot d'or.

◀ *Eschscholzia* hybride : des fleurs plus grandes et colorées.

## *Escallonia spp.* ESCALLONIA

*L'ami des embruns.*

**Arbuste (1,5 m, -5 °C).**

**Feuillage :** persistant, dense et vert foncé. Les petites feuilles lancéolées sont brillantes, dentées.

**Floraison :** estivale, dans tous les tons de rose et de rouge. Les petites fleurs n'apparaissent que sur les pousses de l'année précédente.

**Espèces et variétés :** *Escallonia laevis* 'Gold Brian' développe un beau feuillage doré et une abondante floraison rouge vif. À réserver pour les climats très doux. *Escallonia* 'Donard Star' développe une silhouette compacte, floraison rose tendre en juin. *Escallonia* 'C. F. Ball' est une des variétés les plus résistantes au gel. Elle se couvre de petites fleurs rouges de juin à octobre.

**Comportement en pot :** cet arbuste peu rustique est recommandé pour le bord de mer et les régions à climat doux, où il vient bien en pot.

**Dimensions du pot :** 40 cm de profondeur et de largeur, conviennent bien.

**Exposition :** chaude, ensoleillée, à l'abri des vents froids. Évitez les endroits trop arides.

**Terre :** toute bonne terre de jardin acide, bien drainée. Un bon terreau sableux convient très bien.

**Arrosage :** modéré, seulement quand le substrat du bac est sec. La plante résiste à la sécheresse.

**Ennemis et maladies :** pratiquement aucun. Les gelées tardives peuvent détruire toutes les tiges.

**Utilisations :** en sujet isolé ou, en petit rideau libre ou taillé dans une grande jardinière.

**Conseil Truffaut :** espacez les plantes de 30 cm pour réaliser une haie compacte et touffue.

## ♣ *Eschscholzia californica* PAVOT DE CALIFORNIE

*Vraiment sans problème.*

**Plante annuelle (35 cm, - 10 °C).**

**Feuillage :** vert bleuté, finement découpé.

**Floraison :** de juin à octobre. Les grandes fleurs simples en coupelles sont jaune-orangé vif ou rouges.

**Espèces et variétés :** 'Apricot chiffon' est une des plus belles variétés avec ses fleurs doubles jaune crème au centre, bordées d'orange corail intense. 'Ballerine' offre une floraison double aux couleurs panachées et striées. *Eschscholzia caespitosa* 'Sundew' (15 cm de haut) forme un splendide tapis de fleurs jaune citron de juin à octobre.

**Comportement en pot :** idéal pour garnir et fleurir rapidement le moindre espace vide.

**Dimensions du pot :** 20 cm de diamètre et de profondeur, au minimum.

**Exposition :** très ensoleillée.

**Terre :** tous les sols bien drainés conviennent. Ce petit pavot supporte un substrat pauvre et sableux.

**Arrosage :** quand le sol s'assèche en surface.

**Ennemis et maladies :** aucun.

**Utilisations :** pour obtenir une profusion de fleurettes, associez-le à des annuelles telles que des clarkias, des godétias, des centaurées bleuets, des cosmos, des xeranthemums ou des *Salvia horminum*.

**Conseil Truffaut :** semez en place à partir d'avril. Éclaircissez entre 20 et 25 cm de distance.

## *Eucalyptus gunnii* EUCALYPTUS

*Un jeune feuillage très attractif.*

**Arbre (4 m, - 10 °C).**

**Feuillage :** les jeunes feuilles sont rondes et vert bleuté, parfois blanc argenté brillant. Dès la deuxième année, elles s'allongent et prennent une couleur bleutée ou vert foncé.

**Floraison :** très rare en pot, elle n'apparaît qu'après plusieurs années de culture, au début de l'été. Les fleurs blanches, parfumées, sont réunies en grappes, à l'aisselle des feuilles.

**Espèces et variétés :** *Eucalyptus globulus* a une croissance très rapide. Gélif, il n'est rustique que sur la Côte d'Azur. *Eucalyptus urnigera* ressemble beaucoup à *Eucalyptus gunni,* avec un feuillage plus large et une belle floraison estivale, crème.

**Comportement en pot :** cet eucalyptus pousse vite, il peut rester en pot trois ou quatre ans.

**Dimensions du pot :** 50 cm de diamètre et de profondeur, au minimum.

**Exposition :** en plein soleil, mais à l'abri des

vents froids et violents qui le font roussir. La protection d'un voile d'hivernage autour du pot protégera les racines des fortes gelées.

**Terre :** une bonne terre de jardin neutre ou acide, bien drainée avec 1/3 de terreau pour qu'elle reste fraîche durant l'été.

**Arrosage :** par temps chaud et sec, arrosez abondamment pour maintenir la fraîcheur du substrat.

**Ennemis et maladies :** les psylles, petits insectes piqueurs peuvent déformer et entraîner le dépérissement des jeunes pousses.

**Utilisations :** sur une grande terrasse, le beau feuillage bleuté met en valeur la floraison des *Lavatera thuringiaca* 'Barnsley' ou d'un *Buddleia* x *weyeriana* 'Sungold'.

**Conseil Truffaut :** la croissance de cette belle espèce est rapide. Vous pouvez former un buisson d'une hauteur de 2 m en rabattant toutes les tiges près du sol, chaque année au début du printemps.

## *Eucharis amazonica*
## LIS DE LA VIERGE

*Une splendide fleur très parfumée.*

**Plante bulbeuse (60 cm, 2 °C).**

**Feuillage :** vert et brillant. Les feuilles larges sortent directement de la touffe et se resserrent au niveau des pétioles.

**Floraison :** blanche, parfumée, de juillet à janvier. Les grandes fleurs ressemblent à celles d'un narcisse. Elles apparaissent en ombelles, au sommet de hampes florales rigides et dressées.

**Espèces et variétés :** *Eucharis korsakoffii* est une espèce voisine mais d'une taille plus réduite.

**Comportement en pot :** une période de repos au sec est indispensable après la floraison pour conserver la plante d'une année sur l'autre.

**Dimensions du pot :** au minimum 18 cm de diamètre et 16 cm de profondeur pour un bulbe.

**Exposition :** chaude et très abritée, à mi-ombre.

**Terre :** un mélange bien drainé d'un tiers de terreau de feuilles, et d'autant de tourbe et de sable.

**Arrosage :** modéré pendant la période de croissance et la floraison. Laissez la terre sécher en surface avant d'arroser. Après la floraison, réduisez les arrosages à une fois tous les quinze jours.

**Ennemis et maladies :** en général, aucun.

**Utilisations :** en sujet isolé, dans un joli pot en terre cuite ou en faïence, avec des nérines.

**Conseil Truffaut :** plantez les bulbes à 5 cm de profondeur, en mars. Hivernez la plante dans une véranda maintenue hors gel.

## *Eucomis bicolor*
## PLANTE ANANAS

*Le sosie de l'ananas.*

**Plante bulbeuse (45 cm, - 5 °C).**

**Feuillage :** vert et lustré. Les feuilles larges et rubanées sont regroupées en rosettes. Elles sont tachées de marron au revers.

**Floraison :** estivale. Les grappes dressées, qui peuvent atteindre 50 cm de hauteur, ressemblent à un ananas. Elles se composent d'une centaine de petites fleurs étoilées vert chartreuse, avec un liseré bordeaux. L'inflorescence est surmontée d'une touffe de feuilles vertes, d'où la ressemblance avec un ananas.

**Espèces et variétés :** 'Alba' a de splendides fleurs blanc crème. *Eucomis autumnalis* est une petite espèce robuste, à floraison blanche. C'est une plante idéale pour les balcons ventés ou en bordure de mer.

**Comportement en pot :** cette bulbeuse exotique se prête aisément à la culture dans un pot assez volumineux. Elle peut y être maintenue d'une année sur l'autre et prospérer.

**Dimensions du pot :** un diamètre de 30 cm et une profondeur de 25 cm au minimum pour trois bulbes.

**Exposition :** en plein soleil de préférence.

**Terre :** un mélange drainé, constitué par tiers de terre de jardin, de terreau de feuilles et de sable.

**Arrosage :** nul en période de repos hivernal. Pendant la croissance, laissez la terre sécher avant d'arroser (environ une fois par semaine).

**Ennemis et maladies :** les escargots et les limaces peuvent s'attaquer aux jeunes pousses.

**Utilisations :** en sujet isolé ou associé à des *Commelina tuberosa* à fleurs bleues ou blanches.

**Conseil Truffaut :** plantez les gros bulbes en mars ou en avril, en les enfonçant entre 12 et 15 cm de profondeur. Espacez-les de 30 cm.

▲ *Eucalyptus gunnii* : c'est le plus rustique de tous.

▲ *Eucharis grandiflora* : une rare beauté hivernale.

*Eucomis bicolor* : une floraison de très longue durée. ▶

▲ *Euonymus fortunei* 'Emerald'n Gold' s'étale bien.

▲ *Euphorbia characias* : une belle harmonie de verts.

## *Euonymus fortunei* FUSAIN RAMPANT

*Le persistant idéal en jardinière.*

**Arbuste (40 cm, - 10 °C).**

**Feuillage :** vert, persistant, à l'aspect vernissé. Les feuilles sont ovales et dentelées. Les branches portent des racines crampons. Port retombant, étalé ou grimpant dans les régions à climat doux.

**Floraison :** insignifiante.

**Espèces et variétés :** 'Sunshine' ressemble à 'Emerald'n Gold' avec ses grandes feuilles marginées de jaune d'or, mais il est plus vigoureux.

**Comportement en pot :** rustique, ce fusain résiste bien, en pot, aux embruns et à la pollution. Il vit plusieurs années sans rempotage.

**Dimensions du pot :** un pot de 40 cm de profondeur et de largeur, ou un grand bac.

**Exposition :** abritée, au soleil ou à mi-ombre.

**Terre :** terre de jardin et terreau en mélange par moitié, avec un bon drainage au fond du pot.

**Arrosage :** modéré, en laissant la surface du sol s'assécher entre deux apports d'eau.

**Ennemis et maladies :** en été, l'oïdium et les acariens peuvent abîmer son joli feuillage.

**Utilisations :** les teintes panachées apportent une note de lumière dans un patio un peu sombre.

**Conseil Truffaut :** pour un port compact, taillez en mars les tiges dégarnies ou mal placées.

## *Euphorbia characias* EUPHORBE

*Un effet spectaculaire.*

**Plante vivace (1 m, - 10 °C).**

**Feuillage :** en grande touffe persistante. Les feuilles étroites et allongées sont gris bleuté.

**Floraison :** en avril et mai. Les petites fleurs sont entourées de bractées vert-jaune marqué de brun et sont groupées en inflorescences volumineuses.

**Espèces et variétés :** *Euphorbia characias* 'Wulfenii' diffère par l'absence de marques brunes sur les bractées. 'Humpty Dumpty' est une forme plus compacte et très vigoureuse. 'Burrow Silver' présente un feuillage panaché de jaune crème.

**Comportement en pot :** très robuste, cette euphorbe devient vite imposante et ne doit rester que deux ou trois ans dans son pot.

**Dimensions du pot :** de 30 à 40 cm de profondeur et de diamètre pour un seul pied.

**Exposition :** en plein soleil, pas trop brûlant.

**Terre :** une bonne terre de jardin ordinaire, même calcaire avec sable et terreau en mélange par tiers.

**Arrosage :** la terre du pot doit sécher entre deux apports d'eau. La plante résiste à la sécheresse.

**Ennemis et maladies :** en général, aucun.

**Utilisations :** pour obtenir une ambiance dans les tons gris-bleu, associez cette euphorbe à des armoises 'Powis Castle', à des crambes maritimes et à des rues *(Ruta graveolens)*.

**Conseil Truffaut :** taillez en fin de floraison. Divisez les touffes tous les deux ans en octobre.

◀ *Euphorbia triangularis* : des épines très acérées.

## *Euphorbia triangularis* CANDÉLABRE

*Une beauté exotique très piquante.*

**Plante grasse (1 m, 5 °C).**

**Feuillage :** réduit à de grandes tiges vert foncé, érigées, succulentes, anguleuses et épineuses.

**Floraison :** assez insignifiante. Rare en culture.

**Espèces et variétés :** *Euphorbia echinus* forme un petit buisson très épineux et dépourvu de feuilles, de 1 m de hauteur. *Euphorbia candelabrum* pousse en hautes tiges épineuses et feuillues à leur extrémité. Croissance lente.

**Comportement en pot :** cette belle espèce gélive peut vivre en plein air de mai à octobre. Les grands sujets souvent de stabilité. Tuteurez-les.

**Dimensions du pot :** 25 cm de largeur et de profondeur, pour une touffe de moins de 1 m de haut.

**Exposition :** en plein soleil, chaud, aride.

**Terre :** un mélange bien drainé de terreau de feuilles, de sable et de terre de jardin, par tiers.

**Arrosage :** presque rien en hiver. Laissez la terre sécher en surface avant d'arroser, en été.

**Ennemis et maladies :** la pourriture des racines entraîne le dépérissement rapide de la plante.

**Utilisations :** pour un superbe effet de « statue végétale » sur un balcon exotique avec des cactées.

**Conseil Truffaut :** en hiver, rentrez la potée dans une pièce très claire ou dans une véranda, à une température comprise entre 5 et 10 °C.

## *Euryops acraeus* EURYOPS

*Un coussin de marguerites d'or.*

**Arbrisseau (1 m, -2 °C).**

**Feuillage :** abondant, formant un buisson très ramifié. Feuilles persistantes découpées, vert-gris.

**Floraison :** de juin à septembre. Les capitules ressemblent à des marguerites simples, jaune d'or.

**Espèces et Variétés :** *Euryops chrysanthemoides* 'Sunshine' atteint plus de 1 m de hauteur et d'envergure. Il forme naturellement une boule.

**Comportement en pot :** à l'abri du gel, l'euryops vit de 3 à 4 ans dans le même pot.

**Dimensions du pot :** au minimum 25 cm de diamètre et de profondeur pour un pied.

**Exposition :** chaude, abritée, en plein soleil.

**Terre :** un bon terreau de plantation, poreux.

**Arrosage :** dès que le sol s'assèche en surface.

**Ennemis et maladies :** pratiquement aucun.

**Utilisations :** associez cette plante à des arctotis, des félicias, des gazanias, ou à des ostéospermums, pour obtenir un été très haut en couleurs.

**Conseil Truffaut :** éliminez les fleurs fanées. En été, donnez un engrais liquide tous les quinze jours.

## *Exacum affine* VIOLETTE DE PERSE

*Une jolie timide à redécouvrir.*

**Plante vivace (25 cm, 5 °C).**

**Feuillage :** vernissé, vert foncé brillant et persistant, ovale, porté par des tiges charnues.

**Floraison :** dès la fin du printemps et tout l'été. Les fleurs simples, violettes, sont parfumées. Il faut beaucoup de chaleur pour que la plante embaume.

**Espèces et variétés :** il existe des formes à fleurs blanches ou doubles.

**Comportement en pot :** traitez cette plante en bisannuelle. Renouvelez-la tous les deux ans.

**Dimensions du pot :** 12 cm de diamètre et de profondeur, au minimum.

**Exposition :** protégée et très lumineuse, mais à l'abri du soleil direct et des courants d'air froids.

**Terre :** un mélange de terre de bruyère et de tourbe blonde par moitié, avec un bon drainage.

**Arrosage :** modéré, juste pour maintenir une fraîcheur constante dans le sol (2 fois par semaine).

**Ennemis et maladies :** pratiquement aucun.

**Utilisations :** son faible développement la destine aux premiers rangs des jardinières.

**Conseil Truffaut :** en saison, offrez à la violette de Perse un engrais liquide pour plantes fleuries tous les dix jours. En hiver, rentrez la potée dans une pièce lumineuse, avec au maximum 16 °C.

## *Exochorda giraldii* EXOCHORDA

*Une légèreté immaculée.*

**Arbuste (2 m, -15 °C).**

**Feuillage :** caduc, vert soutenu. Les jeunes feuilles apparaissent tôt au printemps et persistent jusqu'en décembre. Port souple, lâche, élégant.

**Floraison :** en avril et en mai. Les grandes fleurs simples sont blanches et odorantes. Superbes !

**Espèces et variétés :** 'Wilsonii' est une variété à port érigé. 'The Bride' est un bel hybride pleureur, peu encombrant et très décoratif.

**Comportement en pot :** cette espèce vigoureuse et rustique pousse vite en pot mais ne peut y survivre que 3 ou 4 ans maximum.

**Dimensions du pot :** un grand bac de 40 à 50 cm de profondeur et de diamètre, au minimum.

**Exposition :** très ensoleillée, mais pas brûlante.

**Terre :** un terreau d'écorces acide et poreux.

**Arrosage :** sans excès, en laissant la terre se ressuyer complètement avant un nouvel apport d'eau.

**Ennemis et maladies :** parfois les pucerons peuvent s'attaquer aux jeunes pousses.

**Utilisations :** l'intérêt de l'arbuste réside surtout dans sa floraison printanière. Cultivez-le en isolé ou en arrière-plan dans un grand bac, avec des bulbeuses printanières et des vivaces à floraison estivale.

**Conseil Truffaut :** tous les deux ans, éliminez les rameaux les plus âgés. Taillez après la floraison.

▲ *Euryops acraceus* : un faux anthémis, très compact.

▲ *Exacum affine* : est aussi souvent cultivé à la maison.

*Exochorda giraldii* : il mérite d'être plus connu. ▶

▲ *Fatsia japonica* prospère bien dans un grand bac.

▲ *Felicia amelloides* : un mignon tapis de marguerites.

◄ *Festuca ovina* 'Glauca' : une herbe d'une rare finesse.

## *Fatsia japonica*
## ARALIA

*Un luxuriant aspect exotique.*

**Arbuste (2 m, -8 °C).**

**Feuillage :** persistant, très décoratif, vert vif brillant sur le dessus, plus pâle au revers. Les grandes feuilles sont palmées, avec sept à neuf lobes. La touffe peut atteindre une envergure de 1,20 à 1,50 m.

**Floraison :** blanche, en automne. Les petites fleurs regroupées en ombelles arrondies apparaissent en gros panicules de 25 à 30 cm de longueur.

**Espèces et variétés :** le genre *Aralia* ne comprend qu'une seule espèce. 'Moseri' est une forme plus compacte. Il existe une belle variété horticole à feuillage panaché de blanc crème, moins rustique que le type, à réserver à la culture d'intérieur.

**Comportement en pot :** c'est une excellente plante pour la culture en pot. Mais elle est peu rustique et doit être protégée du gel en hiver.

**Dimensions du pot :** 25 cm de diamètre et de profondeur au minimum pour un jeune sujet.

**Exposition :** une ombre légère, dans un endroit se trouvant à l'abri des courants d'air froids.

**Terre :** un terreau riche et bien drainé.

**Arrosage :** le sol doit être maintenu toujours frais, surtout en été par temps chaud et sec.

**Ennemis et maladies :** surveillez les attaques d'araignées rouges, qui provoquent par temps sec la décoloration puis le dessèchement des feuilles. Les cochenilles sont également à redouter.

**Utilisations :** l'aralia est idéal pour les terrasses et les balcons ombragés. Associez-le à des aspidistras, des aucubas, des bambous et des azalées.

**Conseil Truffaut :** dans les régions les plus froides, rentrez la potée en hiver dans une véranda ou dans une serre maintenue hors gel.

## *Felicia amelloides*
## ASTER BLEU DU CAP

*Un enchantement de bleu.*

**Plante vivace (40 cm, 0 °C).**

**Feuillage :** vert vif et persistant. Les feuilles sont rondes ou ovales. Même en pot, la touffe forme vite un buisson de 30 à 40 cm de hauteur.

**Floraison :** de juin à septembre, en abondance. Les capitules sont bleu ciel avec un cœur jaune vif. Les fleurs s'ouvrent en plein soleil.

**Espèces et variétés :** 'Variegata' porte un feuillage vert panaché de jaune. 'Read's white' offre une floraison blanc pur. 'Read's Blue', plus commun, a des fleurs bleu clair. 'Santa Anita' se couvre de petites marguerites bleu intense.

**Comportement en pot :** une excellente espèce pour la culture en pot, dont la teinte bleue est peu fréquente en été. Rempotez tous les deux ans.

**Dimensions du pot :** 20 cm de diamètre et de profondeur pour un pied.

**Exposition :** ensoleillée et chaude.

**Terre :** un mélange d'un tiers de terreau enrichi d'éléments fertilisants et de deux tiers de sable.

**Arrosage :** modéré, en laissant le sol s'assécher en surface entre deux apports d'eau.

**Ennemis et maladies :** en général, aucun.

**Utilisations :** c'est un excellent couvre-sol, très florifère, qui peut être cultivé avec des euryops, des dimorphotécas ou des lantanas. L'aster du Cap, appelé aussi agathéa, est idéal pour habiller le pied d'un anthémis tige ou d'un datura.

**Conseil Truffaut :** rasez la touffe durant l'hiver pour qu'elle résiste mieux au froid. Couvrez aussi d'un voile en période de forte humidité.

## *Festuca ovina* 'Glauca'
## FÉTUQUE GLAUQUE

*Un joli coussin d'herbes fines.*

**Plante vivace (30 cm, -10 °C).**

**Feuillage :** il forme une touffe arrondie régulière, très gracieuse. Les feuilles fines et dressées prennent une belle teinte vert bleuté, à reflet plus argenté quand le sol est sec.

**Floraison :** en juin et juillet. Les petits épis de 5 ou 6 mm de long sont délicieusement bleutés.

**Espèces et variétés :** 'April Grün' ne dépasse pas 20 cm de hauteur. Son feuillage est vert bronze, teinté de gris. 'Blaufuchs' porte des feuilles fines, bleu intense. *Festuca mairei* est la plus grande des fétuques. Ses touffes bleutées atteignent 50 à 60 cm d'envergure, et près de 1 m de hauteur pendant la floraison. *Festuca scoparia* forme de larges coussins vert foncé.

**Comportement en pot :** très décorative, la fétuque glauque révèle toute sa beauté dans une jardinière ou dans une coupe large et basse.

**Dimensions du pot :** 15 cm de diamètre et de profondeur au minimum pour une petite espèce.

**Exposition :** en plein soleil, même brûlant.

**Terre :** une bonne terre de jardin légère et bien drainée associée par moitié à du terreau.

**Arrosage :** modéré. Laissez le sol bien sécher en surface avant d'arroser (une fois par semaine).

**Ennemis et maladies :** la pourriture des racines est à craindre en hiver, dans un sol humide et compact.

**Utilisations :** en couvre-sol ou en bordure, pour alléger une composition de feuillages plus rigides.

**Conseil Truffaut :** plantez de préférence les fétuques en mars ou en avril. Divisez les touffes tous les 3 ou 4 ans pour régénérer la plante.

## *Ficus pumila*
## FICUS RAMPANT

*Il court, il grimpe, il cascade.*

**Plante vivace (de 25 cm à 2 m, 0 °C).**

**Feuillage :** persistant, vert foncé. Les feuilles sont ovales et pointues. Les tiges fines développent des racines aériennes qui s'agrippent sur un support rugueux. Le port est rampant ou retombant.

**Floraison :** insignifiante et très rare en culture.

**Espèces et variétés :** 'Sunny' présente un feuillage panaché de blanc crème, très lumineux.

**Comportement en pot :** le ficus rampant supporte des températures basses mais, dans les régions soumises au gel, il protéger le pot tout entier en hiver. Dans le Midi, cette petite plante s'acclimate très bien en plein air.

**Dimensions du pot :** 14 cm de diamètre et 12 cm de profondeur, au minimum, pour un jeune pied. 25 cm pour un sujet adulte.

**Exposition :** à mi-ombre, pas trop chaude.

**Terre :** humifère, légère et drainante. Un mélange de terreau de feuilles et de tourbe, par moitié.

**Arrosage :** régulier pour maintenir le terreau toujours fraîche en été. Réduisez la fréquence dès que le thermomètre redescend en dessous de 15 °C.

**Ennemis et maladies :** les cochenilles se fixent sous le feuillage et sur les tiges.

**Utilisations :** en suspension ou en habillage, au pied d'un arbuste. Il se palisse bien sur un treillage.

**Conseil Truffaut :** de mai à septembre, donnez un engrais pour plantes vertes tous les dix jours.

## *Foeniculum vulgare*
## FENOUIL

*Un feuillage d'une rare légèreté.*

**Plante vivace (1,50 m, - 15 °C).**

**Feuillage :** fin et profondément divisé, gracieux, aérien, vert bleuté. La plante peut atteindre 1,50 m à l'époque de la floraison.

**Floraison :** en juillet et en août. Les petites fleurs jaunes sont regroupées en larges ombelles plates terminales. Elles dégagent un fort parfum d'anis, très caractéristique.

**Espèces et variétés :** *Foeniculum vulgare dulce* est une annuelle, cultivée comme légume, même en pot. La base renflée de la tige est consommée. *Foeniculum vulgare*, la forme ornementale, est rustique avec un feuillage vert bleuté ou bronze clair chez la variété 'Purpureum', très décorative.

**Comportement en pot :** les fenouils décoratifs sont les mieux adaptés à la culture en pot. Plantez-les, à l'abri des courants d'air violents.

**Dimensions du pot :** 30 cm de profondeur et de diamètre pour un seul plant.

**Exposition :** en plein soleil, sans vent dominant.

**Terre :** riche, légère, sableuse et bien drainée.

**Arrosage :** une fois par semaine. Le fenouil légume a besoin d'apports d'eau plus fréquents et plus copieux (deux fois par semaine).

**Ennemis et maladies :** en général, aucun.

**Utilisations :** le fenouil vivace allège les compositions de grandes plantes au port raide. Les feuilles se mangent fraîches ou congelées. Elles entrent dans l'aromatisation de nombreux plats.

**Conseil Truffaut :** coupez les inflorescences dès qu'elles se fanent, car le fenouil se ressème partout, même s'il est cultivé sur le balcon.

▲ *Ficus pumila* : il joue les filles de l'air ou grimpe au mur.

▲ *Foeniculum vulgare* 'Rudy' : un léger goût anisé.

Attention, le fenouil bronze devient vite envahissant. ▶

▲ Le forsythia se cultive très facilement sur un balcon.

▲ *Fortunella japonica* : ses fruits mûrissent bien en pot.

◀ *Fothergilla gardenii* : des fleurs douces au toucher.

## *Forsythia spp.* FORSYTHIA

*Le rayon de soleil printanier.*

**Arbuste (2 m, -20 °C).**

**Feuillage :** caduc, vert foncé. L'envergure est de 0,80 à 2 m, selon la variété. Croissance rapide.

**Floraison :** jaune, au début du printemps. Les fleurs simples apparaissent avant les feuilles et couvrent les branches âgées de 1 à 3 ans.

**Espèces et variétés :** 'Marée d'Or'® a une végétation étalée et ne dépasse pas 0,80 m de hauteur pour 1,50 m de largeur. 'Mêlée d'Or', jaune clair et florifère, présente un port compact et érigé (1 m). 'Boucle d'Or' pousse plus lentement, avec une abondante floraison tardive jaune intense.

**Comportement en pot :** préférez les nouveaux hybrides de l'Inra/Sapho cités ci-dessus, dont la petite taille est plus adaptée à la culture en pot.

**Dimensions du pot :** de 30 à 50 cm de profondeur et de largeur pour un pied.

**Exposition :** en plein soleil ou à mi-ombre.

**Terre :** terre de jardin et terreau par moitié.

**Arrosage :** une fois par semaine environ.

**Ennemis et maladies :** le pourridié entraîne le dépérissement de l'arbuste. Éliminez la plante et la terre contaminées. Désinfectez le contenant.

**Utilisations :** associé dans une grande jardinière à des fusains, des pins miniatures, des petits bulbes et des vivaces à floraison printanière.

**Conseil Truffaut :** après la floraison, taillez tout le vieux bois et les rameaux secs.

## *Fortunella japonica* KUMQUAT

*Le délicieux cousin du citron.*

**Arbuste (2,50 m, -2 °C).**

**Feuillage :** coriace, persistant et vert brillant. Les tiges portent des épines assez rigides.

**Floraison :** blanche et parfumée, en été, suivie de fruits comestibles, de 2 à 3 cm de diamètre.

**Espèces et variétés :** *Fortunella margarita* est une espèce très ressemblante, mais sans épines. Ses fruits sont plus allongés et de saveur acide.

**Comportement en pot :** une excellente plante pour la culture en bac à rempoter tous les deux ans.

**Dimensions du pot :** 35 cm de largeur et de profondeur pour un pied de moins de 1 m de hauteur.

**Exposition :** abritée, très ensoleillée et chaude.

**Terre :** riche, légère et bien drainée. Un bon mélange par tiers, de terreau de fumier, avec de la terre de jardin non calcaire et du sable.

**Arrosage :** le sol doit sécher en surface entre deux apports d'eau (une à deux fois par semaine).

**Ennemis et maladies :** les cochenilles sont des parasites fréquents et tenaces, entraînant l'apparition de la fumagine. Les acariens provoquent une décoloration suivie de la chute des feuilles.

**Utilisations :** en sujet isolé ou avec d'autres agrumes, des palmiers, des bougainvillées.

**Conseil Truffaut :** dans les régions soumises au gel, rentrez votre potée dans une véranda, d'octobre à début mai, à une température de 5 à 8 °C.

## *Fothergilla gardenii* FOTHERGILLA

*Fleurs superbes, feuillage enchanteur.*

**Arbuste (1,50 m, -20 °C).**

**Feuillage :** caduc, vert franc. Les feuilles ovales et dentées prennent une splendide coloration automnale rouge écarlate. 1 m de hauteur pour 1,5 m de largeur.

**Floraison :** très parfumée, en avril et en mai. Les fleurs blanc crème, réunies en chatons veloutés, de 3 cm de long, apparaissent sur le bois de un an.

**Espèces et variétés :** 'Blue Mist' développe un feuillage d'un bleu eucalyptus du plus bel effet.

**Comportement en pot :** cet arbuste à croissance lente se rempote tous les trois ans.

**Dimensions du pot :** de 30 à 40 cm de profondeur et de diamètre pour un jeune sujet.

**Exposition :** plein soleil ou à mi-ombre. La floraison peut souffrir des gelées printanières. Installez votre potée à l'abri des courants d'air froids.

**Terre :** terreau et terre de bruyère par moitié.

**Arrosage :** deux à trois fois par semaine, avec une eau non calcaire, pour maintenir le sol frais.

**Ennemis et maladies :** en général, aucun.

**Utilisations :** dans une grande jardinière, associez cette plante avec d'autres arbustes à floraison estivale ou à feuillage ornemental et à des plantes vivaces, pour compenser son aspect discret en été.

**Conseil Truffaut :** effectuez une petite taille d'entretien en hiver pour équilibrer la forme.

## *Fragaria vesca* FRAISIER

*Le plaisir des récoltes faciles.*

**Plante vivace (25 cm, - 10 °C).**

**Feuillage :** en touffe étalée, vert, semi-persistant. Les grandes feuilles à trois lobes sont dentées.

**Floraison :** du printemps à la fin de l'été, selon les variétés. Les fleurs simples ont cinq pétales blancs.

**Espèces et variétés :** il existe deux groupes principaux, l'un donnant une production abondante de fruits en été (les non remontants) et l'autre fructifiant régulièrement entre juin et octobre (les remontants). Parmi ces dernières, essayez 'Mara des bois' pour son extraordinaire goût de fraise des bois. 'Gento', ferme et juteuse, est une des plus productives. 'Reine des Vallées' est une forme améliorée de la fraise des bois. 'Pink Panda' et 'Vivarosa' se distinguent par une floraison rose vif très originale. Ce dernier fructifie fort bien.

**Comportement en pot :** le fraisier donne d'excellents résultats en pot. Choisissez de préférence une variété remontante, même stolonifère.

**Dimensions du pot :** 20 cm de diamètre et de profondeur pour un pied.

**Exposition :** en plein soleil non brûlant.

**Terre :** un bon terreau pour géraniums. Prévoyez un apport d'engrais organique lors de la plantation, puis chaque année au printemps.

**Arrosage :** pendant la saison de fructification maintenez le sol toujours frais, sans le détremper.

**Ennemis et maladies :** les viroses, l'oïdium, le botrytis, les pucerons et les araignées rouges peuvent réduire à néant vos espoirs de récolte. Traitez préventivement au début et à la fin de la floraison.

**Utilisations :** installez plusieurs pieds dans une jarre percée d'ouvertures sur les flancs pour obtenir une récolte plus abondante sur un minimum de place.

**Conseil Truffaut :** renouvelez vos cultures de fraisiers tous les trois ans avec des plants sains.

▲ *Fragaria vesca* : on ne peut résister à sa saveur.

## *Freesia* FREESIA

*Des fleurs originales au parfum subtil.*

**Plante bulbeuse (40 cm, 5 °C).**

**Feuillage :** vert franc, étroit et lancéolé.

**Floraison :** en été. Les fleurs très odorantes, sont groupées en épis allongés. Coloris variés.

**Espèces et variétés :** il existe de nombreux hybrides la plupart du temps vendus en mélange.

**Comportement en pot :** comme il craint le froid, le plus facile consiste à le cultiver en pot. Renouvelez les bulbes chaque année.

**Dimensions du pot :** 25 cm de profondeur et de diamètre pour une dizaine de cormus.

**Exposition :** chaleur et plein soleil.

**Terre :** un terreau sableux, très poreux.

**Arrosage :** une à deux fois par semaine pendant la croissance. Nul pendant la période de repos.

**Ennemis et maladies :** surveillez les attaques de pucerons et d'araignées rouges.

**Utilisations :** dans un grand pot, associez les freesias à des plantes annuelles tapissantes telles que des sanvitalias, des verveines ou des pétunias.

**Conseil Truffaut :** plantez les cormus en avril, après les dernières gelées. Enterrez-les à 5 cm de profondeur en les espaçant de 5 à 7 cm.

▲ Le fraisier réussit sans problème à décorer un panier.

*Freesia* x *hybrida* : parfum unique et fleur parfaite. ▶

▲ *Fremontodendron californicum* : une superbe curiosité.

▲ *Fritillaria meleagris* : un damier de toute beauté.

◄ *Fritillaria imperialis* : les taupes ne l'aiment guère.

## *Fremontodendron californicum*
## FRÉMONTIA

*Une avalanche de fleurs d'or.*

**Arbuste (2,50 m, 0 °C).**

**Feuillage :** semi-persistant. Les feuilles duveteuses sont profondément lobées, glauques sur le dessus et brunes au revers. Port semi grimpant.

**Floraison :** de mai à octobre. Les grandes fleurs simples ont une belle couleur jaune d'or éclatante.

**Espèces et variétés :** 'California Glory' est un superbe hybride à grandes fleurs de 10 cm de diamètre. Sa croissance est rapide, mais sa durée de vie est courte. Il peut être hiverné en véranda.

**Comportement en pot :** le frémontia en pot vit de 3 à 5 ans. Il n'aime pas les rempotages.

**Dimensions du pot :** 40 cm de profondeur et de largeur, pour qu'il puisse bien s'installer.

**Exposition :** en plein soleil. Situation chaude et abritée des vents dominants froids.

**Terre :** un mélange bien drainé par tiers de terreau de feuilles, de tourbe et de sable de rivière.

**Arrosage :** laissez sécher la terre à la surface du pot entre deux apports d'eau bien copieux.

**Ennemis et maladies :** en général aucun.

**Utilisations :** installez-le contre un mur exposé au sud ou au sud-ouest ou encore contre un treillage bien protégé. Plantez à la base de la touffe des lavandes, des *Teucrium*, des armoises.

**Conseil Truffaut :** palissez les nouvelles pousses au fur et à mesure de leur croissance.

## *Fritillaria spp.*
## FRITILLAIRE

*Une symphonie de clochettes.*

**Plante bulbeuse (80 cm, - 15 °C).**

**Feuillage :** vert ou glauque, linéaire ou lancéolé. Les feuilles alternes sont disposées en groupes.

**Floraison :** de mars à mai, selon les espèces. Les fleurs, en clochettes pendantes, sont réunies au sommet ou le long d'une hampe florale rigide.

**Espèces et variétés :** *Fritillaria michaïlowsky* pousse très bien en pot. Les fleurs chocolat à collerette jaune vif apparaissent en avril et en mai. *Fritillaria imperialis*, la couronne impériale, peut atteindre 80 cm en pot. Un toupet de bractées vertes surmonte les fleurs en clochettes pendantes. *Fritillaria eduardii* ressemble à la couronne impériale, en modèle réduit. Sa floraison inodore est plus précoce. *Fritillaria meleagris*, la plante pintade, épanouit de grosses fleurs tachetées en damier pourpre ou blanc pur. *Fritillaria persica* 'Adyaman' développe un grand épi de fleurs prune, presque noires. Elle demande un emplacement chaud.

**Comportement en pot :** les fritillaires poussent très bien en pot, mais leur durée de végétation est courte. Elles sont remplacées après la floraison.

**Dimensions du pot :** prévoyez un pot de 15 cm de diamètre et même de profondeur, pour un bulbe de couronne impériale. Vous pouvez y planter de trois à cinq bulbes pour les petites espèces.

**Exposition :** en plein soleil ou à mi-ombre.

**Terre :** un mélange de terre de jardin, de sable, de tourbe et de terreau de feuilles, à parts égales.

**Arrosage :** une fois par semaine pendant la croissance. Cessez les apports d'eau après la floraison.

**Ennemis et maladies :** pratiquement aucun.

**Utilisations :** pour réaliser une ambiance printanière très fleurie dans une belle vasque, en compagnie de tulipes, de narcisses et de jacinthes.

▲ *Fuchsia* x 'Nancy Lou' : couleur tendre.

▲ *Fuchsia* x 'Cover Girl' : généreux.

▲ *Fuchsia* x 'Claudie Bonheur' : fin.

▲ *Fuchsia* x 'Orange Crush' : harmonieux.

**Conseil Truffaut :** manipulez les bulbes de fritillaires impériales avec précaution. La plantation précoce s'effectue de fin août à septembre, en enterrant les bulbes à 8 ou 10 cm de profondeur. Essayez de les conserver dans le même pot pendant trois ou quatre ans, sans plus y toucher.

## *Fuchsia spp.* FUCHSIA

*Une incroyable composition de couleurs.*

**Arbuste (2 m, de 0°C à -5 °C).**

**Feuillage :** caduc, vert mat. Les feuilles, lancéolées ou cordiformes, peuvent être lisses ou duveteuses. Port buissonnant, érigé ou retombant.

**Floraison :** de mai jusqu'aux premières gelées, sans interruption. Les fleurs sont en général pendantes, d'abord tubulaires, elles s'ouvrent ensuite en quatre sépales étoilés et quatre pétales qui forment une clochette. Les fleurs apparaissent sur les nouvelles pousses de l'année. Nombreux coloris, dans les diverses nuances de blanc, de rose, d'orange, de rouge, de mauve et bleu violet se mêlent souvent à deux chez les hybrides.

**Espèces et variétés :** les espèces botaniques sont rares en culture. *Fuchsia procumbens* présente un port très étalé et bas, avec de curieuses petites fleurs érigées, teintées de jaune-orangé, de pourpre et de vert. Les horticulteurs ont créé un très grand nombre d'hybrides, vraiment superbes.

• **Les rustiques :** *Fuchsia magellanica*, rouge profond et rouge violet ; *Fuchsia magellanica* var. *gracilis*, rouge et pourpre ; *Fuchsia magellanica* var. *pumila*, rouge profond et pourpre violet ; *Fuchsia magellanica* 'Riccartonii', rouge pourpre et violet pourpré.

• **Les formes naines** : 'Frau Alice Hoffmann', rose et blanc nervuré de rouge ; 'Minirose', blanc teinté de rouge et pourpre ; 'Sun of Thumb', rose bonbon et rose clair ; 'Tom Pouce', rouge vif et mauve.

• **Les retombants pour suspensions** : 'Cascade', blanc teinté de carmin et rouge foncé ; 'Berba's Trio', rose-rouge, bleu à reflets pourpres ; 'La Campanella', blanc rosé, pourpre teinté de bleu lavande avec des rainures rouge cerise ; 'Belle de Spa', rose et rouge-orangé' ; 'Golden Lena', blanc, rouge rosé et violet foncé ; 'Onna', rouge-orangé.

• **Fuchsias à feuillage coloré** : 'Anjo', feuillage gris-vert, jaune et crème avec des fleurs blanches et rose-rouge ; 'Cloth of Gold', feuillage vert-jaune au revers rouge rosé, à fleurs pourpres ; *Fuchsia magellanica var versicolor*, à feuillage doré et à fleurs rouges et pourpre ; 'Golden Marinka', au feuillage multicolore veiné de rouge et avec des fleurs carmin teinté de pourpre ; 'Sunray', à feuillage vert-gris, crème et rose, avec des fleurs cramoisies et bleues...

• **À fleurs simples** : 'Beacon', cerise et pourpre ; 'Hathor', rose et saumoné ; 'Mission Bells', rouge et pourpre ; 'Citation', rose pâle et blanc ; 'Madame Cornelissen', rouge vif et blanc ; 'Rose de Castille', rose pâle et framboise ; 'Ting-a-Ling', blanc pur ; 'Joy Patmore', blanc et rouge rosé ; 'Caroline', rose frais et rose lilacé ; 'Jubilée', rose...

• **À fleurs doubles** : 'Alaska', blanc ; 'Pink Galore', rose ; 'Nancy Lou', rose clair et blanc ; 'Sharon Allsop', carmin et blanc ; 'Swingtime', rouge vif et blanc ; 'Blue Pearl', blanc-ivoire et violet bleuté ; 'Abondance', rouge vif et violet.

**Comportement en pot :** le fuchsia est une excellente plante pour la culture en jardinière. Il peut vivre deux à trois ans, sans rempotage.

**Dimensions du pot :** 25 cm de profondeur et de largeur, au minimum, pour un pied.

▼ *Fuchsia* x 'Mr. Hugget' : assez classique.

▼ *Fuchsia* x 'Citation' : bien épanoui.

▼ *Fuchsia magellanica* 'Gracilis' : léger.

▼ *Fuchsia* x 'Frank Unsworth' : très pur.

▲ *Fuchsia* x 'Charming' : il porte très bien son nom.

▲ *Fuchsia* x 'Daisy Bell' : un port franchement pleureur.

◀ Une potée de fuchsia peut fleurir jusqu'en octobre.

## *Fuchsia spp.*
## FUCHSIA *(suite)*

**Exposition :** à mi-ombre ou au soleil, en évitant une situation trop chaude et brûlante, en plein midi. Protégez la potée des courants d'air. Au cœur du mois d'août, il est conseillé de placer la jardinière à la mi-ombre. Quelques heures de soleil le matin ou l'après-midi suffiront aux fuchsias.

**Terre :** un mélange léger et poreux de terreau de feuilles, de terre de bruyère et de terre franche par tiers. Au moment de la plantation, ajoutez une poignée d'engrais organique (corne torréfiée, sang desséché) ou de fumier bien décomposé. Le fuchsia est une plante gourmande, car sa croissance est rapide et généreuse. En cours de saison, vous serez peut-être amené à changer la terre de surface et à la remplacer par un mélange terreux tout neuf.

**Arrosage :** pendant la période de végétation, maintenez le sol toujours frais, sans le détremper. Il faut éviter les « coups » de soif qui abîment le feuillage et font tomber les boutons et les fleurs. Mais le fuchsia est aussi très sensible à un excès d'humidité, qui provoque la pourriture des racines. Arrosez modérément après le rempotage, car, tant que la végétation n'est pas repartie, les besoins en eau sont plus limités. L'eau d'arrosage ne doit jamais stagner dans les soucoupes. Soyez très vigilant avec les plantes cultivées en panier suspendu. Elles sont souvent plus exigeantes en eau. Pendant les journées les plus chaudes de l'été, bassinez le feuillage de votre fuchsia et mouillez le sol tout autour de la potée, pour augmenter l'hygrométrie ambiante. En hiver, réduisez fortement les apports d'eau. Il faut seulement empêcher le dessèchement complet qui entraînerait la mort des racines. Utilisez toujours une eau non calcaire.

**Ennemis et maladies :** surveillez les attaques de pucerons, d'aleurodes et d'araignées rouges. Traitez dès les premiers signes d'infestation puis régulièrement pour éviter le développement et la prolifération des parasites. En début de végétation, protégez le jeune feuillage contre la voracité des escargots et des limaces. Gare aussi aux cochenilles farineuses en fin de saison.

**Utilisations :** en isolé ou dans de gros pots et des jardinières, avec des bégonias tubéreux, des impatiens, des coléus, des plectranthes ou des bacopas. Dans une composition regroupant plusieurs plantes, repiquez les pieds de fuchsias en conservant une distance de 30 cm entre les plants. Les espèces rustiques peuvent être associées avec des hydrangéas, des *Begonia grandis* 'Evansiana', des hostas, des fougères caduques, des tiarellas, des tolmiéas ou des lamiers. Les hybrides à port retombant ou étalé doivent être installés dans des suspensions ou dans un pot placé sur une colonne, à l'abri du vent. Si vous pouvez conserver votre plante à l'abri du gel hivernal, n'hésitez pas à acheter un fuchsia sur tige. Les sujets bien développés créent un grand effet décoratif.

**Conseil Truffaut :** les fuchsias cultivés toute l'année à l'extérieur sont rabattus au niveau du sol après les premières gelées. Couvrez la souche avec une épaisse litière de feuilles, de fougères, de tourbe ou de paille. Protégez également le contenant, en l'entourant avec un voile d'hivernage ou un film plastique à bulles. Ôtez toutes les protections au printemps, après les dernières gelées. La reprise de la végétation est souvent tardive, les jeunes pousses n'apparaissant qu'en mai. Toutes les espèces et variétés non rustiques doivent être protégées ou rentrées de la mi-octobre à

Une suspension de fuchsia accompagne une akébie.

début mai, dans une serre froide ou dans une véranda peu chauffée (de 5 à 10 °C). Supprimez une partie du feuillage et des branches, pour diminuer l'encombrement de la potée.

À la fin de l'hivernage, en mars, après avoir effectué une taille plus sévère, rempotez votre plante dans un pot légèrement plus grand. Au cours de cette opération, si le chevelu racinaire est important, réduisez la motte aux racines serrées, en éliminant un tiers de son volume.

Faites ensuite un apport copieux d'engrais organique. Surfacez si la potée est déjà trop volumineuse. Cette opération consiste à ôter les premiers centimètres de terre, en procédant délicatement pour ne pas abîmer les racines. Comblez avec un nouveau terreau, enrichi de préférence avec un quart d'amendement organique.

Quand les nouvelles pousses développent de quatre à six feuilles, pincez leurs extrémités. Avec les variétés vigoureuses, vous pouvez renouveler jusqu'à trois fois l'opération, à un mois d'intervalle, pendant la croissance. La floraison est alors un peu retardée, mais le port de la plante est beaucoup plus homogène et trapu.

Une fois par semaine, faites des apports d'engrais liquide, jusqu'à l'apparition des premières fleurs. Palissez et tuteurez les jeunes pousses au fur et à mesure de leur croissance, car elles sont alors beaucoup plus flexibles que les tiges ayant formé du bois. Ôtez régulièrement les feuilles jaunies, fanées et les fruits qui épuisent inutilement la plante. Ramassez les fleurs tombées sur le sol pour éviter la propagation des maladies.

Pour multiplier votre fuchsia, le bouturage est la méthode la plus facile et la plus rapide. L'époque la plus favorable se situe dans la seconde quinzaine d'août et jusqu'à mi-septembre. Prélevez des boutures de 8 à 10 cm. Choisissez des pousses vigoureuses et trapues, sans bouton à fleurs. Ôtez les deux feuilles situées à la base. Installez vos boutures dans des petits godets remplis de terre de bruyère, additionnée de terreau horticole. Enfoncez-les jusqu'à la première paire de feuilles. Arrosez copieusement et installez vos boutures dans une mini-serre, à l'étouffée. Dès la reprise de la végétation et la formation des radicelles, aérez la culture et endurcissez progressivement vos jeunes plants avant de les rempoter deux fois, à 40 jours d'intervalle, dans des pots de plus en plus grands (prévoyez un diamètre supérieur de 1 ou 2 cm). Pincez les tiges pour stimuler la ramification et la production de fleurs.

*Fuchsia* x 'Comtesse of Aberdeen' et 'Swin' : superbes.

## La petite histoire du fuchsia

La première espèce de fuchsia fut trouvée et décrite vers 1704 par le révérend père Plumier, qui la dédia au Bavarois Fuchs, médecin, botaniste et professeur à l'université de Thuringe. Il s'agissait du *Fuchsia triphylla*. La plupart des espèces botaniques poussent au Pérou, au Chili et au Mexique, sur les hautes montagnes, en plein cœur de la forêt, dans des emplacements ombragés et humides. Seules deux espèces, *Fuchsia excortica (voir ci-contre)* et *Fuchsia procumbens*, sont originaires de la Nouvelle-Zélande. Entre 1788 et 1852, de nombreux fuchsias furent introduits en Angleterre et en France, sous forme de graines ou de plants. Avant 1830, les quelques espèces cultivées avaient souvent un petit feuillage. Peu à peu, elles furent délaissées au profit d'espèces mexicaines à large feuillage et à très grandes fleurs. Ils permirent l'obtention de nouveaux hybrides plus robustes et florifères.

▲ *Galanthus nivalis* : une floraison au cœur de l'hiver.

## *Galanthus nivalis*
## PERCE-NEIGE

*La fleur tendresse de l'hiver.*

**Plante bulbeuse (15 cm, - 20 °C).**

**Feuillage :** linéaire, glauque, assez rigide.

**Floraison :** de janvier à mars. Les fleurs ont l'aspect de petites clochettes pendantes blanches, avec la pointe des pétales tachée de vert.

**Espèces et variétés :** *Galanthus nivalis* 'Plenus' est une belle forme à fleurs doubles. Par l'ampleur de la touffe et par la taille des fleurs, *Galanthus plicatus* est le plus grand des perce-neige. Il atteint 20 cm de hauteur. 'Dionisos' est une variété à fleurs semi-doubles. *Galanthus nivalis reginae-olgae* se distingue par une floraison automnale.

**Comportement en pot :** le perce-neige doit être installée au premier plan dans les potées. Plantez-le en masse pour obtenir un effet décoratif plus réussi. Il peut vivre plusieurs années dans le même pot.

**Dimensions du pot :** installez une vingtaine de bulbes en tous sens, dans un pot de 18 cm.

**Exposition :** à mi-ombre, avec un peu de soleil dans la journée. Dans les régions au climat chaud et sec, disposez les perce-neige à l'ombre.

**Terre :** terre de jardin, terreau universel et sable de rivière en mélange par tiers.

**Arrosage :** modéré, pour maintenir le sol légèrement humide mais non détrempé pendant la belle saison.

**Ennemis et maladies :** robuste et rustique, le perce-neige est parfois attaqué par la mouche du narcisse, dont la larve se développe à l'intérieur du bulbe.

**Utilisations :** associez-le à des muscaris, des crocus, des petits iris réticulés, des narcisses 'Tête-à-Tête', des hellébores et des bruyères à floraison hivernale.

**Conseil Truffaut :** plantez les bulbes dès qu'ils sont disponibles, à la fin d'août ou au début de septembre. Enfoncez-les entre 5 et 7 cm de profondeur, avec 3 cm d'intervalle entre chaque pied.

## *Gaultheria procumbens*
## GAULTHÉRIA

*Des bonbons à dévorer des yeux.*

**Arbuste (50 cm, - 10 °C).**

**Feuillage :** persistant. Les feuilles sont ovales, luisantes et vert foncé. La croissance est très lente.

**Floraison :** très discrète, de mai à septembre. Les petits fleurs en forme d'urnes donnent des fruits rouges à maturité, qui persistent d'octobre à mars.

**Espèces et variétés :** *Gaultheria procumbens* est le plus rustique. *Gaultheria cuneata* forme un buisson de 30 cm de haut, qui se couvre de fruits blancs. *Gaultheria* 'Shallon' atteint 50 cm de hauteur en pot. Les fleurs blanc rosé sont suivies de fruits comme des bonbons rouges, puis noirs, en septembre et octobre.

**Comportement en pot :** le gaulthéria vient bien dans une potée à l'ombre. Évitez les courants d'air froids et l'humidité stagnante.

**Dimensions du pot :** environ 30 cm de largeur et de profondeur pour un pied.

**Exposition :** à mi-ombre dense ou à l'ombre.

**Terre :** terre de bruyère pure ou terreau forestier.

**Arrosage :** régulier pendant la belle saison, pour maintenir une humidité constante au niveau du sol.

**Ennemis et maladies :** le gaulthéria en pot est très sensible au phytophtora dans les sols humides.

**Utilisations :** en couvre-sol dense au pied d'azalées, de rhododendrons ou d'hydrangéas.

**Conseil Truffaut :** plantez plusieurs pieds pour obtenir une fécondation croisée qui vous garantira une fructification plus importante.

◄ *Gaultheria* x 'Shallon' : idéal avec des bruyères.

## *Gazania* x *hybrida*
## GAZANIA

*Des étoiles en plein soleil.*

**Plante vivace (30 cm, 2 °C).**

**Feuillage :** lancéolé et dentelé. Les grandes feuilles sont vert foncé sur le dessus et gris argenté au revers. La plante forme une touffe épanouie.

**Floraison :** de juillet jusqu'aux premières gelées. Coloris variés, souvent chauds et vifs. Les capitules en forme d'étoiles ne s'ouvrent qu'en plein soleil.

**Espèces et variétés :** 'Chansonnette' porte un petit feuillage et une abondante floraison rose. 'Mini Star' est une belle variété au port compact.

**Comportement en pot :** excellent s'il reçoit le soleil toute la journée. Rempotez tous les deux ans.

**Dimensions du pot :** 15 cm de largeur et de profondeur, au minimum, pour un pied.

**Exposition :** très ensoleillée et chaude.

**Terre :** terreau et terre de jardin par moitié.

**Arrosage :** tous les deux jours par temps chaud.

**Ennemis et maladies :** les pucerons, les limaces et les araignées rouges peuvent faire des dégâts.

**Utilisations :** plantez le gazania avec des dimorphotécas, des lantanas, des anthémis ou du pourpier.

**Conseil Truffaut :** mettez en place vos plants en mai. En été, donnez de l'engrais tous les dix jours. Ôtez régulièrement les fleurs fanées.

## *Genista lydia*
## GENÊT

*Une floraison éclatante, mais éphémère.*

**Arbuste (60 cm, -8 °C).**

**Feuillage :** presque inexistant. Les branches glauques prennent un port étalé sur 80 cm à l'âge adulte.

**Floraison :** abondante en mai et en juin. Les fleurs jaune d'or sont groupées, à l'extrémité des tiges effilées qui plient joliment sous leur poids.

**Espèces et variétés :** *Genista pilosa* offre un port prostré. Ses variétés 'Vancouver Gold' et 'Yellow Spreader' forment des couvre-sol qui ne dépassent pas 35 à 45 cm de haut et qui épousent la forme du contenant. Elles supportent le froid et le calcaire.

**Comportement en pot :** ce genêt pousse très bien en potée. Disposez-le en hauteur pour apprécier son port retombant et la floraison en cascade.

**Dimensions du pot :** 30 cm de largeur et de profondeur au minimum pour un pied.

**Exposition :** en plein soleil.

**Terre :** une terre de jardin légère, sableuse.

**Arrosage :** pas plus d'une fois par semaine. Le genêt résiste mieux au froid dans un sol sec.

**Ennemis et maladies :** en général aucun.

**Utilisations :** profitez des branches retombantes de ce genêt pour cacher un contenant inesthétique.

**Conseil Truffaut :** les apports d'engrais ne sont pas utiles, car cette espèce apprécie un sol pauvre.

## *Gentiana spp.*
## GENTIANE

*Elle est merveilleuse, mais capricieuse.*

**Plante vivace (25 cm, -10 °C).**

**Feuillage :** constitué de rosettes, avec des feuilles ovales allongées ou en forme de fer de lance.

**Floraison :** les gentianes européennes fleurissent au printemps, celles d'origine asiatique, en été et en automne. Les fleurs ont l'aspect de trompettes.

**Espèces et variétés :** *Gentiana acaulis* forme un tapis vert surmonté de fleurs bleu profond en mai et en juin. *Gentiana sino-ornata* fleurit en automne. Les fleurs sont bleu vif, avec des rayures bleu foncé et vert jaunâtre. *Gentiana septemfida* a un port compact. Les fleurs bleu soutenu apparaissent en été.

**Comportement en pot :** pour la culture en pot, privilégiez les petites espèces. Installez la potée sur une colonne pour admirer la floraison exceptionnelle.

**Dimensions du pot :** de 15 à 20 cm de largeur et de profondeur suffisent pour un plant.

**Exposition :** au soleil doux ou à l'ombre légère.

**Terre :** un mélange de terreau et de terre de bruyère par moitié. Le pot doit être bien drainé.

**Arrosage :** une à deux fois par semaine.

**Ennemis et maladies :** attention à la pourriture des racines quand le sol reste trop humide.

**Utilisations :** une plante idéale pour réaliser une mini-rocaille dans une auge en pierre.

**Conseil Truffaut :** rempotez chaque année à la même époque que la plantation initiale.

▲ *Gazania* x 'Daybreack Bronze' : un coloris très riche.

▲ *Genista hispanica* : une marée de fleurs éclatantes.

▲ *Gentiana lagodechiana* : la perfection en bleu.

*Gentiana septemfida* : une délicieuse miniature. ▶

Geranium endressii : une touffe compacte couvre-sol.

*Geranium spp.*
## GÉRANIUM VIVACE

*Une plante vraiment sans problème.*

**Plante vivace (60 cm, - 20 °C).**

**Feuillage :** les feuilles, plus ou moins lobées et dentelées, sont palmées et stipulées. Les espèces vivant à l'ombre ont souvent un feuillage persistant. Les géraniums aimant le plein soleil ont des feuilles plus divisées, avec des coloris plus sombres.

**Floraison :** de la fin avril à la mi-août, par vagues successives, avec un pic en juin, dans les teintes de blanc, rose, pourpre et bleu. Les espèces botaniques fleurissent pendant un à deux mois, les hybrides pendant quatre mois. Les fleurs simples ont une forme de coupe plus ou moins évasée.

**Espèces et variétés :** il existe 375 espèces de géraniums. Le nombre d'hybrides ne cesse de s'accroître.

- **Les géraniums vivaces blancs :** *Geranium phaeum* 'Album', blanc pur, parfait en couvre-sol à l'ombre ; *Geranium sanguineum* 'Album', blanc pur, très florifère, résiste bien à la chaleur et à la sécheresse ; *Geranium clarkei* 'Kashmir White', à fleurs blanches veinées de rose lilas, développe un beau feuillage découpé comme un érable japonais ; *Geranium macrorrhizum* 'Spessart' se distingue par des fleurs blanches à sépales rougeâtres ; *Geranium renardii*, au délicat blanc veiné de pourpre, arbore un beau feuillage velouté et vert mat.
- **Les géraniums vivaces roses :** *Geranium cinereum* 'Ballerina' porte longtemps de grandes fleurs rose soutenu avec des veines plus foncées et un centre noir ; *Geranium endressii* dans la forme 'Jean Poligné' est une miniature, rose soutenu, au port compact ; *Geranium endressii* 'Wargrave Pink', s'épanouit en rose saumoné satiné ; *Geranium* x *oxonianum* 'Bressingham Delight', est rose saumon pâle et très veiné ; *Geranium sanguineum* var. lancastriense a de grandes fleurs rose pâle, veinées rose foncé ; *Geranium pylzowianum,* aux petites fleurs rose brillant, forme des tubercules en grand nombre, qui donnent chacun un nouveau pied. Cette espèce florifère, ne dépasse pas 15 cm de haut et pousse bien en pot.
- **Les géraniums vivaces bleus :** 'Brookside', bleu clair avec un centre blanc est remontant en automne ; 'Johnson's Blue', d'un bleu intense avec des veines pourpres et un œil blanc, prend de belles colorations en automne ; *Geranium phaeum* 'Lily Lovell' est vigoureux et fleurit mauve, un peu plus tôt que l'espèce type.
- **Les géraniums vivaces rouges ou pourpre :** *Geranium cinereum* 'Subcaulescens', rouge cramoisi

*Geranium cinereum* 'Ballerine' : strié.

*Geranium cinereum* 'Subcaulescens'.

*Geranium oxonianum* : un rose léger.

*Geranium phaeum* : presque noir.

Le superbe feuillage automnal du *Geranium dalmaticum*. ▶

a le cœur et des veines noirs ; 'Dylis', mauve-pourpre avec des veines rouge foncé, fleurit depuis août jusqu'aux premiers gels ; 'Little David', rouge magenta teinté de pourpre, au port très étalé n'excède pas 25 cm de haut ; *Geranium* x *magnificum*, violet-pourpre, est stérile et très florifère ; *Geranium psilostemon* 'Bressingham Flair', rouge magenta à œil et veines noirs, atteint 80 cm ; *Geranium sanguineum* 'Max Frei', à fleurs magenta, est compact, tapissant avec de belles couleurs en automne ; *Geranium* 'Ann Folkard', rouge magenta à œil et veines noirs, fleurit de juin à octobre.

- **Les géraniums vivaces à feuillage décoratif :** *Geranium phaeum* 'Maggie's Delight' porte des feuilles maculées de jaune-crème aux nervures sombres ; *Geranium phaeum* 'Samobor' taché de brun fleurit pourpre ; *Geranium phaeum* 'Variegatum' est marqué de blanc, de crème et de rouge.

**Comportement en pot :** hormis *Geranium maderense* et d'autres espèces originaires des Canaries ou d'Afrique du Sud, la plupart des géraniums cultivés supportent des températures très basses. Les espèces compactes vivent plusieurs années en pot. Les grandes seront rempotées à chaque printemps.

**Dimensions du pot :** 35 cm en tous sens.

**Exposition :** ensoleillée mais non brûlante, sauf pour *Geranium phaeum, macrorrhizum* et *nodosum*, qui poussent à l'ombre. Les espèces himalayennes, tels que *Geranium sinense*, *wallichianum*, *erianthemum* ou *lambertii* apprécient une situation au nord.

**Terre :** un bon « terreau géraniums » assez compact. *Geranium sanguineum* et ses variétés apprécient un apport de un quart de sable calcaire.

**Arrosage :** une fois par semaine. Par temps chaud et sec, augmentez la fréquence pour stimuler la repousse du feuillage et la remontée des fleurs.

**Ennemis et maladies :** l'oïdium est fréquent, notamment sur *Geranium pratense*. Après une forte pluie en été, surveillez les attaques éventuelles de rouille, en particulier sur *Geranium pyrenaicum*. Coupez les feuilles atteintes et pulvérisez un produit fongicide. Les larves d'otiorhynques s'attaquent aux racines des géraniums en pots. La plante peut périr en quelques semaines. Le remède le plus efficace consiste à dépoter la plante et à secouer la motte pour faire tomber les larves. Rempotez dans un nouveau pot avec un substrat tout neuf.

**Utilisations :** les géraniums qui restent beaux longtemps, tels que *Geranium* cinereum 'Ballerina', *Geranium* cantabrigiense, *Geranium* x 'Biokovo', *Geranium pylzowianum, Geranium macrorrhizum* 'Ingwersen', *Geranium renardii, Geranium sanguineum* 'Lancastriense', *Geranium psilostemon* 'Bressingham Flair', *Geranium sanguineum* 'Max Frei' et *Geranium sylvaticum* 'Meran' auront vos faveurs pour la culture en pot. Associez-les à des alchémilles, des rosiers, des ancolies, des népétas, des lavandes, des armoises 'Powis Castle' ou des knautias. À l'ombre, plantez les géraniums vivaces avec des lamiers, des astilbes et des fougères.

**Conseil Truffaut :** tuteurez les grandes espèces, tels que *Geranium psilostemon, sylvaticum* et *pratense*. Rabattez les touffes après la floraison afin de favoriser une remontée, tout en améliorant l'aspect général. Divisez les pieds volumineux en hiver.

▼ *Geranium psilostemon* : très vigoureux.

▼ *Geranium renardii* : une grande finesse.

▼ *Geranium* x 'Brookside' : grandes fleurs.

▼ *Geranium* x 'Johnson's Blue' : intense.

▲ *Gerbera* x *jamesonii* : très gourmand en arrosages.

▲ *Glechoma hederacea* 'Variegata' : toujours retombant.

◀ *Godetia* x 'Azalée Rembrandt' : une potée éclatante.

## *Gerbera jamesonii*
## GERBERA

*Une marguerite géante haute en couleurs.*

**Plante vivace (40 cm, 5 °C).**

**Feuillage :** vert moyen, persistant, en larges rosettes de feuilles velues, lancéolées et lobées.

**Floraison :** de mai à août. Les grands capitules simples ou doubles ressemblent à des marguerites. Coloris variés, dans toutes les nuances de blanc, jaune, orange, rose, rouge et pourpre.

**Espèces et variétés :** '$F_1$ Jaguar' est idéal pour la culture en pot. Il atteint 30 cm de haut.

**Comportement en pot :** le gerbera pousse très bien dans un contenant évasé. Gélif, il doit être protégée du froid et rentré dans une véranda en hiver, à une température de 5 à 7 °C.

**Dimensions du pot :** au minimum 20 cm de profondeur et de largeur pour un seul pied.

**Exposition :** abritée du vent et ensoleillée.

**Terre :** un bon terreau de plantation, bien drainé.

**Arrosage :** modéré, pour garder le sol à peine frais.

**Ennemis et maladies :** un excès d'humidité favorise la pourriture des racines. Attention aux pucerons.

**Utilisations :** pour un décor estival très fleuri, associez le gerbera avec d'autres belles exotiques telles que le lantana, le gazania et tous les pélargoniums.

**Conseil Truffaut :** rempotez chaque année en mars. De mai à septembre, donnez de l'engrais pour plantes fleuries tous les dix jours. Coupez les tiges des fleurs fanées au niveau du sol.

## *Glechoma hederacea*
## LIERRE TERRESTRE

*Une cascade de feuilles panachées.*

**Plante vivace (15 cm, -10 °C).**

**Feuillage :** persistant. Les petites feuilles réniformes sont dentées. Port tapissant ou retombant.

**Floraison :** de mars à juin. Les fleurs, bleu-violet à lèvre lavande, sont portées par des tiges dressées.

**Espèces et variétés :** 'Variegata' porte des feuilles panachées ou bordées de crème.

**Comportement en pot :** excellent et durable, rempotez tous les deux ans. Ses tiges peuvent atteindre 1 m de longueur en quelques mois.

**Dimensions du pot :** 14 cm de profondeur et de largeur pour un seul pied.

**Exposition :** à mi-ombre de préférence.

**Terre :** un bon terreau pas trop compact.

**Arrosage :** une fois par semaine suffit.

**Ennemis et maladies :** l'oïdium est fréquent sur le feuillage de la forme panachée. Traitez préventivement avec un fongicide dès le mois de mai, en répétant tous les 10 jours si le temps est humide.

**Utilisations :** le lierre terrestre est parfait pour créer des suspensions délicates et gracieuses.

**Conseil Truffaut :** à la fin de l'hiver, rabattez les tiges au ras du sol pour favoriser le départ de nouvelles pousses vigoureuses et plus décoratives.

## *Godetia grandiflora*
## GODÉTIA

*Une floraison opulente à redécouvrir.*

**Plante annuelle (40 cm, -3 °C).**

**Feuillage :** vert moyen. Les feuilles sont étroites et pointues, le port dressé, en petit buisson.

**Floraison :** de juillet à octobre, en fonction de la date des semis. Les fleurs, en forme de coupe évasée, sont réunies en bouquets terminaux.

**Espèces et variétés :** 'Parade d'Azalée' forme de belles touffes de 35 cm de haut, couvertes de fleurs doubles. 'F1 Satin' se distingue par un port compact (20 cm de haut) et une abondante floraison simple.

**Comportement en pot :** les espèces naines sont plus adaptées à la culture en pot ou en jardinière.

**Dimensions du pot :** 18 cm de profondeur et de largeur au minimum pour un seul sujet.

**Exposition :** en plein soleil, pas trop brûlant.

**Terre :** un bon terreau souple et poreux.

**Arrosage :** maintenez le sol légèrement frais.

**Ennemis et maladies :** en général, aucun.

**Utilisations :** sa croissance rapide et sa floraison abondante en font une plante « bouche-trou » parfaite pour combler les trous dans les jardinières.

**Conseil Truffaut :** semez d'avril à fin mai, directement dans le pot définitif, car le godétia supporte mal la transplantation. Éclaircissez le semis en gardant un pied tous les 25 cm.

## *Gomphrena globosa*
## GOMPHRÉNA

*Des petites têtes colorées, immortelles.*

**Plante annuelle (30 cm, 0 °C).**

**Feuillage :** vert clair, velu. Les feuilles sont oblongues ou ovales, le port buissonnant.

**Floraison :** de juillet à septembre. Les fleurs sont réunies en capitules ovoïdes au bout des tiges.

**Espèces et variétés :** *Gomphrena haagena* 'Leuchtfunk' forme une touffe de 30 cm. Les grosses fleurs orange se conservent bien. *Gomphrena globosa* 'Buddy' présente un port très compact (15 cm). La floraison est blanche ou pourpre.

**Comportement en pot :** encore trop peu cultivée, le gomphréna est facile et dure bien.

**Dimensions du pot :** 14 cm de profondeur et de largeur au minimum pour un plant.

**Exposition :** ensoleillée, même assez chaude.

**Terre :** un terreau classique, pas trop compact.

**Arrosage :** environ une à deux fois par semaine selon la température. Maintenez le sol un peu frais.

**Ennemis et maladies :** aucun.

**Utilisations :** associez le gomphréna avec nigelles, immortelles, reines-marguerites ou bleuets. Les fleurs montrent une excellente tenue en bouquet frais ou séché.

**Conseil Truffaut :** semez dans une terrine en mars, sous abri. Repiquez les plants en mai dans les jardinières, entre 15 et 20 cm de distance.

## *Grevillea robusta*
## GRÉVILLÉA

*Une plante de caractère.*

**Arbuste (1,50 m, 0 °C).**

**Feuillage :** persistant, avec des feuilles vert clair, finement découpées et pennées.

**Floraison :** au printemps et au début de l'été.

**Espèces et variétés :** *Grevillea lanigera* 'Mount Tamboritha' montre un port rampant et une croissance très rapide. Floraison rouge et jaune au printemps. *Grevillea juniperina* porte des fleurs rouges sur le bois de deux ans. *Grevillea rosmarinifolia* a un feuillage très fin et persistant. Il fleurit rouge de mars à juillet, port compact.

**Comportement en pot :** sa croissance est plus lente qu'en pleine terre, mais il vit longtemps.

**Dimensions du pot :** 30 cm de profondeur et de largeur pour un pied de 1 m de haut.

**Exposition :** chaude, ensoleillée et abritée.

**Terre :** un terreau de tourbe convient très bien.

**Arrosage :** pendant la belle saison, arrosez tous les deux ou trois jours. Réduisez les apports d'eau en hiver à une fois par semaine

**Ennemis et maladies :** en général aucun.

**Utilisations :** en isolé, en arrière-plan dans une composition de plantes à feuillage décoratif.

**Conseil Truffaut :** rempotez tous les deux ans, en mars. Hivernez la potée, à une température de 4 à 7 °C. Taillez en avril les rameaux abîmés.

## *Griselinia littoralis*
## GRISELINIA

*Un faux fusain pour le bord de mer.*

**Arbuste (1,50 m, -2 °C).**

**Feuillage :** persistant, vernissé et coriace. Les feuilles jaune-vert ont une forme ovale ou oblongue, un peu comme celles du fusain.

**Floraison :** insignifiante en avril ou mai. Les petites fleurs vertes sont unisexuées.

**Espèces et variétés :** 'Variegata' présente un joli feuillage vert panaché de jaune et de blanc. *Griselinia lucida,* petite plante délicate, porte des feuilles brillantes, vert foncé.

**Comportement en pot :** réservez cet arbuste gélif pour le Midi si vous ne pouvez l'hiverner dans une véranda. Il résiste aux embruns et au vent.

**Dimensions du pot :** 30 cm de profondeur et de largeur pour une touffe de 1 m environ.

**Exposition :** chaude et ensoleillée, même ventée.

**Terre :** terreau et terre de jardin, bien drainés.

**Arrosage :** une fois par semaine en moyenne.

**Ennemis et maladies :** aucun.

**Utilisations :** en sujet isolé, installé dans une belle poterie décorative ou dans une grande jardinière pour composer une haie coupe-vent.

**Conseil Truffaut :** taillez en juin ou en juillet pour équilibrer et aérer la forme.

▲ *Gomphrena globosa* : une immortelle miniature.

▲ *Grevillea* x 'Olympic Flame' : à réserver pour le Midi.

*Griselinia littoralis* 'Variegata' : excellent brise-vent. ▶

▲ *Gunnera manicata* : beaucoup d'ampleur et de présence.

▲ *Gymnocalycium spp.* : un cactus à croissance très lente.

◀ *Gypsophila petraea* : un tapis de fleurs vaporeuses.

## *Gunnera manicata* GUNNÉRA

*Une sorte de rhubarbe géante.*

**Plante vivace (1,50 m, - 5 °C).**

**Feuillage :** immense, caduc. Les larges feuilles lobées et dentées peuvent atteindre 80 cm de diamètre en pot. Les pétioles sont couverts d'épines.

**Floraison :** en mai et juin. L'inflorescence conique et dressée, mesure jusqu'à 1 m de long.

**Espèces et variétés :** *Gunnera magellanica* est une espèce non rustique, rampante, de 10 cm de haut. *Gunnera tinctoria* atteint 2 m d'envergure, avec de grandes feuilles lobées et piquantes.

**Comportement en pot :** cette plante vivace phénoménale ne vit pas plus de 4 ans en pot, car elle est vite à l'étroit. Protégez-la du vent.

**Dimensions du pot :** au minimum 40 à 50 cm de largeur et de profondeur pour un jeune pied.

**Exposition :** au soleil tamisé ou à mi-ombre.

**Terre :** terreau, tourbe et terre de bruyère en mélange par tiers. Chaque année au printemps, prévoyez un apport de fumier bien décomposé.

**Arrosage :** maintenez toujours le sol humide.

**Ennemis et maladies :** en général, aucun.

**Utilisations :** en sujet isolé, dans une belle poterie décorative. Parfait pour créer une ambiance exotique.

**Conseil Truffaut :** protégez la souche en hiver en la recouvrant de ses propres feuilles.

## *Gymnocalycium spp.* GYMNOCALYCIUM

*Un aspect quasi préhistorique.*

**Cactus (de 5 à 20 cm, 5 °C).**

**Feuillage :** épineux. Le corps de la plante est globuleux, aplati, il devient cylindrique avec l'âge.

**Floraison :** spectaculaire, elle apparaît en été chez les vieux sujets seulement. Les fleurs, portées par un long pédoncule, durent seulement quelques jours.

**Espèces et variétés :** *Gymnocalycium gibbosum* est une espèce robuste et florifère, aux fleurs blanches. *Gymnocalycium baldianum* séduit par sa superbe floraison rouge. *Gymnocalycium mihanowichii f. rubra* est un mutant rouge vif, sans chlorophylle. Il existe aussi des variantes colorées de jaune, d'orange, de rose, de violet ou de noir.

**Comportement en pot :** une excellente plante d'encombrement réduit, qui se cultive facilement et ne se rempote que tous les trois ou quatre ans.

**Dimensions du pot :** utilisez un contenant plus large de 2 cm que le diamètre de la tige de la plante.

**Exposition :** en plein soleil, chaud, aride.

**Terre :** 2/3 de sable, 1/3 de terreau.

**Arrosage :** faible, une fois par semaine. L'humidité stagnante entraîne la pourriture des racines et du collet. En hiver, laissez sécher le sol.

**Ennemis et maladies :** surveillez les attaques de pucerons, de cochenilles et d'araignées rouges.

**Utilisations :** installez le gymnocalycium sur le balcon dans une petite collection de cactées.

**Conseil Truffaut :** hivernez entre 8 et 12 °C dans une pièce claire et bien sèche.

## *Gypsophila repens* GYPSOPHILE

*La légèreté faite fleur.*

**Plante vivace (10 cm, - 15 °C).**

**Feuillage :** bleu-vert. Les feuilles sont étroites et petites, le port tapissant.

**Floraison :** de mai à août. Les minuscules fleurs simples sont groupées en inflorescences lâches.

**Espèces et variétés :** *Gypsophila repens* 'Alba' présente une floraison blanche. *Gymnocalycium* 'Rosa Schönheit' a de plus grandes fleurs rose foncé. *Gypsophila paniculata* atteint 60 cm en jardinière. En été, il se couvre d'un brouillard de fleurs de même que 'Bristol Fairy', à grandes fleurs doubles blanches, et 'Flamingo' semi-double roses.

**Comportement en pot :** il faut remplacer la plante tous les trois ans environ.

**Dimensions du pot :** les formes naines se contentent de 20 cm de profondeur et de largeur.

**Exposition :** ensoleillée, même chaude.

**Terre :** un bon terreau souple à base d'écorces.

**Arrosage :** tous les huit à douze jours. La terre peut sécher entre deux apports d'eau.

**Ennemis et maladies :** éventuellement le blanc.

**Utilisations :** le port en cascade des petits gyp-

sophiles est idéal pour habiller une auge en pierre.
**Conseil Truffaut :** choisissez bien l'emplacement, car il faut éviter les transplantations répétées, souvent très mal supportées.

## *Hebe spp.* VÉRONIQUE EN ARBRE

*Une mignonne potée automnale.*
**Arbuste (50 cm, -3 °C).**
**Feuillage :** persistant. Certaines espèces ont des feuilles en écailles, imbriquées sur les tiges.
**Floraison :** estivale et automnale, en grappes terminales. Coloris blanc, rose, bleu ou violet.
**Espèces et variétés :** *Hebe ochracea* présente un feuillage décoratif jaune-ocre, semblable à celui d'un cyprès. Floraison blanche en été. *Hebe pinguifolia* 'Pagei' a l'aspect d'un gros coussin gris bleuté. Fleurs blanches en été. *Hebe* x *andersonii* forme un buisson de 70 cm de large en pot. Sa floraison en longues grappes bleu lavande est très appréciée en fin d'été. De nombreuses variétés, offrent un feuillage panaché de jaune crème et de blanc.
**Comportement en pot :** la culture en bac ne pose aucun problème et permet de déplacer facilement la plante pour l'hivernage. Elle présente une bonne résistance aux vents et aux embruns.
**Dimensions du pot :** 20 cm de profondeur et de largeur pour une touffe de moins de 50 cm de hauteur. Rempotez chaque année en mars ou en avril.
**Exposition :** abritée du froid, en plein soleil.
**Terre :** sable, terreau et terre de jardin mélangés.
**Arrosage :** régulier par temps chaud et sec. Presque nul en hiver. Évitez l'humidité stagnante.
**Ennemis et maladies :** en général aucun.
**Utilisations :** composez des jardinières splendides tout l'automne avec des chrysanthèmes à petites fleurs, des asters, des bruyères et des colchiques.
**Conseil Truffaut :** en dehors des régions à climat doux, abritez en véranda votre potée en hiver. Après la floraison, ôtez toutes les fleurs fanées.

## *Hedera helix* LIERRE

*Il pousse partout et sert à tout.*
**Plante grimpante (2,50 m, -20 °C).**
**Feuillage :** persistant et luisant. Les jeunes tiges portent des racines aériennes. Les feuilles lobées sont vert foncé, ou tachées d'argent sur les nervures.
**Floraison :** insignifiante, en octobre. Les fleurs apparaissent sur des tiges érigées, sans racine aérienne. Elles donnent des baies noires à maturité.
**Espèces et variétés :** il existe plus de 350 variétés. Celles à feuillage panaché sont plus sensibles au gel. 'Aureovariegata', 'Russell's Gold' et 'Gold Heart', panachés de jaune sont conseillés en pot. 'Buttercup' se distingue par un superbe feuillage tout jaune. 'Discolor' et 'Glacier' présentent des panachures blanches, très lumineuses.
**Comportement en pot :** culture très facile. Les variétés à petites feuilles ont un développement moins rapide et plus faible que l'espèce type. Elles sont mieux adaptées à la culture sur un balcon.
**Dimensions du pot :** 25 cm en tous sens.
**Exposition :** demi-ensoleillée ou ombragée. Évitez les situations brûlantes et les vents glacés.
**Terre :** une bonne terre de jardin bien drainée.
**Arrosage :** tous les 8 à 10 jours en moyenne.
**Ennemis et maladies :** attention aux cochenilles et aux araignées rouges sur les balcons très abrités.
**Utilisations :** pour couvrir rapidement n'importe quelle surface peu esthétique. Belles suspensions.
**Conseil Truffaut :** une ou deux fois par an, taillez pour limiter les proportions de cette grimpante vite envahissante. Les tiges ne doivent pas atteindre le toit ou les gouttières, ni le balcon du voisin.

▲ *Hebe* x *franciscana* 'Variegata' : des fleurs en automne.

▲ *Hedera helix* 'Gracilis' en suspension : très vigoureux.

Le lierre panaché tient longtemps en potée suspendue. ▶

▲ *Helianthemum nummularium* : un vrai tapis fleuri.

▲ *Helianthus* x *hybridus* : une vivace à petites fleurs.

◀ *Helichrysum angustifolius* : une forte odeur de curry.

## *Helianthemum nummularium* HÉLIANTHÈME

*Un magnifique coussin de fleurs.*

**Plante vivace (25 cm, - 10 °C).**

**Feuillage :** persistant et décoratif toute l'année. Les petites feuilles étroites et poilues sont vertes sur le dessus et gris argenté au revers.

**Floraison :** de mai à août. Les fleurs simples de 1 à 2 cm de diamètre sont aplaties. Coloris variés.

**Espèces et variétés :** 'Anjou' à fleurs simples rose carminé. 'Ben Hope' carmin à centre orange foncé, du plus bel effet. 'Cerise Queen' se distingue par sa floraison double rouge clair. 'Elfenbeinglanz' se couvre de fleurs simples blanc ivoire à cœur jaune soufré. 'Jubilée' et 'Golden Ball' produisent une abondance de fleurs doubles dans les tons de jaune. 'Sterntaler', très rustique, porte des fleurs jaune canari au début de l'été.

**Comportement en pot :** la touffe attend la deuxième année pour s'étoffer et prendre un bel aspect en tapis. Rempotez tous les 4 ans.

**Dimensions du pot :** 20 cm de diamètre et 18 cm de profondeur au minimum pour un pied.

**Exposition :** en plein soleil, même à la chaleur.

**Terre :** terre de jardin, sable et terreau mélangés.

**Arrosage :** cette petite plante est très résistante à la sécheresse. Arrosez tous les 8 à 12 jours.

**Ennemis et maladies :** quand l'été est chaud et humide, l'oïdium peut couvrir le feuillage.

**Utilisations :** parfait pour les auges et les mini-rocailles. Installez les hélianthèmes en bordure ou en suspension pour profiter de son port.

**Conseil Truffaut :** rabattez les tiges défleuries à la fin de l'été, pour garder un aspect plus dense et compact à la plante. Divisez tous les 4 à 5 ans.

## *Helianthus spp.* SOLEIL

*Il annonce la fin de l'été.*

**Vivace ou annuelle (1,50 m, - 15 °C).**

**Feuillage :** vert moyen. Les feuilles plus ou moins cordiformes ou allongées, couvrent les grandes tiges. La croissance est rapide.

**Floraison :** en été et en automne. Les inflorescences ressemblent à de grandes marguerites jaunes.

**Espèces et variétés :** *Helianthus atrorubens* 'Monarch' fleurit dès juillet. Il produit des grandes fleurs simples, jaune orangé. *Helianthus* 'Lemon Queen' dépasse 1 m de hauteur. Ses fleurs sont jaune citron. Parmi les espèces annuelles, 'F1 Plein Soleil' porte de grandes fleurs jaunes à grand cœur foncé (1,50 m de haut). 'Beauté d'automne' est proposé en mélange de teintes rouge, jaune et orange. 'Sunspot' est une plante naine de 40 cm de hauteur, qui produit une énorme fleur de 20 cm de diamètre.

**Comportement en pot :** la plupart des hélianthus deviennent très vite imposants. Prévoyez de les remplacer régulièrement et abritez-les des courants d'air violents.

**Dimensions du pot :** au minimum, 30 cm de profondeur et de diamètre pour un pied.

**Exposition :** en plein soleil, plutôt abritée.

**Terre :** ordinaire, mais bien drainée.

**Arrosage :** modéré en quantité, mais régulier, à raison de tous les deux jours par temps chaud et sec, pour conserver la fraîcheur du sol.

**Ennemis et maladies :** l'oïdium peut couvrir les feuilles en été. Traitez dès les premiers symptômes.

**Utilisations :** en arrière-plan, pour constituer en quelques mois un rideau végétal provisoire.

**Conseil Truffaut :** semez en place, les espèces annuelles en avril. Tuteurez les grandes touffes.

## *Helichrysum spp.* HÉLICHRYSUM

*Une plante aux multiples facettes.*

**Annuelle ou vivace (60 cm, - 5 °C).**

**Feuillage :** vert ou gris plus ou moins argenté.

**Floraison :** estivale, blanche ou jaune d'or.

**Espèces et variétés :** parmi les espèces non rustiques, *Helichrysum petiolare* et ses variétés à feuillage décoratif panaché, doré ou miniature, sont très utilisés pour les suspensions ou les décors de feuillage. *Helichrysum ramosissimum* a un joli port en coussin. Cette annuelle est couverte de petites fleurs jaune d'or en été. *Helichrysum brac-*

*teatum*, l'immortelle, fleurit en été. Elle est recherchée pour les bouquets secs. *Helichrysum angustifolium* est une plante vivace, à feuillage gris argent, qui dégage une odeur puissante de curry.

**Comportement en pot :** excellentes plantes à croissance rapide. Protégez la souche en hiver, car les espèces vivaces sont souvent peu rustiques.

**Dimensions du pot :** 18 cm de largeur et 20 cm de profondeur au minimum.

**Exposition :** chaude et très ensoleillée.

**Terre :** un bon terreau de plantation classique.

**Arrosage :** laissez le sol s'assécher en surface entre deux apports d'eau.

**Ennemis et maladies :** en général, aucun.

**Utilisations :** en jardinières, en grosses potées ou en suspensions, avec des pélargoniums, des verveines, des pétunias, des lobélias ou des anthémis.

**Conseil Truffaut :** pincez régulièrement les nouvelles pousses pour garder un port plus compact.

## *Heliotropium* x *hybridum* HÉLIOTROPE

*Des fleurs parfumées, couleur de nuit.*

**Plante vivace (40 cm, 0 °C).**

**Feuillage :** vert foncé, rugueux au toucher. Les feuilles oblongues et lancéolées ont un aspect ridé. Le port est buissonnant.

**Floraison :** de juin à octobre. Les petites fleurs sont groupées en larges inflorescences terminales irrégulières. Coloris bleu-violet plus ou moins foncé. Par temps chaud, la plante dégage un parfum vanillé, sucré, très entêtant.

**Espèces et variétés :** adoptez les formes hybrides. Elles ont un port plus compact, avec des fleurs aux couleurs plus vives et bien soutenues.

**Comportement en pot :** cette plante qui se cultive comme une annuelle prospère bien en vasque.

**Dimensions du pot :** 25 cm de largeur et 18 cm de profondeur sont un minimum pour un pied.

**Exposition :** chaude et très ensoleillée.

**Terre :** un terreau tourbeux enrichi d'une poignée d'amendement organique par pot.

**Arrosage :** régulier deux fois par semaine, pour maintenir le sol toujours frais. Très réduit en hiver.

**Ennemis et maladies :** les aleurodes envahissent souvent le feuillage, surtout en hiver dans la serre ou la véranda. Traitez plusieurs fois avec un insecticide.

**Utilisations :** associez l'héliotrope à des plantes à feuillage argenté, qui mettent en valeur sa floraison et son feuillage aux teintes un peu sombres.

**Conseil Truffaut :** installez les jeunes plants à l'extérieur vers la mi-mai. Hivernez l'héliotrope vivace dans une pièce claire, peu chauffée (de 7 à 10 °C). Rempotez chaque année en mars.

## *Helleborus spp.* HELLÉBORE

*Un enchantement au cœur de l'hiver.*

**Plante vivace (40 cm, - 15 °C).**

**Feuillage :** persistant, coriace. Les feuilles lobées et découpées sont vert plus ou moins foncé.

**Floraison :** de novembre à avril, selon les espèces, dans une grande diversité de teintes.

**Espèces et variétés :** *Helleborus argutifolius*, l'hellébore de Corse atteint 60 cm en pot. Floraison vert tilleul. *Helleborus niger*, la rose de Noël, ne dépasse pas 30 cm de hauteur. Sa floraison est blanc pur. Les nombreux hybrides d'*Helleborus orientalis* offrent une large palette de coloris, du blanc au prune, en passant par le vert feuillage.

**Comportement en pot :** il lui faut de trois à cinq années pour bien s'installer et former une touffe robuste, superbe en hiver.

**Dimensions du pot :** au minimum 20 cm de largeur et de profondeur pour un pied.

**Exposition :** ombre ou mi-ombre.

**Terre :** riche, humifère et bien drainée.

**Arrosage :** tous les trois jours pendant la croissance, pour garder le sol frais, mais pas détrempé.

**Ennemis et maladies :** en général, aucun.

**Utilisations :** plantez les hellébores dans une grosse jarre avec des hostas, des épimédiums ou des lamiers. Associez différentes espèces et variétés différentes pour prolonger la floraison.

**Conseil Truffaut :** attendez que la touffe déborde de son pot avant de la rempoter, car les hellébores n'aiment pas beaucoup que l'on dérange leurs racines. Intervenez après la floraison.

▲ *Helichrysum ramosissimum* 'Baby gold' en suspension.

▲ *Heliotropium peruvianum* : floraison longue durée.

*Helleborus orientalis* : une belle floraison en plein hiver. ▶

▲ *Heuchera sanguinea* 'Bressingham Blaze' : la finesse.

▲ *Hibiscus rosa-sinensis* : on ne le sort qu'en été.

◀ *Hibiscus syriacus* 'Oiseau bleu' : le meilleur pour l'été.

## *Heuchera sanguinea*
## HEUCHÈRE

*Un nuage de rosée.*

**Plante vivace (80 cm, - 15 °C).**

**Feuillage :** persistant, vert foncé. Les feuilles sont arrondies ou cordiformes, parfois marbrées.

**Floraison :** de mai à août. Les hampes florales portent de minuscules clochettes, au-dessus du feuillage.

**Espèces et variétés :** *Heuchera sanguinea* 'Splendens' est tapissante, avec des feuilles vert foncé et marbrées. La floraison abondante est rouge carminé. 'Bressingham Blaze' s'épanouit dans un beau rose corail vif. 'Virginal' est une forme blanc pur. *Heuchera micrantha* 'Palace Purple' développe un joli coussin de feuilles pourpres et lustrées, aux fleurs blanches très vaporeuses.

**Comportement en pot :** de culture facile, l'heuchère s'étoffe un peu plus chaque année. Rempotez ou divisez tous les trois ans.

**Dimensions du pot :** 18 cm en tous sens.

**Exposition :** au soleil léger ou à mi-ombre.

**Terre :** un terreau riche et bien aéré.

**Arrosage :** deux à trois fois par semaine en été.

**Ennemis et maladies :** pratiquement aucun.

**Utilisations :** cet excellent couvre-sol peu envahissant se plante dans une grande jardinière au pied d'arbustes, de rosiers ou en bordure, avec des hostas, des ancolies, des tiarellas ou des fougères.

**Conseil Truffaut :** après la floraison, rabattez les hampes florales au niveau du feuillage.

## *Hibiscus spp.*
## HIBISCUS

*Une exubérance très exotisme.*

**Arbuste (2 m, de 5 °C à - 20 °C).**

**Feuillage :** vert brillant, satiné ou mat. Les feuilles sont ovales plus ou moins dentées et découpées. Les hibiscus rustiques sont caducs.

**Floraison :** les fleurs apparaissent en été sur le bois de l'année. Elles durent peu, mais se succèdent de manière ininterrompue tout l'été.

**Espèces et variétés :** *Hibiscus rosa-sinensis* et ses hybrides ne supportent pas le gel. Ils doivent être rentrés dans une pièce éclairée en hiver. *Hibiscus syriacus* est un bel arbuste rustique à floraison estivale. Il atteint 2 m de haut. *Hibiscus moscheutos* forme une touffe vigoureuse de 1 m. En été, il produit d'impressionnantes fleurs de 15 cm de diamètre, blanches, roses ou rouge foncé.

**Comportement en pot :** la croissance rapide impose un rempotage ou un surfaçage annuel.

**Dimensions du pot :** 25 cm en tous sens.

**Exposition :** ensoleillée et chaude.

**Terre :** plantez dans un mélange de terreau, de fumier, de sable et de terre du jardin, par quarts.

**Arrosage :** tous les deux jours par temps chaud. En hiver, laissez le sol s'assécher un peu.

**Ennemis et maladies :** attention aux attaques d'aleurodes, de pucerons et d'acariens.

**Utilisations :** en isolé dans une belle poterie décorative ou en arrière-plan d'une grande jardinière d'arbustes en mélange. *Hibiscus syriacus* et *Hibiscus rosa-sinensis* peuvent être conduits sur tige.

**Conseil Truffaut :** stimulez la floraison par des apports d'engrais tous les quinze jours, en été.

## *Hosta spp.*
## FUNKIA

*Des feuilles de toute beauté.*

**Plante vivace (60 cm, -20°C).**

**Feuillage :** très décoratif, caduc, souvent panaché, porté en touffe évasée et tapissante.

**Floraison :** de juin à août, selon les variétés. Les fleurs en trompette sont groupées au sommet de hampes florales dressées au-dessus du feuillage. Coloris blanc, bleu violacé ou mauve.

**Espèces et variétés :** *Hosta plantaginea* 'Grandiflora' supporte un emplacement ensoleillé. En été, il donne une abondante floraison blanc pur, au parfum de fleur d'oranger. *Hosta sieboldiana* 'Elegans' séduit par le bleu intense de ses larges feuilles gaufrées. 'Frances Williams' développe une touffe imposante, teintée de bleu, de vert et de crème et une floraison lilas. *Hosta crispula* exige quelques années pour atteindre son plein développement. Mais le pied peut alors mesurer plus de 70 cm de haut, avec de larges feuilles vert sombre bordées de blanc. *Hosta venusta* est une miniature à feuillage vert, parfaite pour les petits balcons.

**Comportement en pot :** une excellente plante qui se cultive très facilement, avec un minimum de soins. Évitez les courants d'air trop violents.

**Dimensions du pot :** au minimum 20 cm de largeur et de profondeur pour un pied.

**Exposition :** ombre ou mi-ombre fraîche.

**Terre :** un bon terreau tourbeux. Au début du printemps, faites un apport de fumier de bovins bien décomposé et d'engrais organique.

**Arrosage :** fréquent par temps chaud et sec, pour garder la fraîcheur du sol. Très réduit en hiver.

**Ennemis et maladies :** attention aux limaces qui dévorent très souvent le jeune feuillage.

**Utilisations :** regroupez différentes variétés d'hostas dans de grosses potées en terre cuite, en jouant avec la grande diversité des coloris et des panachures. Associez les funkias à des fougères, des hakonechloas, des carex et des fuchsias.

**Conseil Truffaut :** les hostas sont des plantes lentes à s'installer. La touffe demande trois années pour atteindre son plein épanouissement. Ne rempotez pas trop souvent, surfacez plutôt.

▲ Une collection d'hostas en pots habille un perron.

## *Houttuynia cordata*
## HOUTTUYNIA

*Un étonnant feuillage multicolore.*

**Plante vivace (40 cm, -15 °C).**

**Feuillage :** vert bleuté, cordiforme, caduc. Les tiges sont teintées de rouge.

**Floraison :** en juin. Les fleurs minuscules sont regroupées en épis cylindriques, entourés de quatre grandes bractées blanches, très décoratives.

**Espèces et variétés :** *Houttuynia cordata* 'Flore Pleno' offre une floraison double en pompon. 'Chamaeleon' présente un feuillage très coloré, où se mêlent des teintes de rouge, de jaune et de vert.

**Comportement en pot :** bien cultivée, la plante s'étale rapidement et se trouve vite à l'étroit dans son pot. Il faut la diviser tous les 2 ou 3 ans.

**Dimensions du pot :** 20 cm de large et de haut.

**Exposition :** en plein soleil pas trop brûlant.

**Terre :** un terreau ordinaire maintenu humide.

**Arrosage :** presque chaque jour par temps chaud et sec, pour garder le sol toujours humide.

**Ennemis et maladies :** les limaces.

**Utilisations :** dans un mini-bassin, en compagnie de prêles, de populages et de menthe aquatique.

**Conseil Truffaut :** supprimez les pousses vertes qui apparaissent parfois chez la variété 'Chamaeleon', car elles sont plus vigoureuses que les autres.

▲ *Hosta decorata* : pour une potée lumineuse à l'ombre.

*Houttuynia cordata* 'Chamaeleon' adore l'humidité. ▶

▲ *Hyacinthus* x 'Blue Jacket' : tuteurez les grosses fleurs.

▲ La jacinthe 'City of Haarlem' au coloris très lumineux.

## *Hyacinthus orientalis*
## JACINTHE

*Une fleur de charme au parfum puissant.*

**Plante bulbeuse (30 cm, -20 °C).**

**Feuillage :** en rosettes dressées. Les feuilles vertes, un peu rigides, sont étroites et allongées.

**Floraison :** en mars et avril. Les fleurs simples ou doubles, très parfumées, sont regroupées en grappes cylindriques, parfois très volumineuses qui peuvent atteindre 20 cm de haut. Coloris variés où le blanc, le rose, le rouge, le bleu et le violet dominent. Par sélection, les horticulteurs ont obtenu des nouvelles variétés à fleurs jaunes ou orangées.

**Espèces et variétés :** parmi les variétés hâtives à fleurs simples, cultivez : 'Anne-Marie', aux grandes grappes rose clair ; 'Marconi', rose lilas ; 'Pink Pearl', rose vif ; 'Delft Blue', bleu intense et 'Innocence', d'un blanc très pur. Pour des floraisons plus tardives, choisissez 'King of the Blues', aux fleurs allongées bleu indigo foncé ; 'Gypsy Queen', orange saumoné ; 'Woodstock', qui se distingue par un coloris bordeaux foncé rare ; 'City of Haarlem', d'une belle teinte jaune foncé peu courante ; 'China Pink', rose clair strié de rose corail ; 'Orange Bowen', orange saumoné et 'Paul Hermann', mauve-pourpre, marginé de violet plus foncé. Parmi les hybrides à fleurs très doubles, retenez 'Hollyhock', à fleuron rouge foncé ; 'King Kodro', bleu violacé, 'Snow Crystal' et 'Ben Nevis', aux grandes inflorescences blanc pur, ainsi que 'Pink Royal', à fleurs double rose vif.

**Comportement en pot :** sa culture est très facile, aussi bien en jardinière qu'en coupe peu profonde. Sur un balcon venté, il faut souvent tuteurer les lourdes hampes florales.

**Dimensions du pot :** au minimum 20 cm de largeur et de profondeur pour cinq à six bulbes.

**Exposition :** en plein soleil ou à mi-ombre.

**Terre :** sableuse, riche, humifère et bien drainée. Au moment de la plantation, faite un apport de compost très bien décomposé.

**Arrosage :** laissez le sol sécher en surface avant d'arroser (une fois tous les 8 à 10 jours).

**Ennemis et maladies :** la décomposition des bulbes se traduit par l'apparition d'une pourriture grise et sèche qui détruit le bourgeon. Il faut éliminer la terre et le bulbes contaminés. La larve de la mouche des narcisses peut aussi se développer à l'intérieur du bulbe et le faire pourrir.

**Utilisations :** pour obtenir un joli balcon très fleuri au printemps, associez les jacinthes à des pâquerettes, des myosotis, des giroflées ravenelles, des petites *Viola cornuta* et à des tulipes.

**Conseil Truffaut :** plantez les bulbes de façon échelonnée de la fin septembre jusqu'en novembre. Enterrez-les de la même hauteur que le bulbe. Après floraison, coupez les hampes florales. Arrachez les bulbes dès que les feuilles se dessèchent.

◀ La Jacinthe 'Amsterdam' porte de très grosses fleurs.

*Hydrangea spp.*
## HORTENSIA

*Un délicieux arbuste aux mille visages.*

**Arbuste (2 m, - 10 °C).**

**Feuillage :** caduc, ample, ovale, dentelé sur les bords, parfois duveteux, bien nervuré.

**Floraison :** de juin aux premières gelées. Les petites fleurs en forme d'étoile sont groupées en gros panicules ou en corymbes situés à l'extrémité des tiges. Accompagnées de bractées, elles apparaissent sur les pousses de l'année précédente.

**Espèces et variétés :** *Hydrangea macrophylla* et ses nombreuses variétés fleurissent généreusement, dans une gamme de couleurs variée, où le blanc, le rose, le rouge et le bleu violacé dominent. 'Madame Émile Mouillère' porte des inflorescences en grosses boules blanches. 'MariesII' forme un beau buisson de 2 m de haut. Sa floraison mi-hâtive, rose frais, est splendide. 'Merveille Sanguine' est apprécié pour le coloris presque noir de son feuillage. 'Tricolor' porte des feuilles vertes teintées d'argent et bordées de jaune d'or. *Hydrangea serrata* apprécie les ambiances ombragées humides. 'Preziosa' ne dépasse pas 1,20 m de haut avec des petites inflorescences rondes du blanc au rouge. 'Tokyo Delight' forme un buisson de 2 m, qui se couvre de grandes inflorescences aplaties blanches se teintant peu à peu de rose. *Hydrangea paniculata* 'Grandiflora' atteint 2 m en bac. Ses longues panicules blanches s'épanouissent fin juillet. En fanant, elles se teintent de vieux rose. 'Pink Diamond', plus vigoureux, déploie des inflorescences de près de 30 cm. Blanches à centre rose, elles virent au rose. *Hydrangea arborescens* 'Annabelle' se couvre en été de boules, blanc pur, qui dépassent 30 cm de diamètre. *Hydrangea quercifolia* 'Snow Flake' montre des fleurs très doubles, regroupées en grosses inflorescences terminales. Il forme un buisson d'environ 2 m. *Hydrangea aspera* 'Villosa' présente un feuillage vert, couvert de poils doux. Les larges inflorescences plates sont mauve pâle.

▲ *Hydrangea arborescens* 'Annabelles' : spectaculaire !

**Comportement en pot :** bon si vous évitez les courants d'air froids. Rempotez tous les 3 ans.

**Dimensions du pot :** de 30 à 40 cm de profondeur et de largeur au minimum pour un pied.

**Exposition :** abritée, au soleil ou à mi-ombre, à l'abri des vents froids.

**Terre :** un mélange par tiers de terreau de feuilles, de tourbe et de fumier bien décomposé.

**Arrosage :** tous les 3 jours par temps chaud et sec, toujours avec une eau non calcaire.

**Ennemis et maladies :** sur un balcon ou une terrasse abritées, les acariens provoquent la décoloration et le dessèchement des feuilles. Quand le sol ou l'eau d'arrosage sont trop calcaires, la chlorose se manifeste par l'apparition d'une coloration jaune des feuilles, avec des nervures qui restent vertes.

**Utilisations :** en isolé dans une belle poterie décorative, en petite haie ou à l'arrière-plan dans une grande jardinière, avec des alchémilles, des hostas, des géraniums ou des impatiens.

**Conseil Truffaut :** en février ou mars, rabattez les tiges de plus de trois ans. Taillez à moitié les tiges des *Hydrangea paniculata* et *Hydrangea arborescens* ayant fleuri l'année précédente.

▼ *Hydrangea macrophylla* : têtes plates.

▼ *Hydrangea paniculata* 'Tardiva'.

▼ *Hydrangea aspera* : tout duveteux.

▼ *Hydrangea quercifolia* 'Snow Flake'.

▲ *Hypericum patulum* 'Hidcote' : un arbuste très facile.

▲ *Hypericum olympicum* : il forme un tapis d'or en été.

◀ *Hypoestes phyllostachya* décore la maison en hiver.

## *Hypericum spp.* MILLEPERTUIS

*Il réussit partout.*

**Sous-arbrisseau (1 m, -8 °C).**

**Feuillage :** gris-vert ou vert intense selon les espèces. Les feuilles persistantes ou semi-persistantes sont ovales et entières.

**Floraison :** de juin à août. Les fleurs simples s'épanouissent dans une belle couleur jaune d'or.

**Espèces et variétés :** *Hypericum olympicum* 'Citrinum' porte des fleurs jaune citron. *Hypericum calycinum* est un couvre-sol très envahissant, qui ne dépasse pas 30 cm de hauteur. Il se pare de grandes fleurs jaunes en été. *Hypericum patulum* 'Hidcote' forme un buisson qui peut atteindre 1 m en pot. Il est semi-persistant avec de grandes fleurs jaunes très abondantes en été. *Hypericum* x *moserianum* est un hybride de *Hypericum patulum* et de *Hypericum calycinum.* Son port est buissonnant, un peu étalé avec un feuillage vert, persistant. La floraison jaune apparaît à l'extrémité des tiges, de juillet à octobre. La variété 'Tricolor', moins vigoureuse et peu rustique, se distingue par un feuillage vert panaché de blanc et de rouge. *Hypericum androseanum* 'Orange flair', 'Excellent flair' et 'Autumn Blaze' offrent une magnifique fructification en automne en baies rouge vif, très décoratives.

**Comportement en pot :** tous les millepertuis poussent facilement en bac. Évitez d'associer *Hypericum calycinum* avec d'autres vivaces moins vigoureuses, qui seraient très vite étouffées par les rhizomes traçants. Attention, les millepertuis arbustifs sont moins résistants au gel quand ils sont cultivés en pot. Protégez-les bien.

**Dimensions du pot :** au minimum 30 cm de largeur et 20 cm de profondeur pour une touffe.

**Exposition :** en plein soleil. *Hypericum calycinum* supporte un emplacement légèrement ombragé, mais il est alors moins florifère.

**Terre :** une bonne terre de jardin, bien drainée.

**Arrosage :** une fois tous les 8 à 10 jours environ. Laissez le sol sécher légèrement entre deux apports d'eau. Ne mouillez pas trop le feuillage.

**Ennemis et maladies :** la rouille couvre souvent le feuillage de petites pustules orange et brunes. Traitez préventivement les variétés plus sensibles comme 'Elstead' et *Hypericum calycinum.* Éliminez toutes les tiges contaminées.

**Utilisations :** en petit groupe pour les espèces arbustives. 'Hidcote' se taille très bien. Les millepertuis tapissants comblent les trous dans les bacs.

**Conseils Truffaut :** au printemps, rabattez les tiges des espèces vivaces non arbustives au ras du sol pour favoriser la repousse du feuillage et leur conserver un port compact.

## *Hypoestes phyllostachya* HYPOESTES

*Un feuillage qui rosit de plaisir.*

**Plante vivace (25 cm, 5 °C).**

**Feuillage :** vert en forme de cœur, panaché et ponctué de rose et de crème. Port buissonnant.

**Floraison :** au printemps. Les petites fleurs violet et blanc apparaissent à l'extrémité des tiges.

**Espèces et variétés :** 'Pink splash Select' montre un joli feuillage marbré de rose très pâle. Il existe également des formes à feuilles ponctuées de rose-rouge foncé ou de blanc pur.

**Comportement en pot :** la croissance est rapide. Attention, la plante pousse tout en longueur, si elle ne reçoit pas suffisamment de lumière.

**Dimensions du pot :** 14 cm de largeur et de profondeur pour un jeune pied.

**Exposition :** mi-ombre ou ombre légère.

**Terre :** terreau, sable et tourbe à parts égales.

**Arrosage :** tous les trois jours en été. En hiver, réduisez les apports d'eau et laissez le sol sécher en surface avant d'arroser. Ne mouillez pas les feuilles.

**Ennemis et maladies :** les cochenilles peuvent s'installer au revers des feuilles et sur les tiges.

**Utilisations :** l'intérêt principal de cette petite plante est son feuillage vivement coloré. Associez-la à des chlorophytums, des tolmiéas, des impatiens, des exacums ou à des misères.

**Conseil Truffaut :** pincez régulièrement les nouvelles pousses pour garder un aspect touffu à la plante. Tous les deux ou trois ans, bouturez votre plante dans l'eau pour renouveler vos potées.

## *Iberis sempervirens*
## THLASPI VIVACE

*Un tapis blanc comme neige.*

**Plante vivace (25 cm, - 15 °C).**

**Feuillage :** en coussin étalé vert foncé, persistant. Les petites feuilles coriaces sont ovales et de forme allongée.

**Floraison :** de mars à mai. Les fleurs blanches sont groupées en ombelles, à l'extrémité des tiges.

**Espèces et variétés :** 'Snow Flake' est une des variétés les plus répandues. Elle se distingue par l'abondance de sa floraison éclatante blanc pur. 'Weisser Zwerg' prend un port plus compact avec un feuillage plus fin. 'Pygmaea' ne dépasse pas 15 cm de haut. *Iberis gibraltarica* forme un tapis d'environ 30 cm de hauteur. Les fleurs blanches teintées de violet apparaissent en avril et en mai.

**Comportement en pot :** une excellente plante pour la culture en bac, qui reste belle après la floraison. Évitez les contenants à réserve d'eau.

**Dimensions du pot :** 20 cm de profondeur et de largeur pour bien installer un pied.

**Exposition :** en plein soleil.

**Terre :** une bonne terre de jardin ordinaire, siliceuse et calcaire, bien drainée.

**Arrosage :** chaque semaine. Le sol peut s'assécher légèrement entre deux apports d'eau.

**Ennemis et maladies :** en général, aucun.

**Utilisations :** en bordure, dans une grande jardinière ou dans un gros pot, avec des bulbes à floraison printanière (narcisses, tulipes, etc.). Dans une auge, avec des corbeilles d'or, pour réaliser une rocaille miniature, facile à entretenir.

**Conseil Truffaut :** après la floraison, rabattez les hampes florales au niveau du feuillage.

## *Ilex spp.*
## HOUX

*Des baies qui évoquent Noël.*

**Arbuste (2 m, - 10 °C).**

**Feuillage :** persistant, piquant, ovale ou lobé.

**Floraison :** insignifiante, en mai et juin. Les fleurs mâles et femelles apparaissent sur des pieds différents. Il faut donc planter au moins un couple de houx pour obtenir la belle fructification vivement colorée qui dure jusqu'à la fin de l'hiver.

**Espèces et variétés :** *Ilex aquifolium* 'J.-C. Van Tol' porte des feuilles persistantes brillantes, presque sans épines. Ce houx donne une profusion de fruits. 'Green Pillar' présente un port fastigié. Il produit une fructification abondante, qui perdure jusqu'en avril de l'année suivante. Il existe de très nombreuses variétés de houx à feuillage panaché ou marginé de jaune, de crème ou d'or. *Ilex aquifolium* 'Golden Milkboy' est une forme mâle, à larges macules jaunes. *Ilex* x *koehneana* 'Chesnut Leaf' pousse très vite. En pot, il émet des pousses de 30 à 40 cm en une année. C'est un persistant, qui fructifie généreusement.

**Comportement en pot :** en hiver, le feuillage peut être abîmé par des fortes gelées. Protégez votre potée des courants d'air froids.

**Dimensions du pot :** au minimum 35 cm de largeur et de profondeur pour un pied.

**Exposition :** mi-ombre ou ombre.

**Terre :** un mélange de terreau forestier et de terre de jardin siliceuse par moitié.

**Arrosage :** deux fois par semaine par temps chaud et sec. Un houx bien installé offre une bonne résistance à la sécheresse.

**Ennemis et maladies :** les larves de mineuse du houx s'attaquent au feuilles, qui présentent des taches claires peu esthétiques.

**Utilisations :** en sujet isolé dans une belle potée décorative, en topiaire ou en petite haie défensive.

**Conseil Truffaut :** lors de la transplantation, ne brisez pas la motte, car la reprise du houx est délicate. Chez les variétés à feuillage panaché, éliminez les branches à feuilles complètement vertes.

▲ *Iberis sempervirens* 'Snow Flake' : quelle blancheur !

▲ *Ilex aquifolium* : seuls les pieds femelles fructifient.

Le houx fait de belles potées à développement lent. ▶

▲ Une belle jardinière d'impatiens de Nouvelle-Guinée.

## *Impatiens spp.* IMPATIENS

*Les fleurs de l'ombre.*

**Annuelle ou vivace (40 cm, 5 °C).**

**Feuillage :** vert clair ou foncé. Le port est buissonnant. Les feuilles ovales, prennent un aspect satiné ou luisant. Les tiges cassantes sont épaisses et charnues, gorgées de sève.

**Floraison :** abondante et de longue durée, elle se prolonge de mai aux premières gelées. Coloris variés, unicolores ou bicolores.

**Espèces et variétés :** *Impatiens holstii* (appelée aussi *Impatiens walleriana)* et *Impatiens sultanii*, deux espèces africaines, sont à l'origine de la plupart des très nombreux hybrides d'impatiens aujourd'hui disponibles dans le commerce. Ce sont des plantes vivaces non rustiques, souvent cultivées comme des fleurs annuelles. Parmi celles-ci, retenez 'F1 Belizzy', qui est particulièrement florifère. Sa végétation compacte (de 20 à 25 cm) et sa floraison abondante et prolongée en font une plante idéale pour la culture en pot. Il en existe une forme splendide à fleurs très doubles, qui ressemblent à des roses miniatures. 'F1 Starbright' se couvre d'une profusion de grandes fleurs simples bicolores, aux coloris variés très lumineux. 'Midinette' est un groupe de cultivars nains et compacts (hauteur 20 cm) qui résistent bien à l'ensoleillement. 'Sparkles' porte un feuillage vert largement panaché de blanc, d'un bel effet décoratif. Les fleurs simples sont rose tyrien foncé. Les *Impatiens hawkeri* dites « de Nouvelle-Guinée » ont une végétation plus vigoureuse et de très grandes fleurs simples en forme de coupe aplatie. Le feuillage abondant peut être vert foncé brillant, plus ou moins teinté de bronze ou vert largement panaché de jaune crème. Ces hybrides supportent un emplacement ensoleillé. *Impatiens balsamina*, la balsamine, est une annuelle à petites fleurs simples, roses, qui apparaissent à la base des feuilles tout l'été. En pot, elle forme une belle touffe d'environ 50 cm de haut, avec une tige centrale épaisse et charnue. Elle a donné des cultivars à fleurs simples ou très doubles. 'À fleurs de Camélia' produit des grosses fleurs plaquées sur la tige, qui ressemblent à des petites roses doubles. Choisissez 'Tom Pouce', qui ne dépasse pas 25 cm de hauteur et convient très bien pour les petits balcons. *Impatiens balfouri* est une petite espèce himalayenne annuelle qui se multiplie facilement par semis en place, au printemps. Elle forme en quelques semaines un beau buisson de 40 à 60 cm de haut, couvert jusqu'aux premiers gels, de fleurs éperonnées roses, à taches jaunes. *Impatiens roylei* (appelée aussi *Impatiens glandulifera)* est une espèce annuelle à très grand développement, à réserver pour les grands bacs. Elle peut dépasser 1 m en quelques mois. Ses grandes fleurs rose lilacé apparaissent en grappes terminales, d'août à octobre. *Impatiens niamniamensis* se distingue par des fleurs en forme de corne, bicolores rouge vermillon et jaune vif. Souvent peu ramifiée, elle développe une tige principale très épaisse et droite, teintée de marron brun. Les feuilles forment un toupet à l'extrémité supérieure. En pot, la touffe peut atteindre 60 cm de haut. Un peu plus fragile que les espèces et variétés précédentes, cette impatiens vivace d'origine africaine est cependant très florifère et spectaculaire. De la fin septembre à la mi-

▼ *Impatiens niamniamensis* : étonnante.

▼ Impatiens de Nouvelle-Guinée 'Tango'.

▼ Une variété d'impatiens à fleurs doubles.

▼ *Impatiens* x 'Double bicolore' : tonique.

mai. Il faut la rentrer dans une pièce très éclairée et bien chauffée, où elle continue à fleurir généreusement pendant une partie de l'hiver.

**Comportement en pot :** les impatiens se cultivent facilement dans n'importe quel type de contenant, y compris les bacs à réserve d'eau, pratiques en cas d'absences répétées ou prolongées. Dans une situation ventée, plantez des variétés naines. Les espèces à grande végétation doivent souvent être tuteurées, car les tiges cassent comme du verre. Installez vos impatiens dans un emplacement abrité des courants d'air. Toutes les espèces sont gélives. Pour conserver les impatiens vivaces en hiver, vous devez les rentrer dans une véranda ou dans la maison, avec pour température minimale 13 °C, afin de maintenir la floraison.

**Dimensions du pot :** une largeur et une profondeur de 12 cm suffisent pour le développement d'un seul pied, excepté pour *Impatiens roylei* qui a besoin d'un pot d'au moins 30 cm. Les impatiens n'aiment pas disposer d'un trop grand contenant, car le sol y est plus long à se ressuyer.

**Exposition :** à mi-ombre ou à l'ombre. Les impatiens de Nouvelle-Guinée sont recommandées pour un emplacement plus ensoleillé.

**Terre :** un terreau de rempotage, bien drainé.

**Arrosage :** les impatiens ne supportent pas les coups de soif, mais elles sont aussi très sensibles à un excès d'humidité, qui provoque la chute des feuilles et souvent la pourriture des racines et du collet. Entre deux apports d'eau, laissez le sol s'assécher légèrement en surface.

**Ennemis et maladies :** attention aux attaques d'araignées rouges, d'aleurodes et de pucerons qui peuvent très vite envahir tout le feuillage et provoquer le dépérissement de la plante. Traitez dès les premières apparitions des parasites, puis régulièrement pendant toute la belle saison, en suivant les indications d'emploi indiquées sur les étiquettes des produits. Le feuillage très tendre ne supporte pas les bouillies trop concentrées. Les limaces peuvent causer des dégâts importants sur les semis et les jeunes plants. Placez des appâts en granulés.

**Utilisations :** installez les impatiens avec des fuchsias, des bégonias tubéreux, des coléus, des chlorophytums, des plectranthes ou des tradescantias. Attention aux coloris fluo, ils sont très difficiles à mélanger et à associer. Il est préférable de planter ensemble plusieurs pieds d'une même couleur pour obtenir un effet de masse plus joli. Le blanc permet d'éclairer une cour ou une terrasse très ombragées. Les cultivars très nains et tapissants peuvent être utilisés au premier plan de la jardinière. Plantez-les en bordure ou en couvre-sol, au pied des arbustes, en particulier les espèces de terre de bruyère telles que les camélias, les hortensias, les érables du Japon ou les rhododendrons. La culture en panier suspendu donne d'excellents résultats, à condition de pouvoir assurer des arrosages quotidiens par temps chaud et sec.

**Conseil Truffaut :** semez les hybrides et les espèces annuelles en mars ou en avril, dans une terrine, à la maison. Les graines très fines ne doivent pas être enterrées. Rempotez une première fois en godet dès que les plantules ont développé deux ou trois feuilles vraies. Mettez-les en place en mai, en les espaçant de 25 cm. Les impatiens supportent très bien les transplantations et leur reprise est rapide. De mai à septembre, distribuez un engrais liquide pour plantes fleuries tous les dix jours. Les espèces vivaces peuvent être facilement bouturées au printemps ou en été. Prélevez des boutures d'extrémité de tige d'environ 8 à 10 cm de long. Mettez-les à raciner dans un verre d'eau ou directement dans un mélange composé à parts égales de sable de rivière et de tourbe, maintenu légèrement humide jusqu'à la reprise. Si vous achetez des plants, attendez la fin avril, quand les risques de gelées ne sont plus à craindre.

▲ Les impatiens hybrides se développent bien à l'ombre. Il a suffi de deux pieds pour cette jardinière de 40 cm de long.

▼ Une jolie forme à feuillage panaché.

▼ *Impatiens* x 'Olympus' : en mélange.

▼ *Impatiens balsamina* : des fleurs en épis.

▼ *Impatiens roylei* : une géante de 1 m.

▲ *Iochroma cyaneum* : de longs tubes violets en avril.

▲ *Ipheion uniflorum* : une petite bulbeuse à redécouvrir.

▲ *Ipomaea tricolor* : une grimpante annuelle très florifère, idéale pour garnir une balustrade ou un treillage.

## *Iochroma spp.* IOCHROMA

*Frileux, mais si florifère !*

**Arbuste (1,50 m, 5 °C).**

**Feuillage :** les larges feuilles ovales sont vert foncé et velues, le port de l'arbuste est buissonnant.

**Floraison :** du début de l'été, jusqu'aux gelées. en longs tubes réunis en grappes terminales.

**Espèces et variétés :** *Iochroma cyanea* se couvre d'une profusion de fleurs violettes à reflets bleus. *Iochroma grandiflora* est une espèce plus vigoureuse, aux grandes fleurs bleu violacé.

**Comportement en pot :** prévoyez un contenant suffisamment grand, car la croissance est rapide et importante. Toutes les espèces sont gélives. Rentrez-les dans une véranda, d'octobre à début mai.

**Dimensions du pot :** au minimum 30 cm de diamètre et de profondeur pour un pied.

**Exposition :** très ensoleillée et chaude, à l'abri.

**Terre :** un terreau enrichi de fumier décomposé.

**Arrosage** : abondant tous les deux à trois jours en été. En hiver, laissez le sol sécher en surface.

**Ennemis et maladies :** les aleurodes envahissent le feuillage en quelques semaines. Par temps sec, les araignées rouges sont également à redouter.

**Utilisations :** en sujet isolé ou en arrière-plan dans une grande jardinière profonde, avec des anthémis, des lantanas, des verveines ou des sauges.

**Conseil Truffaut :** au printemps, au moment du rempotage annuel, faites un apport copieux de fumier bien décomposé et d'engrais organique.

## *Ipheion uniflorum* IPHÉION

*Un superbe tapis d'étoiles.*

**Plante bulbeuse (30 cm, -15 °C).**

**Feuillage :** en touffe, caduc. Les feuilles étroites et allongées ressemblent à celles d'une graminée.

**Floraison :** en avril et en mai. Les fleurs simples ont six pétales disposés en étoiles.

**Espèces et variétés :** 'Wisley Blue' donne une profusion de petites fleurs étoilées violet clair. 'Froyle Mill' est violet soutenu. 'Album' à fleurs blanc pur est magnifique en grosse potée.

**Comportement en pot :** les iphéions peuvent rester en pot d'une année sur l'autre.

**Dimensions du pot :** au minimum 12 cm de dia-

mètre et de profondeur pour cinq à six bulbes.
**Exposition :** ensoleillée ou légèrement ombragée.
**Terre :** un terreau sableux bien drainé.
**Arrosage :** une fois par semaine pendant la végétation. Nul dès que le feuillage s'est desséché.
**Ennemis et maladies :** en général aucun.
**Utilisations :** en potée isolée ou avec des tulipes, des myosotis, des pâquerettes, des pensées, etc.
**Conseil Truffaut :** à l'automne, plantez les bulbes à 5 cm en tous sens. Conservez la potée à l'abri de la pluie pendant le repos végétatif.

## *Ipomaea tricolor* IPOMÉE

*Un liseron géant et coloré.*
**Plante grimpante (3 m, 0 °C).**
**Feuillage :** vert clair, en une forme de cœur. Les longues tiges grêles s'enroulent sur tout support
**Floraison :** de juillet à octobre. Les fleurs ne durent qu'une seule journée, mais elles se renouvellent.
**Espèces et variétés :** 'Scarlet Star' se couvre en été de grandes fleurs rouge cerise à centre blanc. 'Bleu d'Azur' est apprécié pour ses immenses fleurs bleu ciel. 'Early Call' ne dépasse pas 30 à 40 cm de hauteur. Ses grandes fleurs présentent des coloris variés. 'Smile', tout aussi peu encombrant, a un feuillage vert panaché de blanc, très décoratif.
**Comportement en pot :** les ipomées naines, mal connues, sont des plantes parfaites pour la culture en bac. Les ipomées grimpantes viennent bien dans des récipients de bonne taille.
**Dimensions du pot :** 30 cm de diamètre et de profondeur pour une ipomée grimpante.
**Exposition :** chaude et ensoleillée.
**Terre :** un bon terreau de rempotage bien drainé.
**Arrosage :** une à deux fois par semaine environ.
**Ennemis et maladies :** la pourriture grise se manifeste quand le sol reste trop détrempé. Les pucerons peuvent coloniser les extrémités des tiges.
**Utilisations :** les ipomées sont parfaites pour garnir et fleurir très vite un treillage, une pergola, une tonnelle ou la rambarde d'un balcon.
**Conseil Truffaut :** en avril, semez les graines d'ipomées en poquet de deux ou trois, dans des godets placés sous abri. Plantez en mai.

## *Iris spp.* IRIS

*Une fleur parfaite, mais éphémère.*
**Plante vivace (70 cm, -15 °C).**
**Feuillage :** linéaire ou allongé et pointu, vert foncé à gris argenté. Les feuilles raides et dressées sont disposées en touffes, en forme d'éventail.
**Floraison :** presque toute l'année selon les espèces. Les fleurs typiques sont constituées de trois sépales et de trois pétales tous très colorés.
**Espèces et variétés :** on distingue les iris rhizomateux (comprenant les iris des jardins) et les iris bulbeux. Parmi ceux-ci, *Iris danfordiae* produit en janvier et février des fleurs de 10 cm de haut, jaune d'or teinté de vert. Le feuillage apparaît après la floraison. Les cultivars de l'*Iris reticulata* séduisent par leur petite taille (de 15 à 20 cm de hauteur) et par leur floraison abondante au cœur de l'hiver. *Iris bucharica* montre une splendide floraison blanche et jaune en avril et en mai. *Iris unguicularis,* appelé iris d'Alger, forme une touffe de feuillage fin de 40 cm de haut et d'environ 30 cm de large. De novembre à mars, il développe de grandes fleurs bleues parfumées. Les iris de Hollande *(Iris* x *hollandica)* ont une floraison généreuse mais plus tardive en juin et juillet.
**Comportement en pot :** les *iris rhizomateux* végètent souvent en bac, mais les variétés bulbeuses sont idéales pour ce mode de culture.
**Dimensions du pot :** prévoyez six bulbes pour un pot de 14 cm de diamètre et de profondeur.
**Exposition :** ensoleillée, sans être brûlante.
**Terre :** légère, calcaire et bien drainée.
**Arrosage :** ne pas détremper le sol pendant la période de végétation. Arrêtez les apports d'eau pendant le repos végétatif.
**Ennemis et maladies :** la pourriture des bulbes détruit le bourgeon. Changez la terre.
**Utilisations :** les petites espèces doivent être mises en évidence, à portée du regard, dans une belle potée décorative ou dans une mini-rocaille.
**Conseil Truffaut :** plantez les bulbes en septembre ou en octobre, entre 5 et 8 cm de profondeur en les groupant à touche touche dans le pot.

▲ *Iris danfordiae* : une espèce bulbeuse très précoce.

▲ *Iris bucharica* : pousse sans problème en pot.

*Iris unguicularis* 'Mary Barnard' : la délicatesse faite fleur. ▶

▲ *Jasminum nudiflorum* : il s'épanouit en plein hiver.

◀ *Jasminum officinale* 'Aureum' : beaucoup de souplesse.

## *Jasminum spp.* JASMIN

*Des fleurs au parfum enchanteur.*

**Arbuste ou grimpante (3 m, -5 °C).**

**Feuillage :** vert foncé, opposé, très souvent penné, avec un nombre de folioles variable.

**Floraison :** les petits tubes s'évasent à leur extrémité, en étoiles blanches ou jaunes, réunies en bouquets lâches durant l'hiver et le printemps.

**Espèces et variétés :** le jasmin blanc *(Jasminum officinale)* craint les fortes gelées. Le jasmin d'hiver *(Jasminum nudicaule)* n'est pas parfumé. Il fleurit tout l'hiver, même au nord. *Jasminum polyanthum* est presque rustique dans le sud et le sud-ouest.

**Comportement en pot :** le jasmin pousse plus lentement en pot, mais il finit par envahir son support. Rempotez tous les trois ou quatre ans.

**Dimensions du pot :** offrez aux différents jasmins un pot de 25 cm de large et de haut.

**Exposition :** tous les jasmins (sauf le jasmin d'hiver) demandent des situations abritées et ensoleillées.

**Terre :** mélangez à parts égales du sable, du fumier décomposé, du terreau de feuilles et de la tourbe.

**Arrosage :** une à deux fois par semaine, très copieusement après la transplantation.

**Ennemis et maladies :** les pucerons peuvent envahir les jeunes pousses. Traitez plusieurs fois.

**Utilisations :** les jasmins s'enroulent sur les piliers, montent sur des pergolas, couvrent les treillages, habillent les fenêtres en deux saisons.

**Conseil Truffaut :** taillez après la floraison et coupez en priorité les vieux rameaux. Les espèces semi-rustiques sont rabattues avant d'être rentrées.

## *Juniperus spp.* GENÉVRIER

*De la présence et du panache.*

**Arbuste (1,50 m, -20 °C).**

**Feuillage :** jeune, il se présente sous l'aspect d'aiguillons acérés ; plus âgé, il forme des écailles. Le genévrier prend des teintes dorées ou bleutées.

**Floraison :** les fleurs femelles, insignifiantes, donnent des baies comestibles d'un bleu-myrtille.

**Espèces et variétés :** une des formes naines du genévrier de Chine, *Juniperus chinensis* 'Stricta', ne dépasse pas 1,50 m de haut. *Juniperus communis* 'Compressa' prend une silhouette colonnaire ; avec ses 60 cm, il est parfait pour les petits balcons. Les formes prostrées du genévrier rampant, *(Juniperus horizontalis)*, sont à réserver aux jardinières volumineuses et aux grandes terrasses.

**Comportement en pot :** les genévriers croissent lentement et peuvent vivre de longues années en bacs. Les formes colonnaires restent assez petites.

**Dimensions du pot :** un genévrier de 30 cm de hauteur aura droit au minimum à un pot de 15 cm de profondeur et de 12 cm de largeur.

**Exposition :** les genévriers poussent mieux en plein soleil, car ils apprécient la sécheresse.

**Terre :** mélangez une bonne terre de jardin, à 30 % de sable de rivière.

**Arrosage :** vous pouvez partir dix jours en vacances sans soucis, car cette plante supporte parfaitement la sécheresse passagère.

**Ennemis et maladies :** la rouille envahit les rameaux au printemps. Les cochenilles provoquent la décoloration des pousses attaquées.

**Utilisations :** les genévriers structurent l'espace par leurs lignes verticales et forment un décor permanent. Associez-les avec des bruyères, des graminées, des potentilles. Garnissez le pied avec des alysses, des saxifrages, des origans, des thyms.

**Conseil Truffaut :** aucune taille n'est nécessaire excepté si vous désirez rectifier légèrement la silhouette de l'arbuste et limiter son extension.

## *Kalanchoe spp.* KALANCHOE

*La plus facile des plantes grasses.*

**Plante succulente (30 cm, 5 °C).**

**Feuillage :** épais, charnu, légèrement dentelé.

**Floraison :** des grappes de petites fleurs roses, jaunes, orange ou rouges, apparaissent en automne et en hiver et durent longtemps.

**Espèces et variétés :** les hybrides horticoles de *Kalanchoe blossfeldiana* sont nombreux, très colorés, florifères et de plus en plus compacts.

**Comportement en pot :** les kalanchoes sont toujours cultivés en pot. Rentrez-les dès que le froid nocturne s'installe. Rempotez tous les deux ans.
**Dimensions du pot :** les kalanchoes sont vendus dans des petits pots en plastique de 10 cm de diamètre. Le feuillage est parfois si lourd que la plante verse. Transplantez dans une poterie plus stable, en veillant à ce que le trou de drainage soit bien percé.
**Exposition :** le kalanchoe demande de la lumière, mais pas de soleil direct, qui abîme les feuilles.
**Terre :** la plante exige un mélange riche et drainant, non tourbeux. Ajoutez quelques poignées de sable.
**Arrosage :** laissez sécher le pot entre deux arrosages.
**Ennemis et maladies :** les cochenilles peuvent s'installer sur les tiges. Traitez préventivement.
**Utilisations :** groupez plusieurs kalanchoes dans une jardinière. Mélangez-les à des sédums, des crassulas ou à d'autres plantes succulentes.
**Conseil Truffaut :** on peut essayer de conserver le kalanchoe d'une année sur l'autre, mais la floraison n'est pas garantie. Utilisez-le en annuelle.

## *Kalmia spp.* LAURIER DES MONTAGNES

*Des fleurs d'une rare perfection.*
**Arbuste (1,50 m, -20 °C).**
**Feuillage :** lancéolé, coriace, persistant.
**Floraison :** les larges inflorescences sont composées de petites fleurs en coupe, roses, rouges ou blanches. ayant la finesse de la porcelaine.
**Espèces et variétés :** *Kalmia angustifolia*, le laurier des moutons, convient aux petits balcons, puisqu'il ne s'étale que d'un mètre en tous sens. 'Rosea' possède des fleurs roses, 'Rubra', des fleurs rouges ou rose foncé. *Kalmia latifolia*, le laurier des montagnes, est moins compact.
**Comportement en pot :** persistant et florifère, le kalmia est la providence des terrasses exposées plein nord. Il vit plusieurs années en pot.
**Dimensions du pot :** rempotez le kalmia tous les deux ans, dans un pot légèrement plus grand, pour terminer, avec le sujet adulte, par un contenant de 30 à 35 cm de longueur et de hauteur.
**Exposition :** la mi-ombre, voire l'ombre.
**Terre :** de la terre de bruyère. Si votre eau d'arrosage est calcaire, prévoyez, sur le dessus du pot, 3 cm de tourbe et un paillis de même épaisseur d'aiguilles de pin, qui agiront comme un filtre.
**Arrosage :** ne laissez pas sécher le kalmia.
**Ennemis et maladies :** aucun.
**Utilisations :** associez le kalmia avec des plantes de terre de bruyère comme les hydrangéas, les érables japonais, les rhododendrons nains, les bruyères, les camélias, les enkianthus et les piéris.
**Conseil Truffaut :** supprimez les fleurs fanées.

▲ *Kalanchoe blossfeldiana* : il passe l'hiver à la maison.

## *Kolkwitzia amabilis* KOLKWITZIA

*La tendresse d'une floraison printanière.*
**Arbuste (2 m, -15 °C).**
**Feuillage :** velu, vert foncé. Les feuilles ovales sont largement dentées.
**Floraison :** les rameaux joliment arqués portent en mai et juin des myriades de fleurs roses à gorge jaune, qui ressemblent à des petites digitales.
**Espèces et variétés :** 'Pink Cloud' offre des fleurs d'un rose plus foncé que le type.
**Comportement en pot :** le kolkwitzia occupe le devant de la scène un mois par an. Le reste du temps, il passe à l'arrière-plan, où il forme un bel écran.
**Dimensions du pot :** rempotez selon la croissance de la plante. Adulte, celle-ci peut atteindre 2 m de haut. Le pot devra mesurer 40 cm en tous sens.
**Exposition :** la plante demande une bonne matinée ou un après-midi complet de soleil.
**Terre :** n'importe quelle terre de jardin convient.
**Arrosage :** n'abandonnez pas le kolkwitzia quand il est jeune et que son pot est petit. Il a besoin de trois ou quatre arrosages par semaine en été.
**Ennemis et maladies :** généralement aucun.
**Utilisations :** rien de plus beau qu'un kolkwitzia associé à des digitales, à des alchémilles au vert acide. Installez à son pied des impatiens blanches ou roses et des fuchsias.
**Conseil Truffaut :** taillez de moitié les rameaux après la floraison, éliminez le vieux bois.

▲ *Kalmia latifolia* : à cultiver dans de la terre de bruyère.

*Kolkwitzia amabilis* : se couvre de fleurs au printemps. ▶

L

*Lactuca sativa*
## LAITUE

*Pour le plaisir d'un potager suspendu.*

**Légume annuel (15 cm, -3 °C).**

**Feuillage :** les hybrideurs ont créé une multitude de variétés aux formes très différentes. Il existe des laitues aux feuilles pleines, découpées, frisées, vertes, brunes, panachées, pourpres.

**Floraison :** elle signe la fin de la vie de la laitue, mais se montre originale et décorative.

**Espèces et variétés :** les laitues pommées de printemps comme 'Reine de Mai', viennent bien en pot. Les variétés à feuillage rouge s'avèrent décoratives. Adoptez 'Barbarossa', aux grosses pommes bien fermes, rouge foncé, qui résiste bien à la chaleur, souvent inévitable sur un balcon de ville. 'Brunia', compacte, aux feuilles curieusement découpées, résiste aussi très bien à la chaleur. 'Malibu', une laitue italienne, offre une pomme volumineuse, très colorée, au feuillage cloqué et frisé, rouge foncé intense. 'Valdaï', à la pomme rouge vif, très brillant, résiste bien à la montée à graines. Optez aussi pour les laitues à couper type 'Salad Bowl' qui se comportent bien en suspension.

**Comportement en pot :** cultivez des laitues sur un balcon est inhabituel, mais finalement assez facile.

**Dimensions du pot :** une jardinière de 25 cm de large est suffisante. Prévoyez une bonne couche drainante, avec des cailloux sur 5 cm d'épaisseur. Vérifiez que les trous de drainage soient bien percés.

**Exposition :** évitez le soleil brûlant. Quelques heures d'ensoleillement le matin et en fin d'après-midi suffisent.

**Terre :** riche en matière organique, légère et bien drainante. Concoctez un mélange nutritif en additionnant par quarts : terreau de feuilles, terre de jardin siliceuse, ou terre végétale du commerce, sable de rivière et d'amendement organique (fumier décomposé).

**Arrosage :** tous les deux jours en moyenne, sans détremper le substrat. Quand la plante est fraîchement repiquée, n'arrosez que le strict nécessaire.

**Ennemis et maladies :** en sol lourd, un champignon provoque la fonte des semis, les jeunes plants dépérissent. Quand les feuilles jaunissent et se dessèchent, le mildiou est bien souvent en cause. Les pucerons se logent dans les replis des feuilles. Des encoches triangulaires sur les feuilles signalent le picorage par des oiseaux.

**Utilisations :** mélangez les laitues avec tous les autres légumes cultivables sur balcon, mais aussi avec des fleurs « bon-enfant » comme des œillets d'Inde ou des dahlias miniatures.

**Conseil Truffaut :** quand vous repiquez la laitue, veillez à bien dégager le collet. Ne l'enterrez surtout pas, même s'il vous semble « flotter ». Trop enterrée, la jeune plante pourrit à coup sûr.

▲ Une laitue arrive à très bien pommer dans un pot.

*Lagerstroemia indica*
## LILAS DES INDES

*Une floraison exceptionnelle.*

**Arbuste (1,50 m, -5°C).**

**Feuillage :** persistant, ovale, elliptique, légèrement pointu, porté par des tiges à l'écorce d'un brun marbré, très décoratives.

**Floraison :** en larges panicules de fleurs aux pétales frisés, le plus souvent roses, mais aussi rouges, éclairés par des bouquets d'étamines jaune d'or, qui apparaissent de juin à octobre.

◀ La laitue à couper vient bien en panier suspendu.

**Espèces et variétés :** les pépiniéristes ont créé, à partir du *Lagerstroemia indica*, une multitude de variétés. 'Kimono', est l'une des rares qui soit blanc pur ; 'Aliénor d'Aquitaine', rose foncé, est recommandé par les spécialistes pour la culture en petits pots ; 'Yang Tse', rouge cramoisi soutenu, est plus rustique que les autres variétés ; 'Souvenir d'Hubert Puard' arbore des coloris mauve lilacé.

**Comportement en pot :** le lilas des Indes est à son aise au sud de la Garonne et sur la côte méditerranéenne. Ailleurs, il lui faut une bonne protection hivernale, ou une serre froide. Il résiste bien à la pollution des villes. Rempotage tous les 2 ans.

**Dimensions du pot :** choisissez une potée profonde d'au moins 30 cm, car les racines du lilas des Indes sont vigoureuses.

**Exposition :** ensoleillée et bien abritée.

**Terre :** le lilas des Indes aime la matière organique et les sols argileux. Donnez-lui un mélange de terre à rosiers et de terreau de feuilles.

**Arrosage :** cet arbuste supportera quelques oublis, mais il donnera beaucoup plus de fleurs si vous ne le laissez pas au sec plus de 3 ou 4 jours.

**Ennemis et maladies :** généralement aucun.

**Utilisations :** le lilas des Indes est commercialisé en touffe ou sur tige. Cette dernière forme est très décorative. Associez la plante à des roses, des bougainvillées ou des *Solanum crispum*.

**Conseil Truffaut :** taillez en février, dans les régions de climat doux en coupant court les branches qui ont fleuri l'été précédent.

## *Lamium spp.*
## LAMIER

*Un tapis de feuillage pour l'ombre.*

**Plante vivace (30 cm, - 15 °C).**

**Feuillage :** persistant à semi-persistant, tapissant, teinté d'argent ou de bronze.

**Floraison :** des fleurs tubulaires, roses, mauves ou blanches, portées par de courtes tiges dressées, apparaissent en juin et en juillet au-dessus du feuillage. Intérêt décoratif moyen.

**Espèces et variétés :** *Lamium maculatum* 'Pink Pewter' se couvre d'une multitude de fleurs roses, d'avril à fin juin et pendant tout l'automne. C'est une des très rares plantes à feuillage argenté poussant bien à l'ombre. 'Shell Pink' atteint 20 cm, ses fleurs affichent un rose très doux, et ses feuilles vertes sont marquées d'un simple trait d'argent. 'Aureum' arbore un feuillage doré, très lumineux et des fleurs rose-mauve. *Lamiastrum galeobdon* est plus vigoureux et forme des touffes un peu plus hautes, (30 cm) à tiges souples, retombantes.

**Comportement en pot :** les lamiers sont encore trop peu employés sur les balcons, les jardiniers se contentant de les reléguer dans les coins sauvages du jardin. Ce sont pourtant d'excellentes plantes d'ombre, peu exigeantes et poussant avec vigueur en pot. Rempotez tous les deux ou trois ans.

**Dimensions du pot :** avec le lamier, c'est la masse qui fait impression ! Donnez-lui un contenant suffisamment large pour qu'il puisse s'étaler à son aise. Une belle coupe basse de 30 cm de diamètre et de 15 à 20 cm de hauteur formera un décor spectaculaire.

**Exposition :** tous les lamiers poussent à l'ombre. Ils acceptent aussi de croître au soleil filtré et à condition de conserver les pieds au frais.

**Terre :** les lamiers sont peu exigeants. Une bonne terre de jardin leur convient, additionnée de quelques poignées d'amendement organique. Ne forcez pas trop sur les engrais azotés, car les touffes se relâchent et deviennent moins belles, surtout à l'ombre complète.

**Arrosage :** quelques périodes de sécheresse ne découragent pas les lamiers, mais n'abusez pas de leur bonne volonté. En été, apportez de l'eau deux à trois fois par semaine.

**Ennemis et maladies :** généralement aucun.

**Utilisations :** utilisez le caractère rampant des lamiers pour réaliser de somptueuses suspensions qui resteront décoratives, toute l'année par leur feuillage. Utilisez-les au bord de larges potées, dont ils recouvriront les parois. Recréez des compositions de sous-bois, en les associant avec des fougères, des hostas, des épimédiums, des bulbes.

**Conseil Truffaut :** les touffes se divisent très aisément, au printemps. Sortez la motte de son pot et coupez dans la masse avec un couteau bien aiguisé.

▲ *Lagerstroemia indica* : le lilas des Indes fleurit l'été.

▲ *Lamiastrum galeobdolon* 'Herman's Pride' : pleureur.

*Lamium maculatum* 'White Nancy' : idéal pour l'ombre. ▶

▲ *Lantana camara* 'Professeur Raoux' : très équilibré.

▲ *Lathyrus odoratus* 'Mammouth varié' : forte vigueur.

## *Lantana spp.*
## LANTANA

*Une plante très résistante.*

**Arbuste (1,50 m, -8 °C).**

**Feuillage :** persistant en climat doux, elliptique, vert foncé, rugueux, gaufré.

**Floraison :** des têtes bombées de petites fleurs aux coloris changeants, jaune-orange tirant sur le rouge ou le mauve, se succèdent tout l'été.

**Espèces et variétés :** *Lantana camara* forme un petit buisson aux fleurs orange, délavées de rouge. *Lantana sellowiana* présente un port étalé et des fleurs mauves. Il est plus rustique que le précédent et repart aisément après des froids de -8 °C.

**Comportement en pot :** le lantana est une plante vigoureuse, qu'il est difficile de contenir dans une forme stricte, d'autant que les fleurs apparaissent à l'extrémité des rameaux.

**Dimensions du pot :** en début de saison, un pot de 20 cm de diamètre suffit.

**Exposition :** les lantanas supportent le plein soleil. Arrosez souvent le sol de la terrasse pour créer une atmosphère humide.

**Terre :** une floraison chétive indique souvent que la terre est épuisée. Rempotez avec du terreau pour géraniums. Surfacez avec une poignée d'amendement organique.

**Arrosage :** les lantanas sont connus pour leur très bonne résistance à la sécheresse. Un arrosage par semaine suffit à les garder en fleur. En plein été, il faut doubler la cadence.

**Ennemis et maladies :** généralement aucun.

**Utilisations :** *Lantana sellowiana* se plante en bordure dans les jardinières. Il habille aussi les suspensions. *Lantana camara* est ravissant, sur tige, ou mélangé à des héliotropes dans sa forme buisson.

**Conseil Truffaut :** rentrez la plante en hiver et réduisez les arrosages au strict minimum.

## *Lathyrus odoratus*
## POIS DE SENTEUR

*Une volubile au parfum évaporé.*

**Plante annuelle (1,50 m, -2 °C).**

**Feuillage :** lisse, à une seule paire de folioles, ovales. Le pétiole se prolonge par une vrille.

**Floraison :** d'adorables papillons parfumés, aux coloris multiples, apparaissent de juin à septembre.

**Espèces et variétés :** pour le parfum, choisissez une ancienne variété, 'Antique Fantasy'. Pour les bouquets, les pois de senteur du groupe 'Spencer' ou 'Mammouth' offrent de longues tiges, de grosses fleurs et une exceptionnelle floraison.

**Comportement en pot :** les pois de senteur poussent bien en pot, mais il faut les palisser soigneusement pour que la potée reste esthétique, car ils ont tendance à pousser dans tous les sens.

**Dimensions du pot :** pour un effet de masse, semez une dizaine de graines dans un pot de 30 cm de large et de 20 cm de profondeur.

**Exposition :** plein soleil.

**Terre :** mélangez pour moitié du terreau avec de la terre à rosiers, et rajoutez une poignée d'engrais à décomposition différée, pour plantes à fleurs.

**Arrosage :** deux fois par semaine en moyenne. La sécheresse fait avorter les boutons floraux.

**Ennemis et maladies :** la fonte des semis détruit les jeunes plants. Le mildiou et l'oïdium forment des taches blanches ou grises sur les feuilles.

**Utilisations :** on conseille souvent de mélanger les pois de senteur à d'autres plantes. Le résultat est souvent décevant, car ils sont très gourmands et souffrent de cette concurrence. Palissez-les plutôt sur un treillage ou sur une forme en fil de fer.

**Conseil Truffaut :** semez le plus tôt possible pour obtenir un démarrage vigoureux au printemps.

## *Laurus nobilis*
## LAURIER-SAUCE

*Des feuilles délicieusement aromatiques.*

**Arbuste persistant (2 m, -8 °C).**

**Feuillage :** aromatique, lancéolé, persistant, vert foncé, à la consistance coriace.

**Floraison :** les fleurs sans pétales, vert-jaune, avec des étamines proéminentes, n'ont pas de vraie valeur décorative.

**Espèces et variétés :** seul *Laurus nobilis* est vendu en jardineries.

**Comportement en pot :** le laurier vit aisément dans un bac, mais il déteste les vents glacés. Appuyez-le contre un des murs de la maison.

**Dimensions du pot :** on trouve des

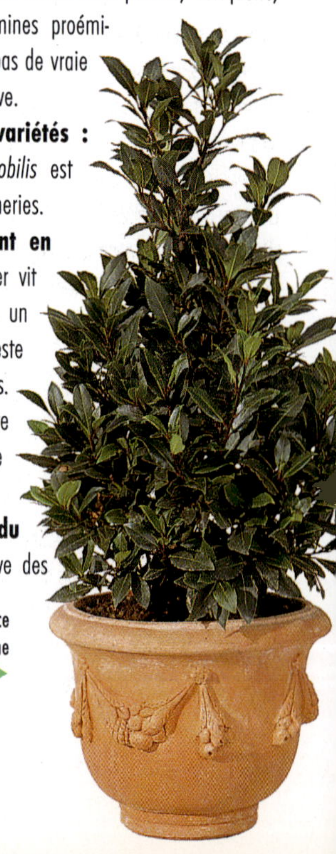

Le laurier-sauce fait une très bonne topiaire. ▶

plants de laurier, gros comme des crayons, au rayon des plantes aromatiques. Vous les rempoterez dans un pot de 15 cm de diamètre, en n'oubliant pas que la plante adulte mesure 2 m de haut. Changez de contenant quand les racines tapissent tout l'intérieur du pot ou une fois par an.

**Exposition :** le laurier s'étiole à l'ombre, il demande au moins quatre heures de soleil par jour.

**Terre :** une bonne terre de jardin ou, à défaut, un mélange de terreau et de terre à rosiers.

**Arrosage :** ne laissez pas le laurier en pot avoir soif trop longtemps. Deux arrosages par semaine.

**Ennemis et maladies :** les cochenilles sont l'ennemi numéro un du laurier-sauce.

**Utilisations :** le laurier supporte très bien la taille, en cône, en boule, etc. Associez-le à des romarins et à des lavandes.

**Conseil Truffaut :** taillez les rameaux desséchés.

## *Lavandula spp.* LAVANDE

*Elle fleure bon la Provence.*

**Arbrisseau (60 cm, - 8 °C).**

**Feuillage :** fin, gris argenté, fortement aromatique.

**Floraison :** des épis bleus rayonnent de la souche et forment une boule d'azur à partir de juin.

**Espèces et variétés :** sur un balcon, une lavande à petit développement est conseillée, comme 'Hidcote', très compacte, aux fleurs violet foncé. Il existe une lavande blanche, *Lavandula angustifolia* 'Edelweiss'. Mais elle n'a décidément pas le charme des lavandes bleues ! *Lavandula stoechas* 'Pedunculata', la lavande « Papillon », forme une boule de 60 cm de diamètre. Une multitude de bractées pourpres persiste, au sommet de chaque épi, bien après la floraison.

**Comportement en pot :** une potée trop arrosée donne des plantes dégingandées, en moins de deux ans. Gardez la lavande au sec, et ayez la main légère avec les engrais azotés.

**Dimensions du pot :** une petite touffe logera dans une potée de 25 cm de large et de haut. Une plante plus âgée aura besoin d'un pot de 10 cm plus grand.

**Exposition :** plein sud, sans hésitation.

**Terre :** une bonne terre de jardin, même calcaire.

**Arrosage :** les excès d'humidité font plus souvent périr la lavande que les oublis d'arrosage.

**Ennemis et maladies :** des champignons attaquent les jeunes pousses ou font dépérir les touffes.

**Utilisations :** usez et abusez de la lavande avec toutes les plantes du Sud ; cistes, abutilons, sauges, agapanthes, armoises, romarins, thyms, jasmins.

**Conseil Truffaut :** ne taillez jamais les lavandes à ras, mais laissez quelques centimètres des rameaux de l'année précédente.

## *Lavatera spp.* LAVATÈRE

*Une silhouette très décontractée.*

**Plante vivace arbustive (1,50 m, - 8 °C).**

**Feuillage :** ovale, lobé, vert pâle.

**Floraison :** de grandes fleurs en coupe, aux pétales de soie rose ou blanche, habillent un buisson au port lâche et irrégulier.

**Espèces et variétés :** *Lavatera thuringiaca* 'Barnsley' connaît un franc succès avec ses fleurs rose pâle. 'Shorty', à la végétation très compacte, s'accommodera des petits balcons.

**Comportement en pot :** ne comptez pas sur les lavatères pour créer le décor hivernal, car elles disparaissent (vous les taillerez à ras) en octobre. Mais elles reviendront, plus belles, au printemps.

**Dimensions du pot :** pas trop petit, si vous ne voulez pas arroser tous les jours, 25 cm en tous sens est un minimum.

**Exposition :** plein soleil ou mi-ombre.

**Terre :** le terreau pour géraniums convient bien.

**Arrosage :** les lavatères supportent la sécheresse, mais leur floraison durera plus longtemps avec des arrosages réguliers tous les 3 ou 4 jours.

**Ennemis et maladies :** la rouille peut entraîner le dépérissement de toute la plante.

**Utilisations :** avec une grosse touffe de *Carex lanceolata,* au feuillage touffu et retombant, ou tout simplement avec un tapis d'agératums au pied.

**Conseil Truffaut :** enterrez la base des rameaux à la première plantation, et rabattez les branches d'un tiers. La plante s'étoffera plus rapidement.

▲ *Lavandula angustifolia* : un parfum délicat en été.

▲ *Lavandula stoechas* 'Pedunculata' : joli papillon.

*Lavatera olbia* 'Rosea' : une certaine fantaisie. ▶

▲ *Leonotis leonorus* : pour les terrasses du Midi.

▲ *Leptospermum scoparium* : frileux, mais si florifère.

◀ *Lespedeza thunbergii* : une floraison d'arrière-saison.

## *Leonotis leonurus* LÉONOTIS ou QUEUE DE LION

*Un tempérament de feu.*

**Sous arbrisseau (80 cm, 3 °C).**

**Feuillage :** persistant, poilu, gris-vert.

**Floraison :** des corolles tubulaires, orange vif, sont réunies en touffes, à l'extrémité des tiges. Elles s'épanouissent à partir du mois d'août, pour le plus grand bonheur des insectes butineurs.

**Espèces et variétés :** *Leonotis leonurus* est l'espèce courante. Il existe une rare forme blanche.

**Comportement en pot :** si l'hiver est clément, il reste sur le balcon. Sinon, il hiverne en véranda. Rempotage chaque année au printemps.

**Dimensions du pot :** 20 cm de large et autant de profondeur la première année.

**Exposition :** installez ce Sud-Africain contre un mur au sud, qui réfléchira la chaleur.

**Terre :** un terreau de plantation enrichi de 20 % d'amendement organique à base de fumier.

**Arrosage :** le léonotis vous pardonnera quelques oublis d'arrosage, s'ils sont épisodiques.

**Ennemis et maladies :** les mouches blanches envahissent parfois la plante, surtout quand elle passe l'hiver à l'intérieur de la maison.

**Utilisations :** l'orange vif du léonotis se marie à la perfection avec le violet foncé des héliotropes ou de certains pétunias.

**Conseil Truffaut :** pincez souvent les tiges pour conserver à la plante un port compact.

## *Leptospermum scoparium* LEPTOSPERMUM

*Un festival de fleurs en hiver.*

**Arbuste (1 m, - 3 °C).**

**Feuillage :** persistant, très fin, presque piquant, vert sombre, virant au bronze en hiver.

**Floraison :** des rosettes minuscules apparaissent en masse de décembre à avril.

**Espèces et variétés :** *Leptospermum scoparium* 'Winter Cheer' arbore des fleurs doubles, rouges, très lumineuses. 'Nanum Kea' offre un port compact, en boule et des fleurs d'un beau rose doux. C'est une forme bien adaptée aux petits balcons.

**Exposition :** le plein soleil est impératif.

**Comportement en pot :** le leptospermum supporte des petites gelées passagères. Par temps froid, il faut l'abriter dans une pièce très lumineuse et peu chauffée. Rempotage tous les 2 ans.

**Dimensions du pot :** l'arbuste, qui dépasse rarement 1 m dans un pot , demande un contenant d'au moins 30 cm de diamètre.

**Terre :** le leptospermum aime les sols légers et non calcaires. Mélangez du terreau pour géraniums avec 15 % de perlite ou de vermiculite.

**Arrosage :** la plante supporte la sécheresse, mais fleurit plus avec des arrosages hebdomadaires.

**Ennemis et maladies :** cochenilles et mouches blanches peuvent envahir la plante en serre froide.

**Utilisations :** associez au leptospermum, des plantes à feuillage gris ; phlomis, armoises, cistes, lavandes, santolines, etc.

**Conseil Truffaut :** taillez légèrement les branches après la floraison pour équilibrer la forme.

## *Lespedeza thunbergii* LESPÉDÉZA

*Floraison automnale.*

**Arbuste (1,50 m, - 3 °C).**

**Feuillage :** vert doux, composé, à trois folioles, porté par de longues tiges souples et arquées.

**Floraison :** le lespédéza est précieux pour sa floraison tardive, qui redonne une seconde jeunesse au balcon. Les longues tiges souples de l'année portent d'août à octobre, de longues inflorescences légères, rose violacé, très agréables.

**Espèces et variétés :** *Lespedeza thunbergii*, appelé aussi « desmodium » est le seul cultivé.

**Comportement sur balcon :** la végétation démarre très tard, en mai. Quand l'hiver est froid, il faut couper toutes les tiges à ras. Si l'été n'a pas été très ensoleillé, la floraison s'en ressent.

**Dimensions du pot :** 30 cm en tous sens.

**Exposition :** plein soleil.

**Terre :** terreau (2/3) et sable (1/3).

**Arrosage :** un apport généreux par semaine,

deux à trois par temps de canicule.

**Ennemis et maladies :** le gel est le plus sévère ennemi du lespédéza, il détruit la partie aérienne.

**Utilisations :** avec une belle touffe d'asters nains, des sédums 'Autumn Joy', des anémones du Japon, des liatris et des colchiques.

**Conseil Truffaut :** le lespédéza doit être protégé en hiver. S'il est gelé, taillez les branches mortes au ras du sol, la plante repartira de la souche.

## *Leucojum spp.* NIVÉOLE

*Des perce-neige géants.*

**Plante bulbeuse (40 cm, - 10 °C).**

**Feuillage :** linéaire, vert foncé.

**Floraison :** de grosses clochettes, aux pétales blancs et sépales verts de la même taille.

**Espèces et variétés :** *Leucojum vernum*, la vraie nivéole, apparaît en février. Elle vient bien à l'ombre. *Leucojum aestivum*, le plus grand, avec ses 40 cm de haut, offre des fleurs de 2 à 3 cm de diamètre, en avril et mai.

**Comportement en pot :** les nivéoles n'aiment pas les transplantations. Mettez-les en pot une fois pour toutes. Elles vivent plusieurs années.

**Dimensions du pot :** les nivéoles sont splendides dans une coupe large et basse de 30 cm de long et 15 cm de profondeur.

**Exposition :** la mi-ombre est bien tolérée.

**Terre :** les nivéoles se plaisent dans la terre à rosiers.

**Arrosage :** tous les 5 à 8 jours en végétation.

**Ennemis et maladies :** généralement aucun.

**Utilisations :** potées, bordures de jardinières, en associations avec des tulipes et des narcisses.

**Conseil Truffaut :** divisez les touffes quand vous vous apercevez que l'abondance du feuillage prend le pas sur la floraison.

▲ *Leucojum* 'Gravetyne Giant'.

## *Leucothoe walteri* LEUCOTHOE

*Un feuillage magique.*

**Arbuste (1,50 m, - 12 °C).**

**Feuillage :** persistant, elliptique, vert ou panaché, virant au pourpre en hiver.

**Floraison :** les branches arquées portent, en mai, des petites grappes de clochettes blanches, ressemblant à celles des piéris.

**Espèces et variétés :** 'Rainbow' offre des feuilles marbrées de crème et rose, cuivrées au printemps et bronze à l'automne. 'Scarletta' présente un port compact. Les jeunes pousses sortent rouges, virent ensuite au vert brillant, puis passent au pourpre en hiver.

▲ *Leucothoe walteri* 'Scarletta' : superbe durant l'hiver.

**Comportement en pot :** les leucothoes se plaisent sur les terrasses à l'ombre. Un rempotage tous les trois ans est suffisant.

**Dimensions du pot :** une grosse potée de 30 cm de haut et de large suffit au leucothoe.

**Exposition :** mi-ombre et abritée. Une ombre trop dense nuit aux feuillages panachés.

**Terre :** terreau, tourbe et terre de bruyère.

**Arrosage :** arrosez abondamment, surtout quand la température ambiante dépasse les 20 °C.

**Ennemis et maladies :** une terre ou une eau d'arrosage trop calcaires entraînent un jaunissement des feuilles (chlorose ferrique).

**Utilisations :** le leucothoe se plaît avec toutes les plantes de terre de bruyère ; kalmia, rhododendron, azalée, piéris, hydrangéa, bruyère, pernettya, etc.

**Conseil Truffaut :** bassinez le feuillage lors de chaque arrosage en période estivale.

*Leucothoe fontanesiana* 'Rainbow' : feuillage étonnant. ▶

▲ *Lewisia cotyledon* : il apprécie une certaine sécheresse.

▲ *Liatris spicata* : des fleurs échevelées très originales.

◄ *Ligustrum ovalifolium* 'Aureum' un joli troène doré.

## *Lewisia spp.*
## LÉWISIA

*Une adorable capricieuse.*

**Plante vivace (0,20 m, - 5 °C).**

**Feuillage :** en rosettes, composées de feuilles un peu épaisses, ovales, pointues, ondulées.

**Floraison :** la plante est recouverte, en juin, par une masse de fleurs étoilées, aux couleurs vives, portées par des pédoncules de 10 cm de long.

**Espèces et variétés :** *Lewisia cotyledon* 'Sunset Strain' offre d'époustouflantes fleurs crème, balayées de rose. Il en existe bien d'autres formes.

**Comportement en pot :** les léwisias ont une nette tendance à disparaître brutalement. L'excès d'eau en est souvent la cause.

**Dimensions du pot :** une seule plante vit aisément dans une potée de 10 cm de diamètre.

**Exposition :** ensoleillée, pas brûlante.

**Terre :** le drainage doit être parfait. Incorporez au moins un tiers de gros sable ou de gravier fin à du terreau de feuilles pas trop finement tamisé.

**Arrosage :** arrosez peu, mais régulièrement. En effet, les léwisias dépérissent plus souvent par excès que par manque d'eau. Protégez la plante s'il pleut trop. Réduisez les apports d'eau après la floraison.

**Ennemis et maladies :** la pourriture du collet, qui peut s'installer quand on arrose trop souvent, détruit complètement la plante en quelques jours.

**Utilisations :** le léwisia est idéal pour les auges et les mini-jardins de rocaille. Installez-le avec des sédums, des joubarbes, des saxifrages.

**Conseil Truffaut :** disposez au fond du pot une couche de graviers d'au moins 1 cm, et autant à la surface, de façon que le collet de la plante reste toujours au sec.

## *Liatris spp.*
## LIATRIS

*Une plante généreuse et sans problème.*

**Plante vivace (0,60m, - 10 °C).**

**Feuillage :** linéaire et touffu.

**Floraison :** des épis denses, roses ou blancs, de 50 à 60 cm de haut, émergent du feuillage. Les fleurs situées en extrémité éclosent en premier, celles des étages inférieurs prennent la suite.

**Espèces et variétés :** *Liatris spicata* offre des épis serrés de fleurs roses. 'Kobold' présente une végétation plus réduite. *Liatris scariosa* 'Alba' arbore des inflorescences blanches, plumeuses, bien plus légères que celles des autres espèces.

**Comportement en pot :** le liatris forme de belles potées touffues, qui prospèrent sur les terrasses ensoleillées. Rempotage tous les deux ans.

**Dimensions du pot :** une jardinière de 40 cm de long et de 20 cm de profondeur convient à la culture des liatris qu'il faudra diviser régulièrement.

**Exposition :** plein soleil, pour une bonne floraison.

**Terre :** les liatris aiment une terre lourde, qui retient bien la fraîcheur en été. En revanche, la plante souffre de l'humidité hivernale. Abritez la potée de la pluie, en la poussant contre un mur ou en la protégeant avec une feuille de plastique.

**Arrosage :** arrosez abondamment en été, un peu moins en automne et encore moins en hiver (quand tout le feuillage a disparu).

**Ennemis et maladies :** généralement aucun, sauf les limaces qui dévorent les feuilles.

**Utilisations :** mariez les liatris avec des plantes à la floraison légère, comme les *Coreopsis verticillata*, les érigerons, les boltonias, les sidalcéas. Ils font également merveille avec des graminées, telles que l'orge à crinière, l'*Hakonechloa*, ou encore les carex.

**Conseil Truffaut :** les épis fleurissant de haut en bas, supprimez les fleurs fanées pour conserver un aspect net à la potée.

## *Ligustrum spp.*
## TROÈNE

*Pas si banal après tout.*

**Arbuste (2 m, - 12 °C).**

**Feuillage :** ovale, vert plus ou moins foncé, ou panaché, lustré, semi-persistant.

**Floraison :** en panicules blanc crème, très parfumées. Selon les espèces, la floraison, plus spectaculaire qu'on ne le dit, apparaît de fin mai à juillet.

**Espèces et variétés :** le troène du Japon, *Ligustrum japonicum*, est notre préféré. Ses feuilles sont semi-persistantes, et coriaces, à la manière du camélia. Il fleurit tard, mais abondamment, à partir de juillet. Il existe une version naine, 'Rotondifolium', aux feuilles légèrement vrillées, et à la croissance lente. *Ligustrum vulgare* 'Lodense' est un arbuste très touffu, au feuillage fin. En septembre, *Ligustrum quihoui* est remarquable par sa floraison et son parfum, mais il n'est vraiment à l'aise que dans les régions au climat doux.

**Comportement en pot :** les troènes supportent les tailles répétées, ce qui en fait des arbustes parfaits pour les terrasses de moyenne superficie. Ils supportent également la pollution des villes.

**Dimensions du pot :** une jeune touffe vivra dans un pot de 20 cm de diamètre et de profondeur. Un arbuste de 2 m de haut demande un pot d'au moins 35 à 40 cm de diamètre.

**Exposition :** les troènes supportent la mi-ombre, voire l'ombre légère, surtout la forme dorée.

**Terre :** tout bon terreau lui convient.

**Arrosage :** le troène supporte des épisodes de sécheresse, mais, en général, il n'aime pas les sols trop secs. Il sera plus beau s'il ne souffre pas.

**Ennemis et maladies :** le pourridié attaque fréquemment les troènes en pleine terre. En bac, l'affection est plus rare. Il n'y a pas de remède.

**Utilisations :** le troène forme de petites haies en bacs ou des écrins de verdure, et garnit les coins à l'ombre. On peut tailler les espèces à petites feuilles en topiaire. Associez-le à des plantes à la floraison plus voyante, comme les seringas, weigélias, deutzias, spirées, forsythias, hibiscus, etc.

**Conseil Truffaut :** taillez après la floraison, pour garder à l'arbuste un port compact et des dimensions compatibles avec le balcon. Protégez toutes les espèces semi-persistantes et persistantes du froid et du vent en hiver. Rapprochez-les du mur de la maison et enroulez plusieurs couches de voile d'hivernage autour de la ramure et du pot.

## *Lilium spp.* LIS

*De la majesté et du panache…*

**Plante bulbeuse (1 m, -8 °C).**

**Feuillage :** linéaire, étroit et vert franc.

**Floraison :** de larges trompettes, des turbans ou des coupes évasées apparaissent, groupées par petit nombre, au sommet de tiges élancées.

**Espèces et variétés :** le lis de la Madone *(Lilium candidum)* est un des plus rustiques et des plus odorants. Parmi les lis hybrides, choisissez de préférence ceux qui ne dépassent pas 1 m de haut, comme 'Snow Queen', blanc, très parfumé, 'Côte d'Azur', aux grandes fleurs roses, 'Stargazer', rose et blanc, aux très grandes fleurs gracieuses.

**Comportement en pot :** veillez à ne pas donner trop d'engrais aux lis en pots, sinon ils poussent tout en hauteur et n'ont pas de tenue.

**Dimensions du pot :** une potée ovale de 40 cm de diamètre, de 25 cm de large et de profondeur, forme un décor ravissant quand elle est garnie de lis. Comptez en général 2 à 3 bulbes par pot de 25 cm de diamètre.

**Exposition :** soleil ou mi-ombre. Si l'emplacement est vraiment ombragé, les lis fleuriront, mais avec moins d'éclat, tout en durant moins.

**Terre :** additionnez un quart de sable de rivière grossier à un bon terreau de feuilles.

**Arrosage :** adaptez vos apports d'eau à la croissance de la plante. Quand les pousses pointent, arrosez pour maintenir la terre juste humide. Augmentez la cadence au fur et à mesure de la pousse. En plein été, ne laissez pas le terreau se dessécher plus de deux ou trois jours. Réduisez les arrosages sensiblement après la floraison.

**Ennemis et maladies :** la moisissure bleue peut détruire les bulbes en hiver. Des virus provoquent un rabougrissement des plantes que l'on multiplie soi-même. Les larves et les adultes de criocères dévorent les feuilles.

**Utilisations :** utilisez les lis en grosses potées bien fournies, ou glissez-les par trois ou quatre, dans des jardinières de plantes à feuillage, comme les hélichrysums, les lamiers, les lierres et pourquoi pas les graminées.

**Conseil Truffaut :** laissez les feuilles jaunir sans les couper, pour offrir aux bulbes la possibilité de reconstituer leurs réserves d'énergie avant l'hiver. Tous les deux ans, changez-les de pot.

▲ Les lis américains hybrides viennent bien en jardinière.

▲ *Lilium candidum* : le lis blanc au doux parfum.

*Lilium* 'Stargazer' : une des grandes stars du moment. ▶

▲ *Linaria maroccana* : un hybride aux fleurs tendres.

▲ *Liriope platyphylla* : une potée à abriter du froid.

◄ *Lithospermum diffusum* : il tapisse bien les sols drainés.

## *Linaria spp.* LINAIRE

*Une délicate beauté à redécouvrir.*

**Plante vivace (60 cm, - 10 °C).**

**Feuillage :** lancéolé, ténu, linéaire.

**Floraison :** en juin, et jusqu'en août, de fins épis élancés, presque grêles, portent de nombreuses petites fleurs qui ressemblent à des gueules-de-loup miniatures dans des teintes très variées.

**Espèces et variétés :** *Linaria purpurea* 'Canon Went' fleurit rose pâle sur un feuillage légèrement bleuté. Vous la ressèmerez facilement, en prélevant ses graines en automne. *Linaria dalmatica* arbore de délicates fleurs jaunes.

**Comportement en pot :** les linaires sont des fleurs très accommodantes. Même les débutants arrivent à les cultiver en jardinière sans problème.

**Dimensions du pot :** un pied de linaire nécessite un pot de 20 cm de large et de même profondeur.

**Exposition :** les linaires adorent le plein soleil.

**Terre :** ces fleurs poussant dans la nature sur le bord des routes ou le long des murs, elles acceptent n'importe quelle terre, même pauvre.

**Arrosage :** si des à-coups sérieux se produisent dans l'arrosage, quand la plante est en plein épanouissement, la floraison dure moins longtemps.

**Ennemis et maladies :** généralement aucun.

**Utilisations :** mariez les linaires à des asters, des érigerons, des sauges, des plantes à feuillage gris comme leu marrube, le *Convolvulus cneorum,* les ballotes ou les oreilles d'ours *(Stachys lanata).*

**Conseil Truffaut :** les linaires, bien qu'elles soient vivaces, ne vivent pas très longtemps, deux ou trois ans. C'est pourquoi il est bon de prévoir la culture annuelle avec des semis de remplacement.

## *Liriope spp.* LIRIOPE

*Une jolie touffe originale.*

**Plante vivace (0,30 m, - 10 °C).**

**Feuillage :** rubané, étroit, vert foncé, persistant, poussant en touffes assez serrées.

**Floraison :** des pédoncules dressés portent de nombreuses petites fleurs en clochettes lilas, groupées le long de la tige. Les épis se mélangent au feuillage, donnant un côté très naturel à la plante.

**Espèces et variétés :** *Liriope muscari* est désormais appelé *Liriope platyphylla.* C'est la forme la plus courante, avec ses épis mauves, qui se dressent, rigides, de septembre à novembre.

**Comportement en pot :** le liriope forme des potées de feuilles serrées, qu'il faut diviser tous les deux ans. Il est indispensable de l'abriter du froid.

**Dimensions du pot :** une potée large de 30 cm et profonde d'au moins 25 cm, permettra aux racines rhizomateuses de bien s'installer.

**Exposition :** mi-ombre ou soleil léger, comme dans les clairières de son Japon natal.

**Terre :** un terreau sableux plutôt acide.

**Arrosage :** la plante est beaucoup plus résistante à la sécheresse qu'on ne le croit généralement, car elle stocke l'eau dans ses racines rhizomateuses. Arrosez deux fois par semaine en été.

**Ennemis et maladies :** généralement aucun.

**Utilisations :** avec des fougères et des bruyères pour accompagner des rhododendrons et des piéris.

**Conseil Truffaut :** le liriope est gourmand. Nourrissez-le régulièrement avec des engrais à assimilation rapide, faiblement concentrés.

## *Lithospermum diffusa* GRÉMIL

*Un joli tapis d'un bleu intense.*

**Sous-arbrisseau (20 cm, - 2 °C).**

**Feuillage :** ovale, vert foncé, fin, porté par des rameaux prostrés qui forment des touffes étalées.

**Floraison :** une abondance de clochettes largement épanouies, d'un bleu gentiane intense, apparaissent sans discontinuer de mai à juillet.

**Espèces et variétés :** 'Heavenly Blue' est le cultivar le plus populaire avec des fleurs d'un bleu soutenu. 'Grace Ward' a de plus grandes fleurs.

**Comportement en pot :** *Lithospermum diffusum,* désormais appelé *Lithodora diffusa,* peut se cultiver dans une auge, comme des plantes de rocaille, mais à cause de sa vigueur, il a tendance à déborder largement et à étouffer ses voisines.

**Dimensions du pot :** un jeune plant peut vivre dans un pot de 15 cm de large et de même profondeur, la première année. Rempotez ensuite.
**Exposition :** soleil pas trop dur ou mi-ombre.
**Terre :** mélangez par tiers du sable de rivière, de la tourbe blonde et du terreau de feuilles.
**Arrosage :** laissez sécher très légèrement la terre entre deux arrosages. Oubliez-le l'hiver.
**Ennemis et maladies :** aucun. Seuls le froid et l'humidité hivernale sont à redouter.
**Utilisations :** installez le grémil au pied de rhododendrons, de piéris, d'hydrangéas.
**Conseil Truffaut :** protégez la plante du froid avec une bonne couche de tourbe blonde sèche.

## *Lobelia erinus* LOBÉLIA

*Une nuée de fleurs bleues.*
**Plante annuelle (30 cm, 5 °C).**
**Feuillage :** vert clair, avec des feuilles allongées qui s'affinent vers l'extrémité de la tige.
**Floraison :** des centaines de petites fleurs, aux corolles largement ouvertes, recouvrent la plante, de mai jusqu'aux premiers froids.
**Espèces et variétés :** 'Rosamond' offre des fleurs rose foncé, à œil blanc, 'Snowball' affiche un blanc pur, lumineux, 'Palace bleu' est généreux. Il arbore des fleurs bleu foncé ponctuées d'un grand œil blanc.
**Comportement en pot :** le lobélia a tendance à griller si le soleil est trop fort. Installez-le sur un balcon qui reçoit une lumière tamisée. Les formes « cascade » sont cultivées de préférence seules.
**Dimensions du pot :** plantez les lobélias en masse, pour le coup d'œil. Une jardinière de 40 cm de long peut accueillir au moins 5 pieds.
**Exposition :** protégée des vents frais, de préférence à l'ombre légère.
**Terre :** donnez aux lobélias un terreau nutritif, enrichi de fumier et d'algues compostées.
**Arrosage :** les lobélias n'aiment pas la sécheresse, arrosez-les tous les jours durant l'été.
**Ennemis et maladies :** certains champignons attaquent les feuilles, leur donnant un aspect brûlé. La pourriture des racines fait mourir la plante entière.
**Utilisations :** les variétés à port retombant, comme 'Saphir', bleu foncé brillant, à œil blanc, ou 'Rose Cascade', garnissent les suspensions. Celles à port plus droit forment de belles potées vaporeuses. Associez-les à des fuchsias roses, des pensées, des alchémilles et des bégonias tubéreux.
**Conseil Truffaut :** une fois par semaine, donnez aux lobélias de l'engrais soluble pour géraniums, afin de soutenir, jusqu'aux gelées, leur longue floraison. Ne fertilisez pas les plantes assoiffées.

## *Lobularia maritima* ALYSSE ODORANT

*Une délicate odeur de miel.*
**Plante annuelle (15 cm, 0 °C).**
**Feuillage :** les tiges rampantes, semi-dressées, portent des petites feuilles étroites. Les touffes forment des coussinets mousseux.
**Floraison :** des centaines de petites fleurs blanches, roses ou violacées, en grappes denses et vaporeuses, se succèdent tout l'été, embaumant l'air d'un parfum de miel.
**Espèces et variétés :** 'Lilac Queen' forme un tapis violet, 'Rosie O'Day' offre de subtiles nuances de blanc et de rose pâle, tandis que 'Tapis de Neige' déroule une épaisse moquette blanche.
**Comportement en pot :** l'alysse odorant se développe aussi bien en pot qu'en pleine terre.
**Dimensions du pot :** 15 cm de profondeur. Pour un effet de masse, comptez, à la plantation, de 10 à 15 cm de distance entre les jeunes pieds.
**Exposition :** ensoleillé ou légèrement ombragé.
**Terre :** donnez à l'alysse odorant une bonne terre de jardin, ou du terreau de plantation universel.
**Arrosage :** arrosez sans noyer les plantes, chaque fois que la terre de surface est sèche.
**Ennemis et maladies :** l'oïdium et le mildiou sont les deux maladies les plus fréquentes.
**Utilisations :** l'alysse odorant tapisse le pied des arbustes, se marie à l'héliotrope et aux géraniums. Il accompagne bien les aubriètes en suspension.
**Conseil Truffaut :** rabattez les fleurs, avec une paire de ciseaux, après la première floraison, pour encourager une remontée estivale.

▲ Les grands hybrides de lobélias foisonnent en potée.

▲ *Lobelia erinus* forme de superbes cascades de fleurs.

*Lobularia maritima* 'Golfy' : une floraison très longue. ▶

▲ *Lonicera x heckrottii* : il reste décoratif toute l'année.

▲ *Lotus maculatus* : une petite frileuse très étonnante.

▲ *Lunaria annua* : la floraison est déjà un enchantement.

## *Lonicera spp.*
## CHÈVREFEUILLE

*Attachant et parfumé...*

**Plante grimpante (3 m, - 10 °C).**

**Feuillage :** caduc ou semi-persistant, ovale.

**Floraison :** en grappes légères, parfumées, blanches virant au jaune, au rose ou au pourpre.

**Espèces et variétés :** pour le parfum, *Lonicera peryclymenum*, sans hésiter. La variété 'Belgica', rouge-pourpre et jaune est une des plus belles réussites. Pour un feuillage semi-persistant, adoptez *Lonicera japonica*. 'Halliana', blanc pur et jaune, compte parmi les plus parfumés. À noter, le tout nouveau chèvrefeuille arbustif 'Honey Baby', qui forme une grosse boule de 50 cm de diamètre.

**Comportement en pot :** il faut vraiment un pot profond pour que le chèvrefeuille soit beau sur la terrasse. Sinon, il développe des branches chétives.

**Dimensions du pot :** au moins 50 cm de diamètre si l'on veut que la plante couvre plusieurs $m^2$.

**Exposition :** le plein soleil n'est pas indispensable. Le chèvrefeuille se plaît aussi à la mi-ombre.

**Terre :** terreau universel avec fumier composté.

**Arrosage :** le chèvrefeuille n'aime pas la sécheresse, qui fait jaunir et tomber précocement ses feuilles.

**Ennemis et maladies :** l'oïdium couvre les feuilles d'un duvet grisâtre. Les pucerons envahissant le feuillage, favorisent l'installation de la fumagine.

**Utilisations :** un seul pied de chèvrefeuille dans un grand pot peut recouvrir un treillage, une balustrade ou un pilier. Il peut être associé à une clématite.

**Conseil Truffaut :** taillez le chèvrefeuille assez sévèrement, dès qu'il se dégarnit et s'étiole. À partir de mars, donnez-lui de l'engrais « géraniums ».

## *Lotus berthelotii*
## LOTIER

*Un manteau d'argent griffé d'or.*

**Plante vivace (40 cm, 2 °C).**

**Feuillage :** très fin, semi-persistant, d'un gris argenté aux reflets métalliques, très lumineux. Il est porté par de longues tiges retombantes.

◀ *Lunaria annua* : on l'appelle « monnaie-du-pape ».

**Floraison :** des grappes de fleurs à l'étonnante couleur corail, en forme de cornes quand elles sont en boutons, apparaissent en été.

**Espèces et variétés :** seul l'espèce type est cultivée. *Lotus maculatus* est jaune d'or.

**Comportement en pot :** le démarrage est souvent lent, mais une fois passé ce cap, le lotier forme de splendides suspensions.

**Dimensions du pot :** une coupe de 30 cm de diamètre et de 20 cm de profondeur suffit.

**Exposition :** plein soleil, de préférence. Le lotier n'est pas rustique, rentrez-le dès octobre.

**Terre :** moitié sable, moitié terreau de plantation.

**Arrosage :** laissez sécher un peu le pot entre deux apports d'eau. Ne laissez pas le feuillage se faner.

**Ennemis et maladies :** généralement aucun.

**Utilisations :** le lotier n'a pas son pareil pour habiller une rambarde ou dissimuler une potée.

**Conseil Truffaut :** pincez le bout des rameaux, pour favoriser la ramification. Au printemps, taillez court.

## *Lunaria annua*
## MONNAIE-DU-PAPE

*Beauté des fleurs, richesse des fruits.*

**Plante bisannuelle (80 cm, - 8 °C).**

**Feuillage :** vert moyen, cordiforme, dentelé.

**Floraison :** des grappes de fleurs mauves, qui ressemblent à celles de la giroflée quarantaine, apparaissent au printemps. Elles seront suivies par des capsules plates, qui font penser à des pièces de monnaie translucides... ou à des monocles.

**Espèces et variétés :** à l'intérêt de sa fructification, *Lunaria annua* 'Variegata' ajoute un feuillage au pourtour panaché de blanc. 'Alba' porte de généreux bouquets de fleurs blanc pur en avril. Il existe une espèce vivace, *Lunaria rediviva*.

**Comportement en pot :** pour profiter des fleurs dès avril, plantez cette bisannuelle à l'automne. Arrachez les pieds après la fructification.

**Dimensions du pot :** 25 cm de haut et de large sont des dimensions suffisantes.

**Exposition :** la mi-ombre est idéale, mais l'ombre intense les empêche à peine de fleurir.

**Terre :** moitié terreau de plantation, moitié sable.

**Arrosage :** si le pot reçoit la pluie, cela suffit en

hiver. À partir de mars, arrosez deux fois par semaine.
**Ennemis et maladies :** la rouille blanche tache feuilles et tiges. Certains virus déforment les fleurs.
**Utilisations :** mélangez la monnaie-du-pape à des physalis, des juliennes, des saponaires, et n'ayez pas peur de les utiliser en grosses potées.
**Conseil Truffaut :** la lunaire ne fleurit qu'une fois. Prévoyez des semis de remplacement, très faciles à obtenir directement en place dans le pot.

## *Lycospersicon esculentum* TOMATE

*Les délices de la pomme d'amour.*
**Plante annuelle (1 m, 0 °C).**
**Feuillage :** vert franc, rêche et poilu, aromatique.
**Floraison :** insignifiante par elle-même, mais suivie de fruits rouges, parfois jaunes.
**Espèces et variétés :** les tomates cerises, jaunes ou rouges, rondes ou en forme de poire, sont parfaitement adaptées aux petits balcons. 'Harzglut', très précoce, mûrira, même si vous ne lui offrez pas tout le soleil souhaitable. 'Matina' ne se fend pas, son goût est prononcée. 'Mon Plaisir' est une variété à port retombant et à fruits miniatures d'excellente saveur.
**Comportement en pot :** la tomate ne souffre pas de négligence. Elle doit être arrosée, nourrie, pincée, tuteurée. Sinon vous ne récolterez presque rien.
**Dimensions du pot :** un pot de 30 cm de haut et de large est assez grand pour un pied de tomate.
**Exposition :** le plein soleil est préférable.
**Terre :** mélangez du terreau (2/3) et un amendement à base de fumier et d'algues (1/3).
**Arrosage :** arrosez peu quand le plant est jeune, pour qu'il développe son système racinaire en profondeur. Augmentez la cadence quand la plante forcit.
**Ennemis et maladies :** la mouche blanche et l'araignée rouge sont les deux ennemis les plus fréquents de la tomate. Cependant, elles ne sont pas mortelles pour la plante. En revanche, une attaque de mildiou par temps très humide peut être fatale.
**Utilisations :** laissez la tomate seule dans son pot, elle demande abondance d'eau et de nourriture.
**Conseil Truffaut :** supprimez les tiges secondaires qui poussent à l'aisselle des feuilles, pour diriger toute la sève vers les fruits.

▲ *Lysimachia congesta* : une nouveauté spectaculaire.

## *Lysimachia spp.* LYSIMAQUE

*Un self-service pour les papillons.*
**Plante vivace (80 cm, - 10 °C).**
**Feuillage :** lancéolé, vert moyen, parfois duveteux, virant au rouge à l'automne.
**Floraison :** des épis de petites fleurs, blanches ou jaunes, ressemblant à celles des buddléias chez la lysimaque à fleurs de cléthra, apparaissent en mai-juin.
**Espèces et variétés :** *Lysimachia clethroides* offre tout l'été des épis blancs, en virgule. *Lysimachia congesta,* couleur d'or est une nouvelle introduction qui a tout de suite connu beaucoup de succès en raison de son port semi-retombant. Cette forme est cultivée comme une annuelle.
**Comportement en pot :** la lysimaque, vigoureuse, s'accommode mal d'une petite jardinière, et ne tolère guère les oublis d'arrosage.
**Dimensions du pot :** une jardinière de 25 cm de large et de 20 cm de profondeur suffit à *Lysimachia congesta* pour bien se développer.
**Exposition :** soleil ou ombre légère.
**Terre :** les lysimaques affectionnent un terreau riche additionné de terre d'alluvions.
**Arrosage :** régulier, sinon la plante fleurit peu.
**Ennemis et maladies :** généralement aucun.
**Utilisations :** mariez les lysimaques avec des graminées, des asters, des hémérocalles.
**Conseil Truffaut :** rabattez les touffes en octobre.

▲ La tomate poire jaune : une délicieuse curiosité.

La tomate cerise est idéale pour la culture sur balcon. ▶

M

## *Magnolia stellata*
## MAGNOLIA

*De la prestance et du prestige.*

**Arbuste (2 m, - 7 °C).**

**Feuillage :** caduc, lancéolé, vert pâle quand il apparaît au pritemps, juste après les fleurs.

**Floraison :** de grosses étoiles blanches d'une dizaine de centimètres font leur apparition dès la fin du mois de mars. Même les jeunes arbustes fleurissent abondamment, ce qui n'est pas la règle chez les magnolias à feuillage persistant.

**Espèces et variétés :** *Magnolia stellata* est un des plus petits. Il ne dépassera guère 2 m de haut en bac. Des améliorations américaines comme 'Water Lily' donnent des fleurs plus larges, portant de nombreux pétales. 'Susan', très vigoureux, convient aux très grandes terrasses. Même jeune, il produit en abondance des fleurs rose carmin.

**Comportement en pot :** *Magnolia stellata* pousse très lentement, ce qui s'avère un avantage pour la culture en pot. Rempotage tous les 3 ans.

**Dimensions du pot :** le magnolia étant gourmand, il souffre très vite, dans un pot trop petit, d'un manque d'eau et d'éléments nutritifs. Offrez-lui un contenant d'au moins 30 cm de diamètre au départ. Après quelques années, l'arbuste aura besoin d'un pot définitif de 50 cm de large et de haut.

**Exposition :** la mi-ombre ou le soleil, dans les régions pas trop chaudes en été, conviennent au magnolia. Abritez-le des vents froids.

**Terre :** elle doit être riche, et bien garder l'eau. Le magnolia n'aime guère le calcaire, mais il ne sera pas heureux dans la terre de bruyère pure, trop pauvre. Préparez-lui un mélange à parts égales de terreau de feuilles, d'amendement organique à base de fumier et d'algues, de tourbe brune, de terre à rosiers un peu lourde et de terre de jardin neutre. Pour faire bonne mesure, ajoutez une poignée d'engrais à décomposition lente pour arbres. Chaque année, vous surfacerez le dessus du pot avec une poignée de compost ménager, d'amendement organique ou de fumier de ferme composté.

**Arrosage :** le magnolia déteste les moments de sécheresse. Maintenez la motte humide à raison de deux à trois arrosages hebdomadaires en été.

**Ennemis et maladies :** le gel fait brunir les boutons, qui pourrissent ensuite.

**Utilisations :** associez des bulbes au pied du magnolia, tels que cyclamens, scilles, perce-neige, anémones, jacinthes des bois et muscaris.

**Conseil Truffaut :** les fleurs étant sensibles à la pluie, au vent et à la gelée, ne laissez pas votre arbuste en plein vent. Abritez-le derrière un claustra et n'hésitez pas à le couvrir d'un voile en hiver.

▲ *Magnolia stellata* 'Royal Star' : une féerie printanière.

◀ *Mahonia aquifolium* 'Appolo' : une végétation compacte.

## *Mahonia spp.*
## MAHONIA

*Un arbuste vraiment sans problème.*

**Arbuste (1,50 m, - 20 °C).**

**Feuillage :** composé, persistant, coriace et bordé de dents épineuses, donnant à la plante adulte une silhouette vaguement exotique.

**Floraison :** des grappes denses de fleurs jaune mimosa agrémentent le balcon, en plein cœur de l'hiver ou au printemps.

**Espèces et variétés :** *Mahonia* x *media* 'Charity' offre un ample feuillage bien découpé, aux jeunes feuilles cuivrées. Il forme de spectaculaires épis jaune citron, de décembre à février. *Mahonia japonica* est le plus classique et le plus rustique. Fleurs en hiver.

**Comportement en pot :** le mahonia ne pousse pas vite. Achetez de préférence un sujet bien développé. Il ne demande ensuite pas beaucoup de soins. Un rempotage tous les trois ans suffit.

**Dimensions du pot :** un mahonia adulte dépasse rarement 1 m en pot. Prévoyez un contenant d'au moins 30 cm de diamètre.

**Exposition :** le mahonia accepte indifféremment le plein soleil ou l'ombre. Mais c'est à la mi-ombre que l'on obtient les plus beaux sujets.

**Terre :** un mélange par moitié de terre de jardin et de terreau universel.

**Arrosage :** un apport par semaine en hiver, deux à trois en été selon la température ambiante.

**Ennemis et maladies :** l'oïdium, la rouille et d'autres champignons parasites provoquent un feutrage blanc ou des taches brunes à noires sur les feuilles. Un traitement préventif est conseillé.

**Utilisations :** les mahonias supportent bien la taille et peuvent former de petites haies pour masquer la vue. Plantez à leurs pieds des hellébores.

**Conseil Truffaut :** taillez les bois vieux, pour rajeunir la silhouette du mahonia. Coupez sur un bourgeon bien apparent, ou au-dessus d'une feuille pour assurer le redémarrage de la végétation.

## *Malope trifida*
## MALOPE

*La petite cousine des mauves.*

**Plante annuelle (60 cm, 0 °C).**

**Feuillage :** vert moyen, légèrement lobé, porté par des tiges ramifiées.

**Floraison :** de grands entonnoirs de 7 à 8 cm de diamètre, rouges, violets ou roses, délicatement veinés, s'épanouissent de juin à septembre.

**Espèces et variétés :** les variétés tétraploïdes, aux fleurs plus grandes, se déclinent en pourpre foncé veiné de grenat ('Vulcan'), en rose ('Rosea') ou en blanc pur à cœur vert ('White Queen').

**Comportement en pot :** les malopes forment de plus grosses touffes en pleine terre. Mais, si vous les arrosez à l'engrais liquide une fois par semaine, elles fleuriront généreusement en pot.

**Dimensions du pot :** bien cultivées, les malopes montent à 60 m. Pour une plante, prévoyez un récipient d'au moins 20 cm de large et de haut.

**Exposition :** le plein soleil est conseillé, mais il ne doit pas être brûlant.

**Terre :** un substrat léger est bien adapté à la culture des malopes. Ajoutez de la vermiculite ou du sable au terreau de plantation.

**Arrosage :** gardez toujours la motte humide.

**Ennemis et maladies :** des pustules orange indiquent une attaque de rouille. Traitez tout de suite.

**Utilisations :** mélangez les malopes avec du fenouil bronze. Belle association avec des monardes.

**Conseil Truffaut :** les jeunes plants sont très sensibles à toute transplantation. Mieux vaut ne pas les déranger et semer en mars-avril, directement dans le contenant. Semez très clair, puis ne laissez que deux ou trois plantes par pot de 30 cm de diamètre. Fertilisez une fois par semaine, dès que les plantes portent quatre feuilles.

## *Malus spp.*
## POMMIER

*Et croquer de plaisir…*

**Arbuste (2 m, - 12 °C).**

**Feuillage :** ovale, vert moyen. Certaines espèces arborent des jeunes pousses rouge cuivré, qui virent au vert et pourpre en été. D'autres prennent des coloris très vifs à l'automne.

**Floraison :** des bouquets de boutons rose carmin, ou blancs, donnent naissance à des fleurs le plus souvent simples, parfois doubles. Elles sont suivies de fruits de différentes tailles, jaunes, orange ou rouges, les petits étant appréciés des oiseaux.

**Espèces et variétés :** 'Evereste' se couvre de fleurs rose pâle, puis de mini-pommes orange, striées de rouge. Les petits balcons adopteront 'Van Eseltine', aux grandes fleurs semi-doubles rose carné, devenant rose pâle avec l'âge, et au port pyramidal, très décoratif avec son feuillage vert brillant. Les formes à port pleureur, comme 'Red jade', demandent de la place. Le pommiers génétiquement nains portent des fruits de grosseur normale, mais en petit nombre.

**Comportement en pot :** sélectionnez une variété à petit développement, qui pourra vivre dans un pot. Les formes qui, en pleine terre, dépassent 3 à 4 m de haut, ont du mal à vivre en bac.

**Dimensions du pot :** la ramure pouvant prendre un développement important, installez le pommier dans un pot ou une caisse d'orangerie suffisamment lourds et larges (au moins 40 cm de côté), pour assurer une bonne stabilité.

**Exposition :** les pommiers demandent du soleil.

**Terre :** terreau, sable et terre de jardin en mélange.

**Arrosage :** laissez sécher légèrement les premiers centimètres de terre avant d'arroser.

**Ennemis et maladies :** tavelure et feu bactérien sont les deux grands ennemis des pommiers, mais les variétés comme 'Evereste' sont résistantes.

**Utilisations :** mariez les pommiers avec des fleurs simples, comme des ancolies, des narcisses, des scilles, des giroflées, des cœurs-de-Marie.

**Conseil Truffaut :** la taille est nécessaire en hiver pour remettre un peu d'ordre dans les branches.

Les pommiers génétiquement nains sont parfaits en pots. ▶

▲ *Malope trifida* : à semer en place dans la jardinière.

▲ *Malus* x 'Evereste' : une profusion de fleurs et de fruits.

▲ *Mandevilla x amabilis* 'Alice Dupont' : belle tropicale.

▲ *Manettia bicolor* : une grimpante aux fleurs ténues.

◄ *Matteucia struthiopteris* : la grâce faite fougère.

## *Mandevilla spp.* MANDEVILLA

*Une liane exubérante.*

**Plante grimpante (2 m, - 6 °C).**

**Feuillage :** les longues tiges, enroulées autour de leur support, portent de grandes feuilles ovales, vert foncé mat, gaufrées, semi-persistantes.

**Floraison :** de larges trompettes blanches, roses ou carmin fleurissent à l'extrémité des rameaux de l'année. Elles s'ouvrent grand le jour et se ferment la nuit.

**Espèces et variétés :** *Mandevilla splendens* existe en blanc, rose pâle, et rose soutenu avec la variété 'Alice Dupont'. *Mandevilla laxa*, le jasmin du Chili, offre des fleurs blanches et parfumées. Il peut résister à - 10 °C pendant quelques jours.

**Comportement en pot :** la vigueur de cette liane est telle que le pot de 20 cm de large dans lequel on l'achète devient trop petit en deux mois.

**Dimensions du pot :** quand les racines tapissent les parois, rempotez le mandevilla dans un pot de 30 cm de large et de haut.

**Exposition :** plein soleil et luminosité maximale.

**Terre :** mélangez à parts égales de la terre de bruyère et de la terre de jardin. Rajoutez une poignée de guano ou d'engrais à décomposition lente.

**Arrosage :** laissez sécher la terre sur quelques centimètres entre deux arrosages.

**Ennemis et maladies :** cochenilles et araignées rouges sont capables d'envahir toute la plante.

**Utilisations :** le mandevilla garnit les treillages, grimpe le long des fenêtres ou sur la rambarde.

**Conseil Truffaut :** ne jetez pas la plante à la fin de l'été, elle se conserve à l'intérieur jusqu'au printemps.

## *Manettia bicolor* MANETTIA

*Une brésilienne originale.*

**Plante sarmenteuse (1m, 2 °C).**

**Feuillage :** petit, vert franc, ovale et pointu, porté par des rameaux assez volubiles.

**Floraison :** le bout des corolles tubulaires, orange vif, semble trempé dans la peinture jaune soleil.

**Espèces et variétés :** *Manettia bicolor* est le plus couramment vendu. *Manettia inflata*, très proche, développe des fleurs moins renflées.

**Comportement en pot :** le manettia souffre dans un pot trop petit, où il reste chétif.

**Dimensions du pot :** offrez à votre manettia une poterie de 30 cm de largeur et de haut.

**Exposition :** le manettia recherche plus la luminosité que le plein soleil qui brûle le bout des feuilles.

**Terre :** mélangez terre de bruyère et terreau de plantation avec 15 % de fumier sec.

**Arrosage :** arrosez deux ou trois fois par semaine.

**Ennemis et maladies :** généralement aucun.

**Utilisations :** le manettia garnit des treillages. En suspension, il forme de généreuses cascades.

**Conseil Truffaut :** rentrez-le à l'intérieur en hiver.

## *Matteucia spp.* FOUGÈRE ALLEMANDE

*Des frondes de dentelle.*

**Fougère (1 m, -7 °C).**

**Feuillage :** les larges frondes vert franc se dressent verticalement en touffes généreuses.

**Floraison :** les fougères ne fleurissent pas.

**Espèces et variétés :** *Matteucia orientalis*, de 60 cm de haut, évoque certaines fougères tropicales. Les frondes évasées de *Matteucia pennsylvanica*, qui atteignent 1 m, rappellent des plumes d'autruche.

**Comportement en pot :** les matteucias peuvent former de grosses potées très denses en 4 ou 5 ans.

**Dimensions du pot :** les rhizomes demandent de l'espace. Donnez à ces fougères un récipient de 30 cm de largeur et de hauteur au minimum.

**Exposition :** avec un arrosage au goutte-à-goutte, les matteucias supportent un soleil léger. Autrement, il est préférable de les installer à l'ombre.

**Terre :** faites un mélange de terreau de feuilles, de tourbe brune et de bonne terre végétale.

**Arrosage :** le plus régulier possible, en bassinant longuement le feuillage chaque soir d'été.

**Ennemis et maladies :** généralement aucun.

**Utilisations :** les matteucias forment de belles touffes, en isolés. Elles s'associent joliment aux azalées et à la plupart des plantes vivaces.

**Conseil Truffaut :** coupez les feuilles sèches.

## *Matthiola incana* VIOLIER et GIROFLÉE DE NICE

*Des coloris extraordinaires.*

**Plante vivace (50 cm, - 4 °C).**

**Feuillage :** long, étroit, velu et gris-vert.

**Floraison :** des fleurs denses, simples ou doubles, apparaissent à la fin de l'été, en manchons autour des rameaux. Elles durent tout l'automne. Dans le Midi, ces giroflées peuvent vivre deux ou trois ans.

**Espèces et variétés :** la race 'Dame' est une des plus cultivées en pots. Elle fleurit dans tous les tons de rose, du plus clair au violacé intense.

**Comportement en pot :** les giroflées d'été s'accommodent fort bien de la vie en pot, si vous soutenez la floraison par des arrosages hebdomadaires à l'engrais liquide (engrais plantes fleuries).

**Dimensions du pot :** les racines pivotantes des giroflées sont plus à l'aise dans des contenants profonds. Offrez-leur une jardinière d'au moins 25 cm de hauteur.

**Exposition :** soleil léger. Un peu d'ombre dans la journée ne leur nuit pas, bien au contraire.

**Terre :** n'importe quelle bonne terre de jardin bien drainée, même calcaire, convient aux giroflées.

**Arrosage :** arrosez le soir, un jour sur deux en été. Quotidiennement les jours de canicule.

**Ennemis et maladies :** les pucerons peuvent envahir les jeunes pousses. Les attaques de mildiou entraînent un rabougrissement des plantes.

**Utilisations :** les giroflées d'été forment de merveilleuses potées. Associez-les à des plantes à feuillage gris, qui unifient leurs coloris.

**Conseil Truffaut :** coupez les fleurs après la floraison, pour assurer celle de l'année suivante.

## *Melissa officinalis* MÉLISSE

*Une force de la nature.*

**Plante vivace (40 cm, - 8 °C).**

**Feuillage :** ovale, dentelé. La mélisse forme de beaux coussins arrondis, à l'odeur citronnée.

**Floraison :** des grappes de petites fleurs blanc nacré apparaissent en été. Elles donnent de nombreuses graines qui se ressèment dans tous les pots voisins !

**Espèces et variétés :** *Melissa officinalis* 'All Gold' offre un feuillage jaune d'or. *Melissa officinalis* 'Variegata' est une version très décorative, à feuilles panachées de vert et de jaune.

**Comportement en pot :** la mélisse pouvant pousser, au jardin, entre deux pierres, elle n'a aucun problème à s'adapter à la vie en jardinière.

**Dimensions du pot :** une coupe large de 30 cm et profonde de 20 cm permettra le développement d'un volumineux coussin de feuilles.

**Exposition :** la mélisse préfère le plein soleil. Les variétés panachées apprécieront un peu d'ombre fraîche en milieu de journée.

**Terre :** n'importe quelle terre convient à la mélisse, sauf celles qui se gorgent d'eau en permanence.

**Arrosage :** pas d'excès ! Des apports d'eau deux fois par semaine sont une moyenne raisonnable.

**Ennemis et maladies :** généralement aucun.

**Utilisations :** en pot, en suspension, mais toujours seule. La mélisse est très vorace et aucune plante ne peut bien prospérer en sa compagnie.

**Conseil Truffaut :** rabattez l'ensemble de la touffe quand elle devient inesthétique, en début d'hiver. Divisez la mélisse tous les deux ou trois ans en automne.

▲ *Matthiola incana* : on l'appelle « giroflée d'été ».

▲ *Melissa officinalis* 'Variegata' : tout aussi aromatique.

La mélisse est très vigoureuse, même en pot. ▶

▲ *Mentha suaveolens* 'Variegata' : une cascade parfumée.

▲ *Mentha pulegium* : la menthe Pouliot, très parfumée.

◀ *Metrosideros excelsa* : une exotique ébouriffée.

## *Mentha spp.* MENTHE

*Un parfum rafraîchissant.*

**Plante vivace (50 cm, - 10 °C).**

**Feuillage :** ovale, allongé, pointu et dégageant une forte odeur aromatique quand on le froisse.

**Floraison :** les grappes de petites fleurs plumeuses n'ont pas de réel intérêt décoratif.

**Espèces et variétés :** les espèces basses, comme *Mentha requienii* ou *Mentha pulegium,* forment des tapis rampants. *Mentha suaveolens* 'Variegata' offre des feuilles rondes, panachées de blanc, à l'odeur sucrée de pomme. Il existe d'autres menthes au parfum de gingembre, de bergamote, d'eau de Cologne.

**Comportement en pot :** la menthe aura vite fait de coloniser tout l'espace disponible. Il faut la diviser souvent pour qu'elle garde un bel aspect.

**Dimensions du pot :** une jardinière allongée de 30 à 40 cm de long permettra aux tiges souterraines de la menthe de bien s'étendre.

**Exposition :** plein soleil, à moduler en fonction de la région, le feuillage pouvant griller.

**Terre :** n'importe quel terreau bien équilibré.

**Arrosage :** le feuillage sera plus beau si les arrosages sont réguliers et la terre toujours fraîche.

**Ennemis et maladies :** la rouille est fréquente sur les feuilles de menthe qui se piquent.

**Utilisations :** en potées ou en suspensions, laissez la menthe seule dans son pot, car elle étouffe systématiquement tout ce qui pousse à côté d'elle.

**Conseil Truffaut :** taillez le feuillage dès qu'il devient moins beau, à la fin de l'automne. Divisez chaque année, en changeant la terre, car la plante épuise très vite son substrat.

## *Metrosideros* PLANTE GOUPILLON

*Un enchantement tropical.*

**Arbuste (1,50 m, 0 °C).**

**Feuillage :** ovale, allongé, persistant, vert-gris.

**Floraison :** 5 pétales étalés, entourant de nombreuses étamines allongées, à la manière des callistemons, dont le metrosidéros est proche parent.

**Espèces et variétés :** *Metrosideros robusta,* qui fleurit rouge, est couramment vendu. Il existe une variété blanc pur, plus difficile à trouver.

**Comportement en pot :** le métrosidéros pousse moins vite en pot qu'en pleine terre. Mais en climat doux et avec des soins adaptés, il forme un bel arbuste qui conserve une silhouette compacte.

**Dimensions du pot :** rempotez au fur et à mesure de la croissance de la plante. Le pot définitif mesurera de 30 à 40 cm de large et de haut.

**Exposition :** le plein soleil, pas trop brûlant.

**Terre :** préparez un mélange de terreau de feuilles, de tourbe et de sable à parts égales.

**Arrosage :** de deux à trois fois par semaine. La plante supportera quelques oublis passagers.

**Ennemis et maladies :** les cochenilles se logent sur les tiges et à l'aisselle des feuilles, surtout quand on rentre la plante dans la véranda en hiver.

**Utilisations :** le métrosidéros est un splendide petit arbuste, très décoratif par lui-même. Mariez-le à des palmiers ou à des fougères arborescentes.

**Conseil Truffaut :** l'arbuste n'est pas rustique. Rentrez-le en hiver, dans un endroit frais et très lumineux. Diminuez les arrosages proportionnellement à la température ambiante.

## ♣ *Microbiota decussata* MICROBIOTA

*Déroulez le tapis vert...*

**Conifère (30 cm, - 10 °C).**

**Feuillage :** persistant, vert clair, évoluant vers le bronze doré en hiver avec un port très rampant. La plante dépasse à peine les 30 cm de hauteur, mais peut s'étaler sur plus de 1 m de large.

**Floraison :** pas de fleurs chez les conifères.

**Espèces et variétés :** *Microbiota decussata* est la seule espèce communément proposée.

**Comportement en pot :** le microbiota apprécie surtout les grands contenants, dont il peut recouvrir le dessus, puis glisser sur les côtés.

**Dimensions du pot :** installez ce conifère dans une jarre en terre cuite de 50 cm de haut ou plus et laissez-le retomber en cascades élégantes.

**Exposition :** du soleil pas trop brûlant ou la mi-ombre conviennent au microbiota.

**Terre :** faites un mélange de terreau de feuilles pour moitié, de terre végétale pour un quart et de sable de rivière pour le quart restant.

**Arrosage :** le microbiota préfère une terre fraîche en permanence, mais il supportera d'être oublié de temps en temps, surtout en hiver.

**Ennemis et maladies :** généralement aucun.

**Utilisations :** associez ce conifère couvre-sol à des bruyères, des bouleaux nains, d'autres conifères de forme colonnaire, pour une ambiance de balcon ou de terrasse « forestière ».

**Conseil Truffaut :** le microbiota se marcotte facilement. Courbez une de ses branches latérales et enterrez une partie de la tige.

## *Mimulus luteus* MIMULUS

*Un éclat de fleurs adorables.*

**Plante vivace (40 cm, - 5 °C).**

**Feuillage :** vert clair, simple, opposé, finement dentelé, à la texture un peu rugueuse.

**Floraison :** des corolles jaunes, à la lèvre inférieure plus large que les autres pétales, marquée de brun, s'épanouissent à partir de juin, jusqu'en septembre.

**Espèces et variétés :** *Mimulus luteus* a donné, par croisement avec d'autres espèces, de nombreux hybrides, aux spectaculaires coloris tachetés, faisant ressembler les fleurs à des orchidées tropicales.

**Comportement en pot :** les mimulus aiment les terres très humides. Installez le pot dans une soucoupe et laissez l'eau d'arrosage stagner de temps en temps. Ne manquez pas de les fertiliser.

**Dimensions du pot :** pour un effet de masse, choisissez par exemple une jardinière ovale de 40 cm de long et de 20 cm de hauteur.

**Exposition :** soleil non brûlant ou mi-ombre.

**Terre :** les mimulus aiment les terres riches en matière organique et qui retiennent bien l'eau. Mélangez une moitié de terreau de feuilles avec une autre moitié de terre à rosier ou de terre végétale.

**Arrosage :** pas d'oublis. Les mimulus seront nettement plus beaux avec de l'eau en permanence à leur disposition.

**Ennemis et maladies :** généralement aucun.

**Utilisations :** associez-les aux matteucias, aux vaporeuses canches cespiteuses (*Deschampsia cespitosa*), à des cannas nains.

**Conseil Truffaut :** la durée de vie de ces vivaces est en général assez courte. Mieux vaut les cultiver comme des annuelles et renouveler la plantation chaque printemps. Semis possible à la maison.

## *Miscanthus sinensis* EULALIE

*Une plante à panache !*

**Graminée vivace (1,80 m, - 8 °C).**

**Feuillage :** linéaire, vert à reflets gris ou bleutés, orné d'une nervure centrale blanche. Il prend souvent des coloris d'automne intéressants.

**Floraison :** des panicules brunes, virant à l'argent et devenant plumeuses, apparaissent en été. Elles durent pratiquement jusqu'à Noël.

**Espèces et variétés :** le type peut atteindre 2 m. Sur une terrasse, 'Adagio', de 80 cm de haut, sera plus adapté. Il offre un feuillage fin, argenté et dense, animé par des inflorescences roses, devenant blanches avec l'âge. 'Yaku Jima' ne dépasse pas 1 m. 'Zebrinus' est joliment rayé d'or.

**Comportement en pot :** dans une jardinière assez grande et avec des arrosages suivis, les miscanthus arrivent à vivre plusieurs années.

**Dimensions du pot :** en pleine terre, une plante adulte demande 1m². Il est donc avisé de prévoir une jardinière ou un bac d'au moins 50 cm de large et 40 cm de profondeur.

**Exposition :** mi-ombre ou soleil léger.

**Terre :** une bonne terre végétale fait l'affaire.

**Arrosage :** plus les apports d'eau seront réguliers, plus les touffes seront épanouies.

**Ennemis et maladies :** généralement aucun.

**Utilisations :** associez les miscanthus avec d'autres graminées, des asters, des rudbéckias, des *Sedum spectabile*, des œnothères, des marguerites, des kniphofias et des arbustes persistants.

**Conseil Truffaut :** en début d'année, rabattez les chaumes au ras du sol et fertilisez le pot.

▲ *Microbiota decussata* : un conifère très près du sol.

▲ *Mimulus luteus* : un enchantement durant l'été.

*Miscanthus sinensis* 'Zebrinus' : une herbe en beauté. ▶

▲ *Molucella laevis* : une des rares belles fleurs vertes.

▲ *Monopsis lutea* : une suspension exceptionnelle.

## *Molucella laevis*
## CLOCHETTE D'IRLANDE

*Une bien étrange floraison.*

**Plante annuelle (80 cm, 0 °C).**

**Feuillage :** rond, vert clair, luisant.

**Floraison :** chaque fleur blanc verdâtre est entourée d'un large calice vert, disposé en entonnoir. Les fleurs sont étagées le long d'une grande hampe.

**Espèces et variétés :** seule l'espèce est cultivée.

**Comportement en pot :** avec des apports d'engrais, *Molucella laevis* peut former de belles touffes.

**Dimensions du pot :** plantez la clochette d'Irlande dans une poterie d'au moins 25 cm de diamètre.

**Exposition :** il faut installer la plante dans un endroit ensoleillé et bien aéré.

**Terre :** un terreau à géraniums de qualité avec une petite poignée de fumier de ferme composté.

**Arrosage :** deux ou trois arrosages par semaine sont nécessaires en fonction de la température.

**Ennemis et maladies :** généralement aucun.

**Utilisations :** disposez les clochettes d'Irlande en compagnie de plantes plus colorées comme le millepertuis arbustif dont les corolles jaunes, puis les fruits rouge-orangé, font un accord parfait.

**Conseil Truffaut :** semez les graines en avril, en place dans le pot, puis éclaircissez par la suite.

## *Monopsis lutea*
## MONOPSIS

*Des feux follets pour l'été.*

**Plante annuelle (60 cm, 5 °C).**

**Feuillage :** linéaire, lancéolé, très fin, prenant des reflets lie-de-vin en vieillissant.

**Floraison :** les fleurs, d'un jaune bouton-d'or, sont posées sur le feuillage rampant. Le pétale inférieur est profondément divisé en trois, donnant à la fleur un aspect étoilé et léger, assez original.

**Espèces et variétés :** *Monopsis lutea* est une plante nouvellement commercialisée.

**Comportement en pot :** les débutants auront peut-être du mal à garder le monopsis, qui craint les courants d'air et les irrégularités dans l'arrosage et la fertilisation.

**Dimensions du pot :** 30 cm de large et de haut.

**Exposition :** plein soleil, s'il ne brûle pas.

**Terre :** faites un mélange bien drainant à base de sable, de terreau de feuilles et de terre de jardin.

**Arrosage :** trop d'eau fait pourrir le collet. Pas assez d'eau et la plante végète ! Difficile...

**Ennemis et maladies :** généralement aucun.

**Utilisations :** en suspensions opulentes.

**Conseil Truffaut :** tentez la culture en véranda qui donne souvent de meilleurs résultats.

◀ *Musa cavendishii* : pour une ambiance exotique.

## *Musa spp.*
## BANANIER

*Les feuilles de la démesure.*

**Plante vivace (2,50 m, - 5 °C).**

**Feuillage :** elliptique, remarquable par sa taille qui peut atteindre 1 m de long et 30 cm de large.

**Floraison :** des bractées protègent des faisceaux de petites fleurs sans pétales.

**Espèces et variétés :** *Musa ensete* ne s'élève que de 1,50 à 2 m en pot, tout comme *Musa cavendishii*, le bananier des Canaries, qui arrive à former des fleurs si l'été est très chaud.

**Comportement en pot :** quand le bananier fleurit, il meurt, non sans avoir émis des rejets sur les côtés. Séparez et rempotez les jeunes plants.

**Dimensions du pot :** il faut rempoter le bananier une ou deux fois par an jusqu'à ce que la plante soit installée dans un pot de 30 à 40 cm.

**Exposition :** les jeunes feuilles craignent le soleil brûlant. À partir d'août, on laisse le bananier au soleil.

**Terre :** du terreau enrichi en amendement organique convient. Surfacez la terre avec du compost régénérant, riche en éléments nutritifs.

**Arrosage :** arrosez beaucoup dès avril et jusqu'à août. Diminuez la cadence à partir de septembre.

**Ennemis et maladies :** généralement aucun.

**Utilisations :** pour donner une note tropicale à la terrasse, associez le bananier à des palmiers, des bambous, des cordylines d'Australie.

**Conseil Truffaut :** protégez la souche du froid et de l'humidité hivernale, en la recouvrant d'un paillis.

## *Muscari spp.* MUSCARI

*La tête dans l'azur…*

**Plante bulbeuse (20 cm, - 8 °C).**

**Feuillage :** linéaire, vert moyen.

**Floraison :** les épis portent des fleurs bleues à bords blancs, en forme de toutes petites urnes. Les fleurs du haut sont stériles et ne s'ouvrent pas.

**Espèces et variétés :** chez 'Blue Spike', chaque fleur donne naissance à une inflorescence miniature. *Muscari comosum* 'Plumosum' porte une houppe plumeuse bleu-violet, très étrange.

**Comportement en pot :** les potées de muscaris sont faciles à réussir, même pour les débutants.

**Dimensions du pot :** une potée de 20 cm de large et de 10 cm de haut suffit pour une dizaine de bulbes.

**Exposition :** le plein soleil, même chaud.

**Terre :** 1/3 de sable de rivière et 2/3 de terreau.

**Arrosage :** arrosez modérément en hiver, un peu plus régulièrement quand les feuilles sortent. Évitez les excès d'eau qui font pourrir les bulbes.

**Ennemis et maladies :** un temps très pluvieux favorise la pourriture des bulbes.

**Utilisations :** en mini-potées, en masse au pied des arbustes, dans des auges avec des plantes de rocaille.

**Conseil Truffaut :** ne conservez pas les bulbes, renouvelez la plantation chaque automne.

## *Myosotis spp.* MYOSOTIS

*Un bleu si doux que l'on n'oublie pas…*

**Plante bisannuelle (25 cm, - 4 °C).**

**Feuillage :** velu, vert moyen, lancéolé.

**Floraison :** des épis lâches de fleurs aux pétales arrondis, d'un bleu inimitable, apparaissent en avril.

**Espèces et variétés :** 'Anne-Marie Fischer' est un de nos préférés, pour la culture en pot. Il arbore le bleu des plumbagos et pousse en touffes compactes. 'Rosylva' se couvre de grandes fleurs d'un superbe rose mauve clair. 'Victoria Alba' s'épanouit dans un délicat blanc pur à cœur jaune.

**Comportement en pot :** la plante forme des potées éphémères à éliminer après la floraison.

**Dimensions du pot :** l'enracinement du myosotis étant superficiel, une coupe large et peu profonde abritera un plant tous les 15 cm.

**Exposition :** la mi-ombre plaît à cette plante de clairière et de sous-bois.

**Terre :** le terreau de feuilles convient aux myosotis.

**Arrosage :** évitez de laisser sécher le myosotis et arrosez à l'engrais liquide dès le mois de mars.

**Ennemis et maladies :** l'oïdium et la pourriture grise envahissent parfois les feuilles.

**Utilisations :** associez les myosotis avec des narcisses à petites fleurs comme « Tête-à-Tête », et noyez le tout dans les fougères, pour une balconnière tout en fraîcheur. Joli aussi avec des tulipes.

**Conseil Truffaut :** achetez des plants fleuris dès le début du printemps, le décor sera assuré.

## *Myrtus communis* MYRTE

*Des pompons exubérants.*

**Arbuste (1,50 m, - 4 °C).**

**Feuillage :** luisant, ovale, aromatique et persistant.

**Floraison :** les nombreuses étamines blanches sont posées en coussin, sur un calice de pétales blancs, en été. Le parfum est subtil et agréable.

**Espèces et variétés :** 'Flore Pleno' offre des fleurs doubles ; 'Nana' est un buisson nain, parfait pour les petits balcons ; *Myrtus communis* var. *tarentina* présente des feuilles plus étroites et un port très dense, idéal en pot.

**Comportement en pot :** la myrte reste en pot de longues années si vous lui apportez de l'engrais.

**Dimensions du pot :** l'arbuste adulte vivra confortablement dans un pot de 30 cm de côté.

**Exposition :** ensoleillée et abritée des vents froids.

**Terre :** une terre de jardin ordinaire. Remplacez tous les ans, au printemps, le dessus de la terre par du terreau régénérant pour rosiers.

**Arrosage :** la myrte supporte la sécheresse occasionnelle, mais elle préfère des arrosages suivis.

**Ennemis et maladies :** généralement aucun.

**Utilisations :** la myrte forme de jolis écrins de verdure pour les grandes potées fleuries.

**Conseil Truffaut :** en mars, coupez les rameaux morts.

▲ *Muscari armeniacum* : une bulbeuse très volontaire.

▲ *Myosotis sylvatica* : une délicieuse potée printanière.

*Myrtus communis* : original et délicieusement parfumé. ▶

## *Nandina domestica*
## NANDINA et BAMBOU SACRÉ

*Un kaléidoscope de couleurs.*

**Arbuste (1,50 m, - 8 °C).**

**Feuillage :** persistant, penné, dense dans la partie supérieure de la plante, porté par des tiges rigides, peu ramifiées. Les jeunes feuilles sortent rouges et virent au vert par la suite. Elles se colorent en automne d'acajou, de rose et de pourpre. Les hivers très froids, le nandina peut perdre toutes ses feuilles.

**Floraison :** des panicules de fleurs blanches s'ouvrent en été, suivies de fruits rouges, persistants.

**Espèces et variétés :** *Nandina domestica* 'Fire Power' est une forme naine, se colorant dès octobre en rouge orangé. 'Richmond' se montre beaucoup plus fructifère que le type, et donc plus décoratif.

**Comportement en pot :** le nandina pousse parfois lentement les premières années de la plantation. Il vit plusieurs années en pot.

**Dimensions du pot :** certaine formes pouvant atteindre 1,5 m, prévoyez un pot proportionnel à la silhouette, au moins 30 cm de large. Choisissez un contenant assez lourd, pour assurer la stabilité de l'ensemble, face au vent.

**Exposition :** le nandina préfère la mi-ombre, mais il supportera le soleil quelques heures par jour.

**Terre :** mélangez du sable de rivière à de la terre de bruyère. Ajoutez une poignée d'amendement organique à base de fumier bien composté.

**Arrosage :** l'arbuste supporte la sécheresse. Mais il est bien plus beau si l'eau ne manque pas.

**Ennemis et maladies :** généralement aucun.

**Utilisations :** le nandina forme une belle touffe aux coloris toujours changeants. Mariez-le à des érables japonais, des hostas, des photinias, des azalées et des bruyères.

**Conseil Truffaut :** nettoyez le nandina deux fois par an, après la floraison, puis à la sortie de l'hiver. Éliminez les feuilles et le bois mort, ainsi que les pousses chétives, pour lui redonner une belle silhouette. Taillez aussi les rameaux en surnombre.

▲ *Nandina domestica* 'Fire Power' : il est parfait en pot.

▲ Une potée de narcisses 'Rosy Worthy'.

◄ Narcisse à petites fleurs 'Tête à tête' : un délice.

## *Narcissus spp.*
## NARCISSE

*Les trompettes du printemps.*

**Plante bulbeuse (40 cm, - 4 °C).**

**Feuillage :** linéaire, vert moyen, assez rigide, tournant au jaune après la floraison.

**Floraison :** des trompettes plus ou moins évasées, simples ou doubles, portées par des tiges assez rigides, apparaissent en même temps que les feuilles et durent une vingtaine de jours.

**Espèces et variétés :** de manière générale, tous les narcisses réussissent bien en pot. Les petits 'Tête-à-tête' forment de belles potées, à condition de planter les bulbes assez profondément (10 cm au moins). 'Thalia', aux fleurs plus grandes (de 7 à 8 cm), est un de nos préférés, avec ses couleurs lunaires, blanc à peine jaune. 'Ice Folies', un blanc à cœur jaune, s'avère particulièrement florifère dans une potée.

**Comportement en pot :** pour réussir les narcisses en pot, respectez trois règles de base – planter suffisamment tôt en saison, entre septembre et novembre, enterrer les bulbes à une profondeur égale à trois fois leur hauteur, éviter les excès d'eau.

**Dimensions du pot :** une coupe de 20 cm de large et de haut accueillera 5 ou 6 bulbes.

**Exposition :** soleil ou mi-ombre.

**Terre :** le drainage devant être parfait, ajoutez un quart de sable de rivière au terreau. Prévoyez une couche de 3 cm de cailloux, au fond du pot, pour favoriser l'évacuation de l'eau.

**Arrosage :** gardez la terre à peine humide en hiver. Quand les plantes fleurissent, arrosez une à deux fois par semaine, sans laisser l'eau stagner dans la soucoupe.

**Ennemis et maladies :** la pourriture du bulbe est une cause fréquente de l'échec. Elle est due à des arrosages inadéquats en hiver.

**Utilisations :** les narcisses sont toujours mis en valeur par des plantes à feuillage. Installez un tapis de lierre panaché à petites feuilles à leurs pieds, de l'helxine ou tout simplement de la mousse des bois.

**Conseil Truffaut :** ne coupez pas les feuilles avant leur jaunissement complet. Le bulbe en a besoin pour refaire ses provisions d'énergie.

## *Nemesia spp.* NÉMÉSIA

*Des coloris chauds pour l'été.*

**Plante annuelle (30 cm, 0 °C).**

**Feuillage :** vert clair, fin, lancéolé, légèrement denté.

**Floraison :** les pétales soudés présentent une lèvre inférieure ventrue, d'un coloris parfois différent des pétales supérieurs.

**Espèces et variétés :** à partir de *Nemesia strumosa*, les sélectionneurs ont créé une multitude de variétés spectaculaires. 'Mello Red & White', épanouit de grandes fleurs contrastées rouges et blanches. 'Blue Bird' arbore un joli bleu ciel qui fait ressortir la gorge blanche des fleurs.

**Comportement en pot :** les némésias supportent mal la négligence. Les jardiniers du week-end, qui ne peuvent arroser régulièrement, auront du mal à obtenir de belles potées.

**Dimensions du pot :** un pot de 15 cm de diamètre peut accueillir un plant. L'effet est plus réussi quand les némésias poussent en touffe. Plantez de 5 à 6 plantes dans une jardinière de 40 cm.

**Exposition :** ensoleillée mais non brûlante.

**Terre :** améliorez le terreau de plantation avec une poignée d'engrais à décomposition lente.

**Arrosage :** le plus régulier possible, mais sans excès (environ tous les deux jours en été).

**Ennemis et maladies :** divers champignons attaquent et font pourrir le collet.

**Utilisations :** les némésias forment de ravissantes bordures, des suspensions ou des potées.

**Conseil Truffaut :** semez en mars, à l'intérieur, sans trop recouvrir les graines. Repiquez les plantules dès qu'elles présentent 4 à 5 feuilles.

## *Nepeta spp.* NÉPÉTA et CHATAIRE

*Réussite garantie.*

**Plante vivace (50 cm, - 10 °C).**

**Feuillage :** ovale, vert gris argenté, duveteux et aromatique quand on le froisse. Les chats adorent se rouler dedans, car ils montrent une prédilection particulière pour son parfum.

**Floraison :** les tiges portent de nombreuses petites fleurs tubulées du bleu-gris au bleu violacé, disposées en épis lâches et souples.

**Espèces et variétés :** *Nepeta faassenii* 'Six Hills Giant' est très florifère et peut atteindre 50 cm de haut. *Nepeta sibirica* forme une touffe buissonnante dressée. Ses tiges, très raides, portent des fleurs bleu foncé, spectaculaires. *Nepeta mussinii* offre une végétation étalée et des fleurs bleu-violet clairs. Il remonte jusqu'aux premières gelées.

**Comportement en pot :** les touffes de *Nepeta faassenii* ont tendance à s'affaisser juste au moment où la floraison débute. Il n'est pas inutile de tuteurer discrètement les pieds les plus imposants. Après la floraison, il est nécessaire de couper la touffe à 10 cm de hauteur, pour espérer la voir refleurir un peu à l'automne.

**Dimensions du pot :** la plante est vigoureuse et se trouve vite à l'étroit dans un pot inférieur à 30 cm de diamètre et 25 cm de profondeur.

**Exposition :** le plein soleil est sans conteste le facteur clé pour une floraison abondante et la conservation d'un feuillage sain.

**Terre :** n'importe quelle terre convient. Ne forcez pas trop sur les engrais, qui favorisent le développement du feuillage au détriment des fleurs.

**Arrosage :** le népéta pardonne la négligence, l'inexpérience et les oublis... Une véritable providence pour les débutants !

**Ennemis et maladies :** généralement aucun... sauf les démonstrations affectives des chats !

**Utilisations :** les espèces basses comme *Nepeta mussinii* forment des petites potées ou garnissent le devant de grands pots. Il est préférable de garder les autres népétas seuls dans leur jardinière, car leur vigueur est telle qu'ils laissent peu d'espace vital aux autres. Le bleu de leurs fleurs se marie avec presque toutes les autres couleurs. Essayez le mélange avec des fleurs orange comme les lantanas, les pavots orientaux ou les hélianthèmes. L'association est toujours très réussie.

**Conseil Truffaut :** n'attendez pas la complète défloraison, au début de l'été, pour rabattre la touffe à ras du pot. Plus vous couperez tôt, plus la plante refleurira vite, avant les premiers froids.

▲ *Narcissus cyclamineus* : une petite forme idéale en pot.

▲ *Nemesia strumosa* : une forme hybride à grandes fleurs.

*Nepeta* x *faassenii* : un développement opulent en bac. ▶

▲ *Nerine bowdenii* : beaucoup d'allure en fin de saison.

▲ *Nerium oleander* 'Album roseum' : il adore le soleil.

◀ Le laurier-rose pousse de longues années en pot.

## *Nerium oleander*
## LAURIER-ROSE

*Un éclat méditerranéen.*

**Arbuste (1,50 m, -4 °C).**

**Feuillage :** étroit, avec une nervure centrale très nette, en fer de lance, persistant et coriace.

**Floraison :** des bouquets roses, blancs, rouges ou jaunes sont réunis à l'extrémité des rameaux.

**Espèces et variétés :** 'Italia' est à la fois précoce et assez rustique, tout comme 'Margaritha', 'Mont Blanc' et 'Souvenir d'Emma Schneider'. Ce dernier est parfumé. Pour les petits balcons, 'Petite Red', parfumé, ne dépassera pas 60 cm de haut.

**Comportement en pot :** les lauriers-roses vivent plusieurs années en pot s'ils sont protégés du gel. Rempotage tous les 3 à 4 ans.

**Dimensions du pot :** pour les lauriers nains, un pot de 30 cm de haut et de large suffit. Pour les sujets adultes des autres variétés, mieux vaut choisir un contenant de 50 cm de côté.

**Exposition :** le plein soleil, si l'arrosage est régulier.

**Terre :** mélange par moitié de terreau « géraniums » et de terre de jardin consistante.

**Arrosage :** le laurier-rose est réputé sobre. Mais la plupart des variétés sont plus florifères avec des arrosages réguliers une à deux fois par semaine.

**Ennemis et maladies :** les cochenilles sont les « bêtes noires » des lauriers-roses.

**Utilisations :** dans une caisse à orangerie, des potées italiennes, seul ou en mélange avec des plumbagos, des lavandes, des cistes.

**Conseil Truffaut :** bouturez vos lauriers-roses en été, pour conserver la variété malgré l'hiver. Les tiges s'enracinent dans un simple verre d'eau.

## *Nerine bowdenii*
## LIS DE GUERNESEY

*Une opulente floraison d'automne.*

**Plante bulbeuse (60 cm, -5 °C).**

**Feuillage :** linéaire, rubané, non persistant. Il disparaît curieusement avant la floraison.

**Floraison :** des petites trompettes roses, généralement groupées par sept, aux pétales incurvés et disposées en ombelles, apparaissent au sommet de hampes assez raides, de septembre à novembre.

**Espèces et variétés :** *Nerine bowdenii* passe l'hiver à peu près partout, avec une bonne protection hivernale. La variété 'Pink Triumph' offre des grandes fleurs rose vif. *Nerine flexuosa* 'Alba' arbore des fleurs blanc pur, très délicatement ciselées.

**Comportement en pot :** les nérines forment de belles touffes denses, si on ne les dérange pas.

**Dimensions du pot :** optez pour une jardinière d'au moins 30 cm de diamètre.

**Exposition :** ensoleillée en été, abritée en hiver.

**Terre :** sable, terreau et terre de jardin par tiers.

**Arrosage :** pas d'excès ! Laissez les premiers centimètres de terre sécher avant d'arroser.

**Ennemis et maladies :** les cochenilles farineuses peuvent envahir le feuillage.

**Utilisations :** les nérines s'accommodent mal de voisines dans le même pot. Essayez de les faire cohabiter avec des valeurs sûres comme les asters, le *Miscanthus sinensis*, le *Sedum spectabile* 'Brilliant'.

**Conseil Truffaut :** en hiver, protégez les nérines autant de l'humidité que du froid.

## *Nicotiana spp.*
## TABAC D'ORNEMENT

*Un été de couleurs et de parfum…*

**Plante annuelle ou vivace (1 m, -5 °C).**

**Feuillage :** oblong, collant, tout comme les tiges.

**Floraison :** des bouquets lâches de fleurs tubulaires rouges, roses, crème ou blanches, apparaissent de juin aux gelées.

**Espèces et variétés :** *Nicotiana affinis* se décline en une multitude d'hybrides, allant du vert acide au rouge le plus profond. *Nicotiana sylvestris* monte à 2 m en pot. Il est plus spectaculaire que décoratif, mais apprécié pour son parfum en soirée.

**Comportement en pot :** les tabacs fleurissent plus longtemps, arrosés chaque semaine avec de l'engrais liquide. La plante est éliminée en automne.

**Dimensions du pot :** une jardinière de 60 cm de long et de 15 cm de large peut contenir 5 plants.

**Exposition :** le plein soleil est souhaitable pour une floraison maximale. Les tabacs accepteront sans trop rechigner une demi-journée de soleil.

**Terre :** améliorez le terreau de plantation avec une poignée d'engrais organique.

**Arrosage :** des arrosages irréguliers donnent des plantes chétives, à la floraison diminuée. Vérifiez l'état de la terre chaque jour en été.

**Ennemis et maladies :** pucerons et mildiou se retrouvent fréquemment sur le tabac.

**Utilisations :** usez et abusez du tabac pour garnir les espaces vides dans les pots, au pied des arbustes. Regroupez-les en potées colorées.

**Conseil Truffaut :** pincez les jeunes plants dès leur plantation, pour les obliger à se ramifier.

## *Nierembergia spp.* NIEREMBERGIA

*Des milliers de clochettes.*

**Plante vivace (40 cm, 0 °C).**

**Feuillage :** les feuilles étroites allongées, forment des petits coussins bien ronds.

**Floraison :** en petites clochettes, qui fleurissent de l'été au début de l'automne.

**Espèces et variétés :** *Nierembergia hippomanica* forme une touffe arrondie assez basse. *Nierembergia repens* s'étale en un tapis ras.

**Comportement en pot :** la plante se montre capricieuse pour fleurir et ne résiste pas au gel.

**Dimensions du pot :** une potée de 15 cm de diamètre suffit pour le développement d'un plant.

**Exposition :** soleil léger, si possible.

**Terre :** bien drainée et riche, pour rappeler au nierembergia les rocailles qu'il affectionne...

**Arrosage :** c'est le point le plus délicat de la culture du nierembergia. Ni trop, ni trop peu. Une journée de sécheresse entre deux apports d'eau.

**Ennemis et maladies :** les pucerons attaquent parfois les plantes nouvellement installées.

**Utilisations :** utilisez les nierembergias en bordures, dans des auges, en potées, en suspensions.

**Conseil Truffaut :** on ne réussit pas toujours les nierembergias du premier coup. Mais ils méritent une seconde chance, à cause de leur floraison spectaculaire. Persévérez en évitant les excès de tout.

## *Nymphaea spp.* NÉNUPHAR

*Une sérénité toute aquatique.*

**Plante aquatique (15 cm, - 10 °C).**

**Feuillage :** il existe trois types de feuilles : les immergées, très minces, les flottantes, semi-coriaces et, pour certains, des feuilles aériennes, très coriaces.

**Floraison :** les coupes colorées semblent flotter sur l'eau, quand elles sont bien ouvertes.

**Espèces et variétés :** 'Escarboucle' est un rouge des plus rustiques. 'Helvola' est nain avec des fleurs jaunes et des feuilles pourpres de 20 cm.

**Comportement en pot :** choisissez une variété adaptée à la taille du bac. Les feuilles ne doivent recouvrir que 50 à 60 % de la surface de l'eau...

**Dimensions du pot :** un tonneau d'au moins 60 cm de profondeur et 40 cm de large .

**Exposition :** les nénuphars apprécient un emplacement ensoleillé. La température de l'eau doit se réchauffer assez vite au printemps.

**Terre :** une terre de jardin un peu lourde, proche de la terre à blé, est idéale (terre aquatique).

**Arrosage :** les nénuphars doivent toujours baigner dans 40 à 60 cm d'eau.

**Ennemis et maladies :** les pucerons peuvent envahir les boutons floraux.

**Utilisations :** dans un bassin hors-sol.

**Conseil Truffaut :** veillez à toujours compléter le niveau de l'eau, qui ne doit pas baisser trop vite.

▲ *Nicotiana sylvestris* : un décor généreux et original.

▲ *Nierembergia hippomanica* : idéal en suspension.

*Nymphaea hybride* : une idée pour fleurir un tonneau. ▶

## *Ocymum basilicum*
## BASILIC

*Une potée à l'accent du Midi.*

**Plante annuelle (40 cm, 0 °C).**

**Feuillage :** vert brillant, lisse et très aromatique chez le basilic vert classique.

**Floraison :** des petits épis de fleurs blanches apparaissent en été. Mieux vaut les couper tout de suite pour que le feuillage reste tendre.

**Espèces et variétés :** 'Balconstar', avec ses minuscules feuilles vertes, forme de jolies potées touffues. Il existe des basilics à odeur de citron, de cannelle, d'anis, de menthe et de clou de girofle. 'Rubin Rouge', aux feuilles lisses, et 'Purple Ruffles', frisé, arborent des feuilles pourpres.

**Comportement en pot :** même les débutants peuvent réussir le basilic en pot, tant cette plante se montre conciliante durant la belle saison.

**Dimensions du pot :** un pied de basilic prospère dans une potée de 15 à 18 cm en tous sens.

**Exposition :** le plein soleil, au minimum une demi-journée de pleine lumière par jour.

**Terre :** un terreau pour plantes vertes convient.

**Arrosage :** laissez la terre se dessécher légèrement entre deux arrosages.

**Ennemis et maladies :** les premiers gels noircissent et détruisent les feuilles.

**Utilisations :** le basilic forme de jolies bordures de jardinières, surtout celui à toutes petites feuilles.

**Conseil Truffaut :** si vous disposez d'une fenêtre bien exposée, vous pouvez conserver la plante pendant quelques mois à l'intérieur, durant l'hiver.

▲ *Ocymum basilicum* 'Grand vert' : très aromatique.

## *Oenothera spp.*
## ŒNOTHÈRE

*Le sauvage aux fleurs d'or.*

**Plante annuelle (50 cm, - 10 °C).**

**Feuillage :** vert olive, allongé, aux bords dentés.

**Floraison :** tous les œnothères produisent une longue et spectaculaire floraison, rose, jaune ou blanche, de juillet jusqu'aux gelées.

**Espèces et variétés :** *Oenothera fruticosa* forme de grosses potées, aux fleurs jaune d'or largement ouvertes. *Œnothera tetragona* lui ressemble beaucoup en un peu plus grand. *Œnothera odorata* var. *sulphurea* forme en pot un petit buisson de 50 cm de hauteur, aux inflorescences ramifiées. Les grandes fleurs jaune pastel s'ouvrent le soir et virent au rose le lendemain. *Oenothera drummondii* offre des feuilles semi-persistantes gris-vert, duveteuses, et des fleurs jaune citron qui tournent au rouge en fanant.

**Comportement en pot :** tous les œnothères se montrent robustes, généreux et peu exigeants.

**Dimensions du pot :** plus le pot sera large, plus la potée sera belle. 30 cm est un minimum.

**Exposition :** le plein soleil, même très chaud.

**Terre :** plutôt pauvre, voire caillouteuse, sableuse.

**Arrosage :** les œnothères supportent la sécheresse, mais des arrosages bihebdomadaires favorisent une floraison uniforme tout au long de la saison.

**Ennemis et maladies :** généralement aucun.

**Utilisations :** *Œnothera speciosa* se glisse dans tous les vides des bacs et des potées, au pied des arbustes, en mélange avec des annuelles. Associez les œnothères avec des asters, des coréopsis, des érigérons, des liatris, des sauges.

**Conseil Truffaut :** les œnothères ne se reproduisant pas fidèlement par graines, achetez des plants.

◀ *Œnothera tetragona* 'Yellow River' : couleur chaude.

## *Olea europea*
## OLIVIER

*Un symbole d'éternité...*

**Arbre (4 m, - 8 °C).**

**Feuillage :** lancéolé, cireux, gris argenté.

**Floraison :** d'avril à juin, des panicules de petites fleurs blanches se groupent à l'aisselle des feuilles, sur les rameaux de l'année.

**Espèces et variétés :** 'Amygdalolia' est une variété à très petit développement, qui offre une résistance moyenne au froid. 'Aglandaou' et 'Frantoio' sont de taille moyenne et offrent une très bonne résistance au froid et aux parasites.

**Comportement en pot :** les racines superficielles de l'arbre supportent bien les transplantations. Tant qu'il bénéficie du soleil, d'hivers doux et de soins réguliers, l'olivier prospère en pot. Le rempotage ne s'impose que tous les 3 ou 4 ans.

**Dimensions du pot :** un contenant d'un diamètre égal aux deux-tiers du diamètre de la couronne de l'olivier offre une bonne proportion.

**Exposition :** plein soleil. À l'abri des froids vifs.

**Terre :** l'olivier exige une terre bien drainée, neutre ou calcaire. Ajoutez une petite poignée d'engrais complet pour arbres à la plantation.

**Arrosage :** l'olivier est réputé pour pousser dans des sols arides. En pot, il demandera des arrosages modérés mais réguliers une fois par semaine.

**Ennemis et maladies :** une bactérie provoque la déformation des rameaux. Les cochenilles peuvent envahir les branches et causer de gros dégâts.

**Utilisations :** isolé en bac, sur les terrasses bénéficiant d'un climat doux toute l'année.

**Conseil Truffaut :** conservez une forme aérée et régulière à la ramure, en taillant en priorité les branches du centre et celles qui sont trop longues.

## *Olearia spp.* OLÉARIA

*L'ami du bord de mer.*

**Arbuste (1,50 m, - 5 °C).**

**Feuillage :** ovale, luisant, persistant et coriace.

**Floraison :** des grappes denses de toutes petites marguerites plumeuses apparaissent en été.

**Espèces et variétés :** *Olearia* x *haastii* est des plus rustiques. Ce buisson de 1,50 m de haut peut vivre pratiquement partout. *Olearia* x *scillionensis* offre un feuillage gris, persistant. Il se couvre de fleurs en mai. C'est une bonne plante pour les bacs, au sud d'Avignon, et dans le Sud-Ouest.

**Comportement en pot :** tous les oléarias résistent bien à la pollution des villes et même aux embruns directs. Ils vivent longtemps en pot.

**Dimensions du pot :** un bac de 30 à 40 cm de côté convient à un oléaria adulte.

**Exposition :** plein soleil obligatoire. Chaleur.

**Terre :** un sol bien drainé, neutre ou légèrement acide (terre de bruyère avec de la terre de jardin).

**Arrosage :** la plante résiste à la sécheresse, mais préfère des arrosages tous les 5 à 6 jours en été.

**Ennemis et maladies :** le gel est le principal responsable des dégâts sur l'oléaria.

**Utilisations :** l'oléaria forme des petites haies, pour habiller les coins très chauds de la terrasse. Il peut, en isolé, former des potées toutes rondes, qui restent décoratives en hiver.

**Conseil Truffaut :** juste après la floraison, taillez les branches ayant fleuri au tiers de leur longueur.

## *Ophiopogon japonicus* OPHIOPOGON

*On l'appelle l'herbe aux turquoises.*

**Plante vivace (20 cm, - 6 °C).**

**Feuillage :** linéaire, vert sombre brillant chez le type, en touffes denses et persistantes.

**Floraison :** de gracieuses petites tiges portent des clochettes blanches ou rose pâle, en juin et juillet, suivies par des petits fruits bleu porcelaine.

**Espèces et variétés :** 'Nigrescens' arbore un feuillage curieux, noir brillant, sur lequel se détachent des grappes de fleurs d'un rose à peine marqué. 'Stephen Taffler' offre un feuillage lumineux, panaché de blanc crème. 'Minor', moins vigoureux que ses cousins, est idéal pour les petites potées.

**Comportement en pot :** la vigueur de l'ophiopogon est telle qu'il est préférable de diviser les souches une fois par an, tout en rempotant.

**Dimensions du pot :** une jardinière de 25 à 35 cm de large convient tout à fait.

**Exposition :** soleil, ombre ou mi-ombre, mais toujours à l'abri des grands froids.

**Terre :** légère, riche en matière organique, plutôt acide (terreau et terre de bruyère en mélange).

**Arrosage :** l'ophiopogon préfère des apports d'eau modérés tous les 3 à 4 jours en été. Il s'accommodera de quelques oublis passagers.

**Ennemis et maladies :** généralement aucun, si ce n'est la destruction par les fortes gelées.

**Utilisations :** l'ophiopogon est une plante couvre-sol, qui a tendance à étouffer ses voisines plus faibles qu'elle. Associez-le à des plantes vigoureuses comme les liriopes, les polygonums, les valérianes, les carex et les bambous.

**Conseil Truffaut :** coupez au ras du pot, le feuillage abîmé par le froid, à la sortie de l'hiver. Placez des appâts anti-limaces près des potées.

▲ *Olea europaea* : l'olivier vit très vieux en pot.

▲ *Olearia ranii* : une profusion de fleurs vaporeuses.

*Ophiopogon jaburan* 'Variegatus' : élégance naturelle. ▶

▲ *Origanum vulgare* 'Compactum' : idéal en potée.

▲ *Osmanthus heterophyllus* 'Tricolor' : beauté piquante.

◀ *Osmarea* x *burkwoodii* : un buisson parfumé.

## *Origanum spp.* ORIGAN

*Jolies fleurs et feuillage odorant.*

**Plante vivace (40 cm, - 8 °C).**

**Feuillage :** rond à ovale, vert clair ou vert-gris.

**Floraison :** la marjolaine sauvage *(Origanum vulgare)* forme de grandes hampes portant des fleurs tubulées rose violacé. Les origans hybrides sont plus décoratifs, avec leurs larges bractées colorées.

**Espèces et variétés :** *Origanum rotondifolium* 'Kent Beauty' porte de magnifiques bractées roses. *Origanum vulgare* 'Roseum' forme un coussin dense d'un rose intense, de juillet à août. La variété dorée 'Thumble's Variety' est plus basse (30 cm) et tout aussi parfumée. Sa floraison est crème. 'Compactum' devient une véritable carpette de fleurs violet clair, de 20 cm de hauteur.

**Comportement en pot :** les origans hybrides forment de jolies petites potées à admirer de près. La marjolaine sauvage garnira volontiers une terrasse qui ne peut être entretenue souvent. Tous les origans en fleurs attirent les papillons.

**Dimensions du pot :** de 10 cm de diamètre, pour les plus petits des hybrides, à 30 cm pour les espèces, toujours plus vigoureuses.

**Exposition :** tous les origans sont de grands adorateurs du soleil. Plantez-les en conséquence, face au sud, sans crainte des excès de chaleur.

**Terre :** une terre assez pauvre et même caillouteuse, qui ne retient pas l'eau, est idéale pour la marjolaine. Les origans hybrides sont un peu plus exigeants. De la bonne terre de jardin mélangée par moitié à du terreau leur conviendra.

**Arrosage :** hebdomadaire, sauf en été, où il convient d'augmenter la cadence, en fonction de la température ambiante et de la taille du pot.

**Ennemis et maladies :** généralement aucun.

**Utilisations :** pour une jardinière de style naturel, mélangez la marjolaine à des géraniums vivaces, des campanules, des centaurées, des népétas, des thyms d'ornement et des œillets.

**Conseil Truffaut :** coupez les touffes au ras du pot après la floraison sinon elles s'étiolent.

## *Osmanthus spp.* OSMANTHE

*Un parfum qui fait rêver.*

**Arbuste persistant (1 m, - 7 °C).**

**Feuillage :** persistant, vert foncé luisant, coriace.

**Floraison :** au début de l'automne, ou en avril, selon les espèces, l'arbuste porte des petites fleurs blanches en forme de trompettes, qui émettent un parfum perceptible à plusieurs mètres de distance.

**Espèces et variétés :** chez *Osmanthus heterophyllus*, certaines feuilles sont fortement dentées, à la manière du houx, d'autres présentent un ovale parfait. Sa variété 'Purpureus' développe des jeunes pousses et des tiges pourpre foncé. Les rameaux printaniers de la variété 'Tricolor' naissent rouges, tandis que le feuillage est éclaboussé de jaune crème. Les feuilles de 'Variegatus' sont marginées de blanc-crème. *Osmanthus delavayi* porte des feuilles beaucoup plus petites, épaisses et fermes. Le parfum de sa floraison évoque celui du jasmin. *Osmanthus* x *fortunei* vit aussi bien en pot. Il parvient à mesurer 2 m de large et 1 m de haut. Sa floraison est une des plus parfumées, en septembre.

**Comportement en pot :** cet arbuste persistant croît lentement, ce qui est un avantage pour les terrasses de petite taille. Un osmanthe de dix ans atteint rarement 2 m en pot.

**Dimensions du pot :** rempotez l'arbuste tous les deux ans dans un pot de taille supérieure, pour terminer avec un bac de 40 cm de côté.

**Exposition :** jamais de soleil brûlant. L'ombre partielle est même la bienvenue.

**Terre :** l'osmanthe n'aime pas les terres qui retiennent l'eau. Un mélange de sable, terreau, terre de bruyère et terre de jardin est idéal.

**Arrosage :** modéré, une fois par semaine.

**Ennemis et maladies :** généralement aucun.

**Utilisations :** l'osmanthe fait partie de ces plantes qui, grâce à leur feuillage persistant, structurent la terrasse. Associez-le à des pittosporums, pour de longs mois de floraison parfumée.

**Conseil Truffaut :** abritez l'osmanthe des vents froids qui le dessèchent. Vérifiez que le trou de drainage soit suffisamment large. Au besoin, agrandissez-le à la taille d'une pièce de 5 F.

*Osmarea burkwoodii*
## OSMARÉA

*Un excellent arbuste à tout faire.*

**Arbuste persistant (1,50 m, - 8 °C).**

**Feuillage :** persistant, ovale, légèrement dentelé, vert foncé assez luisant, épais.

**Floraison :** en avril, des petites fleurs blanches et parfumées s'épanouissent en grappes de six ou sept.

**Espèces et variétés :** *Osmarea burkwoodii* est un hybride d'*Osmanthus delavayi* et de *Phyillyrea decora*. Il n'existe pas de variétés.

**Comportement en pot :** l'osmaréa offre un port beaucoup plus compact que l'osmanthe. Il ne dépasse pas 1,5 m et convient aux petits balcons.

**Dimensions du pot :** une potée de 30 cm de diamètre et de hauteur peut rester en place de nombreuses années, si l'on remplace les cinq premiers centimètres de terre chaque printemps.

**Exposition :** quelques heures de soleil le matin ou en fin d'après-midi, suffisent à l'osmaréa.

**Terre :** une bonne terre bien drainée ou du terreau de plantation, allégé par quelques poignées de sable grossier, conviennent.

**Arrosage :** ne laissez pas le volume de terre se dessécher entièrement. Arrosez dès que les premiers centimètres de terre sont secs, soit environ une fois tous les 5 à 8 jours selon la saison.

**Utilisations :** en potées isolées, en haies basses dans une grande jardinière, en écran contre la rambarde, près de la fenêtre pour le parfum.

**Conseil Truffaut :** taillez légèrement après la floraison pour conserver une forme harmonieuse à l'arbuste. L'osmaréa se bouture facilement en septembre, en trempant la base des rameaux dans une hormone de bouturage. La reprise s'effectue après deux mois environ. Les jeunes plants sont rempotés individuellement, puis conservés sous abri jusqu'au mois de mai.

*Osteospermum ecklonis*
## DIMORPHOTÉCA

*Une explosion fleurie en plein soleil.*

**Plante vivace (30 cm, - 5 °C).**

**Feuillage :** vert, persistant, allongé, rêche au toucher et dégageant une odeur aromatique inattendue, quand on le froisse.

**Floraison :** de spectaculaires marguerites, aux couronnes très régulières et au cœur souvent plus foncé, s'épanouissent durant tout l'été.

**Espèces et variétés :** les nouveaux hybrides arborent pratiquement toutes les couleurs, du blanc au bleu foncé, en passant par tous les tons de rose. Le revers des pétales est souvent d'une couleur différente, plus pâle ou plus foncée. Les formes aux fleurs finement découpées apportent une note d'originalité dans une jardinière.

**Comportement en pot :** la floraison démarre en flèche en juin, puis la plante marque un ralentissement vers le début du mois d'août. Si elle devient trop dégingandée, rabattez les tiges des deux tiers, juste au-dessus d'un départ de feuilles. S'il est abrité du gel, le dimorphotéca peut vivre plusieurs années en pot. Rempotage tous les deux ans.

**Dimensions du pot :** le dimorphotéca est une plante assez vigoureuse. Un pot de 25 cm de côté n'est pas trop petit pour lui en fin de saison.

**Exposition :** le plein soleil, sinon les fleurs ne s'épanouissent pas complètement.

**Terre :** un bon terreau « géraniums » fait l'affaire. Enrichissez-le avec un soupçon de sang desséché (une cuiller à café dans un pot de 20 cm).

**Arrosage :** quotidien en été et même deux fois par jour en cas de canicule. Deux fois par semaine, ajoutez de l'engrais liquide dilué, pour stimuler le jeune feuillage et former une plante compacte.

**Ennemis et maladies :** généralement aucun. Attention au premières gelées qui risquent de détruire la plante si elle est trop exposée.

**Utilisations :** le dimorphotéca ayant tendance à perdre ses feuilles inférieures au cours de la saison, il est plus beau en mélange avec des plantes à feuillage comme le marrube, la ballote, l'hélichrysum, le senecio, la verveine citronnelle.

**Conseil Truffaut :** il est plus facile d'utiliser le dimorphotéca comme une annuelle. Mais on peut parfaitement le garder d'une année sur l'autre si l'on dispose d'une serre, d'une véranda ou d'une pièce peu chauffée et bien éclairée.

▲ *Osteospermum* x *ecklonis* : des étoiles d'une rare finesse.

*Osteospermum* x 'Las Vegas' : très haut en couleurs. ▶

## *Pachysandra terminalis*
## PACHYSANDRA

*Un tapis dense et uniforme.*

**Sous-arbrisseau (20 cm, - 10 °C).**

**Feuillage :** persistant, vert foncé, coriace, avec des feuilles en rosettes dentées. Les tiges rampantes colonisent avec vigueur l'espace qui leur est imparti.

**Floraison :** en avril, de minuscules grappes de fleurs sans pétales, sans grand intérêt décoratif.

**Espèces et variétés :** 'Green Carpet' est plus mat que l'espèce. 'Variegata', moins vigoureux, porte des feuilles vert-gris, marginées de blanc.

**Comportement en pot :** un seul plant de pachysandra peut former une belle potée dans la saison. Il faudra diviser la touffe tous les deux ou trois ans.

**Dimensions du pot :** le pachysandra est à l'aise dans de larges pots. Il fera merveille dans une potée de 40 à 50 cm de diamètre et de 20 cm de hauteur. Et pourquoi pas, dans une suspension ?

**Exposition :** le pachysandra se plaît à la mi-ombre et supporte l'ombre, même dense.

**Terre :** une bonne terre humifère permettra aux rhizomes de croître à leur aise. Ajoutez 50 % de terreau de feuilles au substrat de plantation.

**Arrosage :** une fois par semaine. Le pachysandra adore les pulvérisations d'eau sur les feuilles.

**Ennemis et maladies :** généralement aucun.

**Utilisations :** le pachysandra est avant tout un couvre-sol. Associez-le à des bulbes, tels que : tulipes, jacinthes, narcisses, muscaris, dont il cachera le feuillage jaunissant.

**Conseil Truffaut :** au printemps, si le feuillage semble abîmé, taillez-le à ras.

▲ *Pachysandra terminalis* 'Variegata' : couvre-sol.

## *Pandorea jasminoides*
## PANDORÉA

*L'exubérance d'une liane africaine.*

**Plante grimpante (4 m, 5 °C)**

**Feuillage :** persistant, vert foncé, brillant, très décoratif. Les tiges volubiles grimpent à l'assaut de tout support. Elles atteignent 4 m de haut en pot, si les conditions de culture sont bonnes.

**Floraison :** des corolles tubulaires, largement ouvertes, d'un rose très tendre, à la gorge plus foncée, s'épanouissent tout l'été.

**Espèces et variétés :** 'Lady Di' offre des fleurs blanches, 'Variegata' est une mutation panachée, à fleurs blanc rosé. 'Power of Beauty' porte des fleurs rose soutenu à cœur violet.

**Comportement en pot :** dans la plupart des régions, le pandoréa ne sort qu'aux mois les plus chauds de l'année. Il est à l'aise sur les terrasses abritées de la côte méditerranéenne. En raison de la croissance rapide un rempotage annuel s'impose.

**Dimensions du pot :** rempotez dans un contenant de 30 cm de diamètre et de même profondeur.

**Exposition :** le plein soleil est une condition indispensable pour une floraison généreuse.

**Terre :** mélangez par tiers ; terre de bruyère, terreau de feuilles et sable grossier ou vermiculite.

**Arrosage :** ne laissez pas la terre se dessécher en période de croissance. Un apport tous les deux jours est nécessaire. En hiver, réduisez les arrosages au minimum pour les reprendre au début du printemps.

**Ennemis et maladies :** les mouches blanches et les cochenilles sont fréquentes, en hiver, dans la serre ou la véranda.

**Utilisations :** dans les régions au climat chaud, le pandoréa est l'une des meilleures plantes grimpantes en pot. Ailleurs, il vit mieux en véranda.

**Conseil Truffaut :** rentrez le pandoréa quand la température nocturne descend en dessous de 5 à 6 °C. C'est alors le moment pour tailler d'un bon tiers les tiges qui sont trop envahissantes.

◄ *Pandorea jasminoides* : une belle grimpante insolite.

## *Passiflora spp.*
## PASSIFLORE

*Des corolles fascinantes…*

**Plante grimpante (3 m, 0 °C).**

**Feuillage :** le nombre très variable des lobes des feuilles caractérise l'espèce ; on en compte 2, 3, voire 7, ou pas du tout !

**Floraison :** odorantes et toujours solitaires, les fleurs, comme les organes reproducteurs, présentent une disposition très particulière. Les premiers

▲ *Passiflora quadrangularis* : une beauté sulfureuse.

▲ *Passiflora caerulea* : une forte odeur de frangipane.

missionnaires d'Amérique du Sud, virent dans cet arrangement les instruments de la Passion du Christ. Les dix pétales représentent les apôtres : douze initialement, moins Pierre qui renia le Christ et Judas qui le trahit. La couronne de filaments ondulés, blanc, bleu et pourpre, représente la couronne d'épines. Les trois pistils, avec leurs gros stigmates, évoquent les clous de la crucifixion, et les étamines, les marteaux. Par temps chaud, les fleurs se succèdent de juin à octobre et sont suivies de fruits oranges ou jaunes, de 4 à 20 cm de long. Ovoïdes, ils sont comestibles chez *Passiflora edulis* et *Passiflora quadrangularis*.

**Espèces et variétés :** *Passiflora caerulea,* est la plus rustique. La variété 'Constance Elliot' se distingue par le blanc ivoire de ses sépales et de ses pétales. *Passiflora alato-caerulea* 'Impératrice Eugénie' porte des fleurs un peu plus grandes, aux pétales rose pourpré clair et des filaments violets. *Passiflora quadrangularis* arbore des tiges côtelées et des fleurs pourpres, aux longs filaments striés de violet et de blanc. *Passiflora coccinea*, rouge vif, ne peut être cultivée à l'extérieur que dans le Midi.

**Comportement en pot :** l'Anjou est la limite nord de la passiflore, pour ce qui est de la production de fruits. Dans la région île-de-France, laisser la plante tout l'hiver dehors, en pot, est risqué, même si on l'abrite. Rempotez tous les ans au printemps.

**Dimensions du pot :** un bac de 30 à 40 cm de de côté est idéal, car la plante est volumineuse.

**Exposition :** sur la Côte d'Azur, n'importe quel endroit ensoleillé convient à la passiflore. Ailleurs, il lui faut un mur bien abrité, exposé au sud.

**Terre :** très nourrissante. Faites un mélange par quarts, de terre de jardin, de terreau de feuilles, d'amendement organique et de sable de rivière grossier (vous en trouverez au rayon animalerie).

**Arrosage :** au printemps et à l'automne, la passiflore demande des arrosages suivis. Laissez juste le pot s'assécher très légèrement entre deux apports d'eau. En hiver, pour suivre le rythme naturel de la plante, un apport tous les 15 jours suffit.

**Ennemis et maladies :** le virus de la mosaïque du concombre attaque les feuilles de la passiflore et les déforme en les mouchetant de jaune. Il ne tue pas la plante, mais la rend peu attrayante.

**Utilisations :** la passiflore garnit les arceaux et les treillages. Il faut l'aider dans sa jeunesse, en attachant les tiges sur leur support. Plus tard, des vrilles se formeront et la plante grimpera seule.

**Conseil Truffaut :** taillez les passiflores après la floraison et rentrez-les dès que les températures baissent, ou protégez le pot avec un épais matelas de fougères ou de paille, couvert d'un voile d'hivernage.

▲ *Passiflora alato-caerulea* : un bel hybride assez solide.

*Passiflora coccinea* : une splendeur qui aime la chaleur. ▶

▲ *Pelargonium graveolens* : épicé.

▲ *Pelargonium tomentosum* : mentholé.

▲ *Pelargonium* 'Messiel Unique' : poivré.

▲ *Pelargonium quercifolium* : acidulé.

## *Pelargonium spp.* PÉLARGONIUMS D'ORNEMENT

*Tout un monde subtil et parfumé.*

**Sous-arbrisseau (60 cm, -5 °C).**

**Feuillage :** la forme des feuilles varie énormément d'une espèce à l'autre. Elles peuvent être glabres ou poilues, frisées ou plates, mesurer de 1 à 10 cm de large, présenter des ciselures profondes ou arborer des formes presque rondes. Dans la majorité des cas, les feuilles froissées émettent une odeur caractéristique de l'espèce. Beaucoup de pélargoniums dégagent une odeur de menthe. C'est le cas de : *Pelargonium tomentosum,* 'Chocolat', qui sent le chocolat anglais, 'Grey Lady Plymouth', à odeur de menthe poivrée. D'autres exhalent une senteur de citron 'Joy Lucille', 'Lemon Fancy', 'Mabel Grey', 'Prince Ruppert', *Pelargonium crispum, Pelargonium denticulatum* ou *Pelargonium radula*. Certains émettent un parfum de rose, c'est le cas du fameux « géranium rosat » *(Pelargonium graveolens)* et de 'Attar of Rose'. La collection peut se compléter de multiples autres senteurs comme la pomme *(Pelargonium odoratissimum)*, la pêche *(Pelargonium ribifolium)*, l'eucalyptus ou le pin *(Pelargonium fragrans)* ou même la carotte comme chez 'Scarlet Unique'.

**Floraison :** ces pélargoniums ne sont généralement pas cultivés pour leurs fleurs, souvent peu spectaculaires. Les passionnés de ces plantes trouvent cependant du charme aux fleurs blanches très ténues de *Pelargonium crispum,* ou aux petits bouquets roses rayés de pourpre de *Pelargonium radula*. Quelques-uns, cependant, possèdent une floraison décorative. C'est le cas de *Pelargonium denticulatum* 'Mabel Grey', *Pelargonium capitatum* et de toute la série 'Unique' : 'Scarlet Unique', 'Paton's Unique' ou 'Jessiel Unique' aux fleurs simples rouge vif, très décoratives. Quant à *Pelargonium regale*, on l'appelle aussi *Pelargonium* x *domesticum* ou pélargonium à grandes fleurs. C'est une plante issue de divers croisements, qui épanouit une abondance de fleurs bicolores.

**Espèces et variétés :** les débutants cultiveront facilement *Pelargonium tomentosum*. Ses grandes feuilles veloutées, d'un vert à peine gris, embaument la menthe au moindre frôlement. Les feuilles très décoratives de *Pelargonium quercifolium* rappellent celles du chêne. Certains l'apprécient peu estimant qu'il sent « la pharmacie ». En mai, une écume de fleurs blanc rosé surmonte *Pelargonium odoratissimum,* au joli feuillage arrondi, vert amande, velouté comme des oreilles de souris. *Pelargonium fragrans* sent la muscade, en mélange avec la résine et l'eucalyptus. Son feuillage velouté, vert adouci de gris, s'éclaire en été d'une mousse de fleurettes rose pâle. *Pelargonium crispum,* avec son feuillage frisé comme du persil, se décline en différentes variétés comme 'Peach', aux feuilles panachées de jaune et de vert, ou 'Minor', au feuillage doublement frisé. *Pelargonium* x *grandiflorum,* considéré par les spécialistes comme « l'aristocrate des pélargoniums », offre une élégante floraison aux pétales de soie, allant du blanc crémeux au rose pourpré. *Pelargonium graveolens* arbore un joli feuillage rugueux et très découpé. On aime sa floraison aux relents de roses, qui se décline dans les tons pastel. Cette liste ne peut être exhaustive, tant la diversité du genre est immense. Citons encore quelques curiosités comme *Pelargonium abrotanum,* aux toutes petites aiguilles fines et bleutées, qui sentent le pin, *Pelargonium filicifolium,* au feuillage aussi fin que celui d'une fougère et aux fleurs roses, *Pelargonium fragrans* 'Variegated', au feuillage retombant panaché jaune et vert.

**Comportement en pot :** les plus petites espèces forment de jolies potées basses. Il faut tuteurer les plus grandes pour éviter que les tiges ne cassent sous l'effet du vent. Les pélargoniums en pot demandent une fertilisation plus assidue que ceux qui sont cultivés en pleine terre, dans les massifs. Même si vous avez pensé à rajouter une poignée d'engrais à décomposition lente lors de la plantation, il faut tout de même arroser une fois par semaine à l'engrais liquide. Signalons également que les potées deviennent vite instables, en cours de saison, car le feuillage se développe d'une manière importante. Le moindre coup de vent a tendance à faire tomber la plante. Un bon truc consiste à prendre, dès le départ, un pot un peu plus grand et à le lester avec une grosse pierre. Vous pouvez aussi installer les pélargoniums dans des contenants plus larges que hauts.

Les pélargoniums peuvent vivre plusieurs années en pot, mais un rempotage annuel au printemps est conseillé en raison de leur forte croissance.

**Dimensions du pot :** au début de la saison, les plants nouvellement achetés peuvent tenir dans des pots de 15 à 20 cm de diamètre. On a peine à croire qu'il vont décupler de volume en moins de six mois ! Si la plante est vigoureuse comme *Pelargonium tomentosum,* par exemple, prévoyez un rempotage, en cours de saison, dans un pot de

▲ *Pelargonium fragrans* 'Variegatum'.

▲ *Pelargonium odoratissimum* : citronné.

▲ *Pelargonium crispum* 'Variegatum'.

▲ *Pelargonium* x *domesticum* : florifère.

25 à 30 cm de large et de 20 à 25 cm de haut.
Il est préférable de procéder à une division de touffe ou à un rajeunissement par boutures, plutôt que de conserver trop longtemps un pied-mère qui devient encombrant et se dégarnit de la base.

**Exposition :** tous les pélargoniums odorants aiment le plein soleil, s'il n'est pas trop brûlant, sauf *Pelargonium tomentosum,* qui est bien plus beau à l'ombre légère d'un arbre ou d'un arbuste.

**Terre :** les pélargoniums sont des plantes gourmandes, qui demandent un mélange riche. Mélangez un tiers de terreau de feuilles, un tiers de terre de jardin (terre franche), un sixième de sable de rivière grossier et autant d'amendement organique composté. Vous pouvez aussi leur fournir du terreau pour géraniums, dont la composition est étudiée pour que le substrat ne se tasse pas sous l'effet d'arrosages répétés.
L'utilisation seule d'un support de culture du commerce comme le terreau « géraniums », implique la nécessité d'une fertilisation régulière et contrôlée.

**Arrosage :** les pélargoniums peuvent supporter de courtes périodes de sécheresse, mais leur croissance sera plus belle, leur port plus compact, avec des arrosages réguliers, tous les deux jours en été. Les pélargoniums dont le feuillage est poilu ne doivent pas être arrosés par le dessus, mais directement au pied de la plante. En effet, la stagnation de l'eau sur ce type de feuillage favorise le développement de moisissures qui abîment la plante.

**Ennemis et maladies :** assez peu en général. Divers champignons peuvent attaquer les tiges et provoquer des taches sur les feuilles. Les mouches blanches envahissent le feuillage, spécialement en hiver, quand les plantes sont rentrées à l'intérieur.

**Utilisations :** les pélargoniums odorants forment des potées qui gagnent à être admirées de près. Avec ce genre aux aspects si variés, c'est le nombre qui fait de l'effet ! Composez des petites collections par senteurs, par forme de feuilles, par couleur de feuillage. Les espèces dont l'odeur est unanimement appréciée, comme par exemple *Pelargonium tomentosum*, qui sent la menthe, ou *Pelargonium denticulatum,* qui exhale bien la citronnelle, peuvent être installées près de l'entrée, qu'ils embaumeront à chaque passage.

**Conseil Truffaut :** avant de rentrer vos pélargoniums à l'abri, en octobre, procédez à une toilette généralisée. Débarrassez les plantes des feuilles mortes ou malades qu'elles portent encore, nettoyez le dessus de la terre, coupez les branches trop longues, passez une éponge sur les pots et nettoyez les soucoupes. Si vous ne pouvez rentrer toute votre collection pour l'hiver, faites des boutures au printemps ou à l'automne. L'idéal est de couper, immédiatement sous un nœud (ancien emplacement d'une feuille), un rameau de 8 cm, muni de trois nœuds. Ne laissez que les feuilles supérieures, dont vous réduisez le limbe de moitié et plantez la bouture dans un pot rempli de tourbe et de sable. Vous pouvez aider l'émission des racines en trempant la base de la tige coupée dans de la poudre d'hormones de bouturage.

Un superbe pélargonium hybride à grandes fleurs. ▶

Un géranium-lierre peut habiller tout un claustra.

## *Pelargonium peltatum*
## GÉRANIUM-LIERRE

*Des cascades de fleurs pour tout l'été.*

**Sous-arbrisseau (1 m, - 5 °C).**

**Feuillage :** vert franc, assez charnu, lobé comme celui du lierre, généralement glabre et souvent brillant. Les tiges peuvent atteindre 1 m de long dans des conditions de culture optimales (2 m dans la nature sud-africaine, leur terre d'origine).

**Floraison :** des ombelles, portées par de longs pédoncules, portent jusqu'à une dizaine de fleurs, simples ou doubles. Elles vont du blanc au rouge, en passant par tous les tons de mauve et de rose.

**Espèces et variétés :** les géraniums-lierres qui ne se lignifient pas forment des cascades généreuses. 'Roi des Balcons', rose saumon, est un des plus populaires, 'Ville de Paris' affiche des fleurs d'un rouge vif. Les géraniums-lierres à tiges ligneuses présentent un port plus compact. On les trouve sous l'appellation « Décora ». Les « Mini-Cascades », à la végétation fournie, en boule, bénéficient d'une floraison légère qui fait merveille dans des jardinières de taille moyenne. Il est également possible de dénicher chez les spécialistes des mini-géraniums-lierres comme 'Pink Baby', aux jolies fleurs rose tendre, ou 'Sugar Baby', le plus petit de tous. Il fleurit blanc, à peine teinté de rose. Une plante idéale quand on ne dispose que d'un rebord de fenêtre ! Les formes à feuillage coloré participent au décor, comme 'Duc d'Anjou', aux feuilles blanches et vertes, 'Flakey', un mini-lierre vert et blanc, ou 'L'élégante', une plante de petite dimension. Son surprenant feuillage vert, blanc crème et lilas, vire au rose violacé quand on oublie de l'arroser régulièrement.

**Comportement en pot :** les géraniums-lierres en pot ont tendance, au cours de la saison, à devenir moins florifères. Il faut continuer à leur prodiguer des soins attentifs, tels que le nettoyage des feuilles mortes et des fleurs fanées et apporter très régulièrement de l'engrais liquide. Ils resteront alors décoratifs jusqu'aux premières gelées.

**Dimensions du pot :** plus le contenant sera grand, moins les arrosages devront être fréquents. Un géranium-lierre peut pousser dans une potée de 25 cm de diamètre et de même profondeur. Mais vous obtiendrez des compositions bien plus généreuses, en réunissant plusieurs plantes dans une grande jardinière de 50 cm de long et de 25 cm de large, ou dans une poterie de 40 cm de diamètre.

**Exposition :** le plein soleil favorise une floraison généreuse. Mais les géraniums-lierres toléreront quelques heures d'ombre légère dans la journée.

**Terre :** il existe des terreaux prêts à l'emploi pour les géraniums. Ils contiennent souvent de la pouzzolane, un matériau léger qui empêche le tassement du substrat sous l'effet des arrosages répétés. Ces substrats sont parfois enrichis en potasse pour obtenir une plus belle floraison et une meilleure rigidité des tiges.

**Arrosage :** les géraniums-lierres supportent quelques oublis, surtout si la potée est importante. Deux arrosages par semaine sont parfaits.

**Ennemis et maladies :** la pourriture grise peut s'installer sur les tiges et les feuilles. Sa présence indique des conditions de culture trop humides.

'Balcon impérial' : star incontournable.

'Duc d'Anjou' : feuillage panaché.

'Amethyst' : fleurs doubles, solide.

'Rouletta' : superbe floraison bicolore.

▲ 'Doudou' : un rouge très intense.

▲ 'Gold Papa' et 'William Languth'.

▲ 'Apple Blossom' : tout crispé.

▲ 'Pulsar' : on l'obtient par semis.

**Utilisations :** on utilise assez peu les géraniums-lierres comme plantes grimpantes. En palissant leurs branches sur un treillage, vous pouvez obtenir un bel éventail fleuri, surtout si l'on conserve les plantes d'une année sur l'autre. Une autre utilisation spectaculaire consiste à faire pousser plusieurs tiges, attachées ensemble sur un support en forme de parapluie. Ôtez toutes les feuilles inférieures pour laisser les tiges à nu, comme un tronc, puis laissez retomber la cascade de tiges florifères sur le support en ombelle. Pour réussir cet arrangement, il faut pouvoir garder les plantes plusieurs années de suite. Plus classiquement, les géraniums-lierres forment de splendides potées, suspendues ou non. Ils se marient avec toutes les annuelles.

**Conseil Truffaut :** évitez les surdosages d'engrais azotés. Ils font verdir les feuillages panachés et chez les autres variétés, favorisent la production de feuilles au détriment des fleurs.

## *Pelargonium* x *hortorum*
## GÉRANIUM ZONALE

*Le roi de l'été.*

**Sous-arbrisseau (1 m, - 5 °C).**

**Feuillage :** assez rond, velouté, souvent orné d'une couronne brune, il dégage un parfum très typé, peu agréable, quand on froisse les feuilles.

**Floraison :** simples ou doubles, les inflorescences se présentent à l'aisselle des feuilles supérieures, en ombelles rondes et serrées, de mai jusqu'aux gelées. Tous les coloris possibles existent entre le blanc, le rose, le mauve et le rouge. Certaines fleurs très fines rappellent de petites flammèches, on les classe dans la catégorie des « Stellar ». D'autres présentent des fleurs doubles, aux pétales disposés comme ceux d'une rose. On les a nommés « Boutons de rose ».

**Espèces et variétés :** il existe des centaines de formes, simples ou doubles. La sélection s'avère difficile, car les hybrideurs ont beaucoup amélioré les variétés. Nos préférences vont à 'Multibloom' (littéralement « multiplo floraison »), qui porte bien son nom, car il fleurit abondamment jusqu'aux gelées. Il existe en versions rouge, rose, blanc, mauve et saumon. Les grandes fleurs rouge-orangé de 'Jardin des Plantes' se voient de loin. 'Apple blossom' porte de minuscules roses blanches délavées de rose. Les géraniums blancs ont moins la faveur des amateurs, car si la saison est pluvieuse, les fleurs se transforment en chiffon sale. Les variétés rose et blanc ne sont pas dépourvues de charme : un liseré rose borde les fleurs blanches de 'Nuit de Noce', le bord des pétales de 'Cathy' se teinte légèrement de rose. Signalons une rareté, 'Kees', le seul pélargonium zonale à fleurir jaune. Les longs pédoncules portent des fleurs simples d'un jaune citron inattendu.

**Comportement en pot :** les pélargoniums montrent une nette tendance à devenir dégingandés avec l'âge. Il ne faut pas hésiter à les pincer.

**Dimensions du pot :** un pied de géranium zonale vit dans un pot de 20 à 25 cm de diamètre et de même profondeur.

**Exposition :** le plein soleil, même chaud, ou la mi-ombre très légère, à la rigueur.

**Terre :** le terreau « géraniums » convient parfaitement. En milieu de saison, surfacez la terre du pot avec un régénérant pour plantes fleuries.

**Arrosage :** la majorité des pélargoniums meurent, non pas par manque d'eau, mais par excès d'humidité ! Veillez à ce que les premiers centimètres de terre soient secs, avant d'abreuver vos plantes.

**Ennemis et maladies :** la rouille apparaît à la fin de l'été, au revers des feuilles. Si l'attaque est limitée, coupez les feuilles atteintes. Des champignons provoquent des taches pâles sur les feuilles. Pucerons et mouches blanches sont à redouter, surtout à la sortie de l'hiver, quand les plantes sont longtemps restées confinées à l'intérieur.

**Utilisations :** les végétaux à feuillage mettent en valeur les géraniums zonales. Usez et abusez de l'hélichrysum, du plectranthus, des lierres panachés. Associez-les à des bacopas, au feuillage menu, à des lobélias « cascade », qui se marient bien avec la couleur orange ou avec les pastels.

**Conseil Truffaut :** évitez autant que possible l'arrosage par aspersion sur le dessus des feuilles. Il est préférable d'arroser au pied, avec un arrosoir au long bec fin.

*Pelargonium zonale* porte des feuilles arrondies. ▶

▲ *Pennisetum compressum* : des épis très gracieux.

▲ *Penstemon* 'Souvenir d'Adrien Régnier' : quelle classe !

◄ *Pernettya mucronata* : des petits bonbons acidulés.

## *Pennisetum compressum* PENNISÉTUM

*Suivez son panache doré.*

**Plante vivace (60 cm, -7 °C).**

**Feuillage :** étroit, linéaire, rubané, en touffes denses, vert bleuté, virant au brun en septembre.

**Floraison :** une multitude d'épis cylindriques plumeux rappelant des rince-bouteilles, apparaissent en août. Ils restent décoratifs jusqu'à Noël.

**Espèces et variétés :** les petits balcons adopteront 'Hameln', qui ne dépasse pas 60 cm. 'Moundry' porte des feuilles plus larges et glauques, avec des épis, brun assez foncé.

**Comportement en pot :** le pennisétum doit être rempoté tous les ans au printemps.

**Dimensions du pot :** une touffe adulte vivra à l'aise dans une jardinière de 30 à 40 cm.

**Exposition :** plein soleil, sinon la plante produit des épis moins nombreux.

**Terre :** terreau et terre de jardin en mélange.

**Arrosage :** il faut veiller à ce que la terre ne se dessèche pas, ce qui arrive vite quand la souche occupe tout le volume du pot. 3 fois par semaine.

**Ennemis et maladies :** généralement aucun, mais il arrive que la rouille tache les feuilles.

**Utilisations :** le pennisétum est une présence forte dans le décor, par la générosité de sa touffe, qui contraste avec la légèreté de la floraison. On le laisse seul dans son pot. Il fait merveille près des conifères dont il allège la silhouette. Placés à contre-jour, ses épis plumeux accrochent bien la lumière.

**Conseil Truffaut :** la rusticité de cette plante vivace n'est pas parfaite au nord de la Loire. Il faut donc la protéger en hiver.

## *Penstemon spp.* PENSTÉMON et GALANE

*De longues semaines de floraison.*

**Plante vivace (80 cm, -4 °C).**

**Feuillage :** lancéolé, étroit, plus large à la base.

**Floraison :** des épis lâches de fleurs tubulaires s'épanouissent de mai à octobre, souvent dans les tons de rose et de rouge ou en mélange.

**Espèces et variétés :** *Penstemon pinifolius* 'Souvenir d'Adrien Régnier' porte de grandes fleurs campanulées, rose tendre, à gorge blanche. 'Russian River' est peut-être le plus original avec ses fleurs violettes à reflets bleu marine. Les penstémons hybrides offrent une floraison spectaculaire. 'Alice Hindley', aux fleurs lilas pâle à la gorge blanche, est un de nos préférés.

**Comportement en pot :** la plupart des penstémons hybrides ne sont pas rustiques, surtout en pot. Il faut donc les renouveler chaque année.

**Dimensions du pot :** un penstémon exige un pot de 25-30 cm de diamètre et de même profondeur.

**Exposition :** le plein soleil pour une belle floraison.

**Terre :** du terreau « géraniums », dont la composition est étudiée pour ne pas trop retenir l'eau.

**Arrosage :** le plus régulier possible, sans excès, ni épisode de sécheresse (tous les 2 à 3 jours).

**Ennemis et maladies :** généralement aucun.

**Utilisations :** la richesse et l'abondance de leur floraison désignent tout naturellement les penstémons pour de splendides potées fleuries isolées. Ils se marient bien avec des géraniums vivaces, des sauges à feuillage pourpre, des armoises grises.

**Conseil Truffaut :** mieux vaut cultiver les penstémons hybrides en achetant de jeunes plants au printemps et en les éliminant après la floraison.

## *Pernettya mucronata* PERNETTYA

*De gros bonbons à dévorer des yeux...*

**Arbuste (60 cm, -8 °C).**

**Feuillage :** petit, coriace, vert foncé et persistant, avec des feuilles mucronées (très pointues).

**Floraison :** des grappes de clochettes discrètes, blanc rosé, sont suivies par de spectaculaires baies vermillon, rose dragée ou blanc ivoire.

**Espèces et variétés :** 'Bells Seedling' est une variété à gros fruits rouge foncé, 'Crimsoniana' porte en automne des fruits rouge grenadine. 'Mother of Pearl' arbore des fruits rose coquillage. 'Winter Times' se couvre de baies ivoire.

**Comportement en pot :** le pernettya en bac, exposé aux vents froids en hiver, surtout sur les balcons situés dans les étages élevés, risque de perdre une partie de ses feuilles. Abritez-le en décembre.

**Dimensions du pot :** au début, un contenant de 20 cm de large suffit, ensuite il faut 30 cm.

**Exposition :** mi-ombre assez intense en été et une bonne luminosité en hiver.

**Terre :** toute trace de calcaire est à bannir. Tourbe et terre de bruyère à parts égales sont conseillées.

**Arrosage :** gardez la terre toujours légèrement humide avec un arrosage tous les 2 à 3 jours en été.

**Ennemis et maladies :** généralement aucun. Des arrosages à l'eau trop calcaire entraînent un jaunissement des feuilles (chlorose ferrique).

**Utilisations :** le pernettya forme de jolies potées décoratives toute l'année. Associez-le à des camélias, des azalées, des rhododendrons nains. Plantez-le à l'ombre des érables japonais ou des hydrangéas, avec des bruyères ou des piéris panachés.

**Conseil Truffaut :** l'espèce est dioïque (mâle et femelle séparés), plantez plusieurs pieds ensemble pour obtenir une fructification abondante.

## *Perovskia atriplicifolia* PÉROVSKIA

*Bleu comme le ciel d'été.*

**Arbuste (1 m, -6 °C).**

**Feuillage :** fin, gris-vert, presque cendré, ovale, allongé, dégageant une odeur aromatique quand on plonge la main dans le feuillage.

**Floraison :** les rameaux diffus portent des panicules de fleurs bleu pâle donnant, de loin, une impression de brouillard lavande en septembre.

**Espèces et variétés :** 'Blue Spire' porte des épis d'un bleu plus soutenu. 'Superba' est un hybride touffu, qui atteint rapidement sa taille adulte.

**Comportement en pot :** la plante gagne à être renouvelée tous les 3 ou 4 ans.

**Dimensions du pot :** plantez deux sujets dans une jardinière de 40 cm de large et 30 cm de haut.

**Exposition :** le plein soleil, pour obtenir ce fameux « brouillard » bleu, si décoratif.

**Terre :** préparez un mélange à parts égales de terreau d'écorces et de terre végétale.

**Arrosage :** laissez le pot s'alléger nettement entre deux arrosages (une fois par semaine).

**Ennemis et maladies :** généralement aucun.

**Utilisations :** en arrière-plan, groupé avec des annuelles pastel ou des fleurs aux couleurs fortes, telles que ; cosmos orange, zinnias, roses d'Inde.

**Conseil Truffaut :** après l'hiver, rabattez les tiges au ras du sol. Pincez les jeunes pousses pour obtenir des touffes plus denses. Ne fertilisez pas trop.

▲ *Perovskia atriplicifolia* 'Blue Spire' : floraison tardive.

## *Petroselinum crispum* PERSIL

*Des vitamines à portée de main.*

**Plante bisannuelle (30 cm, 0 °C).**

**Feuillage :** vert vif, frisé ou plat, porté par des tiges creuses et bien ramifiées.

**Floraison :** elle intervient lors de la deuxième année de culture, mais on ne la voit en général pas, car les plants sont remplacés chaque année.

**Espèces et variétés :** le persil simple possède plus de saveur que le persil frisé. 'Géant d'Italie' offre de très grandes feuilles plates.

**Comportement en pot :** le persil a tendance à former des touffes lâches, qui s'affaissent un peu.

**Dimensions du pot :** un pot de 15 cm de diamètre suffit à un plant pour toute la saison.

**Exposition :** soleil ou ombre légère.

**Terre :** riche et bien drainée. Ajoutez une poignée de vermiculite ou de sable de rivière à du terreau de rempotage pour plantes vertes.

**Arrosage :** tous les jours en été, surtout si le pot est petit et n'oubliez pas l'engrais.

**Ennemis et maladies :** certaines années, les pucerons envahissent les feuilles. Un jaunissement indique un manque d'engrais azoté, un emplacement trop chaud ou des arrosages trop importants.

**Utilisations :** en bordure des jardinières, en mélange dans des potées d'annuelles, en panier suspendu, dans des jarres à fraisiers, le plus souvent associé à d'autres herbes aromatiques.

**Conseil Truffaut :** pour activer la germination des graines, faites-les tremper, la veille, dans un verre d'eau. La levée s'effectue en 12 à 20 jours.

▲ *Petroselinum crispum* : le persil nain frisé.

Le persil commun, ou persil plat, est plus savoureux. ▶

Une jardinière de pétunias habille un appui de fenêtre.

*Petunia* x *hybrida*
## PÉTUNIA

*La générosité faite fleur.*
**Plante annuelle (60 cm, 2 °C).**
**Feuillage :** simple, vert mat, collant au toucher à cause de minuscules poils sécréteurs, présents sur toutes les parties de la plante (tige, pétiole, etc.).
**Floraison :** de larges trompettes, qui peuvent atteindre 10 cm de largeur, s'ouvrent sans discontinuer, de mai jusqu'aux gelées. Les horticulteurs ont sélectionné une très vaste palette de couleurs allant du bleu le plus profond au blanc presque translucide, en passant par tous les coloris de rose, de lilas, de vermillon et de pourpre et même de jaune. Les fleurs sont le plus souvent simples, mais il existe des variétés doubles, aux corolles froufroutantes comme des jupes de danseuses. Les sélections bicolores ne manquent pas d'attrait, avec leurs pétales bordés de blanc ou de rose, ou bien étoilés de rayons colorés.
**Espèces et variétés :** les hybrides F1 présentent une floraison généreuse et une bonne résistance à la pluie et aux maladies. Parmi eux, les pétunias de la série « Grandiflora », avec leurs fleurs énormes, font merveille dans les régions de moyenne pluviométrie. Ils sont très souvent vendus par couleurs, sans nom de variété. Parmi les plus remarquables, citons les pétunias blancs, étoilés de pourpre, aux pétales légèrement frisés. Ils sont à l'aise dans de grands bacs, avec d'autres plantes à la floraison exubérante. Les pétunias de la série « Fantasy » présentent une végétation plus compacte et une floraison exceptionnelle. Les formes bleu nuit, aux pétales veloutés, embaument l'air quand le soir tombe. Ce sont les seuls pétunias vraiment parfumés. Les jaunes font souvent preuve d'un caractère plus capricieux. 'California Girl', couleur citronnade, est pourtant charmant. Les pétunias de la série « Pendula » présentent un port retombant. Les *Petunia* x *surfinia* sont apparus dans les jardineries au début des années 90. Appelés communément « surfinias », nous les devons à un chercheur japonais qui a accentué le caractère rampant de certaines variétés et qui a travaillé la vigueur et l'abondance de la floraison. Cela donne des plantes parfaites pour les potées suspendues, dont les tiges peuvent mesurer un mètre de long. Les premiers coloris manquaient un peu de subtilité, mais les variétés récentes arborent des corolles blanches à cœur rose, ou des roses délicatement teintés de pourpre. 'Million Bells' est une sélection récemment apparue sur le marché. Les tiges plus ou moins dressées portent une multitude de petites fleurs, formant de grosses touffes rondes au cours de la saison.

Une suspension de *Petunia* x *surfinia* 'Pink Vein'.

**Comportement en pot :** au fur et à mesure que la saison avance, les pétunias ont tendance, à produire de longues tiges qui se dégarnissent et qui rendent les potées peu attrayantes. Il ne faut pas hésiter à pincer les pousses trop longues pour provoquer des ramifications qui refleuriront vite.
**Dimensions du pot :** un seul pétunia peut passer l'été dans un pot de 20 cm de diamètre. Mais ses fleurs sont bien plus belles en masse. Une grosse potée de 40 cm de large et de 30 cm de hauteur peut accueillir trois plants. À la plantation, si ces derniers semblent perdus dans un espace trop grand, sachez qu'ils occuperont toute la surface deux mois plus tard. Pour réaliser une suspension fleurie, choisissez une corbeille aussi large que possible (30 cm au minimum), pour disposer d'un volume de terre suffisant qui évitera de devoir arroser deux fois par jour en été.
**Exposition :** les pétunias ne craignent pas le plein soleil, même dans le Midi de la France, mais ils savent se contenter d'une demi-journée d'ensoleillement. Ne les exposez pas à des courants d'air violents qui déchirent les fleurs et cassent les tiges.
**Terre :** un mélange riche et de bonne qualité assurera la nutrition des plantes tout au long de la saison. Choisissez du terreau « géraniums », que vous

▲ *Petunia* x *grandiflora* 'Prism' : opulent.

▲ Pétunias hybrides en mélange de coloris.

▲ *Pétunias multiflora* 'Horizon' : simple.

▲ Pétunias hybrides à fleurs doubles.

enrichirez avec une grosse poignée d'amendement organique pour 10 litres de substrat.

**Arrosage :** les à-coups dans les apports d'eau entraînent un ralentissement de la floraison. En été, arrosez en moyenne tous les deux jours, si la potée est de bonne taille, plus si le volume de terre est restreint. Le cas des suspensions est un peu différent. Exposées aux courants d'air, dans un volume de terre limité, les plantes se dessèchent vite. Il faut les arroser tous les soirs en été, deux fois par jour en période de canicule. Il est bon de décrocher les paniers une fois par semaine et de les faire tremper dix minutes dans une bassine d'eau, contenant de l'engrais pour plantes fleuries.

**Ennemis et maladies :** un redoutable champignon, le *Rhizoctonia*, provoque la pourriture des racines et du collet. Les plantes sur le point de fleurir meurent brutalement. Il faut jeter les plantes atteintes, ainsi que la terre, et laver le pot avec de l'eau chaude, une brosse et du savon. Faites ensuite tremper le pot dix minutes dans de l'eau javellisée. Des virus provoquent le rabougrissement des plantes, la déformation des feuilles et des fleurs. Il n'y a rien à faire, sinon jeter les plants les plus malades.

**Utilisations :** les formes simples, bleu foncé, au parfum inimitable seront associées à des hélichrysums panachés ou à des véroniques à feuillage crème et jaune et à quelques pieds de 'California Girl', pour la note citron. Les pétunias blancs passent à peu près partout : ils vont donner de l'unité à votre terrasse. Pour un camaïeu pastel, mariez les fleurs roses à des tabacs vieux rose, des diascias et des alchémilles au vert acide. Vous pouvez également les faire voisiner avec des cosmos, aux têtes légères roses et blanches. Si vous désirez ajouter une note de bleu, piochez dans la palette des scaévolas, des héliotropes, des lobélias (à installer du côté le moins ensoleillé de la potée). Les pétunias font également bon ménage avec les pélargoniums à feuillage odorant.

**Conseil Truffaut :** achetez des plants au printemps quand les plants sont bien développés. Attendez la fin avril ou le début du mois de mai. Choisissez des plantes trapues, bien en boutons, mais pas forcément fleuries. Nos spécialistes conseillent même de pincer ces premières fleurs pour permettre au plant de bien s'enraciner et de forcir. Par la suite, vous ôterez au fur et à mesure les fleurs fanées. Il ne suffit pas de tirer sur les corolles sèches, mais vous devez pincer, avec les ongles, le pédoncule situé sous l'ovaire de la fleur. Les surfinias étant des plantes stériles, cette opération n'a pas raison d'être. Cette stérilité explique d'ailleurs l'abondante floraison de ces plantes qui, par conséquent, ne peuvent être multipliées par semis. Elles doivent être bouturées, ce qui explique leur prix plus élevé. Les surfinias seront fertilisés une fois tous les deux arrosages avec de l'engrais liquide dilué. Ne distribuez jamais d'engrais sur une terre sèche, cela risquerait de brûler les racines. Mouillez bien la motte le matin, par exemple, et arrosez avec l'engrais le soir. De toute façon, les pétunias n'en ont jamais assez !

*Petunia* x *surfinia* 'Million Bells' : une avalanche fleurie. ▶

▲ *Phaseolus coccineus* : le vigoureux haricot d'Espagne.

▲ *Philadelphus coronarius* 'Aureus' : le seringat doré.

## *Phaseolus spp.* HARICOT

*Une vitesse de croissance époustouflante.*

**Plante annuelle (2,50 m, 0 °C).**

**Feuillage :** trifolié, vert mat, aux folioles ovales.

**Floraison :** l'aisselle des feuilles abrite des bouquets de fleurs blanches, roses ou violettes, auxquelles succèdent des gousses vertes comestibles.

**Espèces et variétés :** le haricot d'Espagne (*Phaseolus multiflorus*) est la seule espèce vraiment intéressante à cultiver sur un balcon, avec *Phaseolus coccineus* qui forme des fleurs rouge vermillon. *Phaseolus vulgaris*, le haricot commun, n'est pas franchement décoratif et il faut un certain nombre de pieds pour obtenir une récolte digne de ce nom.

**Comportement en pot :** le haricot d'Espagne peut développer en pot des tiges de 2 à 3 m.

**Dimensions du pot :** un contenant de 30 cm de haut et de large est tout à fait suffisant.

**Exposition :** le plein soleil est nécessaire.

**Terre :** un terreau de plantation, léger et riche.

**Arrosage :** mieux vaut arroser abondamment, tous les deux jours, sinon la plante cesse de fleurir.

**Ennemis et maladies :** araignées rouges et pucerons noirs envahissent fréquemment le feuillage. Divers champignons font apparaître des taches noires ou brunes sur les feuilles.

**Utilisations :** le haricot d'Espagne recouvre les treillages, habille les rambardes ou décore le pourtour des fenêtres en un rien de temps.

**Conseil Truffaut :** les gousses du haricot d'Espagne sont comestibles, mais pas inoubliables ! Laissez les gousses se développer à titre décoratif.

## *Philadelphus spp.* SERINGAT

*Fleurs immaculées et parfum enivrant.*

**Arbuste (1,50 m, - 15 °C).**

**Feuillage :** ovale, vert clair, avec des nervures centrales très nettement dessinées.

**Floraison :** les rameaux ploient, au printemps, sous une neige épaisse de corolles ivoire, qui embaument l'air d'un parfum de jasmin entêtant.

**Espèces et variétés :** *Philadelphus coronarius*, le seringat des jardins, offre des fleurs blanc crème très parfumées. Sa version dorée, 'Aureus', se plaît à la mi-ombre. 'Beauclerk', un hybride, porte de grandes fleurs simples, blanches à cœur rouge, avec le bord des pétales crêpé. 'Bouquet blanc' se couvre de fleurs semi-doubles parfumées. Les fleurs doubles ou semi-doubles de 'Virginal' affichent un blanc immaculé. 'Silvershower' forme un buisson arrondi de un mètre de haut, parfait pour les petites terrasses.

**Comportement en pot :** le seringat en pot est souvent moins touffu qu'en pleine terre. Pincez fortement l'arbuste après la floraison, pour l'obliger à se ramifier. Taillez court les branches en surnombre.

**Dimensions du pot :** un seringat adulte peut vivre dans un pot carré de 30 à 40 cm de côté.

**Exposition :** le plein soleil est conseillé, mais la mi-ombre n'est pas un obstacle à la floraison. Seul le feuillage sera un peu moins doré en automne.

**Terre :** préparez un mélange à parts égales de terre végétale et de terreau de plantation.

**Arrosage :** augmentez la cadence au fur et à mesure que les feuilles sortent. Un arrosoir, deux fois par semaine, pendant toute la belle saison.

**Ennemis et maladies :** les pucerons attaquent l'extrémité des jeunes rameaux au printemps.

**Utilisations :** en arrière-plan, dans de grandes jardinières, en écran ou en petites haies.

◀ Seringat à fleurs doubles : *Philadelphus* x *lemoinei*.

**Conseil Truffaut :** les jeunes pousses (à écorce verte) étant plus florifères, il est conseillé de tailler les rameaux âgés (écorce brun-gris).

## *Phlomis fruticosa*
## PHLOMIS

*On l'appelle la sauge de Jérusalem.*

**Sous-arbrisseau (80 cm, - 10 °C).**

**Feuillage :** ovale, simple, gris-vert, laineux et très doux au toucher, formant des masses compactes, de couleur vert amande, persistantes.

**Floraison :** des verticilles de fleurs tubulaires, jaunes, avec des pétales en forme de casque apparaissent en juin et juillet. Certains jardiniers les suppriment pour ne garder que la masse du feuillage.

**Espèces et variétés :** *Phlomis fruticosa* est le plus courant. *Phlomis italica* fleurit rose pâle, mais il est moins rustique. La floraison jaune de *Phlomis viscosa* est mise en valeur par les tiges brunes de la plante.

**Comportement en pot :** les phlomis ont tendance à « dévorer » l'espace. N'hésitez pas à les tailler pour leur garder des proportions raisonnables.

**Dimensions du pot :** un pot de 30 cm de large et de haut permet un développement harmonieux.

**Exposition :** le plein soleil est nécessaire.

**Terre :** utilisez du terreau de plantation ou du terreau de rempotage pour plantes vertes.

**Arrosage :** le phlomis vous pardonnera quelques absences, car il résiste bien à la sécheresse.

**Ennemis et maladies :** généralement aucun.

**Utilisations :** le feuillage velouté du phlomis est utilisé pour mettre en valeur l'éclat des annuelles.

**Conseil Truffaut :** portez une écharpe quand vous taillez le phlomis, car les poils des feuilles sèches provoquent des irritations de la gorge.

## *Phlox spp.*
## PHLOX

*Une plante aux mille visages.*

**Annuelle ou vivace (70 cm, - 10 °C).**

**Feuillage :** lancéolé, vert franc, plus ou moins large et dense selon les espèces.

**Floraison :** les corolles sont presque toujours étalées. Les pétales (cinq en général) peuvent être découpés ou fendus. Les fleurs se regroupent en masses parfois si denses que l'on ne voit plus le feuillage (surtout les espèces printanières).

**Espèces et variétés :** les phlox nains forment de spectaculaires coussins compacts et colorés. *Phlox douglasii* 'Boothman's Variety' se couvre de fleurs rose mauve à cœur foncé. 'Crackerjack' affiche un rouge carminé éclatant. Les hybrides de *Phlox subulata* font de parfaits tapis fleuris au printemps : 'Drumm' expose des fleurs blanches, maculées de lilas. Les hybrides de *Phlox paniculata* offrent une végétation vigoureuse et des grappes généreuses, richement colorées en fin d'été. Le choix des couleurs est vaste : bleu, rouge, mauve, saumon...

**Comportement en pot :** les phlox nains retrouvent souvent en pot les conditions de culture qui leur plaisent, comme celles existant dans une rocaille. Quel que soit leur contenant, les *Phlox paniculata* ont tendance à se coucher à la première bourrasque. N'oubliez pas de les tuteurer.

**Dimensions du pot :** de 15 cm pour les nains à 30 cm de large et de haut pour les hybrides qui forment des touffes amples, assez gourmandes.

**Exposition :** les phlox en pot résistent bien mieux à la sécheresse quand ils sont placés à la mi-ombre. Si vous installez un système d'arrosage au goutte-à-goutte, vous pouvez les planter au soleil.

**Terre :** du terreau « géraniums » convient bien à toutes les espèces de phlox.

**Arrosage :** ces fleurs accepteront quelques épisodes de sécheresse, mais les phlox préfèrent tout de même des arrosages réguliers (tous les 3 jours).

**Ennemis et maladies :** des vers minuscules vivant dans le sol, les anguillules, font périr les souches. Les plantes atteintes sont déformées, les jeunes pousses se dessèchent et les plantes dégénèrent. Les espèces naines et les phlox annuels sont en général indemnes d'anguillules. L'oïdium est fréquent sur les *Phlox paniculata.* Il couvre les feuilles d'une poussière grise. Une humidité trop importante fait jaunir le feuillage.

**Utilisations :** mariez les phlox avec des tabacs, des coréopsis roses, des cosmos, des aubriètes.

**Conseil Truffaut :** coupez les tiges fanées en octobre, à 3 cm du niveau de la terre.

▲ *Phlomis fruticosa* : une croissance impressionnante.

▲ *Phlox subulata* : une abondante floraison fin avril.

'Twinkle' : un phlox annuel aux fleurs en fines étoiles. ▶

Phoenix canariensis : le palmier des Canaries.

Phoenix roebelenii : beaucoup d'élégance et de légèreté.

## *Phoenix spp.*
## PALMIER-DATTIER

*Pour une ambiance très exotique.*

**Palmier (2 m, - 4 °C).**

**Feuillage :** le tronc porte directement une couronne de palmes rigides, pennées, vert franc, qui peuvent atteindre 2 m de large et plus.

**Floraison :** des inflorescences denses, constituées de toutes petites fleurs couleur miel, apparaissent entre les feuilles au printemps, dans les régions au climat chaud uniquement.

**Espèces et variétés :** *Phoenix canariensis,* le dattier des Canaries, n'est rustique que dans les régions bien protégées, de l'Ouest et du Midi. *Phoenix dactylifera,* le vrai palmier-dattier, moins touffu que le précédent, résiste mieux aux embruns, mais se montre plus frileux, surtout en pot.

**Comportement en pot :** les phoenix ne poussent pas aussi bien en pot qu'en pleine terre. Ils végètent souvent pendant les premières années et nécessitent beaucoup de patience. Il n'est pas utile de les rempoter trop souvent.

**Dimensions du pot :** une caisse à oranger d'au moins 40 cm de côté est nécessaire à l'âge adulte.

**Exposition :** en plein soleil, sauf au milieu de l'été où les palmiers préfèrent la mi-ombre.

**Terre :** faites un mélange à parts égales de terreau de feuilles, de sable et de terre de jardin.

**Arrosage :** arrosez très peu de novembre à mars. Augmentez progressivement la fréquence des apports d'eau en avril et mai (une fois par semaine), puis arrosez généreusement tout l'été (deux à trois fois par semaine).

**Ennemis et maladies :** les cochenilles s'attaquent fréquemment aux palmiers en pot, surtout en hiver. Divers champignons tachent les feuilles.

**Utilisations :** les palmiers s'utilisent en isolé, avec d'autres plantes de climat chaud comme les bougainvillées, les plumbagos, les yuccas, les phormiums et les agrumes.

**Conseil Truffaut :** ne rempotez que tous les trois ans, mais remplacez la terre de surface chaque printemps par un terreau régénérant pour plantes vertes. Hivernez les palmiers-dattiers à une température comprise entre 7 et 12 °C. Ils peuvent supporter une petite gelée si la terre est bien sèche.

*Phormium* 'Rainbow Sunrise' : une subtile coloration.

## *Phormium spp.*
## PHORMIUM

*Le lin de Nouvelle-Zélande.*

**Plante vivace (1,20 m, 0 °C).**

**Feuillage :** coriace, allongé, rubané, vert, mais aussi orange, rouge, abricot, doré ou panaché.

**Floraison :** le phormium ne fleurit pas quand il est jeune. Il faut attendre 5 ou 6 ans pour voir émerger du cœur de la plante, les grandes hampes, portant des fleurs en panicules ramifiées, qui peuvent atteindre plusieurs mètres de haut.

**Espèces et variétés :** *Phormium cookianum* 'Yellow Wave', aux larges feuilles jaune d'or, bordées d'un liseré vert, ou *Phormium tenax* 'Atropurpureum', rouge bronze sont les plus courants. Impossible de ne pas craquer devant 'Rainbow Maiden', aux feuilles corail, crème et rouge fondu. Le groupe des « Maori » offre des couleurs audacieuses, tel 'Maori Maiden', d'un rose vibrant qui se noie dans l'abricot, avec une touche de vert olive. Depuis peu, des variétés naines sont apparues. Elles ne dépassent pas 60 cm de haut et semblent nées pour vivre en pot, comme 'Thumbellina', vert finement rayé de bronze ou 'Jack Sprat', une des plus petites variétés existantes, avec des feuilles bronze émergeant du cœur de la plante, en un mouvement spiralé presque animal.

**Comportement en pot :** les racines des phormiums s'adaptent très bien à l'espace confiné. Rempotage tous les deux ou trois ans.

**Dimensions du pot :** il faut un contenant d'au moins 40 cm de profondeur et de largeur pour un phormium adulte. Les espèces naines peuvent vivre dans un pot de 25 cm de diamètre.

**Exposition :** pleine lumière, sans excès de chaleur.

**Terre :** un mélange homogène de sable, terreau et terre de jardin riche par tiers.

**Arrosage :** bien que le phormium s'adapte en sol sec, les variétés naines possèdent un système racinaire moins développé. Il faut donc penser à les arroser deux fois par semaine au moins. Par temps chaud, bassinez fréquemment le sol de la terrasse.

**Ennemis et maladies :** généralement aucun.

**Utilisations :** le phormium en pot est une sculpture vivante. Mariez-le avec des yuccas, des cordylines, des graminées basses à feuillage panaché, des palmiers ou des fleurs vivaces à port souple.

**Conseil Truffaut :** sous le climat de la région parisienne, les phormiums en pot demandent à être rentrés en serre froide en hiver.

## *Photinia* x *fraseri* PHOTINIA

*De jeunes pousses rouges.*

**Arbuste (1,60 m, - 10 °C).**

**Feuillage :** persistant, vert sombre, simple, vernissé. Les jeunes pousses, produites à la fin de l'été, naissent rouge foncé. Leur couleur s'intensifie pendant l'hiver, pour virer au bronze au printemps.

**Floraison :** des panicules blanches s'épanouissent en mai-juin. Elles sont suivies par des fruits rouges en septembre, qui apparaissent seulement dans les régions les plus chaudes.

**Espèces et variétés :** 'Red Robin' est une amélioration aux pousses très rouges. 'Robusta Compact' est une sélection plus ramifiée, plus dense, plus régulière et plus résistante au froid que la précédente, mais moins colorée.

**Comportement en pot :** le photinia pousse sans problème en pot. Seule sa silhouette doit être rectifiée de temps en temps, car il a tendance à former des branches mal proportionnées.

**Dimensions du pot :** un contenant de 40 cm de haut et de large convient à un arbuste adulte.

**Exposition :** soleil ou mi-ombre.

**Terre :** une bonne terre de jardin mélangée à un tiers de terreau fera le bonheur du photinia.

**Arrosage :** une fois par semaine en moyenne.

**Ennemis et maladies :** généralement aucun.

**Utilisations :** à l'arrière-plan des jardinières, pour créer un fond coloré agissant comme une petite haie. Le feuillage cuivré du photinia fait merveille avec toutes les plantes de couleur vieux rose, ou rose pâle, comme les hellébores, les bruyères, les anémones du Japon ou les lavatères arbustives.

**Conseil Truffaut :** les deux premières années, la silhouette du photinia peut paraître dégingandée. Soyez patient et pincez toutes les extrémités qui vous paraissent trop longues, de manière à bien équilibrer la forme. Taillez les pousses trop centrales.

## *Phyllitis scolopendrium* SCOLOPENDRE et LANGUE-DE-CERF

*Beauté de l'ombre.*

**Fougère (60 cm, - 10 °C).**

**Feuillage :** persistant, vert moyen. Les frondes sont entières (c'est le seul genre rustique à présenter ce type de feuille) et allongées.

**Floraison :** les fougères ne fleurissent pas.

**Espèces et variétés :** *Phyllitis scolopendrium* 'Angustifolia' présente un port érigé très élégant, le bord des feuilles est finement crispé. Les extrémités des frondes de la variété 'Cristata' sont ondulées et divisées, un peu comme de la laitue frisée. 'Furcata' présente des frondes très plates, divisées comme les dents d'une fourchette, tandis que les frondes de 'Undulata' « moutonnent ».

**Comportement en pot :** les scolopendres vivent sans problème en pot, à la seule condition que le drainage soit parfait. Rempotez tous les 3 ans.

**Dimensions du pot :** de 25 cm de diamètre et de même hauteur pour les variétés les plus petites. Pour le type et la variété 'Angustifolia', qui peuvent atteindre 60 cm de hauteur, un contenant de 30 cm de diamètre convient mieux.

**Exposition :** mi-ombre, et même ombre dense.

**Terre :** le scolopendre apprécie les sols acides, mais il a impérativement besoin de calcaire. Faites un mélange par tiers de sable de rivière, de terre de jardin calcaire et de terreau de feuilles.

**Arrosage :** la terre doit toujours rester humide.

**Ennemis et maladies :** généralement aucun.

**Utilisations :** le scolopendre convient aux mini-jardins de rocaille. Il décore les balcons ombragés.

**Conseil Truffaut :** de temps en temps, vaporisez les frondes et arrosez souvent le sol de la terrasse en été pour augmenter l'hygrométrie.

▲ Diverses potées de phormiums exposés à Chaumont.

▲ *Photinia* x *fraseri* 'Red Robin' : il rougit au printemps.

*Phyllitis scolopendrium* : fougère pour l'ombre dense. ▶

▲ *Phyllostachys pubescens heterocycla* 'Kikko' : noueux.

▲ *Physalis franchetii* : des fruits en lanterne chinoise.

◀ *Physocarpus opulifolius* 'Dart's Gold' : un joli doré.

## *Phyllostachys spp.* PHYLLOSTACHYS

*Une croissance extraordinaire.*

**Bambou (4 m, - 15 °C).**

**Feuillage :** les chaumes, aux nœuds marqués, portent des feuilles vertes et linéaires.

**Floraison :** elle n'intervient que très rarement. Toutes les espèces identiques fleurissent alors, en même temps, partout dans le monde. Cette floraison marque en général la mort de la plante.

**Espèces et variétés :** *Phyllostachys pubescens* 'Kikko' présente des entre-nœuds originaux, renflés d'un côté et raccourcis de l'autre, ce qui donne aux tiges un aspect très décoratif. *Phyllostachys aureosulcata* 'Spectabilis' offre des tiges jaunes striées de vert. Au printemps, les jeunes pousses situées au soleil prennent de superbes coloris acajou. *Phyllostachys humilis* est l'une des espèces les plus petites de son genre. Il ne dépasse pas 3 m en pot.

**Comportement en pot :** en raison de leurs racines très puissantes et de leur croissance rapide, les bambous se trouvent vite à l'étroit dans leur pot. Divisez et rempotez tous les deux ans.

**Dimensions du pot :** prévoyez un contenant de 40 cm au moins, plus large que haut et lourd, pour stabiliser l'ensemble. Les pots en grès sont parfaits.

**Exposition :** la mi-ombre ou le plein soleil.

**Terre :** légère, fraîche et bien drainante, riche.

**Arrosage :** tous les jours en été.

**Ennemis et maladies :** généralement aucun.

**Utilisations :** en sujet isolé ou en rideau.

**Conseil Truffaut :** les bambous en pots doivent être rajeunis tous les 3 ou 4 ans. Séparez un jeune rejet de la plante mère. Éliminez cette dernière et empotez la pousse dans du substrat tout neuf.

## *Physalis franchetii* ♣ PHYSALIS et AMOUR-EN-CAGE

*Sur un air de lampions.*

**Plante vivace (1 m, - 8 °C).**

**Feuillage :** vert clair, ovale, en touffes qui peuvent devenir envahissantes.

**Floraison :** l'aisselle des feuilles supérieures abrite en juillet des fleurs en étoiles blanches, suivies par des fruits entourés de spectaculaires calices orange, qui persistent bien après l'automne.

**Espèces et variétés :** *Physalis alkekengi* 'Pigmy' est une sélection à la végétation modérée.

**Comportement en pot :** il n'est pas conseillé d'associer, dans le même pot, le physalis avec d'autres plantes, car sa vigueur en fait un voisin quelque peu abusif. Rempotage tous les deux ans.

**Dimensions du pot :** tout modèle mesurant entre 20 et 30 cm de large convient bien.

**Exposition :** le plein soleil favorise la fructification.

**Terre :** n'importe quel terreau, pourvu qu'il ne retienne pas l'eau en excès.

**Arrosage :** le physalis supporte une terre superficiellement sèche entre deux apports d'eau.

**Ennemis et maladies :** généralement aucun. En novembre, les lampions s'ajourent comme de la dentelle, probablement sous l'effet de bactéries, mais le phénomène est considéré comme normal.

**Utilisations :** en potées isolées ou en compagnie de petites plantes tapissantes. À placer en arrière-plan, car la plante est souvent dégarnie de la base.

**Conseil Truffaut :** divisez la touffe chaque année au printemps et rajeunissez-la.

## *Physocarpus opulifolius* PHYSOCARPUS

*Une belle boule bien dorée.*

**Arbuste (1,50 m, - 15 °C).**

**Feuillage :** caduc, alterne, trilobé, denté, d'aspect léger et bien réparti le long des branches.

**Floraison :** le bois de l'année précédente porte des corymbes blancs de 5 cm de diamètre, en juin.

**Espèces et variétés :** 'Dart's Gold' présente un port compact et touffu de 1,50 m de haut et de 1 m de large. Le feuillage reste jaune d'or jusqu'au milieu de l'été et verdit légèrement ensuite, avant de tourner à l'orange en automne. 'Diabolo', vraiment superbe, arbore des feuilles rouge sombre, qui tournent au cuivre en octobre.

**Comportement en pot :** achetez le physocarpus le plus gros possible pour éviter les années de jeunesse assez « ingrates » en raison d'une forme souvent assez maigrichonne.

**Dimensions du pot :** à terme, le bac devra mesurer de 30 à 40 cm de côté et autant de haut.

**Exposition :** le soleil non brûlant, la mi-ombre, au minimum de 4 à 5 heures de soleil par jour.

**Terre :** faites un mélange à parts égales de terre végétale et de terreau de plantation.

**Arrosage :** régulier et modéré. Augmentez-la cadence à partir de juin, à raison de deux apports d'eau hebdomadaires jusqu'en septembre.

**Ennemis et maladies :** généralement aucun.

**Utilisations :** utilisez la couleur du feuillage du physocarpus pour colorer le balcon de jaune et mariez cette plante avec des fleurs bleues (céanothes, delphiniums, campanules, lavandes, agératums), et des jaunes (tabacs 'Lime Green', phlomis).

**Conseil Truffaut :** taillez légèrement après la floraison pour bien équilibrer l'arbuste.

## *Phyteuma comosum*
## PHYTEUMA

*Une miniature aux fleurs originales.*

**Plante vivace (10 cm, -10 °C).**

**Feuillage :** en petites touffes épaisses. Les feuilles ovales, et bien dentées, pointues, sont de couleur vert assez sombre.

**Floraison :** des hampes courtes, émergeant du coussin de feuillage, portent en juillet des petites fleurs réunies en têtes globuleuses, très originales.

**Espèces et variétés :** *Phyteuma comosum* est le plus courant avec des petites fleurs pourpres.

**Comportement en pot :** le phyteuma est assez difficile à garder en potée classique, car c'est plutôt une plante de rocaille calcaire sèche.

**Dimensions du pot :** donnez au phyteuma un pot de 10 cm de diamètre, avec un grand trou de drainage au fond. Mais vous avez plus de chance de garder la plante en l'insinuant directement dans un des trous d'une grosse pierre calcaire.

**Exposition :** soleil ou mi-ombre légère.

**Terre :** un terreau de plantation, additionné d'autant de terre de jardin assez calcaire.

**Arrosage :** modéré tous les 6 à 10 jours.

**Ennemis et maladies :** généralement aucun, à part les limaces. La plante dépérit plutôt à cause de conditions de culture défavorables (trop d'humidité).

**Utilisations :** dans des mini-rocailles. En petite potée individuelle, pour le plaisir des yeux.

**Conseil Truffaut :** divisez la plante après la floraison afin de la rajeunir en permanence.

## *Picea spp.*
## ÉPICÉA

*Un petit sapin bien paresseux.*

**Conifère (1,50 m, -20 °C).**

**Feuillage :** les rameaux portent des aiguilles fines et courtes, d'un vert très tendre au printemps.

**Floraison :** peu décorative, en forme de cône.

**Espèces et variétés :** la forme naine et globuleuse *Picea glauca* 'Alberta Globe' ne dépasse pas 50 cm de haut. 'Conica' peut atteindre 1,50 m de haut en pot. Son port, à la fois conique, régulier, dense et régulier, en fait un arbuste d'une exceptionnelle présence. 'Laurin' est une sélection naine de 'Conica'. 'Echiniformis' forme une sorte de coussin plumeux de 50 cm de hauteur au feuillage glauque. *Picea abies* 'Pygmea', très compact, atteint lentement 80 cm de haut.

**Comportement en pot :** la culture de l'épicéa en pot est facile avec les espèces naines, aussi longtemps qu'on ne les expose pas à de trop fortes chaleurs. Il résiste bien à la pollution des villes.

**Dimensions du pot :** rempotez la plante tous les deux ans dans un contenant proportionné à sa hauteur. Un petit sujet de 25 cm de haut convient bien à un pot de 14 ou 15 cm de diamètre.

**Exposition :** la mi-ombre est conseillée.

**Terre :** terreau forestier acide, enrichi d'une cuillerée à café de sang desséché dans un pot de 14 cm.

**Arrosage :** tous les 3 à 4 jours en été.

**Ennemis et maladies :** les araignées rouges, qui font brunir les aiguilles, sont l'ennemi à éliminer.

**Utilisations :** avec d'autres conifères nains et des graminées, qui apportent légèreté et souplesse.

**Conseil Truffaut :** lors des arrosages, bassinez le feuillage aussi souvent que possible, car les araignées rouges détestent l'humidité.

▲ *Phyteuma comosum* : une floraison incroyable.

▲ *Picea glauca* 'Conica' : un joli cône naturel.

*Picea abies* 'Aurea' et 'Nidiformis' avec *Picea orientalis*. ▶

▲ *Pieris* x 'Forest Flame' : les jeunes feuilles sont rouges.

▲ *Pinus mugo* 'Pumilio' : une croissance très lente.

## *Pieris japonica*
## PIÉRIS et ANDROMÈDE

*Il a tout pour plaire.*

**Arbuste (1,50 m, - 12 °C).**

**Feuillage :** persistant, assez fin, elliptique, coriace, vert foncé brillant sur le dessus.

**Floraison :** des grappes de clochettes se forment en hiver. Elles apparaissent à partir de février-mars. De texture cireuse, elles prennent des coloris ivoire, teinté de rose, ou rose soutenu.

**Espèces et variétés :** le port compact de *Pieris japonica* 'Boléro' le désigne pour la culture en pot, tout comme 'Cupido', à la croissance lente et aux jeunes pousses rose-orangé. 'Dorothy Wyckoff' arbore des jeunes pousses bronze, des boutons floraux cramoisis et des fleurs roses. 'Forest Flame' porte des nouvelles feuilles franchement rouges. Certaines variétés au feuillage panaché de vert, crème et jaune, restent décoratives toute l'année. C'est le cas de 'Flaming Silver' ou de 'Variegata'. Pour les petits balcons, la miniature 'Little Heath', dans sa forme verte ou panachée, est idéale.

**Comportement en pot :** le piéris en bac s'allonge en moyenne 5 à 10 cm par an, pas plus.

**Dimensions du pot :** adaptez le contenant à la taille de la plante nouvellement achetée. Adulte, celle-ci sera bien à l'aise dans un pot de 30 à 40 cm de diamètre et de profondeur.

**Exposition :** mi-ombre, voire ombre légère.

**Terre :** terre de bruyère et tourbe en mélange par moitié, enrichies d'un à deux litres d'amendement organique pour 10 litres de mélange.

**Arrosage :** laissez sécher très légèrement la terre entre deux apports d'eau.

**Ennemis et maladies :** généralement aucun. Toutefois, il arrive que des branches sèchent, sans cause apparente.

**Utilisations :** la forme compacte et l'aspect toujours décoratif des piéris, les désignent pour le premier plan.

**Conseil Truffaut :** chaque année, remplacez la terre superficielle du pot par un régénérant de surface pour plantes de terre de bruyère.

◀ *Pittosporum tenuifolium* 'Variegatum' : très gracieux.

## *Pinus mugo*
## PIN DE MONTAGNE

*Un joli bonsaï naturel.*

**Conifère (1 m, - 20 °C).**

**Feuillage :** les aiguilles vert émeraude, assez longues, sont disposées par paires, sur des rameaux plutôt raides et dressés.

**Floraison :** les cônes brun clair, ovoïdes, s'assombrissent quand ils mûrissent.

**Espèces et variétés :** *Pinus mugo* 'Columnaris' atteindra lentement 1 m de haut. 'Hesse' porte des aiguilles légèrement frisées. Les petits balcons accueilleront 'Humpy', un des pins de montagne les plus petits de son espèce et 'Gnom', très compact, à la croissance lente.

**Comportement en pot :** les pins redoutent l'humidité stagnante. Ils poussent lentement en pot. Un rempotage tous les trois ans suffit.

**Dimensions du pot :** prévoyez, à terme, un contenant de 30 à 40 cm de large et de haut.

**Exposition :** ensoleillée, pas trop brûlante.

**Terre :** toute bonne terre de jardin convient, même calcaire et pauvre ou du terreau universel.

**Arrosage :** une fois par semaine en moyenne, sans détremper. Presque rien l'hiver.

**Ennemis et maladies :** un champignon fait jaunir puis brunir les aiguilles qui tombent. Les chermès forment des amas laineux à la base des aiguilles. Les cochenilles s'attaquent aux sujets affaiblis.

**Utilisations :** les pins de montagne supportent bien le vent. Utilisez-les pour abriter les plantes plus fragiles. Ils s'associent bien avec les graminées.

**Conseil Truffaut :** il est possible de tailler les branches qui s'écartent trop de la forme en boule.

## *Pittosporum spp.*
## PITTOSPORUM

*Compact, parfumé et persistant.*

**Arbuste (1,50 m, - 3 °C).**

**Feuillage :** simple, allongé, aux bords parfois ondulés, coriace et persistant.

**Floraison :** les fleurs tubulaires aux pétales étalés, couleur « beurre frais » dégagent une odeur de fleur d'oranger. Celles qui sont brun pourpré ont plutôt une odeur de vanille, les pittosporums s'épanouissent plusieurs mois à partir d'avril.

**Espèces et variétés :** la rusticité de *Pittosporum tobira* lui permet de vivre toute l'année dehors, dans les endroits bien abrités de l'île-de-France. Il existe une forme naine ('Nana'), pour les petits balcons. *Pittosporum tenuifolium,* au feuillage ondulé, ne résiste à l'hiver que dans les régions au climat doux. 'Silver Queen', au feuillage gris argenté à liseré blanc, est plus ornemental que le type. La variété naine 'Tiki' est parfaitement adaptée aux balcons de dimensions réduites. Au printemps, les jeunes feuilles de 'Irène Patterson' sortent blanc crème, virent au vert marbré pour prendre des teintes roses en hiver.

**Comportement en pot :** les pittosporums font preuve d'une faible rusticité. En pot, le peu de protection des racines les rend encore moins rustiques. Ils doivent être abrités, même dans les régions favorisées par le climat, comme en Anjou.

**Dimensions du pot :** le pittosporum ne dépassera pas 1,50 m de haut dans un pot de 30 cm de diamètre et de profondeur.

**Exposition :** chaude et ensoleillée, protégée des vents du nord et de l'est.

**Terre :** un bon terreau de plantation bien drainé.

**Arrosage :** une à deux fois par semaine.

**Ennemis et maladies :** les cochenilles sont redoutables, surtout sur les plantes affaiblies.

**Utilisations :** en arrière-plan, pour ponctuer l'architecture végétale d'une terrasse ; en isolé dans un bac, avec des annuelles au pied, en petites haies.

**Conseil Truffaut :** dès que la météo annonce des températures négatives pour la nuit, rapprochez la potée d'un mur de la maison. Protégez-la, en l'emmitouflant dans un voile de forçage.

▲ *Pittosporum tobira* 'Nana' : une boule compacte en pot.

## *Plectranthus spp.*
## PLECTRANTHE

*Un feuillage débordant de vitalité.*

**Plante vivace (60 cm, 7 °C).**

**Feuillage :** presque rond, à peine denté, vert à vert bronze, avec des zones argentées le long des nervures ou sur le bord du limbe.

**Floraison :** des tiges dressées portent tout l'été des inflorescences lâches d'un blanc rosé.

**Espèces et variétés :** *Plectranthus oertendahlii* offre un port prostré, qui en fait une merveilleuse plante de suspension. *Plectranthus mexicana* ressemble à une variété de sauge. Ses feuilles poilues, vert foncé, au revers mauve, sont portées par des tiges de 1 m de long. Il fleurit bleu-mauve.

**Comportement en pot :** les racines tapissent très vite les parois du pot. Ceci ne veut pas dire qu'il faille rempoter tout de suite. Une fois par saison est suffisant si la plante est bien fertilisée.

**Dimensions du pot :** un pot de 25 cm de diamètre et de 20 cm de profondeur convient.

**Exposition :** lumineuse, mais pas en plein soleil. La plante doit être rentrée début octobre.

**Terre :** un terreau de plantation pour plantes vertes est parfaitement adapté au plectranthe.

**Arrosage :** trois fois par semaine en été, réduit en hiver pour laisser la terre à peine humide.

**Ennemis et maladies :** généralement aucun.

**Utilisations :** en potées individuelles, en suspensions généreuses, en association avec des annuelles, comme les pétunias ou les lobélias qui seront mises en valeur par le feuillage.

**Conseils Truffaut :** on repère vite quand le plectranthe à soif, ses tiges s'affaissent alors un peu et ses feuilles commencent à prendre un aspect moins brillant. C'est le moment optimum pour arroser.

▲ *Pittosporum tenuifolium* 'Silver Queen' : assez frileux.

*Plectranthus coleoides* 'Marginatus' : il pousse vite. ▶

▲ *Pleioblastus viridistriatus* 'Auricoma' : un bambou nain.

▲ Pléione 'Versailles' *(Pleione formosana x limprichtii)*.

◀ *Polemenium caeruleum* 'Brise d'Anjou' : jolie panachure.

## *Pleione spp.*
## PLÉIONE

*Pour les collectionneurs.*

**Orchidée de jardin (10 cm, 0 °C).**

**Feuillage :** elliptique, avec des nervures très marquées, il apparaît généralement après les fleurs.

**Floraison :** les boutons s'ouvrent au printemps, sur des fleurs de 6 à 10 cm de diamètre, aux pétales étalés, avec un labelle tubulaire, dentelé. Les coloris varient du rose au mauve, du blanc au jaune.

**Espèces et variétés :** *Pleione formosana*, la plus courante, n'est pas toujours la plus florifère. Les débutants commenceront avec *Pleione speciosa*, une des plus faciles à cultiver, avec ses fleurs rose pourpre, au labelle jaune tacheté de rouge sombre. Adoptez des pléiones hybrides, comme 'Versailles', la première obtention, (en 1963), qui fleurit dans les tons de rose clair et mauve. Très vigoureuse et florifère, elle porte deux fleurs par hampe. 'Piton' se distingue par des fleurs qui durent longtemps, lavande, avec un labelle marqué de rouge violacé.

**Comportement en pot :** les hybrides fleurissent aisément en pot. Ces petites plantes ne dépasseront jamais 15 cm de haut. Il vaut mieux placer le pot en évidence, sur une tablette par exemple, pour profiter de la spectaculaire floraison.

**Dimensions du pot :** un pot de 10 à 12 cm de diamètre et de 10 cm de profondeur est suffisant.

**Exposition :** abritez les pléiones des rayons directs du soleil, mais offrez-leur une bonne lumière.

**Terre :** faites un mélange de terreau de feuilles (2/3) et de sphaigne (1/3), ou utilisez du terreau spécial pour orchidées, additionné de 1/5 de terreau.

**Arrosage :** ne laissez pas la motte sécher au printemps. Quand le feuillage jaunit, réduisez les arrosages. En hiver, tenez les pléiones presque au sec.

**Ennemis et maladies :** les araignées rouges provoquent le jaunissement et la chute des feuilles.

**Utilisations :** une collection, en petits pots par variété ou dans une mini-rocaille.

**Conseil Truffaut :** en hiver, gardez les pléiones, dans un endroit très abrité, à l'extérieur, par exemple sous une cloche en verre.

## *Plumbago spp.*
## DENTELAIRE DU CAP

*Une étonnante profusion.*

**Arbuste sarmenteux (2 m, 2 °C).**

**Feuillage :** ovale, porté par des tiges raides, qui ont tendance à s'affaisser si elles ne sont pas soutenues.

**Floraison :** des milliers de petites fleurs à cinq pétales, d'un bleu couleur azur en été, se succèdent d'avril à novembre, en panicules irrégulières.

**Espèces et variétés :** *Plumbago capensis* existe en deux versions, la bleue et la blanche. *Plumbago rosea* offre des fleurs écarlates de juin à août.

**Comportement en pot :** on ne donne jamais des tuteurs assez grands aux plumbagos. À la fin de la saison, la potée a souvent piètre allure, avec des branches emmêlées ou retombantes. Palissez et attachez les tiges tout au long de la saison.

**Dimensions du pot :** un contenant large d'au moins 40 cm, et profond de 30 cm, permettra au plumbago de donner sa pleine mesure.

**Exposition :** plein soleil, absolument. Lumière et emplacement hors gel en hiver sont impératifs.

**Terre :** le terreau à géraniums convient, de même qu'un mélange de terre de jardin et de terreau.

**Arrosage :** de 2 à 3 fois par semaine.

**Ennemis et maladies :** en hiver, dans la serre, les mouches blanches s'en donnent à cœur joie.

**Utilisations :** cette plante aux tiges qui peuvent atteindre plus de 2 m dans la saison est idéale pour couvrir un mur, rendre opaque une rambarde ajourée, cacher un pilier. On peut aussi en faire de généreuses potées suspendues qui débordent de fleurs.

**Conseil Truffaut :** protégez du gel en hiver et rabattez fortement la touffe au printemps.

## *Polemonium caeruleum*
## VALÉRIANE GRECQUE

*Grâce et souplesse naturelles.*

**Plante vivace (40 cm, - 10 °C).**

**Feuillage :** léger, gracieux, avec des feuilles pennées, aux nombreuses folioles.

**Floraison :** de longues tiges souples portent des épis lâches de fleurs rondes, bleues ou blanches, aux étamines d'or, de mai à juillet.

**Espèces et variétés :** 'Album' offre un blanc pur. 'Brise d'Anjou' est décoratif par son feuillage, bien panaché de vert et d'or et ses fleurs bleu ardoise.

**Comportement en pot :** 'Brise d'Anjou' forme des potées toutes rondes de 30 cm de haut avant la floraison. La culture en pot ne l'empêche pas de fleurir généreusement. Rempotage tous les 2 ans.

**Dimensions du pot :** un contenant de 15 cm de diamètre et de profondeur suffit la première année.

**Exposition :** la mi-ombre est conseillée.

**Terre :** du terreau « géraniums », allégé par une poignée de sable, pour améliorer le drainage.

**Arrosage :** le polémonium n'aime pas avoir les pieds dans l'eau. Une à deux fois par semaine.

**Ennemis et maladies :** généralement aucun.

**Utilisations :** associez 'Brise d'Anjou' avec des plantes à feuillage pourpre comme l'heuchère 'Palace Purple', l'ophiopogon ou les *Ajuga reptans*.

**Conseil Truffaut :** rabattez-le après la première floraison, il refleurira à nouveau à la fin de l'été.

## *Polygala myrtifolia*
## POLYGALA

*Une bon arbuste en bac.*

**Arbuste (1,50 m, 2 °C).**

**Feuillage :** étroit, vert foncé et persistant. La plante présente un port dense et ramifié.

**Floraison :** des grappes terminales mauve pourpre s'épanouissent du printemps à l'automne.

**Espèces et variétés :** seule l'espèce type est facile à se procurer, surtout dans le Midi.

**Comportement en pot :** le polygala est idéal en bac. Il pousse de manière satisfaisante, s'il n'a pas froid. Rempotage tous les 3 à 4 ans.

**Dimensions du pot :** le polygala adulte mesure 1,50 m et vit longtemps dans un pot de 35 cm de diamètre et de même profondeur.

**Exposition :** chaude et ensoleillée. En hiver, le polygala doit être abrité des vents dominants et des gelées qu'il ne supporte jamais longtemps.

**Terre :** faites un mélange pour moitié de terre de jardin et de terreau « géraniums ».

**Arrosage :** par temps chaud, le polygala demande des arrosages quotidiens.

**Ennemis et maladies :** mouches blanches et araignées rouges sont très fréquentes.

**Utilisations :** mariez le polygala à des cistes, des sauges, des armoises, des euphorbes, des hélianthèmes, des petits genêts, des fuchsias.

**Conseil Truffaut :** rentrez le polygala en hiver et maintenez la terre à peine humide.

## *Polygonum spp.*
## RENOUÉE

*Une vigueur à toute épreuve.*

**Plante vivace (25 cm, - 15 °C).**

**Feuillage :** simple, linéaire, ou ovale et pointu.

**Floraison :** en épis serrés, ou en inflorescences lâches, roses ou rouges.

**Espèces et variétés :** *Polygonum affine* 'Donald Lowndes' qui forme des potées denses de 25 cm de haut, aux épis roses devenant ensuite rouges, fleurit d'avril à juillet. Les épis courts de *Polygonum capitata*, rose clair à leur apogée entre juillet et septembre, se révèlent extrêmement décoratifs, dans une potée italienne du même ton.

**Comportement en pot :** toutes les espèces de renouées sont envahissantes. Ce défaut devient une qualité quand il s'agit de garnir rapidement des potées, sur un balcon un peu vide.

**Dimensions du pot :** à partir de 25 cm de large et de haut.

**Exposition :** soleil ou mi-ombre, les renouées ne sont pas exigeantes.

**Terre :** n'importe quelle bonne terre.

**Arrosage :** supporte une légère sécheresse, mais préfère la régularité.

**Ennemis et maladies :** généralement aucun.

**Utilisations :** en potées basses, au pied des arbustes en bacs. Veillez à ne pas les associer, dans le même pot, avec des espèces fragiles ou à croissance lente. Ces dernières n'auraient aucune chance face à la vigueur des renouées.

**Conseil Truffaut :** rabattez toutes les tiges au ras du sol, à partir de novembre. N'utilisez jamais de renouée grimpante sur le balcon, car c'est une véritable peste qui envahit tout et se contrôle difficilement. Inutile de fertiliser cette plante.

▲ *Plumbago auriculata* : la générosité faite fleur.

▲ *Polygala myrtifolia* 'Grandiflora' conduit sur tige.

*Polygonum affine* 'Donald Lowndes' : un tapis fleuri. ▶

▲ *Polypodium vulgare* : très résistant au froid.

▲ *Polystichum aculeatum* 'Grandiceps' : évasé.

## *Polypodium spp.* POLYPODE

*Il résiste presque à tout.*

**Fougère (30 cm, - 20 °C).**

**Feuillage :** les frondes aux pinnules finement divisées sont réunies en touffes denses et dressées, qui persistent tout l'hiver.

**Floraison :** aucune chez les fougères.

**Espèces et variétés :** *Polypodium interjectum*, porte des pinnules effilées, légèrement dentées. *Polypodium vulgare* 'Cornubiense', aux frondes finement divisées, forme de grosses touffes élégantes.

**Comportement en pot :** les polypodes possèdent des rhizomes traçants, qui envahissent tout l'espace disponible. Difficile dans ces conditions, de faire cohabiter dans le même pot, cette fougère, avec d'autres plantes, excepté des bulbes.

**Dimensions du pot :** rempotez le godet nouvellement acheté, dans un pot de 20 cm de large. Vous lui offrirez une jardinière de 30 cm de diamètre et de hauteur l'année suivante.

**Exposition :** ombre complète ou mi-ombre.

**Terre :** les polypodes aiment une terre caillouteuse et humifère. Mélangez une part de terreau de feuilles avec un quart de graviers fins et autant de sable grossier.

**Arrosage :** arrosez abondamment pendant la période de croissance, beaucoup moins en hiver.

**Ennemis et maladies :** généralement aucun.

**Utilisations :** les polypodes mettent en valeur les plantes fleuries en été. Ils restent présents dans le décor en hiver et offrent un bel écrin aux bulbes.

**Conseil Truffaut :** au printemps, quand vous sentez que la plante est trop à l'étroit dans son pot, divisez la souche en deux et rempotez.

◄ *Polystichum setiferum* 'Herrenhausen'.

## *Polystichum spp.* POLYSTIC et FOUGÈRE DE NOËL

*De la dentelle pour l'ombre.*

**Fougère (80 cm, - 15 °C).**

**Feuillage :** cette plante est intéressante par ses frondes élégantes, finement divisées et son port évasé et régulier qui crée une présence élégante dans les potées et les bacs.

**Floraison :** les fougères ne donnent pas de fleurs.

**Espèces et variétés :** pour la culture en jardinière, *Polystichum aculeatum* est conseillé. Cette grande fougère, qui peut atteindre 80 cm de haut, développe des frondes luisantes et coriaces. *Polystichum polyblepharum* forme de belles touffes étalées, de 60 à 80 cm de hauteur, aux larges frondes vert brillant. Impossible de résister devant *Polystichum setiferum* 'Plumosum Densum', aux superbes frondes compactes et plumeuses.

**Comportement en pot :** tant que la potée reste à l'ombre légère, la fougère garde un bel aspect. Elle supporte difficilement les balcons trop chauds en été. Rempotage tous les 2 ou 3 ans.

**Dimensions du pot :** une touffe adulte a besoin d'un bac d'une trentaine de centimètres de large et de haut pour bien prospérer.

**Exposition :** ombre ou mi-ombre.

**Terre :** les besoins sont différents selon les espèces. Toutes ces fougères demandent un sol humifère et humide, mais *Polystichum aculeatum* préfère une terre calcaire, tandis que *Polystichum polyblepharum* exige un sol acide, tout comme *Polystichum setiferum.*

**Arrosage :** réguliers, et plus abondants en été. Vaporisez le feuillage à l'eau fraîche pendant les journées les plus chaudes.

**Ennemis et maladies :** généralement aucun.

**Utilisations :** en isolé, surtout pour *Polystichum setiferum,* remarquable par son feuillage. On peut aussi en faire des massifs compacts en jardinières, pour masquer la vue le long des rambardes ajourées, sur un balcon au nord.

**Conseil Truffaut :** faites un apport d'engrais liquide pour plantes vertes, tous les mois, pendant la période de croissance.

## *Portulaca grandiflora*
## POURPIER À GRANDES FLEURS

*Un tapis de fleurs au soleil.*

**Plante annuelle (20 cm, 0 °C).**

**Feuillage :** étroit, succulent, cylindrique.

**Floraison :** entre juin et septembre, la plante se couvre de corolles à l'aspect soyeux et fragile, simples ou doubles, aux tons éclatants.

**Espèces et variétés :** on trouve des pourpiers à fleurs doubles, en mélange de toutes couleurs sauf le bleu. 'Sundial Peppermint' est un hybride aux larges fleurs doubles, rose lavande, moucheté et strié de pourpre. 'Caméléon' arbore des fleurs doubles aux pétales fuchsia, où se mêlent le jaune, l'orange saumoné ou le jaune-orangé.

**Comportement en pot :** les pourpiers en pot résistent là où les autres plantes déclarent forfait à cause de la chaleur et de la sécheresse en été.

**Dimensions du pot :** un seule sujet vit dans un pot de 12 cm de diamètre. Mieux vaut planter les pourpiers par 5 ou 6 dans une potée de 30 cm x 10 cm, pour obtenir un bel effet de masse.

**Exposition :** cette brésilienne exige la chaleur et le plein soleil. Les coins arides ne la rebutent pas.

**Terre :** un mélange de terre à cactées (2/3) et de terreau de plantation pour géraniums (1/3), garantira la réussite avec drainage maximum.

**Arrosage :** arrosez uniquement quand les feuilles charnues commencent à se rider.

**Ennemis et maladies :** les pucerons sont friands de la sève de ces plantes succulentes.

**Utilisations :** en couvre-sol ou suspensions, avec d'autres plantes succulentes ou des cactées.

**Conseil Truffaut :** semez en mars, à l'intérieur et installez progressivement les plantes dehors, à partir de mai, après un premier repiquage.

## *Potentilla fruticosa*
## POTENTILLE

*Impossible de ne pas la réussir.*

**Arbuste (1 m, - 20 °C).**

**Feuillage :** fin, à cinq folioles pennées, plus ou moins recouvertes de poils, qui font paraître les feuilles vert-gris ou argentées. Le feuillage est caduc mais tombe très tard, un peu avant Noël.

**Floraison :** de juin à octobre, le buisson est couvert d'églantines miniatures, de 2 à 3 cm de diamètre. Tous les coloris existent du blanc au rouge, en passant par le jaune et le rose. Les corolles roses ou rouges s'éclaircissent en plein soleil.

**Espèces et variétés :** 'Abbotswood' forme de grandes fleurs blanc pur à cœur jaune. Le port de la plante est évasé, voire tapissant. 'Goldstar', jaune d'or à port étalé, possède les fleurs les plus grandes (6 cm de diamètre). Les petits balcons accueilleront 'Raspberry Ripple', une plante à faible développement, aux fleurs d'un orangé très chaud, ou 'Red Ace Bloace', vermillon à revers jaune, qui ne dépassera pas 50 cm de haut. 'Vilmoriniana' est intéressante pour son feuillage argent pur qui capte bien la lumière.

**Comportement en pot :** dans une potée suffisamment large, la potentille vit de nombreuses années, sans que l'on ait besoin de la rempoter.

**Dimensions du pot :** une plante qui a atteint sa taille définitive vivra dans une jardinière d'au moins 30 cm de large et de haut.

**Exposition :** le plein soleil pour les variétés à fleurs jaunes, la mi-ombre avec le soleil du matin ou de fin d'après-midi, pour les hybrides à fleurs rose, rouge ou saumonées.

**Terre :** un terreau universel du commerce pas trop acide ou n'importe quelle terre de jardin normale.

**Arrosage :** modéré pour une floraison optimale. Les deux ou trois premiers centimètres de terre doivent sécher, avant de rajouter de l'eau.

**Ennemis et maladies :** les bourgeons floraux sont formés assez tôt, le gel printanier peut les endommager si la plante est trop exposée.

**Utilisations :** la potentille forme un décor permanent tout l'été. Elle devrait figurer dans les plantes de base à adopter d'office pour toutes le terrasses qui bénéficient de plusieurs heures de soleil par jour. Bonne association avec les annuelles.

**Conseil Truffaut :** taillez court au printemps, pour maintenir un port touffu et surtout rajeunir la plante qui ainsi fleurira mieux.

▲ *Portulaca grandiflora* : il supporte bien la sécheresse.

▲ *Potentilla fruticosa* : un arbuste facile en jardinière.

▲ *Potentilla fruticosa* 'Abbotswood' : très compacte.

*Potentilla atrosanguinea* 'Gibson's Scarlet' : très solide. ▶

Primula denticulata : de jolies têtes gracieuses.

**Terre :** fraîche, riche, neutre ou légèrement acide. Faites un mélange de terre de bruyère (2/3) et de terre de jardin (1/3). Un terreau souple convient.
**Arrosage :** à partir du mois de mars, vérifiez tous les deux jours que la motte reste humide.
**Ennemis et maladies :** pucerons et mouches blanches se montrent de redoutables envahisseurs.
**Utilisations :** dans de longues jardinières ou en potées rondes, avec des bulbes, des lierres panachés, des conifères nains, des bisannuelles.
**Conseil Truffaut :** ne forcez pas sur les engrais, sinon, vous obtiendrez des rosettes de feuilles aussi larges que des salades, et une floraison moindre !

## *Primula spp.* PRIMEVÈRE

*Jolie messagère du printemps.*
**Plante vivace (30 cm, - 12 °C).**
**Feuillage :** vert clair, parfois persistant, oblong, très souvent en rosettes gaufrées.
**Floraison :** du cœur des touffes émergent des hampes nombreuses, qui portent des groupes plus ou moins importants de fleurs aux formes variées.
**Espèces et variétés :** il existe plus de 600 espèces et variétés de primevères. *Primula vulgaris* et ses nombreux cultivars aux multiples coloris sont parmi les plus faciles à cultiver. *Primula denticulata* fleurit en boules roses, blanches ou pourpres, de mars à mai. *Primula vialii* forme des touffes de feuilles lancéolées. Les hampes, dressées jusqu'à 50 cm, portent des inflorescences en fuseau, à la pointe pourpre (les boutons non ouverts) et à la base rose pâle (les fleurs épanouies). Les jardiniers qui ne possèdent qu'un rebord de fenêtre adopteront *Primula auricula*, dont la hauteur et l'étalement ne dépassent pas 15 cm. Malgré leur petite taille, ses nombreuses variétés offrent une spectaculaire floraison de mars à mai. Certaines offrent des fleurs gris poudré à cœur blanc ou vert mousse à centre blanc. 'Doublet' est même parfumée. Irrésistible !
**Comportement en pot :** on a souvent tendance à oublier les primevères, une fois la période de floraison passée. Ce sont pourtant des vivaces qui peuvent prospérer en pot plusieurs années.
**Dimensions du pot :** à partir de 10 cm de diamètre pour les espèces naines, jusqu'à 20 cm pour les plus grandes. 15 cm de profondeur minimum.
**Exposition :** la mi-ombre est conseillée.

## *Prostanthera cuneata* PROSTANTHÉRA

*Originale et sympathique, à découvrir…*
**Arbuste (40 cm, - 6 °C).**
**Feuillage :** de petite taille, arrondi, persistant, dégageant une agréable odeur quand il est froissé.
**Floraison :** au début du printemps, des centaines de fleurs lilas clair recouvrent la plante.
**Espèces et variétés :** *Prostanthera cuneata* possède un port prostré et une floraison blanc rosé d'avril-mai à la fin de l'été. Assez rustique.
**Comportement en pot :** la plante naturellement prostrée s'adapte bien à la vie en bac.
**Dimensions du pot :** 25 cm de large et de haut.
**Exposition :** assez chaude en plein soleil.
**Terre :** le prostanthéra aime un sol léger, bien drainé et non calcaire. Ajoutez du sable au substrat.
**Arrosage :** même si la plante résiste au sec,

Primula vulgaris : de jolies couleurs.

Primula vialii : subtilité et originalité.

Primula auricula 'Gem' : un joyau.

Primula obconica : une jolie frileuse.

mieux vaut arroser tous les trois ou quatre jours.

**Ennemis et maladies :** si l'eau d'arrosage est très calcaire, arrosez avec un produit antichlorose.

**Utilisations :** associez le prostanthéra aux cistes, potentilles, romarins, rues, népétas, lavandes et toutes plantes qui, comme lui, aiment le soleil.

**Conseil Truffaut :** prévoyez une protection hivernale avec une double épaisseur de voile non tissé.

## *Prunus spp.* PRUNUS, PRUNIER, PÊCHER et CERISIER

*Les meilleurs arbres pour le balcon.*

**Arbre (3 m, de -5 à -12 °C).**

**Feuillage :** simple, vert franc, pourpre parfois, il prend souvent de riches coloris d'automne.

**Floraison :** au printemps, les branches se couvrent de fleurs blanches, rosées ou rose soutenu.

**Espèces et variétés :** *Prunus persica,* le pêcher, existe sous une forme génétiquement naine, adaptée à la culture en pot. 'Garden Gold', donne de gros fruits à chair jaune, 'Crimson' est un pêcher décoratif à feuillage pourpre, qui ne dépassera pas 1 m de haut en 5 ans. 'Diamond', après une floraison rose foncé, donne de gros fruits à chair blanche, en juillet. *Prunus armeniaca,* l'abricotier, existe aussi sous forme naine. 'Garden Aprigold' vous donnera de gros fruits jaune doré. *Prunus cerasus,* le cerisier, vivra à l'aise sur votre terrasse, avec ses variétés 'Griotella', au port pleureur, ou 'Garden Bing', qui produit des bigarreaux d'excellente qualité. Parmi les pruniers d'ornement, *Prunus* x *cistena* convient bien à la culture en bac, avec son feuillage pourpré, virant au rouge à l'automne. Il ne dépasse pas 1,50 m de haut. *Prunus glandulosa* 'Alba Plena' est un petit arbuste buissonnant, de 2 m de haut, qui se couvre de fleurs blanches et doubles à la fin du mois d'avril. *Prunus triloba* porte, en mars, des fleurs doubles, roses, avant les feuilles. Il peut atteindre 3 m de hauteur.

**Comportement en pot :** l'enracinement n'étant jamais bien profond en bac, méfiez-vous des bourrasques qui peuvent coucher la plante. Sur les balcons très exposés, il est bon de tuteurer les prunus qui dépassent 1,50 m de haut.

**Dimensions du pot :** choisissez des contenants lourds de 30 cm de largeur et de même profondeur.

**Exposition :** le plein soleil réussit aussi bien aux prunus décoratifs qu'aux formes fruitières.

**Terre :** mélangez à parts égales terre de jardin et terreau de plantation. Ajoutez 20 % d'un mélange de fumier de ferme et d'algues compostées.

**Arrosage :** si les prunus décoratifs pardonnent quelques oublis au niveau de l'arrosage, il n'en est pas de même pour les fruitiers nains, surtout pendant la formation et la maturation des fruits. Gardez la motte légèrement humide, mais sans excès. Veillez à ce que l'eau ne stagne pas dans la soucoupe.

**Ennemis et maladies :** les pêchers nains ont besoin d'un traitement contre la cloque en hiver. L'abricotier exige une pulvérisation à base de cuivre, contre le monilia, à l'automne et au printemps.

**Utilisations :** en bac ou en pot, il est préférable de cultiver des arbres fruitiers nains en isolés, car ils demandent une fertilisation optimale pour bien fructifier. Il n'y a pas besoin de planter deux variétés différentes pour une meilleure pollinisation, les formes naines étant toutes autofertiles.

**Conseil Truffaut :** au moment de la plantation, apportez une cuillerée à soupe d'engrais pour arbres fruitiers, riche en potasse. À l'automne, recommencez l'opération. Tous les ans, changez la terre de surface et remplacez-la par un produit régénérant. Rempotez tous les 3 ou 4 ans.

▲ *Prostanthera cuneata* : des fleurs fantomatiques.

▲ Un pêcher nain dans une superbe poterie chinoise.

*Prunus triloba* : un de plus précoces au printemps. ▶

▲ *Punica granatum* 'Nana' : le superbe grenadier nain.

## *Punica granatum*
## GRENADIER

*Une exquise miniature.*

**Arbuste (1 m, 0 °C).**

**Feuillage :** simple, oblong, caduc. Les feuilles naissent cuivrées, deviennent vert brillant en été, puis virent à l'or à l'automne.

**Floraison :** à la fin du printemps, des tubes rouge vif, de 4 cm de long. Solitaires ou réunies à l'extrémité des rameaux les fleurs sont suivies de baies rondes, jaune-orangé, à la coque dure.

**Espèces et variétés :** pour la culture en bac, adoptez des variétés naines, comme *Punica granatum* 'Nana gracilissima', une miniature de 30 cm de hauteur aux petites fleurs simples chiffonnées, orange vif, suivies de grenades miniatures non comestibles. Cette plante croît lentement. Frileuse, elle demande une protection en hiver. 'Nana racemosa' atteint 1 m de haut. Il produit de nombreuses fleurs rouge-orangé, puis des grenades non comestibles.

**Comportement en pot :** les variétés naines s'adaptent si bien en pot qu'on en fait des bonsaïs.

**Dimensions du pot :** à partir de 10 cm de diamètre, pour un jeune plant nain, et jusqu'à 25 cm de large et de haut pour les grenadiers plus grands.

**Exposition :** un mur chaud, plein sud. Bien que le grenadier s'avère rustique dans la région de Montpellier, protégez les variétés naines, dès que le thermomètre descend en dessous de -1 °C.

**Terre :** soignez le drainage. Veillez à ce que le trou au fond du pot soit large. Prévoyez une couche de gravier de 3 cm au fond du pot et ajoutez 1/5 de sable de rivière à un bon terreau de plantation.

**Arrosage :** les plantes qui vivent dans de petits pots demandent des arrosages quotidiens, car elles ne disposent que de peu de terre.

**Ennemis et maladies :** il arrive que les cochenilles envahissent la plante. Traitez tout de suite.

**Utilisations :** isolé, ou avec des plantes du Sud, tels des cistes, des lauriers-roses, des lavandes.

**Conseil Truffaut :** n'hésitez pas à tailler le grenadier durant l'hiver, pour lui conserver une forme harmonieuse bien dégagée au centre de la ramure.

◄ Le poirier 'Garden Pearl' est génétiquement nain.

## *Pyrus communis*
## POIRIER

*Pour le plaisir des yeux et des papilles…*

**Arbre (2 m, - 15 °C).**

**Feuillage :** simple, brillant, vert mousse.

**Floraison :** l'arbuste se couvre au printemps de nombreuses fleurs simples, d'un blanc immaculé.

**Espèces et variétés :** il existe des variétés naines idéales pour la culture sur balcon. Adoptez 'Garden Pearl', qui produit, malgré sa taille réduite (pas plus de 2 m), de gros fruits ronds et sucrés. Les poiriers décoratifs, très différents des poiriers à fruits, n'ont en commun avec ces derniers que leurs origines botaniques. *Pyrus salicifolia* 'Pendula' ressemble plus à un petit saule qu'à un poirier. Couvert de duvet argenté, il évoque une grosse boule de Noël. Réservez-le aux terrasses assez grandes, car il atteint facilement en pot, 2 m de hauteur et 1,50 m de largeur.

**Comportement en pot :** les arbustes fruitiers en bac se montrent aussi sensibles aux maladies, sinon plus, que les arbres de pleine terre. Il est donc important de respecter un calendrier de traitements pour obtenir de beaux fruits.

**Dimensions du pot :** choisissez une potée de 30 cm de large et un peu plus profonde.

**Exposition :** le plein soleil non brûlant.

**Terre :** un terreau riche et frais, si possible non calcaire. Ajoutez un peu de corne torréfiée.

**Arrosage :** les poiriers réagissent mal à la sécheresse. Évitez-leur ce stress, en vérifiant l'état de la motte chaque jour en plein été.

**Ennemis et maladies :** les pucerons noirs attaquent fréquemment les poiriers. Ôtez-les à la main si vous n'avez qu'un seul arbre. Sinon, traitez. Un mois de mai humide favorise la tavelure, qui provoque des taches noires sur les feuilles. Pulvérisez une solution de bouillie bordelaise à l'automne.

**Utilisations :** en bac, en isolé, pour un balcon-verger. Les poiriers d'ornement forment un bel écran argenté ou un arrière-plan brise-vent.

**Conseil Truffaut :** le poirier fleurit tôt. Attention aux gels tardifs qui peuvent endommager la fructification. Couvrez-le d'un voile d'hivernage en mars et maintenez-le en place jusqu'au complet épanouissement des fleurs.

## *Quamoclit pennata*
## PLUME D'INDIEN

*Appelez-moi Mina.*

**Plante annuelle (3 m, 5 °C).**

**Feuillage :** les tiges grimpantes portent des feuilles vert clair, à trois lobes.

**Floraison :** les corolles rouge et jaune, tubulaires, recourbées, font penser à des griffes.

**Espèces et variétés :** 'Exotic Love' a des fleurs jaune-orangé vif, 'Citronella', est jaune citron.

**Comportement en pot :** cette plante tropicale se plaît en pot en pleine chaleur Le résultat est décevant si l'on ne dispose pas d'un balcon plein sud.

**Dimensions du pot :** 25 cm de haut et de large.

**Exposition :** contre un mur au sud, à l'abri des vents dominants. Protection hivernale obligatoire.

**Terre :** un terreau de feuilles et de fumier.

**Arrosage :** attention, la motte sèche vite. Veillez à la réhumecter à temps (tous les deux jours).

**Ennemis et maladies :** attention aux araignées rouges, vaporisez le feuillage à l'eau claire par temps sec. Traitez en cas d'attaque.

**Utilisations :** faites courir cette grimpante sur un treillage ou des fils tendus autour du balcon.

**Conseil Truffaut :** le quamoclit est rarement proposé en potées. Semez en mars, à l'intérieur et repiquez en mai. Il ne doit plus y avoir de risques de gelées pour installer les jeunes plants dehors.

## *Ranunculus spp.*
## RENONCULE

*Un charme sauvage.*

**Plante vivace (25 cm, 0 °C).**

**Feuillage :** large et profondément découpé.

**Floraison :** les corolles simples, semi-doubles ou doubles, offrent toujours des coloris éclatants, jaune chez les espèces botaniques, et rose, rouge, orangé chez les hybrides des fleuristes.

**Espèces et variétés :** *Ranunculus acris* 'Multiplex', c'est le bouton-d'or sous sa forme améliorée. Les pompons doubles, jaune d'or à cœur vert apparaissent sans relâche en juin et juillet. *Ranunculus crenatus* offre, au printemps, de belles fleurs blanches, qui durent longtemps. Les renoncules des fleuristes épanouissent de splendides corolles de soie, aux couleurs acidulées. Les « Friandines », une amélioration de l'INRA, donnent des fleurs très pleines aux coloris chatoyants.

**Comportement en pot :** les espèces botaniques réussissent sans trop de mal en pot. Les renoncules des fleuristes sont un peu plus éphémères.

**Dimensions du pot :** plantez, dès septembre, dans un pot de 15 cm de diamètre et de hauteur.

**Exposition :** le plein soleil, mais pas trop brûlant.

**Terre :** riche et humifère, pour retenir l'humidité.

**Arrosage :** deux fois par semaine environ.

**Ennemis et maladies :** en cas d'humidité excessive, l'oïdium apparaît. Au printemps, les pucerons peuvent envahir les jeunes tiges.

**Utilisations :** mélangez les renoncules avec des fleurs bleues, qui les mettront en valeur, comme des asters de printemps (aster 'Bergarten'), des aubriètes 'Clos fleuri', ou le polémonium 'Brise d'Anjou'. Belle association aussi avec des narcisses.

**Conseil Truffaut :** avant la plantation, installez les pattes des renoncules des fleuristes 48 heures dans de la tourbe humide, pour les réhydrater. Vous les enterrerez ensuite à 4 cm de profondeur.

▲ *Quamoclit lobota* est aussi appelé *Mina lobata*.

▲ Des renoncules hybrides en jardinière avec des narcisses.

*Ranunculus* x *hybridus* : la perfection aux fleurs doubles. ▶

▲ Les radis à forcer se récoltent à profusion sur le balcon.

▲ *Raphiolepis delacourii* 'Grandiceps' : un arbuste frileux.

◀ *Reseda odorata* : un bel épi au parfum très entêtant.

## *Raphanus sativus*
## RADIS

*Facile à cultiver, délicieux à croquer.*

**Plante bisannuelle (20 cm, 0 °C).**

**Feuillage :** simple, rugueux au toucher, irrégulièrement lobé, en touffe assez lâche.

**Floraison :** le radis est bisannuel, il fleurit la deuxième année, mais on le cultive en annuel.

**Espèces et variétés :** les radis de printemps ont la faveur des balcons. 'Fluo', 'Bamba', 'Falco', ne piquent pas. Pour l'été, 'Gloriette', d'un rouge éclatant ou 'Prinz Rotin', rond écarlate à chair blanche.

**Comportement en pot :** on obtient facilement des radis ronds dans un pot de 25 cm de profondeur.

**Dimensions du pot :** une jardinière de 40 cm x 15 cm de large, pour quarante à cinquante radis.

**Exposition :** soleil léger ou mi-ombre. Un emplacement trop chaud donne des radis très piquants.

**Terre :** un bon terreau universel.

**Arrosage :** la terre doit toujours rester fraîche, sinon, vos radis se creuseront.

**Ennemis et maladies :** en général aucun, la culture est trop courte (de 3 à 5 semaines).

**Utilisations :** dans un mini-potager sur balcon pour éveiller les enfants aux joies du jardinage.

**Conseil Truffaut :** enterrez les graines d'un bon centimètre sinon les radis poussent déformés. N'oubliez pas de bien éclaircir à 3 cm.

## *Raphiolepis spp.*
## RAPHIOLEPIS

*Un nuage rose de mars à août.*

**Arbuste (1 m, 3 °C).**

**Feuillage :** persistant, brun clair au départ, devenant vert foncé. Les feuilles, ovales, lancéolées, épaisses, mesurent de 4 à 7 cm de long.

**Floraison :** des grappes de fleurs apparaissent dès février dans les régions chaudes, en mars et en avril ailleurs. Elles s'épanouissent jusqu'en été.

**Espèces et variétés :** *Raphiolepis indica* 'Spring Time' est rose. 'Enchanteress', une forme naine et compacte (80 cm en pot), convient pour les petits balcons. *Raphiolepis umbellata* 'Ovata' porte de larges feuilles ovales et des fleurs blanches parfumées, suivies de fruits noirs, bleutés en hiver.

**Comportement en pot :** l'arbuste vient bien en pot s'il est rempoté tous les deux ou trois ans.

**Dimensions du pot :** installez le raphiolepis dans un pot de 30 cm de large et 35 cm de haut.

**Exposition :** ensoleillée, à l'abri des vents du nord. Protégez la plante en hiver, à partir de -3 °C.

**Terre :** un bon terreau de plantation.

**Arrosage :** une fois tous les 5 à 8 jours.

**Ennemis et maladies :** généralement aucun.

**Utilisations :** son feuillage vert foncé brillant met en valeur les plantes panachées et les fleurs claires.

**Conseil Truffaut :** offre-lui de l'engrais pour rosiers au début du printemps, c'est efficace.

## *Reseda odorata*
## RÉSÉDA

*Des épis un peu ternes, mais si parfumés.*

**Plante annuelle (60 cm, 0 °C).**

**Feuillage :** linéaire, vert clair, spatulé et lisse.

**Floraison :** de juin à octobre, de longues hampes portent de minuscules fleurs jaune verdâtre, parfois teintées de rouge, très agréablement odorantes.

**Espèces et variétés :** *Reseda odorata* 'Grandiflora', jaune-vert, ne dépasse pas 40 cm de hauteur. 'Red Monarch' est piqueté de rouge.

**Comportement en pot :** le réséda pousse bien en pot, mais il n'est pas vraiment spectaculaire. On lui pardonne volontiers à cause de son parfum unique.

**Dimensions du pot :** un contenant de 25 cm de diamètre et 20 cm de haut suffit.

**Exposition :** ensoleillée, même chaude.

**Terre :** n'utilisez pas de tourbe. Prenez de la terre végétale, additionnée de sable de rivière.

**Arrosage :** assez modéré, attendez que la terre sèche un peu entre deux arrosages.

**Ennemis et maladies :** généralement aucun.

**Utilisations :** mariez le vert-jaune des résédas à des fleurs aux coloris rouge-orangé, comme des cosmos orange, des hémérocalles rouge sombre, des pavots d'Orient 'Rasberry Queen'.

**Conseil Truffaut :** pincez les jeunes pousses pour obliger la plante à se ramifier et à fleurir.

## *Rhamnus alaternus*
## RHAMNUS et ALATERNE

*La providence des balcons nus.*

**Arbuste (2 m, - 5 °C).**

**Feuillage :** persistant, épais, vert foncé et brillant, au parfum aromatique.

**Floraison :** de discrètes petites grappes de couleur crème apparaissent en avril. Elles sont suivies, en septembre, par des fruits rouges, puis noirs.

**Espèces et variétés :** les tiges rouges de *Rhamnus alaternus* 'Argenteovariegatus' contrastent avec son feuillage vert olive bordé de blanc.

**Comportement en pot :** le rhamnus en pot supporte la forte chaleur en été et les embruns sur les balcons situés en bord de mer.

**Dimensions du pot :** 30 cm en tous sens.

**Exposition :** ombre légère ou mi-ombre.

**Terre :** n'importe quelle terre de jardin, additionnée d'un tiers de bon terreau bien poreux.

**Arrosage :** modéré, une fois par semaine.

**Ennemis et maladies :** les cochenilles peuvent envahir les plantes affaiblies.

**Utilisations :** le rhamnus fait un bon brise-vent, et met en valeur des potées plus basses.

**Conseil Truffaut :** taillez chaque hiver pour conserver une forme équilibrée et compacte.

## *Rheum rhaponticum*
## RHUBARBE

*L'exubérance dans la générosité.*

**Plante vivace (1 m, - 8 °C).**

**Feuillage :** de larges feuilles, portées par de gros pétioles à côtes carrées, forment des touffes opulentes. Les tiges comestibles ont un goût acidulé.

**Floraison :** la rhubarbe fleurit en grands épis majestueux, couleur crème. Mais c'est toujours au détriment de la végétation. Si vous désirez des touffes feuillues, coupez les tiges florales dès leur formation.

**Espèces et variétés :** la rhubarbe à côtes rouges est très décorative et moins vigoureuse.

**Comportement en pot :** un plant ne vit guère plus de deux ans dans le même pot.

**Dimensions du pot :** les racines de la rhubarbe aiment la profondeur. Choisissez un pot d'au moins 30 cm de côté et de même profondeur.

**Exposition :** le plein soleil, même assez chaud.

**Terre :** mélangez pour moitié de la terre végétale avec du terreau de plantation. Ajoutez 20 % d'amendement organique (fumier composté).

**Arrosage :** une terre toujours fraîche est un des secrets de réussite de la rhubarbe.

**Ennemis et maladies :** un virus marbre les feuilles de jaune sans gravité. La pourriture du collet détruit la plante en sol trop lourd.

**Utilisations :** en grosses potées spectaculaires.

**Conseil Truffaut :** respectez la plante et ne prélevez que quelques feuilles adultes à la fois.

## *Rhodochiton atrosanguineus*
## RHODOCHITON

*L'exubérance et la fantaisie exotique.*

**Plante grimpante (3 m, 5 °C).**

**Feuillage :** simple, cordiforme, avec quelques fines dentures sur les bords.

**Floraison :** d'originales clochettes d'un rose tirant sur le bordeaux, pendent au bout d'un long pétiole durant tout l'été. Elles portent un long tube, violet sombre, qui tombe après la fanaison.

**Espèces et variétés :** seul *Rhodochiton atrosanguineus* est couramment commercialisé.

**Comportement en pot :** les tiges volubiles peuvent atteindre 2 à 3 m de hauteur dans la saison.

**Dimensions du pot :** prévoyez un contenant d'au moins 25 cm de large et de haut.

**Exposition :** plein soleil, sans être brûlant.

**Terre :** le terreau « géraniums » convient, additionné d'une pincée de sang desséché par pot.

**Arrosage :** tous les trois jours pendant la période de floraison. En hiver, réduisez au minimum.

**Ennemis et maladies :** généralement aucun.

**Utilisations :** le rhodochiton habille les treillages, les pergolas, les rambardes. On peut aussi le conduire sur une pyramide faite avec quatre grands bambous réunis par le sommet.

**Conseil Truffaut :** rabattez la plante après la floraison et rentrez-la pour l'hiver dans une pièce fraîche et bien éclairée. Maintenez presque sec.

▲ *Rhamnus alaternus* 'Argenteo Variegatus' : éclatant.

▲ *Rheum rhaponticum* : la rhubarbe en jeune plant.

*Rhodochiton atrosanguineus* : une suspension sublime. ▶

Rhododendron x 'Anna Rose Whitney' : grande classe.

## *Rhododendron spp.* RHODODENDRON et AZALÉE

*Le plus majestueux des arbustes.*

**Arbuste (1,50 m, - 10 °C).**

**Feuillage :** presque toujours persistant, étroit, coriace, vert moyen sur le dessus, plus pâle au revers.

**Floraison :** le plus souvent en clochettes ou en entonnoirs. La palette des coloris est d'une grande richesse. La période de floraison va d'avril à juin.

**Espèces et variétés :** il existe plus de 500 espèces de rhododendrons. Pour une culture en bac, préférez ceux à petit développement. Les hybrides de *Rhododendron yakushimanum*, un nain de 60 cm de hauteur, au feuillage à revers argenté, connaissent un vrai succès. Le bouton rose, rouge blanc pur ou jaune pâle, s'épanouit en coupe plus claire. *Rhododendron williamsianum* offre un feuillage en forme de cœur, attractif toute l'année. L'hybride 'Elizabeth', aux trompettes rouge cardinal, ne dépasse pas 90 cm de hauteur. Les azalées, qui sont botaniquement classées parmi les rhododendrons, forment d'imposantes touffes que l'on peut tailler. 'Palestrina', d'un blanc pur appartient au groupe des azalées japonaises, persistantes et à grandes fleurs. 'Harvest Moon', jaune pâle, convient sur les petits balcons, son feuillage est caduc.

**Comportement en pot :** les rhododendrons réussissent souvent mieux en pot qu'en pleine terre, où ils craignent le calcaire. Croissance lente.

**Dimensions du pot :** les racines des rhododendrons s'étalent plus en largeur qu'en profondeur. Une coupe de 30 cm de largeur et de 20 cm de profondeur suffira au début. Il faudra, deux ou trois ans plus tard, les rempoter dans un pot de taille supérieure.

**Exposition :** une ombre trop dense empêche une floraison optimale. C'est à la mi-ombre que les rhododendrons réussissent le mieux.

**Terre :** de la terre de bruyère pure.

**Arrosage :** maintenez la motte humide. Les excès d'eau sont presque aussi mauvais que la sécheresse.

**Ennemis et maladies :** certaines branches se dessèchent et brunissent tout d'un coup. Il s'agit de l'attaque d'un redoutable champignon : le phytophthora. Une plante atteinte est malheureusement bonne à jeter. La chlorose est due à une terre ou une eau d'arrosage trop calcaire. La rouille et le tigre provoquent des taches sur les feuilles.

**Utilisations :** les rhododendrons rendent de grands services sur les balcons exposés au nord ou au nord-est, qui bénéficient de peu de lumière. Associez-les à des hostas, des pulmonaires, des astilbes, des épimédiums, des fuchsias, des fougères, etc.

**Conseil Truffaut :** changez le substrat de surface tous les deux ans et remplacez-le par de la terre de bruyère neuve. Rempotage complet tous les 5 ans.

## *Ribes spp.* GROSEILLIER et CASSISSIER

*Ces délicieux petits fruits.*

**Arbuste (1,20 m, - 15 °C).**

**Feuillage :** caduc, vert vif, denté, trilobé, fortement aromatique quand on froisse les feuilles.

**Floraison :** les groseilliers à fleurs arborent des

Rhododendron yakushimanum hybride.

Azalée 'Palestrina' : la plus belle blanche.

Azalée 'Harvest Moon' (Knap Hill).

Rhododendron nain 'Elizabeth'.

grappes pendantes de minuscules clochettes roses. Coupés s'ils sont en boutons, les rameaux fleurissent bien à l'intérieur, dans un vase.

**Espèces et variétés :** *Ribes sanguineum*, le groseillier d'ornement, se décline en de nombreuses variétés parfumées telles que 'Atrorubens', rouge vif, 'Pulborough Scarlet', rouge foncé à centre blanc. *Ribes odoratum,* à la discrète floraison jaune d'or, compte parmi les groseilliers les plus odorants : il embaume à plusieurs mètres à la ronde. *Ribes speciosum,* aux feuilles semi-persistantes, arrondies et dentées, offre une curieuse floraison, très tôt en saison. Ses petites fleurs simples, rouges, pendantes, portent des étamines et des pistils deux fois plus longs que les corolles. Les fleurs ressemblent, de loin, à celles des fuchsias.

Beaucoup de groseilliers *(Ribes rubrum)* sont cultivés pour leurs fruits. Parmi les variétés de mi-saison, 'Wilder' et 'Fertodi à longues grappes' comptent parmi les favorites des gourmets. Chez les variétés à fruits blancs ou roses, 'Versaillaise Blanche' et 'Rose de Champagne' ont un goût sucré, sans trace d'acidité.

Le cassissier est le *Ribes nigrum*. La variété 'Wellington', à la saveur sucrée, est une des plus vigoureuses et des plus intéressantes.

**Comportement en pot :** les groseilliers préfèrent la pleine terre, mais ils s'accommodent à la culture en pot pendant deux ou trois ans, guère plus.

**Dimensions du pot :** une jeune touffe peut vivre dans un pot de 20 cm de côté. Quand elle atteindra 1 m de haut, il faudra lui fournir un contenant d'au moins 30 cm de largeur et de profondeur.

**Exposition :** plein soleil ou ombre très légère.

**Terre :** n'importe quelle bonne terre de jardin, ou du terreau universel pur.

**Arrosage :** le groseillier peut passer une semaine sans arrosage, mais mieux vaut lui éviter cette épreuve (mouillez environ deux fois par semaine).

**Ennemis et maladies :** l'anthracnose, un champignon parasite, provoque des taches marron sur les feuilles, qui tombent prématurément. Gare aussi à l'oïdium perforant qui fait tomber le feuillage, abîme les rameaux et épuise la plante.

**Utilisations :** en haies basses, pour cacher une rambarde. Près de la porte, pour le plaisir de humer le parfum des feuilles, à chaque frôlement.

**Conseil Truffaut :** taillez dans le courant du mois de février, en ôtant les vieilles branches.

## *Robinia spp.*
## ACACIA ou ROBINIER

*Il ne manque pas de piquant.*

**Arbre ou arbuste (3 m, - 20 °C).**

**Feuillage :** composé de folioles ovales vert franc, portées par des rameaux épineux.

**Floraison :** des grappes de fleurs papilionacées, parfumées, blanches ou roses, apparaissent à l'extrémité des rameaux, en mai-juin.

**Espèces et variétés :** *Acacia hispida* 'Rosea', aux grappes roses, est un arbuste étalé. Greffé sur tige, il forme un petit arbre arrondi. 'Twisty baby' est une forme naine aux branches tortueuses.

**Comportement en pot :** les acacias jeunes ont tendance à casser très facilement sous l'effet des bourrasques. Il faut donc les tailler régulièrement.

**Dimensions du pot :** adaptez le bac à la taille de la plante. Une jeune touffe peut passer la saison dans un pot de 25 cm de diamètre et 30 cm de profondeur. L'année suivante, il faudra lui donner un contenant plus large de 5 cm et plus profond.

**Exposition :** le plein soleil pas trop brûlant, à l'abri des vents dominants.

**Terre :** employez une terre de jardin ordinaire ou un mélange à parts égales de terre végétale siliceuse et de terreau universel.

**Arrosage :** arrosez à fond une fois par semaine. Doublez la cadence en été. Ne laissez pas d'eau stagner dans la soucoupe.

**Ennemis et maladies :** il arrive que les cochenilles envahissent les branches.

**Utilisations :** le robinier n'est pas un bon choix pour les petits balcons, situés dans des endroits ventés. Réservez-le pour les grandes terrasses abritées. L'acacia rose peut se palisser contre un mur ensoleillé, ce qui supprime le problème de la fragilité des tiges. 'Twisty baby' fait une potée originale.

**Conseil Truffaut :** les sujets greffés émettent des drageons qu'il faut couper à ras dès leur apparition.

Cassis 'Noir de Bourgogne' : le plus parfumé.

Un groseillier sur tige crée un décor insolite.

*Robinia pseudacacia* 'Twisty Baby' : idéal en pot.

'Margareth Meryl' et 'Iceberg', deux très bons rosiers pour la culture en bacs ou en jardinières.

## *Rosa* x *hybrida* ROSIER

*Mille et un usages sur le balcon.*

**Arbuste (1 m ou 2 m, - 8 °C).**

**Feuillage :** vert plus ou moins foncé, composé de 5 ou 7 folioles souvent brillantes. Les feuilles de certaines variétés naissent pourpres ou chocolat.

**Floraison :** les pétales des roses prennent pratiquement toutes les couleurs, sauf le noir et le bleu. Les fleurs les plus simples possèdent 5 pétales, au milieu desquels se niche une touffe d'étamines jaune d'or. Quand les fleurs sont très doubles, on n'aperçoit plus le cœur. Il existe des milliers de variétés de rosiers, de 25 cm de hauteur jusqu'à plusieurs mètres, parfumées ou non.

**Espèces et variétés :** la majorité des rosiers ne sont pas heureux en pot. Cela se traduit par une sensibilité accrue aux maladies et une floraison moindre. Pourtant, en sélectionnant des variétés à petit développement, et des obtentions résistantes aux maladies, il est possible de les réussir. Les miniatures, comme la série des 'Meillandina', sont conseillés pour la culture en bac, surtout sur les rebords de fenêtre et les petits balcons. Ces mini-rosiers peuvent être considérés comme des plantes annuelles, que l'on peut mélanger à d'autres fleurs, dans une petite jardinière. Les coloris et la forme des fleurs ont été beaucoup travaillés dans les années 90. On en trouve de splendides sélections, ainsi 'Stars'n' Stripes', un adorable nain de 30 cm de haut, qui offre des stries rouge et blanc. Un de nos préférés reste 'Gentle Touch', aux délicats boutons rose pâle, qui s'épanouissent en fleurs semi-doubles, légèrement parfumées. Si vous disposez de plus de place, accueillez sur le balcon des rosiers buissons compacts. 'Emera', qui atteint 70 cm de haut, se montre d'une exceptionnelle résistance aux maladies. Il produit une multitude de fleurs rouge fuchsia, semi-doubles, de mai aux gelées. 'Opalia' offre de belles fleurs parfumées, semi-doubles, d'un blanc qui reste pur même après la pluie. Les amateurs des rosiers grimpants adopteront 'Pierre de Ronsard', une fleur façon vieille rose, très double, rose carmin et crème. En pot, il montera environ à 2 m. Les roses anglaises, au charme rétro mais résistantes aux maladies et bien remontantes, offrent un port légèrement retombant, très gracieux. 'Graham Thomas', jaune d'or, est un des meilleurs. Parmi les rosiers anciens remontants, quelques-uns acceptent la culture en pot. C'est le cas de 'Alfred Colomb', aux grandes fleurs très doubles, de 'Ballerina', qui forme de grands bouquets de fleurettes roses, au cœur blanc et supporte une ombre partielle. 'Clementina Carboniera' porte des fleurs acidulées qui mêlent l'orange, le jaune et le saumon. 'Yvonne Rabier' forme un buisson compact de 1 m de hauteur, couvert pendant toute la belle saison de grappes de petites fleurs doubles, blanches. Il peut se contenter de trois à quatre heures de soleil par jour.

**Comportement en pot :** les rosiers miniatures type 'Meillandina' peuvent se cultiver comme des annuelles, éliminés en fin de floraison. Les autres

'Charles de Mills' : le charme ancien.

'Meillandina' : idéal en potée.

'Pierre de Ronsard' : un petit grimpant.

'Opalia' : un couvre-sol pour potée.

Les 'Koster' sont parfaits en pots.

'Graham Thomas' : souple et florifère.

'Emera' : un couvre-sol jamais malade.

'Fée des neiges' : appelé aussi 'Iceberg'.

rosiers s'accommodent de la vie en pot pendant plusieurs années, s'ils sont régulièrement suivis. Un rempotage tous es 3 ans est à prévoir.

**Dimensions du pot :** les racines pivotantes et profondes des rosiers détestent tourner en rond dans un pot trop petit. L'aspect de la plante s'en ressent vite, la floraison ralentit, les feuilles perdent leur vigueur. N'hésitez pas à offrir des potées plus profondes que larges, de 30, 40, voire 50 cm de haut, pour les plus vigoureux. Si la potée paraît trop grande pour la plante seule, associez-lui des annuelles qui meubleront l'espace. Héliotropes, lantanas, verveines, hélichrysums conviennent bien. Ceci ne s'applique pas aux rosiers miniatures qui peuvent se contenter d'une jardinière classique de 40 cm de long sur 20 cm de hauteur.

**Exposition :** aucun rosier ne fleurit à l'ombre. Le besoin minimum est de 3 à 4 heures de soleil par jour. En deçà, l'arbuste donnera très peu de fleurs. Si votre balcon n'est éclairé que le matin, choisissez des variétés comme 'Souvenir d'Adolphe Turc', 'Iceberg' ou 'Rose de Rescht'qui offrent une bonne tolérance au manque de lumière.

**Terre :** il existe sur le marché, des terreaux pour rosiers, nutritifs et riches en argile, comme les aiment ces plantes. Apportez de l'engrais spécifique pour rosiers deux ou trois fois au cours de la saison. Chaque année, vous changerez la terre de surface, en la remplaçant par un régénérant pour rosiers, ou un mélange à parts égales de fumier bien décomposé et de terreau pour rosiers.

**Arrosage :** le secret de la culture des rosiers en pot réside dans les arrosages. La racine pivotante et puissante de cette plante est faite pour aller chercher l'eau en profondeur dans le sol. Si elle ne la trouve pas, l'arbuste souffre. Veillez à ce que la motte reste toujours humide, mais sans excès. Ne laissez jamais d'eau dans la soucoupe. Évitez d'arroser en pluie sur le feuillage et les feuilles, ce qui favorise l'apparition de maladies.

**Ennemis et maladies :** l'oïdium et les taches noires des feuilles (marsonia) sont les deux ennemis les plus fréquents des rosiers. Un rosier qui est correctement nourri et arrosé, s'avère bien plus résistant aux maladies qu'une plante délaissée. Luttez aussi contre les pucerons au printemps.

**Utilisations :** si le pot n'est pas très grand (inférieur à 30 cm de diamètre), il est préférable de cultiver le rosier seul dans son contenant, car la plante est gourmande et peu partageuse. En revanche, vous pouvez les rapprocher des potées de géraniums vivaces, de népétas, de pétunias bleus, si odorants le soir venu. En fond, composez un écrin de verdure avec des plantes à feuillage vert sombre, comme le buis, le houx et les conifères.

**Conseil Truffaut :** coupez soigneusement les fleurs fanées au fur et à mesure qu'elles se forment. Ce geste simple permet de doubler la durée et l'importance de la floraison. Au printemps, taillez vos rosiers. Le plus simple consiste à les débarrasser des branches mortes et de celles qui se croisent. Vous rabattrez celles qui sont trop longues à 25 cm du sol, en conservant la ramure dans une forme d'éventail. De manière générale, plus un rameaux est faible, plus il doit être taillé court. Pour les grimpants taillez à deux yeux de leur base, toutes les pousses latérales.

Une mignonne jardinière de mini-rosiers 'Concertino'.

▲ *Roscoea cautleoides* : une potée pas comme les autres.

▲ Dans une vasque à fraisiers : *Rosmarinus officinalis.*

◄ *Rubus* x *odoratus* 'Tridel' : une solidité à toute épreuve.

## *Roscoea spp.*
## ROSCOÉA

*On dirait des orchidées…*

**Plante vivace (40 cm, 3 °C).**

**Feuillage :** plus ou moins linéaire selon les espèces, gainant, un peu à la manière des feuilles de tulipes, il forme des touffes lâches.

**Floraison :** d'août à octobre, les tiges portent de grosses fleurs crème, jaunes ou roses, qui ressemblent à des orchidées, au pétale supérieur dressé.

**Espèces et variétés :** *Roscoea humeana* porte de grandes fleurs spectaculaires. *Roscoea beesiana* est blanc ou jaune pâle, parfois maculé de mauve sur le pétale inférieur. *Roscoea cautleoides,* le plus rustique, forme de gros bouquets de fleurs jaunes.

**Comportement en pot :** la plante se réveille fin mai et croît avec vigueur, pour fleurir en juillet.

**Dimensions du pot :** un pied vit dans une potée de 12 cm de diamètre. Plantez plutôt un groupe de quatre ou cinq, dans une jardinière basse et ronde, de 30 cm de diamètre et 20 cm de hauteur.

**Exposition :** soleil atténué ou mi-ombre.

**Terre :** un terreau riche et bien drainé.

**Arrosage :** le goutte-à-goutte est idéal pour ces plantes qui détestent avoir les pieds au sec.

**Ennemis et maladies :** en général aucun.

**Utilisations :** pour une scène tout en fraîcheur, associez les roscoéas à des liriopes, des astilbes naines, des épimédiums, des fougères.

**Conseil Truffaut :** plantez les racines très charnues entre 10 et 12 cm de profondeur. En hiver, rentrez les pots dans une véranda, dès que les températures deviennent négatives. Si vous ne disposez pas d'un endroit hors gel, enterrez la potée dans un grand contenant rempli de tourbe.

## *Rosmarinus officinalis*
## ROMARIN

*L'arôme irrésistible des vacances.*

**Arbuste (80 cm, -6 °C).**

**Feuillage :** persistant, fortement aromatique, étroit, lancéolé, gris-vert, avec le revers blanc.

**Floraison :** les branches de deux ans portent, d'avril à août, des fleurettes bleu-mauve, roses ou blanches, qui remontent un peu à l'automne.

**Espèces et variétés :** *Rosmarinus officinalis* 'Prostratus', à port rampant, fleurit longuement bleu foncé. 'Saint Florent', avec son feuillage fin et son port très rampant, retombe par dessus le pot. 'Majorcan Pink' au port souple, semi-érigé, offre des petites feuilles gris-vert qui servent d'écrin à l'abondante floraison rose tendre. 'Pyramidalis' dresse fièrement ses tiges à la verticale, en buisson.

**Comportement en pot :** une nouvelle touffe de romarin, pousse à toute allure la première année, mais elle ralentit le rythme par la suite. En cinq ans, elle dépassera à peine 80 cm de haut.

**Dimensions du pot :** les racines du romarin tapissent très vite le fond d'un pot trop petit. N'installez pas la plante dans une potée dont le diamètre et la profondeur sont inférieurs à 20 cm.

**Exposition :** plein soleil obligatoire.

**Terre :** ordinaire, sableuse, bien drainée.

**Arrosage :** parcimonieux, mais régulier. Une fois par semaine en été, arrosez à fond.

**Ennemis et maladies :** le romarin n'est pratiquement jamais attaqué par les parasites.

**Utilisations :** en haie, sur les balcons situés dans le Midi ou dans l'Ouest. En potée solitaire, car le romarin s'avère un compagnon trop gourmand. Sa silhouette est bien mise en valeur près des autres plantes de soleil : ciste, thym, lavande, santoline, armoise, sauge, laurier-rose, solanum, lantana.

**Conseil Truffaut :** bien que certaines variétés de romarin se montrent un peu plus rustiques que d'autres, il est prudent de protéger la plante dès le mois de novembre dans la plupart des régions.

## *Rubus spp.*
## RONCE, MÛRE et FRAMBOISIER

*Les gourmands piqués au vif !*

**Arbuste ou grimpante (4 m, -15 °C).**

**Feuillage :** vert mat, trilobé, grossièrement denté, plus ou moins large selon les espèces.

**Floraison :** les ronces d'ornement à fleurs portent de mini-églantines, roses, pourpres ou blanches, simples, parfois très doubles, aux pétales de soie. Le cœur de la fleur est rehaussé d'un joli bouton d'étamines dorées.

**Espèces et variétés :** *Rubus spectabilis* 'Flore Pleno' donne des fleurs pourpres et odorantes, très doubles, d'avril à juin. *Rubus* x *odoratus* 'Tridel' se couvre d'églantines blanches de 5 cm de large, aux étamines jaune soleil. Adoptez pour le plaisir de la dégustation un pied de framboise *(Rubus idaeus)*, comme 'Héritage', variété remontante savoureuse. La mûre des jardins *(Rubus fruticosus)* couvre vite une rambarde de ses rameaux longs et souples.

**Comportement en pot :** les ronces se montrent très résistantes au froid, même en jardinière.

**Dimensions du pot :** cette plante drageonnante est vite à l'étroit dans son contenant. Tous les *Rubus* ont besoin d'un pot d'au moins 30 cm de large et autant de profondeur. Rempotage annuel.

**Exposition :** ces plantes de lisière de forêt apprécient plus la mi-ombre que le plein soleil.

**Terre :** n'importe quelle terre de jardin associé à du terreau, pour un mélange bien filtrant.

**Arrosage :** régulier, une à deux fois par semaine.

**Ennemis et maladies :** les ronces ont la vigueur des plantes sauvages. Elles ne sont pratiquement jamais malades. Traitez éventuellement les pucerons.

**Utilisations :** ne mélangez pas dans le même pot un *Rubus* avec une autre plante. Le mariage est voué à l'échec, car la ronce, même d'ornement, est très envahissante et domine les autres végétaux.

**Conseil Truffaut :** éliminez le vieux bois, qui ne fleurit pas. Aérez le centre de la touffe.

## *Rudbeckia spp.*
## RUDBÉCKIA

*L'œil noir, mais le cœur en or.*

**Plante vivace ou annuelle (80 cm, - 10 °C).**

**Feuillage :** lancéolé, couvert de poils raides, les feuilles supérieures, sont plus larges à la base.

**Floraison :** des grosses marguerites jaunes, aux pétales parfois récurvés, se succèdent de juin-juillet à octobre. Le cœur brun ou noir est très proéminent.

**Espèces et variétés :** choisissez des espèces qui ne dépassent pas 80 cm de haut. Parmi les candidats possibles, chez les rudbéckias vivaces, *Rudbeckia fulgida* var. *deamii*, au port souple, très florifère, ou *Rudbeckia laciniata* 'Goldquelle', se tient bien en pot, avec des capitules doubles, jaune d'or. Parmi les rudbéckias annuels, adoptez les yeux fermés 'Toto', un nain qui s'empresse de fleurir en une multitude de soleils lumineux.

**Comportement en pot :** avec des engrais réguliers, les rudbéckias s'adaptent bien, en pot, pour plusieurs années. Rempotage tous les deux ans.

**Dimensions du pot :** donnez aux rudbéckias de quoi se nourrir correctement, avec une potée suffisamment large (25 cm au moins en tous sens).

**Exposition :** un maximum de soleil est exigé.

**Terre :** ces plantes s'accommodent d'un bon terreau universel, de préférence un peu compact.

**Arrosage :** les rudbéckias résistent à la sécheresse, arrosez au moins une fois par semaine.

**Ennemis et maladies :** l'oïdium s'installe parfois sur les feuilles, mais sans grand dommage.

**Utilisations :** faites de grosses potées généreuses de rudbéckias, que vous associerez avec asters, échinops, échinacéas, monardes.

**Conseil Truffaut :** coupez les tiges au ras du sol une fois la floraison terminée. Plantez des petits bulbes de crocus ou de muscaris dans les potées de rudbéckias afin de leur offrir un peu de couleur au tout début du printemps.

▲ Une mûre sans épine, palissée sur une balustrade.

▲ Framboises 'Zeva' des fruits énormes fin juin.

*Rudbeckia hirta* : une superbe marguerite estivale. ▶

▲ *Rumex acetosa* : potée d'oseille pour la soupe d'hiver.

▲ *Russelia equisitiformis* : la légèreté faite fleur.

◄ *Ruta graveolens* : une croissance ébouriffante !

## *Rumex acetosa*
## OSEILLE

*Une condimentaire au goût acide.*

**Plante vivace (30 cm, - 20 °C).**

**Feuillage :** quasi persistant. Les larges feuilles sont ovales, vert clair et lisses.

**Floraison :** en été. Les petites fleurs rouge-vert sont groupées en grandes panicules étroites. Supprimez les hampes florales dès qu'elles apparaissent.

**Espèces et variétés :** 'Large de Belleville' est une amélioration très productive, à grandes feuilles vert blond. *Rumex arifolius* 'Ruber', l'oseille vierge rouge, est remarquable pour son feuillage pourpre vif au printemps. *Rumex patienta*, appelée « patience » ou « oseille épinard », produit des grandes feuilles à saveur moins acide, souvent consommées comme celles des épinards.

**Comportement en pot :** la culture est facile dans un bac profond et la croissance rapide. Renouvelez la touffe tous les deux ou trois ans.

**Dimensions du pot :** au minimum 20 cm de diamètre et de profondeur pour un pied.

**Exposition :** mi-ombre ou soleil.

**Terre :** riche, fertile, fraîche et bien drainée.

**Arrosage :** régulier pour maintenir le sol légèrement humide. Quand le substrat est trop sec, les feuilles deviennent plus coriaces et très acides.

**Ennemis et maladies :** les escargots et les limaces raffolent du feuillage de l'oseille.

**Utilisations :** associée à d'autres aromatiques (persil, menthe, céleri perpétuel, etc.) pour créer une balconnière de plantes condimentaires.

**Conseil Truffaut :** les plants en godets doivent être espacés de 30 cm au moment de la plantation. D'avril à juin, semez les graines en place.

## *Russelia equisitiformis.*
## PLANTE CORAIL

*Une pluie de larmes de sang.*

**Plante vivace (60 cm, 7 °C).**

**Feuillage :** les longs rameaux frêles portent des feuilles réduites à l'état d'écailles, peu visibles.

**Floraison :** de mai à septembre. Les fleurs rouge-orangé ont une forme tubulaire allongée.

**Espèces et variétés :** des 40 espèces, seule *Russelia equisitiformis* est cultivée en Europe.

**Comportement en pot :** cette plante est presque rustique sur la Côte d'Azur. D'octobre à mai, cultivez-la dans une véranda peu chauffée.

**Dimensions du pot :** 18 cm de diamètre et de profondeur au minimum pour un pied.

**Exposition :** chaude et bien ensoleillée.

**Terre :** un bon terreau de rempotage.

**Arrosage :** deux à trois fois par semaine l'été.

**Ennemis et maladies :** en général, aucun.

**Utilisations :** installez la plante corail dans une grande suspension seule, ou avec des monopsis.

**Conseil Truffaut :** pendant la belle saison, faites un apport d'engrais liquide tous les dix jours.

## *Ruta graveolens*
## RUE

*Une adorable peste.*

**Plante vivace (60 cm, - 20 °C).**

**Feuillage :** persistant, en touffe dense ramifiée, au beau reflet bleuté. Les feuilles pennées et découpées dégagent une odeur désagréable.

**Floraison :** de mai à juillet. Les petites fleurs jaune soufre apparaissent à l'extrémité des tiges.

**Espèces et variétés :** 'Jackman's Blue' est plus compact et plus intensément coloré. 'Variegata' porte des feuilles panachées de crème.

**Comportement en pot :** la croissance est rapide, il faut absolument contenir son développement par des pincements répétés.

**Dimensions du pot :** 20 cm de profondeur et de diamètre au minimum pour un pied.

**Exposition :** chaude et ensoleillée.

**Terre :** un bon terreau universel assez compact.

**Arrosage :** deux à trois fois par semaine en été.

**Ennemis et maladies :** pratiquement aucun.

**Utilisations :** très décorative, la rue est la haie basse idéale à créer dans une grande jardinière.

**Conseil Truffaut :** au printemps, rabattez la touffe à quelques centimètres du sol. Cela va permettre l'apparition de nouvelles pousses et donner un port plus harmonieux. Ôtez les fleurs fanées en automne.

## *Salix spp.*
## SAULE

*Un arbre aux mille visages.*

**Arbre (3 m, - 18 °C).**

**Feuillage :** caduc. Les feuilles simples et étroites ont des formes très variées selon les espèces. En général, le port est buissonnant.

**Floraison :** à la fin de l'hiver ou au printemps. Pour obtenir de beaux chatons, plantez *Salix daphnoides, Salix caprea* 'Kilmarnock' ou *Salix hastata* 'Wehrhahnii'. Les saules sont dioïques.

**Espèces et variétés :** on trouve plus de 80 sortes de saules dans les pépinières. *Salix integra* 'Hakuro Nishiki' développe un jeune feuillage panaché de rose et de blanc crème. Taillé chaque année, il ne dépasse pas 1,50 m d'envergure. *Salix rosmarinifolia* forme un arbuste buissonnant caduc, d'environ 2 m de haut. Ses feuilles sont vertes sur le dessus et blanches au revers. *Salix caprea* 'Pendula' ou 'Kilmarnock' donne une floraison spectaculaire en mars et avril. À réserver aux très grandes terrasses, car il peut atteindre 3 m en bac.

**Comportement en pot :** les espèces à petit développement ou prostrées conviennent bien à la culture en bac. Les saules ont souvent une croissance très rapide. Rempotage tous les deux ans.

**Dimensions du pot :** au minimum 35 cm de profondeur et de diamètre pour un pied.

**Exposition :** en plein soleil, mais pas brûlante.

**Terre :** un sol de jardin compact et du terreau universel en mélange par moitié.

**Arrosage :** la plupart des saules apprécient un sol toujours frais ou humide. Arrosez copieusement par temps chaud et sec, tous les deux jours au moins.

**Ennemis et maladies :** l'anthracnose du saule provoque des chancres noirs sur les rameaux et des taches brunes sur les feuilles. Les cochenilles, les pucerons et la fumagine peuvent envahir les tiges.

**Utilisations :** les saules nains peuvent être installés avec des plantes vivaces dans une jardinière. Les plus grands sujets sont à cultiver en bac isolé.

**Conseil Truffaut :** supprimez les rameaux morts. Taillez très court en hiver les saules à écorce décorative ou à feuillage panaché.

▲ *Salix integra* 'Hakuro Nishiki' : un feuillage délicat.

▲ *Salix caprea* 'Pendula' : de jolis chatons colorent l'hiver.

## *Salpiglossis sinuata*
## SALPIGLOSSIS

*Une exceptionnelle palette de couleurs.*

**Plante annuelle (70 cm, 0 °C).**

**Feuillage :** en touffe buissonnante. Les feuilles étroites sont vert clair, ondulées sur les bords.

**Floraison :** de juillet à septembre. Les fleurs, en forme de grand cornet évasé, s'épanouissent en belles couleurs variées avec aspect velouté.

**Espèces et variétés :** les salpigossis sont proposées en coloris variés où se mêlent le blanc, le jaune, l'orange, le rose, le rouge et le bleu-violet, avec des striures brunes.

**Comportement en pot :** pour obtenir un effet de masse, installez plusieurs pieds dans un grand bac. Tuteurez discrètement les jeunes plantes.

**Dimensions du pot :** 18 cm de diamètre et de profondeur pour un pied solitaire.

**Exposition :** chaude et bien ensoleillée.

**Terre :** un bon terreau de rempotage convient.

**Arrosage :** maintenez le sol toujours frais mais non détrempé (tous les deux ou trois jours en été).

**Ennemis et maladies :** attention aux attaques de pucerons. Le salpiglossis est sensible à la pourriture du collet et des racines.

**Utilisations :** composez une grosse potée fleurie en l'associant à des pétunias, des bidens, des hélichrysums, des héliotropes ou des tabacs.

**Conseil Truffaut :** semez dans des godets en février ou mars, sous abri chauffé (18 °C). Éclaircissez le semis en ne conservant qu'un plant vigoureux par pot. Mettez en place en mai.

*Salpiglossis sinuata* 'Casino' : des couleurs splendides. ▶

Salvia rutilans dans une jolie balconnière exotique.

## *Salvia spp.*
## SAUGE

*La bonne à tout faire du balcon.*

**Plante vivace ou annuelle (1 m, -5 °C).**

**Feuillage :** en touffe buissonnante, persistant ou caduc, allongé, souvent rêche et aromatique.

**Floraison :** en été et en automne. Les fleurs tubulaires à deux lèvres sont groupées en racèmes terminaux très décoratifs. Coloris variés.

**Espèces et variétés :** *Salvia coccinea* est une sauge herbacée très florifère, cultivée comme une annuelle. Elle forme une touffe ramifiée de 0,60 à 0,80 m de haut. Parmi ses variétés, choisissez 'Coral Nymph', aux fleurs roses et 'Lady in red', à la floraison lumineuse rouge vif. *Salvia splendens* se traite aussi comme une annuelle qui fleurit rouge vif de mai à novembre. Elle ne dépasse pas 30 à 50 cm de haut. *Salvia microphylla* 'Grahamii' forme un buisson persistant d'environ 1 m d'envergure, en climat doux. Elle est rustique jusqu'à -5 °C. *Salvia microphylla* 'Devantville' s'épanouit en orange saumon. *Salvia officinalis* est un sous-arbrisseau rustique, à feuillage persistant gris-vert et très aromatique. Sa floraison bleue apparaît en juin et juillet. 'Purpurascens' se distingue par un feuillage pourpre. 'Icterina' exhibe des feuilles panachées de jaune. 'Tricolor' porte des jeunes pousses panachées de rose et de blanc crème. *Salvia patens* est une espèce vivace, souvent cultivée comme une plante annuelle. Elle forme un petit buisson de 0,60 m d'envergure. La floraison légère, bleu azur, tardive, apparaît en août et en septembre.

**Comportement en pot :** les jeunes plants sont sensibles au froid humide et la rusticité des espèces vivaces est moins bonne en bac. Tuteurez les grandes sauges qui se développent vite en formant des tiges fragiles, elles résistent mal aux intempéries.

**Dimensions du pot :** au minimum 18 cm de diamètre et de profondeur pour un pied.

**Exposition :** chaude et ensoleillée.

**Terre :** un terreau ordinaire assez souple.

**Arrosage :** copieux et régulier par temps chaud et sec. Réduisez les apports d'eau en hiver. De nombreuses sauges résistent bien à la sécheresse.

**Ennemis et maladies :** les cicadelles et les araignées rouges causent des dégâts sur le feuillage.

**Utilisations :** les sauges permettent de constituer très vite un décor fleuri pendant de longs mois, elles s'associent bien avec toutes les annuelles.

**Conseil Truffaut :** coupez les fleurs fanées. Chaque année, taillez les sauges officinales en mars et après la floraison pour qu'elles conservent un port touffu et compact. Fertilisez souvent.

## *Sambucus racemosa*
## SUREAU

*Robuste et facile à cultiver.*

**Arbre (4 m, -20 °C).**

**Feuillage :** caduc. Les feuilles sont pennées.

**Floraison :** au printemps ou en été. Les petites fleurs étoilées blanches sont réunies en grandes inflorescences plates. Elles sont suivies de baies brillantes bleues, noires ou rouges.

**Espèces et variétés :** *Sambucus racemosa* 'Plumosa Aurea' développe un feuillage léger magnifique. 'Tenuifolia' ne dépasse pas 1 m d'envergure. Son feuillage très finement découpé et sa fructification rouge, en font un sujet parfait pour orner une petite terrasse. 'Goldenlocks' est une ver-

Salvia spendens : la sauge rouge.

Salvia patens : une potée bleu azur.

Salvia officinalis 'Tricolor' : aromatique.

Salvia microphylla 'Grahamii' : frileuse.

sion à feuilles dorées. *Sambucus nigra* est vigoureux, sa croissance rapide. Le feuillage grossièrement denté est vert foncé. En juillet, il se couvre de larges inflorescences, qui donnent ensuite des baies pourpre noir. 'Laciniata' est une forme à feuillage très découpé d'un bel effet décoratif. 'Pygmy', un couvre-sol à feuillage vert clair, ne fleurit pas.

**Comportement en pot :** les sureaux prennent très vite un port désordonné. Préférez les petites espèces, plus adaptées à la culture en bac.

**Dimensions du pot :** 35 cm de diamètre et de profondeur au minimum.

**Exposition :** ensoleillée ou à mi-ombre.

**Terre :** une bonne terre de jardin, bien drainée.

**Arrosage :** modéré. Laissez le sol sécher en surface avant un nouvel apport d'eau.

**Ennemis et maladies :** les pucerons et l'oïdium envahissent souvent les tiges et le feuillage.

**Utilisations :** en sujet isolé dans un bac élégant.

**Conseil Truffaut :** chaque année, en fin d'hiver quand il ne gèle pas, taillez les branches très court pour conserver un port plus compact à la touffe. Cette opération empêche la floraison et la fructification, mais permet d'obtenir un feuillage plus joli.

## *Santolina chamaecyparissus* SANTOLINE

*Aromatique et résistante à la sécheresse.*

**Arbuste (40 cm, - 12 °C).**

**Feuillage :** dense, persistant et gris argenté. Les feuilles sont serrées sur les tiges, comme un cyprès.

**Floraison :** en mai et juin. Les nombreuses fleurs jaune d'or ont l'aspect de petits pompons.

**Espèces et variétés :** *Santolina chamaecyparissus spp. squarrosa* aux petites feuilles grises persistantes forme une boule de 30 cm de hauteur. *Santolina viridis* est un persistant vert vif au joli port en boule. Ses fleurs jaune-crème apparaissent en mai et juin. 'Primrose Gem' fleurit d'un jaune primevère pâle.

**Comportement en pot :** peu encombrante, la santoline est rustique dans toute la France. Bonne résistance aux embruns. Rempotage annuel.

**Dimensions du pot :** 18 cm de diamètre et de profondeur, au minimum.

**Exposition :** chaude et très ensoleillée.

**Terre :** un bon terreau assez léger, sableux.

**Arrosage :** la santoline résiste bien à une période de sécheresse. Laissez le sol se ressuyer entre deux apports d'eau. Évitez l'humidité stagnante en hiver.

**Ennemis et maladies :** en général, aucun.

**Utilisations :** en potée isolée ou en petite bordure régulière le long des très grands bacs.

**Conseil Truffaut :** chaque année, taillez les plantes après la floraison pour éviter qu'elles ne se dégarnissent. Donnez une silhouette de boule.

## *Sanvitalia procumbens* SANVITALIA

*Une nuée de soleils miniatures.*

**Plante annuelle (20 cm, 0 °C).**

**Feuillage :** les feuilles vert vif sont ovales et pointues. Le port de la touffe est très étalé ou rampant.

**Floraison :** de juillet à octobre. Les fleurs simples ont l'aspect de marguerites jaune d'or à cœur noir.

**Espèces et variétés :** 'Irish Eyes' jaune-orangé à cœur vert. 'Mandarin' semi-double orange intense, à cœur brun. 'Yellow Carpet' a un port très compact et une floraison éclatante jaune citron.

**Comportement en pot :** dans de bonnes conditions de culture, le sanvitalia prospère facilement en pot, avec un minimum de soins. Sa végétation compacte est parfaite pour les petits espaces.

**Dimensions du pot :** pour un pied solitaire, 14 cm de diamètre et de profondeur, au minimum.

**Exposition :** ensoleillée et très chaude.

**Terre :** un terreau de tourbe bien drainé.

**Arrosage :** deux à trois fois par semaine et été. Bonne résistance à la sécheresse.

**Ennemis et maladies :** l'oïdium peut couvrir le feuillage d'un feutrage blanc-gris. Traitez préventivement pendant toute la belle saison.

**Utilisations :** en bordure, dans une grosse potée ou en suspension, avec des pétunias, des zinnias, des œillets d'Inde, des lobélias, des verveines, des pourpiers ou des brachycomes.

**Conseil Truffaut :** quand vous achetez vos plants, choisissez les non fleuris, avec un port compact. Ils seront plus vigoureux et plus florifères ensuite.

▲ *Sambucus racemosa* 'Plumosa Aurea' : léger et doré.

▲ *Santolina chamaecyparissus* : un petit buisson d'argent.

*Sanvitalia procumbens* : un excellent « bouche-trou ». ▶

▲ *Saponaria ocymoides* est idéale dans une auge.

▲ *Sasa masamuneana* 'Albostriata' : éclatant à la fin mai.

## *Saponaria ocymoides* SAPONAIRE

*Un joli tapis compact.*

**Plante vivace (15 cm, - 10 °C).**

**Feuillage :** ovale, spatulé, en touffe tapissante.

**Floraison :** abondante, de mai à juillet. Les petites fleurs rose tendre à rose carmin sont groupées en cymes denses, à l'extrémité des tiges.

**Espèces et variétés :** 'Compacta' forme un coussin vert foncé. 'Splendens' a des fleurs rose sombre et 'Rubra Compacta' une belle floraison rose carmin.

**Comportement en pot :** la croissance est rapide et la plante vit plusieurs années. En suspension, protégez la saponaire des vents trop violents.

**Dimensions du pot :** au minimum 18 cm de diamètre et de profondeur pour un pied.

**Exposition :** au soleil ou à mi-ombre légère.

**Terre :** un bon terreau à base d'écorces.

**Arrosage :** deux fois par semaine sans détremper.

**Ennemis et maladies :** en général, aucun.

**Utilisations :** en couvre-sol au pied d'arbustes à floraison printanière dans un grand bac, en suspension ou en bordure d'une jardinière.

**Conseil Truffaut :** après la floraison, rabattez au ras du sol toutes les fleurs fanées.

## *Sasa spp.* BAMBOU NAIN

*Une touffe compacte mais gracieuse.*

**Plante vivace (80 cm, - 8 °C).**

**Feuillage :** persistant, allongé, assez léger.

**Floraison :** la plupart des bambous ne fleurissent jamais en culture. Mais quand la floraison survient, il est normal de voir la plante dépérir ensuite.

**Espèces et variétés :** il existe plus de quatre cents espèces. *Sasa pumila* développe des feuilles persistantes vert foncé, 'Aurea' est une belle forme à feuillage panaché et strié. Ils forment une touffe assez dense. Robustes et traçants, ils demandent un contenant solide. *Sasa pygmaea,* la plus petite espèce du genre, forme une sorte de gazon.

◀ La sarriette est condimentaire mais aussi décorative.

**Comportement en pot :** les espèces naines sont à privilégier sur un balcon, dans de larges bacs, pour leur permettre de s'étaler. Pour les plus grandes, méfiez-vous des vents trop violents, car l'enracinement de la plante est superficiel.

**Dimensions du pot :** plus large que profond pour que la souche s'installe et développe des nouveaux chaumes. Au minimum 35 cm de diamètre et 30 cm de profondeur pour un pied.

**Exposition :** au soleil léger ou à mi-ombre.

**Terre :** un terreau forestier pas trop acide.

**Arrosage :** deux fois par semaine, pour maintenir un sol toujours frais, mais non détrempé.

**Ennemis et maladies :** les bambous sont des graminées très résistantes, jamais malades.

**Utilisations :** dans de grandes jardinières pour former des bosquets d'aspect exotique.

**Conseil Truffaut :** au printemps, rabattez les tiges pour stimuler la nouvelle végétation.

## *Satureja montana* SARRIETTE VIVACE

*Un parfum de thym et de résine.*

**Sous-arbrisseau (30 cm, - 6 °C).**

**Feuillage :** persistant, en touffe. Les feuilles linéaires sont vert sombre et très aromatiques.

**Floraison :** blanche, de mai à juillet.

**Espèces et variétés :** *Satureja hortensis,* annuelle, est cultivée pour son feuillage parfumé. *Satureja alternipilosa,* un couvre-sol vivace à croissance rapide, offre une floraison blanche à la fin de l'été. *Satureja montana spp. illyrica* ne dépasse pas 15 cm de hauteur. Au début de l'automne, elle se couvre d'une profusion de fleurs d'un bleu presque améthyste.

**Comportement en pot :** la sarriette vivace tient plusieurs années si l'hiver n'est pas trop humide.

**Dimensions du pot :** 16 cm en tous sens.

**Exposition :** chaude et très ensoleillée.

**Terre :** un terreau sableux, pas trop riche.

**Arrosage :** la sarriette résiste à la sécheresse.

**Ennemis et maladies :** en général, aucun.

**Utilisations :** associez la sarriette à des thyms, du serpolet, de la marjolaine, de la sauge.

**Conseil Truffaut :** en mars, taillez légèrement pour conserver à la touffe un port compact.

## *Saxifraga spp.* SAXIFRAGE

*Une multitude de formes.*

**Plante vivace (de 5 à 40 cm, - 20 °C).**

**Feuillage :** le plus souvent persistant, découpé.

**Floraison :** au printemps ou en été.

**Espèces et variétés :** les hybrides de *Saxifraga arendsii* forment des tapis de rosettes de 15 cm de haut. Ils fleurissent en mai, dans les tons roses. *Saxifraga hypnoides* pousse vite et se présente comme un petit coussin, avec un feuillage vert clair moussu. En mai et juin, il se couvre d'une profusion de petites fleurs blanches. *Saxifraga* x *urbium* montre de belles rosettes aplaties vert sombre, formant un petit tapis. En mai et juin, de petites fleurs blanches, ponctuées de rouge, apparaissent au-dessus du feuillage, sur des hampes florales grêles.

**Comportement en pot :** très rustiques, la plupart des saxifrages vivent longtemps en pot.

**Dimensions du pot :** au minimum 14 cm de diamètre et de profondeur pour un pied.

**Exposition :** ensoleillée sans être brûlante, ou à mi-ombre. Certaines espèces prospèrent dans une situation claire, mais à l'abri du soleil.

**Terre :** une terre de jardin ordinaire, légère.

**Arrosage :** laissez le sol sécher en surface entre deux apports. Évitez l'humidité stagnante.

**Ennemis et maladies :** la rouille peut tacher le feuillage de pustules brunes. Surveillez les attaques de pucerons et d'otiorhynques sur les racines.

**Utilisations :** dans une auge pour réaliser une mini-rocaille ou en bordure d'une jardinière.

**Conseil Truffaut :** divisez la touffe quand elle commence à se dégarnir du centre.

## *Scaevola aemula* SCAÉVOLA

*Une suspension très généreuse.*

**Plante vivace non rustique (40 cm, 5 °C).**

**Feuillage :** persistant, vert brillant, assez découpé. Port très étalé ou retombant.

**Floraison :** de juin jusqu'aux premiers gels. Les fleurs bleu vif ont une forme étalée, en éventail. Elles apparaissent en groupe à l'extrémité des tiges.

**Espèces et variétés :** on trouve des variétés de différentes intensités de bleu jusqu'au mauve.

**Comportement en pot :** cette belle espèce australienne gélive est cultivée comme une plante annuelle. Sa culture est recommandée en suspension ou dans un pot assez spacieux.

**Dimensions du pot :** au minimum 25 cm de diamètre et de profondeur pour trois pieds.

**Exposition :** chaude et ensoleillée, mais non brûlante. En été, la mi-ombre est acceptée.

**Terre :** un bon terreau de plantation plutôt acide.

**Arrosage :** maintenez le sol toujours frais, mais non détrempé. Exigeant, le scaévola réagit à la moindre erreur d'arrosage par un jaunissement puis par une chute du feuillage irréversible.

**Ennemis et maladies :** quand l'eau d'arrosage et le substrat sont trop calcaires, les feuilles du scaévola se mettent à jaunir. Pour remédier à ce problème, utilisez un produit antichlorose.

**Utilisations :** en couvre-sol dans un grand bac avec des arbustes de terre de bruyère ; en bordure de balconnière ou en panier suspendu.

**Conseil Truffaut :** pour obtenir un effet de masse, plantez deux ou trois pieds par potée. Pincez les extrémités des pousses au moment de la plantation puis une seconde fois deux semaines après.

▲ *Saxifraga hypnoides* 'Densa' forme un tapis gazonnant.

▲ *Saxifraga* x *arendsii* est appelé « saxifrage mousse ».

*Scaevola* 'Blue Fan' forme de généreuses suspensions. ▶

▲ Les superbes schizanthus hybrides poussent bien en pot.

▲ *Schizostylis coccinea* est aussi appelé le glaïeul écarlate.

## *Schizanthus pinnatus* SCHIZANTHUS

*Comme des fleurs d'orchidées.*

**Plante annuelle (de 0,30 à 1,20 m, 0°C).**

**Feuillage :** en touffe compacte. Les feuilles vert pâle sont profondément divisées.

**Floraison :** de juin à octobre, selon la date de semis. Les fleurs simples de 3 cm de diamètre sont groupées au-dessus du feuillage. Nombreux coloris, unis ou panachés, dans les tons de rose, de rouge, de blanc et de jaune. Vraiment superbe !

**Espèces et variétés :** seuls les hybrides sont disponibles dans le commerce. *Schizanthus pinnatus* 'Dr Badger' porte de grandes fleurs striées, aux coloris brillants. *Schizanthus wisetonensis* 'Hit Parade', de 30 cm de haut, est parfait en pot.

**Comportement en pot :** cultivez plutôt les variétés compactes, de moins de 0,50 m de hauteur. Évitez les courants d'air, tuteurez le grands sujets.

**Dimensions du pot :** 14 cm de diamètre et de profondeur au minimum pour un pied.

**Exposition :** ensoleillée, abritée des vents froids.

**Terre :** un bon terreau d'écorces et de tourbe.

**Arrosage :** abondant tous les deux jours par temps chaud et sec. Ne détrempez pas le sol, car les racines et le collet sont sensibles à la pourriture.

**Ennemis et maladies :** surveillez les attaques de pucerons qui retardent la croissance des jeunes plants.

**Utilisations :** isolé, dans une potée décorative.

**Conseil Truffaut :** de mars à fin avril, semez les graines sous abri à 16 °C. Repiquez une première fois puis mettez en place définitive en mai.

## *Schizostylis coccinea* GLAÏEUL ÉCARLATE

*Une floraison tardive très gracieuse.*

**Plante bulbeuse (de 40 à 90 cm, - 2 °C).**

**Feuillage :** persistant, effilé, proche des glaïeuls.

**Floraison :** en automne. Les fleurs étoilées sont groupées par 6 à 10 sur des hampes dressées.

**Espèces et variétés :** il n'existe qu'une seule espèce, originaire d'Afrique du Sud. Côté variétés, 'Professor Barnard' porte des grandes fleurs rose-rouge, au cœur presque blanc. 'Tambara', plus précoce, montre des fleurs rose vif. 'The Bride' est la variété la plus précoce. Elle épanouit une belle floraison rose tendre. 'Major' est écarlate.

**Comportement en pot :** cette plante au rhizome charnu est vivace. Ne dérangez pas la touffe pendant trois ou quatre ans. En hiver, conservez-la hors gel.

**Dimensions du pot :** 25 cm de diamètre et de profondeur pour trois rhizomes.

**Exposition :** ensoleillée et abritée des froids vifs.

**Terre :** un terreau sableux, léger et frais.

**Arrosage :** tous les deux jours pendant le printemps. C'est une plante de bord d'eau. Installez le pot dans une soucoupe remplie d'eau en été.

**Ennemis et maladies :** la pourriture grise peut envahir le feuillage par temps très humide.

**Utilisations :** avec des *Sedum spectabile*.

**Conseil Truffaut :** en avril, plantez les rhizomes à 6-8 cm de profondeur, en les espaçant de 15 cm.

## *Schlumbergera truncata* CACTUS DE NOËL

*Une généreuse floraison hivernale.*

**Cactus (de 30 à 40 cm, 10 °C).**

**Feuillage :** épais, charnu et persistant. Les feuilles vertes, aplaties et sans épines, sont segmentées. Le port étalé est très ramifié.

◀ Arrosez le cactus de Noël quand le feuillage se ride.

**Floraison :** en hiver. Les grandes fleurs en forme de plumet lâche sont rose vif.

**Espèces et variétés :** il existe de nombreuses variétés, différant principalement par le coloris des fleurs : blanc, jaune, orange, rose, rouge ou violet.

**Comportement en pot :** une excellente plante, facile à cultiver en bac. Cette espèce gélive doit être abritée dans une véranda d'octobre à mai.

**Dimensions du pot :** 14 cm en tous sens par pied.

**Exposition :** chaude, à mi-ombre légère.

**Terre :** un mélange de terreau de feuilles, de sable et de tourbe fibreuse par tiers.

**Arrosage :** une à deux fois par semaine pour maintenir la terre fraîche. Après la floraison, laissez le sol sécher en surface entre deux apports d'eau.

**Ennemis et maladies :** les cochenilles farineuses peuvent envahir le feuillage.

**Utilisations :** en isolé, dans une suspension ou dans une belle potée avec d'autres cactées.

**Conseil Truffaut :** la multiplication par bouture de morceaux de feuilles est facile et rapide en été.

## *Scilla sibirica* SCILLE

*Une timide messagère du printemps.*

**Plante bulbeuse (de 10 à 20 cm, - 10 °C).**

**Feuillage :** vert vif. Chaque bulbe émet quatre à six feuilles étroites, un peu comme de l'herbe.

**Floraison :** en mars et avril. Les fleurs en clochettes sont groupées en épis dressés au-dessus du feuillage.

**Espèces et variétés :** 'Spring Beauty' porte des fleurs bleu foncé intense. 'Alba' se distingue par une belle floraison blanche. *Scilla peruviana* produit une impressionnante floraison bleu vif en mai. Plantez-la dans une situation chaude et abritée.

**Comportement en pot :** culture facile. Cette espèce n'aime pas les climats aux étés trop chauds. Elle peut être laissée dans le pot plusieurs années.

**Dimensions du pot :** 20 cm de diamètre et de profondeur pour cinq à huit bulbes.

**Exposition :** à mi-ombre ou même à l'ombre.

**Terre :** un mélange acide et bien drainé de terre de jardin, de terreau et de sable, par tiers.

**Arrosage :** maintenez le sol toujours frais, mais non détrempé, pendant la période de végétation.

**Ennemis et maladies :** l'anguillule des tiges peut détruire les bulbes. La rouille couvre parfois le feuillage de taches jaunes sans gravité.

**Utilisations :** en bordure des jardinières printanières, superbe avec un forsythia ou une azalée.

**Conseil Truffaut :** à l'automne, plantez les bulbes à 8-10 cm de profondeur, tous les 5 cm.

## *Sedum spp.* SÉDUM, ORPIN

*Un grand ami de la sécheresse.*

**Plante vivace (de 3 à 60 cm, - 10 °C).**

**Feuillage :** souvent charnu et coriace, persistant ou caduc. Les feuilles sont aplaties ou cylindriques. Port en touffe dressée ou en tapis.

**Floraison :** selon les espèces, de mai à octobre.

**Espèces et variétés :** *Sedum aizoon* montre un beau feuillage vert clair ; en juillet, il se couvre de fleurs au parfum et à la couleur du miel. *Sedum spectabile* forme une touffe dressée, d'un beau vert bleuté, et arrondie, surmontée par des larges inflorescences plates, de juillet à octobre. *Sedum spathulifolium* développe des feuilles persistantes plates, disposées en rosette. Il ne dépasse pas 5 cm de hauteur et fleurit en mai et en juin, dans les tons de jaune. 'Cape Blanco' porte un feuillage blanc argenté. 'Purpureum' se distingue par une végétation vigoureuse et des feuilles pruineuses pourprées.

**Comportement en pot :** très résistants et faciles à cultiver, les sédums peuvent pousser dans très peu de terre. Plantez les espèces stolonifères dans des terrines larges et peu profondes.

**Dimensions du pot :** 12 cm en tous sens pour un pied rampant, 20 cm pour le *Sedum spectabile*.

**Exposition :** ensoleillée, chaude, sèche.

**Terre :** une bonne terre de jardin, calcaire, drainée.

**Arrosage :** seulement quand le sol est sec.

**Ennemis et maladies :** les sédums sont rarement sujets aux maladies et aux attaques de parasites.

**Utilisations :** en bordure des jardinières de vivaces, en couvre-sol dans une auge, en potée.

**Conseil Truffaut :** d'avril à juillet, les boutures d'extrémités des tiges s'enracinent facilement.

▲ La scille de Sibérie doit être plantée en groupe serré.

▲ *Sedum spectabile* : l'orpin aux fleurs automnales.

*Sedum spathulifolium* apprécie le plein soleil. ▶

▲ Les joubarbes fleurissent toutes en juin et en juillet.

▲ Les joubarbes préfèrent les potées plus larges que hautes.

◄ *Senecio* 'Sunshine' est idéal pour le bord de mer.

## *Sempervivum spp.* JOUBARBE

*L'amie de la grande sécheresse.*

**Plante vivace (de 10 à 30 cm, - 10 °C).**

**Feuillage :** persistant, succulent, en rosette. Les petites feuilles charnues sont ovales à elliptiques.

**Floraison :** à la fin du printemps ou en été. Les fleurs roses, blanches ou rouges sont groupées à l'extrémité de tiges épaisses, dressées au-dessus du feuillage. Les rosettes meurent après la floraison, après avoir émis de nombreux rejets.

**Espèces et variétés :** *Sempervivum arachnoideum* développe un feuillage vert grisâtre, couvert de petites soies argentées. La floraison rose rougeâtre est très décorative. *Sempervivum tectorum* forme des grandes rosettes vertes teintées de brun violacé ; prolifique et résistante, cette plante fleurit dans les tons de blanc et de rose pâle. Parmi les multiples hybrides disponibles, choisissez 'Othello' pour ses larges rosettes rouge brunâtre, 'Rubin' au coloris rouge rubis, plus vif au printemps, et 'Commander Hay', aux grandes rosettes plates et ouvertes, d'un beau coloris rouge-brun, avec les extrémités des feuilles vert bronze.

**Comportement en pot :** la culture est vraiment très facile, ne nécessitant pratiquement pas de soins. Les joubarbes se contentent de peu de terre et sont d'une résistance à toute épreuve.

**Dimensions du pot :** 14 cm de diamètre et seulement de 10 à 12 cm de profondeur pour un plant.

**Exposition :** en plein soleil, même chaud et sec.

**Terre :** pauvre, légère, sableuse, filtrante.

**Arrosage :** seulement quand le sol est bien sec.

**Ennemis et maladies :** la rouille peut recouvrir les feuilles de pustules orangées.

**Utilisations :** en terrines ou en petites potées décoratives avec des sédums ou des graminées, en petit jardin sec dans une auge.

**Conseil Truffaut :** au printemps et en été, la multiplication est facile par bouturage des nombreux rejets émis par la rosette principale. Repiquez chaque rosette « fille » dans un mélange de sable et de terre de jardin, sans ajouter d'engrais.

## *Senecio spp.* SÉNEÇON, CINÉRAIRE

*L'argent du feuillage, l'or des floraisons.*

**Plante vivace, plante annuelle ou arbuste (de 0,10 à 1,80 m, de 0 à - 10 °C).**

**Feuillage :** persistant ou caduc, souvent coloré.

**Floraison :** au printemps ou en été. Les fleurs, réunies en bouquets lâches, ont l'aspect de marguerites jaunes assez spectaculaires.

**Espèces et variétés :** *Senecio bicolor spp. cineraria,* la cinéraire maritime, est une espèce sous-arbustive vivace, à feuilles persistantes lobées, blanc argenté (hauteur 60 cm) ; 'Candidissima' porte un feuillage profondément découpé, 'Diamant' se distingue par un blanc pur argenté. *Senecio greyi* (appelé aussi *Brachyglottis* x *'Sunshine'*) développe un feuillage persistant gris à liseré argent, avec le revers des feuilles blanc feutré (hauteur 1 m) ; les grandes fleurs jaunes apparaissent en juin et juillet. *Senecio saxifraga* forme un joli coussin vert, étalé ou retombant, de 20 à 30 cm de haut, couvert de petites fleurs jaunes tout l'été ; cultivé souvent comme une plante annuelle, il est pourtant vivace mais doit être hiverné à l'abri du gel. Très spectaculaire *Senecio petasites* développe des grandes feuilles vert sombre, duveteuses et arrondies (hauteur 1,5 m) ; la souche est rustique jusqu'à - 10 °C.

**Comportement en pot :** les espèce arbustives, peu rustiques, conviennent pour les climats doux et les régions situées en bord de mer.

**Dimensions du pot :** au minimum 14 cm de haut et de large pour les espèces herbacées. Pour les séneçons arbustifs, 25 cm en tous sens.

**Exposition :** chaude, aérée et bien ensoleillée.

**Terre :** un bon terreau sableux, bien drainé.

**Arrosage :** deux fois par semaine en moyenne pendant la belle saison. Régime sec en hiver.

**Ennemis et maladies :** thrips, pucerons et cochenilles farineuses peuvent envahir le feuillage.

**Utilisations :** dans toutes les compositions automnales ou dans les jardinières de vivaces.

**Conseil Truffaut :** supprimez toutes les fleurs fanées au fur et à mesure qu'elles se forment, en coupant au-dessus de la première belle feuille.

## *Silene spp.*
## SILÈNE

*Une floraison tout en fraîcheur.*

**Annuelle ou vivace (de 5 à 50 cm, - 10°C).**

**Feuillage :** les feuilles vert dense ou vert argenté sont ovales, lancéolées ou oblongues.

**Floraison :** de la fin du printemps à la fin de l'été. Les fleurs sont aplaties ou étoilées, reconnaissables à leur calice renflé ou tubulaire.

**Espèces et variétés :** parmi les espèces annuelles, choisissez *Silene pendula,* au port très compact et à la floraison estivale rose pâle, en gros bouquets retombants (hauteur de 15 à 20 cm). Parmi les silènes vivaces, *Silene maritima* forme une belle touffe au port un peu lâche, avec un feuillage vert bleuté et une abondante floraison blanche (hauteur 15 cm). 'Plena' donne des grandes fleurs doubles ressemblant à des petits œillets. 'Druett's Variegated' se distingue par un beau feuillage en coussin, vert pâle et blanc crème, avec une floraison blanche. *Silene schafta* a l'aspect d'un petit coussin, vert foncé ; de juillet à septembre, les fleurs simples rose foncé apparaissent aux extrémités des tiges (hauteur de 10 à 15 cm).

**Comportement en pot :** rustique et facile à cultiver. Les racines sont très fragiles. Ne cassez pas la motte lors d'une transplantation.

**Dimensions du pot :** au minimum 16 cm de diamètre et de profondeur pour un pied.

**Exposition :** ensoleillée sans être brûlante.

**Terre :** peu exigeantes, les silènes se contentent d'un sol de jardin ordinaire, léger et bien drainé.

**Arrosage :** laissez le sol sécher légèrement en surface entre deux apports d'eau.

**Ennemis et maladies :** en général, aucun. Un sol trop humide en hiver peut provoquer la pourriture des racines.

**Utilisations :** en bordure d'une jardinière avec des plantes vivaces, dans une auge pour les petites espèces ou en panier suspendu.

**Conseil Truffaut :** les silènes meurent le plus souvent d'un excès d'eau que de soif. Soyez donc parcimonieux dans vos arrosages et ne laissez pas d'eau stagner sous le pot. Après la floraison, rabattez les fleurs fanées juste au-dessus du feuillage.

## *Sisyrinchium spp.*
## SISYRINCHIUM

*Une plante vivace à redécouvrir.*

**Plante vivace (de 15 à 60 cm, - 5 °C).**

**Feuillage :** vert à vert argenté, persistant, en touffe évasée. Les feuilles élancées ont une forme d'épée, comme celles des iris.

**Floraison :** de mai à octobre, selon les espèces. Les petites fleurs simples en coupe sont groupées sur des tiges dressées au-dessus du feuillage. Les fleurs naissent et meurent pratiquement dans la même journée, mais se succèdent au fil des mois. La plante demande à être admirée de près pour apprécier la subtilité de sa floraison.

**Espèces et variétés :** *Sisyrinchium striatum* est peu rustique, mais il se ressème très facilement ; il épanouit de nombreuses fleurs blanc crème à jaune pâle, rayées de brun en début d'été (hauteur de 50 à 60 cm), portées par des hampes dressées. 'Aunt May' se distingue par un feuillage rayé de jaune crème ; sa culture est beaucoup plus délicate. *Sisyrinchium californicum* ne dépasse pas 15 cm de haut ; la floraison jaune d'or apparaît de mai à juillet. *Sisyrinchium bermudianum* est bleu azur.

**Comportement en pot :** la culture est facile. Cette plante peu encombrante n'exige qu'un entretien minimum et dure plusieurs années en pot.

**Dimensions du pot :** au moins 16 cm de diamètre et de profondeur pour un pied. Préférez une coupe large, dans laquelle vous installerez ensemble quatre ou cinq touffes pour un effet de masse.

**Exposition :** abritée du froid et ensoleillée.

**Terre :** un mélange à parts égales de terreau de feuilles, de sable de rivière et de tourbe.

**Arrosage :** une à deux fois par semaine.

**Ennemis et maladies :** en général, aucun.

**Utilisations :** en isolé dans une potée décorative ou en bordure d'une jardinière de vivaces.

**Conseil Truffaut :** après la floraison, coupez les hampes florales. Les sisyrinchiums apprécient un lit de cailloux fins déposé en couche de 1 ou 2 cm, sur la terre du pot. Ils profitent ainsi de la chaleur accumulée dans la journée par les cailloux.

▲ Difficile de trouver plus lumineux que le cinéraire !

▲ *Silene schafta* fleurit abondamment et tardivement.

*Sisyrinchium bermudianum* : un petit bijou bleu azur. ▶

Le skimmia peut vivre de nombreuses années en pot.

*Solanum pseudocapsicum* : c'est le pommier d'amour.

L'aubergine est le *Solanum melongena*.

## *Skimmia japonica* SKIMMIA

*Une croissance tout en langueur.*

**Arbuste (de 0,60 à 1,50 m, -10 °C).**

**Feuillage :** en touffe arrondie, persistant, assez dense. Les feuilles coriaces vert pâle sont ovales et lancéolées, parfois panachées.

**Floraison :** en mars et en avril. Les fleurs mâles et femelles apparaissent sur des pieds séparés. Elles sont étoilées, groupées en panicules terminales. Sur les pieds femelles, des baies rouge vif très décoratives persistent une partie de l'hiver.

**Espèces et variétés :** 'Fragrans' offre une floraison mâle blanche très parfumée. 'Rubella' est une belle variété mâle, qui donne des boutons floraux rouges. 'Oblata' résiste bien à la pollution urbaine. *Skimmia reevesiana* (appelé aussi *Skimmia fortunei*) présente un port compact et ne dépasse pas 90 cm de haut. C'est une espèce hermaphrodite qui porte toujours des fruits.

**Comportement en pot :** la culture est facile, mais le skimmia n'est pas très rustique. Les gelées hivernales abîment le feuillage. Protégez la potée des courants d'air froids, en l'abritant par exemple dans l'angle de deux murs, et en enveloppant la potée dans un morceau de voile d'hivernage quand la température nocturne descend en dessous de -5 °C. La plante résiste bien mieux au froid quand la terre n'est pas trop mouillée.

**Dimensions du pot :** au minimum 25 cm de profondeur et de largeur pour un pied.

**Exposition :** abritée, à mi-ombre. Un ensoleillement trop fort provoque le jaunissement du feuillage.

**Terre :** de la terre de bruyère pure.

**Arrosage :** tous les deux ou trois jours, pour maintenir le sol toujours frais mais non détrempé.

**Ennemis et maladies :** les skimmias sont assez sensibles à la chlorose en présence de calcaire.

**Utilisations :** en isolé, dans une belle potée décorative ou en jardinière avec des rhododendrons, des azalées ou des petits érables du Japon.

**Conseil Truffaut :** une taille légère en été permet de conserver un port buissonnant compact et régulier.

## *Solanum spp.* SOLANUM

*Un adorable « poison ».*

**Plante annuelle, vivace, grimpante ou arbuste (de 0,30 à 3 m, de 0 à -5 °C).**

**Feuillage :** persistant ou caduc, très variable.

**Floraison :** étoilée au printemps ou en été.

**Espèces et variétés :** *Solanum jasminoides* porte un feuillage semi-persistant sur de longs rameaux volubiles, à croissance rapide ; de juillet à novembre, il produit des grappes de fleurs étoilées blanc bleuté (hauteur 3 m). Il est rustique jusqu'à -5 °C. 'Alba' est une variété à fleurs blanc pur. *Solanum crispum* 'Glasnevin' atteint 3 m de haut ; cette plante grimpante à feuilles persistantes se couvre de fleurs bleu-violet à étamines jaunes, d'avril à juin, avec parfois une remontée en automne. *Solanum rantonnetii* forme un beau buisson de 1 m à 1,5 m. Les feuilles sont caduques ; la floraison bleu-violet clair apparaît de juin à octobre. Le feuillage est détruit par le froid à -5 °C, mais la souche résiste jusqu'à -10 °C. 'Variegata aurea' se distingue par un feuillage panaché de jaune. *Solanum melongena*, l'aubergine, est une plante annuelle buissonnante, cultivée pour ses fruits charnus délicieux et décoratifs. *Solanum pseudocapsicum*, le « pommier d'amour », forme un sous-arbrisseau très ramifié, à feuillage persistant ; les petites fleurs blanches donnent des fruits globuleux, rouges à maturité et qui persistent une partie de l'hiver sur la plante. Hauteur de 0,50 à 1 m. Il faut le protéger du gel en hiver, en le rentrant dans une véranda peu chauffée (de 5 à 10 °C).

**Comportement en pot :** la croissance est souvent très rapide, d'où la nécessité d'effectuer des apports d'engrais tous les dix jours en été et des rempotages fréquents. Évitez la culture des solanums épineux, trop dangereux sur un balcon.

**Dimensions du pot :** au minimum 15 cm de diamètre et de profondeur pour les plus petites espèces. Au moins 25 cm pour un solanum grimpant ou un pied d'aubergine.

**Exposition :** chaude, abritée et très ensoleillée.

**Terre :** un terreau léger et bien drainé.

**Arrosage :** au moins tous les deux jours, voire quotidiennement par temps chaud et sec. Pas plus d'une fois par semaine en hiver.

**Ennemis et maladies :** les araignées rouges, les aleurodes et les pucerons provoquent souvent des dégâts très importants sur le feuillage. Traitez dès que les problèmes apparaissent.

**Utilisations :** en potée isolée. Palissez les plantes grimpantes sur un treillage, contre un mur.

**Conseil Truffaut :** en avril, taillez les pousses gelées et les tiges les plus faibles des espèces grimpantes. Rabattez les pousses du pommier d'amour en supprimant le tiers de leur longueur.

## *Soleirolia soleirolii* HELXINE

*Idéale pour remplacer la mousse.*

**Plante vivace (3 cm, - 5 °C).**

**Feuillage :** persistant, brillant, en tapis. Les minuscules feuilles vertes et rondes sont portées par des tiges fines, couchées et radicantes. De loin, le feuillage de l'helxine ressemble à un tapis de mousse vert frais et très compact.

**Floraison :** verdâtre et insignifiante, en juillet.

**Espèces et variétés :** il existe une variété très décorative à feuillage doré et une autre à feuilles vert-gris, finement marginées de crème, mais ces deux formes sont plus délicates.

**Comportement en pot :** la culture est très facile, mais cette petite plante frileuse noircit dès le premier gel. Si la température ne descend pas trop bas pendant l'hiver, la plante repartira vigoureusement de la souche au printemps, surtout si vous l'avez protégée par un paillis ou une couche de tourbe. Mais pour la conserver intacte, mieux vaut la rentrer dans une véranda ou dans une serre froide pendant tout l'hiver.

**Dimensions du pot :** plantez l'helxine dans une terrine plate, très large et peu profonde, pour qu'elle forme un joli tapis dense et régulier.

**Exposition :** abritée, à mi-ombre ou à l'ombre.

**Terre :** un terreau de feuilles, riche et bien drainé.

**Arrosage :** deux fois par semaine par temps chaud et sec, pour maintenir le sol toujours frais mais non détrempé. Vaporisez de l'eau fraîche en été.

**Ennemis et maladies :** en général, aucun. Un excès d'arrosage ou un mauvais drainage peut provoquer la pourriture des racines et des tiges.

**Utilisations :** en tapis, au pied d'arbustes ou de plantes herbacées plus grandes. En suspension.

**Conseil Truffaut :** l'helxine se multiplie facilement par fractionnement des tiges enracinées pendant toute la belle saison.

## *Sparmannia africana* TILLEUL D'APPARTEMENT

*Un bel aspect exotique.*

**Arbuste (de 1,50 à 2,50 m, 0 °C).**

**Feuillage :** vert vif, persistant. Les larges feuilles en forme de cœur sont souples et duveteuses.

**Floraison :** en mai et en juin. Les fleurs, blanches avec au cœur un gros bouquet d'étamines jaune et pourpre, sont groupées en ombelles terminales.

**Espèces et variétés :** *Sparmannia africana* est la seule espèce cultivée sur les sept connues.

**Comportement en pot :** la croissance est vigoureuse et importante. Abritez la potée des vents violents. En hiver, rentrez le sparmannia dans une véranda chauffée à 5 ou 7 °C. De mai à septembre, faites un apport d'engrais liquide tous les dix jours.

**Dimensions du pot :** au minimum 25 cm de diamètre et de profondeur pour un jeune pied de 1 m de hauteur. Un contenant carré est préférable.

**Exposition :** chaude et ensoleillée.

**Terre :** un terreau géranium classique convient.

**Arrosage :** tous les deux à trois jours par temps chaud et sec. Très réduit en hiver, en laissant le sol sécher en surface entre deux apports d'eau.

**Ennemis et maladies :** les aleurodes, les araignées rouges et les pucerons envahissent souvent le feuillage, surtout en période hivernale.

**Utilisations :** en isolé, dans une belle potée décorative, la plante étant conduite sur tige.

**Conseil Truffaut :** rempotez chaque année au début du printemps et rabattez les tiges de la moitié ou des deux tiers de leur longueur afin de provoquer des ramifications qui porteront les fleurs.

▲ *Solanum jasminoides* a besoin de soleil pour bien fleurir.

▲ L'helxine est capable de recouvrir entièrement son pot.

*Sparmannia africana* est assez frileux mais spectaculaire. ▶

▲ L'anisodontéa aime la lumière et le soleil.

▲ *Spiraea japonica* 'Antony Waterer' : une valeur sûre.

◀ La spirée 'Gold Flame' préfère la mi-ombre.

## *Sphaeralcea capensis*
## ANISODONTÉA

*Une nouvelle vedette pour les balcons.*

**Arbuste (de 1 à 1,50 m, -5 °C).**

**Feuillage :** vert clair, découpé et persistant.

**Floraison :** abondante, de mai à novembre. Les petites fleurs simples en forme de coupe sont rose pâle marqué de pourpre au cœur.

**Espèces et variétés :** *Sphaeralcea capensis* est la seule espèce proposée actuellement.

**Comportement en pot :** facile à cultiver, cette plante ne nécessite pas de repos végétatif quand elle est cultivée dans les régions au climat doux (zone de l'oranger ou en bord de mer).

**Dimensions du pot :** de 18 à 25 cm de diamètre et de profondeur pour un pied.

**Exposition :** abritée, chaude et ensoleillée.

**Terre :** un mélange bien drainé de terre de jardin et de terreau de feuilles, par moitié.

**Arrosage :** deux fois par semaine par temps chaud et sec. Très réduit pendant le repos hivernal.

**Ennemis et maladies :** attention aux aleurodes en hiver et aux araignées rouges en été.

**Utilisations :** en isolé, dans une belle potée décorative. Cette plante peut se conduire sur tige.

**Conseil Truffaut :** à la fin de l'hiver, rabattez sévèrement les tiges. Au fur et à mesure de la croissance, pincez souvent les nouvelles pousses pour garder un port esthétique, touffu et compact.

## *Spiraea spp.*
## SPIRÉE

*Un petit buisson sans problème.*

**Arbuste (de 0,60 à 1,50 m, -15 °C).**

**Feuillage :** caduc. Les feuilles sont ovales ou oblongues, vertes ou colorées selon les variétés.

**Floraison :** les spirées de printemps développent une belle floraison blanche. Celles d'été donnent des fleurs roses ou rouges, très décoratives.

**Espèces et variétés :** *Spiraea japonica* 'Candelight' montre un jeune feuillage rouge orangé qui devient peu à peu orange vif puis jaune verdâtre en cours de végétation (hauteur de 60 à 70 cm). 'Golden Princess' est d'un beau jaune lumineux. 'Goldmound' et 'Golden Dome' lui ressemblent beaucoup, mais avec une végétation plus naine. 'Shirobana' présente des fleurs rouges et blanches sur le même pied. *Spiraea* x *vanhouttei* porte de longues branches arquées qui se couvrent de petites fleurs blanc pur groupées en bouquets en mai. La mutation 'Pink Ice' se distingue par un feuillage vert clair, éclaboussé de crème ; les jeunes pousses sont teintées de rose. *Spiraea* x *bumalda* 'Anthony Waterer' épanouit une superbe floraison rouge de juillet à septembre (hauteur 80 cm).

**Comportement en pot :** de culture facile, les spirées sont rustiques, peu encombrantes et durent plusieurs années sans nécessiter de rempotage.

**Dimensions du pot :** au minimum 25 cm de diamètre et de profondeur pour un pied.

**Exposition :** ensoleillée ou à mi-ombre pour les spirées à feuillage jaune ou panaché.

**Terre :** un terreau « géraniums » un peu sableux.

**Arrosage :** tous les deux ou trois jours par temps chaud et sec. Une fois par semaine en hiver.

**Ennemis et maladies :** l'oïdium recouvre souvent le feuillage des spirées à feuillage jaune.

**Utilisations :** en isolé, dans une grosse potée décorative ou en haie basse dans une jardinière.

**Conseil Truffaut :** à la fin de l'hiver, rabattez les spirées à feuillage doré ou panaché pour favoriser la croissance de nouvelles pousses bien colorées. Toutes les espèces fleurissant sur le bois de l'année peuvent être taillées court en mars.

## *Sprekelia formosissima*
## LIS DE SAINT-JACQUES

*Une somptueuse floraison estivale.*

**Plante bulbeuse (40 cm, 5 °C).**

**Feuillage :** caduc. Les feuilles rubanées et très allongées sont vert vif.

**Floraison :** en début d'été. Les grandes fleurs ressemblant à des orchidées ont une belle couleur rouge vif. Elles apparaissent avant le feuillage.

**Espèces et variétés :** *Sprekelia formosissima* est la seule espèce proposée dans le commerce.

**Comportement en pot :** seuls les bulbes ayant

une circonférence d'au moins 18 à 20 cm fleurissent. Évitez les bacs à réserve d'eau.

**Dimensions du pot :** utilisez un contenant en terre cuite plus large que haut. Pour un bulbe, prévoyez un pot de 14 cm de diamètre pour 12 cm de profondeur.

**Exposition :** chaude, abritée et ensoleillée.

**Terre :** un mélange par tiers de terre de jardin, de terreau de feuilles et de sable de rivière.

**Arrosage :** tous les trois jours en période de végétation, quotidien par temps chaud et sec. Réduisez les apports d'eau dès la fin juillet pour que la plante entre en repos dans une ambiance sèche.

**Ennemis et maladies :** les cochenilles farineuses colonisent parfois le bas du feuillage.

**Utilisations :** en isolé, dans une potée décorative.

**Conseil Truffaut :** les bulbes sont rempotés en février ou en mars et conservés au sec et à l'abri du gel jusqu'en mai. Laissez la partie supérieure du bulbe dépasser du substrat.

## *Stachys spp.* ÉPIAIRE, BÉTOINE

*Un feuillage doux comme du velours.*

**Plante vivace (de 15 à 70 cm, - 15 °C).**

**Feuillage :** persistant souvent laineux, argenté.

**Floraison :** en été sur des épis verticaux.

**Espèces et variétés :** *Stachys byzantina* (appelé aussi *Stachys lanata*), ou communément « oreille-d'ours », est une espèce vivace tapissante, cultivée surtout pour son feuillage duveteux, recouvert de poils blanc argenté ; les fleurs roses sont portées par des hampes florales argentées, dressées au-dessus du feuillage (hauteur de 30 à 50 cm). 'Big Ears' est une sélection à grandes feuilles grises. 'Silver Carpet' ne fleurit presque pas ; il forme un tapis très dense, de 15 cm de haut. *Stachys grandiflora* a une végétation dense, en coussin ; très florifère, il se couvre de fleurs rose pourpré groupées en gros épis courts. 'Superba' est une forme à fleurs plus grandes, très spectaculaire (hauteur 50 cm).

**Comportement en pot :** très rustiques, les stachys sont des plantes faciles à vivre et belles toute l'année. Rempotage tous les deux ou trois ans.

**Dimensions du pot :** au minimum 18 cm de diamètre et de profondeur pour un pied.

**Exposition :** ensoleillée, mais non brûlante.

**Terre :** plutôt calcaire et bien drainée.

**Arrosage :** tous les trois jours par temps chaud et sec. Le sol peut sécher en surface.

**Ennemis et maladies :** en général, aucun.

**Utilisations :** en bordure des grandes jardinières.

**Conseil Truffaut :** après la floraison, rabattez toutes les hampes florales au niveau du feuillage. En mars, supprimez les vieilles feuilles abîmées.

## *Strelitzia reginae* OISEAU DE PARADIS

*Des fleurs extraordinaires.*

**Plante vivace (1,50 m, 5 °C).**

**Feuillage :** persistant, en touffe. Les grandes feuilles vert bleuté sont dressées et coriaces.

**Floraison :** de décembre à mai. Les fleurs splendides en forme de tête d'oiseau mélangent les couleurs bleu, orange, rouge, violet et jaune.

**Espèces et variétés :** le genre ne comprend que cinq espèces, toutes tropicales. *Strelitzia augusta* (appelé aussi *Strelitzia alba*) forme une touffe géante, qui peut atteindre plusieurs mètres de haut ; les fleurs sont blanches et violettes.

**Comportement en pot :** bien nourrie, la plante devient vite volumineuse. Hivernez la potée en serre froide ou dans une véranda, de fin septembre à mai.

**Dimensions du pot :** au minimum 40 cm de diamètre et de profondeur pour un pied.

**Exposition :** chaude, abritée et ensoleillée.

**Terre :** un mélange à parts égales de terreau de fumier, de terre de jardin et de sable de rivière.

**Arrosage :** au moins 5 litres chaque jour par temps chaud et sec. Très réduit en hiver.

**Ennemis et maladies :** attention aux attaques de cochenilles sur le feuillage.

**Utilisations :** en isolé, dans un grand bac.

**Conseil Truffaut :** donnez un engrais liquide tous les dix jours de mai à septembre. Tous les deux ans, rempotez dans un terreau neuf, après la floraison ou en mars.

▲ Le lis de St Jacques, on dirait une orchidée.

▲ *Stachys lanata* 'Silver Carpet' : un feuillage couleur argent.

Le strélitzia demande un contenant très large. ▶

▲ Exotique, le streptosolen adore le soleil et la chaleur.

▲ Attention, le bacopa est sensible aux manques d'eau.

## *Streptosolen jamesonii*
## STREPTOSOLEN

*Une profusion de trompettes éclatantes.*

**Arbuste (de 0,60 à 1,50 m, 5 °C).**

**Feuillage :** persistant. Les petites feuilles ovales et velues sont vertes et brillantes. Port buissonnant.

**Floraison :** d'avril à juin. Les fleurs simples et tubulaires, orange vif, apparaissent groupées en bouquets pendant à l'extrémité des tiges.

**Espèces et variétés :** une seule espèce est cultivée, 'Yellow', est une jolie forme à fleurs jaunes.

**Comportement en pot :** le streptosolen se cultive comme un datura ou un laurier-rose. De fin septembre à début mai, rentrez la potée dans une véranda, maintenue à 7 ou 8 °C.

**Dimensions du pot :** au minimum 20 cm en tous sens pour un pied de moins de 1 m de haut.

**Exposition :** chaude, abritée et ensoleillée.

**Terre :** un bon terreau de rempotage.

**Arrosage :** tous les trois jours par temps chaud et sec. En hiver, laissez le sol sécher en surface.

**Ennemis et maladies :** les aleurodes et les pucerons sont à redouter, surtout en hiver.

**Utilisations :** en isolé dans une belle poterie décorative. Son port souple permet de le cultiver aussi dans un grand panier suspendu.

**Conseil Truffaut :** les jeunes tiges flexibles se palissent facilement contre un mur abrité.

## *Sutera diffusa*
## BACOPA

*Un joli coussin tout rond et bien fleuri.*

**Plante vivace (20 cm, de 4 à 5 °C).**

**Feuillage :** très étalé ou retombant, gaufré. Les longues tiges fines recouvrent vite le pot. **Floraison :** de mai à octobre. Les minuscules fleurs blanches en forme de trompettes apparaissent en grand nombre aux extrémités des tiges.

**Espèces et variétés :** il existe une forme plus petite, aux fleurs d'un joli bleu lavande.

**Comportement en pot :** facile à cultiver comme une annuelle pour la décoration estivale.

◀ Le lilas 'Katherine Havemeyer' arbore des fleurs doubles.

**Dimensions du pot :** au minimum 14 cm de diamètre et de profondeur pour un pied.

**Exposition :** à mi-ombre, à l'abri des vents.

**Terre :** un bon terreau « géraniums » convient.

**Arrosage :** tous les deux jours, sans détremper.

**Ennemis et maladies :** pratiquement aucun.

**Utilisations :** en couvre-sol ou en bordure dans les jardinières, superbe aussi en suspension.

**Conseil Truffaut :** donnez un engrais liquide tous les huit jours, de mai à septembre.

## ♣ *Syringa vulgaris*
## LILAS

*Un parfum unique.*

**Arbuste (de 2 à 3 m, - 15 °C).**

**Feuillage :** caduc. Les feuilles en forme de cœur ou ovales sont d'un beau vert franc.

**Floraison :** en avril et en mai. Les petites fleurs sont groupées en grosses panicules terminales.

**Espèces et variétés :** parmi les lilas à fleurs simples, choisissez 'Etna', rouge bordeaux, 'Jan van Tool', blanc pur, 'Massena', pourpre foncé et très parfumé, ou 'Vestale', blanc pur, très florifère et au port compact. Parmi les doubles ou semi-doubles, retenez 'Belle de Nancy', presque rose, 'Jeanne d'Arc', blanc pur, 'Katherine Havemeyer', lavande pourpré et très parfumé, ou 'Président Vigier', lilas clair, aux boutons floraux rouge violacé. *Syringa microphylla* 'Superba' ne dépasse pas 2 m de haut. Il se couvre de fleurs légères au parfum agréable en mai. Il refleurit parfois de la fin août à la fin septembre.

**Comportement en pot :** le lilas demande deux ou trois ans pour bien s'établir dans son pot.

**Dimensions du pot :** au minimum 40 cm de diamètre et de profondeur pour un pied.

**Exposition :** ensoleillée, à l'abri des vents forts.

**Terre :** un sol de jardin un peu calcaire. Le lilas apprécie un apport d'engrais au printemps.

**Arrosage :** ne détrempez pas le sol.

**Ennemis et maladies :** le feuillage est parfois abîmé par la mineuse du lilas et par les otiorhynques.

**Utilisations :** en arrière-plan des grands bacs.

**Conseil Truffaut :** coupez de moitié toutes les branches ayant fleuri pour conserver un aspect compact au lilas et stimuler la floraison prochaine.

*Tagetes spp.*
## ŒILLET D'INDE, ROSE D'INDE

*Des mois d'or et de soleil.*

**Plante annuelle (de 20 à 70 cm, 5 °C).**

**Feuillage :** en touffe compacte, vert foncé brillant et très découpé, ce qui lui donne beaucoup d'élégance. Les feuilles froissées dégagent une odeur caractéristique très forte, plutôt désagréable.

**Floraison :** de juin aux premières gelées, sans interruption. Les fleurs simples ressemblent à des petites marguerites assez fines. Les fleurs doubles ont l'aspect de pompons plus ou moins compacts. Les coloris se déclinent dans toutes les gammes de jaunes, orange. Il existe aussi des formes bicolores.

**Espèces et variétés :** *Tagetes patula,* l'œillet d'Inde est originaire... du Mexique ! C'est une plante robuste et très florifère à la végétation assez basse. Parmi les nombreux cultivars, choisissez 'Bonanza' pour ses fleurs précoces très doubles et son port compact (20 cm de haut). 'Disco' épanouit une belle floraison simple, aux riches coloris très lumineux (hauteur de 20 à 25 cm). 'Disco Flame' aux fleurs simples bicolores acajou bordé de jaune est très lumineux. 'Honeycomb' atteint 25 cm, ses fleurs doubles ressemblent à celles des scabieuses, mais dans un brun bordé d'orangé. 'Red Marietta' présente des grandes fleurs rouge acajou bordées d'or. 'Monsieur Majestic' ressemble au précédent, mais il est un peu plus grand (30 cm). C'est une variété primée par Fleuroselect.

*Tagetes erecta,* la rose d'Inde, présente une végétation plus vigoureuse que l'œillet d'Inde. Elle peut former une grosse touffe de 70 cm de haut, avec des fleurs souvent plus grosses en têtes arrondies et compactes. 'Schneewalzer' épanouit des fleurs d'un blanc vanille. 'F1 Gold Souvereign' donne des fleurs énormes, très doubles, de 12 cm de diamètre et d'un beau jaune d'or. 'F1 Golden Jubilée' porte des grandes fleurs jaune d'or brillant; celles de 'F1 Orange Jubilée' sont identiques, mais orange vif. Parmi les variétés de roses d'Inde à petite végétation, retenez 'Eskimo' (30 cm de haut) pour ses fleurs blanc ivoire, 'F1 Lady' (35 cm de hauteur) dont les fleurs très doubles de 8 cm de diamètre, s'épanouissent en coloris brillants. 'Cupidon' (25 cm de haut), aux larges fleurs doubles et globuleuses jaunes ou orange. 'F1 Inca' est jaune d'or, avec des fleurs de 8 cm de diamètre portées par des tiges de 30 cm de haut.

*Tagetes tenuifolia* forme un coussin très dense d'environ 25 cm de hauteur, toujours couvert de petites fleurs simples. Cette espèce est aussi appelée *Tagetes signata.* 'Gnom' porte des fleurs jaunes. 'Tangerine Gem' est d'un bel orange lumineux. 'Ornament' se distingue par une floraison brun-rouge à cœur jaune.

**Comportement en pot :** la croissance est rapide et la culture facile. Ces plantes n'ont pratiquement pas besoin d'entretien une fois établies. Elles montrent une bonne résistance aux intempéries et poussent aussi bien en pot qu'en pleine terre.

**Dimensions du pot :** au minimum 14 cm de diamètre et de profondeur pour un pied d'œillet d'Inde. Pour une rose d'Inde, prévoyez au moins 18 cm.

**Exposition :** très ensoleillée, pas trop ventée.

**Terre :** un bon terreau pour géraniums suffit.

**Arrosage :** tous les trois ou quatre jours, sans excès, en laissant le sol sécher légèrement en surface entre deux apports d'eau.

**Ennemis et maladies :** très robustes, ces plantes sont néanmoins sensibles à la pourriture grise.

**Utilisations :** en bordure des jardinières ou en groupes, associés à des pélargoniums, des verveines, des pétunias et des hélichrysums.

**Conseil Truffaut :** installez les jeunes plants en mai, quand les gelées ne sont plus à craindre. Supprimez régulièrement les fleurs fanées.

▲ Un hybride triploïde d'œillet d'Inde à très grosses fleurs.

▲ *Tagetes tenuifolia* 'Gnom' : ravissant dans sa simplicité.

*Tagetes erecta* 'First Lady' : une rose d'Inde opulente. ►

▲ *Tanacetum haradjanii* aime s'étaler sur la pierre des auges.

▲ *Taxus baccata* 'Summer Gold' pousse lentement.

◄ *Teucrium fruticans* demande une protection en hiver.

## *Tanacetum spp.*
## TANAISIE

*Une plante passe-partout.*

**Plante vivace (de 20 à 80 cm, - 10 °C).**

**Feuillage :** toujours très découpé, vert ou gris, argenté, parfois velu, porté en touffe, par des tiges étalées ou dressées.

**Floraison :** les hybrides portent de grandes marguerites simples, doubles ou ébouriffées, roses, blanches ou pourpres. Les espèces fleurissent, majoritairement, jaune ou blanc, en pompons serrés.

**Espèces et variétés :** *Tanacetum haradjanii,* une plante basse (20 cm), aux rameaux ligneux, porte un feuillage de velours argenté et ciselé. Il offre une certaine ressemblance avec les armoises de rocaille. *Tanacetum coccineum* a donné de nombreux cultivars à la floraison chatoyante. 'Duro' porte avec élégance des marguerites pourpres, en juin et en juillet.

**Comportement en pot :** *Tanacetum haradjanii* sera plus à l'aise dans une auge large et peu profonde que dans un pot classique. Les autres tanaisies poussent sans problème en bac.

**Dimensions du pot :** un godet de 9 cm de large doit être transplanté dans un pot de 4 litres.

**Exposition :** du soleil et encore du soleil...

**Terre :** un terreau de rempotage avec du sable.

**Arrosage :** la plante résiste à la sécheresse. Mais en pot, en plein été, elle ne peut passer plus d'une semaine sans arrosage.

**Ennemis et maladies :** les tanaisies paraissent virtuellement indemnes de tout problème majeur.

**Utilisations :** mélangez les tanaisies avec des campanules, des centaurées, des lavatères, des népétas.

**Conseil Truffaut :** attendez que la souche remplisse tout l'espace du pot avant de la diviser.

## *Taxus baccata*
## IF

*Il prend toutes les formes possibles.*

**Conifère (de 0,60 à 3 m, - 20 °C).**

**Feuillage :** fin, linéaire, vert foncé, dense, parfois marginé ou entièrement doré.

**Floraison :** les fleurs mâles et femelles sont portées par des pieds différents. Elles n'ont pas de valeur décorative. Les fleurs femelles sont suivies par des graines uniques entourées d'une pulpe rouge (arille).

**Espèces et variétés :** *Taxus baccata* 'Elegantissima' porte des branches ascendantes, aux feuilles vertes, marginées d'or, qui font ressortir les fruits rouges. 'Fastigiata Aurea' arbore des feuilles vert foncé à large bordure dorée, dont la couleur s'accentue en hiver. 'Repandens' ne dépasse pas 60 cm de haut, mais peut mesurer jusqu'à 2 m de large ; il existe en version dorée. 'Standishii' forme une colonne dorée de 30 cm de large, qui peut atteindre 3 m de haut.

**Comportement en pot :** l'if croît encore plus lentement en pot qu'en pleine terre. N'achetez pas des sujets trop petits. Il vit très longtemps.

**Dimensions du pot :** une touffe de 40 cm de haut demande un pot de 10 litres. Dix ans plus tard, l'if vivra dans un bac de 40 cm de côté.

**Exposition :** soleil ou mi-ombre. Le manque de lumière conduit la plante à développer des branches étiolées et un port plus lâche.

**Terre :** l'if se plaît partout, même en terre calcaire.

**Arrosage :** les ifs sont réputés supporter la sécheresse. Mais, en pleine terre, ils envoient leurs racines très loin dans le sol, ce qu'ils ne peuvent faire en pot. Arrosez une fois par semaine en moyenne.

**Ennemis et maladies :** les cochenilles envahissent souvent les ifs en pot. Traitez en hiver.

**Utilisations :** en haie pour les terrasses assez larges ; en fond, pour mettre en valeur les autres plantes. Les formes érigées structurent l'espace.

**Conseil Truffaut :** l'if se taille bien. N'hésitez pas à lui donner la forme qui convient à votre terrasse.

## *Teucrium spp.*
## GERMANDRÉE ARBUSTIVE

*Du vif argent.*

**Arbuste (1 m, - 4 °C).**

**Feuillage :** persistant, petit, ovale, vert glauque au revers argenté, porté par des tiges d'un blanc soyeux, qui parviennent à former, en quatre à cinq ans, un buisson touffu de 1 m de haut.

**Floraison :** des petites fleurs bleu lavande, portant un pétale inférieur très long, sont disséminées sur le feuillage, de février à mai.

**Espèces et variétés :** *Teucrium* x *lucidrys*, une boule de feuilles vert sombre, persistantes, produit des fleurs roses tout l'été.

**Comportement en pot :** il est conseillé de fournir une protection hivernale à la plante. Un rempotage tous les trois ans est suffisant.

**Dimensions du pot :** choisissez une potée large (30 cm) et peu profonde (15 cm).

**Exposition :** ensoleillée, abritée des vents froids.

**Terre :** une bonne terre de jardin souple.

**Arrosage :** toutes les germandrées sont résistantes à la sécheresse. Mais un arrosage par semaine, en été, sera tout de même le bienvenu.

**Ennemis et maladies :** le froid et la pluie représentent les deux principaux ennemis du *Teucrium*.

**Utilisations :** palissez *Teucrium fruticans* contre un mur au sud, et associez-le à des plantes argentées (lavandes, *Convolvulus cneorum*, séneçon, potentille) et des fleurs légères, comme les cosmos.

**Conseil Truffaut :** taillez en avril en ôtant 3/4 de la longueur des rameaux de la saison précédente.

## *Thuja spp.* THUYA

*Des formes bien structurées.*

**Conifère (de 0,50 à 2 m, -15 °C).**

**Feuillage :** des écailles plates imbriquées, vertes ou jaunes, recouvrent les rameaux.

**Floraison :** aucune valeur décorative.

**Espèces et variétés :** *Thuja occidentalis* 'Brabant', de forme conique étroite, atteint 2 m en dix ans. 'Globosa' forme lentement une belle boule de 1 m de large. *Thuja orientalis* 'Aurea Nana', au feuillage dense, jaune doré toute l'année, s'arrondit en un buisson tout rond de 1,50 m de large. 'Minima' forme un cône compact de 2 m de haut et 1 m de large.

**Comportement en pot :** beaucoup de thuyas forment des arbres de 20 m de haut ou plus. C'est dire si une variété mal choisie peut être malheureuse en pot ! Sélectionnez soigneusement votre plante en vérifiant sa taille, sa vitesse de croissance et son port.

**Dimensions du pot :** de 25 cm de diamètre, pour un jeune sujet acheté à la jardinerie, jusqu'à un bac d'au moins 40 cm de côté, cinq ans plus tard.

**Exposition :** soleil ou mi-ombre légère.

**Terre :** un bon terreau riche et frais.

**Arrosage :** une fois par semaine. Ne laissez pas le thuya se dessécher, sa croissance s'en ressentirait.

**Ennemis et maladies :** divers champignons et les buprestes provoquent un dessèchement.

**Utilisations :** en fond de décor, pour faire ressortir les autres plantes ou en jardinière avec des vivaces pour les formes naines.

**Conseil Truffaut :** ne donnez pas trop d'engrais azoté pour que la silhouette reste compacte.

## *Thunbergia alata* SUZANNE-AUX-YEUX-NOIRS

*Une mignonne petite liane.*

**Plante grimpante (2 m, 0 °C).**

**Feuillage :** ovale, vert vif, porté par des tiges volubiles qui s'enroulent partout.

**Floraison :** des corolles tubulaires s'évasent pour former 5 lobes. Le cœur de la fleur, plus foncé, contraste avec les pétales orange, jaunes ou blancs.

**Espèces et variétés :** *Thunbergia alata* est la seule espèce facile à cultiver sur un balcon.

**Comportement en pot :** la croissance du thunbergia est facile à maîtriser, il doit être hiverné sous abri pour se comporter en plante vivace.

**Dimensions du pot :** un contenant de 25 cm de large et 30 cm de profondeur convient bien.

**Exposition :** pour une floraison de juin à septembre, prévoyez un emplacement aussi chaud et ensoleillé que possible.

**Terre :** ajoutez 20% d'amendement organique dans un terreau pour géraniums.

**Arrosage :** arrosez tous les trois jours en période de croissance. Ne pas détremper.

**Ennemis et maladies :** en général, aucun.

**Utilisations :** le thunbergia court le long des rambardes, autour des fenêtres, grimpe à l'assaut des piliers, si vous tendez quelques ficelles.

**Conseil Truffaut :** soutenez la floraison par des apports hebdomadaires d'engrais pour géraniums.

▲ *Thunbergia alata* produit d'impressionnantes cascades.

▲ *Thuya orientalis* 'Pyramidalis aurea' est très lumineux.

*Thuya orientalis* 'Nana Aurea' forme une boule compacte. ▶

▲ *Thymophylla tenuiloba* 'Tapis d'Or' est très gracieux.

▲ *Thymus richardii* 'Peter Davis' : un tapis parfumé.

## *Thymophylla tenuiloba*
## THYMOPHYLLA

*Une myriade de petits soleils.*

**Plante annuelle (15 cm, 0 °C).**

**Feuillage :** très fin, d'un beau vert franc.

**Floraison :** tout au long de l'été, d'innombrables petites marguerites, d'un jaune éclatant, recouvrent presque entièrement le feuillage. Elles mesurent 2 cm de diamètre environ.

**Espèces et variétés :** seule l'espèce est proposée.

**Comportement en pot :** pour obtenir de belles potées, fertilisez régulièrement la plante et pincez les jeunes pousses avant le début de la floraison.

**Dimensions du pot :** 25 cm de haut et de large.

**Exposition :** le plein soleil, mais pas entre 12 et 15 heures pour éviter tout risque de brûlure.

**Terre :** un terreau universel ou de plantation.

**Arrosage :** tous les deux jours en petite quantité.

**Ennemis et maladies :** oïdium et pucerons attaquent le thymophylla. Traitez préventivement.

**Utilisations :** suspensions et potées, en mélange avec des héliotropes, des félicias, des calcéolaires.

**Conseil Truffaut :** éliminez les fleurs fanées et apportez de l'engrais très dilué à chaque arrosage.

## *Thymus spp.*
## THYM

*Un délicieux arbuste à savourer.*

**Sous-arbrisseau (25 cm, - 5 C°).**

**Feuillage :** les feuilles minuscules, grises, ovales, aromatiques et persistantes, sont portées par des tiges rampantes ou dressées.

**Floraison :** au début de l'été, ce robuste petit couvre-sol disparaît sous un tapis de fleurettes roses ou lilas, réunies en épis denses.

**Espèces et variétés :** *Thymus praecox* 'Minor' forme une véritable moquette vert sombre. *Thymus citriodorus,* le thym citron, s'arrondit en un joli coussin de 20 cm de haut, qui embaume le citron quand on le caresse. 'Golden Dwarf' est précieux pour ses feuilles qui gardent leur dorure toute l'année. *Thymus lanuginosus* déroule un tapis de velours argenté, semé de fleurs roses.

**Comportement en pot :** le thym en pot a tendance à pousser de manière moins dense qu'en pleine terre. N'hésitez pas à pincer les touffes régulièrement.

**Dimensions du pot :** repiquez un godet de thym dans un pot de 15 cm de large et de haut. Les thyms rampants prospéreront dans une potée large et basse (30 cm de diamètre et 10 cm de hauteur).

**Exposition :** ensoleillée, même très chaude.

**Terre :** pauvre, sableuse, même caillouteuse.

**Arrosage :** le thym se contente, même en pot, d'arrosages tous les 8 à 10 jours seulement.

**Ennemis et maladies :** généralement aucun, surtout s'il n'est pas exposé à l'humidité.

**Utilisations :** pour un balcon peu arrosé, composez une scène avec du thym, un amandier nain, un ou deux pieds de lavande, de l'hysope, des sédums, des joubarbes et du teucrium argenté.

**Conseil Truffaut :** ne taillez jamais le thym à ras, en ne laissant que le bois nu. Gardez toujours suffisamment de feuilles pour ne pas dénuder la plante.

◀ Le thym forme de ravissantes potées persistantes.

## *Tiarella spp.*
## TIARELLE

*Des fleurs d'une infinie légèreté.*

**Plante vivace (20 cm, - 10 °C).**

**Feuillage :** semi-persistant, vert émeraude aux nervures brun pourpré, trilobé. Les feuilles forment un tapis qui vire au cuivre en automne.

**Floraison :** en mai et en juin, des plumets duveteux, blancs à blanc rosé, forment une sorte de brouillard flottant au-dessus du feuillage.

**Espèces et variétés :** *Tiarella wherryi* pousse en petites touffes légères, aux épis floraux blancs, avec le bout du nez rose. *Tiarella cordifolia,* plus vigoureuse, donne une solide plante qui envahit rapidement tout l'espace du pot. 'Palace Purple' porte des feuilles pourpre très sombre.

**Comportement en pot :** *Tiarella wherryi* s'avère une plante de bonne compagnie, à la différence de *Tiarella cordifolia,* qui a tendance à disposer de tout l'espace disponible, au détriment de ses voisines.

**Dimensions du pot :** plantez une jeune touffe dans un pot de 18 cm de profondeur. L'année suivante, il faut prévoir 25 cm en tous sens au moins.

**Exposition :** la tiarelle se contente d'une heure ou deux de soleil, le matin ou en fin d'après-midi.

**Terre :** un bon terreau de rempotage du commerce.

**Arrosage :** ne laissez jamais la motte se dessécher complètement, sinon la plante meure.

**Ennemis et maladies :** les ravageurs et les champignons parasites semblent ignorer la tiarelle.

**Utilisations :** mélangez les tiarelles à des lamiers, des pachysandras, des astilbes, des hostas et des fougères pour une ambiance de sous-bois.

**Conseil Truffaut :** coupez les feuilles âgées, moins belles. Divisez la touffe tous les deux ans.

## *Tibouchina semidecandra*
## TIBOUCHINA

*Du pur velours.*

**Arbuste (2 m, 0 °C).**

**Feuillage :** ovale, vert tendre, très velouté, avec des nervures très marquées, semi-persistant.

**Floraison :** l'extrémité des rameaux porte tout l'été de larges coupes plates, en satin bleu-violet très lumineux. Certaines mesurent 10 cm de diamètre.

**Espèces et variétés :** seule l'espèce est proposée.

**Comportement en pot :** le tibouchina se montre très sensible aux engrais azotés. Il a vite tendance, en pot, à produire de longs rameaux portant plus de feuilles que de fleurs. Taillez-le au besoin.

**Dimensions du pot :** choisissez un contenant profond d'au moins 30 cm (et 25 cm de diamètre), si la plante mesure plus de 1 m de haut.

**Exposition :** le tibouchina ne fleurit qu'avec une grande luminosité (le soleil direct n'est pas nécessaire) et une température d'au moins 18 à 20 °C. Il hiverne dans une pièce lumineuse, à 7 ou 8 °C.

**Terre :** riche, mais sans excès d'azote. Préparez un mélange de 3/4 de terreau pour géraniums et 1/4 d'amendement organique à base de fumier composté. Ajoutez deux pincées d'engrais à décomposition différée pour plantes fleuries.

**Arrosage :** de mars à septembre, arrosez copieusement la plante, sans laisser la terre se dessécher. Ne mouillez jamais le feuillage et humidifiez le sol de la terrasse pendant les jours de canicule. En automne, réduisez progressivement les apports d'eau, pour maintenir la plante presque au sec en hiver.

**Ennemis et maladies :** les mouches blanches se nichent sous les feuilles, surtout en hiver.

**Utilisations :** le tibouchina peut se palisser contre un mur, ou occuper le centre d'une potée, en mélange avec des annuelles aux couleurs pastel ou bien orangées. Idéal dans les décorations exotiques.

**Conseil Truffaut :** rabattez la tige principale de moitié et les pousses latérales des 3/4, en mars.

## *Tolmiea menziesii*
## TOLMIÉA

*Une adorable suspension.*

**Plante vivace (25 cm, - 5 °C).**

**Feuillage :** persistant, duveteux, lobé. Des plantules apparaissent à la base des feuilles adultes.

**Floraison :** en mai et juin, des hampes ramifiées portent des inflorescences crème, d'aspect plumeux.

**Espèces et variétés :** 'Taff's Gold', aussi étiqueté 'Variegata', présente un feuillage vert clair, marbré et piqueté de jaune crème, très lumineux à l'ombre.

**Comportement en pot :** le tolmiéa forme des touffes qui doivent être rempotées et divisées tous les deux ans. On l'utilise aussi en plante d'intérieur.

**Dimensions du pot :** 10 cm de profondeur et 20 cm de diamètre en moyenne.

**Exposition :** le tolmiéa apprécie quelques heures de soleil par jour, tôt le matin ou en fin d'après-midi.

**Terre :** un bon terreau de rempotage, léger.

**Arrosage :** tous les trois jours en moyenne durant l'été ; en revanche, vous maintiendrez le tolmiéa plus au sec à partir d'octobre et jusqu'en mars.

**Ennemis et maladies :** en principe, aucun.

**Utilisations :** en potées suspendues, en jardinières, associé à des lobélias bleus, ravissants avec la variété mouchetée de jaune.

**Conseil Truffaut :** rabattez le feuillage en mars ; de nouvelles feuilles, plus décoratives, apparaîtront. Pour multiplier le tolmiéa, placez les feuilles qui portent des plantules, à plat sur du terreau humide. Les jeunes plantes s'enracinent en 4 à 5 semaines.

▲ *Tiarella cordifolia* forme de belles touffes vaporeuses.

▲ Tuteurez le tibouchina sur tige car il casse facilement.

Grâce et légèreté pour ce tolmiéa en suspension. ▶

▲ *Trachelospermum jasminoides* : un parfum délicieux.

▲ Prévoyez un grand bac pour un palmier chanvre adulte.

◀ *Tradescantia albiflora* 'Rosa' : une suspension gracieuse.

## *Trachelospermum spp.*
## FAUX JASMIN

*Une pluie d'étoiles parfumées.*

**Plante grimpante (3 m, 5 °C).**

**Feuillage :** persistant, oblong, vert foncé, brillant, porté par des tiges volubiles.

**Floraison :** d'avril à juin, la plante se couvre d'une myriade d'étoiles blanc crème.

**Espèces et variétés :** les abondantes grappes de fleurs de *Trachelospermum asiaticum*, blanc crème, embaument à plusieurs mètres. Le parfum de *Trachelospermum jasminoides* s'avère encore plus prononcé. 'Variegatus', panaché de blanc, prend de subtiles teintes rosées en hiver.

**Comportement en pot :** le faux jasmin fleurit abondamment s'il est rempoté chaque année et fertilisé généreusement sans excès d'azote. Un hivernage en véranda est recommandé (10 °C).

**Dimensions du pot :** un diamètre de 30 cm est adapté aux racines vigoureuses du faux jasmin.

**Exposition :** le plein soleil au nord de la Loire, la mi-ombre légère dans le Midi. Gare aux vents froids.

**Terre :** mélangez par moitié de la terre de bruyère et de la terre de jardin souple, mais riche.

**Arrosage :** le trachélospermum supporte, en été, une semaine sans arrosage, mais il est plus raisonnable de tabler sur deux arrosages hebdomadaires.

**Ennemis et maladies :** attention aux pucerons !

**Utilisations :** le trachélopermum garnira tous les supports ; treillage, rambarde, pilier, tuteurs, arceaux.

**Conseil Truffaut :** il est important de bien palisser la plante au départ, pour constituer une bonne charpente. Sinon, elle offre un port un peu désordonné.

## *Trachycarpus fortunei*
## PALMIER CHANVRE

*Le plus solide de tous les palmiers.*

**Palmier (2,5 m, de - 8 à - 10 °C).**

**Feuillage :** persistant, coriace, en larges éventails plissés, vert franc. Les pétioles sont épineux.

**Floraison :** une mousse de fleurs couleur crème, groupées en panicules denses et décoratives, se niche au cœur de la touffe, en été.

**Espèces et variétés :** les feuilles de l'espèce peuvent mesurer 1 m de large. Celles de la variété 'Wagnerianus' ne dépassent pas 40 cm de long.

**Comportement en pot :** le palmier chanvre pousse plus vite quand on l'arrose souvent. Il réclame un rempotage tous les deux ou trois ans environ.

**Dimensions du pot :** ce palmier a besoin d'un pot lourd et stable, aussi large que haut, pour résister à l'emprise du vent. Une caisse à oranger de 40 cm de côté offre un volume de terre suffisant pour une plante de 2 m de hauteur.

**Exposition :** ensoleillée et abritée des vents du nord. Les jeunes sujets préfèrent la mi-ombre dans le Midi et le Sud-Ouest.

**Terre :** bien drainée. Mélangez 1 litre de sable de rivière à 10 litres de terreau universel.

**Arrosage :** laissez la potée se dessécher superficiellement entre deux apports d'eau.

**Ennemis et maladies :** mouches blanches et araignées rouges élisent domicile sous les feuilles, quand la plante hiverne en serre trop chaude.

**Utilisations :** en isolé ou avec d'autres palmiers, des lauriers-roses, des bougainvillées, des plumbagos.

**Conseil Truffaut :** coupez les feuilles inférieures sèches ou abîmées. Habillez le tronc avec un paillasson pour le protéger en hiver.

## *Tradescantia spp.*
## MISÈRE

*Une valeur sûre.*

**Plante vivace (60 cm, de 5 à - 15°C).**

**Feuillage :** linéaire et rubané, pour les espèces rustiques. Ovale pour les misères habituellement proposées comme plantes d'intérieur, panaché de crème, d'argent, de rose ou de vert bronze.

**Floraison :** l'espèce rustique produit en été des fleurs qui naissent et meurent dans la journée. Les trois pétales s'ouvrent d'autant plus que la chaleur (18-20 °C) et l'humidité sont au rendez-vous. Les espèces non rustiques portent des fleurs plus discrètes.

**Espèces et variétés :** *Tradescantia virginiana*, l'éphémère de Virginie, rustique, a donné naissance à de nombreuses variétés ; 'Innocence' porte des fleurs blanc pur à étamines d'or, 'Osprey' offre une ravissante floraison bleu pâle. *Tradescantia albiflora,* non rustique, se décline en plusieurs formes aux feuilles striées de blanc et de rose. *Tradescantia fluminensis,* gélive, porte des feuilles aux panachures crème. Elles ont un port retombant.

**Comportement en pot :** les espèces non rustiques recouvrent vite toute la potée. Mais leurs tiges cassent comme du verre. Les espèces vivaces, quand elles reçoivent trop d'azote, forment des tiges trop longues, que le vent casse. Rempotage annuel.

**Dimensions du pot :** 15 cm en tous sens pour les misères gélives. 25 cm pour les espèces vivaces.

**Exposition :** la mi-ombre. Les fleurs de l'éphémère de Virginie ne s'ouvrent pas sous un soleil trop chaud.

**Terre :** le terreau pour plantes vertes convient aux misères. Pour l'éphémère de Virginie, vous préférerez du terreau pour géraniums.

**Arrosage :** les misères non rustiques apprécient des arrosages espacés de 4 à 8 jours selon la température ambiante. L'éphémère de Virginie, au contraire, réagit très mal à la sécheresse.

**Ennemis et maladies :** en général, aucun.

**Utilisations :** les misères non rustiques sont idéales pour créer des suspensions. Leur feuillage panaché se marie bien avec les impatiens et les fuchsias. Associez l'éphémère de Virginie avec des hostas, des épimédiums, de gaillardes et des fougères.

**Conseil Truffaut :** renouvelez les misères tous les 3 ans, par bouturage dans l'eau. Très facile.

## *Tropaeolum spp.* CAPUCINE

*L'exubérance et la générosité.*

**Annuelle ou vivace (de 20 cm à 3 m, 0 °C).**

**Feuillage :** vert bleuté, arrondi ou lobé et, même, palmé, découpé chez certaines espèces.

**Floraison :** les larges corolles arborent des tons vifs et chauds et portent un éperon à l'arrière.

**Espèces et variétés :** la grande capucine (*Tropaeolum majus*), annuelle, a donné de nombreuses variétés. Les formes naines ne dépassent pas 25 cm de haut et se déclinent en grenat, saumon, jaune poussin, rose abricot. Les variétés à grand développement forment des guirlandes fantastiques. 'Golden Gleam', aux grandes fleurs doubles d'un jaune éclatant, à la gorge grenat, est remarquable. La capucine des Canaries (*Tropaeolum peregrinum*), avec ses deux grands pétales supérieurs d'un jaune éclatant, finement découpés, semble couverte de flammèches de juillet à octobre. *Tropaeolum tuberosum,* une plante vivace gélive à tubercule, grimpe vigoureusement à 3 m de haut. Il vaut mieux choisir des variétés hâtives, comme 'Ken Aslet', pour profiter plus longuement de ses fleurs.

**Comportement en pot :** les feuilles inférieures se dessèchent. Ôtez-les pour que la potée reste nette.

**Dimensions du pot :** 15 cm en tous sens pour les naines. 25 cm au minimum pour les grimpantes.

**Exposition :** ensoleillée, abritée des vents froids.

**Terre :** *Tropaeolum peregrinum* et *Tropaeolum tuberosum* préfèrent un terreau enrichi de fumier décomposé. Les autres capucines fleurissent mieux dans une terre pauvre à dominante sableuse.

**Arrosage :** les grandes capucines acceptent un peu de sécheresse entre deux arrosages. La capucine tubéreuse et celle des Canaries demandent un apport d'eau régulier tous les 3 à 4 jours en été.

**Ennemis et maladies :** il est presque impossible d'échapper aux pucerons noirs.

**Utilisations :** les capucines naines forment des potées, des suspensions, seules ou en mélange. Les grimpantes habillent claustras et balustrades.

**Conseil Truffaut :** semez directement en pot en avril la grande capucine et celle des Canaries.

La grande capucine recouvre tout un mur dans la saison.

Prévoyez un tuteur solide pour la capucine des Canaries.

La capucine panachée apporte une note très originale.

'Estella Rynveld' est une tulipe « perroquet » tonique.

*Tulipa bakeri* 'Lilac Wonder' réapparaît fidèlement en avril.

Les tulipes se satisfont de pots larges et bas.

## *Tulipa spp.* TULIPE

*La reine du printemps.*

**Plante bulbeuse (50 cm, - 10 °C).**

**Feuillage :** épais, linéaire, lancéolé, vert bleuté.

**Floraison :** des tiges semi-rigides portent des corolles en gobelet, aux pétales arrondis, pointus ou frangés. Tous les coloris existent, sauf le bleu.

**Espèces et variétés :** les tulipes botaniques sont idéales en pot. *Tulipa violacea* var. *pallida,* petit bijou blanc au cœur couleur ciel d'orage, très précoce (dès mars) ne dépasse pas 15 cm. *Tulipa humilis,* miniature aux fleurs en étoile rose-mauve à cœur jaune. *Tulipa bakerii* 'Lilac Wonder', ronde, aux pétales rose violacé à cœur jaune soleil. Parmi les nombreuses formes horticoles ; 'Angélique' est une des plus populaires, avec des corolles doubles, rose pâle. Elle forme d'élégantes potées avec 'Queen of the Night', la tulipe la plus noire qui existe, en réalité acajou foncé.

**Comportement en pot :** les variétés horticoles, ont une durée de vie plus courte qu'en pleine terre. Plantez-les de façon échelonnée. Retirez les bulbes des contenants après la floraison.

**Dimensions du pot :** une potée de 25 cm de diamètre et 10 cm de hauteur pour 10 bulbes.

**Exposition :** le plein soleil de préférence.

**Terre :** préparez un mélange à parts égales de terre à cactées et de terreau pour géraniums.

**Arrosage :** inutile si la saison est normalement pluvieuse. Sinon, une fois tous les 10 jours.

**Ennemis et maladies :** différents virus tachent les feuilles et déforment les fleurs. Par temps humide, plusieurs champignons attaquent les bulbes, les feuilles et les tiges, qui pourrissent.

**Utilisations :** seules ou en mélange avec des euphorbes, des myosotis, des oreilles-d'ours *(Stachys lanata),* des ancolies et d'autres bulbes.

**Conseil Truffaut :** les espèces botaniques peuvent être laissées en place dans les grands pots. Pour conserver les grandes tulipes après la floraison, plantez-les dans un coin du jardin et laissez le feuillage jaunir (début juillet). Il est temps alors de couper le feuillage et de stocker les oignons au sec.

## *Ulmus spp.* ORME

*Un vrai bonsaï naturel.*

**Arbuste (1,50 m, - 20 °C).**

**Feuillage :** caduc, ovale, dentelé, pointu, la végétation est dense, le port compact.

**Floraison :** discrète sans effet décoratif, suivie par des fructifications ailées (samares).

**Espèces et variétés :** *Ulmus hollandica* 'Jacqueline Hillier' forme un arbuste très touffu, ramifié, atteignant en bac 2 m de haut en 20 ans. *Ulmus parvifolia* 'Geisha' ne dépasse pas 1 m de haut et 80 cm de large. Ses feuilles vert clair, mouchetées de blanc au printemps, virent ensuite au vert.

**Comportement en pot :** les espèces naines, les seules adaptées à la vie en bac, poussent lentement, ne gagnant que quelques centimètres par an.

**Dimensions du pot :** une plante de 50 cm demande un contenant de 25 cm de large et de haut. Il faut la rempoter tous les deux ans. Elle logera, adulte, dans un bac de 40 cm de côté.

**Exposition :** ensoleillée ou mi-ombre légère.

**Terre :** n'importe quelle bonne terre de jardin.

**Arrosage :** l'orme supportera quelques absences, si la motte ne sèche pas trop. Mais mieux vaut arroser en moyenne une fois par semaine.

**Ennemis et maladies :** les variétés naines ne semblent pas atteintes par la graphiose, cette maladie due à un champignon qui décime les grands ormes. En revanche, les pucerons attaquent parfois les jeunes rameaux.

**Utilisations :** associez l'orme arbustif à des conifères nains. Habillez le pied des plantes avec des vivaces couvre-sol et des bulbes printaniers.

**Conseil Truffaut :** apportez chaque année au printemps, une dose d'engrais pour arbres d'ornement. N'hésitez pas à couper une branche qui se mettrait à pousser de façon inconsidérée.

## *Vaccinium corymbosum* MYRTILLE DES JARDINS

*Un délice pour les gourmands.*

**Arbuste (1,50 m, -15 °C).**

**Feuillage :** caduc, ovale, lancéolé, se parant de teintes cuivrées à l'automne.

**Floraison :** des grappes de petites fleurs blanches, à peine rosées, opalescentes, en forme d'urnes, sont suivies par des fruits violets, ronds, couverts d'une pruine gris-bleu. Comestibles, sucrés et parfumés, ils sont mûrs en plein été.

**Espèces et variétés :** 'Grover' forme un buisson de moyenne vigueur et donne des fruits en août. 'Rancocas', plus vigoureux, porte des fruits plus petits mais délicieux, parvenant à maturité de la fin juin à la fin septembre. 'Atlantic' et 'Jersey' donnent une belle récolte de gros fruits.

**Comportement en pot :** cet arbuste vit à l'aise en pot, où il forme des buissons ronds et touffus. Rempotez tous les trois ans en moyenne.

**Dimensions du pot :** la plante adulte demande un contenant de 30 cm de haut et de large.

**Exposition :** le soleil direct jusqu'à 11 h et en fin d'après-midi. Une chaleur trop forte est nuisible.

**Terre :** préparez un mélange à part égales de tourbe blonde et de terreau pour géraniums ou de terre de bruyère, terre de jardin sableuse et terreau de feuilles bien décomposé.

**Arrosage :** il est préférable de garder la motte un peu humide, surtout à l'approche de la floraison.

**Ennemis et maladies :** les myrtilles s'avèrent résistantes à la plupart des ravageurs.

**Utilisations :** en pots, isolés, avec des mini-arbres fruitiers. Ou avec des rhododendrons et des azalées, dont ils partagent les mêmes besoins.

**Conseil Truffaut :** pour une bonne fécondation des fleurs, il est recommandé de planter deux variétés différentes côte à côte, sauf pour les myrtilles d'origine américaine qui sont autofertiles.

## *Vallota speciosa* CYRTANTHUS, AMARYLLIS POURPRE

*Une floraison magnifique.*

**Plante bulbeuse (40 cm, -2 °C).**

**Feuillage :** vert, rubané, linéaire, épais.

**Floraison :** les tiges florales, aplaties et rigides, peuvent porter, en été, une dizaine de grosses fleurs à six pétales, régulières et ouvertes en entonnoir.

**Espèces et variétés :** l'espèce donne des fleurs cerise, très lumineuses. 'Delicata' est une ancienne variété, rose saumoné, ravissante mais rare. 'Snow White' offre des larges corolles blanches, ponctuées d'étamines dorées, tandis que 'Pink Diamond' affiche un rose franc.

**Comportement en pot :** les amaryllis pourpres semblent préférer la vie en pot à tout autre mode de culture, du moins sous nos latitudes. Sortis aux beaux jours, ils refleurissent fidèlement.

**Dimensions du pot :** une large potée de 40 cm de large et de 20 cm de profondeur accueillera cinq gros bulbes ovoïdes disposés en quinconce.

**Exposition :** plein soleil et chaleur en été.

**Terre :** mélangez à parts égales terre à cactées et terreau pour géraniums assez souple.

**Arrosage :** deux fois par semaine en été.

**Ennemis et maladies :** les cochenilles farineuses se logent entre deux feuilles, à la base.

**Utilisations :** en potée d'une seule variété, pour un effet de masse saisissant sur un fond de feuillages vert tendre ou bleutés.

**Conseil Truffaut :** apportez un engrais pour fleurs à bulbes, vers le mois de mai, dès la sortie de la potée à l'extérieur. Rentrez la plante en octobre.

▲ *Ulmus hollandica* 'Jacqueline Hillier' est très compact.

▲ Les myrtilles gros fruits viennent bien en bacs.

Le cyrtanthus, un bulbe facile, mais encore peu connu. ▶

▲ *Veronica austriaca spp. teucrium* : intense.

▲ *Veronica chamaedrys* : beauté sauvage.

▲ *Verbena tapiens* 'Pink' est très florifère.

▲ Verveine hybride 'Peaches and Cream'.

## *Verbena spp.* VERVEINE

*Une longue et généreuse floraison.*

**Annuelle ou vivace (de 15 à 80 cm, - 3 °C).**

**Feuillage :** persistant sous un climat doux.

**Floraison :** de mai à octobre.

**Espèces et variétés :** *Verbena bonariense* est une grande espèce vivace à croissance rapide. Elle ne vit pas longtemps mais se ressème d'elle-même au point de devenir parfois envahissante. Elle se cultive comme une annuelle. Son port est diffus. Les grandes tiges dressées et ramifiées portent de rares feuilles étroites et rugueuses. La floraison apparaît de juillet à octobre. Les fleurs lavande sont groupées en petits corymbes (hauteur en pot : 80 cm). *Verbena hortensis* regroupe un grand nombre d'hybrides annuels, cultivés pour leur généreuse floraison estivale. 'Peaches and Cream' présente une superbe floraison abricot et crème (hauteur 30 cm). *Verbena tapiens* offre une végétation tapissante. La floraison bleu-violet ou rose est abondante. Hauteur 20 cm.

**Comportement en pot :** faciles à cultiver, les verveines ont tendance à s'étaler en tous sens. En un seul été, elles peuvent pousser de plus de 50 cm de long. Elles ne déploient vraiment toute leur beauté qu'en fin d'été. Achetez des plants déjà bien poussés afin d'obtenir une effet décoratif immédiat.

**Dimensions du pot :** au minimum 15 cm de diamètre et de profondeur pour un pied.

**Exposition :** chaude et bien ensoleillée.

**Terre :** un bon terreau d'écorces dans lequel vous incorporerez 20 % de fumier bien décomposé et une pincée d'engrais organique par pot.

**Arrosage :** tous les deux jours par temps chaud et sec. Une sécheresse passagère est tolérée.

**Ennemis et maladies :** les pucerons peuvent attaquer les jeunes plants. Traitez tout de suite.

**Utilisations :** en pot, en balconnière ou en suspension, associée à des pélargoniums, des bidens, des hélichrysums, des œillets d'Inde ou des pétunias.

**Conseil Truffaut :** de mai à septembre, faites un apport d'engrais liquide hebdomadaire.

## *Veronica spp.* VÉRONIQUE

*De jolis épis bleutés.*

**Annuelle ou vivace (de 10 à 80 cm, - 7 °C).**

**Feuillage :** caduc ou persistant selon les espèces.

**Floraison :** au printemps ou en été, en épis.

**Espèces et variétés :** *Veronica austriaca spp. teucrium* forme une touffe lâche qui ne dépasse pas 30 cm de haut. De mai à juillet, les fleurs bleu foncé sont réunies en grappes dressées au-dessus du feuillage vert. *Veronica longifolia* développe une grande touffe dressée jusqu'à 80 cm en pot, avec des longues feuilles lancéolées, vertes et lustrées. Les fleurs bleues sont groupées sur de longs épis érigés qui s'épanouissent de juin à août. *Veronica spicata* forme un coussin dense, avec des feuilles étroites et lancéolées vertes; les fleurs bleues réunies en épis apparaissent en été (hauteur de 20 à 30 cm).

**Comportement en pot :** abritez les variétés hautes des vents violents. Quand la souche devient moins florifère, divisez la touffe et rempotez.

**Dimensions du pot :** au minimum 14 cm de diamètre et de profondeur pour un pied.

**Exposition :** en plein soleil, à l'abri du vent fort.

**Terre :** une bonne terre de jardin, enrichie avec 20 % de fumier bien décomposé.

◄ Deux pieds de verveine ont suffit à garnir cette potée.

**Arrosage :** tous les deux jours par temps chaud et sec. Ne laissez pas sécher le substrat.

**Ennemis et maladies :** l'oïdium, qui se manifeste par un feutrage blanchâtre sur le feuillage.

**Utilisations :** en bordure ou en rocaille dans une auge pour les petites espèces vivaces.

**Conseil Truffaut :** tuteurez les plus grandes espèces. Coupez les inflorescences fanées après la floraison. Rabattez les tiges près du sol en novembre.

## *Viburnum spp.* VIORNE

*Cette plante n'a que des qualités.*

**Arbuste (de 1 à 2 m, -10° C).**

**Feuillage :** vert, ovale, persistant ou caduc.

**Floraison :** surtout blanche, tout au long de l'année, selon les espèces et les variétés.

**Espèces et variétés :** *Viburnum tinus,* le laurier-tin, porte un feuillage persistant. Il fleurit de novembre à avril. Il produit ensuite une abondante fructification bleue puis noire à maturité. 'Bewley's variegated' montre un magnifique feuillage panaché de crème. Robuste et facile, *Viburnum sargentii* 'Onondaga' est idéal pour les petits espaces avec son port étroit. Son feuillage vert ressemble à celui du boule de neige *(Viburnum opulus).* Chaque tige développe une large ombelle terminale, composée de petites fleurs roses au centre, roses puis crème à la périphérie. *Viburnum* x 'Eskimo' forme un buisson régulier de 1,20 m sur 1,50 m. Sa floraison en grosses boules blanches est parfumée. *Viburnum plicatum* au port étalé apprécie la compagnie des rhododendrons.

**Comportement en pot :** les viornes sont souvent lentes à s'installer dans leur pot. Il ne faut pas les transplanter trop souvent.

**Dimensions du pot :** au minimum 30 cm de diamètre et de profondeur pour un seul pied.

**Exposition :** en plein soleil pour les espèces à floraison ornementale. Les viornes à feuillage persistant prospèrent mieux à mi-ombre. *Viburnum opulus, Viburnum lantana* et *Viburnum sargentii* préfèrent une situation ombragée.

**Terre :** un mélange acide de terre de jardin et de terreau de feuilles, bien drainé. Les trois espèces citées précédemment poussent dans un sol calcaire.

**Arrosage :** tous les trois à quatre jours par temps chaud et sec, sans détremper le sol.

**Ennemis et maladies :** les pucerons attaquent souvent les nouvelles pousses et les jeunes feuilles.

**Utilisations :** en isolé en bac avec des vivaces tapissantes et des petits bulbes au pied.

**Conseil Truffaut :** protégez les espèces à floraison précoce des vents du nord ou de l'est.

## *Vinca minor* PETITE PERVENCHE

*L'amie de l'ombre.*

**Plante vivace (de 15 à 40 cm, -15° C).**

**Feuillage :** persistant. Les feuilles brillantes et vert foncé sont ovales à lancéolées.

**Floraison :** du printemps jusqu'au début de l'été.

**Espèces et variétés :** 'Alba' est une variété vigoureuse, à fleurs blanches. 'Azurea flore pleno' se distingue par des fleurs très doubles, bleu clair. 'Aureo variegata' montre un joli feuillage vert marginé de jaune d'or et des fleurs bleues. *Vinca major,* la grande pervenche, développe de longs rameaux flexibles, d'abord érigés puis retombants (hauteur 40 cm). Les feuilles sont ovales, lustrées. Les fleurs bleues apparaissent à l'aisselle des feuilles, en avril et en mai.

**Comportement en pot :** les rameaux flexibles ont tendance à s'étaler dans tous les sens. Taillez sans crainte. Rempotez tous les deux ans.

**Dimensions du pot :** 16 cm de diamètre et 14 cm de profondeur au moins pour un pied.

**Exposition :** à l'ombre, même assez dense.

**Terre :** un bon terreau de rempotage, léger.

**Arrosage :** maintenez une fraîcheur permanente par temps chaud et sec. Pas d'arrosage en hiver.

**Ennemis et maladies :** la rouille couvre le feuillage de pustules brunes pas trop graves.

**Utilisations :** en couvre-sol ou en suspension.

**Conseil Truffaut :** au printemps ou à l'automne, multipliez la pervenche en bouturant des fragments de tiges de 15 cm de long. Enracinement facile.

▲ *Viburnum plicatum* 'Lanarth' préfère la terre acide.

▲ *Viburnum tinus* fleurit joliment en plein hiver.

*Vinca major* 'Variegata' se plaît à l'ombre même dense. ▶

▲ *Viola odorata* fleurit bleu ou blanc.

▲ *Viola tricolor* reste décorative en hiver.

▲ Les grandes pensées craignent les orages.

▲ Une suspension de pensées multicolores.

## *Viola spp.*
## VIOLETTE, PENSÉE

*Une floraison charmante et très gaie.*

**Bisannuelle, vivace (de 5 à 30 cm, - 10 °C).**

**Feuillage :** persistant ou caduc, arrondi, ondulé.

**Floraison :** de la fin de l'hiver jusqu'au début de l'été. Les fleurs ont cinq pétales, arrondis.

**Espèces et variétés :** *Viola odorata* vivace tapissante de 10 cm de haut fleurit en mars-avril, parfumée. 'Freckles' à fleurs blanches, mouchetées de violet. *Viola* x *wittrockiana,* la pensée des jardins, se cultive en bisannuelle. Fleurs géantes et colorées d'octobre à juin, hauteur de 15 à 25 cm. La violette cornue, *Viola cornuta,* vivace, ressemble à la pensée mais ses fleurs sont plus petites et délicates.

**Comportement en pot :** les pensées fleurissent au moindre redoux, elles flétrissent au froid.

**Dimensions du pot :** 14 cm de diamètre et de profondeur pour un pied.

**Exposition :** au soleil ou à mi-ombre.

**Terre :** un bon terreau pour géraniums.

**Arrosage :** inutile si la saison est pluvieuse.

**Ennemis et maladies :** les larves de cécidomyies enroulent le limbe. L'oïdium recouvre les feuilles d'un feutrage blanchâtre.

**Utilisations :** en bordure, en couvre-sol, en suspension, associées à des plantes bulbeuses à floraison printanière, des myosotis et des pâquerettes.

**Conseil Truffaut :** installez les pensées en septembre ou en octobre. Supprimez les fleurs fanées.

## *Vitis vinifera*
## VIGNE

*Une vigueur exceptionnelle.*

**Plante grimpante (de 3 à 4 m, - 10 °C).**

**Feuillage :** caduc ou persistant, entier.

**Floraison :** insignifiante, mais suivie de baies, blanches, rosées ou noires à maturité.

**Espèces et variétés :** parmi les très nombreuses variétés de vigne de table, 'Chasselas Doré de Fontainebleau' donne une récolte précoce et savoureuse, en septembre, avec des raisins blancs très sucrés. *Vitis vinifera* 'Purpurea', la vigne des teinturiers, porte un joli feuillage rouge clair en été, qui devient pourpre vif à l'automne. *Vitis coignetiae* est une espèce rustique d'une vigueur phénoménale, à grandes feuilles caduques vertes, rondes et velues au revers. En automne, le feuillage prend une splendide coloration jaune, puis orangé et pourpre.

**Comportement en pot :** à réserver pour les grands bacs. La croissance est importante et rapide. En quelques mois, le pied peut émettre des pousses de 2 ou 3 m, qui s'accrochent toutes seules au moindre support par des vrilles. Protégez la plante des vents froids et des gelées tardives du printemps.

**Dimensions du pot :** au minimum 45 cm de diamètre et de profondeur.

**Exposition :** chaude et ensoleillée, au sud ou à l'ouest pour les variétés à fruits comestibles.

**Terre :** une bonne terre de jardin pas trop acide, enrichie de fumier en granulés et de sable.

**Arrosage :** hebdomadaire par temps chaud.

**Ennemis et maladies :** l'oïdium peut recouvrir le feuillage d'un feutrage grisâtre. Le mildiou provoque le dessèchement des feuilles et la chute des grappes.

**Utilisations :** pour garnir une pergola, une tonnelle, un treillage ou une rambarde.

**Conseil Truffaut :** palissez régulièrement les nouvelles pousses, en les maintenant à l'horizontale.

◄ Les pensées jaunes sont exceptionnellement lumineuses.

## *Waldsteinia ternata*
## FAUX FRAISIER DORÉ

*Un couvre-sol pour l'ombre.*

**Plante vivace (de 10 à 25 cm, - 8 °C).**

**Feuillage :** la souche émet des stolons traçants, portant des feuilles découpées en trois folioles dentées.

**Floraison :** d'avril à juin. Les fleurs jaune vif ressemblent à celles des fraisiers.

**Espèces et variétés :** 'Variegata' porte un beau feuillage panaché de crème. *Waldsteinia geoides*, plus rare, forme une touffe non stolonifère.

**Comportement en pot :** après la transplantation, le waldsteinia montre un arrêt de croissance, mais après deux ans, il peut se montrer envahissant. Rempotez et divisez les touffes pour les rajeunir, tous les trois à quatre ans.

**Dimensions du pot :** au minimum 20 cm de diamètre et 18 cm de profondeur pour un pied. En jardinière, plantez un waldsteinia tous les 15 cm.

**Exposition :** mi-ombre ou ombre légère.

**Terre :** un terreau de plantation bien drainé, enrichi de 20 % de fumier décomposé.

**Arrosage :** par temps chaud et sec, arrosez tous les jours pour garder la fraîcheur du sol. Durant l'hiver, il n'est pas utile d'arroser s'il pleut bien.

**Ennemis et maladies :** en général, aucun.

**Utilisations :** en bordure des jardinières ou en couvre-sol dans les grands bacs, au pied d'arbustes ou de grandes plantes vivaces.

**Conseil Truffaut :** le waldsteinia supporte une exposition partiellement ensoleillée seulement si l'humidité du sol est entretenue en permanence.

## *Washingtonia filifera*
## PALMIER JUPON

*L'opulence exotique.*

**Palmier (de 2 à 3 m, - 5 °C).**

**Feuillage :** le stipe (tronc) très épais et fortement renflé à la base est surmonté par une couronne de grandes feuilles en éventails vert clair ou glauques, munies de longs filaments blanchâtres bouclés. Les anciennes feuilles séchées restent sur la plante et forment une masse compacte qui entoure le stipe.

**Floraison :** les inflorescences ramifiées apparaissent au sommet de la plante et dépassent le feuillage. Elles portent des fruits noirs ovoïdes.

**Espèces et variétés :** il n'existe que deux espèces. *Washingtonia robusta* développe un stipe plus gracile et les feuilles, peu nombreuses, forment une couronne lâche. Cette espèce est un peu moins rustique, mais convient bien en pot.

**Comportement en pot :** ce palmier à croissance rapide nécessite des rempotages annuels. Il faut prévoir une protection hivernale du stipe avec un paillon durant les premières années de croissance.

**Dimensions du pot :** au minimum 30 cm en tous sens pour un plant d'environ 1 m.

**Exposition :** chaude, abritée et ensoleillée.

**Terre :** un mélange léger de terre végétale, de sable de rivière et de terreau de feuilles, par tiers.

**Arrosage :** quand le temps est chaud et sec, maintenez le sol toujours frais mais non détrempé.

**Ennemis et maladies :** attention aux cochenilles et aux araignées rouges, difficiles à éliminer.

**Utilisations :** en isolé, dans un bac d'orangerie en bois, sur une grande terrasse.

**Conseil Truffaut :** il est recommandé de ne pas ôter les feuilles séchées, qui protègent la plante contre le gel et les courants d'air froids.

▲ *Vitis coignetiae* est capable de recouvrir l'abri de jardin.

▲ *Waldsteinia ternata* est un excellent couvre-sol.

*Washingtonia filifera* pousse vite s'il est fertilisé. ▶

▲ *Weigela* 'Bristol Ruby', une des variétés les plus colorées.

▲ Attention aux pointes acérées des feuilles de yucca.

◄ La fleur sculpturale de l'arum craint le vent et la pluie.

## *Weigela spp.*
## WEIGÉLIA

*Une valeur sûre.*

**Arbuste (de 0,80 à 2 m, - 12 °C).**

**Feuillage :** caduc, ovale légèrement dentelé. Les feuilles de 10 cm de long sont opposées.

**Floraison :** en mai et en juin. Les fleurs réunies en bouquets présentent une corolle en forme de trompette qui laissent voir les étamines.

**Espèces et variétés :** il existe une quantité de variétés. 'Evita' forme un petit buisson de 40 cm de hauteur sur 1 m de largeur. Sa floraison est rouge vif. 'Victoria' se distingue par un feuillage bronze rouge et une abondante floraison rose. 'Minuet', 'Samba' et 'Rumba' sont des hybrides canadiens très résistants au froid. Leur port est compact. Leur feuillage vert pourpré se couvre de bouquets denses de fleurs roses. 'Carnaval Courtalor' atteint 1 m de hauteur en pot. Il porte des fleurs rose saumon ou blanc bordé de rose sur le même bouquet. 'Kosteriana variegata' dépasse à peine 1 m en bac. Ses feuilles sont panachées de jaune, ses fleurs sont roses. *Weigela florida* 'Nana variegata' offre un port compact et des feuilles marginées de blanc, ses fleurs sont rose tendre. 'Nain rouge Courtanin' ne dépasse pas 80 cm de haut, ses fleurs rouges sont nuancées de blanc.

**Comportement en pot :** robuste et rustique, le weigélia prospère bien en bac et supporte sans problème les rempotages, à condition de ne pas briser la motte. Opérez tous les trois ans environ, la croissance étant assez lente.

**Dimensions du pot :** au minimum 45 cm de profondeur et de diamètre pour un pied adulte.

**Exposition :** bien ensoleillée, mais pas trop torride durant l'été, surtout pour les variétés à feuillage panaché ou coloré.

**Terre :** un mélange de terre de jardin et de terreau à parts égales en ajoutant 20 % de fumier décomposé. Assurez un bon drainage.

**Arrosage :** régulier tous les trois jours par temps chaud et sec. Il est inutile d'apporter de l'eau durant l'hiver.

**Ennemis et maladies :** les weigélias sont des plantes robustes, pratiquement jamais parasitées.

**Utilisations :** dans une grande jardinière, en association avec des kolkwitzias, des deutzias, des petites spirées et des hémérocalles.

**Conseil Truffaut :** chaque année, taillez après la floraison. Éliminez les plus vieux rameaux pour stimuler l'apparition de pousses nouvelles.

## *Yucca spp.*
## YUCCA

*Un feuillage redoutable.*

**Arbuste (de 0,50 à 2,50 m, -8 °C).**

**Feuillage :** vert glauque, persistant. Les grandes feuilles rigides et acérées sont réunies en rosettes. Elles sont terminées par une pointe acérée qui représente un danger sur les terrasses fréquentées par les jeunes enfants. Pensez à les couper.

**Floraison :** au printemps et en été. Les fleurs blanc crème, en forme de clochette, sont groupées en une immense panicule érigée.

**Espèces et variétés :** *Yucca aloifolia* forme une rosette de feuilles longues et acérées, ses fleurs sont blanc crème en été. *Yucca filamentosa* présente des feuilles persistantes en lames pointues, bordées de filaments pendants bleutés. Il ne dépasse pas 50 à 60 cm de hauteur en bac. La floraison se fait en été et en automne. *Yucca gloriosa* est très proche des précédents, mais il fleurit plus tardivement de septembre à novembre blanc nuancé de rouge.

**Comportement en pot :** la croissance est assez lente. Un jeune plant fleurit après 5 à 8 ans.

**Dimensions du pot :** au minimum 30 cm de diamètre et de profondeur.

**Exposition :** abritée, chaude et ensoleillée.

**Terre :** une bonne terre de jardin, bien drainée.

**Arrosage :** laissez le sol sécher en surface entre deux apports d'eau. Le yucca redoute un excès d'humidité, surtout en hiver.

**Ennemis et maladies :** surveillez les attaques de pucerons, fréquentes sur les hampes florales.

**Utilisations :** en isolé, loin du passage pour éviter le contact avec la pointe des feuilles. Style exotique.

**Conseil Truffaut :** il est prudent de rentrer les pots au sec dès les premiers froids.

## *Zantedeschia aethiopica*
## ARUM D'ÉTHIOPIE

*Une ampleur tout exotique.*

**Plante tubéreuse (de 0,40 à 1 m, -5 °C).**

**Feuillage :** en grande touffe évasée, vert foncé brillant, en forme de fer de lance.

**Floraison :** au printemps ou en été. Les fleurs forment un spadice enveloppé d'une grande spathe.

**Espèces et variétés :** 'Childsiana' (40 cm) est une forme naine très florifère. 'Green Goddess' épanouit de grandes fleurs vert clair ombrées de blanc.

**Comportement en pot :** le développement est rapide, la touffe prenant très vite de l'envergure.

**Dimensions du pot :** au minimum 30 cm de diamètre et de profondeur pour un rhizome.

**Exposition :** chaude et ensoleillée, mais aérée.

**Terre :** un bon terreau enrichi de fumier composté.

**Arrosage :** tous les 4 à 5 jours pendant la croissance. En hiver, maintenez le rhizome au sec.

**Ennemis et maladies :** en sol lourd et humide, la pourriture bactérienne peut détruire la plante.

**Utilisations :** en isolé, dans une belle poterie.

**Conseil Truffaut :** divisez les touffes en avril.

## *Zea mays*
## MAÏS

*Une céréale très étonnante.*

**Plante annuelle (de 1,50 à 2 m, 0 °C).**

**Feuillage :** érigé, vert moyen, long et rubané.

**Floraison :** en juin-juillet, en épis plumeux sans grand intérêt ornemental.

**Espèces et variétés :** 'Sucré Hâtif Jaune d'Or' et 'F1 Blizzard Super Sweet' sont consommés quand les grains sont laiteux, très sucrés. Il existe des formes décoratives à feuillage panaché

**Comportement en pot :** la croissance est très rapide et l'enracinement assez superficiel.

**Dimensions du pot :** au minimum 25 cm de diamètre et de profondeur pour un pied.

**Exposition :** chaude, abritée et ensoleillée.

**Terre :** un bon terreau de rempotage.

**Arrosage :** tous les deux jours par temps chaud.

**Ennemis et maladies :** les chenilles de la pyrale du maïs peuvent détruire les feuilles et les épis.

**Utilisations :** sur un balcon potager, pour constituer un rideau saisonnier à vocation d'ombrage.

**Conseil Truffaut :** semez en poquet de trois graines en mai. Éliminez les plants les plus faibles.

## *Zinnia elegans*
## ZINNIA

*Une fleur quasi parfaite.*

**Annuelle (de 20 à 60 cm, 4 °C).**

**Feuillage :** buissonnant, vert clair. Les feuilles sont ovales et pointues, légèrement velues.

**Floraison :** tout l'été jusqu'aux gelées. Les grosses fleurs ressemblent à des marguerites doubles.

**Espèces et variétés :** elles sont nombreuses, avec des coloris vifs, dans les tons de blanc, jaune, orange, rose, rouge, violet et vert.

**Comportement en pot :** les variétés naines résistent mieux aux intempéries et conviennent très bien à la culture en bac.

**Dimensions du pot :** plantez au moins trois pieds dans une potée de 25 cm de diamètre.

**Exposition :** chaude et ensoleillée.

**Terre :** un bon terreau « géraniums », enrichi avec de fumier bien décomposé. Assurez un bon drainage au fond du pot avec des gravillons.

**Arrosage :** régulier par temps chaud et sec.

**Ennemis et maladies :** l'oïdium et la pourriture grise peuvent couvrir le feuillage par temps humide.

**Utilisations :** en bordure, ou dans une grande jardinière, associé à des cosmos, des centaurées bleuets, des roses d'Inde ou des verveines.

**Conseil Truffaut :** ôtez bien les fleurs fanées.

▲ Le maïs pousse en pot avec des arrosages quotidiens.

▲ Les zinnias fleurissent durant trois bons mois.

Bonne idée : des zinnias accompagnés d'une célosie. ▶

9

# LE CALENDRIER DES TRAVAUX

# Janvier

*En janvier, c'est surtout le temps que vous cultivez : celui de vous plonger dans les catalogues, celui de jouir, bien au chaud derrière la fenêtre, du spectacle de la terrasse sous la neige. Mais hâtez-vous d'en profiter : les premiers perce-neige pointent le bout du nez, comme pour nous dire que le printemps n'est pas si loin !*

▲ En hiver, les contenants prennent toute leur importance et participent totalement au décor.

▲ Une simple feuille de journal protège des gelées nocturnes.

**À NE PAS OUBLIER**

- Traitez les pêchers nains et les nectarines contre la cloque des feuilles.
- Brossez à l'eau, additionnée d'eau de Javel, les pots qui ont servi l'année précédente et qui vont être réutilisés.
- Achetez des bruyères, des hébés, en pleine floraison, des pernettyas aux baies comme des dragées de baptême.
- Installez un distributeur de graines et de saindoux, pour les oiseaux des villes.

## Protéger

• Augmentez les protections autour de vos bacs : le plastique à bulles, sans doute pas très esthétique, présente toutefois l'avantage d'être maniable, propre, réutilisable et… efficace.

• Évitez de laisser les pots se gorger d'eau. La majorité des plantes supporte un froid sec, mais pas une terre détrempée. La réserve d'eau des bacs doit être régulièrement vidée. Protégez certaines plantes de l'humidité, comme les délospermas, le thym, le romarin et les plantes des mini-jardins de rocaille.

• Avec l'eau en excès, le vent est l'autre ennemi des plantes en pot : posez des brise-vent dans le sens des vents dominants. Les plus étanches à l'air ne sont pas les meilleurs. Ils créent des turbulences néfastes aux plantes. Un bon brise-vent doit, au contraire, laisser passer l'air à travers des mailles très fines. Si les premiers bulbes montrent le bout de leur nez et que le thermomètre menace de descendre bien au-dessous de zéro, couvrez-les avec quelques centimètres de tourbe sèche.

## Planter

• Si la terre est meuble, plantez des pensées et des primevères, que l'on trouve en plants fleuris à cette période dans les jardineries.

• Mettez en place des touffes de myosotis, des giroflées et des pâquerettes. S'il ne gèle pas, divisez les plantes vivaces, comme les alchémilles, les marguerites, les asters.

## Tailler

• Taillez légèrement les mini-pommiers et les poiriers. Vérifiez que les attaches et les tuteurs ne blessent pas les tiges.

# Février

*Les premières fleurs percent enfin la terre durcie des jardinières et l'on se sent, à la faveur d'un redoux, des bouffées d'énergie pour planter, nettoyer, fleurir. Comme si, en nous aussi, la sève se remettait à circuler!*

## Protéger

• Achetez un rouleau de voile de forçage pour protéger les fleurs pendant les nuits froides.
• Couvrez vos jardinières d'une feuille de plastique, si la saison est très pluvieuse. Aérez dès que le redoux s'installe.
• Protégez les azalées et les cyclamens en les rentrant chaque nuit dans une pièce fraîche si le temps est très froid.

## Nettoyer

• Entamez un nettoyage des bacs en enlevant plantes, feuilles mortes et mauvaises herbes.
• Remettez à neuf les touffes de bergénias et les hellébores, en enlevant les feuilles sèches.

## Acheter

• Courez à la jardinerie pour acheter un camélia en fleurs. Jetez aussi un coup d'œil aux conifères nains, comme l'adorable *Pinus strobus* 'Nana', le pin de Weimouth, si doux à caresser. Achetez des skimmias, des houx, des choux d'ornement, des hellébores, en fleurs à cette époque. Étudiez les catalogues spécialisés et passez commande de quelques raretés.

## Multiplier

• Divisez les touffes d'hémérocalles, les hostas, les géraniums vivaces. Rabattez les tiges des graminées et divisez les trop grosses touffes.
• Semez les pois de senteur et les capucines en terrine, dans une pièce peu chauffée.

## À NE PAS OUBLIER

❋ Plantez dehors les tulipes ou les narcisses forcés que l'on vous a offerts, quand ils sont défleuris. Ils refleuriront l'année prochaine.
❋ Achetez un sac de régénérant de surface, pour changer la terre superficielle des bacs anciens.
❋ Surveillez les bacs enveloppés par du plastique et aérez-les aussi souvent que le temps le permet.
❋ Surélevez les pots sur de petites cales pour que le fond ne stagne pas dans l'eau froide ou gelée.

## Tailler

• Taillez, s'il ne gèle pas, les hibiscus, les buddléias, les spirées. Redonnez une forme aux troènes, aux lierres, aux fusains, aux buis.
• Taillez les arbustes à petits fruits : framboisiers, cassissiers, groseilliers.

Les baies des skimmias persistent tout l'hiver. ▶

### LES REMISES EN ÉTAT

Les treillages, soumis aux intempéries, à l'assaut du vent, au poids des plantes, ont besoin d'un entretien régulier pour durer. De leur aspect plus ou moins soigné dépend l'élégance de votre balcon. Le temps et les soins que vous leur accorderez ne sont pas perdus. Brossez le bois à sec pour enlever les restes de végétaux, décollez la peinture qui ne tient plus. Poncez soigneusement les parties les plus écaillées. Puis passez une éponge trempée dans de l'eau chaude savonneuse pour ôter la pellicule noire due à la pollution ainsi que le reste de la poussière. Rincez à l'eau claire et laissez bien sécher. Remplacez les attaches des treillages et les agrafes des lattes qui sont rouillées et changez le bois abîmé. Puis passez une couche de peinture glycérophtalique sur les treillages ainsi préparés.

▼ *Le brossage, une étape vitale.*

▼ *La peinture protège le bois.*

# *Mars*

*Des signes discrets annoncent le retour du printemps. Les premiers papillons (les citrons), ivres d'un sommeil trop long, passent en zigzaguant dans l'air juste dégourdi de mars. Les bourgeons gonflent. Les forsythias ont même pris de l'avance. Vite, il est temps de mettre le nez dehors!*

**À NE PAS OUBLIER**

- Plantez une clématite à grandes fleurs.
- Taillez les plantes grimpantes, palissez-les.
- Débarrassez la terrasse de la mousse, avec un produit du commerce.
- Traitez les pêchers nains contre la cloque même si vous l'avez fait le mois précédent.
- Surveillez les cochenilles sur les hydrangéas.

▲ Les jardineries vendent en ce moment des potées fleuries toutes prêtes, qui créent un décor instantané.

◄ En mars, les gelées sont encore à craindre. Protégez les premières floraisons avec un voile de forçage.

## Protéger

• Ôtez petit à petit les protections, en fonction de la région et du temps, souvent imprévisible en ce mois de mars. Gardez toujours à portée de main un voile de forçage pour emmitoufler les plantes les plus fragiles en cas de chute annoncée de la température nocturne.

## Planter

• Plantez des fraisiers dans une jarre spéciale, à plusieurs étages. Choisissez des variétés qui s'allongent bien, comme 'Reine des Vallées', ou bien un fraisier grimpant comme 'Mount Everest'. Un petit nouveau, 'Franny', est idéal pour les suspensions.

• Composez un mini-jardin de plantes condimentaires : thym, ciboulette, persil (la variété à feuilles plates offre plus de goût que celle à feuillage frisé), estragon, sauge, sarriette, marjolaine, verveine citronnelle.

• Prévoyez une jardinière pour faire pousser quelques légumes. À part les radis, les navets ronds et les betteraves plates, qui réussissent bien en pot, les légumes à racines sont réfractaires à la culture sur balcon. Mais il est facile de réussir les salades à couper, les tomates, les concombres, les choux, etc.

• Commencez vos plantations de vivaces. Plantez des bulbes forcés, des pâquerettes, des pensées, pour fleurir les espaces vides.

## Multiplier

• Bouturez les lauriers : coupez des rameaux d'une dizaine de centimètres et mettez-les à tremper dans un verre d'eau sur un radiateur. Ils s'enracinent en deux mois.

▲ Les pensées fleurissent sans relâche jusqu'en juillet.

## Rempoter

• Commencez les rempotages des plantes qui en ont besoin : des racines très nombreuses qui tapissent le pot, une végétation moins bonne l'année précédente, un dernier rempotage qui remonte à plus de deux ou trois ans, une silhouette disproportionnée avec celle du pot doivent vous faire intervenir. Les plantes qui ont été rempotées l'année dernière, tout comme celles qui vivent en gros pots (plus de 60 cm de diamètre) auront droit à un surfaçage. Il suffit de gratter doucement, pour ne pas abîmer les racines, les quatre ou cinq premiers centimètres et de les remplacer soit par un terreau spécial appelé « régénérant de surface », ou par un mélange composé de 1/3 d'amendement organique à base de fumier composté et de 2/3 de terreau neuf.

• Remettez un peu de terre de bruyère au pied des camélias, des rhododendrons, des azalées, des skimmias et des piéris.

• Cachez la terre des jardinières avec de l'écorce de pin de petit calibre. Cette protection n'a pas qu'un but décoratif : elle évite une évaporation excessive de l'eau, gêne le développement des mauvaises herbes et limite le tassement du terreau sous l'effet des arrosages répétés. Vous pouvez également planter des espèces couvre-sol, comme l'helxine, toute mousseuse, à l'ombre ; les acaénas, les saxifrages, au soleil.

▲ Éliminez les gourmands des rosiers au point de départ.

▲ Les plantes vivaces se divisent aisément en mars.

## Traiter

• Pulvérisez un fongicide sur les rosiers contre l'oïdium et les taches noires, puis faites un premier apport d'engrais.

## Commander

• Choisissez dans les catalogues spécialisés vos bulbes d'été, de dahlias, de tubéreuses, de lis, de glaïeuls, etc.

## Tailler

• Taillez les armoises, les sénécios et les phlomis ainsi que tous les arbustes à floraison estivale : hibiscus, buddléias, céanothes, pérovskias, pour obtenir des silhouettes trapues. Dégagez en priorité le centre de la plante.

### SEMIS EN TERRINE

À la fin du mois, semez les fleurs qui nécessitent un repiquage intermédiaire : sauge, œillet d'Inde, pétunia, zinnia, verveine, etc. Choisissez une terrine peu profonde et achetez un sac de terreau spécial pour semis. Sa composition est étudiée pour qu'il offre une granulométrie fine et un pouvoir drainant optimal. Remplissez la terrine à ras bord. Tassez la terre en tapotant doucement le fond du pot sur la table. Lissez la surface avec une planchette en bois. Le terreau est prêt à recevoir les graines. Suivez les indications inscrites au dos du paquet, quant à la densité du semis. Recouvrez d'une feuille de plastique, pour maintenir une hygrométrie élevée, favorable à la levée du semis. Selon les espèces, vous sèmerez en godets individuels ou en terrine et vous éclaircirez les semis, pour que les plantules forcissent, avant le repiquage final en mai.

▼ *Gardez les semis au chaud jusqu'en avril ou mai.*

Plantez assez serré, pour un effet décoratif immédiat. ▶

# Avril

▲ Les bulbes s'associent aux pruniers et cerisiers à fleurs, pour un véritable hymne au printemps...

*Mois béni où chaque matin apporte sa fleur nouvelle. Il y a tant à faire sur la terrasse ! D'abord enterrer définitivement l'hiver, en remettant tout à neuf... Mais n'oubliez pas le plus important : de temps en temps, arrêtez tout, mettez votre fauteuil au soleil et jouissez sans remords de votre décoration printanière...*

**À NE PAS OUBLIER**

- Augmentez la cadence des arrosages.
- Éliminez les mauvaises herbes installées dans les jardinières.
- Coupez les tiges florales des narcisses fanés, mais laissez le feuillage jaunir.
- Ôtez les fruits en surnombre sur les pêchers nains.

◀ Ces bulbes, achetés en boutons, restent décoratifs un mois.

## Acheter

• Installez des bisannuelles et des bulbes fleuris si vous avez oublié les plantations d'automne. Les délicieuses petites violettes cornues voisineront avec les pâquerettes, les narcisses miniatures avec les jacinthes. N'ayez pas peur de serrer un peu les plants pour un décor immédiat. Pensez aux espèces à feuillage, comme les cinéraires, les lierres à petites feuilles, les thyms, les sénécios, les fusains, pour habiller rapidement les jardinières. Passez à la jardinerie pour acheter un sac d'amendement organique à base d'algues et du compost. Prenez aussi une boîte d'engrais pour plantes fleuries, à décomposition différée. Faites une distribution générale, en respectant les doses inscrites sur les paquets.

## Nettoyer

• Procédez à une remise en forme des jardinières, en ôtant les plantes mortes, les feuilles sèches, en taillant le bois mort. Desserrez les végétaux qui ont bien poussé l'année dernière.
• Récupérez les jeunes plantules issues du semis spontanés des valérianes, des alchémilles, et repiquez-les ailleurs.

## Attendre

• Les plants fleuris qui font leur apparition un peu partout dans les jardineries, sont bien attirants ! Résistez cependant, jusqu'à la fin du mois, à l'envie de les acheter, tout du moins dans les régions situées au nord de la Loire. Les risques de gel sont encore bien réels un peu partout, le choix sera bien plus vaste dans quelques semaines.

## Semer

• Pensez à habiller les murs et les rambardes en semant quelques graines de haricots d'Espagne, de pois de senteur, de capucines grimpantes, de houblon, de cobée ou de coloquintes. Semez aussi des graines d'annuelles dans les emplacements libres : alysse maritime, capucine naine, cosmos, gaillarde, centaurée, pavot, pied-d'alouette, soleil, mais aussi les délicieux ciboulette, persil, radis.

## Planter

• Choisissez des arbustes à floraison printanière, que vous mettrez en place dès ce mois-ci. N'oubliez pas les arbustes à feuilles persistantes, qui démarrent vigoureusement dès que le temps se réchauffe. Préparez l'été avec quelques pots de lavande ('Hidcote Blue', compacte et basse, est idéale). Installez un mini-potager avec des plants de fraisiers et d'estragon. À la fin du mois, plantez quelques pieds de basilic. Sur les grandes terrasses, installez un actinidia, qui donnera des kiwis à la fin de l'été. La variété 'Solo' est autofertile, ce qui signifie qu'un seul pied est nécessaire pour obtenir une fructification.

• Mettez vos bulbes d'été en pots : dahlias, cannas. Préparez des potées parfumées avec des lis, des tubéreuses, des acidantheras, des eucharis, qui ressemblent à de larges narcisses. Plantez des vivaces à longue floraison comme des scabieuses, des achillées, des penstémons, des hémérocalles, etc.

▼ Plantez des bulbes déjà fleuris pour un décor immédiat.

Muscaris et tulipes célèbrent le printemps avec des coloris éclatants. ▶

• Sortez les géraniums et les fuchsias qui ont hiverné dans la véranda. Nettoyez-les, rabattez les tiges les plus longues et rempotez-les dans du terreau neuf que vous aurez amélioré avec un engrais à décomposition différée (une cuillère à café pour 5 l).

## Tailler

• Élaguez tous les arbustes à floraison printanière ayant déjà fleuri, comme les forsythias, le jasmin nudiflore, les *Viburnum botnantense*, les bruyères, les chimonanthes.

## Vérifier

• Faites une inspection générale des crochets qui soutiennent les jardinières. Toute attache tordue ou rouillée doit être immédiatement remplacée. N'oubliez pas qu'il est toujours préférable d'accrocher les potées à l'intérieur des balcons, pour des raisons évidentes de sécurité. En cas d'accident dû à la chute d'un pot, seule la personne ayant la jouissance du balcon est responsable devant la loi.

• Pour de bons rapports de voisinage, assurez-vous également que l'eau d'arrosage des jardinières ne s'écoulera pas le long de la façade ou chez le voisin du dessous. Prévoyez des soucoupes pour toutes les plantes.

• Si vous comptez installer des bacs de dimensions importantes (plus de 40 ou 50 cm de côté), renseignez-vous auprès du syndic de l'immeuble, pour connaître la charge maximale autorisée au m$^2$.

▲ Un bouchon d'engrais pour 10 l d'eau... et ça repart !

▲ Arrosez copieusement les nouvelles plantations.

Ne brisez pas la motte des jeunes plants. ▶

# *Mai*

*Généreuse, débordante de vie et de couleurs, accueillante, votre terrasse est au mois de mai une oasis de calme, un havre loin de l'agitation de la ville. En ce sens, elle mérite le meilleur : toute votre attention.*

**À NE PAS OUBLIER**

- Gardez un voile de protection à portée de main, si le gel nocturne menace.
- Taillez les vivaces qui sont défleuries, comme les aubriètes et les cœurs-de-Marie.
- Rempotez les arbustes nouvellement achetés si le pot est trop petit. N'oubliez pas de faire tremper le pot 15 min dans un seau d'eau, avant le rempotage.

▲ Les suspensions demandent un arrosage quotidien.

◀ Pulvérisez un insecticide en cas d'attaque massive.

▲ Campanules, dicentras et fougères créent une scène naturelle qui peut rester décorative durant un bon mois.

## Acheter

• Procurez-vous quelques barquettes de plantes annuelles : pétunias, agératums, géraniums, tabacs, tagètes, sauges, pour les endroits ensoleillés. Impatiens, mimulus, lobélias, fuchsias, bégonias tubéreux conviendront mieux à la mi-ombre. Pincez les premières fleurs tout de suite après la plantation en jardinières, pour laisser à la plante le temps de développer ses racines. La floraison n'en sera que meilleure par la suite. Achetez également quelques pots de muguet.

▼ N'hésitez pas à arracher les plantes qui n'ont pas repris.

• Ne partez pas de la jardinerie sans un ou deux pieds de basilic. La variété à larges feuilles est très parfumée. Celle à petites feuilles a aussi beaucoup de goût et présente l'avantage de monter à fleurs moins vite.

## Arroser

• Augmentez la cadence et la quantité des arrosages. Ne laissez pas d'eau dans la soucoupe, sauf pour les papyrus *(Cyperus diffusus)*.

## Planter, semer

• Installez des pieds de tomates, vers le 15 mai, dans la région Île-de-France. Parmi les variétés à petits fruits, 'Sweet 100' est une des meilleures, mais elle n'est à l'aise que sur les grandes terrasses. La plante peut atteindre 2 m de hauteur ! Les petits balcons accueilleront 'Red Robin', 'Phyra' (30 cm de haut), 'Gartenperl' (40 cm) ou 'Tigerette Cherry'.
• Continuez à mettre en place les dahlias et les cannas dans du terreau pour géraniums.
• Rempotez les camélias avec un terreau acide.
• Semez des radis et de la laitue à couper.

## Entretenir

• Apportez de l'engrais soluble aux bulbes de tulipes, de narcisses, de jacinthes et de fritillaires, afin qu'ils accumulent suffisamment de réserves pour refleurir l'année prochaine. Si votre eau est calcaire, épandez un produit antichlorose au pied des hortensias et autres plantes de terre de bruyère : rhododendrons, piéris, azalées, camélias.
• Palissez les pousses des clématites, du jasmin et du jasmin étoilé, du trachélospermum, de l'akébia, des bougainvillées, des chèvrefeuilles, elles peuvent s'allonger de 50 cm en un mois.
• Nettoyez les fleurs fanées des rhododendrons, en les pinçant avec l'ongle, juste sous la base des fleurs.
• Supprimez les gourmands des rosiers, qui apparaissent à la base du pied.
• Étudiez la possibilité d'installer un système de goutte-à-goutte sur votre balcon, en prévision des vacances. C'est l'idéal.

## Tailler

• Élaguez les arbustes qui ont déjà fleuri, comme les spirées, les forsythias, les groseilliers à fleurs, les viornes, les genêts.
• Sortez toutes les plantes gélives que vous aviez rentrées en hiver et procédez à une taille soignée. Géraniums, verveines, lantanas, héliotropes, anthémis, hélichrysums, fuchsias seront ensuite rempotés dans un terreau riche.
• Taillez les conifères comme les thuyas et les cyprès pour équilibrer leur silhouette.

▲ Arrachez les bulbes dont le feuillage a jauni.

L'engrais à diffusion différée ne s'applique qu'une fois. ▶

### PLANTEZ UNE JARDINIÈRE

La préparation soignée d'une jardinière est un gage de réussite. Il faut respecter quatre règles de base.
• Le terreau se tassant facilement, l'eau en excès a de plus en plus de mal à s'évacuer au fur et à mesure que l'on avance dans la saison. Il faut donc prévoir une couche drainante d'au moins 3 cm : cailloux, tessons, graviers font l'affaire. Isolez cette couche du terreau par un feutre ou par un morceau de voile de forçage.
• Le terreau employé doit être de bonne qualité. Les promotions exceptionnellement basses, dans les supermarchés, de produits sans marque, sans indications sur le sac, doivent vous inciter à la méfiance. Il est utile d'améliorer le terreau avec quelques poignées d'amendement organique ou quelques pincées d'engrais à décomposition différée.
• Le collet des plantes doit affleurer la surface de la terre, sans qu'il se forme un petit monticule autour. Tassez le terreau en tapotant la jardinière contre la table et en pressant avec les doigts.
• Il faut toujours laisser au moins 2 à 3 cm entre le rebord du bac et le niveau du terreau, afin de pouvoir arroser facilement.

▼ Ne remplissez pas la jardinière à ras.

▼ Comptez 25 cm de large par godet.

# Juin

▲ Les plantes aiment être regroupées. Cela crée un microclimat humide, favorable à leur floraison, l'entretien est facilité.

*La terrasse est entrée de plain-pied dans l'été. Elle n'est pas encore à son apogée, mais déjà l'on devine l'opulence future des potées. Ne relâchez pas votre attention : plus que jamais, tout ce petit monde a besoin de vous.*

▲ Palissez les plantes grimpantes au fur et à mesure.

**À NE PAS OUBLIER**

- Palissez les plantes grimpantes.
- Installez des brise-vent, qui serviront aussi d'ombrage pour les plantes de mi-ombre, comme les fuchsias, les lobélias, les bégonias tubéreux, les fougères.

## Nettoyer

• Décroûtez la surface des jardinières quand il fait chaud et sec. Nettoyez les bords des pots, sur lesquels commencent à apparaître des dépôts brunâtres, dus aux minéraux des engrais. Cette concentration de sels risque à la longue d'être toxique pour les plantes. Elle est, de plus, assez inesthétique, mais disparaît facilement quand on la racle avec un couteau.

• Balayez le sol de la terrasse au moins une fois par semaine pour éliminer les feuilles et la poussière, qui peuvent abriter des parasites.

• Ôtez régulièrement les fleurs fanées, les feuilles mortes et les mauvaises herbes.

• Cueillez chaque semaine les fleurs des pois de senteur et faites-en des bouquets, pour qu'ils continuent à fleurir.

• N'hésitez pas à remplacer une plante malade. Il est souvent plus économique de se débarrasser des végétaux qui n'ont pas bien repris et montrent des signes évidents

## LES SECRETS DE L'ARROSAGE

Il est important de ne pas laisser la motte se dessécher car les substrats, généralement à base de tourbe, se réhydratent très mal. Procédez en deux fois, à quelques minutes d'intervalle. Veillez à ce que l'eau ne glisse pas sur la terre, mais qu'elle pénètre bien dans le substrat. Il est préférable d'arroser avec de l'eau à température ambiante. Quand vous avez fini d'arroser, remplissez une fois encore un arrosoir, en prévision du lendemain.

Diluez régulièrement de l'engrais liquide pour plantes fleuries (l'engrais pour fraisiers ou tomates fait aussi l'affaire), dans l'eau d'arrosage. Vous pouvez utiliser la dose préconisée par le fabricant et arroser tous les dix jours. Mais vous obtiendrez de meilleurs résultats en diluant cette dose par trois et en arrosant une fois sur deux à l'engrais liquide. L'arrosage n'est pas une science exacte, il dépend de nombreux facteurs. En règle générale, on arrose plus souvent les plantes installées dans des petits pots, en période de chaleur, en plein soleil, les jours de grand vent. On réduit les apports d'eau à l'ombre, quand il pleut, quand la température baisse, quand les plantes sont installées dans des pots en plastique ou des bacs à réserve d'eau. Les plantes succulentes ont besoin de peu d'eau, celles à feuillage fin demandent à être arrosées souvent. Retenez que la majorité des plantes périssent plus souvent par excès d'humidité que par manque d'eau. Veillez à ce que les premiers centimètres de terre soient secs avant de réhumecter la terre et ne laissez pas d'eau dans la soucoupe.

▼ *N'arrosez pas en plein soleil.*

▼ *Faites tremper les pots desséchés 20 min.*

▼ *Le goutte-à-goutte simplifie la vie !*

de faiblesse que d'essayer de les soigner.

• Arrachez les bulbes, les oignons de tulipes dont le feuillage a jauni. Débarrassez-les de la terre et stockez-les dans des chaussettes en Nylon, au frais, à l'ombre et au sec.

### *Surveiller*

• Ayez l'œil sur les parasites, fréquents en cette saison. Arrosez régulièrement le feuillage des conifères pour éviter que les araignées rouges ne s'installent. Inspectez l'aisselle des feuilles des agrumes et autres arbustes à fleurs, pour détecter un début d'invasion par les cochenilles. Examinez les extrémités des pousses des capucines et des rosiers, souvent colonisées par les pucerons. Secouez souvent les branches des fuchsias, des tabacs, des pétunias, des daturas, pour voir si les mouches blanches n'ont pas envahi ces plantes.

### *Multiplier, planter*

• Il est encore temps de semer en place des soucis, au début du mois, des résédas, des pourpiers, des ricins et même des tournesols.

• Bouturez les bégonias tubéreux, les fuchsias, les arabis, les aubriètes, les céanothes, les hydrangéas, les viburnums.

• Plantez des agapanthes, des marguerites d'automne, des asters, des anémones du Japon. Préparez des potées de crocus d'automne, sternbergia, cyclamen, colchique et *Amaryllis belladona.*

▲ Ne laissez pas les mauvaises herbes s'installer.

▲ Rajoutez de la terre quand le niveau baisse.

Un rose tendre, qui se mariera avec des feuillages gris. ▶

# Juillet

*C'est le moment ou jamais de profiter pleinement de votre terrasse. Assurez le minimum (les arrosages) et faites-vous plaisir, vous l'avez bien mérité. Installez-vous au soleil, lisez, dormez, rêvez… peut-être à vos prochaines plantations.*

▲ Une potée de géraniums aussi généreuse ne peut être obtenue qu'avec des apports d'engrais liquide réguliers.

**À NE PAS OUBLIER**

- Apportez du terreau neuf dans les jardinières si vous constatez que le niveau baisse.
- Couvrez la terre nue avec de l'écorce de pin pour limiter l'évaporation.
- Éloignez les jardinières des murs chauffés par le soleil pour éviter les brûlures des feuilles par réverbération.
- Surveillez les attaques d'oïdium sur les rosiers, les phlox et les asters.

◀ Ôtez les fleurs fanées, cela stimule la future floraison.

## Arroser

• Abreuvez les plantes chaque soir, s'il fait très sec. Continuez les apports d'engrais liquide une fois par semaine, spécialement sur les dahlias et les cannas.

• Douchez la ramure de toutes les plantes, sauf celui des végétaux qui sont en fleurs ou dont le feuillage est poilu.

• Testez votre installation d'arrosage automatique pour être sûr que les réglages sont au point et que vous n'aurez pas de surprise au retour des vacances. Cet arrosage peut être couplé avec un diffuseur d'engrais. Laissez la réserve des bacs se vider et la terre sécher pendant quelques jours, avant de rajouter de l'eau.

## Tailler

• Supprimez les rameaux secondaires qui poussent à l'aisselle des feuilles des tomates.

• Ôtez les feuilles qui cachent le soleil devant les fraises et les tomates en train de mûrir.

• Coupez les feuilles des plantes vivaces qui ont défleuri comme les valérianes, les véroniques, les campanules, les alchémilles et les népétas.

• Continuez à les arroser et à donner de l'engrais, pour une seconde floraison à l'automne.

• Réduisez l'encombrement des plantes devenues trop grandes comme le romarin et la sauge. Taillez les lavandes en boule, après la floraison.

• Rabattez l'ostéospermum quand il commence à « partir » dans tous les sens. Coupez juste au-dessus du départ d'un bourgeon.

◀ Un cache-pot de 30 cm de haut accueille des nénuphars nains.

# Août

*En ces jours chauds, les floraisons marquent un peu le pas. Mais les potées n'attendent qu'un petit coup de pouce de votre part pour repartir du bon pied.*

## Nettoyer

- Supprimez régulièrement les fleurs fanées.
- Grattez la terre des pots, pour la décompacter.
- Remplacez les annuelles qui ont terminé leur floraison (clarkias, godétias), par des dahlias nains, des asters ou des célosies.

▼ Tuteurez les anthémis sur tige, car leur tronc est fragile.

## Préparer

- Si vous vous absentez plus de trois jours, prenez vos dispositions pour que les plantes ne sèchent pas sur pied. Poussez à l'ombre tous les pots facilement transportables. Arrosez abondamment. Une fois n'est pas coutume, laissez l'eau dans les soucoupes. Les petits pots, qui se dessèchent vite, auront droit à un traitement spécial. Plongez-les dans un seau plein d'eau, jusqu'à ce qu'il ne se forme plus de bulles à la surface. Installez-les ensuite dans une bassine en plastique remplie de tourbe saturée d'eau. Posez un film plastique sur le dessus de la bassine, en laissant dépasser le feuillage, et disposez le tout dans le coin le moins ensoleillé de la terrasse. Ainsi préparés, les plantes devraient « tenir » une semaine sans vous. Au-delà, il est plus raisonnable de demander à un ami de passer pour les arroser.
- Si vous partez plus de deux semaines, pincez toutes les fleurs et les boutons floraux de vos pétunias, géraniums, ostéospermums, fuchsias, héliotropes, impatiens, pois de senteur, sauges. Taillez les rameaux trop longs. Quand vous reviendrez, trois semaines plus tard, vous retrouverez toutes vos potées entièrement fleuries.

▼ N'appliquez de l'engrais que sur une terre déjà mouillée.

### SEMEZ DES FLEURS EN ÉTÉ

Pour les passionnés, le semis est la seule manière d'obtenir des variétés peu courantes et des coloris originaux. De nombreuses plantes sont proposées avec la mention « F1 ». Il s'agit d'hybrides, c'est-à-dire de graines issues du croisement de deux parents soigneusement sélectionnés. Ces graines germent de manière uniforme, les plantes sont homogènes, vigoureuses et florifères. Vous sèmerez ainsi en été des pensées, des myosotis, des roses trémières, des pâquerettes, des digitales, des ancolies, des campanules et des pavots.

▲ *Arasez le terreau pour semis avec une planchette.*

▲ *Semez puis recouvrez avec du terreau tamisé.*

▲ *En pulvérisant, on arrose sans déplacer les graines.*

# Septembre

▲ Les tournesols, toujours très spectaculaires par leurs dimensions, font partie des plantes annuelles les plus faciles à réussir.

*C'est bien un second printemps qui s'annonce en ce mois de septembre. L'humidité retrouvée et l'air rafraîchi donnent un coup de fouet aux potées, qui fleurissent de plus belle. Suivez le rythme sans vous essouffler!*

**À NE PAS OUBLIER**

- Dans la seconde quinzaine du mois, cessez tout apport d'engrais sur les arbustes et les plantes qui passeront l'hiver dehors.
- Repiquez les fleurs semées le mois dernier pour qu'elles forcissent bien.
- Avant de les replanter, inspectez les bulbes de tulipes de l'année précédente que vous avez gardés. Jetez tous ceux qui présentent des parties molles ou des taches.

◄ Le rouge réveille l'harmonie de jaune et de bleu.

## Renouveler

• Dépotez les plantes en fin de végétation et remplacez-les par des asters nains, des marguerites d'automne, des potées de sédums, d'anémones du Japon, de dahlias nains ou même de choux d'ornement. Installez quelques potées de cyclamens de Naples.

• Changez le décor et préparez les jardinières d'hiver, avec des conifères nains et des bruyères.

## Entretenir

• N'abandonnez pas vos pétunias, vos géraniums, vos impatiens et vos agératums. Vous avez encore devant vous deux bons mois de floraison. Rabattez d'un tiers les tiges. Nettoyez les feuilles sèches, les capsules de graines en formation, les fleurs fanées et arrosez à l'engrais liquide, ils repartiront de plus belle. Vous aurez pris soin auparavant d'arroser la motte, pour ne pas brûler les racines.

• Continuez à donner de l'engrais aux dahlias et aux cannas. Tuteurez les plus grands et supprimez les fleurs dès qu'elles commencent à faner.

• Soulevez les tiges des plantes à port retombant qui traînent jusqu'à terre et nettoyez soigneusement dessous.

## Multiplier

• Semez des pavots annuels (coquelicots, pavots d'Islande). Ils passeront l'hiver à l'état de rosettes et fleuriront en mai prochain. Semez des valérianes dans les bacs ensoleillés.

• N'oubliez pas de planter une étiquette pour vous souvenir de l'emplacement des semis.

• Faites des semis de pois de senteur. Vous obtiendrez ainsi une floraison précoce, bien avant les grandes chaleurs qui leur sont fatales.

• Bouturez les fuchsias et les pélargoniums pour pouvoir hiverner des jeunes plants qui prennent moins de place que les vieux sujets.

• Bouturez les calcéolaires ligneuses, les héliotropes, les lantanas, les armoises et les plumbagos du Cap, dans un mélange de sable et de tourbe. Plaquez les boutures contre la paroi des pots, c'est là qu'elles s'enracinent le mieux.

• Récoltez sur pieds des graines d'œnothères, de pétunias, de tabacs et de mufliers. Vous les sèmerez en place. La réussite n'est pas assurée à 100 %, mais, de toutes façons, ces graines sont gratuites, et l'on obtient parfois des résultats surprenants !

Traitez contre les pucerons qui redoublent de virulence. ▶

## Tailler

• Élaguez une dernière fois les arbustes à fleurs.

• Redonnez une forme aux boules de buis, de lavande et de troène.

## Planter

• Installez les arbustes de terre de bruyère : rhododendrons, piéris, camélias, bruyères. Pensez aux arbustes dont les baies restent décoratives une bonne partie de l'hiver, comme les skimmias, les pernettyas, les callicarpas, les houx.

• Commencez les plantations de bulbes de printemps (tulipes, narcisses, crocus).

• C'est le moment d'acheter des pensées. Elles fleurissent tout l'hiver. La neige stoppe leur floraison, mais elles repartent au premier redoux. Les coloris jaune pâle, blancs ou orangé sont particulièrement lumineux, tout comme certains roses très tendres.

Brossez et trempez les pots dans de l'eau de Javel diluée. ▶

### PLANTER LES BULBES EN JARDINIÈRES

Le drainage représente une étape importante de la plantation des bulbes. Installez un lit de gravier, de sable, de tessons de poterie ou des morceaux de polystyrène, que vous recouvrirez d'un feutre avant de remplir la jardinière de terre. Il est important de respecter les profondeurs de plantation, car les bulbes mal plantés donnent des feuilles, puis des tiges et des fleurs difformes. On enterre en général le bulbe de deux fois sa hauteur. Certains jardiniers déposent une poignée supplémentaire de sable à la base du bulbe, pour un drainage parfait. Même si vous débutez, vous réussirez facilement les crocus, les narcisses ('Tête-à-Tête', 'Thalia', 'Pétrel'), les jacinthes, les muscaris. Dans un terreau bien drainé, essayez des *Cyclamen coum*, qui forment des bouquets denses de fleurs roses à partir de février. Pour tous les bulbes, évitez les bacs à réserve d'eau, toujours trop humides.

Si vous désirez des floraisons variées et échelonnées, il est possible de planter sur deux ou trois étages. Les gros bulbes de narcisses et de tulipes sont déposés en premier, au fond, à 10-12 cm de profondeur, posés sur leur base, pointe en l'air. Recouvrez d'une couche de terre. Au-dessus et dans les intervalles, vous installerez des jacinthes, à 8 cm de profondeur. Après avoir déposé une nouvelle couche de terre, vous planterez des bulbes de crocus, ou de muscaris, à 5 cm de profondeur. Recouvrez de terreau que vous tasserez doucement en tapotant le fond de la jardinière sur la table. Terminez par un arrosage en pluie fine.

▼ *Une couche de sable assure le drainage.*

▼ *Laissez 5 cm entre chaque bulbe.*

▼ *Arrosez en pluie fine pour tasser la terre.*

# Octobre

*La course est engagée avec les premiers gels nocturnes : plantations et divisions n'attendent plus. Une terrasse bien préparée en octobre a de bonnes chances de rester attrayante durant tout l'hiver.*

▲ Baies, fruits, feuillage, viennent en renfort des asters et des chrysanthèmes pour un décor d'automne haut en couleurs.

▲ Installez des bulbes de printemps au pied des arbustes.

**À NE PAS OUBLIER**

- ❋ Vérifiez les tuteurs. Inspectez les troncs des arbustes, pour vous assurer que les attaches ne les étranglent pas.
- ❋ Réparez les treillages.
- ❋ Offrez des pommes, accrochées à un fil de fer, pour les oiseaux des villes.
- ❋ Réduisez petit à petit les arrosages, surtout pour les arbustes caducs.
- ❋ Tournez d'un quart de tour les plantes, pour obtenir une croissance régulière.

## Nettoyer

• Dès la première gelée nocturne, faites le grand nettoyage d'automne, en enlevant les annuelles. Arrachez la motte de terre avec la plante. Vous la remplacerez par du terreau neuf. Videz les petites jardinières. Jetez le terreau, qui est épuisé, et lavez les pots.

## Protéger

• Rentrez les derniers géraniums après les avoir sévèrement rabattus.
• Commencez à installer des protections autour des plantes les plus fragiles, trop grosses pour être rentrées, telles que plumbago, laurier-rose, lantana sur tige, myrte, jasmin, pittosporum, *Solanum rantonnetii,* palmier, leptospermum, lilas des Indes, bananier, eucalyptus, cordyline, bougainvillée, agapanthe, passiflore. Poussez les bacs le long du mur de l'habitation ou dans un coin abrité des vents dominants.
• Regroupez les petits pots (15 cm de diamètre et moins) dans une grande jardinière. Vous comblerez les vides entre eux avec de la tourbe sèche, qui fera office de matelas isolant.
• Installez les bonsaïs dans un endroit lumineux et protégé. Certains méritent une mini-serre en plastique, pour les abriter la nuit.

## Acheter

• Pour un décor immédiat, achetez des cotonéasters, des potées de chrysanthèmes, des

## LES TAILLES DE FIN D'ÉTÉ

La lavande, le thym, et de manière générale toutes les plantes à tiges ligneuses ne doivent pas être rabattues à ras, sur le bois nu. Elles ne repartiraient pas. Taillez toujours au-dessus d'une jeune tige encore herbacée. Conservez une forme arrondie au buisson. Commencez par éliminer les branches mortes, puis celles du milieu de la touffe, qui se croisent. Coupez les branches chétives, qui ne portent en général pas beaucoup de fleurs. Puis procédez à la taille de mise en forme proprement dite. Toutes les grosses branches sont rabattues d'un tiers ou de moitié, juste au-dessus d'un bourgeon tourné vers l'extérieur. Éliminez au passage les feuilles malades, porteuses d'agents pathogènes. Pour les arbustes sur tige, coupez les rameaux secondaires qui se développent sur le tronc principal et les drageons éventuels. Redonnez ensuite à la ramure un port en boule, en taillant les jeunes pousses et en ne laissant que deux ou trois yeux. Si l'on craint des froids très forts, ou si l'on ne dispose pas d'un local de conservation totalement hors gel, il vaut mieux attendre le printemps pour réaliser cette opération. En effet, les bourgeons des extrémités gèlent en premier. Ceux de la base peuvent alors prendre le relais au début du printemps.

Chez les arbustes pleureurs, on taille l'extrémité des tiges qui touchent par terre, les tiges secondaires qui se dressent au-dessus de la ramure, et les gourmands qui se forment sur le tronc.

▼ *Taillez les fuchsias assez long en automne.*

▼ *Équilibrez racines et tiges des géraniums.*

▼ *Les lavandes taillées restent compactes.*

reines-marguerites, des skimmias, des graminées, des fusains panachés, des véroniques arbustives, des myrtes, des bruyères, des conifères nains. Pour ces derniers, jouez avec les formes : en fuseau (*Juniperus communis* 'Compressa'), en pyramide (*Picea glauca* 'Conica'), en boule (*Pinus mugo* 'Mops'), étalées (genévrier rampant 'Gold Sovereign'). • Mariez les couleurs, qui peuvent aller du jaune doré (*Chamaecyparis lawsoniana* 'Ellwood's Gold') au vert profond (*Cryptomeria japonica* 'Broom'), en passant par le bleu (*Cedrus deodara* 'Feeling Blue') et les textures, plus ou moins plumeuses selon la dimension et la forme des aiguilles.

• Prévoyez aussi le décor du printemps, en continuant la plantation des bulbes et des arbustes à feuillage caduc. En hiver, pensez au noisetier tortueux, qui reste décoratif, avec sa silhouette très graphique, très tourmentée.

• Pour que les potées de bulbes restent décoratives en hiver, installez des plantes vivaces à petit feuillage persistant : acaéna, bugle rampant, arabette, violette, thym rampant.

• Achetez des cyclamens, des pensées aux coloris assortis, pour des potées tout en couleurs.

◀ L'ampélopsis prend des couleurs éclatantes dès le mois d'octobre.

### Récolter

• Cueillez les coloquintes, lavez-les à l'eau et au savon, sans les cogner. Séchez-les et passez dessus une cire incolore. Pour la décoration, songez aussi aux potirons, en vente dans les supermarchés et même dans les jardineries, et à leur immense famille : gourdes, pâtissons, giraumons, courges serpent, etc.

• Récoltez les kiwis, qui arrivent à maturité, ainsi que les dernières fraises et tomates.

• Coupez quelques tiges de graminées pour en faire des bouquets secs.

Plantez des arbustes persistants pour un décor d'hiver. ▶

▲ Éliminez toutes les hampes florales fanées.

# Novembre

*Les journées sont de plus en plus courtes, le fond de l'air, frisquet, et le temps, pas toujours au beau fixe. Mais les jardiniers savent bien que c'est à l'automne que se préparent les plus beaux printemps. Alors, vite, retroussons nos manches ! Sécateur et plantoir en main, il y a dix mille choses à faire !*

▲ Chrysanthèmes, bruyères et arbustes à feuillage persistant sont avec raison les grandes vedettes du moment.

**À NE PAS OUBLIER**

- Continuez d'arroser les arbustes persistants tant qu'il fait assez doux.
- À chaque redoux, aérez les pots emmitouflés dans les protections. Soulevez les cloches pendant les belles journées.
- Remplissez le distributeur de graines pour les oiseaux qui crient famine.
- Vidangez le tuyau d'arrosage et rentrez-le.

## Protéger

• Couvrez les pieds de persil et de ciboulette avec une cloche en plastique, vous gagnerez ainsi quelques semaines de cueillette.
• Intensifiez les protections des arbustes contre le froid avec des voiles d'hivernage.
• Si vous avez commandé des plantes, et que vous ne pouvez pas les planter, ne les laissez pas à l'intérieur de la maison. Disposez-les plutôt dehors, dans leur carton ouvert, abritées par un mur et du plastique à bulles.

## Multiplier

• Semez des pois de senteur, trois graines par godet, sur le rebord de la fenêtre. Ils germeront à la mi-décembre et sembleront végéter. Mais, en mars, la reprise sera beaucoup plus vigoureuse que si vous aviez semé au printemps.
• Divisez les plantes vivaces dont les touffes sont devenues trop grosses.

◄ Cette harmonie en rose reste fleurie deux bons mois.

## Acheter

• Plantez des rosiers à petit développement, dans des pots assez profonds (30 cm de haut).
• Achetez des mahonias. La variété 'Charity' est en fleurs dès le mois de novembre. L'extrémité des tiges se termine en une explosion de petites corolles jaune tendre, parfumées, qui rappellent, avec quelques mois d'avance… le muguet ! La variété 'Apollo', plus petite et plus compacte, est toute indiquée pour les balcons.
• Plantez les derniers bulbes de printemps si vous n'avez pas trouvé le temps de le faire.

# *Décembre*

*Même quand tout semble figé dans un voile de givre ou sous un édredon de neige, la vie continue en sourdine. Les plantes de la terrasse ont besoin de vous pour passer ce cap difficile…*

◄ Des baies originales pour ce sapin en pot ! Décor garanti jusqu'en janvier…

**À NE PAS OUBLIER**

- Vérifiez que le tuyau de drainage de la terrasse n'est pas obstrué par des débris végétaux ou par de l'eau gelée.
- Ôtez les mauvaises herbes qui se sont installées dans les jardinières.
- Continuez d'arroser les arbustes persistants quand il fait doux et sec.

## Protéger

• Secouez les branches des conifères si la neige les fait ployer. Un poids trop important peut les casser ou simplement leur donner une courbure inesthétique, difficile à rattraper au printemps. S'il neige beaucoup et longtemps, ficelez les conifères qui ont une forme colonnaire et attachez tous ceux dont les branches offrent une large prise à la neige.

• Si vous avez créé sur le balcon un bac avec des poissons, pensez à le protéger du gel. Creusez un trou dans la glace en posant dessus le fond d'une casserole chaude, pour que l'oxygène puisse passer. Les nénuphars nains peuvent rester dehors tant que la souche, située au fond du bac, n'est pas prise en glace. Une feuille de plastique à bulles suffit pour isoler le bac.

## Préparer

• Procédez à une révision générale de vos outils. Démontez les sécateurs, aiguisez les lames, grattez la binette et le transplantoir, pour les dérouiller. Passez dessus un produit protecteur. Lavez les gants de jardin. Achetez du raphia, des attaches, des étiquettes (avec un crayon à mine grasse).

## Nettoyer

• Balayez régulièrement la terrasse pour ôter les feuilles mortes. Arrachez les dernières plantes gelées.

• Pensez à surélever, sur de petites cales, les potées qui restent sous la pluie, pour éviter que l'eau ne stagne en dessous.

• Profitez d'une belle journée pour nettoyer les gros bacs, remplacer en partie les plantes et déplacez-les pour laver en dessous. Taillez les racines et la couronne des arbustes à feuilles caduques, qui ont beaucoup poussé.

▲ Arrachez les annuelles gelées avec la motte de terre.

▲ Les feuilles, même gelées, protègent la souche du froid.

Installez des brise-vent du côté des vents dominants. ►

# Le dictionnaire du jardin en pots

*Le langage du jardinier comporte bien souvent des mots ou des expressions qui rebutent le débutant, lui enlevant toute envie de se consacrer pleinement à son loisir, par peur de ne pas faire le bon geste. Voici, pour comprendre et entreprendre, la traduction de ce vocabulaire un peu singulier.*

**Acidité :** état d'un sol pauvre en calcaire, dont la réaction chimique révèle un pH inférieur à 6,5. C'est le cas, par exemple, de la tourbe ou de la terre de bruyère. L'inverse d'acidité est alcalinité. En pot, les substrats sont souvent légèrement acides.

• **Alcalin :** on dit aussi basique. Ce terme désigne un sol dont le pH est supérieur à 7,5. C'est souvent l'indication d'une terre calcaire. À l'opposé, on parle de sol acide.

• **Ameublir :** action de travailler un sol pour faciliter la pénétration de l'air et de l'eau. L'ameublissement dans un bac s'effectue superficiellement avec une petite griffe à trois dents.

• **Annuel :** caractérise les plantes dont le cycle végétatif complet se déroule sur une même année. Les annuelles sont semées au printemps et meurent à l'automne, comme les cosmos, les pétunias, les soucis, les némophiles, etc. On cultive beaucoup d'annuelles pour la décoration estivale des balcons.

• **Aoûté :** se dit d'une jeune pousse d'arbre ou d'arbuste qui passe de l'état herbacé qu'elle avait en naissant à l'état ligneux (bois dur). Cette période coïncide avec la fin du mois d'août.

• **Asperseur :** arroseur rotatif fonctionnant à basse pression et qui diffuse un jet fin et léger. L'asperseur est souvent couplé avec une installation d'arrosage au goutte-à-goutte.

**Bassinage :** synonyme de brumisation, c'est l'action de pulvériser de l'eau sur le feuillage des plantes pour les rafraîchir.

• **Bisannuelle :** se dit d'une plante dont le cycle végétatif s'effectue sur deux années. C'est le cas des pensées, des pâquerettes, des myosotis, etc., qui sont semés en juillet et ne fleurissent qu'à partir de l'automne ou du printemps suivant.

• **Bois :** nom de la partie constituant un tronc. Par extension, on nomme « œil à bois », un bourgeon qui produira un rameau lignifié ou « aoûté ».

• **Bourgeon :** en arboriculture, c'est une jeune pousse de l'année. En langage jardinier, on désigne plutôt sous le nom « d'œil », l'organe couvert d'écailles qui pousse au printemps.

• **Brande :** c'est une clôture fabriquée en bruyères séchées et liées par des fils de fer. Les brandes sont d'excellents brise-vent, d'aspect rustique.

• **Brise-vent :** accessoire permettant de limiter l'action destructrice du vent. Sur les balcons et les terrasses, on utilise des haies d'arbustes à feuillage persistant ou des conifères, des palissades en bambou, en brande, en osier, et des claustras, etc.

• **Brumisation :** action de pulvériser de l'eau en fin brouillard sur une plante pour la revigorer après de fortes chaleurs.

• **Buissonnant :** se dit d'un végétal très ramifié, au port trapu et touffu, dont la forme rappelle celle d'un buisson.

**Caduc :** se dit d'un végétal qui perd ses feuilles en automne. Par extension on nomme « caducs » tous les arbres dont le feuillage tombe à cette époque de l'année. L'antonyme est : persistant.

• **Capillarité :** phénomène physique permettant aux liquides de s'élever dans des tubes très fins. La sève remonte par capillarité dans les vaisseaux des tissus d'une plante. Les bacs à réserve d'eau s'alimentent grâce à ce phénomène.

• **Chevelu :** définit l'ensemble des racines fines et ramifiées d'une plante, formant une sorte de chevelure.

• **Contenant :** terme générique utilisé pour désigner les pots, les bacs, les jardinières et tous les récipients servant à la culture des végétaux.

• **Conteneur :** contenant en plastique dans lequel une plante est élevée, subissant des rempotages successifs au fur et à mesure de sa croissance. Les plantes vendues en conteneurs peuvent être plantées à n'importe quelle période de l'année.

• **Cryptogamique :** terme utilisé pour désigner les maladies transmises par un champignon. On les combat avec un traitement « fongicide » appelé aussi produit « anticryptogamique ».

• **Cultivar :** nom donné à une plante issue d'une sélection horticole et non d'origine naturelle. Dans le langage courant, les cultivars sont la plupart du temps appelés « variétés ».

**Diviser :** opération de multiplication des plantes à souche vivace qui consiste à couper l'ensemble de la touffe en plusieurs morceaux, chacun d'eux étant pourvu de racines et de bourgeons, et à les replanter ensuite.

• **Drainage :** action d'assainir un terrain en permettant l'évacuation des eaux du sous-sol, au moyen de canalisations enterrées qui rejoignent un collecteur.

**Ébourgeonner :** action qui consiste à éliminer une jeune pousse inutile ou mal placée.

• **Éboutonner :** opération visant à supprimer des boutons floraux pour obtenir des fleurs plus grosses (sur les rosiers et les chrysanthèmes).

• **Éclaircir :** éliminer les plants en surnombre d'un semis.

• **Éclat :** morceau de plante obtenu lors de la division d'une souche de vivace.

• **Espèce :** terme botanique définissant une plante particulière que l'on trouve naturellement. Le nom d'espèce suit toujours le nom de genre et précède le nom de la variété ou du cultivar.

• **Étêter :** opération qui consiste à couper la tige principale d'une plante pour réduire sa croissance ou la faire ramifier. Avec les plantes herbacées, on utilise plutôt le terme « pincer ».

**F1 :** symbole désignant la première génération de plantes issues d'une hybridation. Les hybrides F1 sont tous semblables et montrent une croissance homogène et vigoureuse.

• **Fastigié :** port d'une plante en forme de pyramide étroite et élancée.

• **Fongicide :** produit de traitement utilisé pour la lutte contre les maladies dues aux champignons.

• **Forçage :** opération qui consiste à produire des plantes en avance sur leur période de végétation normale.

**Gélif :** qualifie un végétal ou un pot qui ne résiste pas au gel et qui doit être protégé.

• **Genre :** terme botanique pour désigner un ensemble d'espèces présentant des caractères communs.

• **Godet :** contenant de petites dimensions utilisé pour la culture de jeunes plantes pendant un temps très court, le plus souvent après le repiquage ou lors d'un semis.

• **Grimpant :** désigne une plante qui monte le long d'un support quelconque par ses propres moyens. Les plantes qui demandent à être attachées sont dites « sarmenteuses ».

**Habiller :** intervention qui consiste à supprimer une partie du feuillage et des racines d'une plante lors de la plantation.

• **Herbacé :** désigne une plante dont les tissus souples offrent la texture de l'herbe. C'est le cas de la plupart des espèces florales et des légumes.

• **Hâtif :** qualifie un végétal qui se développe ou produit tôt en saison. Le synonyme est « précoce ».

• **Hivernage :** opération qui consiste à rentrer des plantes ou des objets fragiles dans un local, pour les protéger du froid pendant la mauvaise saison.

• **Humidification :** action de rendre un substrat humide, par arrosage, pulvérisation, ou imbibition.

• **Humus :** produit résultant de la décomposition dans le sol des matières organiques. Le terreau est généralement riche en humus.

• **Hybridation :** action de croiser deux plantes pour obtenir une nouvelle variété possédant les caractères des deux parents.

• **Hybride :** désigne une plante issue du croisement de deux espèces ou variétés de caractères différents du point de vue génétique. Son nom est toujours précédé d'un « x ».

**Marcescent :** se dit d'un feuillage qui fane en automne, pour ne se détacher des branches qu'au printemps suivant, avec l'apparition des nouvelles feuilles (chez le charme et le hêtre, par exemple).

• **Marsonia :** c'est le nom savant de la maladie des taches noires du rosier.

• **Matière organique :** ce sont les produits issus de la décomposition des êtres vivants, en particulier des végétaux. Le terreau contient un proportion importante de matière organique, toujours bénéfique à la croissance des plantes.

• **Microclimat :** conditions atmosphériques particulières à une zone de superficie restreinte. Les balcons constituent des microclimats bien spécifiques.

• **Mulching :** opération qui consiste à maintenir en permanence de la paille, des écorces de pin, du compost ou de la tourbe au pied des végétaux. On pratique le mulching en hiver sur les très gros bacs de terrasses.

• **Mycose :** maladie provoquée par des champignons. On parle plus souvent de maladie cryptogamique.

**Nain :** qualifie une plante de petite taille. Les arbres fruitiers et les conifères nains sont très appréciés sur les balcons.

• **Nœud :** renflement naturel d'une tige au point d'articulation d'une feuille.

**Oeil :** bourgeon qui va former une branche ou une fleur. Dans ce dernier cas, on parle plus volontiers de « bouton ».

• **Oignon :** autre nom donné à un « bulbe ».

• **Ombelle :** inflorescence en forme de parasol dont les constituants sont tous attachés en un même point et s'alignent ensuite à la même hauteur. C'est le cas de la carotte ou de la berce.

**Paillage :** pratique culturale qui consiste à placer au pied des végétaux une couverture faite de paille, d'écorces de pin, de tourbe, de feuilles mortes, etc., en vue de les protéger temporairement du froid ou de la sécheresse. On appelle cette couverture un paillis.

• **Paillon :** assemblage de paille ou de roseaux constituant un rempart souple et homogène pour protéger les plantes ou les contenants du froid.

• **Palissade :** clôture en bois, plus ou moins ajourée, que l'on utilise comme séparation sur les balcons et les terrasses.

• **Palisser :** action d'attacher une plante sur un support.

• **Panicule :** inflorescence de forme triangulaire dont les ramifications se raccourcissent vers le sommet (yucca).

• **Parer :** couper finement les tissus d'une plaie de coupe hachée par la scie, pour les lisser, ce qui favorise la cicatrisation.

• **Patio :** petit jardin constituant une cour intérieure à ciel ouvert.

• **Pédicelle :** nom donné au support d'une fleur sur la hampe florale, dans les inflorescences composées.

• **Pédoncule :** nom donné au support d'une fleur ou d'un fruit, lorsqu'il est solitaire. On parle aussi de « hampe » pour la fleur et de « queue » pour le fruit.

• **Penné :** qualificatif qui s'applique aux feuilles composées dont les folioles sont bien réparties autour de l'axe.

• **Pépinière :** qualifie un semis destiné à la production de plants à repiquer.

• **Pesticide :** produit destiné à combattre les ennemis et les maladies du jardin.

• **Pétiole :** nom donné au support d'une feuille. On dit aussi « queue ».

• **pH :** signifie « potentiel Hydrogène ». Il s'agit d'une échelle de notation pour indiquer le taux d'acidité ou d'alcalinité d'un sol. Elle va de 0 (le plus acide) à 14 (le plus alcalin). La valeur 7 correspond à une terre neutre.

• **Phytosanitaire :** qui est destiné à la protection des plantes (traitement).

• **Pied :** indique la partie de la plante située juste au-dessus du collet. Par extension, on applique ce nom à toute jeune plante à repiquer.

• **Pied mère :** c'est une plante âgée qui est destinée à la multiplication (prélèvement des boutures, division).

• **Pincement :** action qui consiste à supprimer la partie terminale d'une tige ou d'un rameau pour les faire ramifier.

• **Pistil :** organe femelle des plantes situé le plus souvent au centre de la fleur.

• **Plant :** jeune végétal issu d'un semis et destiné à être repiqué ou replanté.

• **Plantule :** qualifie une jeune plante issue de la germination d'une graine.

• **Poil absorbant :** fibre unicellulaire située à l'extrémité des racines, qui sert à pomper l'eau et les sels minéraux.

• **Pollen :** grains minuscules produits par les anthères des étamines et contenant la partie reproductrice mâle de la fleur (gamète).

• **Pollinisation :** action par laquelle le pollen d'une étamine est porté sur le pistil d'une fleur pour la féconder.

• **Pommé :** qualifie un végétal dont les feuilles constituant le cœur sont très serrées les unes contre les autres et forment une masse arrondie comme une pomme (laitue ou chou, par exemple).

• **Poquet :** qualifie un semis par lequel on dépose trois à cinq grosses graines dans un même trou ou dans un même pot.

• **Port :** indique la silhouette générale d'un végétal. Il peut être étalé, rampant, fastigié, pleureur, retombant, grimpant, buissonnant, ramifié, etc.

• **Pot :** récipient plus haut que large dans lequel on cultive les plantes. Les pots sont désignés par un nombre qui indique leur diamètre en centimètres. Un pot de 18 mesure donc 18 cm de diamètre intérieur.

• **Potasse :** oxyde de potassium, il entre dans la composition des engrais. Il est désigné par la lettre K. La potasse est importante pour la fructification.

• **Potée :** terminologie fréquente pour désigner une plante fleurie en pot.

• **Potence :** armature métallique que l'on fixe solidement sur le mur dans le but d'y accrocher un panier fleuri.

• **Pousse :** jeune rameau en cours d'évolution. Ce terme désigne plus généralement tous ceux nés dans la même année.

• **Pralinage :** opération qui consiste, au moment de la plantation, à tremper les racines nues d'un végétal dans une bouillie riche en matières organiques pour favoriser sa reprise.

• **Préventif :** qualifie un traitement réalisé dans le but d'empêcher l'invasion des plantes par les insectes et les maladies.

• **Programmateur :** appareil servant à déterminer le temps précis d'un arrosage ou d'un éclairage et à en commander le déclenchement à distance.

• **Pulvérisation :** méthode traditionnelle adoptée pour le traitement des plantes et consistant à répartir un produit sur les cultures, sous forme de fines gouttelettes, à l'aide d'un pulvérisateur.

• **Pyréthrinoïdes :** substances de synthèse dérivées des composants du pyrèthre. Elles constituent aujourd'hui les insecticides les plus utilisés pour les traitements dans nos jardins.

**Rabattre :** opération qui consiste à couper une branche ou un rameau sur son point de départ, pour provoquer la formation de nouvelles pousses.

• **Race :** ensemble de cultivars présentant les mêmes caractères végétatifs.

• **Rachis :** nom donné à l'axe qui porte, de chaque côté, des ramifications courtes ou les folioles d'une feuille composée.

• **Raciner :** déformation du verbe s'enraciner. On l'utilise pour tout ce qui concerne la multiplication végétative des plantes (bouturage et marcottage).

• **Radiculaire :** qui se rapporte aux racines (système radiculaire).

• **Rafraîchir :** opération consistant à effectuer une coupe très superficielle, par exemple dans le cas d'une blessure.
• **Rajeunir :** intervention de taille consistant à éliminer les vieilles pousses afin de privilégier la croissance des plus jeunes.
• **Raphia :** fibre extraite d'un palmier et que l'on utilise pour attacher des jeunes tiges sur un support.
• **Rameau :** pousse secondaire située sur une branche principale. Il est « à bois » lorsqu'il porte des feuilles, « à fruit » lorsqu'il est couvert de fleurs et de fruits.
• **Ravageur :** désigne tout animal commettant des dégâts dans les cultures, qu'il s'agisse d'insectes, d'acariens, de limaces, d'oiseaux ou de rongeurs.
• **Remontant :** qualifie un végétal dont la production de fleurs ou de fruits est étalée dans la saison. À ne pas confondre avec le terme grimpant.
• **Rempotage :** action consistant à transférer une plante d'un récipient à un autre, souvent parce qu'elle se trouve à l'étroit. Le rempotage s'avère aussi nécessaire quand le terreau est épuisé.
• **Repiquage :** opération qui consiste à transplanter une jeune plante issue d'un semis dans un pot ou une terrine.
• **Repos :** période d'arrêt de la végétation qui correspond le plus souvent à l'hiver et pendant laquelle les plantes ne se développent plus. Les espèces cultivées en pots ne sont pratiquement plus arrosées pendant le repos.
• **Reprise :** indique le moment où une plante manifeste une croissance après avoir été transplantée, bouturée, repiquée, greffée ou rempotée.
• **Répulsif :** produit utilisé pour éloigner les animaux de certaines cultures.
• **Réserve d'eau :** partie étanche d'un bac ou d'un pot dans laquelle est conservée de l'eau qui alimente la plante par un système de mèches ou de toiles.
• **Résistivité :** mesure obligatoire de la teneur des éléments minéraux contenus dans un terreau du commerce.
• **Réticulé :** qualifie un organe végétal couvert de lignes entrecroisées comme les mailles d'un filet.
• **Retombant :** qualifie le port descendant d'une plante aux rameaux souples. Synonyme de pleureur.
• **Rhizome :** tige horizontale située au ras du sol ou souterraine, ressemblant à une racine et qui sert à la propagation de la plante (iris, par exemple).
• **Rustique :** qualifie une plante qui s'adapte aux conditions climatiques sous lesquelles elle est cultivée. On a tendance à considérer comme « rustiques » les plantes résistantes au gel.

**Sable :** composant naturel des sols siliceux constitué de fines particules qui n'adhèrent pas entre elles. On l'utilise beaucoup pour alléger et drainer les substrats.
• **Sang :** utilisé sous forme desséchée, le sang est un engrais contenant 10 % d'azote organique.
• **Sarmenteux :** désigne le port grêle et souple des tiges longues et flexibles de certaines plantes qui, une fois palissées prennent l'aspect de grimpantes.
**Semi-aoûté :** qualifie un rameau qui se trouve à un stade intermédiaire entre l'état herbacé et l'état ligneux (bois).
• **Sépale :** organe végétatif ressemblant souvent à une petite feuille et qui entoure le bouton floral.
• **Substrat :** mélange de matériaux aux propriétés complémentaires, dans lequel on cultive les plantes en pots.
• **Support de culture :** appellation officielle des amendements, terreaux et substrats divers vendus dans le commerce.
• **Surfacer :** opération qui consiste à remplacer la terre de surface dans un contenant, lorsqu'il est impossible ou difficile de dépoter la plante.
• **Suspension :** terme souvent utilisé pour désigner un panier fleuri que l'on accroche à une potence.
• **Systémique :** qualifie un produit qui est absorbé par une plante et véhiculé ensuite par la sève. Très utile contre les insectes piqueurs ou suceurs et certaines maladies cryptogamiques.

**Taille :** opération consistant à couper diverses parties d'un végétal pour lui donner une forme, faciliter sa floraison ou sa mise à fruits.
• **Tardif :** se dit des plantes qui fleurissent ou fructifient en retard par rapport à la date moyenne de leur espèce.
• **Terreau :** produit provenant de la décomposition de diverses matières organiques. Les terreaux du commerce proposent des compositions spécifiquement adaptées à différentes cultures. Un bon terreau doit mélanger au moins trois matières différentes.
• **Terrine :** récipient rectangulaire peu profond en terre cuite ou en plastique, utilisé pour les semis ou le repiquage.
• **Tête :** extrémité de la pousse terminale d'une plante ou de la cime d'un arbre.
• **Topiaire :** art de tailler des végétaux selon des formes définies.
• **Touffe :** plante en rosette émettant plusieurs rejets pour former une masse compacte et homogène.
• **Tourbe :** produit obtenu après la décomposition de mousses (sphaignes) et de joncs dans un milieu non aérien. On l'utilise dans la fabrication des terreaux.
• **Tuteur :** pièce de bois, de métal ou de plastique destinée à servir de soutien aux tiges aériennes d'une plante haute.

**Variété :** nom donné à une plante qui diffère légèrement de l'espèce type. Lorsqu'elle est obtenue artificiellement, on parle de cultivar. Si elle ne peut être multipliée que par un mode végétatif, on l'appelle clone.
• **Vivace :** plante qui vit plusieurs années, refleurissant et fructifiant plusieurs fois.

# *Index général*

*Les chiffres en romain renvoient aux noms des principales plantes et aux principaux thèmes et techniques traités dans l'ouvrage ; les chiffres en gras renvoient aux thèmes qui font l'objet d'un développement important. Les parenthèses concernent les rubriques suivantes :*

*(G), « LES BONS GESTES » ; (T), « astuce Truffaut » ; (E), « les petits textes encadrés ».*

## A

## B



## C

## U - V



## W



## Y - Z

# *Quelques idées de jardinières et de décors fleuris à réaliser selon vos goûts*

# Crédits Photographiques

**Pierre Averseng :** *104, 106 (3), 167, 231, 264.* - **Anne Breuil :** *105-107.*
**Alizée Chopin :** *17, 102, 171, 222, 361, 427, 452.* - **Nicole Colin :** *65.*
**Alain Delavie :** *29, 170.* - **Arnaud Descat :** *ph. de couverture, 13, 14, 16, 21, 27, 29 (2), 30, 31 (2), 34, 36, 37, 38, 41, 43, 59 (2), 74, 75 (2), 77, 97, 102, 104, 106, 117, 120, 132 (2), 138, 141 (2), 145, 152, 160, 166 (2), 174, 180, 190 (2), 191, 202, 204, 205, 207, 208 (2), 209 (2), 210, 211 (2), 212, 213 (2), 214, 215 (2), 216 (2), 217 (2), 218 (2), 219 (2), 221, 222 (2), 223, 224 (2), 225, 231, 232, 233, 234 (2), 237, 238 (2), 239 (3), 240, 241 (2), 244 (2), 245, 246, 247 (2), 248 (2), 250 (2), 251, 256, 257 (3), 258, 259 (2), 260, 261, 264, 268 (2), 272, 274, 277, 278 (2), 282 (3), 283 (2), 284, 285, 286, 287, 288, 289, 290 (2), 291, 292, 293 (2), 294, 295, 296, 297, 298, 299 (2), 301 (2), 303, 304, 305 (2), 307, 308 (2), 309, 311, 312, 316, 319, 321 (2), 322, 323 (2), 325, 326 (2), 327 (2), 329, 331, 332 (2), 334, 337, 341, 342 (2), 343 (2), 345, 347 (2), 350 (2), 351, 352, 354, 355 (2), 358 (2), 359 (7), 360, 363, 364 (2), 365 (3), 369 (3), 370, 371, 373 (2), 374, 375, 376, 377, 378, 379, 380 (2), 381 (2), 382, 384, 386, 388, 390, 392 (2), 394, 396, 398, 400, 401, 402 (2), 404 (2), 405, 406, 409 (3), 410, 411, 413, 415 (3), 416, 417, 420, 423 (2), 424, 426, 427, 429 (2), 430 (2), 433, 434 (3), 439, 441, 442 (2), 443 (3), 444 (2), 445, 447 (2), 448, 449 (2), 450, 453 (2), 457 (2), 458 (2), 459, 460, 462, 464, 465, 466, 467, 468, 469, 470, 471, 472, 473, 474, 475, 480.* - **Frédéric Didillon :** *35, 39 (2), 82, 123, 138, 143, 145, 152, 192 (2), 202, 209, 232, 235, 237, 244, 248, 249, 251, 252-253, 266-267, 271 (2), 273, 284, 285, 295, 298, 320, 331, 335 (2), 337, 340, 349, 350, 352, 354, 355, 366, 367, 372, 375, 376, 377, 395, 397, 408, 414, 419, 421 (2), 434, 440 (2), 452, 455 (2), 459, 462, 464, 470, 471 (2).*
**M. Duyck :** *129.*
**François Gager :** *183.* - **Jean-Yves Grospas :** *470.* - **Alain Guerrier :** *128, 287, 313, 346, 352, 354, 416.*
**Fred Lamarque :** *23 (3), 26, 48, 49 (3), 51 (3), 54 (5), 55 (7), 56 (4), 57 (4), 67 (2), 69 (2), 74 (3), 75 (3), 78, 81 (2), 83, 84, 85 (3), 87 (4), 89 (2), 90, 91 (4), 95 (2), 101, 102, 103 (6), 108, 113, 117 (3), 142, 233, 247, 261, 289, 290, 319, 389, 412, 428, 432 (2), 439, 450, 487 (2), 493.*
**Romain Mage :** 107, *238, 243.* - **Frédéric Marre :** *50, 307, 378, 418, 451.* - **Nicole et Patrick Mioulane :** *ph. de couverture, 2, 6, 7, 8, 10 (3), 11, 12, 13, 17 (2), 18, 19 (2), 22, 23 (2), 24 (5), 25 (4), 27, 28, 29, 30, 31 (3), 35 (2), 36 (2), 37, 38 (3), 39, 40, 41 (2), 42, 43, 45 (5), 47, 48, 49, 50, 51, 52 (2), 53 (2), 59 (2), 62, 63 (3), 64 (3), 66 (5), 67, 68 (5), 69 (2), 70 (3), 71, 73, 75, 76, 77, 78, 79 (4), 80 (2), 81, 82, 83 (6), 84 (2), 86, 88 (2), 89 (3), 90 (2), 91, 92 (4), 93 (2), 94, 95 (2), 96 (4), 97 (4), 98 (5), 99 (6), 100 (3), 101 (2), 102, 103 (2), 104 (2), 105 (2), 106, 107 (2), 108 (4), 109 (2), 110 (2), 111 (5), 113, 115 (2), 116, 118-119, 121, 122, 123 (3),124, 125, 126 (3), 127 (3), 128 (2), 129 (3), 130 (2), 131 (3), 133 (2), 134, 135 (4), 136 (3), 137 (4), 139, 140, 141 (4), 142 (2), 143 (3), 144 (3), 145 (2), 146, 147, 156 (2), 157, 160, 161 (2), 164 (2), 167, 168, 169, 171 (2), 172 (2), 173 (2), 175 (2), 178, 180 (2), 182, 184 (2), 185 (2), 186 (2), 187, 192 (3), 195, 196 (2), 201 (4), 203 (2), 209, 212 (2), 213 (2), 217 (2), 220 (3), 221 (3), 223, 226-227, 228, 229, 230, 231 (2), 233, 235, 236, 240 (2), 241, 242 (2), 243 (3), 245, 246, 247, 250, 251 (2), 255, 256, 258, 259, 260, 262 (3), 263 (3), 264, 265 (2), 268, 269, 270, 271, 272 (2), 273 (2), 274 (2), 275 (2), 276, 279 (2), 280-281, 282, 284, 285, 291 (2), 292, 293, 294, 295, 297, 300, 302, 303, 305, 306, 308, 309, 311, 315, 316, 317, 318, 319, 320, 321, 322 (2), 323, 324 (2), 326, 328 (2), 329, 330, 331, 333, 335 (2), 336 (2), 339, 340 (2), 344, 346, 347, 348, 349 (2), 351, 353, 356, 357, 358, 361, 362, 363, 365, 366, 368 (3), 370, 372, 374, 375 (2), 376, 377, 378, 379 (4), 382, 383, 384 (2), 387, 388, 389 (2), 390, 391, 393 (2), 394, 397 (2), 398, 399 (2), 401, 403, 405, 407, 408, 410, 411, 413 (3), 414 (3), 415 (2), 416 (3), 417 (4), 419, 421 (4), 422, 423, 424, 425, 426, 428 (2), 430, 431, 433 (2), 435 (3), 436, 437 (2), 438 (3), 441, 442 (2), 443 (2), 444, 446 (3), 447, 448 (2), 450, 451, 452, 454, 455, 456, 458, 460, 461, 462 (2), 463 (2), 465, 469, 472, 473, 475, 479, 481 (5), 483 (3), 484 (2), 485 (4), 486, 487 (2), 488, 489 (5), 491(5), 493 (2), 495 (3).* - **Yann Monel :** *15, 16, 27, 39, 43, 45, 76, 77, 89, 109, 112, 167, 170, 182, 208, 216, 273, 299, 302 (2),316, 338, 367, 375, 394, 407, 425, 493.*
**Clive Nichols :** *8, 13, 34, 43, 70, 133, 144, 146, 230, 234, 258, 260, 261, 276, 278, 289, 371, 422, 456, 469, 472, 479.* - **Paul Nief :** *232, 310, 396, 425, 426, 472.* - **Noun :** *29, 223, 245, 432, 440.* - **Éric Ossart :** *33, 34, 182, 184, 246, 264, 314.* - **Bernard Rebouleau :** *105.*
**Friedrich Strauss :** *ph. de couverture (2) et 4e de couverture, 11, 12, 14, 15 (2), 16, 17, 18, 19, 20, 22, 26 (2), 27, 28, 29, 32, 35, 37 (2), 40 (2), 41 (2), 42, 43, 44 (2), 46, 58 (4), 59 (2), 60 (2), 61 (4), 62, 64 (2), 65, 67, 70, 71 (2), 72, 80, 87, 93, 94, 112, 114 (2), 115 (2), 116, 122, 130 (2), 132, 135, 138, 139 (3), 148-149, 150, 151, 152, 153 (3), 154 (2), 155 (2), 156, 157 (3), 158 (2), 159 (2), 160, 161 (2), 162, 163 (2), 164, 165 (3), 166, 167 (2), 168, 169 (2), 170, 171, 172, 173 (2), 174 (2), 175 (2), 176 (2), 177 (2), 178 (2), 179 (3), 180, 181 (3), 183 (2), 184, 185 (2), 186, 187 (2), 188 (2), 189 (2), 190, 191 (3), 192, 193 (2), 194 (2), 196, 197 (4), 198 (2), 199, 200, 201, 202, 203 (2), 206, 230, 235, 242, 248, 249, 254, 256, 264, 283, 286 (2), 287 (2), 288 (2), 289, 292, 294, 296 (2), 297, 298, 300 (2), 301, 303, 304 (2), 306 (2), 307, 309, 310, 311, 312 (2), 313 (2), 314 (2), 315 (2), 317 (3), 318 (2), 319, 320, 324, 325 (2), 327, 328, 329, 330, 331, 332, 333 (2), 334, 336, 337, 338 (2), 339 (2), 341 (2), 342, 343, 344, 346, 348 (2), 349, 351, 353 (2), 356 (3), 357 (2), 359, 360 (2), 361, 362, 363 (2), 364, 365, 366, 367, 370, 371, 372, 373, 374, 378, 380, 381, 383 (2), 385 (3), 386 (2), 387 (2), 388, 390, 391 (2), 392, 393, 394, 395 (2), 398, 399, 400 (2), 401, 402, 403 (2), 404, 405, 406 (2), 407, 410, 411, 412, 418 (2), 419, 420, 421, 422, 424, 427, 429, 431 (2), 433, 434, 436, 437, 439, 440 (2), 441, 442, 445 (2), 448 (2), 449, 451, 453, 454 (2), 456, 457, 459, 460, 461 (2), 463, 464, 465, 466 (2), 467 (2), 468 (2), 470, 472, 473, 474 (2), 475, 476-477, 478 (2), 479, 480, 482 (2), 483 (2), 484, 486, 487 (2), 488, 489, 490 (2), 492 (2), 493, 494 (2), 495.*

# Remerciements

Nous tenons tout particulièrement à remercier les paysagistes, les propriétaires de jardins et les sociétés suivantes qui nous ont permis de réaliser certaines illustrations de cet ouvrage. Les numéros renvoient aux pages où se trouvent leurs réalisations :

Barnsley House : 243. - M. Besson : 210, 213, 217, 218, 219. - Piet Blanckaert : 245, 259. - Jill Billington : 258, 260, 261. - M. et Mme Biney (Jersey) : 231. - Jean Bishop : 261. - Alain-Frédéric Bisson : 75, 209, 213, 215, 217, 218, 219. - Piet Blanckaert : 245, 259. - Bousval (Belgique) : 31. - Butchart gardens (Canada) : 18.
Alain Charles : 21, 204, 205, 207, 208, 211, 212, 215, 216, 217, 354. - C. Caplin (GB) : 39. - Château de Beervelde (Belgique) : 373. - Chenies Manor : 320. - Chelsea Flower Show : 10, 19, 25, 121, 123, 124, 126, 127, 128, 128, 131, 133, 134, 135, 136, 137, 140, 141, 142, 143, 146, 147, 236, 245, 254, 255, 257, 259. - Mme de Chauwer (Belgique) : 14. - Clos de la Meslerie : 37, 76. - Clos du Peyronnet : 34, 238. - Coton Manor : 223, 237.
Didier Danct : 31, 233. Marie José Degas : 242, 243.
Fermob : 10, 12, 27, 37. - Festival des jardins de Chaumont/Loire : 33, 302. - Fiskars : 89.
Gardena : 83, 84, 86. - M. et Mme de Geyter (Belgique) : 247.
Hampton Court Flower Show : 257, 442. - E. Le Hardy : 250.
Jardin d'Anne-Marie (Lardy 91) : 279. - Jardin de Bagatelle : 42, 347, 404. - Journées des plantes de Courson : 49. - Jardin botanique de Dublin : 348. - Jardin MAP : 08, 10, 11, 12, 23, 30, 36, 63, 73, 77, 78, 80, 195, 213, 221, 263, 361, 451, 475, 481, 485, 487, 488, 489, 491, 493. 687. - Jardin de Gontrode (Belgique) : 241. - Jardin exotique de Monaco : 220. - Jardin d'ombre et lumière : 426. - Jardin privé de St Peter (Jersey) : 237. - Jardin de Ste Brelade (Jersey) : 234, 241, 420. - Jardin de Sardy : 31, 226/227, 240. - Jardin de Turn End : 39, 235, 271. - Jardiland Osny : 51. - Jenkyn Place : 35.
Keukenhof Garten : 235, 271.
Lady Prudence Buchanan : 34, 456. - La Florentaise : 53, 54, 55, 56, 57. - L'Art de Jardin : 15, 24, 29, 31, 42, 368.
Marble Place : 266/267. - Marina de la Baie des Anges : 221. - J. Messin : 214, 358. - La Mortola : 243. - M. et Mme Morne Vanhalle (Belgique) : 13. - Musée de l'outil de Wy-Dit-Joli-Village : 273.
Nortène : 25, 59, 213, 479. - Origines (Houdan) : 10, 25, 31, 195, 231, 241, 486. - Outils Wolf : 91.
Parc floral d'Apremont : 123. - Mme Poloy Bom : 16.
M. et Mme Renouf : 262. - Riviera : 117. - Sicatec : 10, 74, 75, 185, 221, 372. - Sissinghurst place Garden : 39. - Société Nationale d'Horticulture de France : 361. - Sofradécor : 45, 80, 116. - Sructures en bois Hillhout : 6/7, 11, 12, 23, 30, 36, 73, 77, 78, 80, 129, 175, 187, 221, 279, 305, 330, 331, 346, 376, 377, 390, 409, 424. - Laurent Sustrac : 30, 74, 75, 222, 223, 224, 225,422. - Synon Park (GB) : 452.
Timothy Vaughan : 256, 270, 272, 275, 280/281. - The Old Rectory : 249, 278. - Truffaut Herblay : 48. - Truffaut Servon : 51. - Truffaut La Ville-du-Bois : 45, 50, 51. - Truffaut Villeparisis : 51. - Julie Toll : 228.
M. et Mme Van Campenhout (Belgique) : 259. - Mme Verbiest-Bekker (Belgique) : 29. - Mme Van Campenhout (Belgique) : 259.
Mme Walda Pairon (Belgique) : 230, 244, 231. - Mme Weewarters (Belgique) : 241. - M. et Mme de Witte (Belgique) : 251.

# Les jardineries Truffaut

Truffaut **Amiens,** RN 29, 80330 Longueau.
Truffaut **Angoulême*,** Centre commercial Auchan, 16400 La Couronne.
Truffaut **Deauville,** route de Paris, 14800 Deauville.
Truffaut **Gisors*,** route de Paris, 27140 Gisors.
Truffaut **Herblay,** RN 14, La Patte d'Oie, 95480 Pierrelaye.
Truffaut **La Rochelle*,** Centre commercial Beaulieu, 17285 Puilboreau-Beaulieu Cedex.
Truffaut **La Ville-du-Bois,** RN 20, 91620 La Ville-du-Bois.
Truffaut **Le Mans,** Centre commercial Carrefour, rue Robert Collet, 72100 Le Mans.
Truffaut **Les Ulis*,** ZA de Courtabœuf, 22, avenue des Andes, 91940 Les Ulis.
Truffaut **Lorient*,** Centre commercial Keryado, K2, 56100 Lorient.
Truffaut **Moisselles,** RN 1, Direction la Croix-Verte, 95570 Baillet-en-France.
Truffaut **Nantes,** 258, route de Vannes, 44700 Orvault.
Truffaut **Orléans,** route de Sandillon, 45650 Saint-Jean-le-Blanc.
Truffaut **Paris,** 85, Quai de la Gare, 75013 Paris.
Truffaut **Parly 2,** Centre Commercial Parly 2, Local poste 633, 78158 Le Chesnay Cedex.
Truffaut **Plaisir,** RN 12, Sainte-Apolline, 78370 Plaisir.
Truffaut **Ponthierry,** RN 7, 77310 Saint-Fargeau-Ponthierry.
Truffaut **Puiseux-Pontoise,** A 15, (Sortie 13), 95650 Puiseaux-Pontoise.
Truffaut **Quimper*,** Centre Commercial Continent, 29000 Quimper.
Truffaut **Pau-Lons,** ZAC du Mail, Route de Bordeaux, 64140 Pau-Lons.
Truffaut **Rennes,** Centre Alma, allée d'Ukraine, 35048 Rennes Cedex.
Truffaut **Saint-Gervais,** la Patte d'Oie, Saint-Gervais-la-Forêt, 41350 Vineuil.
Truffaut **Saint-Malo,** Centre Commercial Cora, Le Moulin du domaine, 35430 Saint Jouan-des-Guérets.
Truffaut **Saint-Maximin,** Centre Commercial Cora, RN 16, 60740 Saint-Maximin.
Truffaut **Servon,** RN 19, Ferme de Servon, 77170 Servon.
Truffaut **Toulouse Nord,** Centre Commercial Gramont, Chemin de Gabardie, 31200 Toulouse.
Truffaut **Tours Sud,** Centre Commercial Mammouth, 5, rue du Professeur Maupas, 37170 Chambray-les-Tours.
Truffaut **Vélizy 2,** face Centre Commercial Vélizy 2, 41 bis, avenue de l'Europe, 78140 Vélizy-Villacoublay.
Truffaut **Villeparisis,** RN3, Route de Villevaudé, 77270 Villeparisis.

*(* Partenaires indépendants)*

Pour connaître à tout moment les adresses, plan d'accès et horaires d'ouverture, de toutes les jardineries, composez le **36 14 code Truffaut**

Pour tous renseignements, remarques et suggestions, écrivez à :

## TRUFFAUT

Service Consommateur
Parc Léonard de Vinci,
Avenue des Parcs, CP 8015 Lisses,
91008 Évry Cedex